Die Verhinderung von Treaty Shopping durch Limitation-on-Benefits-Klauseln

Europäische Hochschulschriften

European University Studies

Publications Universitaires Européennes

Reihe II **Rechtswissenschaft**

Series II Law

Série II Droit

Band/Volume **5965**

Timo Dreher

Die Verhinderung von Treaty Shopping durch Limitation-on-Benefits-Klauseln

Eine Untersuchung anhand des DBA-USA

PL ACADEMIC RESEARCH

Bibliografische Information der Deutschen Nationalbibliothek
Die Deutsche Nationalbibliothek verzeichnet diese Publikation in der Deutschen Nationalbibliografie; detaillierte bibliografische Daten sind im Internet über http://dnb.d-nb.de abrufbar.

Zugl.: Köln, Univ., Diss., 2017

D 38
ISSN 0531-7312
ISBN 978-3-631-73722-4 (Print)
E-ISBN 978-3-631-73723-1 (E-PDF)
E-ISBN 978-3-631-73724-8 (EPUB)
E-ISBN 978-3-631-73725-5 (MOBI)
DOI 10.3726/b12148

PL Academic Research ist ein Imprint der Peter Lang GmbH.
Peter Lang – Frankfurt am Main · Bern · Bruxelles · New York · Oxford · Warszawa · Wien

Diese Publikation wurde begutachtet.

www.peterlang.com

Die Verhinderung von Treaty Shopping durch Limitation-on-Benefits-Klauseln – Eine Untersuchung anhand des DBA-USA –

Inaugural-Dissertation
zur
Erlangung der Doktorwürde
einer Hohen Rechtswissenschaftlichen Fakultät
der Universität zu Köln

vorgelegt von

Timo Dreher (geb. Steinbiß), LL.M. (NYU)
aus: Berlin

Referent:	Professor Dr. Johanna Hey
Korreferent:	Professor Dr. Christian Dorenkamp
Tag der mündlichen Prüfung:	10. Juli 2017

MEINEN ELTERN

Vorwort

Die vorliegende Arbeit wurde im Sommersemester 2017 von der Rechtswissenschaftlichen Fakultät der Universität zu Köln als Dissertation angenommen. Der Rechtsstand der Arbeit entspricht dem August 2016.

Für die wertvolle Unterstützung und Betreuung möchte ich mich herzlichst bei meiner Doktormutter, Frau Prof. Dr. Johanna Hey, bedanken. Herrn Prof. Dr. Christian Dorenkamp danke ich für die zügige Erstellung des Zweitgutachtens.

Mein besonderer Dank gilt zudem meiner Familie, meiner Frau Sarah und meinem Sohn Tillmann. Schließlich möchte ich ganz herzlich meinen Eltern danken, die mir meine Ausbildung ermöglicht und mich darin immer auf liebevolle Weise und mit hohem Einsatz unterstützt haben. Ihnen sei diese Arbeit gewidmet.

Berlin, im September 2017

Inhaltsverzeichnis

3. Teil: Weitere Vorschriften des DBA-USA und im innerstaatlichen Steuerrecht der Vertragsstaaten 231

Literaturverzeichnis

American Law Institute: Restatement of the Law (Third): Trusts, 2003 Washington (zitiert: ALI, Restatement of the Law (Third): Trusts).

–, Federal Income Tax Project – International Aspects of United States Income Taxation II – Proposals of the American Law Institute, 1992 Washington (zitiert: ALI, International Taxation Aspects II).

Andersen, Richard, E.: Analysis of United States Income Tax Treaties, 2016 New York (zitiert: *Andersen*, Tax Treaties).

Anger, Christiane/Sewtz, Christoph: Zum Schachtelprivileg auf Ausschüttungen an eine S-Corporation nach dem DBA-USA 2006, IStR 2009, 273 (zitiert: *Anger/Sewtz*, IStR 2009, 273).

Arthur Andersen & Co. GmbH: Doppelbesteuerungsabkommen Deutschland – USA, 1990 Köln (zitiert: Andersen, DBA-USA).

Avi-Yonah, Reuven/Panayi, Christina: Rethinking Treaty Shopping: Lessons for the European Union, in: Lang, Michael/Pistone, Pasquale/Schuch, Josef/Staringer, Claus/Storck, Alfred (Hrsg.), Tax Treaties: Building Bridges between Law and Economics, S. 21, 2010 Amsterdam (zitiert: *Avi-Yonah/Panayi*, in: Lang, Tax Treaties, S. 21).

Bader, Axel: Steuergestaltung mit Holdinggesellschaften, 2. Auflage, 2007 Herne (zitiert: *Bader*, Holdinggesellschaften).

Bahns, Jochen/Keuthen, Markus: Behandlung hybrider Gesellschaften im Entlastungsverfahren nach § 50d EStG – Reichweite des Art. 1 Abs. 7 DBA-USA, IStR 2010, 750 (zitiert: *Bahns/Keuthen*, IStR 2010, 750).

Bates, John/Berman, Daniel M./Gani, Raphaël/Gutmann, Daniel/Imamura, Takashi/Klugman, Gideon/Rust, Alexander: Limitation on Benefits Articles in Income Tax Treaties: The Current State of Play, (zitiert: *Bates* u.a., Intertax 2013, 395).

Baumbach, Adolf/Hueck, Alfred (Begr.): GmbHG, 20. Auflage, 2013 München (zitiert: *Bearbeiter*, in: Baumbach/Hueck, GmbHG).

Baur, Jürgen/Tappen, Falko (Hrsg.): Investmentgesetze, 3. Auflage, 2015 Berlin (zitiert: *Bearbeiter*, in: Baur/Tappen, Investmentgesetze).

Benjamin M. Willis: A Principal Purpose: There Can Be Only One, Tax Notes 2013 (Bd. 139), 1317 (zitiert: Willis, Tax Notes 2013 (Bd. 139), 1317).

Bittker, Boris I./Eustice, James S.: Federal Income Taxation of Corporations and Shareholders, 7. Auflage, 2006 Eagan (zitiert: *Bittker/Eustice*, Corporate Taxation).

Blum, Daniel W./Pinetz, Erik: Limitation on Benefits: Application to Investment Funds, in: Lang, Michael/ Pistone, Pasquale/Rust, Alexander/ Schuch, Josef/Staringer, Claus (Hrsg.), Base Erosion and Profit Shifting (BEPS) – The expected post-BEPS project changes to the Model Convention, S. 247, 2016 Wien (zitiert: *Blum/Pinetz*, in: Lang u.a., BEPS, S. 247).

Blümich, Walter (Begr.): EStG, KStG, GewStG und Nebengesetze, 132. Ergänzungslieferung, Stand: Mai 2016, München (zitiert: *Bearbeiter*, in: Blümich, KStG/EStG).

Boise, Craig M./Koenig, James C.: Practical and Policy Considerations in Corporate Inversion Transactions, Corporate Business Taxation Monthly September 2002, 3 (zitiert: B*oise/Koenig*, Corp. Bus. Tax'n Monthly September 2002, 3).

Bordeaux, Ronald A. /Moens, Bernard E.: U.S. Tax Challenges for Foreign-Based Multinationals, TNI 2006 (Bd. 44), 125 (zitiert: *Bordeaux/Moens*, TNI 2006 (Bd. 44), 125).

Brauner, Yariv: Chapter 9: Beneficial Ownership in and outisde US Tax Treaties, in: Lang, Michael/Pistone, Pasquale/Schuch, Josef/Staringer, Claus/Storck, Alfred (Hrsg.), Beneficial Ownership: Recent Trends, S. 143, 2013 Amsterdam (zitiert: *Brauner*, in: Lang u.a., Benefical Ownership, S. 143).

Broe, Luc De: International Tax Planing and Prevention of Abuse, 2008 Amsterdam (zitiert: *De Broe*, International Tax Planing).

Broe, Luc De/Luts, Joris: BEPS Action 6: Tax Treaty Abuse, Intertax 2015, 122 (zitiert: *De Broe/Luts*, Intertax 2015, 122).

Broemel, Karl: § 8b Abs. 4 KStG und Participation Exemption Shopping – Anknüpfungspunkt der Steuergestaltung?, IStR 2015, 644 (zitiert: *Broemel*, IStR 2015, 644).

Buge, Ronald/Bujotzek, Peter/Steinmüller, Jens: Die InvSt-Reform ist verabschiedet, DB 2016, 1594 (zitiert: *Buge/Bujotzek/Steinmüller*, DB 2016, 1594).

Castro, Leonardo F.M.: U.S. Policy against Treaty Shopping – From Aiken Industries to Anti-Conduit Regs: Critical View of Current Double-Step Approach in Light of Tax Treaties' Objectives and Purposes, Virginia Tax Review 2011 (Bd. 31), 297 (zitiert: *Castro*, Va. Tax Review 2011 (Bd. 31), 297).

Creifelds, Carl (Begr.): Rechtswörterbuch, 22. Auflage, 2014 München (zitiert: *Creifelds*, Rechtswörterbuch).

Daub, Peter: The Conduit Regulations Revisited, Tax Notes 2015 (Bd. 146), 409 (zitiert: *Daub*, Tax Notes 2015 (Bd. 146), 409).

Davis, Chris: The U.S. Should Replace the Limitation on Benefits Provision in ist Tax Treaties with a Genera Anti-Avoidance Regulation, Inside Basis 2012, 17 (zitiert: *Davis*, Inside Basis, 2012, 17).

Debelva, Filip/Scornos, Dina/Berghen, Jan Van den/Braband, Pieter Van: LOB Clauses and EU-Law Compatibility: A Debate Revived by BEPS, EC Tax Review 2015, 132 (zitiert: *Debelva* u.a., EC Tax Review 2015, 132).

Desai, Nishit/Ajinkya, Bijal: Indian Supreme Court Clears Mauritius Investment Route, TNI 2003 (Bd. 32), 211 (zitiert: *Nishith/Ajinkya*, TNI 2003 (Bd. 32), 211).

Doernberg, Richard/Raad, Kees van: The 1996 Model Income Tax Convention – Analysis, Commentary and Comparison, 1997 The Hague/London/Boston (zitiert: *Doernberg/van Raad*, 1996 Model Income Tax Convention).

Dörfler, Oliver/Birker, Christian: Die Abkommensberechtigung von Gesellschaften im Doppelbesteuerungsabkommen mit den USA, GmbHR 2006, 867 (zitiert: *Dörfler/Birker*, GmbHR 2006, 867).

Dorfmueller, Pia: Die Qualifikation der deutschen GmbH & Co. KG aus US-amerikanischer Sicht: Risiken für die Anwendung des DBA-USA, IStR 2010, 644 (zitiert: *Dorfmueller*, IStR 2010, 644).

Duden: Das Bedeutungswörterbuch, Band 10, 3. Auflage Mannheim (zitiert: Duden).

Eberhardt, David: Abkommensrechtliche Missbrauchsvermeidung bei Investmentvermögen, IStR 2013, 377 (zitiert: *Eberhardt*, IStR 2013, 377).

Eimermann, Dieter: Schachtelprivileg auf Ausschüttungen an eine S-Corporation oder einen anderen hybriden Rechtsträger nach dem DBA-USA 2006?, IStR 2009, 58 (zitiert: *Eimermann*, IStR 2009, 58).

Endres, Dieter/Jacob, Friedhelm/Gohr, Marion/Klein, Martin (Hrsg.): DBA Deutschland/USA – Doppelbesteuerungsabkommen, 2009 München (zitiert: *Bearbeiter*, in: *Endres/Jacob/Gohr/Klein*, DBA-USA).

Fleming, J. Clifton Jr.: Searching for the Uncertain Rationale Underlying the US Treasury's Anit-Treaty Shopping Policy, Intertax 2012, 245 (zitiert: *Fleming*, Intertax 2012, 245).

Flick, Hans/Wassermeyer, Franz/Baumhoff, Hubertus/Schönfeld, Jens (Hrsg.): Außensteuerrecht, 76. Ergänzungslieferung, Stand: September 2015, Köln (zitiert: *Bearbeiter*, in: F/W/B/S, AStR).

Frotscher, Gerrit/Geurts, Matthias (Hrsg.): EStG Kommentar, 190. EL, Stand: Dezember 2015, Freiburg i.Br. (zitiert: *Bearbeiter*, in: Frotscher/Geurts, EStG).

Gabler Wirtschaftslexikon: Brich, Stefan/Hasenbalg, Claudia/Winter, Eggert (Hrsg.), 18. Auflage, 2014 Wiesbaden (zitiert: Gabler Wirtschaftslexikon).

Geurts, Matthias: Das DBA-Irland aus investmentsteuerlicher Sicht, IStR 2011, 573 (zitiert: *Geurts*, IStR 2011, 573).

Goebel, Sören/Glaser, Anja/Wangler, Clemens: Moderne Ansätze zur Verhinderung von Treaty Shopping-Gestaltungen im geänderten DBA-USA, DStZ 2009, 197 (zitiert: *Goebel/Glasner/Wangel*, DStZ 2009, 197).

Gosch, Dietmar: Über die Auslegung von Doppelbesteuerungsabkommen, ISR 2013, 87 (zitiert: *Gosch*, ISR 2013, 87).

Gosch, Dietmar (Hrsg.): Körperschaftsteuergesetz, 3. Auflage, 2015 München (zitiert: *Bearbeiter*, in: Gosch, KStG).

Gosch, Dietmar/Kroppen, Heinz-Klaus/Grotherr, Siegfried: DBA-Kommentar, 28. Ergänzungslieferung, Stand: März 2016, Herne (zitiert: *Bearbeiter*, in: Gosch/Kroppen/Grotherr, DBA).

Gräber, Fritz (Begr.): Finanzgerichtsordnung, 8. Auflage, 2015 München (zitiert: *Bearbeiter*, in: Gräber, FGO).

Grabitz, Erberhard/Hilf, Meinhard /Nettesheim, Martin (Hrsg.): Das Recht der Europäischen Union, 58. Ergänzungslieferung, Stand: Januar 2016, München (zitiert: *Bearbeiter*, in: Graber/Hilf/Nettesheim, EU-Recht).

Groß, Wolfgang (Hrsg.): Kapitalmarktrecht, 6. Auflage, 2016 München (zitiert: *Bearbeiter*, in: Groß, Kapitalmarktrecht).

Guenther, Timothy S.: Tax Treaties and Overrides: The Multiple-Party Financing Dilemma, Virginia Tax Review 1996–1997 (Bd. 16), 645 (zitiert: *Guenther*, Va Tax Rev. 1996–1997 (Bd. 16), 645).

Gustafson, Charles H. /Peroni, Robert J./Pugh, Richard Crawford: Taxation of International Transactions, 4. Auflage, 2011 St. Paul, MN (zitiert: *Gustafson/Peroni/Pugh*, Int'l Transactions).

Haase, Florian: Internationales und Europäisches Steuerrecht, 4. Auflage, 2014 Heidelberg (zitiert: *Haase*, Int. Steuerrecht).

Hanna, Christopher: From Gregory to Enron: The Too Perfect Theory and Tax Law, Viriginia Tax Review 2005 (Bd. 24), 737 (zitiert: *Hanna*, Va. Tax Review 2005 (Bd. 24), 737).

Herrmann, Carl/Heuer, Gerhard (Begr.)/*Raupach, Arndt* (Hrsg.): EStG/KStG, 272. Ergänzungslieferung, Stand: Dezember 2015, Köln (zitiert: *Bearbeiter*, in: H/H/R, EStG/KStG).

Herzfeld, Mindy: The Purpose of Treaties: Not Always About Double Taxation, TNI 2016 (Bd. 99), 627 (zitiert: *Herzfeld*, TNI 2016 (Bd. 99), 627).

–, Treaty Abuse – The Principal Purpose Test, TNI, 2016 (Bd. 81), 388 (zitiert: *Herzfeld*, TNI 2016 (Bd. 81), 388).

–, EU Strikes Down LOB Treaty Provision – What It Means, TNI 2016 (Bd. 81), 13 (zitiert: *Herzfeld*, TNI 2016 (Bd. 81), 13).

Hey, Johanna: Grenzen steuerlicher Gestaltungsfreiheit – Verhältnis des § 42 AO zu speziellen Missbrauchsvorschriften, Beihefter zu DStR 3/2014, 8 (zitiert: *Hey*, Beih 3 DStR 2014, 8).

–, Spezialgesetzgebung und Typologie zum Gestaltungsmissbrauch, in: Hüttemann, Rainer (Hrsg.), Gestaltungsfreiheit und Gestaltungsmissbrauch im Steuerrecht (Deutsche Steuerjuristische Gesellschaft, Band 33), S. 139, 2010 Köln (zitiert: *Hey*, in: DStJG Bd. 33, S. 139).

–, Wo steht das deutsche Internationale Steuerrecht?, in: Lüdicke, Jürgen (Hrsg.), Nationale Missbrauchsvorschriften im Spannungsfeld von DBA- und EU-Recht, S. 137, 2009 Köln (zitiert: *Hey*, in: Lüdicke, Wo steht das deutsche Internationale Steuerrecht?, S. 137).

Hobe, Stephan/Ruckteschell, Nicolai (Hrsg.): Kölner Kompendium des Luftrechts (Bd. 1), 2008 Köln (zitiert: *Bearbeiter*, in: Hobe/Ruckteschell, Luftrecht).

Hübschmann, Walter/Hepp, Ernst/Spitaler, Armin (Hrsg.): Kommentar zur Abgabenordnung und Finanzgerichtsordnung, 238. Ergänzungslieferung, Stand: Juli 2016, Köln (zitiert: *Bearbeiter*, in: H/H/Sp, AO/FGO).

IBFD, International Tax Glossary, 7. Auflage, 2015 Amsterdam (zitiert: IBFD, Glossary).

Jackel, Monte A.: Dawn of a New Era: Congress Codifies Economic Substance, Tax Notes 2010 (Bd. 127), 289 (zitiert: *Jackel*, Tax Notes 2010 (Bd. 172), 289).

Jackson, Randall: GAAR Casts Shadow Over Indian-Mauritius Tax Treaty, TNI 2013 (Bd. 72), 801 (zitiert: *Jackson*, TNI, 2013 (Bd. 72), 801).

Jacob, Friedhelm: Das revidierte DBA-USA Eckpfeiler – Fortentwicklungen – Neuland (Teil I), IStR 2011, 45 (zitiert: *Jacob*, IStR 2011, 45).

Jacob, Friedhelm/Klein, Martin: S-Corporation die Zweite -Kernaussagen und Folgewirkungen des BFH-Urteils vom 26.6.2013, I R 48/12, IStR 2014, 121 (zitiert: *Jacob/Klein*, IStR 2014, 121).

Jacobs, Otto H. (Begr.)/*Endres, Dieter/Spengel, Christoph* (Hrsg.): Internationale Unternehmensbesteuerung, 8. Auflage, 2016 München (zitiert: *Jacobs/Endres/Spengel*, Internationale Unternehmensbesteuerung).

Jiang, Qunfang: Treaty Shopping and Limitation on Benefits Articles in the Context of the OECD Base Erosion and Profit Shifting Project, BFIT 2015, 139 (zitiert: *Jiang*, BFIT 2015, 139).

Jochimsen, Claus: Der Missbrauch von Doppelbesteuerungsabkommen – die (Ab) Wege der OECD – Anmerkungen zum Bericht zu Aktionspunkt 6 des BEPS-Aktionsplans, IStR 2014, 865 (zitiert: *Jochimsen*, IStR 2014, 865).

Joint Comittee on Taxation: Description of Certain Revenue Provisions Contained in the President's Fiscal Year 2015 Budget Proposal, 2014 Washington (zitiert: JCT, 2015 Budget Proposal).

–, Explanation of Proposed Protocol to The Income Tax Treaty between The United States And Germany, 2007 Washington (zitiert: JCT, Explanation DBA-USA (2006)).

–, Explanation of Proposed Income Tax Treaty (And Proposed Protocol) between the United States and the Federal Republic of Germany, 1990 Washington (zitiert: JCT, Explanation DBA-USA (1989)).

Klein, Franz (Begr.): Abgabenordnung, 12. Auflage, 2014 München (zitiert: *Bearbeiter*, in: Klein, AO).

Koenig, Ulrich (Hrsg.): Abgabenordnung, 3. Auflage, 2014 München (zitiert: *Bearbeiter*, in: Koenig, AO).

Kofler, Georg: Doppelbesteuerungsabkommen und Europäisches Gemeinschaftsrecht, 2007 Wien (zitiert: *Kofler*, DBA und Gemeinschaftsrecht).

–, Treaty Shopping, Quota Hopping und Open Skies: Die gemeinschaftsrechtliche Problematik von Limitation-on-Benefits-Klauseln in Doppelbesteuerungsabkommen mit den Vereinigten Staaten, in: Lang, Michael/Jirousek, Heinz (Hrsg.), Praxis des Internationalen Steuerrechts – Festschrift für Helmut Loukota zum 65. Geburtstag, S. 213, 2005 Wien (zitiert: *Kofler*, in: FS Loukota, S. 213).

Kok, Reinout: The Principal Purpose Test in Tax Treaties under BEPS 6, Intertax 2016, 406 (zitiert: *Kok*, Intertax 2016, 406).

Kornikova, Anna A.: Solving the Problem of Tax-Treaty Shopping Through The Use of Limitation on Benefits Provisions, Richmond Journal of Global Law and Business 2008/2009 (Bd. 8), 249 (zitiert: *Kornikova*, Rich. J. Global L. & Bus. 2008/2009 (Bd. 8), 249).

Kraft, Gerhard: Die mißbräuchliche Inanspruchnahme von Doppelbesteuerungsabkommen, 1991 Heidelberg (zitiert: *Kraft*, Die missbräuchliche Inanspruchnahme von DBA).

Kraft, Gerhard (Hrsg.): Außensteuergesetz, 2009 München (zitiert: *Bearbeiter*, in: Kraft, AStG).

Krause, Michael: Internationale Doppelbesteuerung – Ursachen und Lösungen –, 2003 Bonn (zitiert: *Krause*, IFSt Nr. 405/2003).

Krishna, Vern: Using Beneficial Ownership to Prevent Treaty Shopping, TNI 2009 (Bd. 56), 537 (zitiert: *Krishna*, TNI 2009 (Bd. 56), 537).

Kußmaul, Heinz/Kloster, Florian: Dividendenstripping erneut im Fokus des Gesetzgebers, DB 2016, 849 (zitiert: *Kußmaul/Kloster*, DB 2016, 849).

Lang, Michael: BEPS Action 6: Introducing an Antiabuse Rule in Tax Treaties, TNI 2014 (Bd. 74), 655 (zitiert: *Lang*, TNI 2014 (Bd. 74), 655).

–, Wohin geht das Internationale Steuerrecht?, IStR 2005, 289 (zitiert: *Lang*, IStR 2005, 289).

Lappas, Marc/Ruckes, Andreas: Die praktische Umsetzung des Common Reporting Standards in Deutschland, IStR 2016, 364 (zitiert: *Lappas/Ruckes*, IStR 2016, 364).

Levine, Howard J./Miller, Michael J.: Tax Management Portfolios (BNA) – Foreign Income Portfolios – Portfolio 936-1st: U.S. Income Tax Treaties – The Limitation on Benefits Article, (zitiert: *Levine/Miller*, T.M. Foreign Income Portfolio 936).

Lind, Stephen/Schwarz, Stephen/Lathrope, Daniel J./Rosenberg, Joshua D.: Fundamentals of Corporate Taxation, 7. Auflage, 2008 New York (zitiert: *Lind/Schwarz/Lathrope/Rosenberg*, Corporate Taxation).

Linn, Alexander: Generalthema I: Steuerumgehung und Abkommensrecht, IStR 2010, 542 (zitiert: *Linn*, IStR 2010, 542).

Littmann, Eberhard (Begr.)/*Bitz, Horst/Pust, Hartmut* (Hrsg.): Das Einkommensteuerrecht, 111. Ergänzungslieferung, Stand: August 2015, Stuttgart (zitiert: *Bearbeiter*, in: Littmann/Bitz/Pust, EStG).

Lüdicke, Jürgen: Überlegungen zur deutschen DBA-Politik, 2008 Baden-Baden (zitiert: *Lüdicke*, DBA-Politik).

Mason, Ruth: When Derivative Benefits Provisions Don't Apply, TNI 2006 (Bd. 43), 563 (zitiert: *Mason*, TNI 2006 (Bd. 43), 563).

Milde, Michael: International Air Law and ICAO, 2008 Utrecht (zitiert: *Milde*, International Air Law).

Miller, Michael J.: When Derivative Benefits and Zero Withholding on Dividends Collide: Are Any Treaty Benefits Available?, International Tax Journal 2007, 5 (zitiert: *Miller*, Int'l Tax Journal 2007, 5).

Miller, Michael J./Stone, Mark: The Evolution of Limitation On Benefits, Beneficial Ownership, and Similar Rules: Recent Trends and Future Possibilities, Tax Management International Journal 2008 (Bd. 37), 1 (zitiert: *Miller/Stone*, Tax Mgmt. Int'l, 2008 (Bd. 37), 1).

Morrison, Philip: BEPS Action 6 – Treaty Shopping Double Whammy, Tax Management International Journal 2014 (Bd. 43), 345 (zitiert: *Morrison*, Tax Mgmt. Int'l 2014 (Bd. 43), 345).

Münchener Kommentar zum Bürgerlichen Gesetzbuch: Säcker, Franz Jürgen (Hrsg.), Münchener Kommentar zum Bürgerlichen Gesetzbuch, Band 1, 6. Auflage, 2012 München (zitiert: *Bearbeiter*, in: MüKo zum BGB).

Münchner Handbuch des Gesellschaftsrechts: Hoffmann-Becking, Michael (Hrsg.), Münchner Handbuch des Gesellschaftsrechts, Band 4, 4. Auflage, 2015 München (zitiert: *Bearbeiter*, in: MHdB GesR Bd. 4).

Musil, Andreas: Deutsches Treaty Overriding und seine Vereinbarkeit mit Europäischem Gemeinschaftsrecht, 2000 Berlin (zitiert: *Musil*, Treaty Overriding).

Nauheim, Stephen: Tax Management Portfolios (BNA) – Foreign Income Portfolios – Portfolio 938-1st: U.S. Income Tax Treaties – Income Not Attributable to a Permanent Establishment (zitiert: *Nauheim*, T.M. Foreign Income Portfolio 938).

New York City Bar Committee on Taxation of Business Entities: NYC Bar Report on Derivative Benefits Provisions in Tax Treaties, Tax Notes 2008 (Bd. 119), 1087 (zitiert: NYCB, Tax Notes 2008 (Bd. 119), 1087).

O'Shea, Tom: Limitation on Benefits Clauses and EU Law: Examining the Japan Netherlands Treaty LOB, Tax Analysts 2016 WTD 75-18 (zitiert: *O'Shea*, TA 2016 WTD 75-18).

–, Limitation on Benefit (LoB) clauses and the EU part II, International Tax Planing November 2008, 1 (zitiert: *O'Shea*, International Tax Planing, November 2008, 1).

–, Limitation on Benefit (LoB) clauses and the EU part I, International Tax Planing October 2008, 1 (zitiert: *O'Shea*, International Tax Planing, October 2008, 1).

OECD: Preventing the Granting of Treaty Benefits in Inappropriate Circumstances, Action 6: 2015 Final Report, 2015 Paris (zitiert: OECD, Final BEPS Report – Action 6).

–, Neutralising the Effects of Hybrid Mismatch Arrangements, Action 2: 2015 Final Report, 2015 Paris, (zitiert: OECD, Final BEPS Report – Action 2).

–, BEPS Action 6, Preventing the Granting of Treaty Benefits in Inappropriate Circumstances, Public Discussion Draft March 2014, 2014 Paris (zitiert: OECD, BEPS – Action 6 Draft March 2014).

–, The Granting of Treaty Benefits with Respect to the Income of Collective Investment Vehicles, 2010 Paris (zitiert: OECD, Investment Vehicles).

–, Issues in International Taxation, International Tax Avoidance and Evasion – Four Related Studies, 1987 Paris (zitiert: OECD, International Tax Avoidance and Evasion).

Oellerich, Ingo: Die Abwehr des Abkommensmissbrauchs, IWB 2013, 33 (zitiert: *Oellerich*, IWB 2013, 33).

Os, Roos van/Knottnerus, Roeline: Dutch Bilateral Investment Treaties, 2011 Amsterdam (zitiert: *van Os/Knottnerus*, Dutch Bilateral Investment Treaties).

Pamperl, Elisabeth: Auswirkung einer Verpflichtung zur Weiterleitung passiver Einkünfte auf eine DBA-rechtliche Quellensteuerreduktion, SWI 2013, 403 (zitiert: *Pamperl*, SWI 2013, 403).

Piltz, Detlev J.: Wirtschaftliche oder sonst beachtliche Gründe in § 50d Abs. 3 EStG, IStR 2007, 793 (zitiert: *Piltz*, IStR 2007, 793).

Pinetz, Erik: Use of a Principal Purpose Test to Prevent Treaty Abuse, in: Lang, Michael/ Pistone, Pasquale/Rust, Alexander/ Schuch, Josef/Staringer, Claus (Hrsg.), Base Erosion and Profit Shifting (BEPS) – The expected post-BEPS project changes to the Model Convention, S. 271, 2016 Wien (zitiert: *Pinetz*, in: Lang, u.a., BEPS, S. 271).

Pistone, Pasquale: Test Claimants in Class IV of the ACT Group Litigation: limitation-of benefitsclauses are clearly different from most-favoured-nation clauses, British Tax Review 2007, 363 (zitiert: *Pistone*, BTR 2007, 363).

Pistone, Pasquale/Julien, Rita /Cannas, Francesco: Can the Derivative Benefits Provision and the Competent Authority Discretionary Relief Provision Render the OECD-Proposed Limitation on Benefits Cause Compatible with EU Fundamental Freedoms?, in: Lang, Michael/ Pistone, Pasquale/Rust, Alexander/ Schuch, Josef/ Staringer, Claus (Hrsg.), Base Erosion and Profit Shifting (BEPS) – The expected post-BEPS project changes to the Model Convention, S. 165, 2016 Wien (zitiert: *Pistone/Julien/Cannas*, in: Lang u.a., BEPS, S. 165).

Plansky, Patrick /Schneeweiss, Hermann: Limitation on Benefits: From the US Model 2006 to the ACT Group Litigation, Intertax 2007, 484 (zitiert: *Plansky/Schneeweiss*, Intertax 2007, 484).

Postlewaite, Philip F./Hoffer, Stephanie R./Kemp, Matthew T.: The Adaption of U.S. Tax Treaties to Changing Business Forms – A Case Study of Hybrid Entities, International Tax Journal 2008 (Bd. 34), 33 (zitiert: *Postlewaite* u.a., International Tax Journal 2008 (Bd. 34), 33).

Raad, Kees van: 2008 OECD Model: Operation and Effect of Article 4(1) in Dual Residence Issues under the Updated Commentary, BFIT 2009, 187 (zitiert: *van Raad*, BFIT 2009, 187).

Reinhold, Richard L.: What is Treaty Abuse? (Is Treaty Shopping an Outdated Concept?), Tax Lawyer, 1999–2000 (Bd. 53), 663 (zitiert: *Reinhold*, Tax Lawyer, 1999–2000 (Bd. 53), 663).

Rhoades, Rufus von/Langer, Marshall: U.S. International Taxation and Tax Treaties, 143. Ergänzungslieferung, Stand: März 2016, New York, NY (zitiert: *Rhoades/Langer*, International Taxation).

Rosenberg, Joshua D.: Tax Avoidance and Income Measurement, Michigan Law Revue 1988, 365 (zitiert: *Rosenberg*, Michigan Law Revue 1988, 365).

Rosenbloom, David H.: Limiting Treaty Benefits: Base Erosion, Intermediate Owners, Equivalent Beneficiaries, TNI 2010 (Bd. 58), 649 (zitiert: *Rosenbloom*, TNI 2010 (Bd. 58), 649).

–, Toward a New Tax Treaty Policy for a New Decade, American Journal of Tax Policy 1991 (Bd. 9), 77 (zitiert: *Rosenbloom*, Am. J. Tax Pol'y, 1991 (Bd. 9), 77).

–, Tax Treaty Abuse: Policy and Issues, Law and Policy in International Business 1983 (Bd. 15), 763 (zitiert: *Rosenbloom*, Law and Policy in International Business 1983 (Bd. 15), 763).

Rubinger, Jeffrey L.: Treaty Shopping: Is It Still a Viable Option?, Corporate Business Taxation Monthly May 2007, 15 (zitiert: *Rubinger*, Corp. Bus. Tax'n Monthly May 2007, 15).

Rudolf, Michael: Treaty Shopping und Gestaltungsmissbrauch, 2012 Köln (zitiert: *Rudolf*, Treaty Shopping).

Sapirie, Marie/Velarde, Andrew: News Analysis: Can U.S. Courts Review Competent Authority's Discretionary Actions?, Tax Analysts 2015 WTD 50-4 (zitiert: *Sapirie/Velarde*, TA 2015 WTD 50-4).

Schaumburg, Harald: Internationales Steuerrecht, 3. Auflage, 2011 Köln (zitiert: *Schaumburg*, Int. Steuerrecht).

Schmidt, Ludwig (Begr.): EStG, 36. Auflage, 2017 München (zitiert: *Bearbeiter*, in: Schmidt, EStG).

Schnitger, Arne: Fragestellungen zur steuerlichen Behandlung doppelt ansässiger Kapitalgesellschaften, IStR 2013, 82 (zitiert: *Schnitger*, IStR 2013, 82).

–, Die neue LOB-Klausel des Doppelbesteuerungsabkommens Deutschland-USA, IWB (2006) Fach 8 USA Gr. 2, 1440 (zitiert: *Schnitger*, IWB (2006) Fach 8 USA Gr. 2, 1440).

–, Die Entscheidung des EuGH zu den „Open Skies"-Abkommen, IWB (2004) Fach 11 EG Gr. 2, 599 (zitiert: *Schnitger*, IWB (2004) Fach 11 EG Gr. 2, 599).

Schnittker, Helder: Seminar L: Limitation-on-Benefits-Klauseln – eine Bestandsaufnahme, IStR 2012, 720 (zitiert: *Schnittker*, IStR 2012, 720).

Schnittker, Helder/Steinbiß, Timo: Geplante Änderungen des US-Musterabkommens, IStR 2015, 686 (zitiert: *Schnittker/Steinbiß*, IStR 2015, 686).

Scholz, Judith: Anti-Treaty-Shopping-Regelungen, § 50d Abs. 3 EStG im internationalen Vergleich, 2011 Köln (zitiert: *Scholz*, Anti-Treaty-Shopping-Regelungen).

Schönfeld, Jens: Der neue Artikel 1 DBA-USA – Hinzurechnungsbesteuerung und abkommensrechtliche Behandlung von Einkünften steuerlich transparenter Rechtsträger, IStR 2007, 274 (zitiert: *Schönfeld*, IStR 2007, 274).

Schönfeld, Jens/Ditz, Xaver (Hrsg.): DBA, 2013 Köln (zitiert: *Bearbeiter*, in: Schönfeld/ Ditz, DBA).

Schraufl, Martin: Limitation-on-benefits-Regelungen im Hinblick auf deutsches Investmentvermögen, PIStB 2011, 335 (zitiert: *Schraufl*, PIStB 2011, 335).

Sheppard, Lee A.: Economic Substance Codification: Did we do the right thing?, State Tax Notes 2010 (Bd. 58), 163 (zitiert: *Sheppard*, State Tax Notes 2010 (Bd. 58), 163).

–, News Analysis: Indofood and Bank of Scotland: Who Is the Beneficial Owner?, TNI 2007 (Bd. 45), 406 (zitiert: *Sheppard*, TNI 2007 (Bd. 45), 406).

Silva, Bruno da: Granting Tax Treaty Benefits to Collective Investment Vehicles: A Review of the OECD Report and the 2010 Amendments to the Model Tax Convention, Intertax 2011, 195 (zitiert: *Silva*, Intertax 2011, 195).

Spindler, Gerald/Stilz, Eberhard (Hrsg.): Kommentar zum Aktiengesetz, 3. Auflage, 2015 München (zitiert: *Bearbeiter*, in: Spindler/Stilz, AktG).

Stevens, Matthew A.: Some Thoughts Regarding the Granting of Discretionary Relief by the US „Competent Authority" Under the Limitation on Benefits Provision of a Tax Treaty, IStR 2011, 335 (zitiert: *Stevens*, IStR 2011, 335).

Strunk, Günther/Kaminski, Bert/Köhler, Stefan (Hrsg.): Außensteuergesetz – Doppelbesteuerungsabkommen, 42. Ergänzungslieferung, Stand: Juni 2015, Bonn (zitiert: *Bearbeiter*, in: Strunk/Kaminski/Köhler, AStG).

Suarez, Steve: Thoughts on the New LOB Clause in the Canada-U.S. Treaty, TNI 2009 (Bd. 56), 39 (zitiert: *Suarez*, TNI 2009 (Bd. 56), 39).

Szudoczky, Rita/Koch, Petra: Limitation on Benefits: "Qualified Person" – Article X(1) and (2) of the OECD Model, in: Lang, Michael/ Pistone, Pasquale/Rust, Alexander/ Schuch, Josef/Staringer, Claus (Hrsg.), Base Erosion and Profit Shifting (BEPS) – The expected post-BEPS project changes to the Model Convention, S. 219, 2016 Wien (zitiert: *Szudoczky/Koch*, in: Lang u.a., BEPS, S. 219).

Tavares, Romero J. S.: The "Active Trade or Business Exception" of the Limitation on Benefits Clause, in: Lang, Michael/ Pistone, Pasquale/Rust, Alexander/ Schuch, Josef/Staringer, Claus (Hrsg.), Base Erosion and Profit Shifting (BEPS) – The expected post-BEPS project changes to the Model Convention, S. 133, 2016 Wien (zitiert: *Tavares*, in: Lang u.a., BEPS, S. 133).

Tipke, Klaus/Kruse, Heinrich Wilhelm (Hrsg.): Abgabenordnung – Finanzgerichtsordnung, 144. Ergänzungslieferung, Stand: Mai 2016, Köln (zitiert: *Bearbeiter*, in: Tipke/Kruse, AO/FGO).

Toit, Charles du: The Evolution of the Term "Beneficial Ownership" in Relation to International Taxationover the Past 45 Years, BIT 2010, 500 (zitiert: *du Toit*, BIT 2010, 500).

United Nations: Contributions t international co-operation in tax matters, 1988 New York (zitiert: UN, Co-operation in Tax Matters).

US Department of the Treasury: Report to the Congress on Earnings Stripping, Transfer Pricing and U.S. Income Tax Treaties, 2007 Washington (zitiert: US Treasury, Tax Treaties).

–, Technical Explanation of the Protocol Signed at Berlin on June 1, 2006 Amending the Convention between the United States of America and the Federal Republic of Germany For the Avoidance of Double Taxation and the Prevention of Fiscal Evasion with respect to Taxes on Income and Capital and to Certain Other Taxes Signed on 29th August 1989, 2006 Washington (zitiert: Technical Explanation DBA-USA (2006)).

–, United States Model Technical Explanation Accompanying the United States Model Income Tax Convention of November 15, 2006, 2006 Washington (zitiert: Technical Explanation US-MA (2006)).

–, Technical Explanation of the Protocol Signed At Washington on March 8, 2004 Amending the Convention between the United States of America and the Kingdom of the Netherlands for the Avoidance of Double Taxation and the Prevention of Fiscal Evasion with respect to Taxes on Income Signed at Washington on December 18, 1992, 2005 Washington (zitiert: Technical Explanation Netherlands).

–, Department of the Treasury Technical Explanation of the Convention between the Government of the United States of America and the Government of the United Kingdomof Great Britain and Northern Ireland For the Avoidance of Double Taxation and the Prevention of Fiscal Evasion with respect to Taxes on Income and on Capital Gains, 2002 Washingon (zitiert: Technical Explanation UK).

–, The Problem of Corporate Tax Shelters – Discussion, Analysis and Legislative Proposals, 1999 Washington (zitiert: US Treasury, Corporate Tax Shelters).

–, Technical Explanation of the Convention between the Government of the United States of America and the Government of the Italian Republic for the Avoidance of Double Taxation with respect to Taxes on Income and the Prevention of Fraud or Fiscal Evasion, 1999 Washington (zitiert: Technical Explanation Italy).

–, United States Model Income Tax Convention of September 20, 1996 – Technical Explanations, 1996 Washington (zitiert: Technical Explanation US-MA (1996)).

–, Technical Explanation of the Convention and Protocol between the United States of America and the Federal Republic of Germany for the Avoidance of Double Taxation and the Prevention of Fiscal Evasion with respect to Taxes on Income and Capital and to Certain Other Taxes Signed at Bonn on August 1989, 1990 Washington (zitiert: Technical Explanation DBA-USA (1990)).

Valta, Matthias: Das Internationale Steuerrecht zwischen Effizienz, Gerechtigkeit und Entwicklungshilfe, 2014 Tübingen (zitiert: *Valta*, Das Internationale Steuerrecht).

Vann, Richard: Chapter 19: Beneficial Ownership What Does History (and Maybe Policy) Tell Us, in: Lang, Michael/Pistone, Pasquale/Schuch, Josef/Staringer, Claus/Storck, Alfred (Hrsg.), Beneficial Ownership: Recent Trends, S. 267, 2013 Amsterdam (zitiert: *Vann*, in: Lang u.a., Beneficial Ownership, S. 267).

Vega Borrego, Félix Alberto: Limitation on Benefits Clauses in Double Taxation Conventions, 2006 Den Haag (zitiert: *Vega*, LoB-Clauses).

Velarde, Andrew: Pfizer and Allergan Close Inversion Deal, TNI 2015 (Bd. 80), 730 (zitiert: *Velarde*, TNI 2015 (Bd. 80), 730).

Vogel, Klaus (Begr.)/*Lehner, Moritz* (Hrsg.): Doppelbesteuerungsabkommen, 6. Auflage, 2015 München (zitiert: *Bearbeiter*, in: Vogel/Lehner, DBA).

Wagner, Jörg: Der „Derivative Benefits Test" im DBA-USA, PIStB 2011, 99 (zitiert: *Wagner*, PIStB 2011, 99).

Wardzynski, Adrian: The 2014 Update to the OCED Commentary: A Targeted Hybrid Approach to Beneficial Ownership, Intertax 2015, 179 (zitiert: *Wardzynski*, Intertax 2015, 179).

–, The Limitation on Benefits Article in the OECD Model: Closing Abusive (Undesired) Conduit Gateways, BFIT 2014, 471 (zitiert: *Wardzynski*, BFIT 2014, 471).

Wassermeyer, Franz (Hrsg.): Doppelbesteuerung: DBA, 133. Ergänzungslieferung, Stand: Mai 2016, München (zitiert: *Bearbeiter*, in: Wassermeyer, DBA).

Wassermeyer, Franz/*Richter, Stefan*/*Schnittker, Helder* (Hrsg.): Personengesellschaften im Internationalen Steuerrecht, 2. Auflage, 2015 Köln (zitiert: *Bearbeiter*, in: Wassermeyer/Richter/Schnittker, Personengesellschaften).

Wassermeyer, Franz/*Schönfeld, Jens*: Die Besteuerung grenzüberschreitender Dividendenzahlungen nach dem neuen DBA-USA, DB 2006, 1970 (zitiert: *Wassermeyer/Schönfeld*, DB 2006, 1970).

Webster Dictionary: Merriam-Webster's Dictionary and Thesaurus, 14. Auflage, Fairfield, PA, (zitiert: Webster Dictionary).

Weeghel, Stef van: The Improper Use of Tax Treaties – With Particular Reference to the Netherlands amd the United States, 1998 London (zitiert: *van Weeghel*, Improper Use of Tax Treaties).

Willens, Robert: 'Voting Stock' and 'Stock Entitled To Vote' – Is There a Difference?, Tax Notes 2007 (Bd. 116), 683 (zitiert: *Willens*, Tax Notes 2007 (Bd. 116), 683).

Winnefeld, Robert: Bilanz-Handbuch, 5. Auflage, 2015 München (zitiert: *Winnefeld*, Bilanz-Handbuch).

Wolff, Ulrich/Eimermann, Dieter: Neuerungen im DBA-USA: Änderungsprotokoll vom 1. Juni 2006 zum DBA-USA 1989 und dem Protokoll dazu, IStR 2006, 837 (zitiert: *Wolff/Eimermann*, IStR 2006, 837).

Yoshimura, Koichiro: Clarifying the Meaning of Beneficial Owner in Tax Treaties, TNI 2013 (Bd. 72), 761 (zitiert: *Yoshimura*, TNI 2013 (Bd. 72), 761).

Zinkeisen, Klaus/ Walter, Andreas: Seminar F: Abkommensberechtigung von Investmentfonds, IStR 2007, 583 (zitiert: *Zinkeisen/Walter*, IStR 2007, 583).

Abkürzungsverzeichnis

a.A.	andere Ansicht
a.E.	am Ende
a.F.	alte Fassung
Abs.	Absatz
AEAO	Anwendungserlass zur Abgabenordnung
AEUV	Vertrag über die Arbeitsweise der Europäischen Union
AfA	Absetzungen für Abnutzungen
AG	Aktiengesellschaft
AktG	Aktiengesetz
AO	Abgabenordnung
APA	Administrative Procedure Act
Art.	Artikel
AStG	Außensteuergesetz
Bd.	Band
Begr.	Begründer
BFH	Bundesfinanzhof
BFH/NV	Sammlung der nicht veröffentlichten Entscheidungen des Bundesfinanzhofes
BGB	Bürgerliches Gesetzbuch
BGBl. I	Bundesgesetzblatt Teil I
BFIT	Bulletin for International Taxation
BMF	Bundesministerium der Finanzen
BPT	branch profit tax
BStBl. I	Bundessteuerblatt Teil I
BStBl. II	Bundessteuerblatt Teil II
BT-Drs.	Bundestags-Drucksache
BZSt	Bundeszentralamt für Steuern
bzw.	beziehungsweise
C.B.	Cumulative Bulletin
DB	Der Betrieb
DBA	Doppelbesteuerungsabkommen
DBA-USA	Abkommen zwischen der Bundesrepublik Deutschland und den Vereinigten Staaten von Amerika zur Vermeidung der Doppelbesteuerung und zur Vermeidung der Steuerverkürzung auf dem Gebiet der Steuern vom Einkommen und vom Vermögen und einiger anderer Steuern in der Fassung des Änderungsprotokolls vom 1.6.2006
D-MA	Verhandlungsgrundlage des BMF für Doppelbesteuerungsabkommen im Bereich der Steuern vom Einkommen und Vermögen
DStR	Deutsches Steuerrecht

DStZ	Deutsche Steuer-Zeitung
ECI	effectively connected income
EStG	Einkommensteuergesetz
EStR	Einkommensteuerrichtlinien
etc.	et cetera
EU	Europäische Union
EuGH	Gerichtshof der Europäischen Union
EWR	Europäischer Wirtschaftsraum
f.	folgende
ff.	fortfolgende
FGO	Finanzgerichtsordnung
Fn.	Fußnote
FS	Festschrift
gem.	gemäß
GmbH	Gesellschaft mit beschränkter Haftung
h.M.	herrschende Meinung
HGB	Handelsgesetzbuch
Hrsg.	Herausgeber
Hs.	Halbsatz
InvG	Investmentgesetz
InvStG	Investmentsteuergesetz
IRB	Internal Revenue Bulletin
IRC	Internal Revenue Code
IRS	Internal Revenue Service
ISR	Internationale Steuerrundschau
i.S.	im Sinne
i.S.d.	im Sinne des
i.V.m.	in Verbindung mit
i.w.S.	im weiteren Sinne
IStR	Internationales Steuerrecht
IWB	Internationale Wirtschaftsbriefe
KAGB	Kapitalanlagegesetzbuch
KGaA	Kommanditgesellschaft auf Aktien
KStG	Körperschaftsteuergesetz
LLC	Limited Liability Company
LoB-Klauseln	Limitation-on-Benefits-Klauseln
LP	Limited Partnership
m.w.N.	mit weiteren Nachweisen
NAFTA	North American Free Trading Agreement
OECD	Organisation für wirtschaftliche Zusammenarbeit und Entwicklung
OECD-MA	OECD-Musterabkommen zur Vermeidung der Doppelbesteuerung des Einkommens und des Vermögens
OECD-MK	Kommentar zum OECD-MA in der Fassung von 2014

phG	persönlich haftender Gesellschafter
PIStB	Praxis Internationale Steuerberatung
PPT	Principal-Purpose-Test
Reg.	Treasury Regulations
Rn.	Randnummer
S.	Satz, Seite
SE	Societas Europaea
sog.	sogenannte, sogenannter, sogenanntes
SolZG	Solidaritätszuschlaggesetz
SWI	Steuer und Wirtschaft International
TD	Treasury Decisions
TNI	Tax Notes International
Tz.	Textziffer
u.a.	und andere, unter anderem
UN	Vereinte Nationen
USA	Vereinigte Staaten von Amerika
US-MA	US-Musterabkommen
v.	vom
vgl.	vergleiche
z.B.	zum Beispiel

Einleitung

Ein wesentlicher Zweck von DBA ist es, Hemmnisse für den grenzüberschreitenden Wirtschaftsverkehr zwischen den Vertragsstaaten durch eine doppelte Besteuerung von Einkünften zu beseitigen. Zu diesem Zweck schränken DBA die Besteuerungsbefugnisse der Vertragsstaaten zugunsten von Steuerpflichtigen ein, die in den Vertragsstaaten ansässig sind. In bestimmten Fällen kann die Gewährung dieser Abkommensvorteile an einen Steuerpflichtigen aber im Widerspruch zum Sinn und Zweck des Abkommens und den Interessen eines Vertragsstaats stehen. Für den betroffenen Vertragsstaat stellt sich dann die Frage, ob und unter welchen Voraussetzungen er die Abkommensvorteile versagen sollte.

Diese Frage stellt sich insbesondere bei Transaktionen und Strukturen, durch die ein Drittstaatsansässiger (mittelbar) Abkommensvorteile in Anspruch nimmt, die eigentlich nur für in den Vertragsstaaten ansässige Personen gelten sollen. Für diese Fälle wird im Sprachgebrauch des Internationalen Steuerrechts häufig der Begriff „Treaty Shopping" verwandt. Die Verhinderung von Treaty Shopping ist ein Problem, das in vielen Staaten und auf der Ebene internationaler Organisationen seit Jahrzehnten diskutiert wird. Wie aktuell dieses Problem nach wie vor ist, zeigt sich daran, dass der im Rahmen des Base-Erosion-and-Profit-Shifting-Projekts von der OECD erstellte Abschlussbericht zur Verhinderung von Abkommensmissbräuchen (BEPS-Abschlussbericht) fast zwei Drittel seiner Seiten dem Treaty Shopping widmet.[1]

Im Mittelpunkt der Diskussion um die Verhinderung von Treaty Shopping steht derzeit die Frage, ob Staaten in ihre DBA Limitation-on-Benefits-Klauseln (LoB-Klauseln) nach US-amerikanischem Vorbild aufnehmen sollten. Für die USA gehören LoB-Klausel zum unverzichtbaren Bestandteil ihrer Abkommenspolitik[2] und auch andere Staaten wie beispielsweise Japan und Indien haben damit begonnen, LoB-Klauseln in ihre DBA aufzunehmen. Im BEPS-Abschlussbericht wird eine LoB-Klausel nach US-amerikanischem Vorbild für das OECD-MA vorgeschlagen.[3] In der

1 Vgl. OECD, Final BEPS Report – Action 6 (ohne Berücksichtigung der Zusammenfassung und Einleitung des Berichts).

2 US Treasury, Tax Treaties, S. 82.

3 OECD, Final BEPS Report – Action 6, S. 20 ff. Dort wird allerdings den Staaten die Wahl eingeräumt, Treaty Shopping entweder durch eine ausführliche LoB-Klausel nach US-amerikanischem Vorbild, einer vereinfachten LoB-Klausel oder allein durch eine allgemeine abkommensrechtliche Missbrauchsvermeidungsvorschrift in Form eines Principal-Purpose-Tests zu verhindern. Außerdem war beabsichtigt, die vorgeschlagene LoB-Klausel noch einmal zu analysieren und gegebenenfalls zu überarbeiten, nachdem die USA das neue US-MA (2016) veröffentlicht haben (vgl. OECD, a.a.O., S. 20). Das ist bislang aber noch nicht erfolgt.

öffentlichen Diskussion werden LoB-Klauseln hingegen oft als unverhältnismäßig, ineffektiv und unpraktikabel abgelehnt.[4]

Die Diskussion um LoB-Klauseln soll in dieser Arbeit zum Anlass genommen werden, anhand eines konkreten Beispiels, nämlich der LoB-Klausel im DBA zwischen den USA und Deutschland (DBA-USA), zu untersuchen, ob LoB-Klauseln nach US-amerikanischem Vorbild ein sachgerechtes Instrument zur Verhinderung von Treaty Shopping darstellen und inwiefern LoB-Klauseln zu diesem Zweck geändert oder durch weitere Vorschriften im DBA oder im innerstaatlichen Steuerrecht der Vertragsstaaten ergänzt werden müssen.

Dazu soll im ersten Teil dieser Arbeit zunächst geklärt werden, was unter Treaty Shopping zu verstehen ist und in welchen Fällen ein Staat Abkommensvorteile bei der mittelbaren Inanspruchnahme durch Drittstaatsansässige versagen sollte und wann nicht.

Im zweiten Teil der Arbeit soll sodann die LoB-Klausel des DBA-USA dargestellt und im Hinblick auf ihre Eignung zur Verhinderung von Treaty Shopping bewertet werden. Dazu wird die Auslegung der LoB-Klausel aus US-amerikanischer und deutscher Sicht diskutiert. Auf der Grundlage dieser Auslegung soll im Anschluss geklärt werden, wo bei der Anwendung der LoB-Klausel Anwendungsschwierigkeiten und Rechtsunsicherheiten verbleiben, welche Formen von Treaty Shopping die LoB-Klausel verhindert und welche nicht und in welchen Fallgestaltungen die LoB-Klausel zu restriktiv ist, weil sie Abkommensvorteile versagt, ohne dass dies geboten wäre.

Die LoB-Klausel ist sowohl aus US-amerikanischer als auch aus deutscher Sicht nicht die einzige Regelung zur Verhinderung von Treaty Shopping. Die Funktionsweise und die Wirksamkeit der LoB-Klausel kann daher nur im Zusammenhang mit den anderen Regelungen des DBA-USA und des innerstaatlichen Steuerrechts der Vertragsstaaten, durch die ebenfalls Treaty Shopping verhindert wird, verstanden werden. Diese Regelungen und ihr Zusammenwirken mit der LoB-Klausel werden im dritten Teil dieser Arbeit erläutert.

Im vierten Teil soll sodann vor dem Hintergrund der zuvor gewonnenen Erkenntnisse untersucht werden, inwiefern die LoB-Klausel änderungs- und ergänzungsbedürftig ist. Dabei soll auch diskutiert werden, ob die im BEPS-Abschlussbericht vorgeschlagene LoB-Klausel die bei der LoB-Klausel des DBA-USA zuvor identifizierten Probleme und Schwächen sinnvoll adressiert. Außerdem soll im vierten Teil auf den Vorschlag des BEPS-Abschlussberichts, die LoB-Klausel durch einen Principal-Purpose-Test zu ergänzen, eingegangen werden.

---

4 Bspw. ALI, International Taxation Aspects II, S. 165; *Jochimsen*, IStR 2014, 865, 866 ff.; *Vega*, LoB-Clauses, S. 103 ff.

1. Teil: Voraussetzungen für die Versagung von Abkommensvorteilen wegen Treaty Shopping

In diesem ersten Teil der Arbeit soll untersucht werden, unter welchen Voraussetzungen ein Staat die Gewährung von Vergünstigungen eines DBA wegen Treaty Shopping versagen sollte. Dazu sollen zunächst der Hintergrund und die Ursachen von Treaty Shopping geklärt (siehe nachfolgend unter A.) und die Bedeutung des Begriffs Treaty Shopping (siehe nachfolgend unter B.) sowie praxisrelevante Treaty-Shopping-Strukturen erläutert werden (siehe nachfolgend unter C.). Sodann sollen die Gründe diskutiert werden, wieso bei Treaty Shopping keine Abkommensvergünstigungen gewährt werden sollten (siehe nachfolgend unter D.). Aufbauend auf diesen Gründen werden im Anschluss die Kriterien ermittelt, nach denen die Fälle, in denen ein Staat wegen Treaty Shopping die Abkommensvorteile versagen sollte, von anderen Fällen, in denen ein Drittstaatsansässiger mittelbar Abkommensvorteile in Anspruch nimmt, unterschieden werden können (siehe nachfolgend unter E.).

A. Hintergrund und Ursachen von Treaty Shopping

Die meisten Staaten verwenden zur Begründung der Steuerpflicht von Einkünften sowohl persönliche Merkmale des Steuerpflichtigen als auch sachliche, einkünftebezogene Merkmale.[5] Demnach können Einkünfte zum einen deshalb in einem Staat steuerpflichtig sein, weil die Einkünfte von einer Personen bezogen werden, die eine Verbindung zu dem Staat aufweist,[6] etwa weil sie ihren Wohnsitz oder ihren gewöhnlichen Aufenthalt bzw. (bei juristischen Personen) ihren Gründungsort oder ihren Ort der Geschäftsleitung in dem Staat hat (persönliche Merkmale).[7] Zum anderen kann die Steuerpflicht daraus resultieren, dass zwischen dem Staat und den Einkünften eine Verbindung besteht.[8] Das kann beispielsweise dann der Fall sein, wenn die Tätigkeit, mit der Einkünfte erzielt werden, in dem Staat ausgeübt wird, das Objekt, aus dem die Einkünfte stammen, in dem Staat belegen ist oder sich der Schuldner, der die Einkünfte zahlt, in dem Staat befindet (sachliche Merkmale).[9]

Die an persönliche Merkmale anknüpfende Besteuerung soll in der Regel die volle Leistungsfähigkeit des Steuerpflichtigen erfassen. Dementsprechend ist der Steuerpflichtige in diesem Fall mit allen seinen Einkünften, unabhängig davon aus

---

5 *Haase*, Int. Steuerrecht, S. 9 f.; *Krause*, IFSt Nr. 405/2003, S. 8 ff.
6 *Haase*, Int. Steuerrecht, S. 9 f.; *Krause*, IFSt Nr. 405/2003, S. 9.
7 Vgl. § 1 Abs. 1 EStG bzw. § 1 Abs. 1 KStG und § 7701(b) IRC bzw. § 7701(a)(4),(5) IRC.
8 *Haase*, Int. Steuerrecht, S. 10; *Krause*, IFSt Nr. 405/2003, S. 10.
9 Vgl. bspw. § 49 Abs. 1 EStG und § 861 IRC.

welchem Staat sie stammen, steuerpflichtig.[10] Im deutschen Steuerrecht wird für diese Form der Besteuerung der Begriff der unbeschränkten Steuerpflicht verwendet, im Sprachgebrauch des Internationalen Steuerrechts ist der Begriff Ansässigkeitsstaatsbesteuerung geläufig.[11] Der besteuernde Staat heißt dementsprechend Ansässigkeitsstaat.

Bei der Besteuerung aufgrund sachlicher Merkmale sind hingegen nur die Einkünfte einer Person steuerpflichtig, die einen ausreichenden wirtschaftlichen Bezug zum betreffenden Staat haben.[12] Das deutsche Steuerrecht spricht in diesem Fall von beschränkter Steuerpflicht, im Sprachgebrauch des Internationalen Steuerrechts wird der Begriff Quellenstaatsbesteuerung oder Quellenbesteuerung verwendet.[13] Der Staat, der die Einkünfte aufgrund sachlicher Merkmale besteuert, ist der Quellenstaat.

Bei grenzüberschreitenden Sachverhalten kann es wegen dieser unterschiedlichen Anknüpfungsmerkmale zu einer Besteuerung von Einkünften sowohl im Quellenstaat (der an sachliche Merkmale anknüpft) als auch im Ansässigkeitsstaat (der an persönliche Merkmale anknüpft) kommen.[14] Beispielsweise können Zinsen, die eine Person im Staat A an eine Person mit Wohnsitz im Staat B zahlt, sowohl im Staat A als Quellenstaat als auch im Staat B als Ansässigkeitsstaat besteuert werden. Diese Doppelbesteuerung ist ein offensichtliches Hindernis für den grenzüberschreitenden Wirtschaftsverkehr. Eine Möglichkeit zur Vermeidung der Doppelbesteuerung besteht in unilateralen Maßnahmen der einzelnen Staaten. So sieht das innerstaatliche Steuerrecht des Ansässigkeitsstaats oft vor, dass die im Quellenstaat gezahlten Steuern auf die Steuerschuld im Ansässigkeitsstaat angerechnet werden.[15] Da für diese Steueranrechnung aber regelmäßig zahlreiche Beschränkungen gelten, führt sie oft nicht zu einer vollständigen Vermeidung der Doppelbesteuerung.[16]

Eine weitere Möglichkeit zur Vermeidung der Doppelbesteuerung besteht im Abschluss eines DBA. Neben weiteren Zielsetzungen ist ein wesentlicher Zweck von DBA, Hemmnisse im grenzüberschreitenden Wirtschaftsverkehr durch eine doppelte Besteuerung von Einkünften in beiden Vertragsstaaten zu verhindern.[17] Zu diesem Zweck enthalten DBA Bestimmungen über die Aufteilung und Begrenzung

---

10 *Haase,* Int. Steuerrecht, S. 9 f.

11 *Lohbeck/Tischbirek,* in: Vogel/Lehner, DBA, Vor Art. 10 bis 12 Rn. 3.

12 *Haase,* Int. Steuerrecht, S. 10.

13 *Lohbeck/Tischbirek,* in: Vogel/Lehner, DBA, Vor Art. 10 bis 12 Rn. 3.

14 Vgl. ausführlich *Krause,* IFSt Nr. 405/2003, S. 9 ff. *Schönfeld/Hack,* in: Schönfeld, DBA, Systematik Rn. 5.

15 Vgl. in Deutschland und den USA: § 34c EStG, § 26 KStG und § 901 IRC. Siehe dazu auch *Lehner,* in: Vogel/Lehner, DBA, Grundlagen des Abkommensrechts Rn. 31a.

16 *Lehner,* in: Vogel/Lehner, DBA, Grundlagen des Abkommensrechts Rn. 31a aE.

17 OECD-MK, Einleitung, Nr. 1.

von Besteuerungsrechten der Vertragsstaaten, wodurch die Vertragsstaaten auf die sich aus dem innerstaatlichen ergebenden Steueransprüche verzichten.[18]

Die meisten DBA sehen zur Vermeidung einer Doppelbesteuerung in erster Linie eine Beschränkung des Besteuerungsrechts des Quellenstaats zugunsten des Besteuerungsrechts des Ansässigkeitsstaats vor. So dürfen nach den meisten DBA Unternehmensgewinne aus dem Quellenstaat dort nicht besteuert werden, es sei denn, diese Unternehmensgewinne können einer Betriebsstätte im Quellenstaat zugerechnet werden.[19] Gewinne aus der Veräußerung von Wirtschaftsgütern im Quellenstaat dürfen in der Regel nur im Ansässigkeitsstaat besteuert werden.[20] Für Dividenden, Zinsen und Lizenzgebühren aus dem Quellenstaat weisen DBA regelmäßig entweder dem Ansässigkeitsstaat das ausschließliche Besteuerungsrecht zu oder begrenzen den Steuersatz, mit dem der Quellenstaat diese Einkünfte besteuern darf.[21]

Für Steuerpflichtige mit ausländischen Einkünften bieten DBA daher die Möglichkeit, ihre Steuerlast im Quellenstaat erheblich zu reduzieren oder die Besteuerung im Quellenstaat sogar ganz zu vermeiden. Besondere praktische Relevanz hat dabei die Freistellung oder Reduzierung von Steuern auf Dividenden, Zinsen und Lizenzgebühren, die im Quellenstaat erhoben werden, auf der Grundlage eines DBA. Das liegt auch daran, dass die Bemessungsgrundlage für die Quellensteuer[22] auf dieser Einkünfte in der Regel der Bruttobetrag ist, zusammenhängende Aufwendungen also steuerlich nicht abgezogen werden dürfen.[23] Dadurch kann der effektive Quellensteuersatz für diese Einkünfte ohne die Anwendung eines DBA sehr hoch sein.[24] Aber auch bei anderen Einkunftsarten, beispielsweise bei

---

18 *Lehner*, in: Vogel/Lehner, DBA, Grundlagen des Abkommensrechts Rn. 66. Vgl. auch BFH, Urteil v. 28.6.1972 – I R 35/70, BStBl. II 1972, 85.

19 Vgl. Art. 7 Abs. 1 OECD-MA und Art. 7 Abs. 1 DBA-USA.

20 Vgl. Art. 13 OECD-MA und Art. 13 DBA-USA. Ausnahmen bestehen, wenn Grundstücke, Anteile an Grundstücksgesellschaften oder Wirtschaftsgüter einer Betriebsstätte im Quellenstaat veräußert werden.

21 Vgl. Art. 10 OECD-MA und Art. 10 DBA-USA (Dividenden), Art. 11 OECD-MA und Art. 11 DBA-USA (Zinsen) sowie Art. 12 OECD-MA und Art. 12 DBA-USA (Lizenzgebühren).

22 In Deutschland wird der Begriff Quellensteuer meist in einem engen Sinn verstanden, nach dem darunter nur die im Rahmen der beschränkten Steuerpflicht durch Steuerabzug erhobenen Steuern fallen (vgl. *Haase*, Int. Steuerrecht, S. 10 ff.). In dieser Arbeit soll er für alle Steuern im Rahmen der beschränkten Steuerpflicht erhobenen Steuern, unabhängig von deren Erhebungsform, verwendet werden.

23 Vgl. § 50a Abs. 3 EStG, § 873 IRC.

24 Da die Anrechnung der Quellensteuern im Ansässigkeitsstaat nach innerstaatlichem Recht in der Regel auf die im Ansässigkeitsstaat auf diese Einkünfte erhobene Steuern begrenzt ist, führt dies wiederum zu einer hohen Gesamtsteuerbelastung, die eine Transaktion gänzlich unwirtschaftlich erscheinen lassen kann (vgl. *Vega*, LoB-Clauses, S. 18).

Veräußerungsgewinnen, kann ein DBA zu einer erheblichen Reduzierung der Steuerlast im Quellenstaat führen.

Als bilaterale völkerrechtliche Verträge gelten DBA allerdings nur für Personen, die in einem der beiden Vertragsstaaten des DBA ansässig sind,[25] also dort aufgrund persönlicher Merkmale der (unbeschränkten) Steuerpflicht unterliegen.[26] Personen, die in keinem der Vertragsstaaten ansässig sind (Drittstaatsansässige), können sich nicht auf dieses DBA und die Beschränkung des Besteuerungsrechts des Quellenstaats berufen. Wenn ein Steuerpflichtiger ausländische Einkünfte erzielt und der Ansässigkeitsstaat des Steuerpflichtigen mit dem Quellenstaat kein DBA abgeschlossen hat, bieten die Vorteile eines DBA somit einen erheblichen Anreiz, Wege zu finden, um als Drittstaatsansässiger die Vergünstigungen eines DBA zwischen dem Quellenstaat und einem anderen Staat in Anspruch zu nehmen. Das gleiche gilt, wenn das DBA zwischen dem Quellenstaat und dem Ansässigkeitsstaat des Steuerpflichtigen weniger vorteilhaft ist, beispielsweise einen höheren Steuersatz des Quellenstaats zulässt.[27] Der Quellenstaat muss sich fragen, ob er in einer solchen Konstellation die Abkommensvorteile versagt.

B. Bedeutung des Begriffs Treaty Shopping

I. Verwendung des Begriffs Treaty Shopping im Internationalen Steuerrecht

Vor diesem Hintergrund haben sich Strukturen und Transaktionen entwickelt, die im Sprachgebrauch des Internationalen Steuerrechts als Treaty Shopping bezeichnet werden.[28]

Was genau unter Treaty Shopping zu verstehen ist, wird unterschiedlich definiert. In der deutschen Literatur wird unter Treaty Shopping häufig die „Zwischenschaltung einer abkommensberechtigten Gesellschaft durch einen oder mehrere nicht abkommensberechtigte Gesellschafter, um für Einkünfte, deren Erzielung auf die Gesellschaft verlagert wird, in Genuss von Abkommensvergünstigungen zu

---

25 Vgl. Art. 1 Abs. 1 OECD-MA, Art. 1 Abs. 1 DBA-USA.

26 Vgl. Art. 4 Abs. 1 OECD-MA, Art. 4 Abs. 1 DBA-USA.

27 Vgl. dazu: *Kraft*, Die missbräuchliche Inanspruchnahme von DBA, S. 7 f.

28 Die Entstehung des Begriffs Treaty Shopping wird oft als Abwandlung des im US-Recht gebräuchlichen „Forum Shopping“ erklärt. Unter Forum Shopping versteht man in den USA ein Vorgehen, durch das eine Partei eines Gerichtsverfahrens in den USA sicherstellen möchte, dass das Gericht über den Rechtsstreit entscheidet, von dem es das für sie günstigste Urteil erwartet. Vergleichbar dazu sucht eine Person beim Treaty Shopping den Staat, der das günstigste DBA mit dem Quellenstaat abgeschlossen hat (vgl. *Castro*, Va. Tax Review 2011 (Bd. 31), 297, 300; *Vega*, LoB-Clauses, S. 20, Fn. 52).

gelangen" verstanden.[29] Damit wird eine ganz konkrete Struktur zur Inanspruchnahme von Abkommensvorteilen durch Drittstaatsansässige beschrieben, bei der Drittstaatsansässige eine Gesellschaft in einem Vertragsstaat gründen, um dann über diese Gesellschaft die Einkünfte aus dem anderen Vertragsstaat zu beziehen.[30]

Besser ist es jedoch, Treaty Shopping abstrakt und losgelöst von einer konkreten Struktur zu beschreiben. So definiert *van Weeghel* Treaty Shopping als Situation, in der eine Person, die keinen Anspruch auf die Vergünstigungen eines DBA hat, eine natürliche oder juristische Person im weitesten Sinne dieses Worts einsetzt, um die Abkommensvergünstigungen zu erlangen, die ihr unmittelbar nicht zuständen.[31] Ähnlich beschreibt *Prokisch* Treaty Shopping als Gestaltung, die darauf angelegt ist, den Schutz eines Abkommens zu erlangen, das an sich für den Steuerpflichtigen nicht gilt, weil er nicht in einem Vertragsstaat ansässig ist.[32] Eine weitere Definition findet sich im BEPS-Abschlussbericht der OECD. Dort wird unter Treaty Shopping eine Situation verstanden, in der Drittstaatsansässige versuchen, indirekt die Vorteile eines zwischen zwei Vertragsstaaten geschlossenen DBA zu erlangen.[33]

Auch wenn sich diese abstrakten Definitionsansätze im Einzelnen unterscheiden, beschreiben sie im Kern die gleiche Sachverhaltskonstellation, die sich aus der zuvor geschilderten Interessenlage Drittstaatsansässiger ergibt: die (indirekte) Inanspruchnahme von Abkommensvorteilen durch Drittstaatsansässige. Den Definitionsansätzen ist zudem gemein, dass sie ein gezieltes Vorgehen des Drittstaatsansässigen zur Erlangung von Abkommensvorteilen voraussetzen. Das wird auch vom Begriff Treaty Shopping impliziert, der von einer bewussten Entscheidung des Drittstaatsansässigen, sich in ein DBA „einzukaufen", ausgeht.[34] Wie an späterer Stelle noch diskutiert werden soll, erscheint es jedoch zweifelhaft, bei der Diskussion um Treaty Shopping von vornherein Fälle auszuschließen, bei denen es an diesem subjektiven Element fehlt.[35]

Die Abkommensvorteile, um die es dem Drittstaatsansässigen beim Treaty Shopping geht, müssen nicht zwingend in der Entlastung von der Besteuerung im Quellenstaat bestehen. Zwar schränken DBA vorrangig das Besteuerungsrecht des Quellenstaats ein, daneben finden sich in DBA aber auch Beschränkungen der Ansässigkeitsbesteuerung. Beispielsweise darf der Ansässigkeitsstaat in der Regel Unternehmensgewinne aus einer Betriebsstätte im Quellenstaat nicht besteuern

29 *Wassermeyer*, in: Wassermeyer, DBA, Art. 1 OECD-MA Rn. 65. Ähnlich: *Bader*, Holdinggesellschaften, S. 100; *Oellerich* IWB 2013, 33, 34; *Wagner*, in: Blümich, KStG/EStG, § 50d EStG Rn. 64.

30 Vgl. zu dieser Direct-Conduit-Struktur nachfolgend unter C.I.1., S. 10.

31 *van Weeghel*, Improper Use of Tax Treaties, S. 119. So auch IBFD, Glossary, „Treaty shopping".

32 *Prokisch*, in: Vogel/Lehner, DBA, Art. 1 Rn. 101.

33 OECD, BEPS Report, S. 17 unter Tz. 17.

34 *Rosenbloom*, Law and Policy in International Business 1983 (Bd. 15), 763, 766, der den Begriff Treaty Shopping daher für missglückt hält.

35 Vgl. dazu ausführlich E.III., S. 43.

oder er muss die Steuer im Quellenstaat anrechnen.[36] In deutschen DBA werden Schachteldividenden aus dem Quellenstaat häufig von der Ansässigkeitsbesteuerung freigestellt.[37] Es ist denkbar, dass ein Drittstaatsansässiger versucht, durch Gestaltungen oder Transaktionen diese Abkommensvorteile im Ansässigkeitsstaat zu erlangen. Die Diskussion um Treaty Shopping zeigt jedoch, dass die Erlangung von Abkommensvorteilen im Quellenstaat mit Abstand wesentlich relevanter ist. Daher beschränkt sich diese Arbeit auf Treaty-Shopping-Sachverhalte, in denen es um eine Reduzierung der Steuerlast im Quellenstaat geht.

Einen Sonderfall in der Diskussion um Treaty Shopping stellen „Mäanderstrukturen" dar. Bei diesen Strukturen wird die Quellensteuerentlastung auf der Grundlage eines DBA nicht von Drittstaatsansässigen, sondern (mittelbar) von Personen in Anspruch genommen, die in dem Staat ansässig sind, aus dem die Einkünfte stammen, also im Quellenstaat.[38] Mäanderstrukturen werden teilweise auch als eine Form des Treaty Shopping angesehen.[39] Ebenso wie bei der Erlangung von Abkommensvorteilen durch Drittstaatsansässige werden bei Mäanderstrukturen die Abkommensvorteile indirekt von einer Person in Anspruch genommen, deren Abkommensberechtigung an der Ansässigkeitsvoraussetzung scheitert. Bei Mäanderstrukturen ist diese Person zwar in einem der Vertragsstaaten ansässig. Die Quellensteuerentlastung setzt aber voraus, dass die Person in dem anderen Vertragsstaat als dem Quellenstaat ansässig ist. Ob daraus allerdings die Schlussfolgerung gezogen werden kann, Mäanderstrukturen müssten genauso behandelt werden wie die Erlangung von Abkommensvorteilen durch Drittstaatsansässige, soll an späterer Stelle diskutiert werden.[40]

II. Abgrenzung zum Directive Shopping und Rule Shopping

Der Begriff Treaty Shopping wird teilweise auch als Oberbegriff für das soeben diskutierte Treaty Shopping im engeren Sinn (d.h. die mittelbare Inanspruchnahme von Abkommensvorteilen durch Drittstaatsansässige) und das Rule Shopping verwendet.[41]

Das Rule Shopping betrifft Fälle, in denen eine in einem Vertragsstaat ansässige und damit an sich abkommensberechtigte Person einen Sachverhalt so gestaltet,

---

36 Vgl. Art. 7 Abs. 1 S. 2 i.V.m. Art. 23A bzw. Art. 23B OECD-MA. Art. 7 Abs. 1 S. 2 i.V.m. Art. 23 Abs. 2 bzw. 3 DBA-USA.

37 Vgl. *Ismer*, in: Vogel/Lehner, DBA, Art. 23A/B Rn. 78 ff. Vgl. auch Art. 22 Abs. 1 S. 1 D-MA.

38 Vgl. zu diesem Begriff: *Schönfeld*, in: Flick/Wassermeyer/Baumhoff, Außensteuerrecht, § 50d Abs. 3 EStG, Rn. 83.

39 OECD, Final BEPS Report – Action 6, S. 17 Fn. 2. Vgl. auch BMF, Schreiben v. 24.1.2012 – IV B 3 – S 2411/07/10016, BStBl. I 2012, 171 Tz. 4.3, wonach auch Mäanderstrukturen unter § 50d Abs. 3 EStG fallen.

40 Vgl. F., S. 54.

41 *Musil*, Treaty Overriding, S. 198. Vgl. auch *Rudolf*, Treaty Shopping, S. 9.

dass er unter eine für sie günstigere Abkommensvorschrift fällt als jene, die eigentlich anwendbar wäre.[42] Ein Beispiel hierfür ist die Umqualifizierung von Dividenden, für die das DBA ein (beschränktes) Quellensteuerrecht vorsieht, in Zinsen, die nach dem DBA von der Quellenbesteuerung freigestellt werden müssen. Rule Shopping betrifft also Fälle, in denen sich der Steuerpflichtige in den sachlichen Anwendungsbereich einer Abkommensvorschrift und nicht in den persönlichen Anwendungsbereich des DBA „einkaufen" will und muss aus diesem Grund durch andere Regelungen als das Treaty Shopping (im engeren Sinn) adressiert werden. Daher wird das Rule Shopping in dieser Arbeit nicht thematisiert.

Treaty Shopping wird zudem oft im Zusammenhang mit dem Directive Shopping diskutiert. Beim Directive Shopping geht es darum, die Voraussetzungen für die Anwendbarkeit der Quellensteuerbefreiung nach der Mutter-Tochter-Richtlinie[43] oder der Zins- und Lizenzrichtlinie[44] für Einkünfte eines Steuerpflichtigen zu schaffen, der nicht in den persönlichen Anwendungsbereich der Richtlinie fällt, weil er außerhalb der EU ansässig ist.[45] Das Directive Shopping ähnelt somit dem Treaty Shopping, nur dass sich der Steuerpflichtige hier nicht in den persönlichen Anwendungsbereich eines DBA, sondern einer EU-Richtlinie „einkauft". Wegen der unterschiedlichen Zielrichtungen sowie des unterschiedlichen Zustandekommens von Richtlinien und DBA können im Fall des Directive Shopping andere Gegenmaßnahmen als beim Treaty Shopping angezeigt sein, insbesondere spielen Reziprozitätserwägungen bei Richtlinien eine geringere Rolle als bei Abkommen.[46] Daher soll das Directive Shopping nicht Gegenstand dieser Arbeit sein.

C. Praxisrelevante Beispiele für Treaty-Shopping-Strukturen

Für Drittstaatsansässige gibt es ganz verschiedene Möglichkeiten, um (mittelbar) die Abkommensvorteile eines zwischen zwei anderen Staaten geschlossenen DBA zu erlangen. Die Ausgestaltung einer Treaty-Shopping-Struktur hängt von dem Steuerrecht der beteiligten Staaten, den anwendbaren DBA, den Zielvorstellungen

---

42 *Bader*, Holdinggesellschaften, S. 103 f.; *Hey*, in: Lüdicke, Wo steht das deutsche Internationale Steuerrecht?, S. 137, 140; *Prokisch*, in: Vogel/Lehner, DBA, Art. 1 Rn. 101; *Wassermeyer*, in: Wassermeyer, DBA, Art. 1 OECD-MA Rn. 68.

43 Richtlinie 2011/96/EU des Rates über das gemeinsame Steuersystem der Mutter- und Tochtergesellschaften verschiedener Mitgliedstaaten v. 30.11.2011, zuletzt geändert durch Richtlinie 2015/121/EU des Rates v. 27.1.15.

44 Richtlinie 2003/49/EG des Rates über eine gemeinsame Steuerregelung für Zahlungen von Zinsen und Lizenzgebühren zwischen verbundenen Unternehmen verschiedener Mitgliedstaaten v. 03.6.2003, zuletzt geändert durch Richtlinie 2004/66/EG des Rates v. 26.4.2004.

45 *Jacobs/Endres/Spengel*, Internationale Unternehmensbesteuerung, S. 348 und 1026; *Loschelder*, in: Schmidt, EStG, § 50d Rn. 45.

46 Vgl. *Lang*, IStR 2005, 289, 296.

des Drittstaatsansässigen und von einer Vielzahl weiterer Faktoren ab. Dennoch gibt es bestimmte Grundstrukturen, die häufig bei der Diskussion um Treaty Shopping genannt werden. Diese Strukturen lassen sich grob in drei Kategorien einteilen:

1. *Beteiligung an abkommensberechtigten Zwischengesellschaften*: Zunächst gibt es Treaty-Shopping-Strukturen, die darauf beruhen, dass die persönliche Anwendbarkeit eines DBA bei (steuerlich intransparenten) Gesellschaften von der Ansässigkeit der Gesellschaft im Vertragsstaat, nicht jedoch von der Ansässigkeit der Anteilseigner abhängt. Ein Drittstaatsansässiger kann daher seine ausländischen Einkünfte auf eine Gesellschaft (Zwischengesellschaft) verlagern, die in einem Staat ansässig ist, mit dem der Quellenstaat ein DBA abgeschlossen hat und an der er beteiligt ist. Durch seine Beteiligung an der Zwischengesellschaft profitiert er dann indirekt von den Abkommensvorteilen, die von der Gesellschaft in Anspruch genommen werden (siehe nachfolgend unter I.).
2. *Formale Verlagerung von Einkünften*: Weiterhin können Drittstaatsansässige versuchen, Abkommensvorteile zu erlangen, indem sie die Einkünfte aus dem Quellenstaat zivilrechtlich auf eine abkommensberechtigte Person verlagern, zugleich aber durch weitere vertragliche Vereinbarungen sicherstellen, dass ihnen diese Einkünfte wirtschaftlich zugutekommen (siehe nachfolgend unter II.).
3. *Ausnutzung von Qualifikationskonflikten (i.w.S.)*: Eine besondere Fallgruppe bilden Treaty-Shopping-Strukturen, bei denen der Quellenstaat die Einkünfte einer Person zurechnet, die aus seiner Sicht in einem Staat ansässig ist, mit dem er ein DBA abgeschlossen hat, obwohl aus Sicht dieses anderen Vertragsstaats die Einkünfte von einer drittstaatsansässigen Person bezogen werden (siehe nachfolgend unter III.).

Neben den nachfolgend dargestellten Treaty-Shopping-Strukturen gibt es selbstverständlich weitere Gestaltungsmöglichkeiten für Drittstaatsansässige. Allerdings zeigt die öffentliche Diskussion dieser Strukturen, dass sie die höchste praktische Relevanz besitzen und damit durchaus einen Prüfstein für die Wirksamkeit von Regelungen zur Verhinderung von Treaty Shopping bilden.

I. Beteiligung an abkommensberechtigten Zwischengesellschaften

Bei Treaty Shopping durch eine Beteiligung an abkommensberechtigten Zwischengesellschaften können Direct-Conduit-Strukturen und Stepping-Stone-Conduit-Strukturen unterschieden werden.

1. Direct-Conduit-Strukturen

Die wohl am meisten diskutierte Treaty-Shopping-Struktur besteht in der Zwischenschaltung einer (steuerlich intransparenten) Gesellschaft (Zwischengesellschaft) durch den Drittstaatsansässigen für die quellensteuerpflichtigen Einkünfte.[47] Die Zwischengesellschaft bezieht bei dieser Struktur aus rechtlicher und wirtschaftlicher Sicht die quellensteuerpflichtigen Einkünfte und ist in einem Staat ansässig, mit dem der Quellenstaat ein günstiges DBA abgeschlossen hat. Der Drittstaatsansässige ist an der Zwischengesellschaft (häufig zu 100 %) als Gesellschafter beteiligt, sodass die Einkünfte aus dem Quellenstaat an ihn als Dividende der Zwischengesellschaft ausgeschüttet werden können und er die Kontrolle über die Zwischengesellschaft hat. Die Funktionsweise dieser Struktur, die als Direct-Conduit-Struktur bezeichnet wird,[48] lässt sich folgendermaßen illustrieren:

Beispiel 1:
Die D-Gesellschaft ist im Staat D ansässig und erwartet Dividenden von einer Tochtergesellschaft (Q-Gesellschaft) aus dem Staat Q, mit dem der Staat D kein DBA abgeschlossen hat. Nach dem Steuerrecht des Staats Q unterliegen diese Dividenden einer Quellensteuer in Höhe von 30 %. Zwischen dem Staat Q und dem Staat A besteht ein DBA, das Dividenden von der Besteuerung im Quellenstaat freistellt. Die D-Gesellschaft überträgt daher die Beteiligung an der Q-Gesellschaft dauerhaft an die A-Gesellschaft, die im Staat A ansässig und an der die D-Gesellschaft als alleinige Gesellschafterin beteiligt ist. Da die Dividenden der Q-Gesellschaft nunmehr von der im Staat A ansässigen A-Gesellschaft bezogen werden, findet auf Ausschüttungen der Q-Gesellschaft an die A-Gesellschaft die Quellensteuerbefreiung des DBA zwischen dem Staat A und dem Staat Q Anwendung. Der Gewinn der A-Gesellschaft aus der Dividende der Q-Gesellschaft wird sodann als Dividende an die D-Gesellschaft ausgeschüttet.

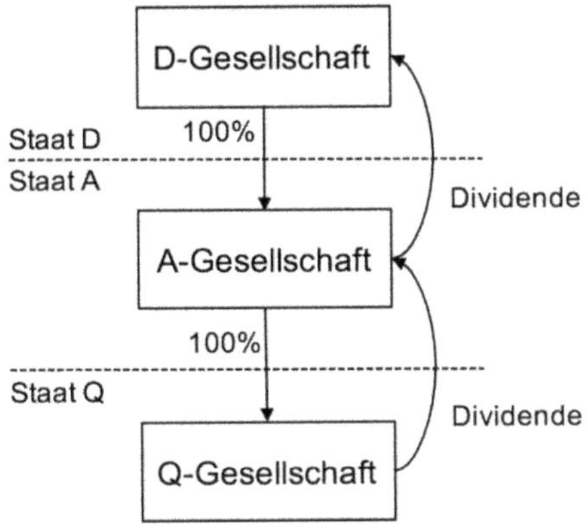

Damit die Direct-Conduit-Struktur zu einer steuerlichen Verbesserung des Drittstaatsansässigen führt, darf der Vorteil aus der Quellensteuerreduzierung nicht

47 Vgl. OECD, International Tax Avoidance and Evasion, S. 88 f.; *van Weeghel*, Improper Use of Tax Treaties, S. 120.

48 *Vega*, LoB-Clauses, S. 30: vgl. *van Weeghel*, Improper Use of Tax Treaties, S. 120.

durch steuerliche Nachteile aus der Zwischenschaltung der Zwischengesellschaft zunichtegemacht werden. Das Hauptaugenmerk gilt dabei der Besteuerung der Zwischengesellschaft in ihrem Ansässigkeitsstaat (d.h. dem anderen Vertragsstaat).[49] Wenn die Einkünfte aus dem Quellenstaat dort einer effektiven Steuerbelastung unterliegen, die der Quellensteuer bei direktem Bezug der Einkünfte durch den Drittstaatsansässigen entspricht, verspricht diese Struktur keinen Nutzen.[50] Daher werden in der Regel Zwischengesellschaften gewählt, die in ihrem Ansässigkeitsstaat einer persönlichen Steuerbefreiung unterliegen (beispielsweise Investmentgesellschaften) oder es wird darauf geachtet, dass für die betreffenden Einkünfte eine sachliche Steuerbefreiung oder ein vorteilhaftes Steuerregime gilt (z.B. ein Patentbox-Steuerregime) gilt. Außerdem ist diese Struktur nur sinnvoll, wenn die Einkünfte bei der Weiterauschüttung von der Zwischengesellschaft an den Drittstaatsansässigen keiner (erheblichen) Quellensteuerbelastung im Ansässigkeitsstaat der Zwischengesellschaft unterliegen.[51] Hierfür kann wiederum ein DBA zwischen dem Ansässigkeitsstaat der Zwischengesellschaft und dem Drittstaat oder die Mutter-Tochter-Richtlinie genutzt werden.

Wenn die Einkünfte aus dem Quellenstaat im Ansässigkeitsstaat der Zwischengesellschaft einer erheblichen Steuerbelastung unterlägen, ist eine Abwandlung dieser Struktur durch Einsatz einer Betriebsstätte der Zwischengesellschaft in einem vierten Staat (Betriebsstättenstaat) möglich.[52] Bei dieser Struktur werden die den Einkünften aus dem Quellenstaat zugrunde liegenden Wirtschaftsgüter einer Betriebsstätte der Zwischengesellschaft im Betriebsstättenstaat zugeordnet. Wenn der Betriebsstättenstaat die Einkünfte nicht oder nur gering besteuert und der Ansässigkeitsstaat der Zwischengesellschaft die Einkünfte (etwa aufgrund eines DBA mit dem Betriebsstättenstaat) freistellt, wird so eine Besteuerung auf Ebene der Zwischengesellschaft vermieden. Aus Sicht des Quellenstaats bleibt das DBA mit dem Ansässigkeitsstaat der Zwischengesellschaft hingegen anwendbar.

---

49 Vgl. *Krishna*, TNI 2009 (Bd. 56), 537, 541; *van Weeghel*, Improper Use of Tax Treaties, S. 121. Daneben gibt es auch noch weitere gesellschaftsrechtliche und organisatorische Voraussetzungen, auf die hier aber nicht näher eingegangen werden soll (vgl. dazu *Vega*, LoB-Clauses, S. 30 f.).

50 *Bader*, Holdinggesellschaften, S. 100.

51 *Vega*, LoB-Clauses, S. 30 f.

52 *Vega*, LoB-Clauses, S. 37 f.

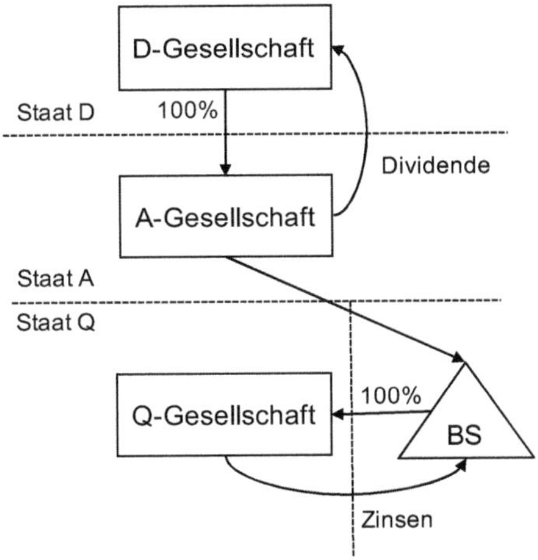

Die Direct-Conduit-Struktur ist auch mit anderen zwischengeschalteten Rechtsgebilden als Gesellschaften umsetzbar, sofern das Rechtsgebilde als Körperschaft (d.h. intransparent) besteuert wird. Beispielsweise kann auch ein US-Trust, soweit er steuerlich intransparent ist, oder eine deutsche Stiftung als zwischengeschaltetes Rechtsgebilde agieren.

2. *Stepping-Stone-Conduit-Strukturen*

Wenn der Ansässigkeitsstaat der Zwischengesellschaft die Einkünfte aus dem Quellenstaat bei einer Direct-Conduit-Struktur (erheblich) besteuern würde, besteht eine weitere Möglichkeit zur Vermeidung dieser Besteuerung darin, die Einkünfte aus dem Quellenstaat nicht als Dividende der Zwischengesellschaft, sondern als abzugsfähige Zahlung der Zwischengesellschaft an den Drittstaatsansässigen weiterzuleiten. Diese Struktur wird als Stepping-Stone-Conduit-Struktur bezeichnet.[53]

53 *De Broe*, International Tax Planing, S. 7; *Vega*, LoB-Clauses, S. 31; *van Weeghel*, Improper Use of Tax Treaties, S. 120.

Beispiel 2:
Wie im Beispiel 1.[54] *Allerdings sind Dividenden im Staat A voll steuerpflichtig und alleinige Gesellschafterin der A-Gesellschaft ist nicht die D-Gesellschaft, sondern eine im Staat A ansässige natürliche Person. Die A-Gesellschaft gibt an die D-Gesellschaft ein Finanzinstrument aus, mit dem 95 % des Kapitals zum Erwerb der Beteiligung an der Q-Gesellschaft finanziert werden und das nach dem Steuerrecht des Staats A als Fremdkapital qualifiziert. Zahlungen der A-Gesellschaft an die D-Gesellschaft sind daher im Staat A steuerlich abzugsfähig. Nach den Bedingungen des Finanzinstruments muss die A-Gesellschaft 95 % ihres Gewinns, einschließlich der Gewinne aus der Dividende der Q-Gesellschaft, an die D-Gesellschaft zahlen. Durch die abzugsfähigen Zahlungen unterliegen effektiv nur 5 % der Dividende der Q-Gesellschaft der Besteuerung im Staat A.*

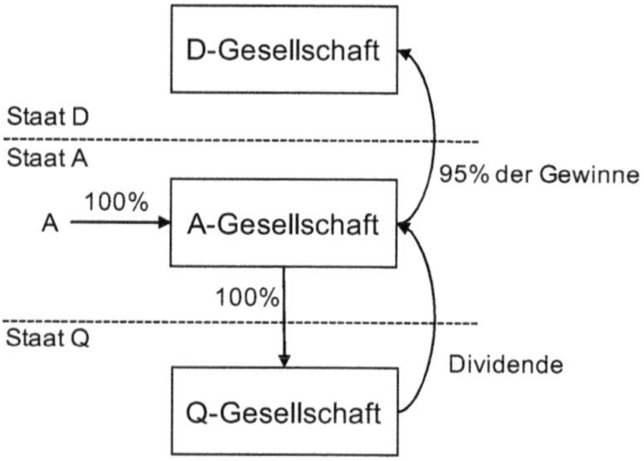

Der Drittstaatsansässige ist bei dieser Stepping-Stone-Conduit-Struktur im Gegensatz zur Direct-Conduit-Struktur nicht über einen als Eigenkapital zu qualifizierenden Gesellschaftsanteil, sondern durch schuldrechtliche Beziehungen an der Zwischengesellschaft beteiligt. Wirtschaftlich gesehen „gehören“ die Zwischengesellschaft und deren Einkünfte aber dem Drittstaatsansässigen fast ebenso, als wäre er Gesellschafter der Zwischengesellschaft. Die fehlende gesellschaftsrechtliche Beteiligung geht allerdings in der Regel mit einem Kontrollverlust über die Zwischengesellschaft einher.

Daher ist es ebenso möglich und durchaus üblich, dass bei einer Stepping-Stone-Conduit-Struktur der Drittstaatsansässige sowohl als Gesellschafter als auch über schuldrechtliche Beziehungen an der Zwischengesellschaft beteiligt ist.[55] Die gesellschaftsrechtliche Beteiligung dient dann der Kontrolle über die Gesellschaft, während die schuldrechtliche Beziehung dazu genutzt wird, die Einkünfte der Zwischengesellschaft als abzugsfähige Zahlung weiterzuleiten und so die steuerliche Bemessungsgrundlage im Ansässigkeitsstaat der Zwischengesellschaft so weit wie

54 Siehe Beispiel 1, S. 12.
55 Vgl. *Vega*, LoB-Clauses, S. 35.

möglich zu vermindern. Eine fehlende gesellschaftsrechtliche Beteiligung kann allerdings für den Drittstaatsansässigen trotz des Kontrollverlusts vorzugswürdig sein, um Anti-Treaty-Shopping-Regelungen oder Verrechnungspreisbeschränkungen zu umgehen.[56]

Wie auch die Direct-Conduit-Struktur ist die Stepping-Stone-Conduit-Struktur nur vorteilhaft, wenn durch den Einsatz der Zwischengesellschaft keine weitere Steuerbelastung entsteht, durch die der Vorteil aus der Reduzierung der Quellensteuer aufgewogen wird.[57] Insbesondere dürfen die von der Zwischengesellschaft geleisteten Zahlungen keiner (erheblichen) Quellenbesteuerung im Ansässigkeitsstaat der Zwischengesellschaft unterliegen. Auch die Besteuerung der Zahlung der Zwischengesellschaft an den Drittstaatsansässigen im Vergleich zu einer direkten Zahlung der quellensteuerpflichtigen Einkünfte an den Drittstaatsansässigen ist entscheidend. Wenn beispielsweise aus dem Quellenstaat Dividenden bezogen werden, die im Drittstaat einer Steuerbefreiung unterliegen, durch die Stepping-Stone-Conduit-Struktur aber voll steuerpflichtige Zinsen vom Drittstaatsansässigen erzielt werden, kann das den Vorteil aus der Reduzierung der Quellensteuer zunichtemachen.[58]

Von der Stepping-Stone-Conduit-Struktur sind Variationen möglich, um sie den steuerlichen Gegebenheiten in den beteiligten Staaten anzupassen. So kann beispielsweise die Stepping-Stone-Conduit-Struktur mit der Direct-Conduit-Struktur in einer doppelstöckigen Conduit-Struktur kombiniert werden. Eine Zwischengesellschaft (untere Zwischengesellschaft) erzielt dann die Einkünfte aus dem Quellenstaat und schüttet sie an ihre im gleichen Staat ansässige Muttergesellschaft (obere Zwischengesellschaft) als Dividende aus. Die obere Zwischengesellschaft leitet die Dividende der unteren Zwischengesellschaft sodann an den Drittstaatsansässigen als abzugsfähige Zahlung weiter.[59]

---

56 *De Broe*, International Tax Planing, S. 7.

57 *Krishna*, TNI 2009 (Bd. 56), 537, 541; *Vega*, LoB-Clauses, S. 35.

58 Das kann wiederum vermieden werden, indem das Finanzinstrument hybrid ausgestaltet wird, also im Ansässigkeitsstaat als Fremdkapital, im Drittstaat aber als Eigenkapital qualifiziert und Zahlungen im Drittstaat somit unter einer Steuerbefreiung für Dividenden unterfallen, wie z.B. bei CPECs nach dem Recht Luxemburgs.

59 Vgl. *van Weeghel*, Improper Use of Tax Treaties, S. 130.

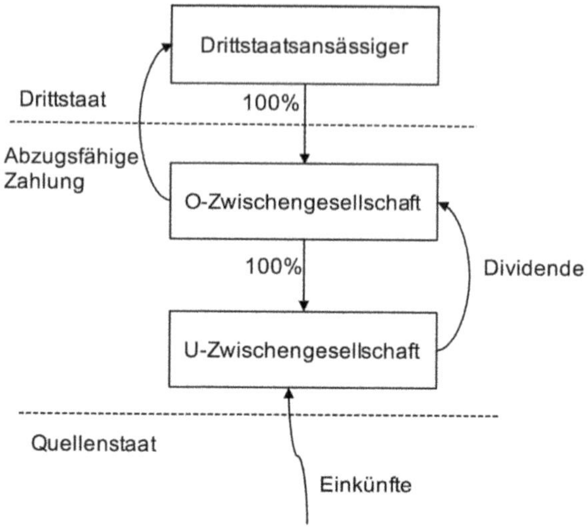

Attraktiv ist diese Struktur grundsätzlich nur, wenn die Einkünfte aus dem Quellenstaat bei der unteren Zwischengesellschaft keiner oder nur einer geringeren Besteuerung unterliegen. Wenn dies nicht gegeben sein sollte, kann eine zweistöckige Stepping-Stone-Conduit-Struktur aber auch durch eine Organschaft zwischen oberer und unterer Zwischengesellschaft erreicht werden. Der Ansässigkeitsstaat der Zwischengesellschaften besteuert dann die Einkünfte aus dem Quellenstaat auf der Ebene der oberen Zwischengesellschaft, wo sie mit der abzugsfähigen Zahlung an den Drittstaatsansässigen verrechnet werden können.

Von einer Stepping-Stone-Conduit-Struktur wird auch gesprochen, wenn nicht alle Arten von Einkünften der Zwischengesellschaft, sondern nur bestimmte Einkünfte der Zwischengesellschaft aus dem Quellenstaat als abzugsfähige Zahlungen an Drittstaatsansässige weitergeleitet werden. Bei diesen Stepping-Stone-Conduit-Strukturen geht es nach der hier verwendeten Systematik um eine formale Verlagerung von Einkünften, sodass sie im nächsten Abschnitt dargestellt werden sollen. Um diese Strukturen sprachlich auseinanderzuhalten, soll nur für die in diesem Abschnitt dargestellten Strukturen, bei denen der Drittstaatsansässige durch schuldrechtliche Beziehungen wie ein Gesellschafter an allen Einkünften der Gesellschaft beteiligt ist, der Begriff Stepping-Stone-Conduit-Strukturen verwendet werden, während die im nachfolgenden Abschnitt dargestellten Stepping-Stone-Conduit-Strukturen, bei denen gezielt bestimmte Einkünfte der Zwischengesellschaft weitergeleitet werden, als „Durchleitungsstrukturen“ bezeichnet werden sollen.

II. Formale Verlagerung der Einkünfte auf eine abkommensberechtigte Person

Bei den Strukturen in dieser Fallgruppe werden die Einkünfte aus dem Quellenstaat formal-rechtlich auf eine Person verlagert, die in einem Staat ansässig ist, mit dem der Quellenstaat ein günstiges DBA abgeschlossen hat. Dafür wird die abkommensberechtigte Person insbesondere zivilrechtlicher Eigentümer des den Einkünften zugrunde liegenden Wirtschaftsguts. Durch zusätzliche Vereinbarungen wird jedoch sichergestellt, dass die Einkünfte wirtschaftlich einem nicht abkommensberechtigten Drittstaatsansässigen zustehen. Denkbare Gestaltungsmöglichkeiten dafür sind Durchleitungsstrukturen, Treuhandkonstruktionen und kurzfristige Übertragungen des Wirtschaftsguts, aus dem die Einkünfte stammen.

1. Durchleitungsstrukturen

Wie im vorgehenden Abschnitt erörtert, wird von einer Stepping-Stone-Conduit-Struktur auch gesprochen, wenn der Drittstaatsansässige über schuldrechtliche Beziehungen nicht an allen Einkünften der Zwischengesellschaft, sondern nur an bestimmten Einkünften aus dem Quellenstaat beteiligt wird.[60] Hierfür soll in dieser Arbeit der Begriff Durchleitungsstrukturen verwendet werden. Beispielsweise könnte, wenn im zuvor dargestellten Beispiel 2 die A-Gesellschaft noch andere (nicht quellensteuerpflichtige) Einkünfte als die Dividende der Q-Gesellschaft bezieht, das Finanzinstrument nicht eine Beteiligung an allen Gewinnen der A-Gesellschaft, sondern nur eine Beteiligung am Gewinn der A-Gesellschaft aus den Dividenden der Q-Gesellschaft vermitteln. Insbesondere bei Zinsen und Lizenzgebühren sind Durchleitungsstrukturen zudem durch Back-to-back-Strukturen möglich.[61]

---

60 Vgl. *Vega*, LoB-Clauses, S. 31; *De Broe*, International Tax Planing, S. 7; *van Weeghel*, Improper Use of Tax Treaties, S. 120.

61 So beispielsweise in den von den US-Gerichten verhandelten Fälle in *Aiken Industries*, *Northern Indiana* und *SDI* (siehe ausführlich im 3. Teil unter C.I.2., S. 263).

Beispiel 3:
Die D-Gesellschaft ist im Staat D ansässig und möchte ein Darlehen an die Q-Gesellschaft im Staat Q, mit dem der Staat D kein DBA abgeschlossen hat, vergeben. Nach dem Steuerrecht des Staats Q unterliegen Zinszahlungen einer Quellensteuer in Höhe von 30 %. Zwischen den Staaten A und Q besteht hingegen ein DBA, das Zinsen von der Besteuerung im Quellenstaat freistellt. Die D-Gesellschaft vergibt daher ein Darlehen an die A-Gesellschaft. Die A-Gesellschaft und ihr Gesellschafter sind im Staat A ansässig. Die A-Gesellschaft nutzt die Darlehensmittel für ein weiteres Darlehen an die Q-Gesellschaft. Der vereinbarte Zinssatz für das Darlehen der D-Gesellschaft an die A-Gesellschaft entspricht dem zwischen der A-Gesellschaft und der Q-Gesellschaft vereinbarten Zinssatz abzüglich einer Marge für die A-Gesellschaft.[62]

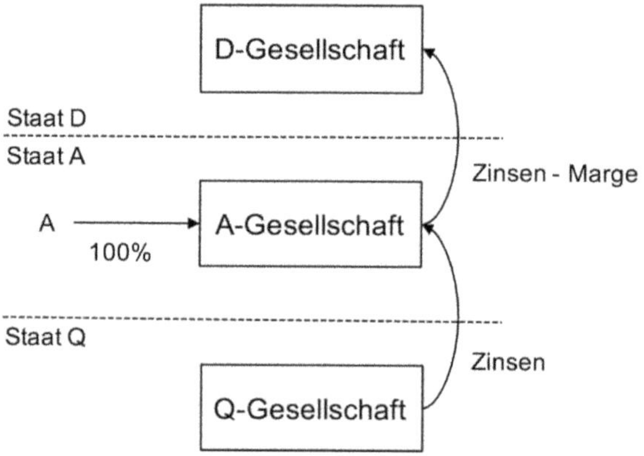

Eine ähnliche Struktur ist auch bei Dienstleistungsvergütungen möglich, um beispielsweise die Freistellung von Unternehmensgewinnen im Quellenstaat nach einem DBA in Anspruch zu nehmen. So könnte die D-Gesellschaft einen Dienstleistungsvertrag mit der A-Gesellschaft schließen, die dann diese Dienstleistung unter einem weiteren Vertrag an die Q-Gesellschaft erbringt.[63]

Bei Durchleitungsstrukturen sind ähnliche Abwandlungen wie bei Stepping-Stone-Conduit-Strukturen möglich. So ist eine zweistöckige Struktur[64] gleichermaßen bei Durchleitungsstrukturen denkbar. Weiterhin kann auch bei Durchleitungsstrukturen der Drittstaatsansässige an der Zwischengesellschaft als Gesellschafter beteiligt sein. Im Unterschied zu Stepping-Stone-Conduit-Strukturen muss die Zwischenperson, welche die Einkünfte aus dem Quellenstaat an den Drittstaatsansässigen weiterleitet, aber nicht zwingend eine juristische Person sein. Auch natürliche Personen

62 Diese Marge ist der Gewinn für die Zwischengesellschaft für die Teilnahme an der Struktur. Wenn der Drittstaatsansässige an der Zwischengesellschaft beteiligt ist, ist die Marge notwendig, um Verrechnungspreisbeschränkungen Rechnung zu tragen.
63 Vgl. *Schaumburg*, Int. Steuerrecht, Rn. 16.128.
64 Siehe unter C.I.2., S. 15.

kommen als Zwischenpersonen in Betracht. Aus haftungsrechtlichen Gründen ist das aber eher unwahrscheinlich.

2. *Treuhandkonstruktionen*

Bei Treuhandkonstruktionen überträgt der Drittstaatsansässige das zivilrechtliche Eigentum an dem Wirtschaftsgut, das die Einkünfte aus dem Quellenstaat generiert, auf eine abkommensberechtigte Person (im Folgenden: Treuhänder).[65] Zugleich vereinbaren der Treuhänder und der Drittstaatsansässige, dass der Treuhänder verpflichtet ist, das Wirtschaftsgut nach Weisung des Drittstaatsansässigen zu verwalten und Erträge aus dem Wirtschaftsgut an den Drittstaatsansässigen herauszugeben. Ist der Treuhänder eine Gesellschaft, muss der Drittstaatsansässige nicht an ihr beteiligt sein.[66]

Im deutschen Zivilrecht kommt für diese Gestaltung eine fiduziarische Vollrechtstreuhand in Betracht, bei welcher der abkommensberechtigte Treuhänder das Vollrecht an einer Sache oder einem Recht erwirbt, aufgrund einer vertraglichen Abrede mit dem Treugeber (in dieser Gestaltung: der Drittstaatsansässige) bei Ausübung dieser Rechte im Innenverhältnis zum Treugeber (nicht jedoch im Außenverhältnis gegenüber Dritten) jedoch beschränkt ist.[67]

Im Zivilrecht der US-amerikanischen Bundesstaaten würde man diese Gestaltung durch die Errichtung eines Trusts abbilden können. Unter einem Trust versteht man eine von Treuepflichten geprägte Beziehung im Hinblick auf eine Sache oder ein Recht, die durch eine entsprechende Willenserklärung des Begründers des Trusts (*settlor*) entsteht und die Person, die der zivilrechtliche Inhaber der Sachen und Rechte ist (*trustee*), dazu verpflichtet, die Rechte daraus zugunsten für einen oder mehrere Personen (*beneficiary/ies*) auszuüben.[68] *Settlor* und *beneficiary* können dabei identisch sein.[69] Der Drittstaatsansässige könnte somit die Rolle als *settlor* und *beneficiary* übernehmen, während eine abkommensberechtigte Person als *trustee* hinsichtlich des den Einkünften zugrunde liegenden Wirtschaftsguts agieren würde. Um eine Treuhandkonstruktion im Sinne der hier thematisierten zweiten Fallkonstellation des Treaty Shopping handelt es sich indes nur, wenn der US-Trust als steuerlich transparent anzusehen ist. Wenn der US-Trust steuerlich intransparent behandelt wird, ist die Situation eher mit der Beteiligung an einer abkommensberechtigten Zwischengesellschaft im Sinne der zuvor dargestellten Fallgruppe vergleichbar.[70]

Diese Struktur setzt voraus, dass der Ansässigkeitsstaat des Treuhänders nicht den Treuhänder mit den Einkünften aus dem Quellenstaat besteuert, was den Vorteil

---

65 Vgl. *Vega*, LoB-Clauses, S. 25 ff.
66 Vgl. *Vega*, LoB-Clauses, S. 25 ff.
67 *Schramm*, in: MüKo zum BGB, Vorbemerkung zu § 164- § 181 Rn. 33.
68 ALI, Restatement of the Law (Third): Trusts, § 2 und § 3.
69 ALI, Restatement of the Law (Third): Trusts, § 3.
70 Vgl. C.I.1., S. 10.

aus der Reduzierung der Quellensteuer zunichtemachen würde. Eine Besteuerung des Treuhänders wird vermieden, wenn der Ansässigkeitsstaat die Einkünfte nicht dem Treuhänder zurechnet oder die Weiterleitung der Einkünfte als abzugsfähige Zahlung behandelt.[71]

3. *Kurzfristige Übertragungen*

Eine weitere Gestaltungsmöglichkeit besteht darin, dass der Drittstaatsansässige das Wirtschaftsgut, aus dem die Einkünfte aus dem Quellenstaat stammen, nur kurzfristig, d.h. mindestens für den Bezug der Einkünfte aus dem Quellenstaat, an eine abkommensberechtigte Person überträgt und das Wirtschaftsgut anschließend an den Drittstaatsansässigen zurückübertragen wird. Die abkommensberechtigte Person wird aus haftungsrechtlichen Gründen meist eine Gesellschaft sein, an welcher der Drittstaatsansässige nicht beteiligt sein muss. Zwingend ist das jedoch nicht.

Beispielsweise kann der Drittstaatsansässige das Wirtschaftsgut an eine abkommensberechtigte Person verkaufen. Zugleich vereinbaren der Drittstaatsansässige und die abkommensberechtigte Person den Rückkauf des Wirtschaftsguts durch den Drittstaatsansässigen zu einem Zeitpunkt nach Zahlung der Einkünfte aus dem Quellenstaat und zu einem niedrigeren Kaufpreis. Die Differenz der Kaufpreise für den Kauf und Rückkauf setzt sich dabei aus dem Betrag der durch die abkommensberechtigte Person bezogenen (Netto-)Einkünfte abzüglich einer Marge zusammen. Dieses Vorgehen wird häufig bei Dividenden angewandt und wird in diesem Fall auch als „Dividendenstripping“ bezeichnet.[72]

Beispiel 4:
Die D-Gesellschaft im Staat D hält Aktien an der Q-Gesellschaft im Staat Q, der mit dem Staat D kein DBA abgeschlossen hat. Bei einer Ausschüttung an die D-Gesellschaft müsste die Q-Gesellschaft daher eine 30 %ige Quellensteuer von der Dividende einbehalten. Vor dem Ausschüttungsbeschluss der Q-Gesellschaft verkauft die D-Gesellschaft die Aktien an der Q-Gesellschaft an die A-Gesellschaft im Staat A für 1000. Der Staat A hat mit dem Staat Q ein DBA abgeschlossen, das für Dividenden eine Beschränkung der Quellensteuer auf 15 % vorsieht. Nach Ausschüttung der Dividende durch die Q-Gesellschaft in Höhe von 100 (netto: 85) an die A-Gesellschaft verkauft die A-Gesellschaft die Aktien für 920

---

71 Bei einer fehlenden Zurechnung der Einkünfte aus Sicht des Ansässigkeitsstaats ließe sich diese Konstruktion auch in die im nächsten Abschnitt diskutierte Fallgruppe „Ausnutzung von Qualifikationskonflikten“ einordnen.

72 Vgl. *Reinhold*, Tax Lawyer 1999–2000 (Bd. 53), 663, 680 f.; *van Weeghel*, Improper Use of Tax Treaties, S. 142 f. Ein Beispiel für dieses Vorgehen liefert der vor dem französischen Conseil d'État verhandelte Fall *Bank of Scotland* (vgl. *Sheppard*, TNI 2007 (Bd. 45), 406). Außerdem wird diese Art der Gestaltung auch in der Technical Explanation des DBA zwischen den USA und Italien beschrieben (Technical Explanation Italy zu Art. 10). In Deutschland ist auch eine Übertragung an einen Steuerinländer möglich, um die Quellensteuer zu vermeiden (vgl. *Kußmaul/Kloster*, DB 2016, 849, 851). Auf diese Form von Dividendenstripping soll hier jedoch nicht eingegangen werden.

(=Kaufpreis (1000) – Nettodividende (85) + Marge (5)) zurück an die D-Gesellschaft. Wirtschaftlich betrachtet erzielt die D-Gesellschaft durch die Einschaltung der A-Gesellschaft eine Nettodividende in Höhe von 80 (=1000-920), also 10 mehr als bei direktem Bezug der Einkünfte durch die D-Gesellschaft (70).

Weiterhin kann bei Wertpapieren ein Wertpapiersachdarlehen (auch Wertpapierleihe genannt) verwendet werden. Der Drittstaatsansässige überträgt die den Einkünften aus dem Quellenstaat zugrunde liegenden Wertpapiere (Aktien, Anleihen) zivilrechtlich an eine abkommensberechtigte Person im Wege des Sachdarlehens. Aus dem Sachdarlehen folgt die Verpflichtung der abkommensberechtigten Person, am Ende der Laufzeit gleichartige (aber nicht zwingend die gleichen) Wertpapiere an den Drittstaatsansässigen zurückzuübertragen.[73] Außerdem ist die abkommensberechtigte Person verpflichtet, an den Drittstaatsansässigen eine Kompensation zu zahlen, die in der Regel den Einkünften aus dem Quellenstaat abzüglich einer Marge entspricht. Nachdem die Einkünfte aus dem Quellenstaat gezahlt wurden, wird das Sachdarlehen gekündigt und die Wertpapiere bzw. gleichartige Wertpapiere werden an den Drittstaatsansässigen zurückübertragen.

Die Strukturen setzen voraus, dass durch die kurzfriste Übertragung des Wirtschaftsguts an die abkommensberechtigte Person keine zusätzliche Steuerbelastung entsteht. Insbesondere dürfen die Einkünfte bei der abkommensberechtigten Person keiner Besteuerung unterliegen. Das ist dann der Fall, wenn die Einkünfte im Ansässigkeitsstaat der abkommensberechtigten Person steuerfrei sind, aber auch, wenn sie in der Lage ist, den korrespondierenden Aufwand (beim Dividendenstripping den Veräußerungsverlust und beim Wertpapiersachdarlehen die Kompensationszahlung) steuerlich geltend zu machen.

III. Ausnutzung von Qualifikationskonflikten i.w.S.

Ferner ist die Erlangung von Abkommensvorteilen auch durch Ausnutzung von Qualifikationskonflikten im weitesten Sinne möglich. Das kann zum einen durch den Einsatz hybrider Gesellschaften, zum anderen aber auch durch den Einsatz von Gesellschaften geschehen, die für die Zwecke eines weiteren DBA in einem Drittstaat ansässig sind (doppelt ansässige Gesellschaften).

1. Hybride Gesellschaften

Hybride Gesellschaften sind Gesellschaften, die nach dem Steuerrecht eines Staats nach Personengesellschaftsgrundsätzen, also transparent, besteuert werden, wohingegen sie nach dem Steuerrecht eines anderen Staats den Grundsätzen zur Besteuerung von Körperschaften, also einer intransparenten Besteuerung,

73 Vgl. § 607 BGB.

unterliegen.[74] Dementsprechend rechnet ein Staat die Einkünfte einer hybriden Gesellschaft seinen Anteilseignern zu und besteuert die Anteilseigner, während der andere Staat die Einkünfte der hybriden Gesellschaft zurechnet und daher die Gesellschaft selbst besteuert. Eine hybride Gesellschaft ist also die Folge eines subjektiven Qualifikationskonflikts.[75]

Dieser subjektive Qualifikationskonflikt kann auch bei anderen Rechtsgebilden als Gesellschaften, beispielsweise bei Trusts, auftreten. Vereinfachend soll hier jedoch nur von hybriden Gesellschaften gesprochen werden.

Hybride Gesellschaften werden häufig zur Steuergestaltung verwendet.[76] Eine Treaty-Shopping-Struktur ist durch den Einsatz hybrider Gesellschaften möglich, wenn eine Gesellschaft in einem Drittstaat, die im Staat ihrer Gesellschafter als intransparent, im Quellenstaat hingegen als transparent besteuert wird, zwischen die Einkünfte aus dem Quellenstaat und dem Gesellschafter im Ansässigkeitsstaat geschaltet wird und zwischen dem Quellenstaat und dem Ansässigkeitsstaat der Gesellschafter ein DBA besteht.[77]

Beispiel 5:
Die A-Gesellschaft, die im Staat A ansässig ist, möchte eine Streubesitzbeteiligung (<10 %) an der Q-Gesellschaft, die im Staat Q ansässig ist, erwerben. Nach dem Steuerrecht des Staats Q unterliegen Dividenden der Q-Gesellschaft an die A-Gesellschaft einer Quellensteuer in Höhe von 30 %. Zwischen Staat A und Staat Q besteht allerdings ein DBA, das den Quellensteuersatz auf 15 % begrenzt. Nach dem Steuerrecht des Staats A unterliegen Dividenden aus Streubesitzbeteiligungen einer Körperschaftsteuer auf Ebene der A-Gesellschaft in Höhe von 30 %. Außerdem rechnet der Staat A die Quellensteuer des Staats Q an. Im Ergebnis bietet das DBA zwischen dem Staat A und dem Staat Q der A-Gesellschaft bei einem unmittelbaren Erwerb der Beteiligung aus diesem Grund keine Vorteile. Daher gründet die A-Gesellschaft die D-Gesellschaft im Staat D, einem Land ohne Ertragsteuern, mit dem weder der Staat A noch der Staat Q ein DBA abgeschlossen haben. Aus Sicht des Steuerrechts der Staaten A und D ist die D-Gesellschaft eine Körperschaft und damit

---

74 *Jacobs/Endres/Spengel*, Internationale Unternehmensbesteuerung, S. 1274 ff.; *Prokisch*, in: Vogel/Lehner, DBA, Art. 1 Rn. 17.

75 *Jacobs/Endres/Spengel*, Internationale Unternehmensbesteuerung, S. 1274 ff.

76 Vgl. die Beispiele bei *Jacobs/Endres/Spengel*, Internationale Unternehmensbesteuerung, S. 1274 ff.

77 Diese Struktur wurde früher von kanadischen Gesellschaften mit Einkünften aus US-Quellen verwendet. Zu diesem Zweck bezog die kanadische Gesellschaft die Einkünfte aus den USA über eine Gesellschaft auf den Cayman Inseln, die aus Sicht der USA steuerlich transparent, aus Sicht Kanadas hingegen steuerlich intransparent war. Die USA gewährten für diese Einkünfte eine Reduktion der Quellensteuer nach dem DBA zwischen den USA und Kanada. Kanada besteuerte die Einkünfte erst bei einer Ausschüttung der Cayman Gesellschaft. Als 1997 in den USA Regulations erlassen wurden, um in diesen Fällen die Abkommensvorteile zu versagen, verschwanden diese Gestaltungen aus der Praxis (vgl. *Kornikova*, Rich. J. Global L. & Bus. 2008/2009 (Bd. 8), 249, 254).

steuerlich intransparent. Der Staat Q behandelt die D-Gesellschaft hingegen als steuerlich transparent und rechnet die Dividenden der Q-Gesellschaft der A-Gesellschaft zu. Diese Sichtweise legt der Staat Q auch bei der Anwendung des DBA mit dem Staat A zugrunde, sodass aus seiner Sicht die Dividenden von einer im Staat A ansässigen Person bezogen werden. Daher reduziert der Staat Q seine Quellensteuer gemäß dem DBA zwischen den Staaten A und Q auf 15 %. Im Staat A unterliegt die Dividende erst bei Weiterausschüttung durch die D-Gesellschaft an die A-Gesellschaft der Besteuerung. Im Staat D fallen keine Steuern an.

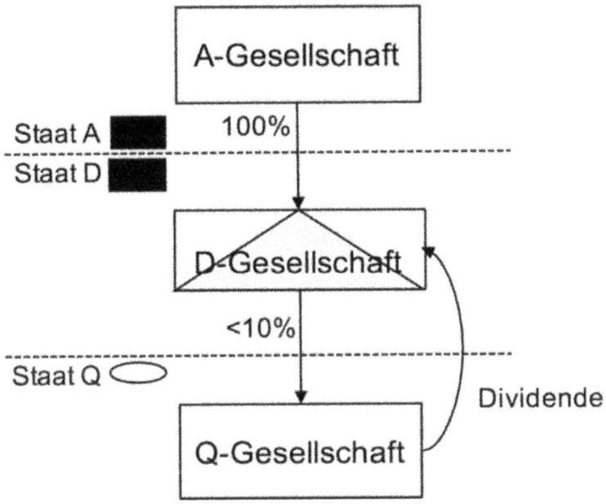

Die Besonderheit bei dieser Struktur besteht darin, dass – anders als beispielsweise bei der Direct-Conduit-Struktur – keine abkommensberechtigte Gesellschaft durch einen Drittstaatsansässigen vorgeschaltet wird, sondern eine an sich abkommensberechtigte Person eine (aus Sicht seines Ansässigkeitsstaats) drittstaatsansässige Gesellschaft vorschaltet. Da aber auch diese Gestaltung dazu führt, dass eine drittstaatsansässige Person (nämlich die hybride Gesellschaft) Abkommensvorteile in Anspruch nimmt, lässt sich diese Struktur ebenfalls als eine Form des Treaty Shoppings auffassen.

2. *Doppelt ansässige Gesellschaften*

Treaty Shopping lässt sich weiterhin durch die Zwischenschaltung einer Gesellschaft erreichen, die für die Zwecke des DBA zwischen dem Quellenstaat und dem anderen Vertragsstaat im anderen Vertragsstaat, aber für die Zwecke eines weiteren DBA zwischen dem anderen Vertragsstaat und einem Drittstaat in dem Drittstaat ansässig ist.[78]

78 Hierbei handelt es sich nicht um einen Qualifikationskonflikt im eigentlichen Sinne, weil die Vertragsstaaten der jeweiligen DBA das Abkommen gleich auslegen (vgl. zum Begriff: *Lehner*, in: Vogel/Lehner, DBA, Grundlagen des Abkommensrechts Rn. 96 ff.).

Beispiel 6:
Der Gründungsort der A-Gesellschaft liegt im Staat A, während sich der Ort ihrer Geschäftsleitung im Staat D befindet. Die A-Gesellschaft unterliegt sowohl im Staat A als auch im Staat D im Grundsatz der Ansässigkeitsbesteuerung, weil (i) der Staat A die Ansässigkeitsbesteuerung von Gesellschaften (auch) an den Gründungsort (Sitz) und (ii) der Staat D die Ansässigkeitsbesteuerung von Gesellschaften (auch) an den Ort der Geschäftsleitung knüpft (doppelt ansässige Gesellschaft). Die A-Gesellschaft bezieht Lizenzgebühren von der Q-Gesellschaft, die im Staat Q ansässig ist. Staat Q belegt nach innerstaatlichem Steuerrecht Lizenzgebühren grundsätzlich mit einer 30 %igen Quellensteuer. Zwischen dem Staat D und dem Staat Q besteht kein DBA. Zwischen dem Staat A und dem Staat Q besteht hingegen ein DBA (DBA-A/Q), das die Quellenbesteuerung für Lizenzgebühren ausschließt. Da die A-Gesellschaft der Ansässigkeitsbesteuerung im Staat A unterliegt, gilt sie dort für die Zwecke des DBA-A/Q grundsätzlich im Staat A ansässig[79] *und die Freistellung von der Quellensteuer nach dem DBA-A/Q findet auf die von der Q-Gesellschaft gezahlten Lizenzgebühren Anwendung. Das DBA zwischen dem Staat A und dem Staat D (DBA-A/D) sieht vor, dass für den Fall, in dem eine Gesellschaft der Ansässigkeitsbesteuerung in beiden Staaten unterliegt, die Gesellschaft für die Zwecke des DBA-A/D in dem Staat als ansässig gilt, in dem sich der tatsächliche Ort der Geschäftsleitung befindet (sog. tie-breaker),*[80] *in diesem Fall also im Staat D. Folglich darf nach dem DBA-A/D nur der Staat D, nicht aber der Staat A die Lizenzgebühren aus dem Staat B besteuern.*[81]

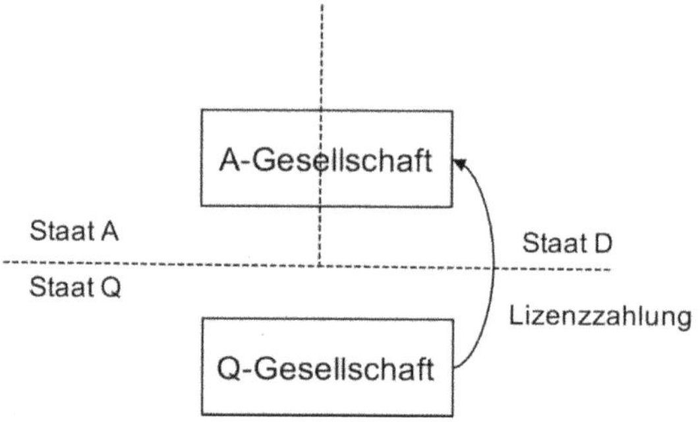

Bei dem Drittstaat wird es sich um einen Staat handeln, in dem entweder die Gesellschaft einer persönlichen Steuerbefreiung oder die Einkünfte aus dem Quellenstaat einer sachlichen Steuerbefreiung bzw. einem günstigen Steuerregime unterliegen.

Die Anteilseigner der doppelt ansässigen Gesellschaft können im Drittstaat (im Beispiel: Staat D), im anderen Vertragsstaat (im Beispiel: Staat A) oder auch in einem vierten Staat ansässig sein. Sind die Anteilseigner außerhalb des anderen

79 Vgl. Art. 4 Abs. 1 S. 1 OECD-MA. Vgl. aber zur Auslegung des Art. 4 Abs. 1 S. 2 OECD-MA: 3. Teil unter A.III., S. 240.
80 Vgl. Art. 4 Abs. 3 OECD-MA.
81 Vgl. Art. 21 OECD-MA.

Vertragsstaats ansässig und daher bei direktem Bezug der Einkünfte aus dem Quellenstaat nicht abkommensberechtigt, handelt es sich bei dieser Gestaltung im Grundsatz um eine Variante der Direct-Conduit-Struktur, d.h. der Zwischenschaltung einer abkommensberechtigten Gesellschaft durch nicht abkommensberechtigte Drittstaatsansässige. Die Ansässigkeit der Gesellschaft in einem Drittstaat für die Zwecke des DBA mit dem Drittstaat kann in diesem Fall dazu dienen, die Besteuerung der Gesellschaft im anderen Vertragsstaat (im Beispiel: Staat A) zu vermeiden.

Aber auch wenn die Anteilseigner der Gesellschaft im anderen Vertragsstaat (im Beispiel: Staat A) ansässig sind und damit bei direktem Bezug der Einkünfte aus dem Quellenstaat abkommensberechtigt wären, kann diese Gestaltung als eine Form des Treaty Shopping aufgefasst werden, da der Abkommensvorteil einer Gesellschaft zugutekommt, die aus Sicht des anderen Vertragsstaats im Ergebnis wie ein Drittstaatsansässiger besteuert wird.

D. Gründe für die Versagung von Abkommensvorteilen wegen Treaty Shopping

Nach dem BEPS-Abschlussbericht der OECD gehört die Verhinderung von Treaty Shopping zu einer der zentralen Voraussetzungen für die Sicherung und Herstellung von fairen Rahmenbedingungen im internationalen Steuerwettbewerb.[82] Ebenso sehen die USA und Deutschland die steuerpolitische Notwendigkeit, Treaty Shopping zu verhindern.[83] Allerdings gibt es andere Staaten, deren Politik es ist, Treaty Shopping zu dulden oder gar zu fördern. Auch in der Literatur werden Zweifel geäußert, ob es ausreichende Argumente gibt, Treaty Shopping zu verhindern.

Im Folgenden sollen die Gründe für und gegen die Versagung von Abkommensvorteilen wegen Treaty Shopping diskutiert werden, um darauf aufbauend im nächsten Abschnitt die Kriterien zu entwickeln, mit denen die Fälle, in denen die Abkommensvorteile wegen Treaty Shopping versagt werden sollten, von anderen Fällen abgegrenzt werden können.

I. Argumente für die Verhinderung von Treaty Shopping

1. *Steuermindereinnahmen durch Treaty Shopping*

Für die Verhinderung von Treaty Shopping wird häufig angeführt, dass es dadurch zu einem Verlust von Steuereinnahmen des Quellenstaats komme.[84] Durch Treaty Shopping könne ein Drittstaatsansässiger eine Steuer auf Einkünfte aus dem Quellenstaat umgehen, die ohne die Treaty-Shopping-Struktur (d.h. ohne die Anwendbarkeit eines DBA) dem Quellenstaat zustehen würde.

---

82 OECD, Final BEPS Report – Action 6, Tz. 1 ff. Vgl. auch OECD-MK zu Art. 1 OECD MA Tz. 7–20; OECD, International Tax Avoidance and Evasion, S. 88 ff.

83 US Treasury, Tax Treaties, S. 78; BT-Drs. 12/5630, S. 65.

84 US Treasury, Tax Treaties, S. 82 ff.; *Vega*, LoB-Clauses, S. 51.

Dass es zu einem Steuerausfall im Quellenstaat durch Treaty Shopping kommt, ist grundsätzlich richtig.[85] Allerdings ist fraglich, ob diese Steuerausfälle für sich allein betrachtet einen ausreichenden Grund darstellen, gegen Treaty Shopping vorzugehen. Schließlich führt jedes DBA zu Steuerausfällen aus der Quellenbesteuerung, weil, wie eingangs erläutert, sich ein Vertragsstaat in einem DBA verpflichtet, seine Quellenbesteuerung einzuschränken.

2. Verstoß gegen das Reziprozitätsprinzip von DBA

Allerdings verpflichtet sich ein Vertragsstaat in einem DBA nur deshalb zur Beschränkung seiner Quellenbesteuerung, weil der andere Vertragsstaat im Gegenzug ebenfalls die Verpflichtung übernimmt, auch seine Quellenbesteuerung zugunsten von im erstgenannten Vertragsstaat ansässigen Personen einzuschränken. Beide Vertragsstaaten nehmen also Steuermindereinnahmen bei der Quellenbesteuerung hin, um vom anderen Vertragsstaat einen korrespondierenden Verzicht auf seine Quellenbesteuerung zu erhalten. DBA liegt damit ein Prinzip der Reziprozität zugrunde.[86]

Der Verzicht der Vertragsstaaten auf die Quellenbesteuerung bezweckt zum einen eine Erleichterung des internationalen Wirtschaftsverkehrs zwischen den Vertragsstaaten und damit Vorteile für ihre Wirtschaft. Weiterhin führt der gegenseitige Verzicht auf die Quellenbesteuerung aber auch zu einer Erhöhung des Steueraufkommens der Vertragsstaaten aus ihrer Ansässigkeitsbesteuerung. Ohne ein DBA müssten die Vertragsstaaten eine Doppelbesteuerung durch unilaterale Maßnahmen im Rahmen der Ansässigkeitsbesteuerung, etwa durch die Anrechnung der im Quellenstaat gezahlten Steuern, ausgleichen. Das würde das Steueraufkommen aus der Ansässigkeitsbesteuerung verringern. Wenn ein DBA die Besteuerung im Quellenstaat ausschließt oder beschränkt, wird diese Verringerung an Steueraufkommen aus der Ansässigkeitsbesteuerung vermieden, was zugleich eine Kompensation für den Verlust des Steueraufkommens aus der Quellenbesteuerung zur Folge hat.[87]

Treaty Shopping hat zur Folge, dass Drittstaatsansässige den im DBA enthaltenen Verzicht auf die Quellenbesteuerung eines Vertragsstaats in Anspruch nehmen, ohne dass sich der Drittstaat gegenüber diesem Vertragsstaat zum Verzicht auf seine Quellenbesteuerung verpflichtet hat und die in diesem Vertragsstaat ansässigen

---

85 Vgl. die Studie des US-Finanzministeriums in US Treasury, Tax Treaties, S. 82 ff. Dort stellte man eine völlig unverhältnismäßige Erhöhung bei Zinszahlungen von US-Gesellschaften an ausländische Anteilseigner in Island und Ungarn fest. Die DBA zwischen Island bzw. Ungarn und den USA sehen für Zinszahlungen eine vollständige Freistellung von der US-Quellenbesteuerung vor, in den untersuchten Jahren enthielten diese DBA aber (noch) keine LoB-Klausel zur Verhinderung von Treaty Shopping. Weiterhin gab es im Steuerrecht von Island und Ungarn besondere Steuerregime, die Treaty-Shopping-Strukturen begünstigten.

86 *van Weeghel*, Improper Use of Tax Treaties, S. 116.

87 *Reinhold*, Tax Lawyer 1999–2000 (Bd. 53), 663, 675; *Vega*, LoB-Clauses, S. 53 f.

Personen eine Quellensteuerentlastung im Drittstaat in Anspruch nehmen können.[88] Dem Verzicht des vom Treaty Shopping betroffenen Vertragsstaats auf die Quellenbesteuerung und dem daraus folgenden Verlust von Steuereinnahmen steht also kein entsprechender Verzicht des Drittstaats gegenüber. Drittstaatsansässigen werden durch die verringerte Quellensteuerlast Investitionen in dem Vertragsstaat erleichtert, ohne dass Personen in dem Vertragsstaat einen entsprechenden Vorteil bei Investitionen im Drittstaat haben. Außerdem muss der Vertragsstaat weiter die Doppelbesteuerung von Einkünften aus dem Drittstaat im Rahmen seiner Ansässigkeitsbesteuerung durch unilaterale Maßnahmen (etwa durch Steueranrechnung) vermeiden. Die Steuerausfälle aus der Quellenbesteuerung durch Treaty Shopping können also nicht durch Steuermehreinnahmen aus der Ansässigkeitsbesteuerung kompensiert werden.[89] Hingegen kann sich durch Treaty Shopping das Steueraufkommen des Drittstaats aus der Ansässigkeitsbesteuerung erhöhen, weil der Drittstaat im Rahmen seiner Ansässigkeitsbesteuerung keine Quellenbesteuerung aus dem vom Treaty Shopping betroffenen Vertragsstaat, etwa durch Steueranrechnung, berücksichtigen muss.[90]

Auch wenn die Steuermindereinnahmen durch Treaty Shopping für sich alleine kein zwingendes Argument gegen Treaty Shopping darstellen, kann Treaty Shopping deshalb als unangemessen angesehen werden, weil diesen Steuermindereinnahmen kein entsprechender Quellensteuerverzicht des Drittstaats gegenübersteht und Treaty Shopping somit dem Reziprozitätsprinzip von DBA zuwiderläuft.[91]

a) Materielles Reziprozitätsprinzip

Vega hat die These aufgestellt, das Reziprozitätsprinzip von DBA sei nicht nur formell in dem Sinne zu verstehen, dass ein DBA das Quellenbesteuerungsrecht beider Vertragsstaaten auf den gleichen Steuersatz begrenzt oder ganz ausschließt und die Vertragsstaaten damit formell die gleiche Verpflichtung übernehmen. Darüber hinaus liege einem DBA auch die Annahme zugrunde, die Zahlungsströme von quellensteuerpflichtigen Einkünften zwischen den Vertragsstaaten in beide Richtungen seien ungefähr gleich hoch, sodass jeder Vertragsstaat durch das DBA auf ein Steueraufkommen in gleicher Höhe verzichte (Reziprozität im materiellen Sinne).[92] Ordne beispielsweise ein DBA das Besteuerungsrecht für Lizenzzahlungen ausschließlich dem Ansässigkeitsstaat zu, sei die Reziprozität nur dann gewahrt, wenn der Betrag der aus einem Vertragsstaat in den anderen Vertragsstaat gezahlten

88 US Treasury, Tax Treaties, S. 78; *Fleming*, Intertax 2012, 245, 246.

89 *Vega*, LoB-Clauses, S. 53 f.

90 *Vega*, LoB-Clauses, S. 53 f.

91 OECD, International Tax Avoidance and Tax Evasion, S. 90; US Treasury, Tax Treaties, S. 82 ff.; *Kornikova*, Rich. J. Global L. & Bus. 2008/2009 (Bd. 8), 249, 255; *Kraft*, Die missbräuchliche Inanspruchnahme von DBA, S. 3; *Vega*, LoB-Clauses, S. 55.

92 *Vega*, LoB-Clauses, S. 51 ff.

Lizenzzahlungen in beide Richtungen betragsmäßig gleich hoch sei.[93] Treaty Shopping beeinflusse die Höhe der Zahlungsströme, indem Drittstaatsansässige nach Abschluss des DBA Einkünfte aus einem der Vertragsstaaten nicht mehr direkt, sondern über den anderen Vertragsstaat beziehen würden. Als Folge davon erhöhe sich der Zahlungsstrom von quellensteuerpflichtigen Einkünften aus dem vom Treaty Shopping betroffenen Quellenstaat in den anderen Vertragsstaat und folglich die Höhe der Steuer, auf die ein Quellenstaat verzichtet, einseitig. Damit würde Treaty Shopping eine wesentliche Grundannahme des Vertragsstaats für den Abschluss eines DBA unterlaufen.[94]

Die These, dass DBA nur abgeschlossen werden, wenn die Zahlungsströme von quellensteuerpflichtigen Einkünften zwischen den Vertragsstaaten ungefähr gleich hoch sind und jeder Vertragsstaat auf das gleiche Steueraufkommen verzichtet, lässt sich in tatsächlicher Hinsicht jedoch nicht bestätigen. Zwar erwartet beispielsweise Deutschland beim Abschluss vieler DBA einen Ausgleich der dadurch verursachten Steuermehr- und Steuermindereinnahmen.[95] In anderen Fällen hat Deutschland aber DBA abgeschlossen, obschon die Zahlungsströme von steuerpflichtigen Einkünften zwischen Deutschland und dem anderen Staat nicht gleich hoch waren und Deutschland daher im Ergebnis mit Steuerausfällen[96] oder Steuermehreinnahmen[97] rechnete. Vor Abschluss des DBA-USA ergab eine Untersuchung des US-Finanzministeriums, dass die Lizenzzahlungen von Personen in Deutschland an Personen in die USA rd. USD 3,5 Mrd. betrugen, während sich die Lizenzzahlungen in die andere Richtungen auf USD 2,6 Mrd. beliefen.[98] Gleichwohl wurde das DBA-USA abgeschlossen. Die Identität der quellensteuerpflichtigen Zahlungsströme zwischen den Vertragsstaaten ist daher wohl keine Voraussetzung für den Abschluss eines DBA. Richtig ist dennoch, dass – wie beispielsweise die Untersuchung des US-Finanzministeriums zum DBA-USA zeigt – Staaten vor dem Abschluss eines DBA gewisse Annahmen über die Höhe der quellensteuerpflichtigen Zahlungsströme und der dadurch verursachten Steuermehr- bzw. -mindereinnahmen durch das DBA treffen[99] und diese Annahmen durch Treaty Shopping unterlaufen werden, weil sich hierdurch die Höhe der Zahlungsströme ändert.

93 Vgl. das Beispiel bei *Vega*, LoB-Clauses, S. 52, Fn. 31.
94 *Vega*, LoB-Clauses, S. 52 f.
95 Beispielweise beim DBA mit Costa Rica (vgl. Gesetzentwurf der Bundesregierung, BT-Drs. 18/2659, S. 2), beim DBA mit Luxemburg (vgl. Gesetzesentwurf der Bundesregierung, BT-Drs. 17/10751, S. 2) und beim DBA mit Zypern (vgl. Gesetzesentwurf der Bundesregierung, BT-Drs. 17/6259, S. 2).
96 Beispielsweise beim DBA mit der Schweiz (vgl. Beschlussempfehlung des Finanzausschusses, BT-Drs. 17/6565, S. 4).
97 Beispielsweise beim DBA mit der Türkei (vgl. Gesetzesentwurf der Bundesregierung, BT-Drs. 17/8841, S. 2).
98 JCT, Explanation DBA-USA (2006), S. 19.
99 Vgl. JCT, Explanation DBA-USA (2006), S. 19 ff.; BT-Drs. 16/2708, S. 2.

b) Gegenargumente

Das Argument, Treaty Shopping verstoße gegen das DBA innewohnende Reziprozitätsprinzip, wird in der Literatur infrage gestellt. Es sei schon zweifelhaft, ob jedes Zugeständnis eines Vertragsstaats an den anderen Vertragsstaat in einem Gegenseitigkeitsverhältnis stehe. Wenn beispielsweise die Staaten A und B eine Befreiung von der Quellensteuer für Zinsen im DBA vereinbaren, bestünde zumindest dann keine Reziprozität, wenn der Staat B schon nach innerstaatlichem Steuerrecht keine Quellensteuer auf Zinszahlungen erhebe.[100]

Diesem Argument liegt jedoch die unzutreffende Annahme zugrunde, eine Reziprozität müsse für den Verzicht auf die Quellenbesteuerung hinsichtlich jeder einzelnen Einkunftsart bestehen. Tatsächlich wird ein Staat beim Abschluss eines Abkommens alle seine Zugeständnisse mit allen Vorteilen aus dem Abschluss des DBA abwägen.[101] Wenn beispielsweise der Staat A in einem DBA mit dem Staat B auf die nach dem innerstaatlichen Recht des Staats A vorgesehene Quellenbesteuerung für Zinsen verzichtet, obwohl der Staat B auf Zinsen keine Quellensteuer erhebt, wird der Staat A mit anderen Vorteilen für seinen Verzicht auf die Quellenbesteuerung von Zinsen rechnen. Beispielsweise könnte gleichzeitig eine Freistellung von Lizenzgebühren vereinbart sein und die von Personen im Staat B in an Personen im Staat A gezahlten Lizenzgebühren könnten die in die andere Richtung gezahlten Lizenzgebühren übersteigen. Wenn aber Drittstaatsansässige das DBA zwischen den Staaten A und B nutzen, um eine Freistellung von der Quellensteuer für Zinsen aus dem Staat A in Anspruch zu nehmen, erleidet der Staat A höhere Steuerausfälle durch den Abschluss des DBA als von ihm angenommen, wodurch das Gleichgewicht des DBA gestört und damit das Reziprozitätsprinzip verletzt wird.

Weiterhin wird gegen das Argument, Treaty Shopping verstoße gegen das Reziprozitätsprinzip von DBA, vorgebracht, dass von Treaty Shopping nicht notwendigerweise immer nur ein Vertragsstaat betroffen sei.[102] Wenn beispielsweise die Staaten A und B ein DBA abgeschlossen haben, führe Treaty Shopping möglicherweise dazu, dass Personen im Staat D, mit dem der Staat A, nicht aber der Staat B ein DBA geschlossen hat, das DBA zwischen den Staaten A und B nutzen, um Quellensteuern im Staat B zu vermeiden. Umgekehrt könnten aber Personen im Staat B das DBA zwischen den Staaten A und D nutzen, um Quellensteuern aus dem Staat D zu vermeiden.[103] Damit würden sich die Vor- und Nachteile aus dem Treaty Shopping wieder ausgleichen.

---

100 *Avi-Yonah/Panayi*, in: Lang, Tax Treaties, S. 25 ff.

101 *Valta*, Das Internationale Steuerrecht, S. 329.

102 *van Weeghel*, Improper Use of Tax Treaties, S. 122.

103 Vgl. *van Weeghel*, Improper Use of Tax Treaties, S. 122.

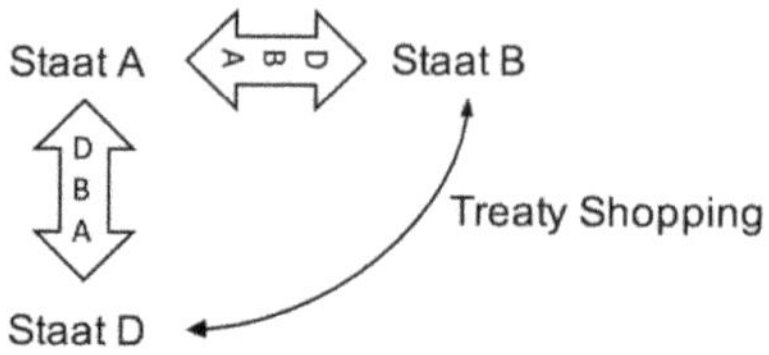

Dieses Gegenargument wird allerdings nur in bestimmten Konstellationen zutreffen. Zunächst setzt das Gegenargument voraus, dass im obigen Beispiel der Staat A tatsächlich über ein DBA-Netzwerk mit Staaten verfügt, mit dem der Staat B kein DBA abgeschlossen hat (im Beispiel: mit dem Staat D). Weiterhin trifft das Argument nur zu, wenn (ohne Treaty Shopping) der Betrag der Quellensteuer auf die Zahlungen vom Staat B in den Staat D genauso hoch ist wie der Betrag der Quellensteuer auf Zahlungen vom Staat D in den Staat B. Davon kann nicht ohne Weiteres ausgegangen werden und für einen Vertragsstaat ist es beim Abschluss eines DBA unmöglich vorauszusehen, ob diese Voraussetzungen erfüllt sind bzw. bleiben. Weiterhin trifft dieses Gegenargument nicht zu, wenn die Regelungen zur Verhinderung von Treaty Shopping in den beteiligten Staaten nicht gleich streng sind. Wenn in dem Beispiel der Staat D strengere Vorschriften zur Verhinderung von Treaty Shopping hat als der Staat B, gleichen sich Vor- und Nachteile durch Treaty Shopping nicht aus.

3. Verschlechterung der DBA-Verhandlungsposition

Als weiterer Grund für Staaten, gegen Treaty Shopping vorzugehen, wird die Verschlechterung der Verhandlungsposition des von Treaty Shopping betroffenen Staats beim Abschluss eines DBA mit dem Drittstaat genannt.[104]

Ein wesentlicher Anreiz für Staaten in Verhandlungen über ein DBA einzutreten, ist die Reduzierung der Quellensteuerlast in anderen Staaten. Je höher die Quellenbesteuerung in einem Staat ist, desto höher ist der Anreiz für andere Staaten, mit diesem Staat ein DBA abzuschließen. Wenn beispielsweise der Staat A eine erhebliche Quellensteuer erhebt, das innerstaatliche Steuerrecht des Staats B aber nur eine geringe oder gar keine Quellenbesteuerung vorsieht, gibt es für den Staat A keinen Anlass, mit dem Staat B ein DBA abzuschließen. Anders ist es, wenn auch das Steuerrecht des Staats B eine erhebliche Quellensteuer vorsieht. Ein DBA mit dem Staat B verringert dann das Risiko einer Doppelbesteuerung von Personen im Staat A im Wirtschaftsverkehr mit dem Staat B und der Staat A kann auf Steuermehreinnahmen aus der Ansässigkeitsbesteuerung hoffen, weil er die Quellensteuer

104 UN, Co-operation in Tax Matters, Tz. 29; US Treasury, Tax Treaties, S. 78; *Fleming*, Intertax 2012, 245, 246; *Kraft*, Die missbräuchliche Inanspruchnahme von DBA, S. 3; *Rosenbloom*, Law and Policy in International Business 1983, 763, 775; *Vega*, LoB-Clauses, S. 54 f.

des Staats B nicht mehr im Rahmen der Ansässigkeitsbesteuerung anrechnen muss. Vor diesem Hintergrund begründen die USA ihren relativ hohen Quellensteuersatz in Höhe von 30 % auch damit, dass hierdurch die Position der USA bei Verhandlungen von DBA gestärkt wird.[105]

Wenn sich Drittstaatsansässige aber durch Treaty Shopping Zugang zu einem DBA zwischen anderen Staaten verschaffen und dadurch die Quellenbesteuerung vermeiden können, wird der Drittstaat keinen oder nur einen geringen Anreiz haben, mit diesen Staaten ein DBA abzuschließen, mit dem der Drittstaat auch auf seine eigene Quellenbesteuerung verzichten würde. Ein praktisches Beispiel dafür liefern die DBA-Verhandlungen zwischen den USA und Kanada. Vor 1992 wollte Kanada keine Verhandlungen über eine Änderung des DBA mit den USA mit dem Ziel einer weiteren Reduzierung der Quellenbesteuerung von Zinsen und Lizenzgebühren führen. Das hatte den Hintergrund, dass kanadische Investoren die US-Quellensteuer durch den Einsatz einer niederländischen Gesellschaft vermeiden konnten. Das DBA zwischen den USA und den Niederlanden sah eine Freistellung von der Quellenbesteuerung für Zinsen und Lizenzzahlungen, aber keine LoB-Klausel vor, sodass Personen in Kanada über diesen Umweg Zinsen und Lizenzzahlungen aus den USA quellensteuerfrei beziehen konnten. Kanada konnte hingegen Zinsen und Lizenzgebühren, die von Kanada in die USA gezahlt wurden, besteuern. Nach Einführung einer LoB-Klausel in das DBA zwischen den USA und den Niederlanden im Jahr 1992 war diese Treaty-Shopping-Struktur nicht mehr attraktiv. Daraufhin schloss Kanada mit den USA ein geändertes DBA.[106]

In der Literatur wird die Annahme, Treaty Shopping führe zu einer Verschlechterung der Verhandlungsposition des Quellenstaats allerdings mit dem Argument angezweifelt, dass DBA von Staaten nicht nur geschlossen werden, um eine Reduzierung der Quellenbesteuerung in anderen Staaten zu erreichen, sondern dabei auch andere Ziele, insbesondere der Informationsaustausch in Steuersachen, erreicht werden sollten.[107] Das überzeugt jedoch nicht. Nur weil ein Staat neben der Reduzierung der Quellensteuer im anderen Staat auch andere Zielsetzungen verfolgt, bleibt die Reduzierung der Quellensteuer ein wesentlicher Grund für DBA-Verhandlungen. Die Verhandlungsposition eines Staats, der nicht auf ein DBA zur Reduzierung der Quellensteuer im anderen Staat angewiesen ist, weil diese Quellensteuer durch Treaty Shopping eliminiert werden kann, wird in jedem Fall besser sein, als wenn dies nicht der Fall wäre.

4. *„Keinmalbesteuerung"*

Als weiteres Argument für die Verhinderung von Treaty Shopping wird in der Diskussion angeführt, Treaty Shopping führe zu einer „doppelten Nichtbesteuerung"

---

105 *Fleming*, Intertax 2012, 245, 246.

106 *Vega*, LoB-Clauses, S. 54, Fn. 39.

107 *Reinhold*, Tax Lawyer 1999–2000 (Bd. 53), 663, 676; *van Weeghel*, Improper Use of Tax Treaties, S. 123.

oder „Keinmalbesteuerung“ von Einkünften,[108] also einer fehlenden Besteuerung im Quellenstaat und im Ansässigkeitsstaat, weil Treaty Shopping in der Regel nicht auf nur eine Freistellung von der Steuer im Quellenstaat, sondern – wie anhand der zuvor dargestellten Strukturen gesehen – auch auf eine Vermeidung der Besteuerung im anderen Vertragsstaat abzielt. Das widerspreche dem Sinn und Zweck von DBA, die lediglich eine Doppelbesteuerung in mehreren Staaten verhindern, aber keine doppelte Nichtbesteuerung zur Folge haben sollten.[109]

Dieses Argument erscheint in dieser Breite nicht überzeugend. Wenn man aus der fehlenden Besteuerung in beiden Vertragsstaaten stets auf die Unangemessenheit der Gewährung der Freistellung von der Quellensteuer schließen könnte, würden DBA die Freistellung im Quellenstaat von der Besteuerung im Ansässigkeitsstaat abhängig machen.[110] Das ist jedoch nicht der Fall. DBA sollen vielmehr – im Grundsatz – eine virtuelle Doppelbesteuerung verhindern, also gerade das Besteuerungsrecht des Quellenstaats unabhängig davon einschränken, ob die Einkünfte im anderen Vertragsstaat tatsächlich besteuert werden.[111]

Allerdings hat das Argument, bei Treaty Shopping seien die Abkommensvorteile wegen einer „Keinmalbesteuerung“ zu versagen, dort seine Berechtigung, wo Treaty-Shopping-Strukturen Qualifikationskonflikte so ausnutzen, dass der andere Vertragsstaat die quellensteuerpflichtigen Einkünfte keiner dort ansässigen Person zurechnet. Wenn beispielsweise bei einer Treaty-Shopping-Struktur durch den Einsatz einer hybriden Gesellschaft der Ansässigkeitsstaat im Gegensatz zum Quellenstaat nicht den Anteilseigner, sondern die hybride Gesellschaft im Drittstaat als Bezieher der Einkünfte ansieht, besteht noch nicht einmal eine abstrakte Steuerpflicht der Einkünfte im Ansässigkeitsstaat. Das Argument, ein DBA solle auch eine virtuelle Doppelbesteuerung verhindern, ist hier nicht einschlägig.[112]

Ferner hat das Argument, Treaty Shopping müsse wegen einer „Keinmalbesteuerung“ verhindert werden, wohl auch den Hintergrund, dass Treaty Shopping häufig von Steuerpflichtigen bei der internationalen Steuerplanung dazu genutzt wird, um nicht nur die Quellenbesteuerung im Zielland einer Investition, sondern durch den Einsatz von Basisgesellschaften in Steueroasen jegliche Steuer weltweit zu vermeiden.[113]

---

108 OECD, International Tax Avoidance and Tax Evasion, S. 90; US Treasury, Tax Treaties, S. 78; *Vega*, LOB-Clauses, S. 55 f.

109 OECD, International Tax Avoidance and Tax Evasion, S. 90.

110 *Wardzynski*, BFIT 2014, 471, 472 f. Vgl. auch Art. 23 Abs. 4 b) DBA-USA, Art. 22 Abs. 1 Nr. 5 b) D-MA, die jeweils nur für die Ansässigkeitsbesteuerung gelten. Auch das OECD-MA macht die Quellensteuerentlastung nicht von einer Besteuerung im Ansässigkeitsstaat abhängig.

111 *Lehner*, in: Vogel/Lehner, Grundlagen des Abkommensrechts Rn. 69 ff.

112 Vgl. *Lehner*, in: Vogel/Lehner, Grundlagen des Abkommensrechts Rn. 71.

113 Vgl. *Vega*, LoB-Clauses, S. 16 ff., S. 53 f.

Beispiel 7:
Die I-Gesellschaft ist im Staat I ansässig und möchte ein Darlehen an eine Gesellschaft im Staat Q (Q-Gesellschaft) vergeben. Der Staat Q erhebt auf Zinszahlungen eine 30 %ige Quellensteuer. Im Staat I unterlägen Zinsen bei der I-Gesellschaft einer 30 %igen Körperschaftsteuer. Zur steuerlichen Optimierung der Darlehensvergabe geht die I-Gesellschaft wie folgt vor: Zunächst werden die Darlehensmittel in eine im Staat D ansässige Tochtergesellschaft (D-Gesellschaft) der I-Gesellschaft eingelegt. Der Staat D ist ein Land ohne Körperschaftsteuer und ohne DBA mit anderen Staaten. Die D-Gesellschaft verwendet die Einlage sodann für ein Darlehen an eine im Staat A ansässige Tochtergesellschaft der D-Gesellschaft (A-Gesellschaft), die daraus ein weiteres Darlehen an die Q-Gesellschaft vergibt. Nach dem DBA zwischen den Staaten A und Q fällt im Staat Q keine Quellensteuer an. Im Staat A unterliegt nach Abzug der Zinszahlung an die D-Gesellschaft nur eine geringe Marge der Besteuerung. Der Staat A erhebt auf Zinszahlungen keine Quellensteuer. Im Staat I fällt keine Steuer an, weil die D-Gesellschaft die Zinszahlungen thesauriert bzw. Ausschüttungen der D-Gesellschaft im Staat I steuerfrei sind. Im Ergebnis bleiben die Zinszahlungen damit – mit Ausnahme der geringen Marge im Staat A – unversteuert.

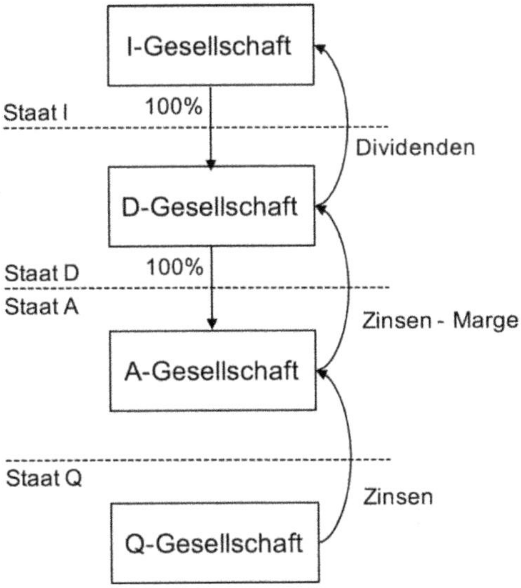

In diesen Strukturen mag es oft sein, dass der Ansässigkeitsstaat des Investors (im Beispiel: Staat I) auch ein DBA mit dem Quellenstaat abgeschlossen hat. Das Treaty Shopping dient dann nur dazu, die Einkünfte quellensteuerfrei in eine Basisgesellschaft in einer Steueroase (=Drittstaat) weiterzuleiten.

Man mag einwenden, das Problem dieser Struktur betreffe in erster Linie den Staat des Investors (im Beispiel: Staat I) und nicht die Vertragsstaaten (im Beispiel: die Staaten A und Q) und könne daher bei der Entscheidung über die Versagung von Abkommensvorteilen im Verhältnis der Vertragsstaaten keine Rolle spielen.

Im Hinblick auf die globale Abkommenspolitik kann es dennoch durchaus sinnvoll sein, die Abkommensvorteile zu versagen und so solche Strukturen zu verhindern. In einer spiegelbildlichen Konstellation könnten sich die Vertragsstaaten in der Rolle des Ansässigkeitsstaats des Investors wiederfinden.

Dennoch erscheint zweifelhaft, ob die Versagung der Abkommensvorteile das richtige Mittel ist, um solche Gestaltungen zu verhindern. Wenn die Bedenken aus der fehlenden Besteuerung im Ansässigkeitsstaat des Investors herrühren, erscheint es sinnvoller, durch zusätzliche Regeln sicherzustellen, dass die Einkünfte dort besteuert werden. In den dem Beispiel 7 zugrunde liegenden Strukturen ist das insbesondere durch eine Hinzurechnungsbesteuerung der Basisgesellschaft (im Beispiel: der D-Gesellschaft) möglich. Problematisch mag diese Lösung sein, wenn der Ansässigkeitsstaat des Investors nur unzureichende Informationen über die Basisgesellschaft in dem Niedrigsteuerland hat, etwa wenn der Ansässigkeitsstaat der Basisgesellschaft nicht am steuerlichen Informationsaustausch teilnimmt. In diesem Fall mag dann die Versagung der Abkommensvorteile durchaus die richtige Antwort sein. Das ändert aber nichts daran, dass bei Treaty Shopping die Gefahr einer fehlenden Besteuerung im Staat des Investors als Argument für die Versagung der Abkommensvorteile oft nicht zutrifft.

Im Ergebnis ist das Argument, Treaty Shopping führe zu einer „Keinmalbesteuerung" daher nur bedingt geeignet, um die Versagung von Abkommensvorteilen zu begründen.

5. Verstoß gegen den steuerlichen Neutralitätsgrundsatz

Für die Verhinderung von Treaty Shopping lässt sich zudem anführen, dass hierdurch Strukturen entstehen, die rein steuerlich motiviert sind.[114] Die Kosten für Treaty-Shopping-Strukturen fallen häufig allein aus steuerlichen Gründen an und führen damit zu einer ineffizienten Allokation von Ressourcen. Beispielsweise liegt der Grund für die Errichtung einer Zwischengesellschaft bei einer Direct-Conduit-Struktur (und für die damit verbundenen Kosten) allein in der Vermeidung der Quellenbesteuerung. Damit steht Treaty Shopping im Widerspruch zum Grundsatz der steuerlichen Neutralität, nach dem das Steuerrecht wirtschaftliche Entscheidungen des Steuerpflichtigen nicht beeinflussen und eine allokative Verzerrung durch das Steuerrecht vermieden werden soll.[115]

Allerdings sind bei Treaty Shopping der Drittstaat, nicht jedoch die Vertragsstaaten von der ineffizienten Allokation von Ressourcen betroffen. Der Drittstaatsansässige muss rein steuerlich motivierte Kosten aufwenden, um die Treaty-Shopping-Struktur zu errichten. Damit kann infrage gestellt werden, ob der Verstoß gegen den steuerlichen Neutralitätsgrundsatz für die Vertragsstaaten einen Grund darstellt, gegen Treaty Shopping vorzugehen.

---

114 *Kornikova*, Rich. J. Global L. & Bus. 2008/2009 (Bd. 8), 249, 256.
115 *Kornikova*, Rich. J. Global L. & Bus. 2008/2009 (Bd. 8), 249, 256.

II. Argumente für die Tolerierung von Treaty Shopping

Trotz dieser Argumente, Treaty Shopping zu unterbinden, gibt es dennoch Staaten, die Treaty Shopping tolerieren oder sogar (zumindest stillschweigend) unterstützen.

Zu diesen Staaten gehören zum einen viele Entwicklungs- und Schwellenländer. Treaty Shopping wird von diesen Staaten oft toleriert, weil aus ihrer Sicht die Möglichkeit der Vermeidung der eigenen Quellensteuer durch Treaty Shopping einen legitimen Anreiz für ausländische Investitionen bietet.[116] Exemplarisch hierfür war die Steuerpolitik Indiens, die es ausländischen Investoren durch Einschaltung einer mauritischen Zwischengesellschaft erlaubte, sich in das DBA zwischen Indien und Mauritius „einzukaufen“ und so die indische Quellensteuer zu vermeiden.[117] Auch *van Weeghel* vertritt mit diesem Argument die Auffassung, dass Treaty Shopping unter bestimmten Umständen für Staaten steuerpolitisch erwünscht sein könne.[118] Das erscheint allerdings zweifelhaft. Wenn befürchtet wird, die Quellensteuer könne ausländische Investoren abschrecken, wäre es sinnvoller gewesen, die Quellensteuer für Investitionen, die gefördert werden sollen, abzuschaffen oder zu vermindern, statt Treaty Shopping zuzulassen. Die Abschaffung oder Verringerung der Quellensteuer würde ausländischen Investoren eine komplexe Treaty-Shopping-Struktur ersparen und damit die Rendite der Investoren (und folglich auch die Attraktivität der Investition) weiter erhöhen.

Außerdem wird Niedrigsteuerländern (Steueroasen) oft vorgeworfen, durch ihr Rechts- und Steuersystem Treaty Shopping zu ermöglichen und zu fördern. Das gleiche gilt für bestimmte Industriestaaten, wie z.B. die Niederlande und Luxemburg, die als Holdingstandorte bekannt sind.[119] Das Ziel der Steuerpolitik dieser Staaten ist vor allem die Steigerung ihrer Attraktivität als Standort für Zwischen- und Basisgesellschaften, die es Drittstaatsansässigen ermöglichen sollen, ihr DBA-Netzwerk durch Treaty Shopping zu nutzen oder die Einkünfte aus einer Treaty-Shopping-Struktur zu thesaurieren.[120] Die Vorteile dieser Steuerpolitik können in der Stärkung des finanz-, rechts- und wirtschaftsberatenden Dienstleistungssektors durch die Ansiedlung von Basis- und Zwischengesellschaften gesehen werden. Auch tragen

---

116 Vgl. *Wardzynski*, BFIT 2014, 471, 474.

117 Ausgangspunkt für diese Praxis war die prominente Entscheidung des Supreme Court in *Union of India, et al. v. Azadi Bachhao Andolan, et al.* (Urteil des Supreme Court of India v. 7.10.2003, vgl. die Zusammenfassung bei *Nishith/Ajinkya*, TNI 2003 (Bd. 32), 211 ff.). Inzwischen hat Indien diese Praxis aufgegeben und geht gegen Treaty Shopping – unter anderem durch Aufnahme von LoB-Klauseln in DBA – vor (*Jackson*, TNI, 2013 (Bd. 72), 801).

118 *van Weeghel*, Improper Use of Tax Treaties, S. 114 f.; 122 f. mit Hinweis darauf, dass auch die USA Treaty Shopping aus diesem Grund im Fall des DBA mit den Niederländischen Antillen zugelassen haben. Ähnlich *Avi-Yonah/Panayi*, in: Lang, Tax Treaties, S. 28 f.

119 Vgl. *Bader*, Holdinggesellschaften, S. 273 ff., 281 ff.; *van Weeghel*, Improper Use of Tax Treaties, S. 108 ff.; *Wardzynski*, BFIT 2014, 471, 474.

120 Vgl. *van Weeghel*, Improper Use of Tax Treaties, S. 108 ff.

diese Gesellschaften – trotz der geringen effektiven Steuerlast, die Gesellschaften in diesen Staaten unterliegen – zum Steueraufkommen bei. Insbesondere für Steueroasen, die ausländischen Investoren oft keine anderen Anreize anzubieten haben, leistet Treaty Shopping so einen wichtigen Beitrag zur Wirtschaft dieser Länder.[121] Gleichwohl ist die Tolerierung von Treaty-Shopping-Strukturen für Industriestaaten, in denen die Realwirtschaft eine wesentlich größere Bedeutung hat und die ein wesentlich größeres Interesse an der Effektivität ihrer Quellenbesteuerung haben, wie die USA und Deutschland, keine sinnvolle Steuerpolitik.

III. Zwischenergebnis

Demnach gibt es zumindest für Industriestaaten ausreichende Gründe, die Inanspruchnahme eines DBA durch Drittstaatsansässige zu verhindern. Die zwei wohl überzeugendsten Gründe sind die mit Treaty Shopping verbundenen Steuermindereinnahmen aus der Quellenbesteuerung, für die der Staat keinen entsprechenden Vorteil erlangt (Widerspruch zum Reziprozitätsprinzip), und die Verschlechterung der DBA-Verhandlungsposition. Weiterhin kann auch die Verhinderung einer „Keinmalbesteuerung“ als Argument gegen Treaty Shopping angeführt werden, was allerdings nicht in allen Fällen die Versagung von Abkommensvorteilen rechtfertigen wird.

E. Abgrenzung zwischen Treaty Shopping und der angemessenen Erlangung von Abkommensvorteilen durch Drittstaatsansässige

Allerdings gibt es einen breiten Konsens der internationalen Organisationen, der Staaten und in der Literatur, dass nicht bei jeder Transaktion oder Struktur, durch die Abkommensvorteile durch einen Drittstaatsansässigen indirekt in Anspruch genommen werden, die Abkommensvorteile zu versagen sind.[122] In dieser steuerpolitischen Diskussion um Treaty Shopping werden häufig die Begriffe „missbräuchlich“ bzw. „nicht missbräuchlich“ verwendet, um damit zum Ausdruck zu bringen, dass in diesem Fall die Abkommensvorteile aus steuerpolitischen Gründen versagt bzw. gewährt werden sollten.[123]

Der Begriff des Missbrauchs wird in Verbindung mit Treaty Shopping allerdings auch häufig in einem rechtlichen Sinn verwendet. Mit *missbräuchlich* ist in diesem Fall gemeint, dass die Abkommensvorteile zu versagen sind, weil die Voraussetzungen

---

121 *Wardzynski*, BFIT 2014, 471, 474.

122 OECD, International Tax Avoidance and Tax Evasion, S. 91; OECD, BEPS Report, S. 23 unter Tz. 3.2 des vorgeschlagenen Kommentars zur LoB-Klausel; US Treasury, Tax Treaties, S. 78; Technical Explanation US-MA (1996) zu Art. 22; *Oellerich*, IWB 2013, 33, 34; *Prokisch*, in: Vogel/Lehner, DBA, Art. 1 Rn. 10.

123 Vgl. den Sprachgebrauch in OECD, International Tax Avoidance and Tax Evasion, S. 91; US Treasury, Tax Treaties, S. 78.

einer Vorschrift des innerstaatlichen Steuerrechts oder eines DBA zur Verhinderung von Missbräuchen erfüllt sind. Die Frage, ob die Abkommensvorteile zu versagen sind, richtet sich dann nach der betreffenden Vorschrift des innerstaatlichen Steuerrechts oder des betreffenden DBA. Im rechtlichen Sinn kann Treaty Shopping auch missbräuchlich sein, wenn die Treaty-Shopping-Struktur nach allgemeinen Missbrauchsgrundgrundsätzen im Recht eines Staats oder im Völkerrecht als missbräuchlich zu qualifizieren ist.[124] Für die Bewertung von LoB-Klauseln als Instrument zur Verhinderung von Treaty Shopping kann dieser rechtliche Missbrauchsbegriff jedoch nicht maßgeblich sein.[125] Entscheidend ist nicht, ob die LoB-Klausel den im vorhandenen Recht zu findenden Missbrauchsmaßstäben entspricht, sondern ob die LoB-Klausel aus steuerpolitischer Sicht und vor dem Hintergrund des Sinn und Zwecks eines DBA eine sinnvolle Unterscheidung zwischen den Fällen trifft, in denen Abkommensvorteile versagt und in denen sie gewährt werden sollten.

Wegen dieser unterschiedlichen Bedeutungen und auch der abwertenden Implikationen des Begriffs *missbräuchlich* soll hier statt *missbräuchlich* der Begriff „unangemessen“ verwendet werden,[126] um damit zu bedeuten, dass die Inanspruchnahme von Abkommensvorteilen durch einen Drittstaatsansässigen aus steuerpolitischen Gründen verhindert werden sollte.

In diesem Zusammenhang ist auch festzustellen, dass der Begriff Treaty Shopping nicht einheitlich gebraucht wird. Teilweise wird er als Oberbegriff sowohl für die angemessene als auch die unangemessene („missbräuchliche“) Inanspruchnahme von Abkommensvorteilen durch Drittstaatsansässige verwendet. Treaty Shopping ist dann nicht gleichbedeutend mit der Wertung, dass Abkommensvorteile versagt werden sollten.[127] Nach einer anderen Sichtweise impliziert der Begriff Treaty Shopping von vornherein eine unangemessene Erlangung von Abkommensvorteilen.[128] Die angemessene Erlangung von Abkommensvorteilen durch Drittstaatsansässige ist in diesem Fall kein Treaty Shopping. Letztlich handelt es sich dabei nur um eine Definitionsfrage ohne rechtliche Bedeutung. Für die Zwecke dieser Arbeit soll nur die unangemessene Erlangung von Abkommensvorteilen durch Drittstaatsansässige als Treaty Shopping bezeichnet werden.

Wie das so verstandene Treaty Shopping von der angemessenen Erlangung von Abkommensvorteilen durch Drittstaatsansässige aus steuerpolitischer Sicht differenziert werden kann, wird bislang wenig diskutiert und entsprechend unklar sind die einschlägigen Kriterien. Im Folgenden sollen verschiedene Abgrenzungsversuche diskutiert werden.

---

124 Vgl. *Prokisch*, in: Vogel/Lehner, DBA, Art. 1 Rn. 117; *Rudolf*, Treaty Shopping, passim; *Wassermeyer*, in: Wassermeyer, DBA, Art. 1 OECD-MA Rn. 65; *van Weeghel*, Improper Use of Tax Treaties, S. 99.

125 So aber wohl *Lüdicke*, DBA-Politik, S. 41 ff. und *Davis*, Inside Basis, 2012, 17 ff.

126 Gegen die Verwendung des Begriffs *Missbrauchs* in diesem Sinn auch: *Rosenbloom*, Law and Policy in International Business 1983 (Bd. 15), 763, 766.

127 So beispielsweise *Prokisch*, in: Vogel/Lehner, DBA, Art. 1 Rn. 10.

128 So beispielsweise *Oellerich*, IWB 2013, 33, 34 f.

I. Erhebliche Besteuerung im anderen Vertragsstaat

Insbesondere in älteren Stellungnahmen zum Treaty Shopping wurde vorgeschlagen, die Abgrenzung zwischen der angemessenen und der unangemessenen Erlangung von Abkommensvorteilen durch Drittstaatsansässige danach vorzunehmen, ob die Einkünfte aus dem Quellenstaat im anderen Vertragsstaat einer erheblichen Besteuerung unterliegen.[129]

Dieses Kriterium erscheint zunächst sachgerecht. Wie zuvor diskutiert, ist eine zentrale Voraussetzung von Treaty Shopping, dass der Vorteil aus der Reduzierung der Steuer im Quellenstaat nicht durch eine Besteuerung im anderen Vertragsstaat zunichtegemacht wird. Wird eine Zwischengesellschaft zum Treaty Shopping eingesetzt, sollte sie daher im Idealfall gar nicht oder nur gering in ihrem Ansässigkeitsstaat (d.h. dem anderen Vertragsstaat) besteuert werden.[130] Wenn hingegen die Reduzierung der Quellensteuer durch eine höhere Steuer im anderen Vertragsstaat kompensiert wird, erlangt der Drittstaatsansässige wirtschaftlich gar keinen Abkommensvorteil und Treaty Shopping erscheint von vornherein ausgeschlossen.

Allerdings kann selbst bei einer Besteuerung im anderen Vertragsstaat Treaty Shopping noch attraktiv sein, wenn der Steuersatz im anderen Vertragsstaat den Quellensteuersatz unterschreitet:[131]

> *Beispiel 8:*
> *Die A-Gesellschaft ist im Staat A ansässig und bezieht Zinsen von der im Staat Q ansässigen Q-Gesellschaft. Alleinige Gesellschafterin der A-Gesellschaft ist die im Staat D ansässige D-Gesellschaft. Nach dem innerstaatlichen Recht des Staats Q wird auf Zinsen eine 30 %ige Quellensteuer erhoben. Der Körperschaftsteuersatz im Staat A beträgt 15 %. Das DBA zwischen den Staaten A und B sieht eine Quellensteuerbefreiung für Zinsen vor. Zwischen den Staaten Q und D besteht kein DBA. Durch die Treaty-Shopping-Struktur erzielt der Drittstaatsansässige trotz der Besteuerung im anderen Vertragsstaat einen Vorteil in Höhe von 15 % der Zinseinkünfte.*

Eine Lösung für dieses Problem könnte darin bestehen, nur dann kein Treaty Shopping anzunehmen, wenn der Steuersatz im anderen Vertragsstaat mindestens genauso hoch ist wie der Quellensteuersatz. Dann könnte der Drittstaatsansässige aber noch immer eine Stepping-Stone-Conduit-Struktur, bei der die steuerliche Bemessungsgrundlage im anderen Vertragsstaat verringert wird, wählen. Der Vergleich der Steuersätze in beiden Vertragsstaaten ist nicht zielführend, wenn der andere Vertragsstaat die Weiterleitung der Einkünfte als abzugsfähige Zahlung zulässt.[132]

---

129 Vgl. zu diesem Ansatz ALI, International Taxation Aspects II, S. 151, 156; *Reinhold*, Tax Lawyer 1999–2000 (Bd. 53), 663, 670; *Rosenbloom*, Law and Policy in International Business 1983 (Bd. 15), 763, 776 ff., 816 f. Vgl. auch OECD-MA zu Art. 1 Rn. 19.

130 Vgl. C.I., S. 11.

131 *Rosenbloom*, Law and Policy in International Business 1983 (Bd. 15), 763, 776.

132 *Rosenbloom*, Law and Policy in International Business 1983 (Bd. 15), 763, 776.

Um diese Umgehung zu vermeiden, könnte beim Vergleich auf den effektiven Steuersatz, dem die Einkünfte aus dem Quellenstaat im anderen Vertragsstaat unterliegen, abgestellt werden. Dies stößt aber auch auf Schwierigkeiten. Beispielsweise können die Einkünfte wegen der Unterschiede der beiden Steuerrechtssysteme der beiden Staaten in unterschiedlichen Veranlagungszeiträumen zu erfassen sein oder diese Unterschiede können zu anderen inkonsistenten Ergebnissen führen.[133] Wenn man die effektiven Steuersätze in beiden Staaten vergleicht, wird das zudem in vielen Fällen zu dem Schluss führen, dass ein Fall von Treaty Shopping vorliegt, weil die Quellensteuer meist auf Bruttobeträge erhoben wird, während der andere Vertragsstaat (als Ansässigkeitsstaat) den Abzug von einkünftebezogenen Aufwendungen zulässt[134] und der effektive Steuersatz im Quellenstaat somit oft höher ist als im Ansässigkeitsstaat.

Davon abgesehen erscheint es auch deshalb nicht sachgerecht, auf die Besteuerung im anderen Vertragsstaat als Abgrenzungskriterium abzustellen, weil selbst eine vollständige Nichtbesteuerung der Einkünfte im Ansässigkeitsstaat nicht den Schluss auf Treaty Shopping rechtfertigt.[135] Beispielsweise sind Dividenden in vielen Staaten vollständig oder teilweise steuerbefreit.[136] Nur weil eine Gesellschaft mit drittstaatsansässigen Gesellschaftern steuerbefreite Dividenden aus dem Quellenstaat bezieht, heißt das aber noch nicht, dass es sich hierbei um Treaty Shopping handelt.

Im Ergebnis ist die Besteuerung der Einkünfte aus dem Quellenstaat im anderen Vertragsstaat nur sehr bedingt als Abgrenzungskriterium geeignet.

II. Unternehmerische Aktivität im Ansässigkeitsstaat

Als weiteres Abgrenzungskriterium wird vorgeschlagen, die Inanspruchnahme von Abkommensvorteilen durch Drittstaatsansässige dann nicht als unangemessen anzusehen, wenn die Einkünfte aus dem Quellenstaat einen Zusammenhang zu einer unternehmerischen Tätigkeit im anderen Vertragsstaat aufweisen.[137]

Beispielsweise heißt es in einem Bericht der OECD, Gestaltungen Drittstaatsansässiger zur Erlangung von Abkommensvorteilen seien dann nicht missbräuchlich, wenn es sich um „normale" Transaktionen von international agierenden Unternehmen handele.[138] Was damit genau gemeint ist, wird aus einem Beispiel des OECD-Berichts deutlich:[139]

---

133 *Rosenbloom*, Law and Policy in International Business 1983 (Bd. 15), 763, 776.
134 Vgl. A., S. 5.
135 *Rosenbloom*, Law and Policy in International Business 1983 (Bd. 15), 763, 818.
136 Vgl. in Deutschland: § 8b Abs. 1KStG.
137 OECD, International Tax Avoidance and Tax Evasion, S. 91. Vgl. auch OECD-MA zu Art. 1 Rn. 19.
138 OECD, International Tax Avoidance and Tax Evasion, S. 91.
139 OECD, International Tax Avoidance and Tax Evasion, S. 91.

Beispiel 9:
Eine Muttergesellschaft eines Konzerns im Staat D (D-Gesellschaft) hat eine Tochtergesellschaft im Staat A (A-Gesellschaft). Die A-Gesellschaft hat ein Patent im Zusammenhang ihrer Produktionstätigkeit entwickelt und an ein Unternehmen im Staat Q (Q-Gesellschaft) gegen Zahlung einer Lizenzgebühr lizenziert. Zwischen dem Staat A und dem Staat Q besteht ein DBA, nicht jedoch zwischen dem Staat D und Q.

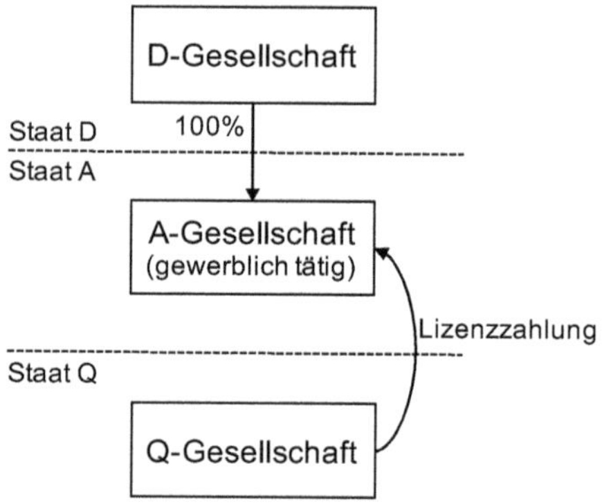

Nach dem OECD-Bericht soll das fehlende Abkommen zwischen den Staaten D und Q kein Grund sein, die Abkommensvergünstigungen für die A-Gesellschaft zu versagen, weil es sich hierbei „offensichtlich" nicht um einen „Abkommensmissbrauch" handele.

Das erscheint allerdings auf Anhieb nicht nachvollziehbar, weil die Gewährung der Abkommensvorteile auch in dem Beispiel 9 gegen das Reziprozitätsprinzip zu verstoßen scheint. Die Quellensteuerbefreiung nach dem DBA kommt mittelbar einem Drittstaatsansässigen, nämlich der D-Gesellschaft, zugute.[140] Dem Verzicht auf die Quellenbesteuerung durch den Staat Q zugunsten der D-Gesellschaft steht aber kein Verzicht des Staats D zugunsten von in Staat Q ansässigen Personen gegenüber. Die Gewährung der Abkommensvergünstigungen kommt hier zwar nicht nur dem Staat D, sondern auch der Wirtschaft des Staats A zugute, der dadurch für Investitionen aus dem Drittstaat attraktiver wird. Für den Staat Q, der Einbußen bei seiner Quellenbesteuerung hinnehmen muss, ergibt sich daraus aber kein unmittelbarer Vorteil. Vor diesem Hintergrund wurde in der Literatur die Auffassung vertreten, Treaty Shopping sei selbst dann anzunehmen, wenn die Einkünfte aus

140 Das gilt zumindest dann, wenn die Quellensteuer des Staats Q auf die Lizenzgebühren höher ist als die darauf entfallende Steuer im Staat A. Ansonsten würde die Quellensteuer in der Regel auf die Steuer im Staat A vollständig angerechnet werden, sodass der Quellensteuerverzicht für die Muttergesellschaft im Staat D keine Vorteile brächte.

dem Quellenstaat im Zusammenhang mit einer unternehmerischen Tätigkeit im anderen Vertragsstaat stehen.[141]

Allerdings muss ein Vertragsstaat bei der Definition der Fälle, in denen wegen Treaty Shopping die Abkommensvorteile versagt werden sollen, nicht nur seine Rolle als Quellenstaat, sondern auch als Ansässigkeitsstaat berücksichtigen.[142] Wenn im Beispiel 9 der Staat Q eine strenge Anti-Treaty-Shopping-Regelung für sein DBA mit dem Staat A einführt, die der A-Gesellschaft die Abkommensvorteile versagen würde, wahrt das die Interessen des Staats Q in seiner Rolle als Quellenstaat. Wenn der Staat A aber in der spiegelbildlichen Situation, d.h. bei einer Gesellschaft im Staat Q mit drittstaatsansässigen Anteilseignern, die Einkünfte aus dem Staat A bezieht, die gleichen Maßstäbe anwendet und dementsprechend Abkommensvorteile versagt, läuft das den Interessen des Staats Q als Ansässigkeitsstaat zuwider.

Spiegelbildliche Situation zu Beispiel 9:

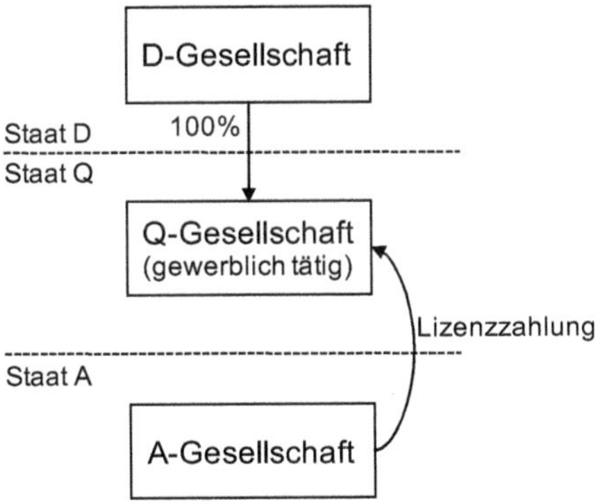

Als Ansässigkeitsstaat hat der Staat Q durchaus ein Interesse daran, dass Drittstaatsansässige bei einer unternehmerischen Tätigkeit im Staat Q auch die DBA, die er mit anderen Staaten abgeschlossen hat, nutzen können. Dies steigert die Attraktivität des Staats Q für Investitionen von Drittstaatsansässigen und kommt damit der Wirtschaft des Staats Q zugute. Weiterhin erhöht sich durch die Anwendung des DBA auch das Steueraufkommen des Staats Q aus seiner Ansässigkeitsbesteuerung. Ohne die Quellensteuerbefreiung nach dem DBA mit dem Staat A müsste der Staat Q in der spiegelbildlichen Situation regelmäßig die Quellensteuer des Staats A auf die Lizenzgebühren anrechnen. Insofern ist das Reziprozitätsprinzip auch dann gewahrt, wenn im Beispiel 9 die Quellensteuerbefreiung gewährt wird. Der Staat Q

141 *Fleming*, Intertax 2012, 245, 252 f. vor dem Hintergrund des in LoB-Klauseln enthaltenen Active-Trade-or-Business-Tests.

142 Vgl. *Reinhold*, Tax Lawyer Vol. 53, 663, 681 f.; *Rosenbloom*, Law and Policy in International Business 1983, 763, 775.

verzichtet nach dem DBA auf seine Quellenbesteuerungsrecht trotz der Beteiligung eines Drittstaatsansässigen an der A-Gesellschaft, um in der spiegelbildlichen Situation einen korrespondierenden Vorteil zu erlangen.

Auch die übrigen gegen Treaty Shopping vorgebrachten steuerpolitischen Argumente treffen bei einer unternehmerischen Tätigkeit im anderen Vertragsstaat nicht zu. Die Inanspruchnahme von Abkommensvorteilen durch Drittstaatsansässige verschlechtert in diesem Fall nicht die Position des Quellenstaats gegenüber dem Drittstaat bei Verhandlung eines DBA. Im Beispiel 9 hat der Staat D nach wie vor ein Interesse daran, ein DBA mit dem Staat Q abzuschließen, um die Abkommensvorteile auch für den Fall zu sichern, dass eine im Staat D ansässige Person eine unternehmerische Tätigkeit nicht im Staat A, sondern im Staat D ausübt. Eine Keinmalbesteuerung ist zwar auch denkbar, wenn die Einkünfte aus dem Quellenstaat zu einer unternehmerischen Tätigkeit im anderen Vertragsstaat gehören, aber doch eher unwahrscheinlich, weil Gewinne aus einer gewerblichen oder sonstigen unternehmerischen Tätigkeit in der Regel keiner besonderen Steuerbefreiung oder besonderem Steuerregime unterliegen.

Aus diesen Gründen erscheint es durchaus gerechtfertigt, grundsätzlich kein Treaty Shopping anzunehmen, wenn die Einkünfte aus dem Quellenstaat im Zusammenhang mit einer unternehmerischen Tätigkeit im anderen Vertragsstaat stehen. Allerdings stellt sich dann die Frage, welche Anforderungen an die unternehmerische Tätigkeit zu stellen sind. Dies wird jeder Staat in der Regel danach zu entscheiden haben, welche Investitionen er aus Drittstaaten in seinem Staat erwartet. Wenn beispielsweise der Staat A, nicht aber der Staat B aufgrund steuerlicher und rechtlicher Rahmenbedingungen ein attraktiver Standort für Holdinggesellschaften ist, wird der Staat A bereit sein, eine unternehmerische Holdingtätigkeit oder Konzernfinanzierungstätigkeit im Staat B für ausreichend zu betrachten, um das gleiche Zugeständnis vom Staat B für im Staat A ansässige Holdinggesellschaften zu erhalten. Hingegen wird der Staat B hierzu nicht ohne Weiteres bereit sein, weil zu erwarten ist, dass er daraus nicht den gleichen Nutzen zieht wie der Staat A.[143] Ein weiterer Aspekt sollte sein, inwiefern eine unternehmerische Tätigkeit nur vorgeschoben sein kann, um Abkommensvorteile zu erlangen. Wenn sich eine unternehmerische Tätigkeit ohne größere Kosten „künstlich" darstellen lässt, sollte das nicht ausreichen, um Treaty Shopping auszuschließen.

Im Ergebnis sollte daher dann kein Treaty Shopping vorliegen, wenn ein Drittstaatsansässiger zwar mittelbar Abkommensvorteile für Einkünfte aus dem Quellenstaat in Anspruch nimmt, diese Einkünfte aber im Zusammenhang mit einer unternehmerischen Tätigkeit im anderen Vertragsstaat stehen, die nicht nur vorgeschoben ist, und gleichartige Investitionen Drittstaatsansässiger im Quellenstaat erwartet werden können.

---

143 Denkbar ist natürlich, dass der Staat B einer solchen Regelung zustimmt, weil er aus anderen Bereichen des DBA wiederum korrespondierende Vorteile erwartet. Insofern wäre die Reziprozität des DBA wieder gewahrt.

III. Absicht des Drittstaatsansässigen

Ferner wird Treaty Shopping und die angemessene Inanspruchnahme von Abkommensvorteilen durch Drittstaatsansässige danach abgegrenzt, ob der hauptsächliche Zweck der infrage stehenden Transaktion oder Struktur darin bestand, die Vorteile des DBA zu erlangen.[144] Maßgeblich soll also die Absicht des Drittstaatsansässigen sein.

Dieses Kriterium scheint den Kern von Treaty Shopping zu treffen. Die vorgenannten Definitionen von Treaty Shopping stellen darauf ab, dass es dem Drittstaatsansässigen gerade um die Erlangung von Abkommensvorteilen gehen muss. Auch der Begriff Treaty Shopping impliziert ein bewusstes Vorgehen, das die Erlangung von Abkommensvorteilen zum Ziel hat.[145] Dieses subjektive Kriterium rührt wohl vor allem daher, Treaty Shopping als Missbrauch im rechtlichen Sinn, wie er im Recht vieler Staaten definiert wird, zu erfassen. In vielen Staaten wird für die Frage, ob ein Rechtsmissbrauch vorliegt darauf abgestellt, ob der alleinige Zweck einer Handlung in der Erlangung eines Rechtsvorteils liegt.[146]

Fraglich ist jedoch, ob dieses Kriterium auch aus steuerpolitischer Sicht sachgerecht ist, um Treaty Shopping von der angemessenen Erlangung von Abkommensvorteilen durch Drittstaatsansässige abzugrenzen. Das lässt sich daran messen, ob die zuvor diskutierten steuerpolitischen Bedenken gegen Treaty Shopping bereits dann entfallen, wenn der Drittstaatsansässige Abkommensvorteile in Anspruch nimmt, dies jedoch nicht der Grund der von ihm gewählten Transaktion oder Struktur war.

Das Reziprozitätsprinzip ist auch bei Fehlen dieses subjektiven Elements nicht gewahrt. Auch wenn dies nicht das Ziel der Struktur oder Transaktion war, nimmt ein Drittstaatsansässiger Abkommensvorteile in Anspruch, ohne dass im Quellenstaat ansässige Personen gleichwertige Vorteile gegenüber dem Drittstaat beanspruchen können. Wenn allerdings ausgeschlossen ist, dass Drittstaatsansässige Einkünfte aus dem Quellenstaat gezielt in den anderen Vertragsstaat leiten, um die Vorteile des DBA in Anspruch zu nehmen, wird es wesentlich weniger Fälle geben, in denen Abkommensvorteile Drittstaatsansässigen zugutekommen. Insofern sind die Bedenken, die sich aus dem Reziprozitätsprinzip ergeben, weniger gravierend, wenn nur die „unbeabsichtigte" Erlangung von Abkommensvorteilen durch Drittstaatsansässige zugelassen wird. Auch die Gefahr einer Verschlechterung der DBA-Verhandlungsposition des Quellenstaats gegenüber dem Drittstaat ist eher gering, wenn Drittstaatsansässige nicht gezielt ein DBA des Quellenstaats mit einem anderen Staat in Anspruch nehmen können.

Dennoch gibt es Fälle, in denen die Inanspruchnahme von Abkommensvorteilen durch Drittstaatsansässige unangemessen erscheint, obwohl es an einer

---

144 Vgl. *Lüdicke*, DBA-Politik, S. 41.

145 Vgl. B.I., S. 7.

146 Vgl. *Kok*, Intertax 2016, 406, 407 (zu den Niederlanden); *van Weeghel*, Improper Use of Tax Treaties, S. 95 ff. Vgl. auch OECD-MK zu Art. 1, Tz. 9.5.

entsprechenden Absicht des Drittstaatsansässigen fehlt.[147] Das ist beispielsweise dann der Fall, wenn es dem Drittstaatsansässigen nicht im Wesentlichen darum geht, die Abkommensvorteile, sondern andere steuerliche Vorteile im anderen Vertragsstaat zu erlangen.

Beispiel 10:
Die D-Gesellschaft im Staat D will ein Patent an die im Staat Q ansässige Q-Gesellschaft lizenzieren. Die Lizenzgebühren unterliegen im Staat Q grundsätzlich einer 15 %igen Quellensteuer und zwischen den Staaten Q und D besteht kein DBA. Der effektive Körperschaftsteuersatz für die Lizenzgebühren im Staat D beträgt 30 %. Die Quellensteuer im Staat Q wird auf die Körperschaftsteuer im Staat D vollständig angerechnet, sodass sich aus der Quellensteuer keine Nachteile für die D-Gesellschaft ergeben. Dennoch entscheidet sich die D-Gesellschaft, das Patent an die im Staat A ansässige A-Gesellschaft (Tochtergesellschaft der D-Gesellschaft) zu übertragen, weil der effektive Körperschaftsteuersatz im Staat A aufgrund dessen Patentbox-Steuerregimes nur 5 % beträgt. Das DBA zwischen den Staaten A und Q sieht eine vollständige Freistellung der Lizenzgebühren von der Quellensteuer vor.

Hier erscheint es aus Sicht des Staats Q steuerpolitisch nicht opportun, die Abkommensvorteile für die A-Gesellschaft zu gewähren, obwohl die Struktur nicht hauptsächlich durch die Erlangung von Abkommensvorteilen, sondern durch andere steuerliche Vorteile motiviert ist. Wenn der Staat Q kein vergleichbares Patentbox-Steuerregime hat, wird es keine spiegelbildliche Situation geben, in welcher der Staat A auf die Quellenbesteuerung verzichtet. Das Reziprozitätsprinzip ist dann nicht gewahrt. Ein ähnliches Problem stellt sich, wenn es der D-Gesellschaft im Beispiel 10 nicht darum ging, die Abkommensvorteile des DBA zwischen den Staaten A und Q, sondern ein anderes DBA des Staats Q (bzw. dessen Abkommensnetzwerk) zu nutzen.

Eine Lösung dafür könnte sein, nicht nur auf die fehlende Absicht zur Erlangung von Abkommensvorteilen abzustellen, sondern zu verlangen, dass der Drittstaatsansässige gar keine steuerlichen Vorteile bezweckt. Aber selbst wenn steuerliche Motive keine oder nur eine untergeordnete Rolle für den Drittstaatsansässigen spielen, kann die Gewährung von Abkommensvorteilen nicht sachgerecht sein.

Angenommen der wesentliche Grund für die Errichtung der A-Gesellschaft im Beispiel 10 war nicht das Patentbox-Steuerregime, sondern ein Investitionsschutzabkommen zwischen den Staaten A und Q, in dessen Anwendungsbereich sich die D-Gesellschaft „einkaufen" wollte. Auch hier ergeben sich Bedenken aus dem Reziprozitätsprinzip, wenn der Staat A für ein Treaty Shopping hinsichtlich Investitionsschutzabkommen attraktiver ist als der Staat Q.[148] Neben einer Verletzung des Reziprozitätsprinzips spricht hier zusätzlich gegen die Gewährung von

147 Vgl. allgemein *Rosenbloom*, Law and Policy in International Business 1983 (Bd. 15), 763, 767.

148 So sind beispielsweise die Niederlande als Holdingstandort auch deshalb für ausländische Investoren attraktiv, weil die Niederlande ein weites Netzwerk an

Abkommensvorteilen, dass man damit ein aus Sicht des Staats Q unerwünschtes Verhalten weiter unterstützen würde.

Weiterhin gibt es Fälle, in denen zwar die Absicht, steuerliche Vorteile in Anspruch zu nehmen fehlt, und der Drittstaatsansässige auch ansonsten einen „neutralen“ Grund vorweisen kann, der Verzicht auf die Quellenbesteuerung für den Quellenstaat aber schlicht keinen korrespondierenden Vorteil zur Folge hat.

Beispiel 11:
Die natürliche Person D im Staat D überträgt eine Beteiligung an einer Gesellschaft im Staat Q (Q-Gesellschaft) an eine substanzlose Holdinggesellschaft im Staat A (A-Gesellschaft). Zwischen den Staaten A und Q besteht (anders als im Verhältnis zwischen den Staaten D und Q) ein DBA, das Dividenden der Q-Gesellschaft von der Quellensteuer im Staat Q freistellt. Die Übertragung durch D dient der Vorbereitung der Erbfolge, weil alle Erben des D im Staat A ansässig sind.[149] *Im Staat A unterfallen die Dividenden der Q-Gesellschaft dem Schachtelprivileg und sind daher steuerfrei.*

Hier würde es den Interessen des Staats Q zuwiderlaufen, die Quellensteuerbefreiung nach dem DBA zu gewähren, obwohl sie im Ergebnis einem Drittstaatsansässigen zugutekommt. Der Staat Q hat kein Interesse daran, dass in der spiegelbildlichen Situation einer Gesellschaft im Staat Q durch den Staat A Abkommensvorteile gewährt werden. Aus der Ansiedlung substanzloser Holdinggesellschaften hat der Staat Q keine Vorteile für seine Wirtschaft. Wenn Dividenden auch im Staat Q steuerbefreit sind, zieht die Quellensteuerentlastung in der spiegelbildlichen Situation auch keine Erhöhung des Steueraufkommens des Staats Q aus der Ansässigkeitsbesteuerung nach sich. Damit würde der Staat Q in dem Beispielsfall Einbußen bei seinem Steueraufkommen in Kauf nehmen, ohne dass ihm das irgendwelche Vorteile brächte.

Umgekehrt kann es steuerpolitisch sinnvoll sein, die Abkommensvorteile zu gewähren, obwohl die gewählte Struktur einzig und allein dazu dient, Abkommensvorteile in Anspruch zu nehmen.

Beispiel 12:
Die D-Gesellschaft im Staat D will ein Produkt im Staat A herstellen und unter anderem im Staat Q durch eine dort ansässige Vertriebsgesellschaft (Q-Gesellschaft) vertreiben. Zwischen den Staaten Q und D besteht kein DBA, sodass auf Dividenden der Q-Gesellschaft eine Quellensteuer in Höhe von 30 % anfallen würde. Das DBA zwischen den Staaten A und Q stellt hingegen Dividenden von der Quellensteuer frei. Für die D-Gesellschaft spielt es aus wirtschaftlicher Sicht keine Rolle, ob sie die Produktion im Staat A über eine Betriebsstätte oder über eine Tochtergesellschaft betreibt. Nur um die Abkommensvorteile des DBA zwischen den Staaten A und Q zu erlangen, entscheidet sie sich für die Gründung

---

Investitionsschutzabkommen vorweisen können (*van Os/Knottnerus*, Dutch Bilateral Investment Treaties, *passim*).

149 Vgl. zu diesem Beispiel: *Piltz*, IStR 2007, 793, 799.

einer Tochtergesellschaft im Staat A, welche die Produktionstätigkeit betreibt und als Muttergesellschaft der Q-Gesellschaft fungiert.

Hier können keine Zweifel bestehen, dass die Gründung der Tochtergesellschaft im Staat A allein dazu dient, für die drittstaatsansässige D-Gesellschaft Abkommensvorteile in Anspruch zu nehmen. Trotz dieser Absicht erscheint es jedoch sinnvoll, die Abkommensvorteile zu gewähren. Die zuvor genannten Argumente, nach denen die Abkommensvorteile bei einer unternehmerischen Tätigkeit im anderen Vertragsstaat gewährt werden sollten, treffen hier im gleichen Maße zu.[150] Das gleiche würde gelten, wenn der Staat A und ein anderer Staat für die D-Gesellschaft grundsätzlich gleichwertige Produktionsstandorte darstellen, sich die D-Gesellschaft aber nur wegen des DBA zwischen den Staaten A und Q für die Produktion im Staat A entscheidet.[151]

Dass die Absicht des Drittstaatsansässigen als Abgrenzungskriterium in Fällen wie im Beispiel 12 zu eng ist, wird auch von den Befürwortern dieses Abgrenzungskriteriums gesehen und daher findet sich die Einschränkung, dass die Abkommensvorteile trotz des Bestehens der Absicht, Abkommensvorteile zu erlangen, zu gewähren sind, wenn dies dem „Sinn und Zweck" des DBA entspricht.[152] Damit wird dieses Abgrenzungskriterium aber völlig nichtssagend. Es wirft zudem die Frage auf, wieso dann nicht die Abkommensvorteile zu versagen sind, wenn – wie in den Beispielen 10 und 11 – zwar keine Absicht bestand, Abkommensvorteile in Anspruch zu nehmen, die Gewährung der Abkommensvorteile aber gleichwohl aus steuerpolitischen Gründen unangemessen wäre.[153]

Ein weiteres Argument gegen dieses Abgrenzungskriterium sind die damit einhergehenden Nachweisprobleme. Bei der Absicht des Drittstaatsansässigen handelt es sich um eine innere Tatsache, die keinem direkten Nachweis zugänglich ist und nur mit Indizien festgestellt werden kann.

---

150 Zwar liegt in diesem Fall ein Verstoß gegen den steuerlichen Neutralitätsgrundsatz vor. Das kann jedoch für den Staat Q kein ausreichender Grund sein, die Abkommensvorteile zu versagen. Vgl. D.I.5., S. 34.

151 Vgl. auch das Beispiel im Abschlussbericht der OECD zum Aktionspunkt 6 des BEPS-Projekts (OECD, Final BEPS Report – Action 6, S. 60, Beispiel C): Ein Drittstaatsansässiger zieht drei Staaten als Standort für ein Produktionsunternehmen in Betracht und wählt den Staat mit dem günstigsten DBA. Der Bericht behauptet hier, die Inanspruchnahme sei bereits nicht einer der hauptsächlichen Gründe des Drittstaatsansässigen bei seiner Entscheidung gewesen. Das erscheint jedoch zweifelhaft. Dies erkennt offenbar auch der OECD-Bericht. wenn er weiter ausführt, dass die Abkommensvorteile jedenfalls deshalb zu gewähren sind, weil dies nicht dem Sinn und Zweck des Abkommens widerspreche (OECD, a.a.O.).

152 Vgl. *Lüdicke*, DBA-Politik, S. 41.

153 Vgl. *Lang*, TNI 2014 (Bd. 74), 655, 660 f. (vor dem Hintergrund des vom BEPS-Abschlussbericht vorgeschlagenen Principal-Purpose-Tests).

Im Ergebnis ist daher das Kriterium, ob der hauptsächliche Zweck der Struktur darin bestand, Abkommensvorteile bzw. sonstige steuerliche Vorteile zu erlangen, im Grundsatz durchaus geeignet, Fälle der unangemessenen von der angemessenen Erlangung von Abkommensvorteilen durch Drittstaatsansässige zu unterscheiden, und somit vertretbar. Es ist aber nicht präzise, weil sich dieses Kriterium in bestimmten Fällen als zu eng und in anderen Fällen als zu weit erweist. Es kann durchaus Gründe geben, Abkommensvorteile zu versagen, obwohl die Struktur nicht der Erlangung von Abkommensvorteilen dient, genauso wie es richtig sein kann, die Abkommensvorteile trotz Vorliegens dieser Absicht zu gewähren. Daneben folgen aus diesem subjektiven Abgrenzungskriterium praktische Nachweisprobleme.

IV. Interessen der Vertragsstaaten in ihrer Rolle als Ansässigkeitsstaat

Will man ein präziseres Abgrenzungskriterium finden, sollte dies vor dem Hintergrund der zwei zentralen Gründe geschehen, die Treaty Shopping als unangemessen erscheinen lassen, nämlich der Verstoß gegen das Reziprozitätsprinzip und die Verschlechterung der DBA-Verhandlungsposition.

Ausgangspunkt dieser Überlegung sollte sein, wann trotz der Inanspruchnahme von Abkommensvorteilen durch Drittstaatsansässige kein Verstoß gegen das Reziprozitätsprinzip vorliegt. Dafür kann auf die Diskussion der These, wonach kein Treaty Shopping vorliegt, wenn die Einkünfte aus dem Quellenstaat im Zusammenhang mit einer unternehmerischen Tätigkeit im anderen Vertragsstaat stehen,[154] zurückgegriffen werden. Diese Diskussion hat gezeigt, dass bei einer unternehmerischen Tätigkeit im anderen Vertragsstaat deshalb kein Verstoß gegen das Reziprozitätsprinzip vorliegt, weil der Quellenstaat in seiner Rolle als Ansässigkeitsstaat (d.h. in der spiegelbildlichen Situation) ein erhebliches Interesse an der Gewährung von Abkommensvorteilen hat. Dieser Gedanke lässt sich verallgemeinern: Wenn ein Drittstaatsansässiger mittelbar Abkommensvergünstigungen in Anspruch nimmt, ist das Reziprozitätsprinzip unter der Voraussetzung gewahrt, dass der Quellenstaat mit einer spiegelbildlichen Situation rechnet und in dieser Situation die Gewährung der Abkommensvergünstigungen für den Quellenstaat in seiner Rolle als Ansässigkeitsstaat Vorteile bringt, insbesondere für seine Wirtschaft und sein Steueraufkommen aus der Ansässigkeitsbesteuerung.

Wenn diese Voraussetzung erfüllt ist und Abkommensvergünstigungen gewährt werden, verschlechtert das auch nicht die DBA-Verhandlungsposition, da der Drittstaat nach wie vor ein Interesse hat, über einen Quellensteuerverzicht für im Drittstaat ansässige Personen in den Fällen zu verhandeln, in denen der Quellenstaat keinen korrespondierenden Vorteil aus der (mittelbaren) Gewährung der Abkommensvergünstigung an Drittstaatsansässige hat und sie demnach versagt.

154 Siehe E.II., S. 40.

Der klassische Anwendungsfall, wann nach diesem Kriterium die Inanspruchnahme von Abkommensvorteilen durch Drittstaatsansässige angemessen ist, ist – wie schon ausgeführt – die unternehmerische Tätigkeit im anderen Vertragsstaat. Es gibt aber auch andere Fälle, in denen das zutrifft. Ein Beispiel dafür sind Gesellschaften in einem Vertragsstaat, zu deren Anteilseignern sowohl im gleichen Vertragsstaat ansässige Personen als auch Drittstaatsansässige gehören.[155] Wenn die Gesellschaft eine Quellensteuerentlastung aufgrund des DBA verlangen kann, liegt zwar eine Inanspruchnahme von Abkommensvorteilen durch Drittstaatsansässige vor (in Höhe ihrer Beteiligungsquote), dennoch lässt sich hier vertreten, dass dies nicht gegen das Reziprozitätsprinzip verstößt. Bei der Frage, ob der Quellenstaat die Abkommensvorteile in dieser Konstellation (teilweise) versagen sollte, muss der Quellenstaat bedenken, dass auch in seinem Staat ansässige Personen Investitionen nur durch Poolung von Ressourcen mit anderen Personen, die eventuell in Drittstaaten ansässig sind, durchführen können und die Versagung von Abkommensvorteilen in dieser Situation, die Möglichkeit solcher Joint Ventures einschränken würde. Daher kann es für den Quellenstaat sinnvoll sein, die Abkommensvergünstigungen trotz der Beteiligung Drittstaatsansässiger (bis zu einer gewissen Beteiligungsquote) zu gewähren.

Dieses Abgrenzungskriterium ist allerdings sehr unbestimmt. Es ist letztlich eine Frage des politischen Ermessens des Quellenstaats, wann die Gewährung von Abkommensvergünstigungen an Drittstaatsansässige in der spiegelbildlichen Situation für ihn mit einem ausreichenden Vorteil in seiner Rolle als Ansässigkeitsstaat verbunden ist. Eine Anti-Treaty-Shopping-Regelung, die dieses Abgrenzungskriterium als Tatbestandsmerkmal verwendet, wäre daher kaum justiziabel. Als Leitlinie für die Bewertung einer Regel zur Verhinderung von Treaty Shopping wie die LoB-Klausel ist dieses Kriterium aber durchaus geeignet.

V. Abkommensberechtigung des Drittstaatsansässigen

Ein weiteres Abgrenzungskriterium könnte sein, ob der Drittstaatsansässige nach einem DBA zwischen dem Quellenstaat und dem Drittstaat berechtigt gewesen wäre, die gleichen Abkommensvorteile zu beanspruchen, wenn er die Einkünfte aus dem Quellenstaat direkt (und nicht über eine Struktur im anderen Vertragsstaat) bezogen hätte (mittelbare Abkommensberechtigung).

> *Beispiel 13:*
> *Die Q-Gesellschaft im Staat Q leistet eine Lizenzzahlung an die A-Gesellschaft im Staat A. Alleiniger Anteilseigner der Q-Gesellschaft ist die D-Gesellschaft im Staat D, deren Anteilseigner natürliche Personen im Staat D sind. Das DBA zwischen den Staaten A und Q sieht genauso wie das DBA zwischen den Staaten D und Q eine vollständige Freistellung von der Quellensteuer auf Lizenzzahlungen vor.*

155 Vgl. *Reinhold*, Tax Lawyer 1999–2000 (Bd. 53), 663, 681 f.

1. *Keine Verletzung des Reziprozitätsprinzips oder Verschlechterung der DBA-Verhandlungsposition*

In diesem Fall wird bei Gewährung der Abkommensvorteile durch den Staat Q das Reziprozitätsprinzip von DBA nicht verletzt, weil auch zwischen den Staaten Q und D ein DBA mit dem gleichen gegenseitigen Quellensteuerverzicht besteht. Weiterhin erhöht sich zwar durch solche Strukturen unter Umständen der Betrag an quellensteuerpflichtigen Einkünften, der vom Staat Q in den Staat A gezahlt wird. Der Staat Q erleidet dadurch aber keine Steuermindereinnahmen in Bezug auf seine Quellenbesteuerung. Ohne die Zwischenschaltung der A-Gesellschaft wäre der Staat Q ebenso verpflichtet, die Lizenzzahlung von der Quellensteuer freizustellen.

Ferner verschlechtert sich in diesem Fall durch die Gewährung der Quellensteuerentlastung nicht die Verhandlungsposition des Staats Q gegenüber dem Staat D. Wenn die A-Gesellschaft nur dann einen Anspruch auf die Quellensteuerbefreiung nach dem DBA mit dem Staat A hat, wenn ein gleich günstiges DBA mit dem Staat D besteht, hat der Staat D nach wie vor ein Interesse daran, ein entsprechendes DBA mit dem Staat Q abzuschließen bzw. beizubehalten.

2. *Steuerausfälle des Quellenstaats aus der Ansässigkeitsbesteuerung*

Gleichwohl wird vertreten, dass die mittelbare Abkommensberechtigung des drittstaatsansässigen Gesellschafters Treaty Shopping nicht ausschließt und daher in den im Beispiel 13 beschriebenen Konstellationen die Abkommensvorteile versagt werden sollten.[156] Dies war auch die Abkommenspolitik der USA bis zur Revision des US-MA im Jahr 2016.[157] Der wesentliche Grund hierfür liegt in der Befürchtung, die Gewährung der Abkommensvorteile könnte in diesen Fällen dazu dienen, unangemessene Vorteile aus der mangelnden Abstimmung der beteiligten Steuerrechtssysteme und DBA zu erzielen.[158] Ein Beispiel aus einem Diskussionsentwurf der OECD zum BEPS-Projekt (Aktionspunkt 6), dem die im Beispiel 13 geschilderte Konstellation zugrunde liegt, verdeutlicht dies:[159]

---

156 Vgl. OECD, BEPS – Action 6 Draft March 2014, Tz. 15 ff.; *Rosenbloom*, Law and Policy in International Business 1983 (Bd. 15), 763, 826 ff.

157 So enthielt das US-MA (2006) noch keinen Derivative-Benefits-Test, durch den eine Gesellschaft mit Anteilseigner in Drittstaaten die Abkommensberechtigung erlangen konnte, wenn die Anteilseigner abkommensberechtigt waren. Soweit DBA der USA Derivative-Benefits-Tests enthalten, sind sie mit wenigen Ausnahmen auf Anteilseigner in bestimmten Staaten (EU, EWR, NAFTA) beschränkt (vgl. NYCB, Tax Notes 2008 (Bd. 119), 1087).

158 *Rosenbloom*, Law and Policy in International Business 1983 (Bd. 15), 763, 826; *van Weeghel*, Improper Use of Tax Treaties, S. 238; *Vega*, LoB-Clauses, S. 195.

159 OECD, BEPS – Action 6 Draft March 2014, Tz. 15 ff.

Beispiel 14:
Wie Beispiel 13, allerdings gilt im Staat A für die Lizenzgebühren ein besonders günstiges Besteuerungsregime, wodurch sie bei der A-Gesellschaft nur einer geringen Besteuerung unterliegen. Der Staat D würde die Lizenzgebühren bei direkter Zahlung an die D-Gesellschaft hingegen mit dem normalen Körperschaftsteuersatz besteuern.

Würde in diesem Fall der Staat Q die Abkommensvorteile gewähren, könnte – so der Diskussionsentwurf – die D-Gesellschaft das günstige Besteuerungsregime des Staats A nutzen. Das würde die Möglichkeit für Gewinnverkürzungen und Gewinnverlagerungen eröffnen.[160]

Damit stellt der Diskussionsentwurf nicht auf die bereits genannten Argumente ab, die sonst gegen Treaty Shopping genannt werden. Das Argument, hier die Abkommensvorteile nicht zu gewähren, besteht nicht darin, dass die Gewährung der Abkommensvorteile wegen eines Verstoßes gegen das Reziprozitätsprinzip, der Gefahr einer Verschlechterung der DBA-Verhandlungsposition des Quellenstaats oder der Gefahr einer „Keinmalbesteuerung" der Einkünfte aus dem Quellenstaat unangemessen sei. Vielmehr betrifft das Argument des Diskussionsentwurfs die Gefahr von Steuerausfällen des Quellenstaats aus der Ansässigkeitsbesteuerung, im Beispiel 14 also die Besteuerung der Q-Gesellschaft. Wenn Steuerpflichtige in Drittstaaten die Möglichkeit hätten, im Quellenstaat abzugsfähige Zahlungen quellensteuerfrei in den anderen Vertragsstaat zu leiten, wo diese nur einer geringen Besteuerung unterliegen, ist zu vermuten, dass davon verstärkt Gebrauch gemacht wird. Das sollte für den Quellenstaat grundsätzlich irrelevant sein, weil es sowohl für sein Steueraufkommen aus der Quellenbesteuerung als auch aus der Ansässigkeitsbesteuerung keinen Unterschied macht, ob die abzugsfähige Zahlung in den Vertragsstaat oder in den Drittstaat (mit dem auch eine Quellensteuerfreistellung vereinbart wurde) gezahlt wird. Wenn die abzugsfähigen Zahlungen allerdings einem besonders günstigen Steuerregime im anderen Vertragsstaat unterfallen, kann angenommen werden, dass Drittstaatsansässige versuchen werden, den Betrag der abzugsfähigen Zahlungen, beispielsweise durch eine aggressive Verrechnungspreisstrategie, zu maximieren, wodurch es zu Steuerausfällen des Quellenstaats aus der Ansässigkeitsbesteuerung kommt.

Ob das ein Argument gegen die Gewährung von Abkommensvorteilen bei einer mittelbaren Abkommensberechtigung der drittstaatsansässigen Gesellschafter ist, erscheint jedoch zweifelhaft. Zunächst handelt es sich um ein Argument, das nur in bestimmten Konstellationen, aber nicht auf alle Fälle einer mittelbaren Abkommensberechtigung zutrifft. Beispielsweise werden Strukturen wie im Beispiel 13 oft in internationalen Konzernen anzutreffen sein, bei denen Gesellschaften in verschiedenen Ländern in einer Regionalholding zusammengefasst werden, ohne dass ein besonderes Steuerregime oder Ähnliches die Struktur beeinflusst hat. Weiterhin sollte, wenn das Argument in der im Beispiel 14 beschriebenen Konstellation in

160 OECD, BEPS – Action 6 Draft March 2014, Tz. 15.

drohenden Steuerausfällen des Quellenstaats aus der Ansässigkeitsbesteuerung liegt, dies vorrangig durch Maßnahmen, welche die Ansässigkeitsbesteuerung dieses Staats schützen und nicht durch eine Versagung der Quellensteuerbefreiung, gelöst werden. Insbesondere ließen sich Steuerausfälle des Quellenstaats aus der Ansässigkeitsbesteuerung vermeiden, wenn der Quellenstaat entsprechend strenge Verrechnungspreisregeln hätte. Wenn das nicht ausreichend Sicherheit bietet, könnte die Quellensteuerentlastung aufgrund einer mittelbaren Abkommensberechtigung davon abhängig gemacht werden, dass die Einkünfte keinem besonderen Steuerregime im anderen Vertragsstaat unterfallen.[161]

3. *Vermeidung der Ansässigkeitsbesteuerung im Drittstaat*

Ein weiteres Argument, trotz der mittelbaren Abkommensberechtigung des Gesellschafters die Abkommensberechtigung zu versagen, liegt in der bereits zuvor diskutieren Befürchtung einer „Keinmalbesteuerung" bzw. Vermeidung der Besteuerung im Ansässigkeitsstaat des Investors.[162] Im Beispiel 14 wird durch die Einschaltung der A-Gesellschaft eine Besteuerung der Lizenzgebühren im Staat D bei deren Thesaurierung hinausgezögert. Sind Ausschüttungen der A-Gesellschaft im Staat D steuerfrei, wird die Besteuerung im Staat D sogar ganz vermieden.

Man kann allerdings in Frage stellen, ob es hierbei um ein Problem handelt, das die Vertragsstaaten berücksichtigen sollten, weil es in erster Linie den Drittstaat betrifft. Hierzu wird allerdings ausgeführt, wenn der Quellenstaat in dieser Situation die Abkommensvorteile gewähre, könne das zu einer Kündigung des DBA zwischen dem Quellenstaat und dem Drittstaat, der solche Gestaltungen verhindern wolle, führen.[163] Weiterhin betrifft dieses Problem aus Sicht der globalen Abkommenspolitik durchaus auch die Vertragsstaaten, weil sie sich in einer spiegelbildlichen Situation, in der sie die Rolle des Drittstaats einnehmen, wiederfinden könnten.

Wie bereits festgestellt, sollte das Problem der fehlenden Besteuerung im Drittstaat (hier: Staat D) aber in erster Linie durch Regelungen des Drittstaats und nicht durch eine Versagung von Abkommensvorteilen adressiert werden.[164] Im Beispiel 14 würden sich durchaus sachgerechte steuerliche Konsequenzen ergeben, wenn der

---

161 Diesen Weg sieht grundsätzlich auch der BEPS-Abschlussbericht vor. Vgl. den im BEPS-Abschlussbericht vorgeschlagenen Derivative-Benefits-Test (OECD, Final BEPS Report – Action 6, S. 42, Artikel X(4)). Dieser Vorschlag steht unter dem Vorbehalt, dass die Gefahren durch eine Gewinnverkürzung- und -verlagerung im Quellenstaat durch andere Maßnahmen im Rahmen des BEPS-Projekts, insbesondere durch die Vorschläge zum Aktionspunkt 5 (*Harmful Tax Practices*) und Aktion 8 (*Intangibles*) sowie zu besonderen Vorschriften betreffend die Versagung der Quellensteuerentlastung bei besonderen Steuerregimen, ausreichend adressiert werden (vgl. OECD, a.a.O., Fn. 11).

162 Vgl. D.I.4., S. 31.

163 *Rosenbloom*, Law and Policy in International Business 1983 (Bd. 15), 763, 827.

164 Vgl. D.I.4., S. 31.

Staat D die von der A-Gesellschaft bezogenen Lizenzzahlungen der Hinzurechnungsbesteuerung unterwerfen würde. Das eigentliche Problem liegt nämlich nicht in der Gewährung der Quellensteuerentlastung durch den Staat Q, sondern in der Nichtbesteuerung der Lizenzzahlung im Staat D. Das zeigt sich auch daran, dass das Problem bestehen bleibt, wenn der Staat Q auf die Lizenzzahlung schon nach innerstaatlichem Steuerrecht keine Quellensteuer erheben würde. Erwägenswert mag eine Versagung der Abkommensvorteile wegen einer drohenden „Keinmalbesteuerung" lediglich sein, wenn der Drittstaat über steuerliche Informationsaustauschabkommen nicht an die notwendigen Informationen über die Einkünfte im anderen Vertragsstaat (im Beispiel: Staat A) kommen kann, um seine Regelungen Hinzurechnungsbesteuerung anzuwenden.

Weiterhin trifft auch das Argument der „Keinmalbesteuerung" nur in bestimmten Konstellationen zu. In vielen Fällen, etwa bei den bereits erwähnten regionalen Holdinggesellschaften, wird hingegen gar keine Gefahr bestehen, dass durch solche Strukturen die Interessen des Drittstaats berührt werden

4. *Zwischenergebnis*

Bei einer gleichwertigen Abkommensberechtigung des Drittstaatsansässigen nach einem DBA zwischen dem Quellenstaat und dem Drittstaat sollte grundsätzlich kein Treaty Shopping angenommen werden. Die Bedenken, die sich in ganz bestimmten Konstellationen aus den drohenden Steuerausfällen des Quellenstaats bei seiner Ansässigkeitsbesteuerung und der Vermeidung der Ansässigkeitsbesteuerung im Drittstaat ergeben, sollten vorrangig durch Regelungen, die diese Probleme gezielt adressieren, und nicht durch eine generelle Versagung der Quellensteuerentlastung nach dem DBA gelöst werden.

VI. Fehlende Zurechnung der Einkünfte aus Sicht des Ansässigkeitsstaats

Unabhängig von den voran genannten Kriterien muss die Erlangung von Abkommensvorteilen von Drittstaatsansässigen jedenfalls dann als unangemessen beurteilt werden, wenn die Treaty-Shopping-Struktur dazu führt, dass der andere Vertragsstaat die Einkünfte aus dem Quellenstaat keiner dort ansässigen Person zurechnet. In diesem Fall besteht noch nicht einmal die abstrakte Gefahr einer doppelten Besteuerung und das DBA sollte daher nicht anwendbar sein.[165] Das betrifft die zuvor erläuterten Treuhandkonstruktionen, wenn der Ansässigkeitsstaat die Einkünfte nicht dem Treuhänder, sondern dem drittstaatsansässigen Treugeber zurechnet, aber auch die Strukturen unter Einsatz von hybriden Gesellschaften, bei denen der Ansässigkeitsstaat die hybride Gesellschaft als Bezieherin der Einkünfte ansieht. Auch wenn bei Treaty Shopping durch doppelt ansässige Gesellschaften

165 Vgl. *Lehner*, in: Vogel/Lehner, Grundlagen des Abkommensrechts Rn. 71.

eine andere Betrachtung möglich erscheint, sollte mit dem gleichen Argument auch bei dieser Struktur stets von einer unangemessenen Erlangung von Abkommensvorteilen ausgegangen werden, weil die Einkünfte aus Sicht des Ansässigkeitsstaats einer Person zugerechnet werden, die im Ergebnis nicht wie eine dort ansässige Person besteuert wird.

F. Sonderfall: Mäanderstrukturen

Teilweise werden auch Mäanderstrukturen, bei denen kein Drittstaatsansässiger, sondern eine im Quellenstaat ansässige Person die Quellensteuerentlastung aufgrund eines DBA (indirekt) in Anspruch nimmt, als Treaty Shopping angesehen. Dementsprechend sollen nach dieser Ansicht bei Mäanderstrukturen die Abkommensvorteile versagt werden.[166]

Beispiel 15:
Die B-Gesellschaft ist im Staat B ansässig und hat ein Patent entwickelt. Sie überträgt das Patent auf eine neu gegründete Tochtergesellschaft im Staat A (A-Gesellschaft), die das Patent an Personen im Staat B lizenziert und dafür Lizenzgebühren aus dem Staat B erhält. Nach dem DBA zwischen dem Staat A und dem Staat B sind die Lizenzgebühren von der Quellenbesteuerung im Staat B freizustellen.

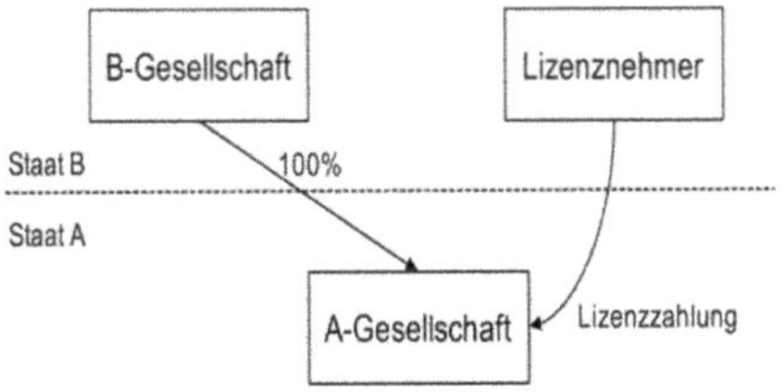

Allerdings sind die gegen die Erlangung von Abkommensvorteilen durch Drittstaatsansässige angeführten Gründe bei Mäanderstrukturen nicht einschlägig. Ein Verstoß gegen das Reziprozitätsprinzip kann in einer Zwei-Staaten-Konstellation ebenso wenig vorliegen, wie sich die Verhandlungsposition des betroffenen Vertragsstaats hierdurch verschlechtern kann. Die Bedenken gegen Mäanderstrukturen rühren vielmehr daher, dass ein Steuerpflichtiger der Besteuerung in seinem Ansässigkeitsstaat entgehen kann, indem er Einkünfte in einer Gesellschaft im anderen Vertragsstaat thesauriert.[167] Im Beispiel 15 könnte für die B-Gesellschaft der Einsatz der A-Gesellschaft besonders interessant sein, weil der Staat A ein

166 OECD, Final BEPS Report – Action 6, S. 17 Fn. 2. Vgl. auch BMF, Schreiben v. 24.1.2012 – IV B 3 – S 2411/07/10016, BStBl. I 2012, 171 Tz. 4.3, wonach auch Mäanderstrukturen unter § 50d Abs. 3 EStG fallen.

167 *Frotscher*, in: Frotscher/Geurts, EStG, § 50d Rn. 74; *Rosenbloom*, Law and Policy in International Business 1983 (Bd. 15), 763, 820.

Patentbox-Steuerregime eingeführt hat und die Lizenzgebühren daher nur einer geringen Besteuerung unterliegen. Die A-Gesellschaft könnte dann die Lizenzgebühren zunächst nicht an die B-Gesellschaft ausschütten, wodurch die Besteuerung im Staat B hinausgezögert werden kann. Wenn die Dividenden der A-Gesellschaft im Staat B aufgrund eines Schachtelprivilegs steuerfrei sind, könnte die Besteuerung im Staat B sogar ganz vermieden werden.[168] Anders als bei Treaty Shopping durch Drittstaatsansässige geht es bei Mäanderstrukturen also nicht um eine Umgehung der Quellenbesteuerung, sondern der Ansässigkeitsbesteuerung im Quellenstaat.[169]

Obwohl es durchaus sinnvoll erscheint, solche Gestaltung zu verhindern, ist zweifelhaft, ob die Versagung der Abkommensvorteile hierfür der richtige Weg ist. Das eigentliche Problem dieser Gestaltung liegt nicht in der Gewährung der Quellensteuerentlastung durch den Quellenstaat, sondern in der fehlenden Erfassung der Einkünfte bei der Ansässigkeitsbesteuerung. Wenn im Beispiel 15 der Staat B aufgrund seiner Regeln zur Hinzurechnungsbesteuerung die Lizenzgebühren unabhängig von einer Ausschüttung der B-Gesellschaft zurechnete, würden auch bei einer Gewährung der Quellensteuerentlastung keine Bedenken gegen die Struktur bestehen. Richtigerweise müssen daher die durch Mäanderstrukturen ausgelösten Probleme durch die Hinzurechnungsbesteuerung des Quellenstaats gelöst werden.[170] Das zeigt sich auch daran, dass eine Verzögerung der Besteuerung oder Nichtbesteuerung der Lizenzgebühren im Beispiel 15 bei Fehlen einer entsprechenden Hinzurechnungsbesteuerung im Staat B auch möglich wäre, wenn die Lizenzgebühren nicht aus dem Staat B, sondern aus einem Drittstaat stammten und der Drittstaat keine Quellensteuer auf die Lizenzgebühren erheben würde. Bei Mäanderstrukturen würde eine Hinzurechnungsbesteuerung auch nicht an fehlenden Informationen scheitern, weil entsprechende Bestimmungen über den Informationsaustausch in das DBA aufgenommen werden können.

Weiterhin kann es durch die Versagung der Quellensteuerentlastung bei Mäanderstrukturen zu einer Übermaßbesteuerung kommen. Wenn im Beispiel 15 der effektive Quellensteuersatz des Staats B für die Lizenzgebühren höher ist als dessen effektiver Körperschaftsteuersatz (was oft der Fall sein wird, weil die Quellenbesteuerung keine Betriebsausgaben berücksichtigt), ist die Steuerbelastung höher, als wenn die B-Gesellschaft die Lizenzgebühren direkt bezogen hätte.

---

168 Nach der Abschaffung der Steuerbefreiung für Streubesitzdividenden in Deutschland (§ 8b Abs. 4 KStG) werden Mäanderstrukturen beispielsweise für das „Participation Exemption Shopping" genutzt. Eine Streubesitzbeteiligung wird von einer deutschen Gesellschaft auf eine ausländische Tochtergesellschaft übertragen. Der Ansässigkeitsstaat der Tochtergesellschaft besteuert Streubesitzdividenden nicht. Die Ausschüttung der ausländischen Tochtergesellschaft ist in Deutschland gem. § 8b Abs. 1 KStG i.V.m. § 9 Nr. 7 S. 1 2. Hs. oder Nr. 8 GewStG steuerfrei (vgl. *Broemel*, IStR 2015, 644, 649). Diese Möglichkeit besteht jedoch nur, weil auch Streubesitzdividenden keine Zwischeneinkünfte sind (§ 8 Abs. 1 Nr. 8 AStG).

169 *Rosenbloom*, Law and Policy in International Business 1983 (Bd. 15), 763, 820.

170 Vgl. *Rosenbloom*, Law and Policy in International Business 1983 (Bd. 15), 763, 820.

Aus diesen Gründen sind Mäanderstrukturen nicht mit Fällen gleichzustellen, in denen ein Drittstaatsansässiger Abkommensvorteile erlangt.

G. Treaty Shopping im Verhältnis Deutschland/USA

Die Erlangung von Abkommensvorteilen durch Treaty Shopping setzt zum einen voraus, dass der Quellenstaat keine Regelung zur Verhinderung von Treaty Shopping (wie beispielsweise die LoB-Klausel) anwendet. Auf der anderen Seite ist Treaty Shopping auch davon abhängig, dass im anderen Vertragsstaat bestimmte steuerliche Rahmenbedingungen bestehen. So ist eine Direct-Conduit-Struktur nur möglich, wenn der andere Vertragsstaat (d.h. der Ansässigkeitsstaat der Zwischengesellschaft) die Einkünfte aus dem Quellenstaat nicht oder nur niedrig besteuert, und bei einer Stepping-Stone-Conduit-Struktur muss der Ansässigkeitsstaat die Zahlungen an den Drittstaatsansässigen steuerlich abzugsfähig behandeln. Weiterhin darf bei beiden Strukturen der Ansässigkeitsstaat die Ausschüttungen bzw. Zahlungen an den Drittstaatsansässigen keiner Quellensteuer unterwerfen. Vor diesem Hintergrund bieten das deutsche und das US-amerikanische Steuerrecht eher schlechte Rahmenbedingungen als Ansässigkeitsstaat für Treaty-Shopping-Strukturen. Beide Steuerrechtssysteme kennen im internationalen Vergleich nur wenige für den Steuerpflichtigen günstige Besteuerungsregime oder Steuerbefreiungen und haben eher strenge Verrechnungspreisregeln und steuerliche Abzugsbeschränkungen.[171] Auch wenn es dazu keine empirischen Untersuchungen gibt, könnte man daher annehmen, dass Treaty Shopping im Verhältnis zwischen Deutschland und den USA im Vergleich zu anderen Staaten kein akutes Problem ist. Auf der anderen Seite bietet beispielsweise die Steuerbefreiung von Dividenden in Deutschland[172] durchaus die Möglichkeit von Direct-Conduit-Strukturen.[173] Auch zeigen beispielsweise die Fälle, in denen US-Steuerpflichtige Gesellschaften in Deutschland zur Inanspruchnahme von Abkommensvorteilen nach DBA zwischen Deutschland und Entwicklungsländern gegründet haben,[174] dass die Rahmenbedingungen Treaty Shopping über Deutschland keineswegs unmöglich machen.

Ziel dieser Arbeit soll es jedoch sein, die Verhinderung von Treaty Shopping durch die LoB-Klausel (im Zusammenwirken mit anderen abkommensrechtlichen und innerstaatlichen Regeln) aus Sicht des Quellenstaats unabhängig von den Rahmenbedingungen für Treaty-Shopping-Strukturen im jeweilig anderen Vertragsstaat zu untersuchen. Mithin soll auf die innerstaatlichen Regeln im anderen

---

171 Vgl. zu Deutschland: *Bader*, Holdinggesellschaften, S. 219 ff.

172 Vgl. § 8b Abs. 1 KStG, § 9 Nr. 7, 8 GewStG. Im Ergebnis sind wegen der Fiktion nicht abzugsfähiger Betriebsausgaben nur 95 % der Dividende steuerbefreit (§ 8b Abs. 5 KStG).

173 Vorausgesetzt die deutsche Kapitalertragsteuer auf Dividenden der Zwischengesellschaft kann durch die Mutter-Tochter-Richtlinie oder ein DBA reduziert werden.

174 *Rhoades/Langer*, International Taxation, § 54.08.

Vertragsstaat als dem Quellenstaat, die Treaty-Shopping-Strukturen verhindern oder erschweren könnten, nicht eingegangen werden.

H. Zwischenergebnis

Staaten sollten die (indirekte) Inanspruchnahme von Abkommensvorteilen durch Drittstaatsansässige aus steuerpolitischer Sicht grundsätzlich verhindern. Die wichtigsten Gründe hierfür sind die durch Treaty Shopping verursachten Steuermindereinnahmen aus der Quellenbesteuerung, für die der Staat keinen korrespondierenden Vorteil erlangt (Widerspruch zum Reziprozitätsprinzip), sowie die Verschlechterung der Verhandlungsposition des Quellenstaats bei Abschluss eines DBA mit dem Drittstaat. Auch kann in bestimmten Konstellationen die durch Treaty Shopping verursachte „Keinmalbesteuerung" ein Grund für die Versagung der Abkommensvorteile sein.

Allerdings gibt es auch Fälle, in denen die Erlangung von Abkommensvorteilen durch Drittstaatsansässige nicht unangemessenen ist. Für die Abgrenzung zwischen der angemessenen und unangemessenen Erlangung von Abkommensvorteilen durch Drittstaatsansässige kommen verschiedene Kriterien in Betracht. Möglich erscheint es, diese Abgrenzung danach vorzunehmen, ob der Drittstaatsansässige die Erlangung von Abkommensvorteilen beabsichtigt hat. Auch wenn dieses Kriterium in vielen Fällen sinnvoll erscheint, ist es jedoch in bestimmten Fällen zu weit oder zu eng, weil trotz Vorliegen dieses subjektiven Elements die Gewährung der Abkommensvorteile angemessen und trotz seines Fehlens die Gewährung der Abkommensvorteile unangemessen sein kann. Präziser ist es, bei der Abgrenzung danach zu fragen, ob der Quellenstaat mit einer spiegelbildlichen Situation rechnet und in dieser Situation die Gewährung der Abkommensvergünstigungen für den Quellenstaat in seiner Rolle als Ansässigkeitsstaat Vorteile bringt, insbesondere für seine Wirtschaft und sein Steueraufkommen aus der Ansässigkeitsbesteuerung. Das wird beispielsweise dann der Fall sein, wenn die Einkünfte aus dem Quellenstaat im Zusammenhang mit einer unternehmerischen Tätigkeit im Ansässigkeitsstaat stehen. Wenn der Drittstaatsansässige aufgrund eines DBA zwischen dem Quellenstaat und dem Drittstaat zu den gleichen Abkommensvorteilen berechtigt wäre, sollte ebenfalls kein Fall der unangemessenen Erlangung von Abkommensvorteilen vorliegen.

Für die Zwecke dieser Arbeit soll unter Treaty Shopping (nur) die unangemessene Inanspruchnahme von Abkommensvorteilen durch Drittstaatsansässige verstanden werden. Auch wenn dieser Begriff das Vorhandensein eines subjektiven Elements impliziert, das nach der hier vertretenen Ansicht gerade keine zwingende Voraussetzung für die Unangemessenheit ist, soll dieser Begriff der Einfachheit halber trotzdem in dieser Arbeit verwandt werden. Mäanderstrukturen sollten nicht dem Treaty Shopping durch Drittstaatsansässige gleichgestellt werden.

2. Teil: Die LoB-Klausel des DBA-USA

In diesem zweiten Teil der Arbeit soll die LoB-Klausel des DBA-USA dargestellt und erörtert werden, ob die LoB-Klausel ein sachgerechtes Instrument zur Verhinderung von Treaty Shopping ist. Dazu soll zunächst in die Systematik und den Anwendungsbereich der LoB-Klausel eingeführt (siehe nachfolgend unter A.) und die Rolle der LoB-Klausel im System der Quellenbesteuerung der Vertragsstaaten betrachtet werden (siehe nachfolgend unter B.). Sodann werden in Abschnitt C. (siehe nachfolgend) die verschiedenen Tatbestandsvoraussetzungen der LoB-Klausel ausgelegt und bewertet. Weiterhin wird der Frage nachgegangen, ob die LoB-Klausel mit Europarecht vereinbar ist (siehe nachfolgend unter D.).

A. Systematik und Anwendungsbereich

LoB-Klauseln entstammen der US-amerikanischen Abkommenspolitik und sind inzwischen unverhandelbarer Bestandteil aller DBA der USA.[175] Dementsprechend enthält sowohl das US-MA (2006)[176] als auch das jüngst veröffentlichte US-MA (2016) eine LoB-Klausel.[177] Art. 28 DBA-USA entspricht in weiten Teilen der LoB-Klausel des US-MA (2006) und der im BEPS-Abschlussbericht für das OECD-MA vorgeschlagenen LoB-Klausel. Auch die LoB-Klausel des US-MA (2016) ist mit Art. 28 DBA-USA vergleichbar, allerdings wesentlich detaillierter und komplexer. Das Grundprinzip dieser LoB-Klauseln ist, dass eine Person nicht schon dann die Abkommensvorteile beanspruchen kann, wenn sie in einem der Vertragsstaaten ansässig ist. Vielmehr muss sie darüber hinaus bestimmte Voraussetzungen erfüllen, die in der LoB-Klausel enthalten sind und die eine Inanspruchnahme der Abkommensvorteile durch Drittstaatsansässige im Wege des Treaty Shopping ausschließen sollen.[178]

Art. 28 Abs. 1 DBA-USA formuliert entsprechend diesem Grundprinzip, dass – soweit Art. 28 DBA-USA nichts Anderes vorsieht – eine in einem Vertragsstaat ansässige Person, die Einkünfte aus dem anderen Vertragsstaat bezieht, nur dann im anderen Vertragsstaat Anspruch auf alle Abkommensvergünstigungen hat, wenn sie eine „berechtigte Person“ ist. Welche Personen berechtigte Personen sind, wird in

---

175 US Treasury, Tax Treaties, S. 79. Nur einige vor 1979 abgeschlossene DBA der USA enthalten noch keine LoB-Klausel. Diesen DBA kommt aber aus Sicht der USA eine eher geringe wirtschaftliche Bedeutung zu (vgl. *Rubinger*, Corp. Bus. Tax'n Monthly May 2007, 15; ausführlich zur Geschichte der LoB-Klauseln: *Andersen*, Tax Treaties, Tz. 22.02[2][a]; *Levine/Miller*, T.M. Foreign Income Portfolio 936 unter V.).

176 Vgl. Art. 22 US-MA (2006).

177 Vgl. Art. 22 US-MA (2016).

178 US Treasury, Tax Treaties, S. 79; Technical Explanation US-MA (2006) Einleitung zu Art. 22.

Art. 28 Abs. 2 DBA-USA definiert. Natürliche Personen, die Vertragsstaaten und ihre Gebietskörperschaften sowie bestimmte religiöse oder gemeinnützige Organisationen sind demnach stets berechtigte Personen.[179] Andere Personen müssen weitere in Art. 28 Abs. 2 DBA-USA enthaltene Anforderungen erfüllen, die entsprechend der US-amerikanischen Diktion nachfolgend als „Tests“ bezeichnet werden.

Nach diesen Tests können börsennotierte Gesellschaften („Publicly-Traded-Test“, Art. 28 Abs. 2 c) aa) DBA-USA) und Tochtergesellschaften börsennotierter Gesellschaften („Indirectly-Publicly-Traded-Test“, Art. 28 Abs. 2 c) bb) DBA-USA) als berechtigte Person qualifizieren. Altersvorsorge-Einrichtungen können nach dem in Art. 28 Abs. 2 e) DBA-USA enthaltenen Test den Status als berechtigte Personen erlangen. Sonstige Rechtsträger sind – vereinfacht dargestellt – berechtigte Personen, wenn mindestens die Hälfte ihrer Anteilseigner berechtigte Personen sind und die von ihnen geleisteten steuerlich abzugsfähigen Zahlungen an nicht berechtigte Personen weniger als 50 % ihres „Rohgewinns“ betragen („Ownership/Base-Erosion-Test“, Art. 28 Abs. 2 f) DBA-USA). Relevant in diesem Zusammenhang ist zudem Art. 28 Abs. 6 DBA-USA, der für deutsche Investmentfonds, die einen dieser Tests erfüllen, zusätzliche Anforderungen an die Anteilseignerstruktur stellt.

Eine berechtigte Person i.S.d. Art. 28 Abs. 2 DBA-USA ist in Bezug auf alle von ihr bezogenen Einkünfte abkommensberechtigt. Falls eine Person nicht die Anforderungen an eine berechtigte Person erfüllt, kann sie nach dem „Derivative-Benefits-Test“ (Art. 28 Abs. 3 DBA-USA) oder dem „Active-Trade-or-Business-Test“ (Art. 28 Abs. 4 DBA-USA) die Abkommensvorteile hinsichtlich bestimmter Arten von Einkünften erlangen. Nach dem Derivative-Benefits-Test können auch Gesellschaften mit Anteilseignern in Drittstaaten abkommensberechtigt sein, wenn die Anteilseigner nach einem DBA zwischen dem Anwenderstaat und dem Drittstaat bei direktem Bezug der Einkünfte abkommensberechtigt wären. Der Active-Trade-or-Business-Test gewährt die Abkommensvorteile für bestimmte Einkünfte, die im Zusammenhang mit einer gewerblichen Tätigkeit der Person stehen. Für den Fall, dass eine Person auch auf Grundlage dieser Tests keine Abkommensvorteile beanspruchen kann, sieht die LoB-Klausel in Art. 28 Abs. 7 DBA-USA noch die Möglichkeit vor, dass der Anwenderstaat die Abkommensvorteile im Wege einer Ermessensentscheidung gewährt („Discretionary Relief“ oder „Ermessensklausel“).

Art. 28 Abs. 5 DBA-USA enthält zudem eine Vorschrift, nach der die Abkommensvorteile beim Bezug der Einkünfte über eine niedrig besteuerte Betriebsstätte in einem Drittstaat versagt werden können. Wie im ersten Teil dieser Arbeit beschrieben worden ist, kann diese von Art. 28 Abs. 5 DBA-USA adressierte Dreieckskonstellation mit einer Direct-Conduit-Struktur verbunden werden, um die Besteuerung im Ansässigkeitsstaat einer Zwischengesellschaft zu vermeiden.[180] Die Dreieckskonstellation als solche betrifft dennoch kein Problem der Erlangung von

179 Art. 28 Abs. 2 a), b) und d) DBA-USA.

180 Vgl. C.I.1., S. 12.

Abkommensvorteilen durch Drittstaatsansässige und daher soll Art. 28 Abs. 5 DBA-USA in dieser Arbeit nicht behandelt werden.[181]

Nach dem ausdrücklichen Wortlaut des Art. 28 Abs. 1 DBA-USA gilt die LoB-Klausel nur, wenn Abkommensvorteile im Quellenstaat in Anspruch genommen werden. Wenn sich ein Steuerpflichtiger gegenüber seinem Ansässigkeitsstaat auf das DBA-USA beruft, um beispielsweise die Anrechnung der Steuern des Quellenstaats,[182] das Schachtelprivileg für Dividenden[183] oder die Freistellung für Betriebsstättengewinne[184] zu erlangen, ist die LoB-Klausel daher nicht anwendbar.[185] Insofern weicht Art. 28 Abs. 1 DBA-USA vom US-MA und anderen DBA der USA ab.[186] Dies erscheint aber im Hinblick darauf, dass es bei Treaty Shopping fast ausschließlich darum geht, die Abkommensvorteile im Quellenstaat in Anspruch zu nehmen,[187] durchaus sachgerecht.

B. Quellenbesteuerung der Vertragsstaaten und Verfahrensfragen

Das Problem des Treaty Shopping und die Frage nach der Anwendung der LoB-Klausel stellen sich nur insoweit, als ein Vertragsstaat nach seinem innerstaatlichen Steuerrecht Einkünfte, die von dort nicht ansässigen Personen bezogen werden, einer Quellenbesteuerung unterwirft. Das ist in Deutschland und den USA zum einen bei Dividenden, Lizenzgebühren und Zinsen der Fall. Diese Einkünfte haben im Zusammenhang mit Treaty Shopping die größte Bedeutung. Treaty Shopping ist aber auch denkbar bei Veräußerungsgewinnen und Unternehmensgewinnen, die sowohl in den USA als auch in Deutschland unter bestimmten Voraussetzungen der Quellenbesteuerung unterliegen. Weiterhin kann die LoB-Klausel auch für die Freistellung von der US-Versicherungsteuer von Bedeutung sein.

---

181 Daher hätte Art. 28 Abs. 5 DBA-USA eigentlich in einem anderen Abkommensartikel verortet werden müssen (vgl. *Wolff*, in: Wassermeyer, DBA, Art. 28 DBA-USA Rn. 4). Im jüngsten US-MA ist diese Bestimmung dementsprechend auch in Art. 1 Abs. 8 US-MA (2016) und nicht in der LoB-Klausel (Art. 22 US-MA (2016)) enthalten.

182 Art. 23 Abs. 2 DBA-USA.

183 Art. 23 Abs. 3 a) DBA-USA.

184 Art. 7 Abs. 1 S. 2 DBA-USA.

185 *Gohr*, in: Endres/Jacob/Gohr/Klein, DBA-USA, Art. 28 Rn. 5. Die Technical Explanation zum DBA-USA scheint hingegen davon auszugehen, dass die LoB-Klausel auch dann Anwendung findet, wenn Abkommensvorteile im Ansässigkeitsstaat geltend gemacht werden (vgl. Technical Explanation DBA-USA (2006) zu Art. 28 Abs. 7). Angesichts des eindeutigen Wortlauts des Art. 28 Abs. 1 DBA-USA wird man hier jedoch von einem Versehen ausgehen müssen, das darin begründet liegt, dass dies im US-MA und in anderen DBA der USA so geregelt ist.

186 *Gohr*, in: Endres/Jacob/Gohr/Klein, DBA-USA, Art. 28 Rn. 5.

187 Vgl. B.I., S. 7.

I. Dividenden, Zinsen und Lizenzgebühren

In den USA unterfallen Dividenden, Lizenzgebühren und Zinsen aus US-Quellen, die von einer nicht in den USA ansässigen Person erzielt werden, als *FDAP income*[188] einer 30 %igen Quellensteuer.[189] Vereinfacht dargestellt stammen Dividenden und Zinsen grundsätzlich dann aus US-Quellen, wenn sie von einer in den USA gegründeten Gesellschaft oder (nur im Fall von Zinsen) von einer in den USA ansässigen natürlichen Person gezahlt werden.[190] Lizenzgebühren stammen aus US-Quellen, wenn das zugrunde liegende immaterielle Wirtschaftsgut in den USA genutzt wird.[191] Ein wichtige Ausnahme von der Quellenbesteuerung von Zinsen ist die *portfolio interest exemption*, nach der bestimmte Zinszahlungen an nicht in den USA ansässige Anleihegläubiger, die dem Emittenten nicht nahestehen, von der US-Quellensteuer befreit sind.[192]

In Deutschland unterliegen Dividenden, die eine in Deutschland ansässige Gesellschaft an eine beschränkt steuerpflichtige Person zahlt, grundsätzlich einer Steuer in Höhe von 25 %.[193] Lizenzgebühren unterfallen bei einer Verwertung des Rechts im Inland einer Quellensteuer in Höhe von 15 %.[194] Von einer in Deutschland ansässigen Person gezahlte Zinsen unterliegen hingegen nur in Ausnahmefällen der beschränkten Steuerpflicht. Relevant sind insofern insbesondere Zinszahlungen an einen (typischen) stillen Gesellschafter sowie für Wandelanleihen, partiarische

188 *FDAP income* steht für „*fixed or determinable annual or periodical gains, profits and income*" und gibt verkürzt die Aufzählung der quellensteuerpflichtigen Einkünfte in § 871(a) IRC bzw. § 881(a) IRC wieder.

189 § 871(a) IRC (für natürliche Personen) und § 881(a) IRC (für Körperschaften). Für die Frage, ob FDAP income aus US-Quellen stammt, enthält das US-Steuerrecht teilweise sehr komplexe Regelungen, die darauf abbestellen, ob ein ausreichender territorialer Bezug zwischen den Einkünften und den USA vorliegt. Vgl. § 861(a) IRC.

190 Vgl. § 861(a)(1)(2) IRC. Allerdings gibt es von diesem Grundsatz zahlreiche Ausnahmen. Beispielsweise gelten auch von ausländischen Gesellschaften gezahlte Zinsen als aus US-Quellen stammend, wenn die Gesellschaft in den USA einer gewerblichen Tätigkeit nachgeht (§ 884(f)(1) IRC).

191 Vgl. § 861(a)(4) IRC.

192 Vgl. §§ 871(h), 881(c) IRC. Zu den näheren Voraussetzungen, vgl. *Gustafson/Peroni/Pugh*, Int'l Transactions, S. 239. Diese Ausnahme gilt insbesondere nicht bei Zahlungen an Personen, die zu mindestens 10 % an dem Darlehensnehmer beteiligt sind.

193 Vgl. §§ 49 Abs. 1 Nr. 5 a), 43 Abs. 1 S. Nr. 1 und 1a, 43a Abs. 1 S. 1 Nr. 1 EStG. Zuzüglich Solidariätszuschlag gem. § 1 Abs. 1, 2 SolZG. Bei beschränkt steuerpflichtigen Körperschaften ist eine Ermäßigung auf 15 % möglich (§ 44a Abs. 9 EStG). Diese Ermäßigung steht insbesondere unter dem Vorbehalt des § 50d Abs. 3 EStG.

194 Vgl. insbesondere § 49 Abs. 1 Nr. 2 f), 3, 4 und Nr. 6 i.V.m. § 50a Abs. 1 Nr. 2 und 3, Abs. 2 S. 1 EStG.

Darlehen und Gewinnobligationen, die einer Steuer in Höhe von 25 % unterliegen.[195] Zu nennen ist zudem die beschränkte Steuerpflicht von Zinsen bei Sicherung der Darlehensforderung durch in Deutschland belegenes Grundvermögen.[196]

Das DBA-USA sieht für Zinsen und Lizenzgebühren eine vollständige Freistellung von der Quellensteuer vor (Art. 11 Abs. 1 und Art. 12 Abs. 1 DBA-USA).[197] Voraussetzung hierfür ist, dass der Nutzungsberechtigte der Zinsen bzw. Lizenzgebühren die Voraussetzungen der LoB-Klausel erfüllt, d.h., eine berechtigte Person i.S.d. Art. 28 Abs. 2 DBA-USA ist oder in Bezug auf diese Einkünfte die Abkommensvorteile nach dem Derivative-Benefits-Test (Art. 28 Abs. 3 DBA-USA), dem Active-Trade-or-Business-Test (Art. 28 Abs. 4 DBA-USA) oder aufgrund der Ermessensklausel (Art. 28 Abs. 7 DBA-USA) in Anspruch nehmen kann.

Bei Dividenden sieht das DBA-USA grundsätzlich eine Reduzierung der Quellensteuer auf 15 % vor (Art. 10 Abs. 2 S. 1 b) DBA-USA). Im Fall einer Schachteldividende (d.h. bei einer Beteiligung einer Gesellschaft an der ausschüttenden Gesellschaft in Höhe von mindestens 10 %) ist eine weitere Entlastung auf 5 % möglich (Art. 10 Abs. 2 S. 1 a) DBA-USA). Für die Reduzierung der Quellensteuer auf 15 % bzw. 5 % ist wiederum erforderlich, dass der Nutzungsberechtigte die Voraussetzungen der LoB-Klausel erfüllt.

Daneben eröffnet Art. 10 Abs. 3 a) DBA-USA die Möglichkeit der vollständigen Freistellung von der Quellensteuer auf Dividenden, wenn der Nutzungsberechtigte der Dividenden eine Gesellschaft ist und eine Beteiligung in Höhe von mindestens 80 % der Stimmrechte seit mindestens 12 Monaten an der ausschüttenden Gesellschaft hält.[198] Um den Nullsteuersatz nach Art. 10 Abs. 3 a) DBA-USA in Anspruch zu nehmen, kann eine Gesellschaft zum einen zeigen, dass sie die Voraussetzungen des Publicly-Traded-Tests, des Indirectly-Publicly-Traded-Tests oder des Derivative-Benefits-Tests erfüllt. Die Erfüllung der Voraussetzungen des Ownership/Base-Erosion-Tests oder des Active-Trade-or-Business-Tests reicht für Art. 10 Abs. 3 a) DBA-USA hingegen allein nicht aus. Vielmehr muss die Gesellschaft im Fall des Art. 10 Abs. 3 a) DBA-USA sowohl die Voraussetzungen des Ownership/

---

195 §§ 43 Abs. 1 S. 1 Nr. 2, § 43a Abs. 1 S. 1 Nr. 1 EStG. Zuzüglich SolZ gem. § 1 Abs. 1, 2 SolZG. Bei Körperschaften kommt auch hier die Ermäßigung nach § 44a Abs. 9 EStG in Betracht. Hinsichtlich Zinsen für Wandelanleihen und Gewinnobligation, die unter § 20 Abs. 1 Nr. 7 EStG fallen, ist das allerdings str. (vgl. *Loschelder*, in: Schmidt, EStG, § 49 Rn. 97, 99; *Viebrock*, in: Littmann/Bitz/Pust, EStG, § 49 Rn. 235).

196 § 49 Abs. 1 Nr. 5 c) aa) EStG.

197 Allerdings fallen Zinszahlungen an einen stillen Gesellschafter oder für partiarische Darlehen oder Gewinnobligationen unter den Dividendenartikel (Art. 10 Abs. 5 DBA-USA). Bei gewinnabhängigen Vergütungen, die abzugsfähig sind, ist das Quellenbesteuerungsrecht zudem nicht eingeschränkt (Art. 10 Abs. 6 DBA-USA).

198 Weiterhin sind Pensionsfonds berechtigt, den Nullsteuersatz zu beanspruchen, Art. 10 Abs. 3 b) DBA-USA.

Base-Erosion-Tests als auch die Voraussetzungen des Active-Trade-or-Business-Tests erfüllen, um abkommensberechtigt zu sein („Super LoB-Clause“[199]).[200]

II. Veräußerungsgewinne

In den USA unterliegen Veräußerungsgewinne beschränkt steuerpflichtiger Personen nur in bestimmten Ausnahmefällen der Quellenbesteuerung.[201] Eine wichtige Ausnahme sind Gewinne aus der Veräußerung von Grundstücken und Grundstücksgesellschaften in den USA (*FIRPTA income*).[202] Für diese Gewinne weist Art. 13 Abs. 1, 2 DBA-USA allerdings grundsätzlich den USA das unbeschränkte Besteuerungsrecht zu, sodass es auf die Anwendbarkeit der LoB-Klausel in der Regel nicht ankommt.

In Deutschland kann die LoB-Klausel bei Gewinnen aus der Veräußerung einer qualifizierten Beteiligung i.S.d. § 17 Abs. 1 EStG an einer deutschen Gesellschaft relevant werden. Diese Gewinne unterfallen grundsätzlich der beschränkten Steuerpflicht.[203] Art. 13 Abs. 5 DBA-USA weist hingegen den USA das Besteuerungsrecht zu. Weiterhin unterfallen Gewinne aus der Veräußerung von Grundstücken in Deutschland unter bestimmten Voraussetzungen der beschränkten Steuerpflicht.[204] Da aber Art. 13 Abs. 1, 2 DBA-USA Deutschland in diesen Fällen auch das Besteuerungsrecht zuweist, kommt es insoweit nicht auf die LoB-Klausel an.

III. Unternehmensgewinne

Weiterhin unterliegen nicht in den USA ansässige Personen mit Einkünften der Steuerpflicht, die im tatsächlichen Zusammenhang mit einer in den USA ausgeübten gewerblichen (einschließlich freiberuflichen) Tätigkeit stehen („*income effectively connected with a U.S. trade or business*“, abgekürzt ECI).[205] Wann eine solche gewerbliche Tätigkeit vorliegt und wann Einkünfte mit dieser Tätigkeit in einem tatsächlichen Zusammenhang stehen, ist letztlich eine Frage des Einzelfalls.[206] Eine feste Einrichtung in Form einer Betriebsstätte in den USA ist hierfür jedoch keine notwendige Voraussetzung.[207] Es reicht beispielsweise aus, wenn der Erfüllungsort von Dienstleistungen in den USA liegt. Die Anwendung des DBA-USA kann daher

---

199 Vgl. *Gohr*, in: Endres/Jacob/Gohr/Klein, DBA-USA, Art. 10 Rn. 101.

200 Außerdem ist die Gewährung des Nullsteuersatzes durch den Quellenstaat auf Antrag gem. der Ermessensklausel (Art. 28 Abs. 7 DBA-USA) möglich.

201 Vgl. *Gustafson/Peroni/Pugh*, Int'l Transactions, S. 260 ff.

202 Vgl. § 897 IRC.

203 § 49 Abs. 1 Nr. 2 e) EStG. Bei Körperschaften sind diese Gewinne jedoch in der Regel zu effektiv 95 % steuerbefreit (§ 8b Abs. 2, 3, 7 KStG). Bei natürlichen Personen unterliegen die Gewinne dem progressiven Steuersatz unter Anwendung des Teileinkünfteverfahrens (§ 3 Nr. 40 S. 1 c) EStG).

204 § 49 Abs. 1 Nr. 2 f), Nr. 6 EStG.

205 § 871(b) IRC (für natürliche Personen) und § 882 IRC (für Körperschaften).

206 Vgl. ausführlich *Gustafson/Peroni/Pugh*, Int'l Transactions, S. 142. ff.

207 *Gustafson/Peroni/Pugh*, Int'l Transactions, S. 181 ff.

insoweit vorteilhaft sein, als nach Art. 7 Abs. 1 S. 1 DBA-USA Unternehmensgewinne einer in Deutschland ansässigen Person in den USA freizustellen sind, soweit sie keiner Betriebsstätte in den USA zuzurechnen sind. Dafür müssen allerdings die Voraussetzungen der LoB-Klausel erfüllt sein.

Erzielt eine beschränkt steuerpflichtige Körperschaft (nicht aber eine natürliche Person) ECI in den USA, so unterliegt sie zusätzlich zu der Körperschaftsteuer auf den Gewinn (d.h., das ECI) noch einer 30 %igen *branch profits tax* (BPT) auf den sogenannten ausschüttungsgleichen Betrag (*dividend equivalent amount*).[208] Die BPT wurde in den USA eingeführt, um eine Gleichstellung zwischen ausländischen Gesellschaften, die in den USA eine Tochtergesellschaften für das US-Geschäft gründen, und ausländischen Gesellschaften, die das US-Geschäft über eine Zweigniederlassung betreiben, zu erreichen.[209] Bei einer US-Tochtergesellschaft unterliegen Gewinne der US-Körperschaftsteuer und bei Ausschüttung der Gewinne an die ausländische Muttergesellschaft als Dividende einer 30 %igen Quellensteuer. Eine ausländische Gesellschaft mit einer US-Zweigniederlassung unterlag vor Einführung der BPT hingegen lediglich mit den Gewinnen aus der Geschäftstätigkeit in den USA der US-Körperschaftsteuer. Gewinntransfers von der US-Zweigniederlassung in das ausländische Stammhaus waren nicht steuerpflichtig. Der *dividend equivalent amount* soll vor diesem Hintergrund den Betrag abbilden, der beim Einsatz einer US-Tochtergesellschaft an die ausländische Gesellschaft ausgeschüttet worden wäre.[210]

Art. 10 Abs. 9 DBA-USA begrenzt die BPT zum einen auf Fälle, in denen die US-Zweigniederlassung abkommensrechtlich eine Betriebsstätte darstellt. Zum anderen begrenzt Art. 10 Abs. 10 S. 1 DBA-USA den zulässigen Steuersatz für die BPT auf 5 %. Wegen des sehr hohen Steuersatzes der BPT bietet das erhebliche Anreize für Treaty Shopping. Beide Abkommensvergünstigungen stehen unter der Bedingung, dass die Voraussetzungen der LoB-Klausel erfüllt werden. Art. 10 Abs. 10 S. 2 DBA-USA eröffnet zudem die Möglichkeit einer vollständigen Freistellung von der BPT, wenn die Gesellschaft (wie im Fall des Nullsteuersatzes für Dividenden nach Art. 10 Abs. 3 a) DBA-USA) bestimmte Tests der LoB-Klausel bzw. eine Kombination bestimmter Tests erfüllt („Super LoB-Clause").

In Deutschland setzt bereits die beschränkte Steuerpflicht für Gewinne aus einer gewerblichen Tätigkeit i.S.d. § 15 EStG grundsätzlich eine Betriebsstätte bzw. einen ständigen Vertreter (i.S.d. §§ 12, 13 AO) in Deutschland voraus.[211] Die Beschränkung des deutschen Besteuerungsrechts nach Art. 7 Abs. 1 S. 1 DBA-USA spielt daher oft

---

208 § 884 IRC.

209 *Gustafson/Peroni/Pugh*, Int'l Transactions, S. 222 f.

210 Er errechnet sich im Grundsatz aus dem Gewinn der US-Zweigniederlassung abzüglich des Betrags, um den sich das Eigenkapital der US-Zweigniederlassung (durch Investitionen des Gewinns) erhöht hat, und zuzüglich des Betrags, um den sich das Eigenkapital der US-Zweigniederlassung verringert hat (§ 884(b) IRC, vgl. *Gustafson/Peroni/Pugh*, Int'l Transactions, S. 181 ff.).

211 § 49 Abs. 1 Nr. 2 a) EStG.

keine Rolle.[212] Bei einer freiberuflichen oder anderen selbstständigen Tätigkeit kann hingegen die beschränkte Steuerpflicht in Deutschland auch mit der Ausübung im Inland begründet werden.[213] Hier kann Art. 7 Abs. 1 S. 1 DBA-USA und damit auch die LoB-Klausel von größerer Bedeutung sein.

IV. US-Versicherungsteuer

Relevant im Zusammenhang mit Treaty Shopping und der Anwendung der LoB-Klausel ist zudem die US-Versicherungsteuer (*federal insurance excise tax*). Die US-Versicherungsteuer findet auf Versicherungen (einschließlich Rückversicherungen), Ausfallbürgschaften und Rentenverträge Anwendung, wenn – vereinfacht dargestellt – diese Verträge ein in den USA belegenes Risiko bzw. eine in den USA ansässige Person versichern und das Versicherungsunternehmen oder Rückversicherungsunternehmen nicht in den USA ansässig ist.[214] Der Steuersatz beträgt je nach Art der Versicherung 1 bzw. 4 % bezogen auf die Versicherungsprämie.[215]

Obwohl es sich dabei um eine Verbrauchsteuer handelt, umfasst das DBA-USA auch die US-Versicherungsteuer. An deutsche Versicherer und Rückversicherer ohne Betriebsstätte in den USA gezahlte Versicherungsprämien unterliegen daher nach Art. 7 Abs. 1 S. 1 DBA-USA grundsätzlich nicht der US-Versicherungsteuer.[216] Auch die Freistellung von der US-Versicherungsteuer ist von der Erfüllung der Voraussetzungen der LoB-Klausel abhängig. Da die USA eine Freistellung von der Versicherungsteuer nur in DBA mit bestimmten Staaten vorsehen, besteht eine erhöhte Gefahr von Treaty Shopping.[217]

V. Verfahren der Quellenbesteuerung und die LoB-Klausel

1. USA

In den USA wird die Steuer auf *FDAP income*, also insbesondere Dividenden, Lizenzgebühren und Zinsen, im Wege des Steuerabzugs durch den Abzugsverpflichteten (*withholding agent*) erhoben.[218] Es findet keine Veranlagung statt. Abzugsverpflichteter ist jede Person, die hinsichtlich der diesen Einkünften zugrunde liegenden Mitteln die Kontrolle ausübt, sie verwahrt, sie entgegennimmt, darüber verfügt oder

---

212 Art. 7 Abs. S. 1 DBA-USA kann aber insofern relevant werden, als die Definition der Betriebsstätte in Art. 5 DBA-USA enger als die Definition in §§ 12, 13 AO ist (vgl. *Gersch,* in: Klein, AO, § 12 Rn 19).

213 § 49 Abs. 1 Nr. 3 EStG.

214 § 4371 IRC.

215 § 4371 IRC.

216 Vgl. Art. 2 Abs. 1 a) bb) DBA-USA.

217 US Treasury, Tax Treaties, S. 77 f.

218 §§ 1441, 1442 IRC.

sie auszahlt.[219] Der Begriff des Abzugsverpflichteten ist damit sehr weit gefasst und umfasst nicht nur den Schuldner der betreffenden Zahlung.[220]

Die Freistellung oder Reduzierung der Quellensteuer aufgrund eines DBA muss in diesem Fall gegenüber dem Abzugsverpflichteten durch die Übermittlung eines *beneficial owner withholding certificates*[221] geltend gemacht werden.[222] In diesem Formular muss die Abkommensvorteile in Anspruch nehmende Person unter anderem ihre US-Steuernummer (TIN), die gegebenenfalls für diesen Zweck zu beantragen ist, angeben und eidesstattlich versichern, dass die Voraussetzungen der LoB-Klausel vorliegen.[223] Wenn der Abzugsverpflichtete ein ordnungsgemäß ausgefülltes Formular erhalten hat, haftet er nicht, wenn sich die darauf gemachten Angaben später als unrichtig herausstellen, es sei denn, er kannte die Unrichtigkeit oder musste sie kennen.[224] Im Ergebnis entscheidet damit der beschränkt Steuerpflichtige (zunächst) selbst darüber, ob die Voraussetzungen der LoB-Klausel vorliegen und die Quellensteuer entsprechend reduziert wird. Wenn sich seine Auffassung später als unrichtig herausstellt, kann er (nicht jedoch der Abzugsverpflichtete) im Grundsatz für die Steuer in Anspruch genommen werden. Allerdings wird das wegen der Ansässigkeit des Steuerpflichtigen im Ausland oft auf praktische Probleme stoßen.

Die Steuer auf ECI und die BPT wird grundsätzlich nicht im Wege des Steuerabzugs erhoben, sondern im Wege der (Selbst-)Veranlagung festgesetzt.[225] Gleiches gilt für die US-Versicherungsteuer.[226]

Die IRS erteilt vorab keine verbindlichen Auskünfte darüber, ob ein Steuerpflichtiger die Voraussetzungen der LoB-Klausel erfüllt.[227]

2. *Deutschland*

In Deutschland wird bei beschränkt Steuerpflichtigen die Steuer auf Dividenden und Lizenzgebühren ebenfalls im Wege des Steuerabzugs erhoben; eine Veranlagung findet nicht statt.[228] Das Gleiche gilt für Zinszahlungen an einen stillen

---

219 §§ 1441(a), 1442(a) IRC.

220 Vgl. *Gustafson/Peroni/Pugh*, Int'l Transactions, S. 262.

221 Sog. Form W-8BEN, bzw. W-8BEN-E.

222 Reg. § 1.1441-1(e)(2).

223 Reg. § 1.1441-1T(e)(2).

224 Reg. § 1-1441-6T(b).

225 Vgl. §§ 871(b), 872(b), 1441(c), 1442(b) IRC. Eine Ausnahme hiervon sind Dienstleistungsvergütungen, die einem 30 %igen Steuerabzug unterliegen. § 1441(c)(1) IRC. Gleichwohl findet eine Veranlagung unter Anrechnung des Steuerabzugs statt. Gleiches gilt, wenn ein beschränkt Steuerpflichtiger an einer US-Personengesellschaft beteiligt ist (§ 1446 IRC).

226 Reg. § 1441-2(a)(7) und § 4374 IRC.

227 IRS, Revenue Procedure 2015-7 v. 2.1.2015, IRB 2015-1, Sec. 3.01(4). Allerdings erteilt die IRS eine Auskunft über die rechtliche Auslegung bestimmter Voraussetzungen der Klausel (IRS, a.a.O.).

228 §§ 43 Abs. 1 S. 1 Nr. 1 und 1a, 50 Abs. 2 S. 1 EStG, § 32 Abs. 1 Nr. 2 KStG.

Gesellschafter oder für partiarische Darlehen, Gewinnobligationen, fremdkapitalähnliche Genussrechte und Wandelanleihen.[229] Der Steuerabzug wird grundsätzlich durch den Schuldner der Einkünfte vorgenommen.[230] Bei sammelverwahrten Aktien oder Anleihen ist unter bestimmten Voraussetzungen statt des Schuldners der Einkünfte die verwahrende Wertpapiersammelbank oder ein deutsches Finanzinstitut, das die Einkünfte in das Ausland zahlt, zum Abzug der Steuer verpflichtet.[231]

Die Verpflichtung zum Steuerabzug entfällt grundsätzlich nicht, weil ein DBA eine Freistellung oder Reduzierung für die betreffenden Einkünfte vorsieht.[232] Vielmehr muss auch in diesem Fall der Abzugsverpflichtete die Steuer einbehalten und der beschränkt Steuerpflichtige muss sodann die Entlastung von der Quellensteuer aufgrund eines DBA in einem Erstattungsverfahren geltend machen. Das Erstattungsverfahren setzt einen Antrag des Steuerpflichtigen auf einem amtlich vorgeschriebenen Formular beim BZSt voraus.[233] Beruft sich der Steuerpflichtige auf das DBA-USA muss er in diesem Formular auch Angaben zum Vorliegen der Voraussetzungen der LoB-Klausel machen.[234] Das BZSt prüft die Voraussetzungen für die Quellensteuerentlastung einschließlich der Voraussetzungen der LoB-Klausel und erteilt bei positiver Prüfung einen Freistellungsbescheid, der die Grundlage für die Erstattung der Steuern ist.[235]

Eine Abstandnahme vom Steuerabzug auf der Grundlage eines DBA ist nur möglich, wenn dem Schuldner der Einkünfte eine vom BZSt erteilte Freistellungsbescheinigung vorliegt.[236] Die Freistellungsbescheinigung muss ebenfalls beim BZSt auf einem amtlich vorgeschriebenen Formular beantragt werden.[237] Auch hier prüft das BZSt vor der Erteilung das Vorliegen der Voraussetzungen des DBA für die Quellensteuerentlastung einschließlich der LoB-Klausel.[238]

---

229 § 43 Abs. 1 S. 1 Nr. 2, 4 EStG. Bei Zinsen, die wegen einer Besicherung durch inländischen Grundbesitz beschränkt steuerpflichtig sind, muss zudem ein Steuerabzug vorgenommen werden, wenn diese durch die deutschen Finanzbehörden angeordnet wird. In diesem Fall findet aber gleichwohl ein Veranlagungsverfahren statt (§ 50a Abs. 7 EStG).

230 § 44 Abs. 1 S. 3 EStG und § 50a Abs. 5 EStG.

231 Vgl. im Einzelnen § 44 Abs. 1 S. 4 Nr. 3 EStG.

232 § 50d Abs. 1 S. 1 EStG, Art. 29 DBA-USA.

233 § 50d Abs. 1 S. 3 EStG.

234 Vgl. den Vordruck des BZSt „E-USA", abrufbar unter http://www.bzst.de/DE/Steuern_International/Kapitalertragsteuerentlastung/Auslaendische_Antragsteller/Formulare/KapSt_Ausl_Formulare_node (abgerufen am 22.8.2016).

235 § 50d Abs. 1 S. 3 EStG.

236 § 50d Abs. 2 S. 1 EStG.

237 § 50d Abs. 2 S. 1 EStG.

238 Bei Dividenden und Zinsen, die dem Steuerabzug unterliegen, setzt die Erteilung der Freistellungsbescheinigung zudem voraus, dass der Antragsteller eine Kapitalgesellschaft ist und die betreffenden Einkünfte von einer Kapitalgesellschaft gezahlt werden, an der der Antragsteller zu mindestens 10 % beteiligt ist (§ 50d Abs. 2 S. 1 2. Hs. EStG).

Bei Veräußerungsgewinnen sowie Unternehmensgewinnen wird bei beschränkt Steuerpflichtigen die Steuer hingegen im Veranlagungsverfahren erhoben. Der Steuerpflichtige muss also eine Steuererklärung in Deutschland abgeben. Bei der Veranlagung wird durch das Finanzamt auch das Vorliegen der Voraussetzungen eines DBA einschließlich der LoB-Klausel geprüft.

Im Ergebnis geht daher in Deutschland – anders als in den USA – der Entlastung von der Quellensteuer in allen Fällen eine Prüfung der LoB-Klausel durch die Steuerbehörden voraus.[239] Im Gegensatz zu den USA ist in Deutschland auch die Einholung auch einer verbindlichen Auskunft möglich, um vorab zu klären, ob die Voraussetzungen der LoB-Klausel erfüllt sind.[240]

C. Auslegung und Bewertung der Tests der LoB-Klausel

Im Folgenden sollen nach der Klärung der Fragen, die für die Anwendung aller Tests der LoB-Klausel relevant sind (siehe nachfolgend unter I.), die einzelnen Tests der LoB-Klausel ausgelegt und bewertet werden (siehe nachfolgend unter II. bis VI.). Dazu wird zu jedem Test die Auslegung aus US-amerikanischer und deutscher Sicht diskutiert. Die Bewertung der LoB-Klausel als Instrument zur Verhinderung von Treaty Shopping auf der Grundlage dieser Auslegung erfolgt sodann unter drei Gesichtspunkten:

1. Inwiefern verbleiben bei der Anwendung der LoB-Klausel Anwendungsschwierigkeiten und Rechtsunsicherheiten?
2. Welche Treaty-Shopping-Strukturen werden durch die LoB-Klausel verhindert und welche nicht? („Effektivität")
3. In welchen Fällen ist die LoB-Klausel zu restriktiv, weil sie Abkommensvorteile versagt, obwohl kein Treaty Shopping vorliegt? („Erforderlichkeit")

I. Allgemeines

1. *Bedeutung der Technical Explanation für die Auslegung der LoB-Klausel*

Das US-Finanzministerium hat zum DBA-USA (wie zu allen anderen DBA der USA) einen als Technical Explanation bezeichneten Kommentar herausgegeben, der sich auch ausführlich mit der LoB-Klausel beschäftigt. Bei der Technical Explanation handelt es sich um einseitige Erläuterungen der USA, d.h., sie wurden nicht von Deutschland gebilligt. Außerdem wurde die Technical Explanation erst nach der Paraphierung des DBA-USA fertiggestellt. Da die Technical Explanation somit nicht den beiderseitigen Willen der Vertragsparteien wiedergeben kann, ist ihre Eignung

239 Vgl. *Schnittker*, IStR 2012, 720, 721.
240 § 89 Abs. 2 bis 7 AO.

als Auslegungshilfe zweifelhaft.[241] Allerdings werden Technical Explanations von US-Gerichten zur Auslegung herangezogen, soweit der Abkommenstext oder andere Umstände nicht für einen entgegengesetzten Willen der Parteien sprechen.[242] Somit stellt die Technical Explanation zumindest aus US-Sicht eine wichtige Auslegungshilfe dar und soll deshalb im Folgenden zur Darstellung der Auslegung der LoB-Klausel aus US-Sicht herangezogen werden.[243]

2. Grundvoraussetzungen: Nutzungsberechtigung und Ansässigkeit

Die LoB-Klausel ist grundsätzlich in Bezug auf die Person anzuwenden, die Nutzungsberechtigte bzw. Bezieherin der Einkünfte aus dem Quellenstaat ist, für die Abkommensvorteile beansprucht werden.[244] Das ergibt sich schon aus dem Wortlaut des Art. 28 Abs. 1 DBA-USA, der die Abkommensberechtigung neben der Erfüllung der Voraussetzung der LoB-Klausel auch von der Erfüllung „alle[r] sonstigen Voraussetzungen dieses Abkommens“ abhängig macht. Nach den Verteilungsartikeln des DBA-USA kann die Freistellung oder Reduzierung von der Quellensteuer nur von der Person verlangt werden, die Nutzungsberechtigter bzw. Bezieherin der betreffenden Einkünfte ist.[245]

Weiterhin setzt die Anwendung der LoB-Klausel nach ihrem ausdrücklichen Wortlaut voraus, dass die betreffende Person in dem anderen Vertragsstaat als dem Quellenstaat ansässig ist. Diese Voraussetzung ist auch schon in den Verteilungsartikeln des DBA-USA enthalten. Folglich muss die Person nach dem Recht des anderen

---

241 *Gosch*, ISR 2013, 87, 92; *Lehner*, in: Vogel/Lehner, DBA, Grundlagen des Abkommensrechts, Rn. 138.

242 Vgl. beispielsweise: Urteil des United States Court of Appeals, Federal Circuit v. 6.12.1996 (*Xerox Corporation v. United States*) – 93–5094, Federal Reporter, Third Series, Bd. 41, 647; Urteil des United States Tax Court v. 2.5.1995 (*Taisei Fire & Marine Ins. Co. v. Commissioner*) – 14296-92, Reports of the United States Tax Court, Bd. 104, 535. Das Gleiche gilt für Berichte des US-Senats zu den DBA, die nach der Paraphierung erstellt werden.

243 Die Frage nach der Bedeutung als Auslegungshilfe stellt sich aus den gleichen auch bei der von der Bundesregierung herausgegebenen Denkschrift zum DBA-USA (BT-Drs. 16/2708; vgl. *Lehner*, in: Vogel/Lehner, DBA, Grundlagen des Abkommensrechts Rn. 138). Allerdings enthält die Denkschrift keine für die Auslegung besonders relevanten Aussagen. Daher soll diese Frage insofern nicht weiter erörtert werden.

244 Technical Explanation DBA-USA (2006) zu Art. 28 Abs. 1 DBA-USA.

245 Vgl. Art. 10 Abs. 2, 3, Art. 11 Abs. 1, Art. 12 Abs. 1 DBA-USA. Die Art. 7 Abs. 1 S. 1 und Art. 13 Abs. 5 DBA-USA verwenden den Begriff des Nutzungsberechtigten nicht. Allerdings folgt insofern aus allgemeinen Grundsätzen, dass die betreffende Person Bezieherin der Einkünfte sein muss (*Lehner*, in: Vogel/Lehner, DBA, Grundlagen des Abkommensrechts, Rn. 181b). Vgl. zum Begriff des Nutzungsberechtigten: 3. Teil unter A.IV., S. 236.

Vertragsstaats dort i.S.d. Art. 4 Abs. 1 DBA-USA unbeschränkt steuerpflichtig sein.[246] Im Fall von natürlichen Personen, die in beiden Vertragsstaaten unbeschränkt steuerpflichtig sind, kommt es auf den *tie-breaker* in Art. 4 Abs. 2 DBA-USA an. Körperschaften, die in beiden Vertragsstaaten der unbeschränkten Steuerpflicht unterliegen, gelten ohne eine vorherige Einigung der Vertragsstaaten in keinem der Vertragsstaaten als ansässig und können somit unabhängig vom Vorliegen der Voraussetzungen der LoB-Klausel keine Abkommensvorteile beanspruchen (Art. 4 Abs. 3 DBA-USA).

3. *Anwendung der Tests der LoB-Klausel bei hybriden Rechtsgebilden*

Die Frage, wer als Nutzungsberechtigter anzusehen ist, ob diese Person im anderen Vertragsstaat ansässig ist und auf welche Person die LoB-Klausel folglich anzuwenden ist, kann bei hybriden Rechtsgebilden zu Problemen führen. Darunter sind Rechtsgebilde zu verstehen, die nach dem Steuerrecht eines Staats nach Personengesellschaftsgrundsätzen, also transparent, besteuert werden, wohingegen sie nach dem Steuerrecht eines anderen Staats den Grundsätzen zur Besteuerung von Körperschaften, also einer intransparenten Besteuerung, unterliegen.[247] Dementsprechend rechnet ein Staat die Einkünfte eines hybriden Rechtsgebildes seinen Anteilseignern bzw. sonstigen Berechtigten zu und besteuert diese Personen, während der andere Staat die Einkünfte dem hybriden Rechtsgebilde zurechnet und daher das Rechtsgebilde selbst besteuert (subjektiver Qualifikationskonflikt). Oft wird von einem hybriden Rechtsgebilde im engeren Sinne gesprochen, wenn das Rechtsgebilde im Anwenderstaat steuerlich transparent und in einem anderen Staat als steuerlich intransparent behandelt wird. Im umgekehrten Fall, wenn das Rechtsgebilde im Anwenderstaat steuerlich intransparent und in einem anderen Staat steuerlich transparent behandelt wird, spricht man von einem umgekehrt hybriden Rechtsgebilde.[248]

Im Verhältnis zwischen den USA und Deutschland spielen hybride Rechtsgebilde eine bedeutende Rolle, weil beide Staaten unterschiedliche Konzepte zur Einordnung von Rechtsgebilden als steuerlich transparent oder intransparent verfolgen. In Deutschland hängt die steuerliche Einordnung inländischer Rechtsgebilde von deren Rechtsform ab.[249] Ausländische Rechtsgebilde werden anhand eines Rechtstypenvergleichs mit deutschen Rechtsformen als steuerlich transparent bzw. intransparent qualifiziert.[250] Hingegen können in den USA inländische und ausländische Rechtsgebilde ihren Status als steuerlich transparent oder intransparent in vielen

246 *Gohr*, in: Endres/Jacob/Gohr/Klein, DBA-USA, Art. 28 Rn. 6.

247 *Jacobs/Endres/Spengel*, Internationale Unternehmensbesteuerung, S. 1274 ff.; *Prokisch*, in: Vogel/Lehner, DBA, Art. 1 Rn. 17.

248 *Gustafson/Peroni/Pugh*, Int'l Transactions, S. 257.

249 Vgl. § 1 Abs. 1 KStG.

250 Vgl. ausführlich: *Schnittker*, in: Wassermeyer/Richter/Schnittker, Personengesellschaften, Rn. 3.5 ff. Zur Einordnung der LLC: BMF, Schreiben v. 19.3.2004 – IV B 4 – S 1301 USA – 22/04, BStBl. I 2004, S. 411.

Fällen durch eine *check-the-box election* frei wählen.[251] Wichtige Ausnahmen hiervon sind nach US-Recht gegründete Gesellschaften, die im entsprechenden US-Gesetz als „*corporation*" oder „*incorporated*" bezeichnet werden, sowie ausländische Gesellschaften, die im US-Steuerrecht als „*per se corporations*", wie beispielsweise die deutsche AG, definiert werden. Diese Gesellschaften werden immer nach Körperschaftsteuergrundsätzen besteuert.[252]

Im ersten Teil dieser Arbeit wurde gezeigt, wie ein hybrides Rechtsgebilde für eine Treaty-Shopping-Struktur genutzt werden kann. Werden Einkünfte über ein hybrides Rechtsgebilde bezogen, kann dies jedoch auch zu einem „Leerlaufen" des DBA führen, d.h. einer Situation, in der die Abkommensvorteile eigentlich nach dem Sinn und Zweck gewährt werden sollten, dies jedoch an der Zurechnung der Einkünfte zu unterschiedlichen Personen, d.h. einem subjektiven Qualifikationskonflikt, scheitert.

Beispiel 1:
Die US-LLC bezieht Dividenden aus Deutschland. In den USA hat die US-LLC zur Besteuerung als Personengesellschaft optiert. Hingegen ist sie nach einem Rechtstypenvergleich aus deutscher Sicht eine Körperschaft (umgekehrt hybride Gesellschaft). Da Deutschland bei der Anwendung des DBA grundsätzlich seine innerstaatlichen Regeln zur Zurechnung von Einkünften anwendet, ist aus Sicht Deutschlands als Anwenderstaat die US-LLC Bezieherin (und Nutzungsberechtigte) der Dividende.[253] Da die US-LLC in den USA aber selbst nicht steuerpflichtig ist, gilt sie gem. Art. 4 Abs. 1 DBA-USA nicht als in den USA ansässige Person. Das DBA wäre also selbst dann nicht anwendbar, wenn hinter der US-LLC ausschließlich in den USA ansässige Personen stünden.

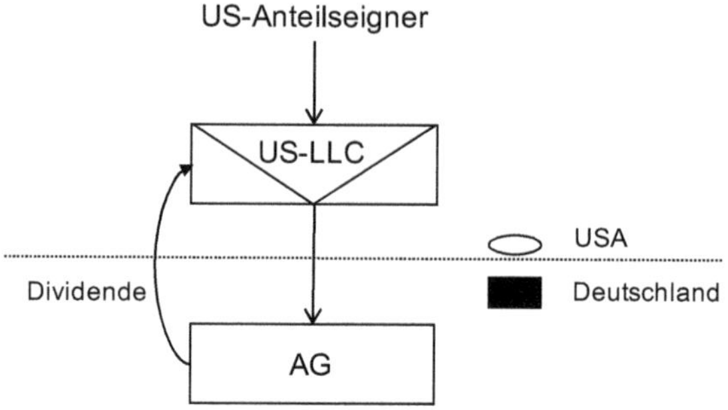

251 Reg. § 301.7701-3. Vgl. *Lind/Schwarz/Lathrope/Rosenberg*, Corporate Taxation, S. 45 ff.

252 Reg. § 301.7701-2(b)(1) und (8). US-Gesellschaften, die als *corporation* demnach nicht die Möglichkeit zur check-the-box-election haben, können aber unter bestimmten Voraussetzungen das Wahlrecht zur S-Corporation ausüben und so eine transparente Besteuerung erreichen (§ 1361 IRC).

253 Das ist die Folge der „anwenderstaatsorientieren Auslegung", wie sie in Deutschland von der h. Lit. und vom BFH vertreten wird (*Dremel*, in: Schönfeld/Ditz, DBA, Art. 1 Rn. 50 ff. m.w.N.).

Beispiel 2:
Wie Beispiel 1, aber die US-LLC ist aus US-Sicht steuerlich intransparent und aus deutscher Sicht steuerlich transparent (hybride Gesellschaft i. e. S.). Weiterhin sind die Anteilseigner der US-LLC in einem Drittstaat ansässig. Aus deutscher Sicht werden die Einkünfte von nicht in den USA ansässigen Personen bezogen. Das DBA-USA ist daher eigentlich nicht anwendbar, obwohl die US-LLC mit der Dividende in den USA wie eine Körperschaft der Steuer unterliegt und unter Umständen gar kein Fall der unangemessenen Erlangung von Abkommensvorteilen durch Drittstaatsansässige vorliegt.

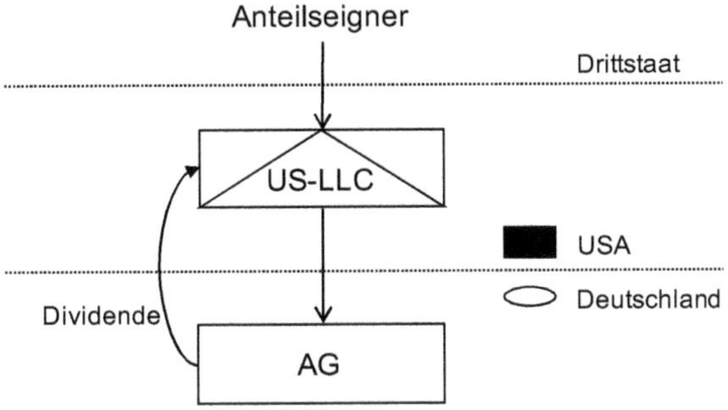

Vor diesem Hintergrund enthält Art. 1 Abs. 7 DBA-USA eine Sonderregelung für hybride Rechtsgebilde. Nach dieser Vorschrift gelten, wenn Einkünfte von einer oder über eine Person erzielt werden, die nach dem Recht eines der Vertragsstaaten als solche nicht steuerpflichtig ist, diese als von einer in einem Staat ansässigen Person erzielt, soweit sie im Sinne der Steuergesetze dieses Staats als Einkünfte einer ansässigen Person gelten. Nach der Technical Explanation soll Art. 1 Abs. 7 DBA-USA beim Bezug von Einkünften über hybride Rechtsgebilde ein Leerlaufen des DBA in den in Beispielen 1 und 2 beschriebenen Konstellationen vermeiden.[254]

Aus dem nur schwer verständlichen Wortlaut des Art. 1 Abs. 7 DBA-USA ergibt sich allerdings kaum, was die genauen Rechtsfolgen dieser Vorschrift vor dem Hintergrund dieser abkommenserweiternden Funktion sind. Der Wortlaut von Art. 1 Abs. 7 DBA-USA ordnet als Rechtsfolge lediglich an, dass Einkünfte „als von einer in einem Staat ansässigen Person erzielt gelten", bestimmt aber nicht, wer diese die Person ist.

Man könnte die Rechtsfolge so verstehen, dass Art. 1 Abs. 7 DBA-USA als Rechtsfolge lediglich die Ansässigkeit derjenigen Person im anderen Vertragsstaat fingiert, der nach dem Recht des Anwenderstaats die Einkünfte zugerechnet werden (nachfolgend: Ansässigkeitstheorie). Nach der Ansässigkeitstheorie hilft Art. 1

254 Technical Explanation DBA-USA (2006) zu Art. 1 Abs. 7 DBA-USA. Weiterhin hat diese Abkommensvorschrift eine beschränkende Funktion bei Bezug von Einkünften über hybride Rechtsgebilde. Auf diese beschränkende Funktion soll im dritten Teil dieser Arbeit eingegangen werden (vgl. 3. Teil unter A.I., S. 238).

Abs. 7 DBA-USA also nur über die fehlende Ansässigkeit eines hybriden Rechtsbildes bzw. seiner Anteilseigner hinweg. Im Beispiel 1 würde Deutschland die Dividenden nach wie vor der US-LLC zurechnen. Art. 1 Abs. 7 DBA-USA würde jedoch die Ansässigkeit der US-LLC in den USA fingieren, weil die Anteilseigner der US-LLC in den USA ansässig sind. Im Beispiel 2 würde Art. 1 Abs. 7 DBA-USA ebenfalls an der Zurechnung der Einkünfte zu den drittstaatsansässigen Anteilseignern der US-LLC durch Deutschland als den Anwenderstaat nichts ändern. Allerdings würde Art. 1 Abs. 7 DBA-USA die Ansässigkeit der Anteilseigner in den USA fingieren, da die US-LLC in den USA als Körperschaft mit den Dividenden steuerpflichtig ist.

Andererseits könnte Art. 1 Abs. 7 DBA-USA auch so zu verstehen sein, dass diese Vorschrift eine Bindung des Anwenderstaats an die Einkünftezurechnung des anderen Vertragsstaats bewirkt, also eine Einkünftezurechnung fingiert (nachfolgend: Zurechnungstheorie). Im Beispiel 1 müsste Deutschland damit für die Zwecke der Anwendung des DBA die Einkünfte den Anteilseignern der US-LLC und im Beispiel 2 der US-LLC zurechnen und diese Personen auch als Nutzungsberechtigte ansehen.

Die Ansässigkeitstheorie wird vom BFH[255] und auch Teilen der Literatur[256] vertreten, die sich dabei vor allem auf den Wortlaut des Art. 1 Abs. 7 DBA-USA stützen. Andere Stimmen in der Literatur befürworten hingegen die Zurechnungstheorie, weil nur so dem Sinn und Zweck des Art. 1 Abs. 7 DBA-USA, ein Leerlaufen des DBA-USA aufgrund eines subjektiven Qualifikationskonflikts zu verhindern, Rechnung getragen werden könne.[257] Die Technical Explanation gibt keine eindeutige Antwort auf die Frage, welche Sichtweise die USA anwenden.[258]

Im Rahmen dieser Arbeit können die Argumente für und wider die Ansässigkeits- und Zurechnungstheorie nicht im Einzelnen untersucht werden. Allerdings soll hier und bei der Diskussion der einzelnen Tests der LoB-Klauseln dargestellt werden, welche Auswirkungen die unterschiedlichen Auffassungen auf die Anwendung der LoB-Klausel haben.

Grundsätzlich gilt, dass bei Anwendung der Ansässigkeitstheorie der Anwenderstaat die LoB-Klausel auf die Person anwendet, die nach seinem innerstaatlichen Steuerrecht die betreffenden Einkünfte bezieht. Diese Person muss alle

255 BFH, Urteil v. 26.6.2013 – I R 48/12, BStBl. II 2014, 367 (zur Gewährung des Schachtelprivilegs nach Art. 10 Abs. 2 S. 1 a) DBA-USA an eine hybride US-Gesellschaft (S-Corporation)).

256 *Anger/Sewtz*, IStR 2009, 273, 274; *Schönfeld*, IStR 2007, 274, 276.

257 *Bahns/Keuthen*, IStR 2010, 750, 752 f.; *Eimermann*, IStR 2009, 58, 59; *Schnitger*, in: Endres/Jacob/Gohr/Klein, DBA-USA, Art. 1 Rn. 73 f.; *Wolff*, in: Wassermeyer, DBA, Art. 1 DBA-USA Rn. 113.

258 Vgl. *Bahns/Keuthen*, IStR 2010, 750,753, die versuchen aus der Technical Explanation zum DBA-USA und dem US-MA (2006) eine Präferenz für die Zurechnungstheorie herauszulesen. Das überzeugt jedoch nicht, weil – wie auch *Bahns/Keuthen* feststellen – die Technical Explanation ebenfalls festhält, dass sich die Bestimmung des Nutzungsberechtigten nicht nach Art. 1 Abs. 7 DBA-USA richtet.

Voraussetzungen des jeweiligen Tests der LoB-Klausel selbst erfüllen, lediglich die Ansässigkeit nach Art. 4 Abs. 1 DBA-USA wird fingiert.[259] Im Beispiel 1 würde die LoB-Klausel daher auf Ebene der US-LLC und im Beispiel 2 auf Ebene der Anteilseigner Anwendung finden, wobei deren Ansässigkeit in den USA unterstellt wird. Hingegen führt die Zurechnungstheorie dazu, dass die Voraussetzungen der LoB-Klausel bei der Person vorliegen müssen, die nach dem Recht des anderen Vertragsstaats als dem Quellenstaat die Einkünfte bezieht.[260] Folglich müssten im Beispiel 1 die Anteilseigner der US-LLC und im Beispiel 2 müsste die US-LLC die Voraussetzungen der LoB-Klausel erfüllen.

4. Zeitlicher Bezugspunkt: Steuerjahr

Die Voraussetzungen, ob eine im anderen Vertragsstaat ansässige Person eine berechtigte Person i.S.v. Art. 28 Abs. 2 DBA-USA ist, sind jeweils für das „Steuerjahr" (in der englischen Fassung „*taxable year*") zu prüfen, in dem Abkommensvorteile in Anspruch genommen werden. Auch in den einzelnen Tests des Art. 28 Abs. 2 und 3 DBA-USA sind bestimmte Voraussetzungen jeweils in Bezug auf dieses Steuerjahr zu prüfen. Beispielsweise ist für die Frage, ob ein „regelmäßiger Börsenhandel" i.S.d. Publicly-Traded-Test (Art. 28 Abs. 2 c) aa) DBA-USA) vorliegt, eine steuerjahresbezogene Betrachtung vorgesehen.[261] Der Base-Erosion-Test in Art. 28 Abs. 2 f) bb) DBA-USA erfordert eine Ermittlung des Rohgewinns und der an nicht abkommensberechtigte Personen geleisteten Zahlungen jeweils für das betreffende Steuerjahr.[262] Fraglich ist, welcher Zeitraum damit bezeichnet wird. Im DBA-USA ist der Begriff Steuerjahr nicht definiert.

Im innerstaatlichen Steuerrecht der USA ist das *taxable year* sowohl der Einkünfteermittlungszeitraum als auch der Steuerbemessungs- und Veranlagungszeitraum.[263] Das heißt, dass nach US-Steuerrecht die Einkünfte für das *taxable year* ermittelt, in diesem Zeitraum erfasst und für den gleichen Zeitraum auch eine Veranlagung durchgeführt wird.[264] Wie dieser Zeitraum zu bestimmen ist, ergibt sich aus § 441 IRC. Nach § 441 IRC entspricht das *taxable year* – vereinfacht dargestellt – bei Steuerpflichtigen, die keine Bücher führen, dem Kalenderjahr. Bei Steuerpflichtigen, die Bücher führen, entspricht das Steuerjahr hingegen grundsätzlich dem Zeitraum, für den regelmäßig Abschlüsse erstellt werden (Geschäftsjahr, *fiscal year*).[265]

Im deutschen Steuerrecht fehlt es hingegen an einer Definition des *Steuerjahrs*. In der deutschen Literatur wird die Auffassung vertreten, das Steuerjahr i.S.d. Art. 28

259 Vgl. *Schönfeld*, IStR 2007, 274, 280.
260 *Schnitger*, in: Endres/Jacob/Gohr/Klein, DBA-USA, Art. 1 Rn. 73 f.
261 Art. 28 Abs. 2 c) DBA-USA.
262 Art. 28 Abs. 2 f) bb) DBA-USA.
263 Zur Terminologie: *Rengers*, in: Blümich, EStG/KStG, § 7 KStG Rn. 18. Vgl. §§ 2 Abs. 5 EStG, 25 EStG und § 7 KStG.
264 Vgl. §§ 1, 12 und 6072 IRC.
265 § 441(b) IRC.

DBA-USA entspreche dem Wirtschaftsjahr.[266] Dagegen spricht jedoch, dass Art. 28 DBA-USA den Begriff des Steuerjahrs auch in Bezug auf natürliche Personen verwendet, die nicht notwendigerweise ein Wirtschaftsjahr haben. Weiterhin wird für das Wirtschaftsjahr an anderen Stellen in der englischen Fassung des DBA-USA der Begriff *fiscal year* und nicht *taxable year* verwendet.[267] Daher erscheint vorzugswürdig, unter Steuerjahr aus deutscher Sicht den Veranlagungszeitraum, also das Kalenderjahr, zu verstehen. Für diese Auslegung lässt sich auch anführen, dass andere DBA Deutschlands den Begriff des Steuerjahrs in den Art. 15 OECD-MA entsprechenden Artikeln verwenden und dort unter Steuerjahr ebenfalls das Kalenderjahr verstanden wird.[268]

Fraglich ist, ob bei der Bestimmung des Steuerjahrs jeder Anwenderstaat gem. Art. 3 Abs. 2 DBA-USA auf seine innerstaatliche Definition des Steuerjahrs zurückgreift oder das Steuerrecht des Ansässigkeitsstaats der betreffenden Person relevant ist. Richtigerweise sollte es auf die Definition des Steuerjahrs des Ansässigkeitsstaats und nicht des Anwenderstaats ankommen. Die Gründe hierfür sollen an späterer Stelle im Zusammenhang mit dem Ownership/Base-Erosion-Test erläutert werden.[269]

II. Berechtigte Personen i.S.d. Art. 28 Abs. 2 DBA-USA

1. Natürliche Personen (Art. 28 Abs. 2 a) DBA-USA)

a) Tatbestandsvoraussetzungen

Nach Art. 28 Abs. 2 a) DBA-USA sind in einem Vertragsstaat ansässige natürliche Personen stets berechtigte Personen. Weitere Voraussetzungen, wie sie von der LoB-Klausel an juristische Personen gestellt werden, müssen natürliche Personen also nicht erfüllen. Das gilt sowohl hinsichtlich des Privatvermögens als auch des Betriebsvermögens einer natürlichen Person.[270]

b) Bewertung

Die voraussetzungslose Gewährung der Abkommensberechtigung bei natürlichen Personen lässt sich damit rechtfertigen, dass natürliche Personen nur sehr bedingt für das Treaty Shopping eingesetzt werden können. Treaty Shopping durch den Einsatz von Zwischengesellschaften ist bei natürlichen Personen nicht denkbar. Das gleiche gilt für Treaty-Shopping-Strukturen, die Qualifikationskonflikte ausnutzen. Möglich sind allerdings Treaty-Shopping-Strukturen durch eine formale Verlagerung von Einkünften, beispielsweise durch Treuhandkonstruktionen, durch eine

266 *Gohr*, in: Endres/Jacob/Gohr/Klein, DBA-USA, Art. 28 Rn. 17.
267 Vgl. Art. 32 Abs. 2 b), Abs. 5 a), Art. 33 b) DBA-USA.
268 *Prokisch*, in: Vogel/Lehner, DBA, Art. 15 Rn. 48.
269 Siehe C.II.6.a)cc)(4), S. 141.
270 *Gohr*, in: Endres/Jacob/Gohr/Klein, DBA-USA, Art. 28 Rn. 18.

kurzfristige Übertragung des den Einkünften zugrunde liegenden Wirtschaftsguts oder unter Einsatz von Durchleitungsstrukturen. Wegen der damit verbundenen Haftungsrisiken für die natürliche Person sind diese Strukturen allerdings in der Praxis kaum relevant.[271]

2. *Vertragsstaaten und ihre Gebietskörperschaften (Art. 28 Abs. 2 b) DBA-USA)*

a) Tatbestandsvoraussetzungen

Auch an Vertragsstaaten und ihre Gebietskörperschaften werden keine weiteren Anforderungen für die Abkommensberechtigung gestellt. Sie sind nach Art. 28 Abs. 2 b) DBA-USA immer berechtigte Personen. Unter den Begriff der Gebietskörperschaften fallen auf deutscher Seite insbesondere die Bundesländer, Kreise, Städte und Gemeinden. In den USA sind das die States und Counties.[272]

b) Bewertung

Bei Vertragsstaaten und diesen Gebietskörperschaften wird zurecht davon ausgegangen, dass sie sich nicht an Treaty-Shopping-Strukturen beteiligen, da sie sowohl einer besonderen Kontrolle durch den Staat als auch der Öffentlichkeit unterliegen. Zudem sind Treaty-Shopping-Strukturen unter Einsatz von Zwischengesellschaften oder durch das Ausnutzen von Qualifikationskonflikten bei ihnen nicht denkbar.

3. *Publicly-Traded-/ Indirectly-Publicly-Traded-Test (Art. 28 Abs. 2 c) DBA-USA)*

Art. 28 Abs. 2 c) DBA-USA enthält zwei alternative Tests: Nach dem Publicly-Traded-Test des Art. 28 Abs. 2 c) aa) DBA-USA sind börsennotierte Gesellschaften unter bestimmten weiteren Voraussetzungen berechtigte Personen (nachfolgend: „qualifizierte börsennotierte Gesellschaften“). Nach dem Indirectly-Publicly-Traded-Test des Art. 28 Abs. 2 c) bb) DBA-USA können sich Gesellschaften, an denen qualifizierte börsennotierte Gesellschaften beteiligt sind, als berechtigte Personen qualifizieren.

a) Tatbestandsvoraussetzungen

aa) Publicly-Traded-Test (Art. 28 Abs. 2 c) aa) DBA-USA)

Art. 28 Abs. 2 c) aa) DBA-USA enthält zwei Voraussetzungen, die eine börsennotierte Gesellschaft erfüllen muss, um als berechtigte Person zu gelten. Erstens müssen „ihre Hauptaktiengattung (und alle Vorzugsaktiengattungen) regelmäßig an einer oder mehreren anerkannten Börsen gehandelt“ werden. Zweitens muss

---

271 *Vega*, LoB-Clauses, S. 96; *Rosenbloom*, Law and Policy in International Business, 1983 (Bd. 15), 763, 812.

272 *Gohr*, in: Endres/Jacob/Gohr/Klein, DBA-USA, Art. 28 Rn. 20.

entweder (A) die Hauptaktiengattung „hauptsächlich" im Ansässigkeitsstaat der Gesellschaft gelegenen Börse gehandelt werden oder (B) sich der „hauptsächliche Ort der Geschäftsführung und Überwachung" der Gesellschaft im Ansässigkeitsstaat der Gesellschaft befinden. Die erste Voraussetzung stellt somit bestimmte Anforderung an Börsennotierung und -handel der Anteile an der Gesellschaft, die zweite Voraussetzung an die Verbindung der Gesellschaft zu ihrem Ansässigkeitsstaat.

(1) Persönlicher Anwendungsbereich

Nach dem einleitenden Absatz des Art. 28 Abs. 2 c) DBA-USA findet der Publicly-Traded-Test grundsätzlich auf alle Gesellschaften Anwendung. Darunter fallen gem. Art. 3 Abs. 1 e) DBA-USA alle juristische Personen oder Rechtsträger, die für die Besteuerung wie juristische Personen behandelt werden.

Die Verwendung der Begriffe *Hauptaktiengattung* und *Vorzugsaktiengattung* in Art. 28 Abs. 2 c) DBA-USA deutet hingegen darauf hin, dass nach diesem Test nur Gesellschaften, deren Anteile als Aktien bezeichnet werden, als berechtigte Person qualifizieren können. Dann wäre dieser Test lediglich auf die SE, die AG und die KGaA sowie auf entsprechende Rechtsformen des ausländischen Rechts, also insbesondere die US-amerikanische Corporation, nicht jedoch auf die GmbH, die US-amerikanische LLC oder andere Rechtsformen anwendbar.

Da in Deutschland lediglich Aktien, nicht aber Geschäftsanteile an einer GmbH an einer Börse gehandelt werden können,[273] spielt diese Frage in Bezug auf deutsche Gesellschaften keine praktische Rolle. In den USA können allerdings nicht nur Corporations, sondern auch LLC und LP börsennotiert sein.[274] Diese Rechtsformen entsprechen nicht der AG (bzw. SE oder KGaA) und ihre Anteile sind daher keine Aktien. Bei wortlautgetreuer Auslegung des Publicly-Traded-Test könnten diese Gesellschaften nicht die Voraussetzungen des Publicly-Traded-Tests erfüllen.[275] Diese wortlautgetreue Auslegung ist jedoch abzulehnen. Die Gründe hierfür sollen im Rahmen der Diskussion des Indirectly-Publicly-Traded-Tests erörtert werden, wo sich das gleiche Auslegungsproblem stellt und diese Frage eine höhere praktische Relevanz besitzt.[276]

---

273 Das ergibt sich daraus, dass in Deutschland nur Wertpapiere zum Börsenhandel zugelassen werden können (vgl. § 32 BörsG; *Groß*, in: Groß, Kapitalmarktrecht, § 32 BörsG Rn. 12).

274 Vgl. NASDAQ Stock Market Rules, Rules 5000 ff.

275 Börsennotierte LLC und LP sind allerdings in der Regel für US-Steuerzwecke Personengesellschaften mit passiven Einkünften i.S.d. § 7704 IRC, sodass unter Umständen das DBA-USA schon deshalb keine Anwendung findet, weil sie mangels Steuerpflicht nicht in den USA i.S.d. Art. 4 Abs. 1 DBA-USA ansässig sind.

276 Siehe C.II.3.a)bb)(1), S. 96.

(2) 1. Voraussetzung: Regelmäßiger Handel der Aktien an einer anerkannten Börse

(a) Anerkannte Börse

Der Begriff der *anerkannten Börse* wird durch das Abkommen in Art. 28 Abs. 8 a) DBA-USA definiert.

Zu den anerkannten Börsen zählen demnach in den USA das NASDAQ-System und jede Börse, die bei der U.S. Securities and Exchange Commission als nationale Effektenbörse (national securities exchange) im Sinne des Securities and Exchange Act of 1934 (nachfolgend „Exchange Act") registriert ist.[277]

In Deutschland ist eine anerkannte Börse nach Art. 28 Abs. 8 a) bb) DBA-USA eine Börse, an der Aktien „amtlich gehandelt" werden. Diese Definition nahm offenbar auf den Handel am amtlichen Markt Bezug,[278] der jedoch in 2007 durch die Zusammenlegung von amtlichem Markt und geregeltem Markt zum neuen Börsensegment regulierter Markt aufgehört hat zu bestehen.[279] Obwohl das mit dem Wortlaut der Abkommensvorschrift nicht ganz im Einklang steht, wird man unter einer anerkannten Börse nunmehr eine Börse verstehen müssten, an der Aktien im regulierten Markt gehandelt werden. Dafür spricht nicht nur, dass der regulierte Markt der Nachfolger des amtlichen Markts ist, sondern auch, dass für den regulierten Markt in vielen Punkten die gleichen Voraussetzung für die Zulassung zum Handel gelten wie einst im amtlichen Markt.[280]

Obwohl der Wortlaut des Abkommens das nicht ausdrücklich verlangt, sollte die Voraussetzung des Handels an einer anerkannten Börse nicht bereits dann erfüllt sein, wenn die Gesellschaft an einer Börse notiert ist, an der Aktien anderer Unternehmen im regulierten Markt gehandelt werden, vielmehr müssen die Aktien dieser Gesellschaften im regulierten Markt gehandelt werden. Beispielsweise sollte eine Gesellschaft, deren Aktien im Open Market (Freiverkehr) der Frankfurter Börse gehandelt werden, nicht die Voraussetzungen des Publicly-Traded-Tests erfüllen, obwohl an der Frankfurter Börse auch Aktien im regulierten Markt gehandelt werden. Andernfalls wäre die Voraussetzung des Handels an einer anerkannten Börse weitgehend sinnlos.

Nach dem Wortlaut des Art. 28 Abs. 2 c) aa) DBA-USA ist es irrelevant, ob die anerkannte Börse, an der die Hauptaktiengattung gehandelt wird, im Ansässigkeitsstaat der Gesellschaft oder im anderen Vertragsstaat liegt. Daher würde es

277 Art. 28 Abs. 8 a) bb) DBA-USA.

278 *Schnitger*, IWB (2006) Fach 8 USA Gr. 2, 1440, 1441 f.

279 Vgl. das Gesetz zur Umsetzung der Richtlinie über Märkte für Finanzinstrumente und der Durchführungsrichtlinie der Kommission (Finanzmarktrichtlinie-Umsetzungsgesetz) v. 16.7.2007, BGBl. I 2007, 1330; siehe dazu: *Groß*, in: Groß, Kapitalmarktrecht, Einl. BörsG Rn. 20b f.

280 *Groß*, in: Groß, Kapitalmarktrecht, § 32 BörsG Rn. 4a und Vorbemerkung zur BörsZulV Rn. 6b.

beispielsweise ausreichen, wenn die Aktien einer deutschen Gesellschaft an einer anerkannten Börse in den USA gehandelt werden.

Gemäß Art. 28 Abs. 8 a) cc) DBA-USA können die USA und Deutschland durch eine Vereinbarung weitere Börsen als anerkannte Börse definieren. Von dieser Möglichkeit wurde aber bislang kein Gebrauch gemacht.[281]

(b) Hauptaktiengattung

Der Begriff *Hauptaktiengattung* wird in Art. 28 Abs. 8 b) aa) DBA-USA definiert. Demnach bilden die Stammaktien der Gesellschaft die Hauptaktiengattung, sofern diese Aktiengattung die Mehrheit der Stimmrechte und des Werts der Gesellschaft darstellt. Stellt die Stammaktiengattung nicht die Mehrheit der gesamten Stimmrechte oder des Werts dar, so gelten die Gattung oder Gattungen als Hauptaktiengattung, die insgesamt die Mehrheit der gesamten Stimmrechte und des Gesamtwerts der Gesellschaft darstellen.

Der Begriff *Stammaktien* wird im Abkommen nicht näher definiert. Im deutschen Gesellschaftsrecht versteht man darunter die von den Gründern der Gesellschaft gedachte Ausgangsform der Aktie, von der sich weitere Aktiengattungen abgrenzen lassen, die mit besonderen Rechten und Pflichten i.S.d. § 11 S. 1 AktG verbunden sind.[282] In die gleiche Richtung deutet der in der englischen Abkommensfassung verwendete Begriff *„ordinary or common shares"*. Im Ergebnis kommt es aber nicht auf eine genaue Definition des Begriffs der Stammaktien an, weil für die Bestimmung der Hauptaktiengattung nur entscheidend ist, welche Aktiengattung oder welche Aktiengattungen die Mehrheit der Stimmrechte und des Werts repräsentieren. Hat beispielsweise eine deutsche AG Stamm- und Vorzugsaktien ausgegeben und übersteigt die Marktkapitalisierung der Vorzugsaktien die der Stammaktien, muss ein regelmäßiger Handel im Sinne des Publicly-Traded-Tests mit beiden Aktiengattungen stattfinden, da die Stammaktien die Mehrheit der Stimmrechte und die Vorzugsaktien die Mehrheit des Werts der Gesellschaft repräsentieren. Der Sinn der Definition der Hauptaktiengattung liegt erkennbar darin, dass die bedeutendsten Aktiengattungen Gegenstand eines regelmäßigen Handels sind.

Die Technical Explanation zum DBA-USA behandelt den Fall, dass es mehr als eine Gruppe von Aktiengattungen gibt, die die Mehrheit der Stimmrechte und des Werts repräsentieren.[283] Denkbar ist das beispielsweise bei drei verschiedenen Aktiengattungen (A, B, C), die jeweils ein Drittel der Stimmrechte und des Werts ausmachen. Sowohl (i) A und B als auch (ii) B und C und (iii) A und C wären in diesem Fall mögliche Hauptaktiengattungen.[284] Nach der Technical Explanation reicht in

---

281 *Wolff*, in: Wassermeyer, DBA, Art. 28 DBA-USA Rn. 211.

282 *Wiesner*, Münchener HdB GesR, Bd. 4, § 13 Rn. 7; *Sudmeyer*, in: Schüppen/Schaub, MAH Aktienrecht, § 10 Rn. 63.

283 Technical Explanation DBA-USA (2006) zu Art. 28 Abs. 2 c) aa).

284 *Gohr*, in: Endres/Jacob/Gohr/Klein, DBA-USA, Art. 28 Rn. 27.

diesem Fall ein regelmäßiger Börsenhandel mit nur einer möglichen Gruppe aus.[285] Das ist folgerichtig, weil in diesem Fall die Mehrheit der Stimmrechte und des Werts der Gesellschaft und damit die bedeutendsten Aktiengattungen Gegenstand eines regelmäßigen Handels an einer anerkannten Börse sind.

(aa) Stimmrechte

Unter *Stimmrechten* ist der gewöhnlichen Bedeutung nach das dem Anteilseigner zustehende Recht, an Gesellschaftsversammlungen mit einem bestimmten Stimmgewicht teilzunehmen, zu verstehen.[286] Bei (nach US-Gesellschaftsrecht denkbaren) Mehrstimmrechten müssen die Stimmrechte entsprechend gewichtet werden, um die Hauptaktiengattung zu ermitteln. Problematisch ist die Bestimmung des Gewichts der Stimmrechte, wenn – wie insbesondere im US-Gesellschaftsrecht möglich – die Stimmrechte vom jeweiligen Beschlussumfang abhängen. Beispielsweise kann es sein, dass eine Aktiengattung ein Mehrstimmrecht hinsichtlich der Ernennung der Geschäftsführungs- und/oder Aufsichtsorgane vermittelt, während sie bei anderen Beschlussgegenständen die gleichen Stimmrechte wie andere Aktiengattungen besitzt. Im innerstaatlichen Steuerrecht stellen die USA bei der Gewichtung von Stimmrechten regelmäßig darauf ab, ob und in welchem Umfang die jeweilige Aktiengattung zur Ernennung der Mitglieder des *board of directors* berechtigt.[287] Diese Grundsätze werden auch von der Technical Explanation im Zusammenhang mit Art. 10 Abs. 2 a) DBA-USA angewandt[288] und es kann angenommen werden, dass sie aus Sicht der USA auch im Rahmen des Publicly-Traded-Tests maßgeblich sind.[289] Das erscheint grundsätzlich auch aus deutscher Sicht eine sachgerechte Auslegung. Das *board of directors* übernimmt im US-Gesellschaftsrecht sowohl die Überwachung als auch die Leitung der Gesellschaft und vereint damit die Aufgaben, die bei deutschen Gesellschaften der Vorstand und der Aufsichtsrat wahrnehmen.[290] Die Inhaber der Aktien, die über die Besetzung des *board of directors* entscheiden, haben somit die stärkste Kontrolle über die Gesellschaft.

In Bezug auf die deutsche AG sollten bei Anwendung dieser Grundsätze die Stammaktien Stimmrechte i.S.d. des Publicly-Traded-Tests vermitteln. Zwar können die Inhaber der Stammaktien lediglich den Aufsichtsrat und nicht den Vorstand

---

285 Technical Explanation DBA-USA zu Art. 28 Abs. 2 c).

286 Vgl. *Zöllner*, in: Baumbach/Hueck, GmbHG, § 47 Rn. 32; Creifelds, Rechtswörterbuch unter „Stimmrecht“.

287 Revenue Rulings 69–126, 1969-1 C.B. 218 und 84-6, 1984-1 C.B. 366; *Willens*, Tax Notes 2007 (Bd. 116), 683. Vgl. auch *Wolff*, in: Wassermeyer, DBA, Art. 28 DBA-USA Rn. 215.

288 Technical Explanation DBA-USA (2006) zu Art. 10 Abs. 2.

289 *Wolff*, in: Wassermeyer, DBA, Art. 28 DBA-USA Rn. 215. Zweifelnd allerdings *Doernberg/van Raad*, 1996 Model Income Tax Convention, S. 175.

290 *Wiesner*, in: MHdB GesR Bd. 4, § 19 Rn. 4.

ernennen.[291] Da der Aufsichtsrat aber wiederum den Vorstand ernennt,[292] ist zumindest eine mittelbare Kontrolle über die Geschäftsleitung gewährleistet.

(bb) Wert der Aktien

Unter dem *Wert* der Aktien sollte der gemeine Wert zu verstehen sein. Ein Abstellen auf den Buchwert oder die Anschaffungskosten, wie es teilweise zur Diskussion gestellt wird,[293] scheitert schon daran, dass diese Werte bei einer börsennotierten Gesellschaft nicht bekannt sind oder ermittelt werden können. Zudem würde dieses Vorgehen nicht mit dem Sinn und Zweck dieser Voraussetzung im Einklang stehen, die sicherstellen soll, dass die wichtigsten Aktiengattungen Gegenstand eines Börsenhandels sind. Für die Bedeutung einer Aktiengattung sind Buchwert und Anschaffungskosten kein tauglicher Maßstab.

(c) Vorzugsaktien

Vorzugsaktien werden in Art. 28 Abs. 8 c) DBA-USA als Aktien definiert, die einem Anteilseigner durch Dividenden, Rückzahlungen[294] oder anderweitig eine unverhältnismäßig höhere Beteiligung an den im anderen Vertragsstaat durch besondere Vermögenswerte oder Tätigkeiten der Gesellschaft erzielten Einkünfte einräumt. Der Begriff ist somit nicht identisch mit dem der Vorzugsaktien i.S.d. § 139 Abs. 1 AktG, denen kein Stimmrecht, dafür ein Vorzug bei der Verteilung des Gewinns eingeräumt ist. Das zeigt sich neben der abkommensrechtlichen Definition auch an dem englischen Abkommenstext, der an dieser Stelle von *„disproportionate class of shares"* spricht. Gemeint ist vielmehr Tracking Stock, mit dem ein Aktionär gezielt an Einkünften aus dem Quellenstaat beteiligt wird.[295]

Die Technical Explanation illustriert das am folgenden Beispiel:[296]

> *Eine deutsche Gesellschaft hat zwei Aktiengattungen, A-Aktien und B-Aktien. Die A-Aktien vermitteln 100 % der Stimmrechte und repräsentieren mehr als 50 % des Werts der deutschen Gesellschaft. Die A-Aktien werden regelmäßig an der Frankfurter Börse gehandelt. Die B-Aktien vermitteln keine Stimmrechte, ihre Inhaber sind aber zu Dividenden in der Höhe berechtigt, in der die deutsche Gesellschaft Zinszahlungen von Personen aus den USA erhält. Alle B-Aktien werden von Personen in Drittstaaten gehalten und sind nicht börsennotiert. Würde das DBA-USA keine besondere Bestimmung zu Vorzugsaktien enthalten, wäre die deutsche Gesellschaft grundsätzlich abkommensberechtigt, weil die*

---

291 § 101 AktG.

292 § 84 AktG.

293 *Doernberg/van Raad*, 1996 Model Income Tax Convention, S. 175.

294 Gemeint sind Vergütungen für die Einziehungen oder den Rückkauf von Anteilen, wie sich aus der englischen Fassung (*„redemption payments"*) ergibt.

295 *Gohr*, in: Endres/Jacob/Gohr/Klein, DBA-USA, Art. 28 Rn. 31 f.; *Wolff*, in: Wassermeyer, DBA, Art. 28 DBA-USA Rn. 219.

296 Technical Explanations, DBA-USA (2006) zu Art. 28 Abs. 2 c) aa) DBA-USA.

A-Aktien die Hauptaktiengattung bilden und regelmäßig an einer anerkannten Börse gehandelt werden. Da das DBA-USA aber auch einen regelmäßigen Handel aller Vorzugsaktiengattungen (d.h. der B-Aktien) voraussetzt, ist die deutsche Gesellschaft nicht abkommensberechtigt.

Aus diesem Beispiel wird deutlich, dass das Erfordernis eines Börsenhandels der Vorzugsaktien eine Reaktion auf Umgehungsgestaltungen des Publicly-Traded-Tests unter Einsatz von Tracking Stock ist. Entsprechende Gestaltungen werden von der US-amerikanischen Literatur nach wie vor im Hinblick auf DBA der USA diskutiert, die keine besonderen Bestimmungen zu Vorzugsaktien enthalten.[297]

(d) Regelmäßiger Handel

Wann ein *regelmäßiger* Handel vorliegt, wird im Abkommen nicht definiert.

Wegen des Fehlens einer abkommensrechtlichen Definition greift die Technical Explanation insofern gem. Art. 3 Abs. 2 DBA-USA auf eine Definition dieses Begriffs im Zusammenhang mit der BPT zurück.[298] § 884(e) IRC sieht für die Freistellung von der BPT aufgrund eines vor 1987 abgeschossenen DBA der USA zusätzliche Voraussetzungen vor, die den von den USA verwendeten LoB-Klauseln ähneln.[299] Unter anderem werden diese Voraussetzungen gem. § 884(e)(4)(B) IRC von einem börsennotierten Unternehmen erfüllt, dessen Anteile „regelmäßig" („*regularly*") an einer Börse gehandelt werden. Der Begriff des regelmäßigen Handels wird in den Regulations zu dieser Vorschrift genauer definiert. Ein regelmäßiger Handel liegt demnach vor, wenn zwei Voraussetzungen erfüllt sind. Erstens müssen die Aktien in einem nicht nur unerheblichen Umfang („*more than de minimis*") an 60 Tagen in dem betreffenden Steuerjahr gehandelt worden sein. Zweitens muss die Anzahl der in dem Steuerjahr insgesamt an einer anerkannten Börse gekauften bzw. verkauften Aktien mindestens 10 % der in dem Steuerjahr durchschnittlich ausgegebenen Aktien, welche die Hauptaktiengattung bilden, betragen.[300] Werden die Aktien an mehreren anerkannten Börsen gehandelt, werden die Handelsvolumina in beiden Staaten addiert.[301] Damit ist der Begriff des regelmäßigen Handels aus US-Sicht sehr genau definiert.

Im deutschen Steuerrecht fehlt es hingegen an einer Definition des regelmäßigen Handels. Sowohl § 50d Abs. 3 S. 5 EStG als auch § 7 Abs. 6 S. 3, Abs. 8 AStG verwenden zwar den Begriff des „wesentlichen und regelmäßigen Handels".

297 *Levine/Miller*, T.M. Foreign Income Portfolio 936 unter III. A. 4., die aber auch darauf hinweisen, dass die US-Steuerverwaltung eine Gesellschaft, die Tracking Stock ausgegeben hat, steuerlich als zwei Gesellschaften ansehen und die Abkommensberechtigung für jede Gesellschaft gesondert prüfen könnten.

298 Technical Explanation DBA-USA (2006) zu Art. 28 Abs. 2 c) aa); *Levine/Miller*, T.M. Foreign Income Portfolio 936, II. C. 3. a).

299 Vgl. dazu auch 3. Teil unter C.III., S. 274.

300 Reg. § 1.884-5(d)(4)(i)(B).

301 Technical Explanation DBA-USA (2006) zu Art. 28 Abs. 2 c) aa).

Eine Definition findet sich jedoch weder in diesen Vorschriften noch in den dazu ergangenen Verwaltungsanweisungen.[302] Der Gesetzgeber hat sich bei diesen Vorschriften wiederum an dem DBA-USA, damals noch in der Fassung von 1989 orientiert, in dem für den Publicly-Traded-Test ein „wesentlicher und regelmäßiger Handel" erforderlich war, ohne den Begriff zu definieren.[303]

Die deutsche Literatur definiert den Begriff des regelmäßigen Handels entweder gar nicht[304] oder möchte regelmäßig wie „nachhaltig" i.S.d. § 15 Abs. 2 EStG verstehen.[305] Im Zusammenhang mit § 15 Abs. 2 EStG wird eine Tätigkeit als nachhaltig angesehen, wenn sie auf bestimmte Dauer und auf Wiederholung angelegt ist.[306] Übertragen auf den Begriff des regelmäßigen Handels soll das heißen, dass „sich die Übertragungen in gewissen Zeitabständen wiederholen" müssen.[307] Damit trägt eine Anlehnung an den Begriff nachhaltig i.S.d. § 15 Abs. 2 EStG aber nur wenig zur Präzisierung des Begriffs regelmäßig bei. Weiterhin erscheint es geboten (wie in der US-amerikanischen Definition), nicht nur Anforderungen an die Häufigkeit des Handels, sondern auch an das Handelsvolumen zu stellen. Auch zeigt die Verwendung des Begriffs regelmäßig in § 50d Abs. 3 EStG und § 7 Abs. 6, 8 AStG, dass der Gesetzgeber darunter etwas Anderes als nachhaltig verstehen will.[308]

Die Definition des regelmäßigen Handels für deutsche Zwecke muss den Sinn und Zweck dieses Tatbestandsmerkmals berücksichtigen. Dieser wird teilweise nur in der Versagung der Abkommensberechtigung für Gesellschaften von Drittstaatsansässigen mit rein formaler Börsennotierung ohne tatsächlichen oder nur sporadischen Handel gesehen.[309] Wäre das der einzige Zweck, würde dieses Tatbestandsmerkmal wohl keinen wirklichen Mehrwert bringen, da bei einer durch das DBA-USA anerkannten Börse keine bloß formellen Zulassungen zum Handel erfolgen werden. Der Sinn und Zweck des Tatbestandsmerkmals des regelmäßigen Handels ist vielmehr auch darin zu sehen, dass damit eine gewisse Streuung des Anteilsbesitzes und Anonymität der Anteilseigner indiziert wird. Um diesen Zweck zu erfüllen, muss ein regelmäßiger Handel nicht nur Voraussetzungen hinsichtlich der Häufigkeit der Börsentransaktionen, sondern auch Voraussetzungen an das

---

302 Vgl. BMF Schreiben v. 24. 1. 2012 – IV B 3–S 2411/07/10016, BStBl. I 2012, 171 unter Tz. 9.1 und BMF Schreiben v. 14.5.2004 – IV B 4-S 1340-11/04, BStBl. I 2004, Sondernummer 1/2004, 3 unter Tz. 7.6.2, die diesen Begriff nur verwenden, aber nicht näher definieren.

303 *Protzen*, in: Kraft, AStG, § 7 Rn. 332.

304 *Wolff*, in: Wassermeyer, DBA, Art. 28 DBA-USA Rn. 50.

305 *Gohr*, in: Endres/Jacob/Gohr/Klein, DBA-USA, Art. 28 Rn. 33; *Schönfeld*, in: Schönfeld/Ditz, DBA, Art. 10 OECD-MA Rn. 466.

306 BFH, Urteil v. 19.2.2009 – IV R 10/06, BStBl. 2009, 533; *Bode*, in: Blümich, EStG/KStG, § 15 EStG Rn. 32.

307 *Wassermeyer*, in: F/W/B/S, AStR, § 7 AStG Rn. 141 zu § 7 Abs. 6 AStG.

308 *Protzen*, in: Kraft, AStG, § 7 Rn. 336.

309 *Wolff*, in: Wassermeyer, DBA, Art. 28 DBA-USA Rn. 50.

Volumen der gehandelten Aktien stellen, wie das auch in der US-amerikanischen Definition der Fall ist.

Dass es im deutschen Recht keine zahlenmäßigen Vorgaben gibt, um diese Voraussetzungen an die Häufigkeit der Börsentransaktionen und das Handelsvolumen zu präzisieren, bedingt eine erhebliche Rechtsunsicherheit für den Steuerpflichtigen. Sinnvoll erscheint eine Anlehnung an die in den US-Regulations enthaltenen Maßstäbe.[310] Ohne eine Präzisierung durch die deutsche Verwaltung oder Rechtsprechung gibt es aber in Deutschland zu diesem zentralen Tatbestandsmerkmal des Publicly-Traded-Tests keine Rechtssicherheit.

(3) 2. Voraussetzung: Hauptsächlicher Handel oder hauptsächlicher Ort der Geschäftsführung und Überwachung im Ansässigkeitsstaat

Neben dem regelmäßigen Börsenhandel der Aktien an einer anerkannten Börse bedarf es eines Bezugspunkts zum Ansässigkeitsstaat der Gesellschaft, der entweder darin bestehen muss, dass (A) die Hauptaktiengattung der Gesellschaft *hauptsächlich* an einer Börse des Ansässigkeitsstaats gehandelt wird oder (B) sich der *hauptsächliche Ort der Geschäftsführung und Überwachung* im Ansässigkeitsstaat befindet.

Diese zweite Voraussetzung des Publicly-Traded-Tests haben die USA erst in jüngere DBA eingeführt. Anlass für diese zusätzliche Voraussetzung waren sogenannte Inversionstransaktionen (*inversion transactions*).[311] Dabei handelt es sich um komplexe Umstrukturierungsvorgänge, bei denen eine ausländische Gesellschaft (in der Regel in einem Niedrigsteuerland) alle Anteile an einer US-Muttergesellschaft eines internationalen Konzerns oder alle Wirtschaftsgüter der US-Muttergesellschaft erwirbt, um sodann als neue Muttergesellschaft des Konzerns zu agieren.[312]

---

310 So auch *Schnitger*, IWB (2006) Fach 8 USA Gr. 2, 1440, 1442, der allerdings nur die Voraussetzungen hinsichtlich der Häufigkeit der Börsentransaktion (d.h. Handel an 60 Tagen im Jahr) nicht aber hinsichtlich des Handelsvolumens übernehmen will.

311 *Levine/Miller*, T.M. Foreign Income Portfolio 936, III. A. 1.

312 Ausführlich: *Boise/Koenig*, Corp. Bus. Tax'n Monthly September 2002, 3, 5 ff.; *Levine/Miller*, T.M. Foreign Income Portfolio 936, III. A. 1.; *Schnittker/Steinbiß*, IStR 2015, 686, 688.

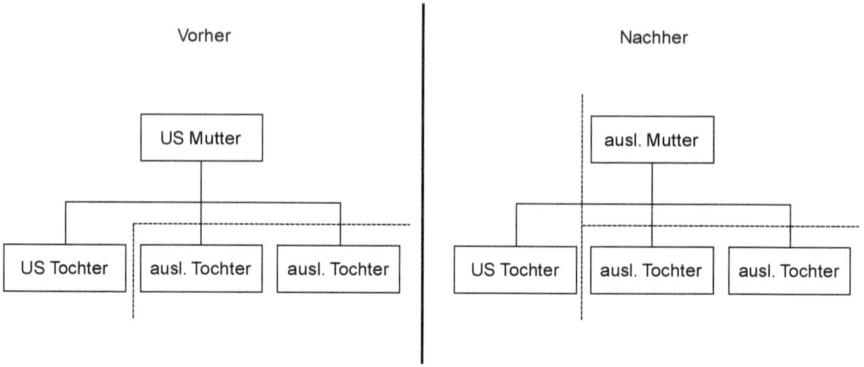

Typischerweise verbleibt bei einer Inversionsstruktur die Konzernzentrale in den USA und im Staat der neuen ausländischen Muttergesellschaft entsteht nur eine vergleichsweise geringe Präsenz, die lediglich die steuerliche Ansässigkeit der Muttergesellschaft im ausländischen Staat sicherstellen soll. Wenn die US-Muttergesellschaft börsennotiert war, werden die Aktien an der US-Muttergesellschaft gegen solche der ausländischen Muttergesellschaft getauscht. Der Börsenhandel mit den Aktien findet daher typischerweise weiterhin in den USA und nicht im Ansässigkeitsstaat der Muttergesellschaft statt.[313]

Steuerlich werden mit den Inversionstransaktionen zwei Ziele verfolgt: Zunächst soll vermieden werden, dass Dividenden der ausländischen Tochtergesellschaften einer US-Steuer unterliegen.[314] Die USA besteuern Dividenden ausländischer Tochtergesellschaften in der Regel vollständig (unter Anrechnung der ausländischen Steuern der Tochtergesellschaft), während der Ansässigkeitsstaat der neuen ausländischen Muttergesellschaft diese Dividenden aufgrund eines Schachtelprivilegs freistellt. Weiterhin soll durch die Inversionstransaktion die US-Steuerlast der US-Tochtergesellschaften des internationalen Konzerns vermindert werden. Das geschieht in der Regel durch abzugsfähige Zahlungen der US-Tochtergesellschaften an die neue ausländische Muttergesellschaft (bspw. Zinsen), die bei der Muttergesellschaft keiner oder nur einer geringen Steuerlast unterliegen.[315]

Der US-Gesetzgeber hat im innerstaatlichen Steuerrecht zahlreiche Änderungen eingeführt, um diese Inversionstransaktionen zu unterbinden.[316] Auch die zweite Voraussetzung des Publicly-Traded-Tests, dass der Börsenhandel hauptsächlich im

313 *Boise/Koenig*, Corp. Bus. Tax'n Monthly September 2002, 3, 5 ff., 14.

314 US Treasury, Tax Treaties, S. 1 f.

315 US Treasury, Tax Treaties, S. 2. Inzwischen sind die Inversionsstrukturen allerdings weitaus komplexer geworden. Vgl. zum Beispiel Pfizer: Velarde, TNI 2015 (Bd. 80), 730.

316 Bspw. besteht keine Möglichkeit mehr die Umstrukturierungen steuerneutral umzusetzen. Weiterhin kann die neue ausländische Muttergesellschaft unter

Ansässigkeitsstaat der Gesellschaft stattfindet oder sich der hauptsächliche Ort der Geschäftsführung und Überwachung im Ansässigkeitsstaat befindet, soll Inversionstransaktionen entgegenwirken, indem sie die Abkommensberechtigung von aus Inversionstransaktionen hervorgegangenen ausländischen Muttergesellschaften, die in der Regel keine solche Verbindung zu ihrem Ansässigkeitsstaat aufweisen, versagt.[317] Zinszahlungen und andere Zahlungen der US-Tochtergesellschaften an die neue ausländische Muttergesellschaft sollen so weiterhin der US-Quellensteuer unterliegen. Die USA sehen in dieser Voraussetzung aber nicht nur einen Schutz vor Inversionstransaktionen, sondern auch eine zusätzliche Absicherung gegen Treaty-Shopping-Strukturen, weil es zu diesem Zweck eingesetzten Zwischengesellschaften in der Regel an einer ausreichenden Verbindung zum Ansässigkeitsstaat fehle.[318]

(a) Hauptsächlicher Handel

Der Begriff *hauptsächlicher Handel* ist im Abkommen nicht definiert.

Die Technical Explanation zum DBA-USA greift zur Definition gem. Art. 3 Abs. 2 DBA-USA auf das innerstaatliche Recht zurück und verweist auf die Regulations, die zur „LoB-Klausel“ für die BPT gem. § 884(e)(4)(B) ergangen sind.[319] Demnach werden Aktien hauptsächlich an einer Börse des Ansässigkeitsstaats gehandelt, wenn die Anzahl der Aktien dieser Gattung, die an allen Börsen des Ansässigkeitsstaats gehandelt werden, die Anzahl der Aktien dieser Gattung übersteigt, die in jedem anderen ausländischen Staat gehandelt werden.[320] Notwendig ist also keine absolute, sondern lediglich eine relative Mehrheit der im Ansässigkeitsstaat gehandelten Aktien im Vergleich zu in anderen Staaten gehandelten Aktien.[321]

In Deutschland fehlt eine gesetzliche Definition dieses Begriffs. Allerdings bedarf es auch keines Rückgriffs auf innerstaatliches Recht. Nach dem natürlichen Wortsinn von *hauptsächlich* sollte der Begriff genauso interpretiert werden wie in den Regulations.[322] Dafür spricht auch, dass nach der abkommensrechtlichen Definition des *hauptsächlichen Orts der Geschäftsführung und Überwachung* in Art. 28 Abs. 8 d) DBA-USA der Begriff *hauptsächlich* mehr als in jedem anderen Staat bedeutet.[323]

---

bestimmten Voraussetzungen als in den USA unbeschränkt steuerpflichtig behandelt werden (§§ 367(a) und 7874 IRC).

317 Zum ersten Mal findet sich die Voraussetzung des *hauptsächlichen Handels* im DBA zwischen den USA und Barbados, das eine bevorzugte Jurisdiktion für Inversionstransaktionen war (US Treasury, Tax Treaties, S. 81).

318 US Treasury, Tax Treaties, S. 81 zum DBA mit den Niederlanden.

319 Technical Explanation DBA-USA (2006) zu Art. 28 Abs. 2 c) aa).

320 Reg. § 1.884-5(d)(3).

321 *Gohr*, in: Endres/Jacob/Gohr/Klein, DBA-USA, Art. 28 Rn. 38; *Wolff*, in: Wassermeyer, DBA, Art. 28 DBA-USA Rn. 54.

322 Vgl. Duden unter „hauptsächlich“, demnach ist der Begriff gleichbedeutend mit „vornehmlich“ oder „in erster Linie“.

323 *Gohr*, in: Endres/Jacob/Gohr/Klein, DBA-USA, Art. 28 Rn. 38; *Wolff*, in: Wassermeyer, DBA, Art. 28 DBA-USA Rn. 54.

(b) Hauptsächlicher Ort der Geschäftsführung und Überwachung

Die alternative Voraussetzung, wonach sich der *hauptsächliche Ort der Geschäftsführung und Überwachung* im Ansässigkeitsstaat der Gesellschaft befinden muss, wird im Abkommen in Art. 28 Abs. 8 d) DBA-USA dahingehend näher definiert, dass die leitenden Angestellten und Mitarbeiter der Geschäftsführung in diesem Staat für einen größeren Teil der strategie-, finanz- und geschäftspolitischen Entscheidungen bezüglich der Gesellschaft (einschließlich ihrer unmittelbaren und mittelbaren Tochtergesellschaften) die laufende Verantwortung übernehmen müssen als in jedem anderen Staat. Weiterhin müssen die Mitarbeiter in diesem Staat einen größeren Teil der zur Vorbereitung und Herbeiführung dieser Entscheidungen erforderlichen laufenden Tätigkeiten ausüben als in jedem anderen Staat.

Nach der Technical Explanation soll der hauptsächliche Ort der Geschäftsführung und Überwachung nicht mit dem *Ort der tatsächlichen Geschäftsleitung*, wie er beispielsweise in Art. 4 Abs. 3 OECD-MA verwandt wird, identisch sein. Um den Ort der tatsächlichen Geschäftsleitung in einem Staat zu begründen, sei es nach der Auffassung einiger Staaten nur notwendig, dort die Beschlüsse der Geschäftsführung zu fassen. Zur Begründung des hauptsächlichen Orts der Geschäftsführung und Überwachung sei dies hingegen nicht ausreichend.[324] Nach der Technical Explanation sollen zur Bestimmung dieses Orts vielmehr alle Tätigkeiten der in Art. 28 Abs. 8 d) DBA-USA genannten leitenden Angestellten und Mitarbeiter der Geschäftsführung in ihrer Gesamtschau relevant sein. Daher sollen in einem ersten Schritt die Personen zu ermitteln sein, die zu den leitenden Angestellten und Mitarbeitern der Geschäftsführung rechnen.[325] Bei einer US-amerikanischen Gesellschaft seien dies in der Regel die *inside directors* des *board of directors*. Die *inside directors* sind die Mitglieder des *board of directors*, die für die Geschäftsführung verantwortlich sind, während die anderen Mitglieder des *board of directors*, die *outside directors*, eine überwachende und kontrollierende Funktion haben.[326] Bei deutschen AG sollte demnach nur der Vorstand, nicht jedoch der Aufsichtsrat für die Bestimmung des hauptsächlichen Orts der Geschäftsführung und Überwachung relevant sein. Allerdings müssen nach der Technical Explanation bei einer dezentralisierten Geschäftsführung auch Angestellte von Tochtergesellschaften oder Angestellte der Muttergesellschaft, die nicht zum *board of directors* gehören, berücksichtigt werden. Eine notwendige, wenn nicht hinreichende Bedingung sei, dass sich die Konzernzentrale am hauptsächlichen Ort der Geschäftsführung und Überwachung befinde.[327]

In Deutschland wurde die Definition des hauptsächlichen Orts der Geschäftsführung und Überwachung in Art. 28 Abs. 8 d) DBU-USA durch die Verwaltung oder Rechtsprechung noch nicht näher konkretisiert. In der deutschen Literatur wird teilweise davon ausgegangen, es könne auf die zur Definition des *Orts der*

324 Technical Explanation DBA-USA (2006) zu Art. 28 Abs. 2 c).
325 Technical Explanation DBA-USA (2006) zu Art. 28 Abs. 2 c).
326 Vgl. *Eberspächter*, in: Spindler/Stilz, AktG, Art. 38 SE-VO Rn. 4, 11.
327 Technical Explanation DBA-USA (2006) zu Art. 28 Abs. 2 c).

Geschäftsleitung i.S.d. § 10 AO entwickelten Grundsätze gem. Art. 3 Abs. 2 DBA-USA zurückgegriffen werden.[328] Das erscheint aber schon deshalb nicht richtig, weil für § 10 AO auf die laufende Verwaltung einschließlich des Tagesgeschäfts, nicht aber auf Entscheidungen von strategischer Bedeutung abgestellt wird[329] und Art. 28 Abs. 8 d) DBA-USA explizit auch strategische Entscheidung für die Bestimmung des hauptsächlichen Orts der Geschäftsführung und Überwachung einbezieht.

Aus diesem Grund wird in der Literatur auch der Standpunkt vertreten, es komme im Rahmen des Art. 28 Abs. 8 d) DBA-USA gerade nicht auf die laufenden Entscheidungen des Tagesgeschäfts an. Entscheidend sei vielmehr, wo die wesentlichen Leitungsentscheidungen mit perspektivischen Komponenten getroffen werden würden.[330] Auch diese Auffassung erscheint jedoch angesichts des Wortlauts des Art. 28 Abs. 8 d) DBA-USA nicht richtig. Die abkommensrechtliche Definition benutzt zum einen den Begriff der „laufenden Verantwortung“ (im Englischen: „*day-to-day responsibility*“) und bezieht nicht nur strategiepolitische, sondern auch „geschäftspolitische“ Entscheidungen (im Englischen: „*operational policy decision making*“) ein. Insbesondere aus der englischen Abkommensfassung wird damit deutlich, dass Maßnahmen des Tagesgeschäfts, die ein Vorstand bzw. ein *inside director* typischerweise wahrnimmt, für die Bestimmung des hauptsächlichen Orts der Geschäftsführung und Überwachung durchaus relevant sind. Dafür spricht auch der Sinn und Zweck der Definition, die deshalb auf die gesamte Bandbreite von Leitungsentscheidungen und deren Vorbereitung abstellt, weil dadurch manipulative Gestaltungen, bei denen die Entscheidungsträger nur gelegentlich in den Ansässigkeitsstaat der Gesellschaft reisen, um Entscheidungen zu treffen, ausgeschlossen werden sollen.[331] Auch aus deutscher Sicht sind daher alle Tätigkeiten der in Art. 28 Abs. 8 d) DBA-USA bezeichneten Personen zu berücksichtigen, unabhängig davon ob sie das Tagesgeschäft oder strategische Fragen betreffen. Richtig ist allerdings, dass die einzelnen Tätigkeiten qualitativ und quantitativ gewichtet werden müssen,[332] weil nach Art. 28 Abs. 8 d) DBA-USA der Schwerpunkt dieser Tätigkeiten entscheidend ist. Dabei wird strategischen Entscheidungen ein größeres Gewicht zukommen als Entscheidungen des Tagesgeschäfts.

In der deutschen Literatur wird davon ausgegangen, dass sich bei deutschen Gesellschaften, die ihren Ort der Geschäftsleitung i.S.d. Art. 4 Abs. 1 DBA-USA und § 10 AO in Deutschland haben, in der Regel auch der hauptsächliche Ort der Geschäftsführung und Überwachung in Deutschland befindet, sodass dieses

---

328 *Schnitger*, IWB (2006) Fach 8 USA Gr. 2, 1440, 1442.

329 *Gersch*, in: Klein, AO, § 10 Rn. 2; *Koenig*, in: Koenig, AO, § 10 Rn. 5.

330 *Gohr*, in: Endres/Jacob/Gohr/Klein, DBA-USA, Art. 28 Rn. 43; *Schönfeld*, in: Schönfeld/Ditz, DBA, Art. 10 Rn. 467; *Wolff*, in: Wassermeyer, DBA, Art. 28 DBA-USA Rn. 221.

331 Technical Explanation DBA-USA (2006) zu Art. 28 Abs. 2.

332 *Wassermeyer/Schönfeld*, DB 2006, 1971.

Tatbestandsmerkmal keine größeren Schwierigkeiten bereite.[333] Das ist aber schon deshalb nicht richtig, weil bei § 10 AO – wie soeben diskutiert – keine strategischen Entscheidungen berücksichtigt werden. Abgesehen davon müssen bei Art. 28 Abs. 8 d) DBA-USA auch Personen mit Leitungsaufgaben bei Tochtergesellschaften berücksichtigt werden, während es bei Art. 4 Abs. 1 DBA-USA und § 10 AO immer nur auf die Verhältnisse bei der Gesellschaft, nicht aber bei deren Tochtergesellschaften ankommt. Bei Konzernen mit zentralisierten Führungsstrukturen werden zwar Ort der Geschäftsleitung und hauptsächlicher Ort der Geschäftsführung und Überwachung häufig identisch sein. Schwierigkeiten, den hauptsächlichen Ort der Geschäftsführung und Überwachung festzustellen, ergeben sich jedoch bei dezentralisierten komplexen Konzernstrukturen, bei denen die relevanten Personen mit Leitungsaufgaben Organe oder Angestellte ausländischer Tochtergesellschaften sind.[334] Daher wird in den USA die Definition des Begriffs des hauptsächlichen Ortes Geschäftsführung und Überwachung zutreffend als zu rechtsunsicher kritisiert.[335]

(4) Anwendung des Publicly-Traded-Tests auf die KGaA

Problematisch ist die Anwendung des Publicly-Traded-Tests bei der börsennotierten KGaA aufgrund ihrer Eigenschaft als Mischform aus Kapitalgesellschaft und Personengesellschaft.[336] Die Anzahl der börsennotierten KGaA ist im Vergleich zu den börsennotierten AG gering und die börsennotierte KGaA stellt somit eher einen Sonderfall dar. Allerdings gibt es durchaus einige DAX-Unternehmen, die als KGaA organisiert sind[337] und die abkommensrechtliche Behandlung der börsennotierten KGaA ist somit von erheblicher praktischer Relevanz.

Da die KGaA nach US-amerikanischem Steuerrecht keine *per se corporation* ist, kann sie ihren Steuerstatus in den USA als steuerlich transparent oder intransparent im Grundsatz nach den *check-the-box-Regeln* in den USA frei wählen.[338] Findet keine Wahlrechtsausübung statt, erfolgt eine Klassifizierung als Körperschaft oder Personengesellschaft anhand der Einordnungsregeln des US-Steuerrechts. Demnach wäre die KGaA regelmäßig als Personengesellschaft einzuordnen, da zumindest einer ihrer Gesellschafter persönlich haftet.[339] Mit Ausnahme von Personengesellschaften mit bestimmten passiven Einkünften besteuern die USA jedoch

---

333 *Gohr*, in: Endres/Jacob/Gohr/Klein, DBA-USA, Art. 28 Rn. 46; *Wolff*, in: Wassermeyer, DBA, Art. 28 DBA-USA Rn. 221.

334 Vgl. das Beispiel in der Technical Explanation Netherlands zu Art. 26 Abs. 2 c).

335 *Morrison*, Tax Mgmt. Int'l 2014 (Bd. 43), 345, 346. Vgl. auch *Bordeaux/Moens*, TNI 2006 (Bd. 44), 125, 127 und JCT, 2015 Budget Proposal, S. 78 zum Vorschlag, den gleichlautenden Begriff für eine innerstaatliche Vorschrift zu verwenden.

336 Vgl. *Märtens*, in: Gosch, KStG, § 9 Rn. 11.

337 *Herfs*, in: MHdB GesR Bd. 4, § 76 Rn. 3 ff.

338 In Deutschland gehört nur die AG zu den *per se corporations*. Reg. § 301.7701-2(b)(8).

339 Reg. § 301.7701-3(b)(2)(i)(A). Etwas Anderes würde u. U. gelten, wenn der Komplementär nicht am Vermögen der KGaA beteiligt ist.

Personengesellschaften dann als Körperschaften, wenn ihre Anteile an einer Börse gehandelt werden.[340] Eine börsennotierte KGaA wird deshalb aus US-Sicht entweder aufgrund einer entsprechenden Wahlrechtsausübung oder aufgrund ihrer Börsennotierung regelmäßig als steuerlich intransparent anzusehen sein. Daher sind aus US-Sicht Einkünfte aus US-Quellen der KGaA selbst zuzurechnen, und zwar auch insoweit als sie auf den Gewinnanteil des phG entfallen.

In Deutschland wird die KGaA nach der vom BFH vertretenen „Wurzeltheorie" hingegen insofern als steuerlich „semi-transparent" angesehen, als die Besteuerung der phG „an der Wurzel" von der Körperschaftsbesteuerung der KGaA abgespalten wird und die Einkünfte den phG in Höhe ihres Gewinnanteils direkt zugerechnet werden.[341] Die KGaA ist also in Deutschland im Hinblick auf die phG transparent und in Bezug auf die Kommanditaktionäre intransparent.

Wegen dieser unterschiedlichen steuerlichen Behandlung der KGaA in den Vertragsstaaten als intransparent bzw. semi-transparent sollten aus Sicht der USA die Tatbestandsvoraussetzungen des Art. 1 Abs. 7 DBA-USA im Hinblick auf den Anteil der phG an den Einkünfte der KGaA erfüllt sein.[342] Aus US-Sicht ist für die Entscheidung, ob eine Gesellschaft „als solche nicht steuerpflichtig" i.S.d. Art. 1 Abs. 7 DBA-USA ist, maßgeblich, ob die Einkünfte der Gesellschaft den Anteilseignern nach dem Steuerrecht ihres Ansässigkeitsstaats fortlaufend, d.h. auch ohne eine Ausschüttung, zugerechnet werden und die Art der Einkünfte bei der Zurechnung unverändert bleibt.[343] Das ist nach der vom BFH vertretenen Wurzeltheorie der Fall. Weiterhin sollte eine Gesellschaft auch dann „als solche nicht steuerpflichtig" i.S.d. Art. 1 Abs. 7 DBA-USA sein, wenn sie nur im Hinblick auf einige Anteilseigner steuerlich transparent, im Übrigen aber intransparent (wie die KGaA) ist.[344]

Welche Folgen sich aus Art. 1 Abs. 7 DBA-USA für die Anwendung der LoB-Klausel auf eine börsennotierte KGaA ergeben, hängt davon ab, ob man der Ansässigkeitstheorie oder der Zurechnungstheorie folgt.[345]

---

340 § 7704 IRC. Zu den „passiven" Einkünften gehören auch Einkünfte aus der Gewinnung, der Bearbeitung und dem Transport von Mineralien oder natürlichen Rohstoffen.

341 BFH, Urteil v. 21.6.1989 – X R 14/88, BStBl. II 1989, 881. In der Literatur wird hingegen häufig von einer intransparenten Betrachtungsweise der KGaA ausgegangen (vgl. *Märtens*, in: Gosch, KStG, § 9 Rn. 13b ff.).

342 Art. 1 Abs. 7 DBA-USA sollte allerdings nicht anwendbar sein, wenn man wie zahlreiche Stellungnahmen in der Literatur nahelegen, der Wurzeltheorie nicht folgt und die KGaA als vollständig intransparent ansieht (vgl. *Wolff*, in: Wassermeyer, DBA, Art. 1 DBA-USA Rn. 109a).

343 So die Regulations zu § 894 IRC, der Parallelvorschrift des Art. 1 Abs. 7 DBA-USA im innerstaatlichen Steuerrecht der USA: Reg. § 1.894-1(d)(3)(ii) und (iii) (vgl. 3. Teil unter C.IV., S. 274).

344 Vgl. Reg. § 1.894-1(d)(3)(iii): *„is treated as fiscally transparent [...] to the extent that"*.

345 Vgl. C.I.3., S. 69.

Nach der Ansässigkeitstheorie bleiben die Einkünftezurechnungsregeln des US-Steuerrechts, nach der die Einkünfte vollständig der KGaA zuzurechnen sind, für die Prüfung der Abkommensberechtigung maßgeblich. Nach Art. 1 Abs. 7 DBA-USA gilt die KGaA (im Hinblick auf Einkünfte, die den phG nach deutschem Steuerrecht zuzurechnen sind) aber nur insoweit als in Deutschland ansässig, als die phG in Deutschland ansässig sind. Soweit die KGaA demnach als in Deutschland ansässig gilt, sind die Voraussetzungen der LoB-Klausel, insbesondere des Publicly-Traded-Tests, auf Ebene der KGaA zu prüfen.

Nach der Zurechnungstheorie sind für die Prüfung der Abkommensberechtigung hingegen die Einkünftezurechnungsregeln des deutschen Steuerrechts maßgeblich. Es ist demzufolge für jeden phG im Hinblick auf die ihm nach deutschem Steuerrecht zuzurechnenden Einkünfte zu prüfen, ob er in Deutschland ansässig ist und ob er die Voraussetzungen der LoB-Klausel erfüllt. Im Hinblick auf die Einkünfte der phG ist der Publicly-Traded-Test somit nicht einschlägig (es sei denn, die phG sind wiederum börsennotierte Gesellschaften). Nur in Bezug auf die Einkünfte, die den Kommanditaktionären zuzurechnen sind, ist die Anwendung des Publicly-Traded-Tests zu prüfen.

Im Ergebnis ist daher sowohl nach der Ansässigkeitstheorie als auch nach der Zurechnungstheorie der Publicly-Traded-Test für Einkünfte einer börsennotierten KGaA anwendbar. Der Unterschied dieser Auffassungen liegt jedoch darin, dass nach der Ansässigkeitstheorie dieser Test über die Abkommensberechtigung in Bezug auf alle Einkünfte der KGaA entscheidet, während nach der Zurechnungstheorie der Test nur für die auf die Kommanditaktionäre entfallenden Einkünfte relevant ist.

Bei der Prüfung des Publicly-Traded-Tests in Bezug auf die KGaA bereitet die Bestimmung der Hauptaktiengattung allerdings Schwierigkeiten. Zunächst stellt sich die Frage, ob die Kommanditaktien entsprechend der Definition Art. 28 Abs. 8 b) aa) DBA-USA mehr als die Hälfte des Werts der KGaA repräsentieren. Das lässt sich wohl bejahen, wenn die phG zu weniger als 50 % am Gewinn und Vermögen der KGaA beteiligt sind. Sind die phG zu 50 % oder mehr am Gewinn und Vermögen der KGaA beteiligt, machen sämtliche Kommanditaktien hingegen weniger als die Hälfte des Werts der KGaA aus. Folgt man im Rahmen der Anwendung des Art. 1 Abs. 7 DBA-USA der Zurechnungstheorie, erscheint es vertretbar, den Gewinnanteil der phG bei der Prüfung, welchen Anteil am Wert der KGaA die Kommanditaktien repräsentieren, auszublenden, sodass die Kommanditaktien immer den gesamten Wert der Gesellschaft repräsentieren. Nach der Zurechnungstheorie entscheidet nämlich der Publicly-Traded-Test nur über die Abkommensberechtigung der Einkünfte, die den Kommanditaktionären zuzurechnen sind. Nach der Ansässigkeitstheorie entscheidet der Publicly-Traded-Test hingegen auch über die Abkommensberechtigung im Hinblick auf Einkünfte, die den phG zuzurechnen sind.[346] Würde man den Gewinnanteil der phG bei der Frage, welchen Wert die

346 Gleiches gilt, wenn man der Wurzeltheorie nicht folgt und Art. 1 Abs. 7 DBA-USA dementsprechend nicht auf die KGaA für anwendbar hält. Dann bleibt es bei der

Kommanditaktien repräsentieren, nicht berücksichtigen, würde das zu inkonsistenten Ergebnissen und Spielraum für Umgehung führen. Beispielsweise könnten sich Drittstaatsansässige über eine deutsche GmbH als phG an einer börsennotierten KGaA beteiligen. Für die Prüfung der Abkommensberechtigung wäre dann auch im Hinblick auf die den phG zuzurechnenden Einkünften nur entscheidend, ob die Kommanditaktien an einer Börse gehandelt werden, auch wenn diese nur einen geringen Anteil des Werts der KGaA repräsentieren. Dass die Einkünfte auch der phG-GmbH zuzurechnen ist, die nach der LoB-Klausel nicht abkommensberechtigt ist, würde völlig außer Betracht bleiben. Daher muss man zumindest bei der Anwendung der Ansässigkeitstheorie die Beteiligung der Komplementäre für die Frage, welchen Wert der KGaA die Kommanditaktien repräsentieren, berücksichtigen.

Weiterhin ist problematisch, ob die Kommanditaktien gem. Art. 28 Abs. 8 b) aa) DBA-USA mehr als die Hälfte der Stimmrechte der KGaA verkörpern. In der Hauptversammlung der KGaA sind die phG als solche nicht stimmberechtigt.[347] Daher ließe sich vertreten, dass alle Stimmrechte bei den Kommanditaktionären liegen.[348] Dagegen spricht jedoch, dass bei der KGaA die phG die Geschäftsführungsbefugnis ausüben und die Kommanditaktionäre keinen Einfluss auf die Ernennung dieser Geschäftsführungsorgane und auch keinerlei Einfluss auf die laufende Geschäftsführung haben.[349] Die Kommanditaktionäre beschließen nur über die Ernennung des Aufsichtsrats, dem jedoch anders als bei der AG grundsätzlich keine Personalkompetenz im Hinblick auf die Geschäftsführungsorgane (d.h. die phG) zukommt. Wenn die Stimmrechte entsprechend der US-amerikanischen Herangehensweise[350] danach bestimmt werden, ob die Aktien einen Einfluss auf die Besetzung der Geschäftsleitungsorgane vermitteln, sind Kommanditaktien als stimmrechtslos anzusehen und können keine Hauptaktiengattung bilden.[351] Dieses Auffassung erscheint insofern richtig, als andernfalls eine KGaA den Publicly-Traded-Test bestehen könnte, obwohl die laufende Geschäftsführung durch Drittstaatsansässige bestimmt wird.

Einkünftezurechnung zur KGaA aus US-Sicht (vgl. *Wolff*, in: Wassermeyer, DBA, Art. 1 DBA-USA Rn. 109a).

347 § 285 Abs. 1 AktG. Lediglich soweit sie Kommanditaktien halten, können sie ihr Stimmrecht aus den Aktien ausüben.

348 So *Gohr*, in: Endres/Jacob/Gohr/Klein, DBA-USA, Art. 28 Rn. 18.

349 Dies ist zumindest beim gesetzlichen Grundmodell der KGaA der Fall. Durch Satzungsgestaltungen kann natürlich auch den Kommanditaktionären eine Weisungsbefugnis hinsichtlich der laufenden Geschäftsführung in der Satzung eingeräumt werden (kapitalistisch strukturierte KGaA). Auch dann können die Kommanditaktionäre aber nicht die Komplementäre ernennen. (vgl. *Herfs*, in: MHdB GesR Bd. 4, § 76 Rn. 17.).

350 Vgl. C.II.3.a)aa)(2)(b)(aa), S. 81.

351 Denkbar wäre lediglich, die Kommanditaktien als insoweit stimmberechtigt anzusehen, als sie zur Wahl des Aufsichtsrats berechtigen. Dagegen spricht jedoch die eher schwache Rolle des Aufsichtsrats in einer KGaA (vgl. *Herfs*, in: MHdB GesR Bd. 4, § 79 Rn. 61).

Die Konsequenz dieser Auffassung ist dann aber auch, dass sich eine KGaA niemals nach dem Publicly-Traded-Test als berechtigte Person qualifizieren kann, auch dann nicht, wenn hinter den phG in Deutschland ansässige Personen stehen. Das erscheint unbefriedigend und war wohl nicht von den Vertragsstaaten beabsichtigt. Daher sollten die Kommanditaktien als stimmberechtigt anzusehen sein und dementsprechend die Hauptaktiengattung bilden können. Letztlich zeigen diese Auslegungsschwierigkeiten aber die Notwendigkeit, besondere Rechtsformen wie die KGaA im Publicly-Traded-Test gesondert zu adressieren.[352]

(5) Anwendung des Publicly-Traded-Tests auf hybride Rechtsgebilde

Weiterhin wirft der Publicly-Traded-Test Probleme bei der Anwendung auf hybride Rechtsgebilde auf, wenn man im Rahmen des Art. 1 Abs. 7 DBA-USA der Ansässigkeitstheorie folgt.[353] Nach der Ansässigkeitstheorie sind bei einem hybriden Rechtsgebilde die Einkünfte trotz Art. 1 Abs. 7 DBA-USA dem Anteilseigner zuzurechnen, lediglich die Ansässigkeit des Anteilseigners im anderen Vertragsstaat wird fingiert. Dementsprechend ist die LoB-Klausel auf der Ebene des Anteilseigners anzuwenden, wobei seine Ansässigkeit im anderen Vertragsstaat unterstellt wird. Wenn der Anteilseigner eine börsennotierte Gesellschaft in einem Drittstaat ist, kann er jedoch nicht die ortsbezogenen Voraussetzungen des Publicly-Traded-Tests erfüllen.

Beispiel 3:
Die deutsche D-GmbH ist aufgrund einer entsprechenden check-the-box election aus Sicht der USA steuerlich transparent (disregarded entity). Einzige Gesellschafterin der D-GmbH ist die F S.A., eine in Frankreich ansässige Gesellschaft, deren Aktien an der Pariser Börse gehandelt werden. Die D-GmbH erhält eine Zinszahlung aus den USA.

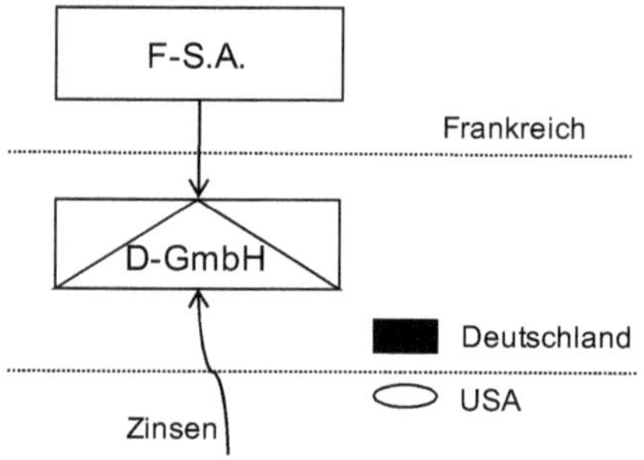

Nach der Ansässigkeitstheorie sind die Einkünfte aus Sicht der USA der F-S.A. zuzurechnen. Lediglich die Ansässigkeit der F-S.A. in Deutschland wird fingiert, weil die D-GmbH mit den Zinsen unbeschränkt steuerpflichtig ist. Die Abkommensberechtigung der F-S.A.

352 Vgl. *Jochimsen*, IStR 2014, 865, 866.
353 Vgl. *Schönfeld*, IStR 2007, 274, 280.

nach dem Publicly-Traded-Test scheitert aber bei unterstellter Ansässigkeit in Deutschland daran, dass die Aktien der F-S.A. nicht an einer anerkannten Börse i.S.d. Art. 28 Abs. 8 a) DBA-USA gehandelt werden. Außerdem werden ihre Aktien weder hauptsächlich in Deutschland gehandelt noch befindet sich der hauptsächliche Ort der Geschäftsführung und Überwachung der F-S.A. in Deutschland.[354]

bb) Indirectly-Publicly-Traded-Test (Art. 28 Abs. 2 c) bb) DBA-USA)

Nach Art. 28 Abs. 2 c) bb) DBA-USA ist eine Gesellschaft eine berechtigte Person, wenn Aktien, die mindestens 50 % der Stimmrechte und des Werts der Gesellschaft darstellen, und mindestens 50 % jeder Vorzugsaktiengattung unmittelbar oder mittelbar von fünf oder weniger qualifizierten börsennotierten Gesellschaften i.S.d. Art. 28 Abs. 2 c) aa) DBA-USA gehalten werden. Bei einer mittelbaren Beteiligung der börsennotierten Gesellschaft muss jeder „zwischengeschaltete Beteiligte" in Deutschland oder in den USA ansässig sein.

(1) Persönlicher Anwendungsbereich / Begriff der Aktien

Nach dem einleitenden Absatz des Art. 28 Abs. 2 c) DBA-USA ist der Indirectly-Publicly-Traded-Test auf alle Gesellschaften i.S.d. Art. 3 Abs. 1 e) DBA-USA anwendbar. Der Wortlaut des Art. 28 Abs. 2 c) bb) DBA-USA, der von *Aktien* und *Vorzugsaktien* an der Abkommensvorteile in Anspruch nehmenden Gesellschaft spricht, wird in der deutschen Literatur allerdings zum Anlass genommen zu fragen, ob dieser Test auf solche Gesellschaften beschränkt ist, deren Anteile als Aktien bezeichnet werden (also AG, KGaA oder SE bzw. deren US-amerikanisches Äquivalent, die Corporation), und der Test daher keine Anwendung findet, wenn die Gesellschaft beispielsweise eine GmbH oder LLC ist. Diese Frage wird überwiegend verneint.[355] Teilweise wird jedoch eine Beschränkung des Anwendungsbereichs auf AG und vergleichbare Rechtsformen vertreten.[356]

Für einen weiten persönlichen Anwendungsbereichs dieses Tests wird vor allem die englische Fassung der Abkommensvorschrift angeführt, die für Aktien den Begriff *shares* verwendet; ein Begriff der im Englischen allgemein Anteile an einer Kapitalgesellschaft bezeichnet, unabhängig davon, ob es sich bei der Kapitalgesellschaft um eine AG oder eine Kapitalgesellschaft anderer Rechtsform handelt.[357] An anderen Stellen des Abkommens wird dementsprechend der Begriff

354 Vgl. *Schönfeld*, IStR 2007, 274, 280.

355 *Gohr*, in: Endres/Jacob/Gohr/Klein, DBA-USA, Art. 28 Rn. 49; *Wolff/Eimermann*, IStR 2006, 837, 840; *Schönfeld*, in: Schönfeld/Ditz, DBA, Art. 10 Rn. 469; eher vorsichtig *Wolff*, in: Wassermeyer, DBA, Art. 28 DBA-USA Rn. 62.

356 *Schnitger*, IWB F. 8 USA Gr. 2, 1439, 1443; *Wassermeyer/Schönfeld*, DB 2006, 1970, 1972.

357 *Gohr*, in: Endres/Jacob/Gohr/Klein, DBA-USA, Art. 28 Rn. 49; *Wolff/Eimermann*, IStR 2006, 837.

shares in der deutschen Abkommensfassung mit *Anteile* übersetzt.[358] Gegen dieses Argument wird teilweise eingewendet, im US-Gesellschaftsrecht werde der Begriff *shares* nur für Anteile an einer Corporation, dem US-amerikanischen Äquivalent der AG, verwendet.[359] Im US-Gesellschaftsrecht gebe es neben der Corporation keine weitere Form der Kapitalgesellschaft wie die GmbH. Vor diesem Hintergrund sei zweifelhaft, ob aus der Verwendung des Begriffs *shares* in der englischen Abkommensfassung geschlussfolgert werden könne, dass auch andere Rechtsformen und insbesondere die GmbH in den Anwendungsbereich dieses Tests fallen.[360]

Gegen diese Argumentation spricht allerdings, dass aus US-Sicht über die Auslegung des Begriffs *shares* nicht das US-Gesellschaftsrecht, sondern das US-Steuerrecht entscheidet.[361] Im US-Steuerrecht wird der Begriff *shares* für alle Anteile an Gesellschaften verwendet, die dort als intransparent, d.h. als Körperschaft besteuert werden („*corporations and associations taxable as corporations*").[362] Ganz deutlich wird das in der Technical Explanation zu Art. 10 Abs. 5 DBA-USA. Art. 10 Abs. 5 DBA-USA definiert Dividenden als „*income from shares*". Nach der Technical Explanation sind darunter auch Ausschüttungen von US-Personengesellschaften oder einer LLC zu verstehen, wenn diese Gesellschaften aus Sicht der USA (als Anwenderstaat) als Körperschaft besteuert werden.[363] Aus der englischen Abkommensfassung des Art. 28 Abs. 2 c) bb) DBA-USA kann daher geschlossen werden, dass unter *shares* alle Anteile an Gesellschaften fallen sollen, die als Körperschaft besteuert werden, also Anteile an allen Gesellschaften i.S.d. Art. 3 Abs. 1 e) DBA-USA. Aus US-Sicht wird durch den Begriff *shares* der persönliche Anwendungsbereich des Tests daher nicht weiter beschränkt. Dementsprechend findet sich auch keine Stellungnahme in der US-Literatur, die den Indirectly-Publicly-Traded-Test nur auf Gesellschaften bestimmter Rechtsformen anwenden will.

Dieses aus der englischen Abkommensfassung gewonnene Auslegungsergebnis sollte maßgeblich sein, obwohl die deutsche Abkommensfassung mit der Verwendung des Begriffs *Aktie* in eine andere Richtung deutet. Im Grundsatz sind bei der

358 *Wolff*, in: Wassermeyer, DBA, Art. 28 DBA-USA Rn. 62.

359 Vgl. bspw. § 102(a)(4) des Delaware General Corporation Law. Im US-Gesellschaftsrecht werden diese Anteile zum einen *stock* genannt, wenn es um die abstrakte Bezeichnung geht. Konkrete Anteile werden hingegen als *shares* bezeichnet. Insofern geht das Argument von *Schönfeld* (Schönfeld/Ditz, DBA, Art. 10 Rn. 469) fehl, aus der Verwendung des Begriffs *shares* statt *stock* in der englischen Fassung könne auf ein weites Begriffsverständnis geschlossen werden.

360 *Wolff*, in: Wassermeyer, DBA, Art. 28 DBA-USA Rn. 62, der vor diesem Hintergrund eine Klärung durch die USA im Verständigungswege vorschlägt.

361 Vgl. Art. 3 Abs. 2 DBA-USA, der auf das innerstaatliche Steuerrecht der Vertragsstaaten verweist. Wenn ein Begriff sowohl in einem steuerlichen als auch in einem nichtsteuerlichen Gesetz definiert ist, hat die steuerliche Bedeutung Vorrang (Technical Explanation US-MA (2006) zu Art. 3 Abs. 2).

362 Vgl. § 7701(7) IRC. Reg. § 301.7701-2(b), § 301.7701-3.

363 Technical Explanation DBA-USA (2006) zu Art. 10 Abs. 5.

Auslegung die deutsche und die englische Abkommensfassung zwar gleichrangig bedeutend.[364] Da die Abkommensverhandlung jedoch auf Englisch geführt wurden, liegt hier die die Annahme eines Übersetzungsfehlers nahe.[365] Dafür spricht auch, dass es nach dem Sinn und Zweck dieses Tests keinen Grund gibt, zwischen AG und anderen Kapitalgesellschaften als Tochtergesellschaften börsennotierter Gesellschaften zu unterscheiden.[366] Wäre eine Beschränkung auf AG bezweckt gewesen, hätte es zudem nahegelegen, dies bereits im einleitenden Absatz des Art. 28 Abs. 2 c) DBA-USA und nicht durch die Verwendung eines bestimmten Begriffs zur Bezeichnung der Anteile deutlich zu machen. Im einleitenden Absatz des Art. 28 Abs. 2 c) DBA-USA wird jedoch allgemein von einer *Gesellschaft* gesprochen.

Unter *Aktien* bzw. *shares* sollten daher alle Anteile an Gesellschaften verstanden werden, die steuerlich intransparent sind. Der Test ist folglich auch auf die GmbH anwendbar. Auch die LLC fällt in den Anwendungsbereich des Tests, wenn sie als Körperschaft qualifiziert.[367] Das gilt unabhängig davon, dass die Anteile an einer LLC im US-Gesellschaftsrecht als *limited liability company interest* oder *membership interest* und nicht als *shares* bezeichnet werden,[368] weil es auf die steuerliche Bedeutung des Begriffs *share* ankommt.

Ein besonderes Problem stellen in diesem Zusammenhang hybride Gesellschaften dar, die aus Sicht des Quellenstaats (Anwenderstaats) transparent, aus Sicht des anderen Vertragsstaats jedoch intransparent sind. Beispielsweise kann fraglich sein, ob die Anteile an einer GmbH, die in den USA zur transparenten Besteuerung optiert hat, oder die Anteile einer LLC, die in Deutschland transparent in den USA hingegen intransparent besteuert wird, als *shares* bzw. Aktien qualifizieren. Folgt man der Zurechnungstheorie und rechnet nach Art. 1 Abs. 7 DBA-USA die Einkünfte der hybriden GmbH bzw. LLC für die Zwecke der Abkommensanwendung zu, erscheint es konsequent diese Frage zu bejahen.[369]

(2) Vorzugsaktien

Unter *Vorzugsaktien* sind – wie auch bei Art. 28 Abs. 2 c) aa) DBA-USA – nur solche Anteile gemeint, die dem Inhaber einen disproportionalen Anteil an den Einkünften der Gesellschaft aus dem Quellenstaat gewähren (Art. 28 Abs. 8 c) DBA-USA).

---

364 Vgl. *Eckstein*, in: Endres/Jacob/Gohr/Klein, DBA-USA, Art. 3 Rn. 19; Gosch, ISR 2013, 87, 90.

365 *Gohr*, in: Endres/Jacob/Gohr/Klein, DBA-USA, Art. 28 Rn. 49.

366 *Schönfeld*, in: Schönfeld/Ditz, DBA, Art. 10 Rn. 469.

367 *Gohr*, in: Endres/Jacob/Gohr/Klein, DBA-USA, Art. 28 Rn. 50.

368 Vgl. bspw. § 101(8) des Delaware Limited Liability Company Act.

369 Weiterhin müsste die Einordnung des Ansässigkeitsstaats als intransparent dann auch für den Quellenstaat bei der Frage binden sein, ob das hybride Rechtsgebilde eine Gesellschaft i.S.d. Art. 3 Abs. 1 e) darstellt. Vgl. dazu: *Wolff*, in: Wassermeyer, DBA, Art. 3 DBA-USA Rn. 10.

Damit sollen Umgehungsgestaltungen verhindert werden.[370] Wie zuvor ausgeführt, handelt es sich bei der Verwendung des Begriffs *Aktie* um einen Übersetzungsfehler. Daher können auch Anteile an Gesellschaften, die keine AG oder vergleichbare Rechtsformen sind, Vorzugsaktien darstellen.

(3) Qualifizierte Anteilseigner

Im Fall des Art. 28 Abs. 2 c) bb) DBA-USA leitet die Gesellschaft ihre Abkommensberechtigung aus qualifizierten börsennotierten Gesellschaften i.S.d. Art. 28 Abs. 2 c) aa) DBA-USA als (unmittelbare oder mittelbare) Anteilseigner ab. Nach dem Abkommenswortlaut müssen die börsennotierten Muttergesellschaften nicht in dem gleichen Vertragsstaat ansässig sein, wie die Tochtergesellschaft, deren Abkommensberechtigung geprüft wird. Art. 28 Abs. 2 c) bb) DBA-USA verlangt lediglich, dass es sich bei den Anteilseignern um Gesellschaften handeln muss, die „Anspruch auf Vergünstigungen nach Doppelbuchstabe aa) haben". Demnach muss die börsennotierte Gesellschaft lediglich in einem der beiden Vertragsstaaten ansässig sein, da eine in einem Drittstaat ansässige Gesellschaft nicht abkommensberechtigt wäre.[371] Das entspricht auch der Auslegung durch die Technical Explanation.[372] Damit eröffnet der Indirectly-Publicly-Traded-Test auch Gesellschaften in Mäanderstrukturen die Abkommensberechtigung.

Der (allerdings praktisch irrelevante) Fall einer doppelt ansässigen Gesellschaft als Anteilseigner wird hingegen nicht diskutiert. Da in einem solchen Fall die Gesellschaft nach Art. 4 Abs. 3 DBA-USA keinen „Anspruch auf Vergünstigungen" hätte, sollte eine doppelt ansässige Muttergesellschaft jedoch nicht die Abkommensberechtigung vermitteln können.

(4) Beteiligungshöhe

Art. 28 Abs. 2 c) bb) DBA-USA setzt eine unmittelbare oder mittelbare Beteiligung der qualifizierten börsennotierten Gesellschaften in Höhe von mindestens 50 % gemessen am Wert und den Stimmrechten voraus. Für die Frage, wann Anteile Stimmrechte vermitteln, kann auf die Ausführungen zu Art. 28 Abs. 2 c) aa) DBA-USA verwiesen werden.[373] Sind Vorzugsaktiengattungen vorhanden, müssen die Beteiligungsvoraussetzungen auch hinsichtlich der Vorzugsaktiengattung erfüllt werden. Die Anzahl der qualifizierten börsennotierten Gesellschaften, die nach diesem Test berücksichtigt werden könnten, ist auf fünf begrenzt.

---

370 Vgl. C.II.3.a)aa)(2)(c), S. 82.

371 *Goebel/Glaser/Wangler*, DStZ 2009, 197, 200; *Gohr*, in: Endres/Jacob/Gohr/Klein, DBA-USA, Art. 28 Rn. 52; *Wolff*, in: Wassermeyer, DBA, Art. 28 DBA-USA Rn. 61.

372 Technical Explanation DBA-USA (2006) zu Art. 28 Abs. 2 c).

373 Siehe C.II.3.a)aa)(2)(b)(aa), S. 81.

Fraglich ist, wie die Beteiligungshöhe bei einer mittelbaren Beteiligung von qualifizierten börsennotierten Gesellschaften zu ermitteln ist. Hierzu macht das Abkommen keine Vorgaben. Richtigerweise ist in diesem Fall auf die durchgerechnete Beteiligungsquote der börsennotierten Gesellschaften abzustellen. Dazu sind der Stimmrechtsanteil und die Beteiligung am Wert der Gesellschaft auf jeder Stufe zu multiplizieren, und zwar auch dann, wenn auf einer Stufe keine Mehrheitsbeteiligung besteht.[374]

Aus US-Sicht entspricht das dem Vorgehen bei der „LoB-Klausel" in § 884(e) IRC für die Freistellung von der BPT,[375] die erhebliche Parallelen zur LoB-Klausel des DBA-USA aufweist. Auch im deutschen Steuerrecht wird diese Vorgehensweise bei der Ermittlung von mittelbaren Beteiligungsquoten in anderen Vorschriften gewählt.[376]

Probleme bereitet die Bestimmung der Beteiligungshöhe, wenn der Gewinnverteilungsschlüssel einer Gesellschaft in der Beteiligungskette sich danach unterscheidet, ob die Gewinne dieser zwischengeschalteten Gesellschaft aus Gewinnen der vorgeschalteten Gesellschaft herrühren, die aus dem anderen Vertragsstaat stammen. Art. 28 Abs. 2 c) bb) DBA-USA enthält mit der Voraussetzung, dass mindestens 50 % der Vorzugsaktien von qualifizierten börsennotierten Gesellschaften gehalten werden, nur eine Sonderregelung für eine derartige Gewinnverteilung auf Ebene der Tochtergesellschaft, deren Abkommensberechtigung geprüft wird. Durch Ausgabe von Vorzugsaktien auf Ebene von zwischengeschalteten Gesellschaften lässt sich diese Regelung hingegen umgehen.

---

374 *Gohr*, in: Endres/Jacob/Gohr/Klein, DBA-USA, Art. 28 Rn. 53.

375 Reg. § 1.884-5(b)(2).

376 Vgl. § 7 Abs. 2 S. 2 AStG; zu § 8c KStG: BMF v. 4.7.2008 – IV C 7 – S 2745 – a/08/10001, BStBl. I 2008, 736 Rn. 12; zu § 1 Abs. 3 GrEStG: Oberste Finanzbehörden der Länder gleichlautender Erlass v. 9. 10. 2013 – 3-S450.1/39, DStR 2013, 2765 Tz. 5.

Beispiel 4:
Die US1-LLC erzielt (neben erheblichen anderen Einkünften) eine Dividende von der D-GmbH. Einziger Gesellschafter der US1-LLC ist die US2-LLC. Gesellschafter der US2-LLC sind die börsennotierte A-Corp. (abkommensberechtigt gem. Art. 28 Abs. 2 c) aa) DBA-USA) und die drittstaatsansässige X-Ltd. Nach der Gewinnverteilung der US2-LLC erhält die X-Ltd. alle Gewinne, die auf die Dividende der D-GmbH entfallen. Im Übrigen stehen die Gewinne der A-Corp. zu, die auch alle Stimmrechte hinsichtlich der US2-LLC hält. Die Anteile der X-Ltd. an der US2-LLC repräsentieren weniger als 50 % des Werts der US2-LLC (und damit weniger als 50 % des Werts der US1-LLC).

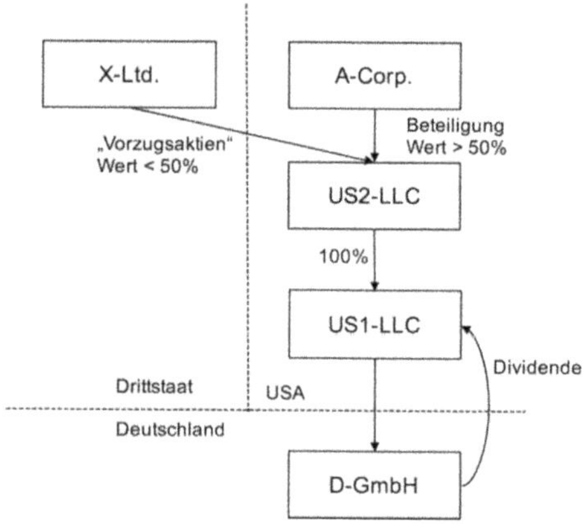

Hier wären die Voraussetzungen des Art. 28 Abs. 2 c) bb) DBA-USA erfüllt, obwohl die Dividende der D-GmbH einem Drittstaatsansässigen zugutekommt. Wären die A-Corp. und die X-Ltd. hingegen direkt an der US1-LLC beteiligt, würde die Abkommensberechtigung der US1-LLC daran scheitern, dass nicht mindestens 50 % der Vorzugsaktien an der US1-LLC von der A-Corp. gehalten werden.

(5) Zwischengeschaltete Beteiligte

Bei einer *mittelbaren Beteiligung* muss zudem jeder *zwischengeschaltete Beteiligte* in einem der Vertragsstaaten ansässig sein. Das Abkommen definiert die Begriffe der mittelbaren Beteiligung und des zwischengeschalteten Beteiligten nicht. Rechtsträger in der Beteiligungskette, die in beiden Staaten steuerlich als Körperschaft behandelt werden, sollten in jedem Fall als zwischengeschaltete Beteiligte anzusehen sein. Fraglich ist das hingegen bei Rechtsgebilden, die in beiden Staaten als Personengesellschaften besteuert werden, und bei Rechtsgebilden, deren Einordnung als steuerlich transparent oder intransparent in beiden Staaten nicht einheitlich erfolgt, also bei hybriden Rechtsgebilden.

(a) Personengesellschaften

Wären zwischengeschaltete Personengesellschaften als zwischengeschaltete Beteiligte i.S.d. Art. 28 Abs. 2 c) bb) DBA-USA anzusehen, würde eine Personengesellschaft in der Beteiligungskette immer zur Versagung der Abkommensberechtigung nach Art. 28 Abs. 2 c) bb) DBA-USA führen, weil eine Personengesellschaft mangels Steuerpflicht in keinem der Vertragsstaaten ansässig i.S.d. Art. 4 Abs. 1 DBA-USA ist.

Die englische Abkommensfassung, die statt „zwischengeschalteter Beteiligter" den im US-Steuerrecht nicht näher definierten Begriff „*intermediate owner*" verwendet, bietet für diese Frage keine Auslegungshilfe. Auffällig ist jedoch, dass die Technical Explanation den Begriff *intermediate owner* synonym mit dem Begriff *intermediate company* verwendet.[377] Eine *company* (im deutschen Abkommen: Gesellschaft) ist gem. Art. 3 Abs. 1 e) DBA-USA eine juristische Person oder ein Rechtsträger, der für die Besteuerung wie eine juristische Person behandelt wird. Dieser Begriff umfasst damit nicht transparent besteuerte Personengesellschaften.[378] Das deutet daraufhin, dass die US-Steuerverwaltung die Beteiligung über Personengesellschaften als unmittelbare Beteiligung und die Personengesellschaft nicht als zwischengeschaltete Beteiligte ansehen.

Die Technical Explanation zu dem DBA zwischen den USA und Kanada befasst sich ausdrücklich mit der Frage, wie steuerlich transparente Rechtsgebilde in der Beteiligungskette bei der Anwendung der Art. 28 Abs. 2 c) bb) DBA-USA[379] entsprechenden Vorschrift zu behandeln sind. Nach der Technical Explanation soll durch solche Rechtsgebilde in der Beteiligungskette hindurchzuschauen sein, die nach dem Recht des Ansässigkeitsstaats steuerlich transparent behandelt werden.[380] Zur Begründung beruft sich die Technical Explanation auf die Prinzipien der Art. 1 Abs. 7 DBA-USA entsprechenden Vorschrift des DBA zwischen den USA und Kanada.[381]

Demnach spricht vieles dafür, dass aus Sicht der USA zwischengeschaltete Personengesellschaften keine zwischengeschalteten Beteiligten i.S.d. Art. 28 Abs. 2 c) bb)

---

377 Technical Explanation DBA-USA (2006) zu Art. 28 Abs. 2 f): „*If the publicly-traded companies are indirect owners, however, each of the intermediate companies* [Hervorhebung durch den Verfasser] *must be a resident of one of the Contracting States*".

378 *Eckstein*, in: Endres/Jacob/Gohr/Klein, DBA-USA, Art. 3 Rn. 7.

379 Art. XXIX(2)(d) des DBA zwischen den USA und Kanada. Das DBA zwischen den USA und Kanada verwendet zwar statt des Begriffs des *intermediate owners* den Begriff „*company or trust in the chain of ownership*", sodass sich anführen ließe, dass in diesem DBA schon aufgrund der Erwähnung des Begriffs *company* transparente Rechtseinheiten in der Beteiligungskette zu ignorieren sind. Ein Trust kann aber auch transparent besteuert werden, sodass sich die Frage des Umgangs mit diesen transparenten Rechtseinheiten auch nach der Formulierung im DBA zwischen den USA und Kanada stellt.

380 Technical Explanation Canada zu Art. XXIV(2)(D).

381 Art. IV(6) des DBA zwischen den USA und Kanada, der sich im genauen Wortlaut von Art. 1 Abs. 7 DBA-USA unterscheidet, aber den gleichen Sinn und Zweck verfolgt.

DBA-USA und somit unschädlich sind. Auch Stellungnahmen in der US-Literatur teilen diese Auffassung.[382]

In Deutschland fehlt es an einer Stellungnahme der Rechtsprechung oder der Verwaltung zu dieser Problematik. *Wolff* geht davon aus, dass die Frage, ob eine Personengesellschaft als zwischengeschaltete Beteiligter anzusehen ist, genauso entschieden werden muss wie beim Unmittelbarkeitserfordernis des Schachtelprivilegs für Dividenden in den Art. 10 Abs. 2 a) DBA-USA entsprechenden Artikeln.[383] Dort wird von der wohl überwiegenden Auffassung eine Beteiligung über eine Personengesellschaft nicht als unmittelbare Beteiligung angesehen.[384] Dagegen ist einzuwenden, dass sich schon der Wortlaut der beiden Vorschriften unterscheidet, weil im Rahmen des Art. 28 Abs. 2 c) bb) DBA-USA eine relevante mittelbare Beteiligung nur vorliegt, wenn der zwischengeschaltete Rechtsträger als *zwischengeschalteter Beteiligter* qualifiziert, eine Voraussetzung, die in den Art. 10 Abs. 2 a) DBA-USA entsprechenden Artikeln nicht enthalten ist. Weiterhin lässt sich die Auffassung, nach der das Schachtelprivileg bei einer Beteiligung über eine Personengesellschaft nicht zu gewähren ist, durchaus bezweifeln.[385]

Gohr will zur Definition des zwischengeschalteten Beteiligten auf die Definition der Person in Art. 3 Abs. 1 d) DBA-USA zurückgreifen. Dieser Begriff umfasse auch Personengesellschaften. Zwar werden Personengesellschaften nicht ausdrücklich in Art. 3 Abs. 1 d) DBA-USA erwähnt. Bei Art. 3 Abs. 1 d) DBA-USA handele es sich aber lediglich um eine beispielhafte Aufzählung („unter anderem"). Da Personengesellschaften abkommensrechtlich Personen seien, müssten sie folglich nach deutschem Rechtsverständnis auch als zwischengeschaltete Beteiligte i.S.d. Art. 28 Abs. 2 c) bb) DBA-USA angesehen werden.[386] Gegen diese Begriffsbestimmung ist jedoch einzuwenden, dass Art. 28 Abs. 2 c) bb) DBA-USA gerade nicht von einer zwischengeschalteten Person, sondern von einem zwischengeschalteten Beteiligten spricht. Auch in der englischen Abkommensfassung heißt es nicht *intermediate person*, sondern *intermediate owner*.

Da es sowohl an einer abkommensrechtlichen Definition als auch an einer Definition im deutschen Steuerrecht fehlt, sollte der Begriff vor dem Hintergrund des Sinn und Zwecks der Voraussetzung, wonach der zwischengeschaltete Beteiligte in einem der Vertragsstaaten ansässig sein muss, ausgelegt werden. Wie nachfolgend

---

382 *Doernberg/van Raad*, 1996 Model Income Tax Convention, S. 176; *Levine/Miller*, T.M. Foreign Income Portfolio 936, III. B. 2.

383 *Wolff*, in: Wassermeyer, DBA, Art. 28 DBA-USA Rn. 64.

384 Vgl. *Kaeser/Wassermeyer*, in: Wassermeyer, DBA, Art. 10 OECD-MA Rn. 92 unter Hinweis auf BFH, Urteil v. 8.5.1985 – I R 108/81, BStBl. II 1985, 523; Urteil v. 15.6.1988 – II R 224/84, BStBl. II 1988, 761.

385 *Wassermeyer/Schönfeld*, DB 2006, 1970, 1977.

386 *Gohr*, in: Endres/Jacob/Gohr/Klein, DBA-USA, Art. 28 Rn. 54, die allerdings aufgrund des Sinn und Zwecks der Abkommensbestimmung die Zwischenschaltung von Personengesellschaften gleichwohl für unschädlich hält.

diskutiert wird,[387] kann der Sinn und Zweck dieser Voraussetzung darin gesehen werden zu verhindern, dass die quellensteuerpflichtigen Einkünfte der Tochtergesellschaft auf eine zwischengeschaltete Gesellschaft in einem Drittstaat verlagert werden und so eine Besteuerung im Ansässigkeitsstaat der börsennotierten Muttergesellschaft vermieden wird. Ein weiterer Grund für diese Voraussetzung mag unter Umständen darin gesehen werden, dass bei einer zwischengeschalteten Gesellschaft in einem Drittstaat auch die zwischengeschaltete Gesellschaft Abkommensvorteile unter Verletzung des Reziprozitätsprinzips in Anspruch nimmt. Bei einer aus Sicht des Ansässigkeitsstaats der börsennotierten Muttergesellschaft transparenten Personengesellschaft, die zwischen die Muttergesellschaft und die Abkommensvorteile in Anspruch nehmende Tochtergesellschaft geschaltet ist, bestehen diese Bedenken jedoch nicht. Daher sollte eine zwischengeschaltete Personengesellschaft nicht als zwischengeschaltete Beteiligte anzusehen sein.[388]

(b) Hybride Rechtsgebilde

Nach dem Sinn und Zweck der Ansässigkeitsvoraussetzung für zwischengeschaltete Beteiligte sollte auch beantwortet werden, ob ein hybrides Rechtsgebilde, das in der Beteiligungskette zwischen der börsennotierten Muttergesellschaft und der Tochtergesellschaft, deren Abkommensberechtigung geprüft wird, steht, als zwischengeschalteter Beteiligter anzusehen ist.

Die Gefahr einer Thesaurierung von Einkünften auf Ebene eines zwischengeschalteten hybriden Rechtsgebildes in einem Drittstaat zur Vermeidung der Besteuerung im Ansässigkeitsstaat der börsennotierten Muttergesellschaft besteht nur, wenn das hybride Rechtsgebilde im Ansässigkeitsstaat der Muttergesellschaft als steuerlich intransparent angesehen wird. Demnach sollte ein hybrides Rechtsgebilde, das aus Sicht des Quellenstaats intransparent, aus Sicht des Ansässigkeitsstaats der Muttergesellschaft jedoch transparent ist, nicht als zwischengeschalteter Beteiligter qualifizieren, während im umgekehrten Fall (transparente Behandlung im Quellenstaat, intransparente Behandlung im Ansässigkeitsstaat) das hybride Rechtsgebilde als zwischengeschalteter Beteiligter anzusehen sein sollte. Bei dieser Auslegung kann auch eine Verletzung des Reziprozitätsprinzips durch zwischengeschaltete Rechtsgebilde in Drittstaaten ausgeschlossen werden. Wie schon ausgeführt, entspricht das auch der Herangehensweise der Technical Explanation zur weitgehend identischen Vorschrift des DBA zwischen den USA und Kanada.[389] Zur Begründung lässt sich auch der Rechtsgedanke des Art. 1 Abs. 7 DBA-USA heranziehen, der vermeiden soll, dass durch eine unterschiedliche steuerliche Einordnung in beiden Vertragsstaaten Nachteile für den Steuerpflichtigen entstehen.

---

387 Siehe C.II.3.b)bb)(3)(a), S. 117.

388 Im Ergebnis auch: *Gohr*, in: Endres/Jacob/Gohr/Klein, DBA-USA, Art. 28 Rn. 54; wohl auch: *Dorfmueller*, IStR 2010, 644, 649.

389 Vgl. (a), S. 99.

Besonderheiten sind allerdings in Beteiligungsstrukturen mit mehreren zwischengeschalteten Rechtsgebilden, die teilweise in Deutschland und teilweise in den USA ansässig sind bzw. dort gegründet wurden, zu beachten.

Beispiel 5:
Eine US-amerikanische börsennotierte Muttergesellschaft (M-Corp.) hält alle Anteile an einer deutschen Tochtergesellschaft (T1-GmbH), die wiederum zu 100 % an einer Tochtergesellschaft in Jersey (T2-Ltd.) beteiligt ist. Diese hält wiederum alle Anteile an einer weiteren US-amerikanischen Tochtergesellschaft (T3-LLC). Die T3-LLC bezieht Dividenden aus Deutschland. Alle Gesellschaften werden von den Vertragsstaaten einheitlich als Körperschaft eingeordnet mit Ausnahme der T2-Ltd., die aus US-Sicht transparent, aus deutscher Sicht hingegen als intransparent behandelt wird.

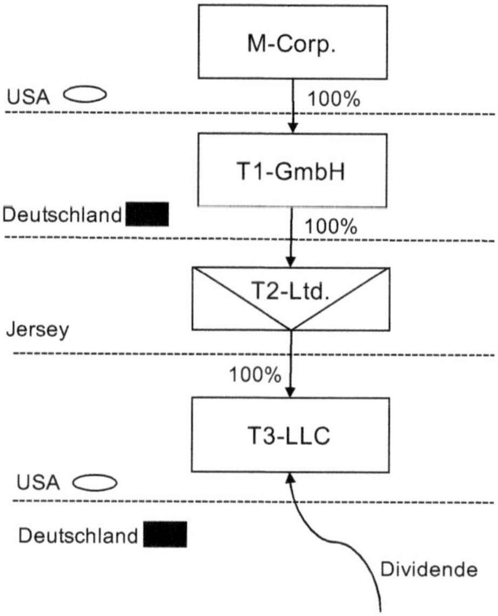

Hier kann es bei der Prüfung der Abkommensberechtigung von T3-LLC nach Art. 28 Abs. 2 c) bb) DBA-USA nicht auf die steuerliche Einordnung von T2-Ltd. aus Sicht des Ansässigkeitsstaats von M-Corp. (=USA) ankommen. Vielmehr muss in diesem Fall die steuerliche Einordnung des Ansässigkeitsstaats des unmittelbar vorgeschalteten Rechtsträgers, der als zwischengeschalteter Beteiligter qualifiziert (Deutschland), entscheidend sein.

(c) Ansässigkeit der zwischengeschalteten Beteiligten

Die Ansässigkeit eines zwischengeschalteten Beteiligten richtet sich nach Art. 4 DBA-USA. Da die Ansässigkeit „in einem der beiden Vertragsstaaten" ausreichend ist, muss der zwischengeschaltete Beteiligte nicht notwendigerweise im Staat der Tochtergesellschaft, deren Abkommensberechtigung geprüft wird, oder im Staat der börsennotierten Muttergesellschaft ansässig sein.

Fraglich ist hingegen, wie zwischengeschaltete Beteiligte zu behandeln sind, die nach Art. 4 Abs. 1 DBA-USA in beiden Vertragsstaaten ansässig sind. Hier wird teilweise die Auffassung vertreten, eine zwischengeschaltete doppelt ansässige Gesellschaft stehe der Abkommensberechtigung entgegen, da sie nicht „in einem", sondern in beiden Vertragsstaaten ansässig sei.[390] Das Argument erscheint sprachlich nicht einleuchtend, da die Gesellschaft bei Ansässigkeit in beiden Vertragsstaaten denknotwendig auch in einem Vertragsstaat ansässig ist und die Vorschrift nicht die ausschließliche Ansässigkeit in einem Vertragsstaat verlangt. Etwas Anderes lässt sich auch nicht aus Art. 4 Abs. 3 DBA-USA herleiten, wonach doppelt ansässige Gesellschaften für die Inanspruchnahme von Abkommensvergünstigungen vorbehaltlich einer Verständigung der Vertragsstaaten in keinem Staat ansässig gelten. Im vorliegenden Fall würde nicht die doppelt ansässige zwischengeschaltete Gesellschaft, sondern deren Tochter (als mittelbare Tochtergesellschaft einer börsennotierten Gesellschaft) Abkommensvergünstigungen in Anspruch nehmen.[391] Die englische Abkommensfassung, wonach zwischengeschaltete Beteiligte *„resident of either Contracting State"* sein müssen, führt ebenfalls nicht weiter. *Either* kann im (Rechts-)Englisch sowohl exklusiv (im Sinne von entweder oder) als auch inklusiv (im Sinne von oder) verwendet werden.[392]

Vor dem Hintergrund des Rechtsgedankens des Art. 4 Abs. 3 DBA-USA, der Steuergestaltungen durch doppelt ansässige Gesellschaften vermeiden will, wäre es wohl sinnvoll gewesen, die Abkommensberechtigung bei doppelt ansässigen zwischengeschalteten Beteiligten zu versagen. Da sich dafür aber im Wortlaut keine ausreichend Stütze findet, ist anzunehmen, dass auch eine in beiden Vertragsstaaten ansässige Gesellschaft in der Beteiligungskette den Voraussetzungen des Art. 28 Abs. 2 c) bb) entspricht.[393]

b) Bewertung

aa) Publicly-Traded-Test

(1) Anwendungsschwierigkeiten

Die erste Voraussetzung des Publicly-Traded-Tests (Art. 28 Abs. 2 c) aa) DBA-USA), wonach die Hauptaktiengattung an einer anerkannten Börse regelmäßig gehandelt werden muss, ist aus US-Sicht relativ rechtssicher handhabbar, weil der im Abkommen nicht näher bestimmte, aber zentrale Begriff des *regelmäßigen Handels* unter

390 *Schnitger*, IWB (2006) Fach 8 USA Gr. 2, 1440, 1444.

391 *Wolff*, in: Wassermeyer, DBA, Art. 28 DBA-USA Rn. 65.

392 Vgl. bspw. den Sprachgebrauch anderen Stellen des DBA-USA, z.B. in Nr. 22 d) des Protokolls zum DBA-USA (2006) zu Art. 25 Abs. 5 und 6 DBA-USA.

393 *Wolff*, in: Wassermeyer, DBA, Art. 28 DBA-USA Rn. 65.

Rückgriff auf das US-Steuerrecht definiert werden kann. Mangels Definition dieses Begriffs im deutschen Steuerrecht ist die Auslegung dieser Voraussetzung aus deutscher Sicht hingegen mit erheblichen Rechtsunsicherheiten behaftet.

Hinsichtlich der zweiten Voraussetzung des Publicly-Traded-Tests, die eine ausreichende Verbindung zum Ansässigkeitsstaat der Gesellschaft belegen soll, bereitet die Feststellung des *hauptsächlichen Orts der Geschäftsführung und Überwachung* bei komplexeren Konzernstrukturen und dezentralisierter Geschäftsleitung wegen der Weite der Definition in Art. 28 Abs. 8 d) DBA-USA erhebliche Anwendungsprobleme.

Weiterhin problematisch ist die Anwendung des Publicly-Traded-Tests auf die KGaA, insbesondere im Hinblick auf die Bestimmung der *Hauptaktiengattung*. Auch wenn die börsennotierte KGaA gegenüber der AG eine Ausnahme bildet, ist sie doch hinreichend wirtschaftlich bedeutend. Hier hätte es zur rechtssicheren Anwendung einer besonderen Regelung für die KGaA bedurft, die den Eigenheiten dieser Rechtsform Rechnung trägt.

Des Weiteren bereitet die Prüfung ortsbezogener Voraussetzungen bei hybriden Rechtsgebilden Anwendungsschwierigkeiten, wenn man im Rahmen des Art. 1 Abs. 7 DBA-USA der Ansässigkeitstheorie folgt.

(2) Effektivität

(a) Beteiligung an Zwischengesellschaften

Art. 28 Abs. 2 c) aa) DBA-USA stellt keine Anforderungen an die Ansässigkeit der Aktionäre der börsennotierten Gesellschaft. Die Aktionäre können demnach auch in Drittstaaten ansässig sein. Insofern mag fraglich sein, ob dieser Test Treaty Shopping durch Direct-Conduit-Strukturen verhindert. Auch enthält dieser Test keine Voraussetzungen, die einer Beteiligung von Drittstaatsansässigen über schuldrechtliche Beziehungen im Rahmen einer Stepping-Stone-Conduit-Struktur entgegenstehen.

Ursprünglich wurde der Publicly-Traded-Test allerdings damit gerechtfertigt, dass der regelmäßige Börsenhandel in einem Vertragsstaat auch in dem Vertragsstaat ansässige Aktionäre indiziere und damit eine Inanspruchnahme von Abkommensvorteilen durch drittstaatsansässige Gesellschafter ausgeschlossen sei. Ganz deutlich wird das in der LoB-Klausel des US-MA aus dem Jahr 1981, in dem es noch heißt, bei einem Börsenhandel der Aktien der Gesellschaft an einer anerkannten Börse in einem Vertragsstaat werde vermutet, dass die Aktionäre in diesem Vertragsstaat ansässige natürliche Personen seien.[394] Diese Begründung lässt sich aber

394 ALI, International Aspects II, S. 158; vgl. Reinhold, Tax Lawyer, 1999–2000 (Bd. 53), 663, 686, 694.

heutzutage angesichts der zunehmenden Internationalisierung der Kapitalmärkte nicht mehr aufrechterhalten.[395]

Weiterhin wird zur Rechtfertigung des Publicly-Traded-Tests angeführt, börsennotierte Gesellschaften würden sich nicht für Treaty-Shopping-Gestaltungen eignen, weil sie hohen kapitalmarktrechtlichen Publizitätsanforderungen unterlägen und Treaty-Shopping-Gestaltungen aus den öffentlich zugänglichen Daten leicht erkennbar wären.[396] Dass börsennotierte Unternehmen erhöhten Publizitätsanforderungen unterliegen, ist zumindest in Deutschland und den USA richtig. Für in den USA an anerkannten Börsen notierte Gesellschaften enthält der Exchange Act zahlreiche Publizitätspflichten.[397] Insbesondere müssen solche Unternehmen regelmäßig umfangreiche Finanzberichte veröffentlichen.[398] Außerdem besteht nach dem Exchange Act eine Ad-hoc-Pflicht für bestimmte Ereignisse[399] sowie die Pflicht, das Überschreiten von Beteiligungsschwellen durch Aktionäre zu melden.[400] In Deutschland gelten für am regulierten Markt notierte Gesellschaften ebenfalls weitgehende Publizitätspflichten, insbesondere die Pflicht zur Veröffentlichung von Finanzberichten,[401] die Pflicht zur Ad-hoc-Publizität von Insider-Informationen[402] und die Pflicht von Aktionären und Unternehmen, das Erreichen bestimmter Schwellenwerte bei den Stimmrechten zu veröffentlichen.[403]

Die Schlussfolgerung, diese Anforderungen böten einen Schutz vor dem Einsatz dieser Gesellschaften vor Treaty Shopping, erscheint jedoch sowohl bei Direct-Conduit-Strukturen als auch bei Stepping-Stone-Conduit-Strukturen nicht einleuchtend. Zwar lässt sich aufgrund dieser Publizitätspflichten leichter herausfinden, ob und in welchem Umfang an der Gesellschaft Drittstaatsansässige als Aktionäre oder über schuldrechtliche Beziehungen beteiligt sind. Wenn diese Beteiligungen von Drittstaatsansässigen jedoch nach dem Publicly-Traded-Test gerade kein Grund zur Versagung von Abkommensvorteilen sind, ist das nicht weiterführend.

Außerdem wird als Begründung für den Publicly-Traded-Test angeführt, dass mit der Börsennotierung eines Unternehmens hohe Kosten verbunden sind und es daher für Drittstaatsansässige wirtschaftlich ineffizient wäre, sie für Treaty Shopping einzusetzen.[404] Dieses Argument erscheint grundsätzlich nachvollziehbar und trifft sowohl auf Direct-Conduit- als auch auf Stepping-Stone-Conduit-Strukturen zu. Wenn eine Gesellschaft die Kosten für eine Börsennotierung in Kauf nimmt,

---

395 ALI, International Aspects II, S. 158; Jiang, BFIT 2015, 139, 144 f.; Reinhold, Tax Lawyer Vol. 53, 663, 694.

396 ALI, International Aspects II, S. 158.

397 § 12(b) und 13 Exchange Act.

398 Sog. Form 10-K (Jahresbericht) und Form 10-Q (Quartalsbericht).

399 Sog. Form 8-K.

400 § 13(d) Exchange Act.

401 §§ 37v f. WpHG.

402 § 15 WpHG.

403 § 21 WpHG.

404 *Szudoczky/Koch*, in: Lang u.a., BEPS, S. 219, 228; *Vega*, LoB-Clauses, S. 127.

spricht vieles dafür, dass es dafür wirtschaftliche Gründe gibt und der Grund für die Errichtung der Gesellschaft nicht in der Erlangung von Abkommensvorteilen liegt. Wie im ersten Teil dieser Arbeit diskutiert, ist es durchaus vertretbar, einen Fall von Treaty Shopping zu verneinen, wenn es an der Absicht, durch die gewählte Transaktion oder Struktur Abkommensvorteile zu erlangen, fehlt, auch wenn – wie ebenfalls diskutiert – dieses Kriterium keineswegs präzise ist.[405]

Der Schluss von den mit der Börsennotierung verbundenen Kosten auf die fehlende Absicht eines Drittstaatsansässigen, Abkommensvorteile zu erlangen, ist allerdings keineswegs zwingend. Wenn der erstrebte Steuervorteil hoch genug ist, mag das auch die Kosten für eine Börsennotierung rechtfertigen. Betrachtet man diesen Test losgelöst vom Verhältnis Deutschland und den USA kommt hinzu, dass – je nach Kapitalmarktrecht des betreffenden Staats und Satzung der Börse – Unterschiede bei den Kosten für eine Börsennotierung bestehen können.

Die wohl am häufigsten genannte Begründung für den Publicly-Traded-Test ist, dass der Anteilsbesitz von börsennotierten Gesellschaften weit gestreut und Gegenstand stetiger Veränderung ist.[406] Die Aktionäre und die börsennotierte Gesellschaft könnten somit nicht mehr als wirtschaftlich identisch betrachtet werden und die Aktionäre könnten die Gesellschaft nicht mehr zielgerichtet zum Treaty Shopping einsetzen. Bei einer weiten Anteilsstreuung und stetiger Veränderung der Anteilseignerstruktur erscheint in der Tat ein gezielter Einsatz der Gesellschaft zur Erlangung von Abkommensvorteilen durch Drittstaatsansässige im Rahmen einer Direct-Conduit-Struktur in der Regel ausgeschlossen. Die Aktionäre haben dann grundsätzlich gar keine Kontrolle darüber, ob und in welchem Umfang die Gesellschaft Einkünfte aus dem Quellenstaat erzielt und diese Einkünfte an sie ausgeschüttet werden. Auch insoweit bietet der Publicly-Traded-Test also ein Indiz für die fehlende Absicht von Drittstaatsansässigen, Abkommensvorteile zu erlangen, was wiederum (mit gewissen Einschränkungen) gegen eine unangemessene Erlangung von Abkommensvorteilen spricht.

Aus der Anteilsstreuung lässt sich aber noch ein weiteres Argument gegen das Vorliegen von Treaty Shopping herleiten. Die Streuung des Anteilsbesitzes macht es nämlich börsennotierten Gesellschaften unmöglich, Nachweise über die Ansässigkeit der Inhaber der im Streubesitz befindlichen Aktien zu erbringen. Würde man daran die Abkommensberechtigung scheitern lassen, würden börsennotierte Gesellschaften oft keine Abkommensvorteile in Anspruch nehmen können und damit im Vergleich zu nicht börsennotierten Unternehmen benachteiligt werden. In seiner Rolle als Ansässigkeitsstaat hat ein Vertragsstaat aber durchaus ein Interesse daran, dass die Beschaffung von Kapital an den Börsen nicht behindert wird und sich börsennotierte Unternehmen im eigenen Staat, die oft zu den wichtigsten Unternehmen gehören, ebenfalls auf ein DBA berufen können. Auch mit dieser Erwägung

405 Vgl. 1. Teil unter E.III., S. 43.

406 ALI, International Aspects II, S. 158; OECD, Final BEPS Report – Action 6, S. 26; *Vega*, LoB-Clauses, S. 127; *Jiang*, BFIT 2015, 139, 145.

lässt sich, selbst wenn hinter der börsennotierten Gesellschaft Drittstaatsansässige stehen sollten, ein Verstoß gegen das Reziprozitätsprinzip und eine unangemessene Erlangung von Abkommensvorteilen verneinen.[407]

Bei Stepping-Stone-Conduit-Strukturen, bei denen die Beteiligung des Drittstaatsansässigen nicht über Aktien umgesetzt wird, könnte fraglich sein, ob auch hier das Argument der Anteilsstreuung gegen Treaty Shopping spricht. Theoretisch ist eine börsennotierte Gesellschaft denkbar, deren Anteile von anonymen Aktionären gehalten wird, während der gesamte Gewinn der Gesellschaft über schuldrechtliche Beziehungen einem Drittstaatsansässigen zusteht, damit der Drittstaatsansässige so mittelbar Abkommensvorteile in Anspruch nehmen kann. Praktisch umsetzbar ist eine solche Gestaltung, bei welcher dem Drittstaatsansässigen nicht nur die Kontrolle über die Gesellschaft, sondern auch die Kontrolle über die Aktionärsstruktur fehlt, kaum. Das fängt schon damit an, dass sich eine Beteiligung des Drittstaatsansässigen an dem gesamten Gewinn der börsennotierten Gesellschaft nicht ohne die Zustimmung der Aktionäre umsetzen lassen wird.[408]

Die Schwachstelle des Arguments der Anteilsstreuung liegt jedoch darin, dass der Publicly-Traded-Test gerade keine überwiegende Streuung des Anteilsbesitzes voraussetzt. Die Satzungen der US-Börsen, die anerkannte Börsen i.S.d. Art. 28 Abs. 2 c) aa) DBA-USA sind, enthalten zumeist Mindestanforderungen an die Streuung der gehandelten Anteile im Publikum und an das Handelsvolumen, schließen aber eine mehrheitliche Beherrschung durch eine Person nicht aus.[409] Auch in Deutschland ist für die Notierung am regulierten Markt nur eine Streuung von 25 % des Anteilsbesitzes erforderlich, die übrigen 75 % können sich theoretisch in der Hand einer einzelnen Person befinden.[410] Die Voraussetzung des Art. 28 Abs. 2 c) aa) DBA-USA, wonach der Handel mit den Aktien der Hauptaktiengattung *regelmäßig* sein muss, wird sich nicht ohne gewisse Anteilsstreuung erfüllen lassen, verhindert aber nicht mit Sicherheit die Beherrschung der Gesellschaft durch eine einzelne Person oder Personengruppe.[411] Das liegt auch daran, dass der Publicly-Traded-Test nur den regelmäßige Börsenhandel der Aktien der Hauptaktiengattung, nicht aber aller Aktien voraussetzt.

Beispiel 6:
Eine Gesellschaft hat zwei Gattungen von Aktien ausgegeben. Die A-Aktien, die börsennotiert sind, repräsentieren 51 % des Werts und der Stimmrechte und bilden somit die Hauptaktiengattung. Auf die B-Aktien, die nicht börsennotiert sind und die von einem Drittstaatsansässigen gehalten werden, entfallen 49 % des Werts und der Stimmrechte. Der

---

407 Vgl. 1. Teil unter E.IV., S. 48.
408 Vgl. beispielsweise § 221 AktG.
409 Vgl. Rule 5315 NASDAQ Rules und Sec. 102.00 des Listed Company Manual des NYSE.
410 § 34 BörsG i.V.m. § 9 BörsZulV.
411 Vgl. *Reinhold*, Tax Lawyer Vol. 53, 663, 694; *Szudoczky/Koch*, in: Lang u.a., BEPS, S. 219, 231. Ähnlich: *Jiang*, BFIT 2015, 139, 145.

Drittstaatsansässige hält zudem 2 % der A-Aktien, während sich die restlichen 98 % im Streubesitz befinden. Nach US-amerikanischer Auslegung liegt ein regelmäßiger Handel daher vor, wenn an 60 Tagen im Jahr ein Handel mit den A-Aktien stattfindet und im Jahr 10 % der ausgegebenen A-Aktien übertragen werden. Angesichts des hohen Streubesitzes der A-Aktien wird diese Voraussetzung relativ einfach zu erfüllen sein. Dabei wird aber völlig ausgeblendet, dass sich 49 % der Stimmrechte und des Werts bereits über die B-Aktien im Festbesitz von Drittstaatsansässigen befinden.

Gleichwohl werden die nach dem Kapitalmarktrecht erforderliche Streuung des Anteilsbesitzes und das Vorliegen eines regelmäßigen Börsenhandels wohl in den meisten Fällen ein Indiz für eine ausreichende Anteilsstreuung darstellen.

Im Ergebnis hat der Publicly-Traded-Test demnach durchaus Schwachstellen bei der Verhinderung von Treaty Shopping durch den Einsatz von Zwischengesellschaften. Er stellt aber gleichwohl ein relativ effektives Instrument zur Verhinderung dieser Strukturen dar. Es erscheint vertretbar, kein Treaty Shopping anzunehmen, wenn der maßgebliche Grund für die Struktur nicht in der Erlangung von Abkommensvorteilen liegt. Dafür bieten die mit der Börsennotierung verbundenen Kosten ein gewisses Indiz. Auch die Anteilsstreuung bei börsennotierten Gesellschaften deutet auf das Fehlen dieses subjektiven Elements hin. Ferner lässt sich anführen, dass der Quellenstaat bei börsennotierten Gesellschaften, die ihre Anteilseignerstruktur aufgrund des hohen Streubesitzes nicht kennen, in seiner Rolle als Ansässigkeitsstaat ein Interesse an der Gewährung der Abkommensvorteile hat. Zwar wird die Anteilsstreuung nicht vom Publicly-Traded-Test unmittelbar vorausgesetzt, die Voraussetzung eines regelmäßigen Börsenhandels und die kapitalmarktrechtlichen Anforderungen bieten hierfür aber ein Indiz.

(b) Formale Verlagerung von Einkünften

Der Publicly-Traded-Test verhindert jedoch nicht den Einsatz der börsennotierten Gesellschaft in Treaty-Shopping-Strukturen, bei denen durch einen Drittstaatsansässigen Einkünfte auf diese Gesellschaft formal verlagert werden.[412]

Die mit einer Börsennotierung verbundenen Publizitätspflichten allein werden börsennotierte Gesellschaften nicht davon abhalten, als Teil solcher Treaty-Shopping-Strukturen zu agieren. Diese Pflichten werden es für Steuerbehörden leichter erkennbar machen, dass die Gesellschaft nur formal-rechtlich Einkünfte bezieht, die sie sodann an einen Drittstaatsansässigen weiterleitet. Wie schon zuvor ausgeführt, ist das aber nicht weitführend, wenn der Publicly-Traded-Test keine Voraussetzungen enthält, um daran anknüpfend die Abkommensberechtigung zu versagen. Treaty Shopping setzt – anders als die Steuerhinterziehung – nicht die Vorenthaltung oder Verheimlichung von Informationen voraus. Die Publizitätsanforderungen für börsennotierte Unternehmen mögen lediglich eine Hemmnis für Treaty-Shopping-Strukturen bedeuten, wenn es eine Anti-Treaty-Shopping-Regelung gibt, die

412 Vgl. *Reinhold*, Tax Lawyer, 1999–2000 (Bd. 53), 663, 694.

einschlägig ist oder sein könnte. Ohne eine solche Regelung tragen sie jedoch nicht zur Verhinderung von Treaty Shopping bei. Weiterhin ist die Annahme, börsennotierte Unternehmen unterlägen erhöhten Publizitätspflichten, nicht notwendigerweise in allen Staaten richtig.

Auch die mit der Börsennotierung verbundenen Kosten bieten kein Indiz dafür, dass die Gesellschaft nicht gezielt für Treaty-Shopping-Strukturen durch eine formale Verlagerung von Einkünften eingesetzt wird. Bei diesen Strukturen muss – im Gegensatz zum Treaty Shopping durch den Einsatz von Zwischengesellschaften – der Hauptzweck der Gesellschaft nicht in der Erlangung von Abkommensvorteilen bestehen. Beispielsweise könnte ein börsennotiertes Finanzunternehmen als Teil seiner Aktivitäten Transaktionen mit Drittstaatsansässigen eingehen, mit denen Einkünfte an diese Drittstaatsansässigen weitergeleitet werden.

Weiterhin ist die Anteilsstreuung börsennotierter Gesellschaften für diese Form des Treaty Shopping kein Hindernis. Der Drittstaatsässige erlangt die Kontrolle über ganz bestimmte Einkünfte der Gesellschaft durch eine schuldrechtliche Beziehung. Eine gesellschaftsrechtliche Kontrolle über die Gesellschaft oder eine Zustimmung der Anteilseigner ist dafür nicht zwingend notwendig.

(c) Ausnutzen von Qualifikationskonflikten

Der Publicly-Traded-Test adressiert zudem nicht Treaty-Shopping-Strukturen, die Qualifikationskonflikte ausnutzen. Beispielsweise könnte eine börsennotierte Gesellschaft eine drittstaatsansässige hybride Gesellschaft zwischen sich und die Einkünfte aus dem Quellenstaat schalten und so die im ersten Teil beschriebene Treaty-Shopping-Struktur begründen. Der Publicly-Traded-Test würde dem nicht entgegenstehen.

(3) Erforderlichkeit

(a) Verbindung zum Ansässigkeitsstaat

Wie schon zuvor ausgeführt, wurde die zweite Voraussetzung des Publicly-Traded-Tests, nach der sich der Ort des hauptsächlichen Börsenhandels oder der hauptsächliche Ort der Geschäftsführung und Überwachung der börsennotierten Gesellschaft in deren Ansässigkeitsstaat befinden muss, vor dem Hintergrund von Inversionstransaktionen US-amerikanischer Unternehmen und nicht zur Verhinderung von Treaty Shopping eingeführt.[413] Daher erscheint es zweifelhaft, ob diese Voraussetzung zur Verhinderung von Treaty Shopping erforderlich ist, zumal es sich bei Inversionstransaktionen um ein spezifisches Problem des US-Steuerrechts handelt.[414] Hinzu kommt, dass „Zielländer“ von Inversionentransaktionen sinnvollerweise nur

413 Siehe C.II.3.a)aa)(3), S. 85.
414 *Jochimsen*, IStR 2014, 865, 866.

Niedrigsteuerländer sein können, im Verhältnis zwischen den USA und Deutschland sowie vielen anderen Industrienationen sind sie kaum denkbar.[415]

Allerdings sehen die USA den Sinn dieser Voraussetzung nicht nur in der Verhinderung von Inversionstransaktionen. Sie soll vielmehr auch einen Beleg dafür bieten, dass eine hinreichende Verbindung zwischen der Gesellschaft und ihrem Ansässigkeitsstaat besteht und damit Treaty Shopping ausgeschlossen ist.[416] In eine ähnliche Richtung geht eine Stellungnahme in der deutschen Literatur, wonach diese Voraussetzung substanzlose Holdinggesellschaften, wie sie typischerweise für Treaty Shopping eingesetzt werden, verhindern soll.[417] Diese Argumentation lässt sich allerdings infrage stellen. Die Voraussetzung des hauptsächlichen Börsenhandels im Ansässigkeitsstaat lässt sich bei einer Treaty-Shopping-Struktur relativ leicht dadurch erfüllen, dass die Gesellschaft die Zulassung zum Börsenhandel nur in ihrem Ansässigkeitsstaat, nicht aber auch in anderen Staaten beantragt. Für Gesellschaften mit wirtschaftlichen Motiven, am Kapitalmarkt Eigenkapital zu beschaffen, stellt diese Voraussetzung hingegen ein echtes Hindernis dar, wenn der Kapitalmarkt im Ansässigkeitsstaat zu klein ist. Auch die alternative Voraussetzung, nach der sich der hauptsächliche Ort der Geschäftsführung und Überwachung im Ansässigkeitsstaat befinden muss, stellt kaum ein Hindernis für Treaty-Shopping-Strukturen dar. Eine weitgehend substanzlose Gesellschaft, deren Zweck letztlich nur darin besteht, Wirtschaftsgüter zu halten und daraus Einkünfte aus dem anderen Vertragsstaat zu beziehen, um so für Drittstaatsansässige die Abkommensvorteile in Anspruch zu nehmen, erfordert kaum Leitungsaufgaben und ihr wird es daher leichtfallen, die Erfüllung dieser Voraussetzung sicherzustellen. Für eine Muttergesellschaft eines multinationalen Konzerns mit dezentralisierter Geschäftsführung ist diese Voraussetzung hingegen eine hohe Hürde.

Daher ist diese Voraussetzung zur Verhinderung von Treaty Shopping nicht erforderlich und versagt eher die Abkommensvorteile dort, wo deren Gewährung angemessen erscheint. Soweit es den USA darum geht, Inversionstransaktionen zu verhindern, sollte dies durch gezielte innerstaatliche oder abkommensrechtliche Regelungen erfolgen.[418]

(b) Kreis der anerkannten Börsen

Art. 28 Abs. 8 a) DBA-USA, der den Kreis der *anerkannten Börsen* auf bestimmte Börsen in Deutschland und den USA beschränkt, wirft die Frage auf, warum Börsen in anderen Staaten nicht zu den anerkannten Börsen gehören. Wenn die

415 *Gohr*, in: Endres/Jacob/Gohr/Klein, DBA-USA, Art. 28 Rn. 36.

416 US Treasury Department, Tax Treaties, S. 81 zum DBA mit den Niederlanden.

417 *Wassermeyer/Schönfeld*, DB 2006, 1970, 1971.

418 Vgl. Art. 10 Abs. 5, 11 Abs. 2 d), 12 Abs. 2 b) US-MA (2016), durch die bei Inversionsstrukturen gezielt Abkommensvorteile versagt werden. Der Publicly-Traded-Test enthält allerdings noch immer die auf Inversionsstrukturen zielende Voraussetzung (vgl. Art. 22 Abs. 2 c) US-MA (2016)).

Begründung des Publicly-Traded-Tests darin liegt, dass sich börsennotierte Gesellschaften aufgrund ihrer Anteilsstreuung, der mit der Börsennotierung verbundenen Kosten und (wie teilweise behauptet) der damit verbundenen Publizitätspflichten für Treaty Shopping nicht eignen, wäre es eigentlich nur konsequent, wenn Börsen in Staaten, deren Kapitalmarktrecht vergleichbare Voraussetzungen hinsichtlich der Anteilsstreuung und Publizitätspflichten stellt und in denen die Börsennotierung mit vergleichbaren Kosten verbunden ist, ebenfalls zu den anerkannten Börsen gehören würden. Richtig ist wohl, dass zur Definition der anerkannten Börsen nicht das Recht aller potenzieller Staaten dahingehend untersucht werden kann, ob es vergleichbare Anforderungen für börsennotierte Gesellschaften enthält, zumal eine Börsennotierung in vielen Drittstaaten unwahrscheinlich ist. Allerdings hätte es beim DBA-USA nahegelegen, zumindest noch Börsen in den Mitgliedstaaten der EU aufzunehmen. Das gilt insbesondere, weil die Anforderungen an börsennotierte Unternehmen innerhalb der EU weitgehend harmonisiert sind[419] und eine Börsennotierung deutscher Unternehmen in anderen EU-Mitgliedstaaten hinreichend realistisch ist. Ein praktisches Beispiel dafür liefern das DBA zwischen den USA und dem Vereinigten Königreich und das DBA zwischen den USA und den Niederlanden, die auch verschiedene Börsen in EU-Mitgliedstaaten und bedeutende Börsen in anderen Staaten als anerkannte Börsen definieren.[420]

(c) Jahresbezogene Betrachtung

Weiterhin kann die jahresbezogene Prüfung, ob ein regelmäßiger Börsenhandel vorliegt, zu einer überschießenden Wirkung des Publicly-Traded-Tests führen. Wenn beispielsweise in einem vereinzelten Jahr aus marktbezogenen Gründen nur wenige Aktien der Gesellschaft gehandelt werden, während in den vergangenen Jahren immer ein regelmäßiger Handel stattfand, treffen die Erwägungen, die im Rahmen des Publicly-Traded-Tests für eine Gewährung der Abkommensberechtigung sprechen, gleichermaßen zu. Dennoch wären aufgrund der jahresbezogenen Prüfung die Abkommensvorteile zu versagen.

bb) Indirectly-Publicly-Traded-Test

(1) Anwendungsschwierigkeiten

Rechtsunsicherheiten bei der Anwendung des Indirectly-Publicly-Traded-Tests (Art. 28 Abs. 2 c) bb) DBA-USA) ergeben sich insbesondere, wenn zwischen der Abkommensvorteile in Anspruch nehmenden Gesellschaft und der börsennotierten Muttergesellschaft Rechtsträger zwischengeschaltet sind, die in einem oder beiden Vertragsstaaten transparent besteuert werden. Hier lässt sich zwar vor dem Hintergrund des Sinn und Zwecks eine sachgerechte Auslegung finden, allerdings wäre

419 *Groß*, in: Groß, Kapitalmarktrecht, Vorbemerkung zur BörsZulV, Rn. 1.

420 Art. 23 Abs. 7 a) (iii) des DBA zwischen den USA und dem Vereinigten Königreich Art. 26 Abs. 8 a) (iii) des DBA zwischen den USA und den Niederlanden.

der Test klarer, wenn an dieser Stelle ein präziserer Begriff als der des *zwischengeschalteten Beteiligten* verwendet werden würde. Weiterhin ist problematisch, dass die deutsche Abkommensfassung den Begriff der *Aktie* verwendet, obschon der Test nach seinem Sinn und Zweck und nach der englischen Abkommensfassung auf alle Gesellschaften, die als Körperschaften besteuert werden, Anwendung finden sollte. Dabei handelt es sich aber lediglich um einen Übersetzungsfehler und kein grundsätzliches Problem dieses Tests.

(2) Effektivität

(a) Beteiligung an Zwischengesellschaften

Die Argumente, die dafürsprechen, dass der Publicly-Traded-Test Treaty Shopping durch Direct-Conduit-Strukturen verhindert, lassen sich im Grundsatz auf den Indirectly-Publicly-Traded-Test übertragen. Das gilt zumindest dann, wenn nur qualifizierte börsennotierte Gesellschaften an der Abkommensvorteile in Anspruch nehmenden Gesellschaft beteiligt sind. Wenn bei diesen börsennotierten Gesellschaften eine unangemessene Erlangung von Abkommensvorteilen durch Direct-Conduit-Strukturen hinreichend ausgeschlossen erscheint, muss das gleiche für eine 100 %ige Tochtergesellschaft gelten.

Allerdings setzt der Test nur eine Beteiligung von börsennotierten Gesellschaften in Höhe von mindestens 50 % voraus. Die übrigen 50 % können von Drittstaatsansässigen gehalten werden, ohne dass eine Disqualifikation der Tochtergesellschaft erfolgt.[421]

Die Beteiligung von qualifizierten börsennotierten Gesellschaften in Höhe von mindestens 50 % liefert allerdings ein Indiz dafür, dass die anderen Gesellschafter der Tochtergesellschaft (d.h. die potenziell Drittstaatsansässigen) die Tochtergesellschaft nicht gezielt als Zwischengesellschaft zum Treaty Shopping einsetzen, sondern andere Gründe für ihre Beteiligung an der Gesellschaft haben. Fehlt den Drittstaatsansässigen eine Mehrheitsbeteiligung, so haben sie in der Regel keine Kontrolle über die Ausschüttung von Gewinnen der Tochtergesellschaft. Sie können grundsätzlich auch nicht kontrollieren, wie die Tochtergesellschaft die Geschäfte betreibt und ob und in welchem Umfang sie quellensteuerpflichtige Einkünfte aus dem anderen Vertragsstaat erzielt. Ein Drittstaatsansässiger, dem es bei der Beteiligung an der Tochtergesellschaft darum geht, quellensteuerpflichtige Einkünfte zur Erlangung von Abkommensvorteilen durch die Tochtergesellschaft zu leiten, würde hingegen insoweit die Kontrolle über die Tochtergesellschaft innehaben wollen. Auch spricht eine fehlende Mehrheitsbeteiligung am Vermögen der Gesellschaft (und damit an den quellensteuerpflichtigen Einkünften) tendenziell gegen einen gezielten Einsatz der Gesellschaft als Zwischengesellschaft. Nach den Ergebnissen

421 Vgl. *Scholz*, Anti-Treaty-Shopping-Regelungen, S. 407 f., die daher davon ausgeht, der Test sei insofern nicht zur Verhinderung von Treaty Shopping effektiv. Dem ist jedoch aus den nachfolgend genannten Gründen nicht zuzustimmen.

des ersten Teils dieser Arbeit ist es durchaus vertretbar (wenn auch nicht zwingend), bei Fehlen einer Absicht zur Erlangung von Abkommensvorteilen keine unangemessene Erlangung von Abkommensvorteilen anzunehmen.[422]

Weiterhin ist es – wie ebenfalls im ersten Teil dieser Arbeit erörtert – für die Vertragsstaaten in ihrer Rolle als Ansässigkeitsstaat durchaus sinnvoll, die Abkommensvorteile einer Gesellschaft auch dann zu gewähren, wenn neben abkommensberechtigten Gesellschaftern auch Drittstaatsansässige im begrenzten Umfang an der Gesellschaft beteiligt sind, um Kooperationen von in ihrem Vertragsstaat ansässigen Personen mit Drittstaatsansässigen, beispielsweise in Form eines Joint Ventures, zu ermöglichen.[423] Insofern ist das Reziprozitätsprinzip selbst bei der mittelbaren Erlangung der Abkommensvorteile durch die drittstaatsansässigen Gesellschafter gewahrt, weil dies dem Interesse der Vertragsstaaten in ihrer Rolle als Ansässigkeitsstaat entspricht.

Allerdings ist es durchaus denkbar, dass eine Gesellschaft gezielt zum Treaty Shopping in einer Direct-Conduit-Struktur eingesetzt wird, obwohl der Drittstaatsansässige nicht die Mehrheit der Stimmrechte innehat. Wenn beispielsweise durch die Satzung oder eine Gesellschaftervereinbarung das Anlage- und Ausschüttungsverhalten der Gesellschaft bereits festgeschrieben ist, mag es für einen Drittstaatsansässigen keine Rolle spielen, ob er Einfluss auf die Geschäftsführung nehmen und das Ausschüttungsverhalten in Gesellschafterversammlungen festlegen kann.

Eine weitere Schwachstelle dieses Tests für Direct-Conduit-Strukturen besteht zudem darin, dass er durch Tracking Stock (d.h. Vorzugsaktien i.S.d. Art. 28 Abs. 8 c) DBA-USA) auf der Ebene zwischengeschalteter Gesellschaften umgangen werden kann. Wie zuvor erörtert, stellt der Test nur Beteiligungsvoraussetzungen für Vorzugsaktien auf Ebene der Tochtergesellschaft, deren Abkommensberechtigung geprüft wird, auf, nicht aber für Vorzugsaktien auf der Ebene zwischengeschalteter Gesellschaften.[424]

Stepping-Stone-Conduit-Strukturen werden durch den Indirectly-Publicly-Traded-Test, der lediglich auf eine gesellschaftsrechtliche Beteiligung abstellt, nicht effektiv adressiert. Zwar schließt er eine gesellschaftsrechtliche Kontrolle der Zwischengesellschaft durch den Drittstaatsansässigen aus, diese ist aber nicht für eine solche Struktur erforderlich. Anders als auf Ebene einer börsennotierten Gesellschaft ist diese Struktur auf Ebene einer Tochtergesellschaft, die auch nur eine börsennotierte Gesellschaft als Anteilseigner haben kann, auch durchaus praktisch umsetzbar.

---

422 Vgl. 1. Teil unter E.III., S. 43.

423 Vgl. 1. Teil unter E.IV., S. 48. Vgl. mit dieser Überlegung zum Ownership/Base-Erosion-Test: *Doernberg/van Raad*, 1996 Model Income Tax Convention, S. 177.

424 Vgl. C.II.3.a)bb)(4), S. 97.

(b) Formale Verlagerung von Einkünften oder Ausnutzen von Qualifikationskonflikten

Wie auch der Publicly-Traded-Test nach Art. 28 Abs. 2 c) aa) DBA-USA bietet der Indirectly-Publicly-Traded-Test gem. Art. 28 Abs. 2 c) bb) DBA-USA keinen Schutz vor Treaty Shopping durch eine formale Verlagerung von Einkünften oder das Ausnutzen von Qualifikationskonflikten. Kein Tatbestandsmerkmal dieses Tests adressiert diese Treaty-Shopping-Strukturen.

(3) Erforderlichkeit

(a) Ansässigkeit von zwischengeschalteten Gesellschaften

Fraglich ist, ob die Voraussetzung des Indirectly-Publicly-Traded-Tests, nach der zwischengeschaltete Beteiligte in einem der Vertragsstaaten ansässig sein müssen, zur Verhinderung von Treaty Shopping notwendig ist. Diese Voraussetzung versagt die Abkommensberechtigung, wenn die Beteiligung der börsennotierten Muttergesellschaft an der Tochtergesellschaft über eine in einem Drittstaat ansässige (intransparente) Gesellschaft gehalten wird.

Beispiel 7:
Die börsennotierte M-AG ist in Deutschland ansässig und alleinige Gesellschafterin der in Liechtenstein ansässigen L-GmbH. Die L-GmbH ist wiederum die alleinige Gesellschafterin der in Deutschland ansässigen T-GmbH, die Zinsen aus den USA bezieht.

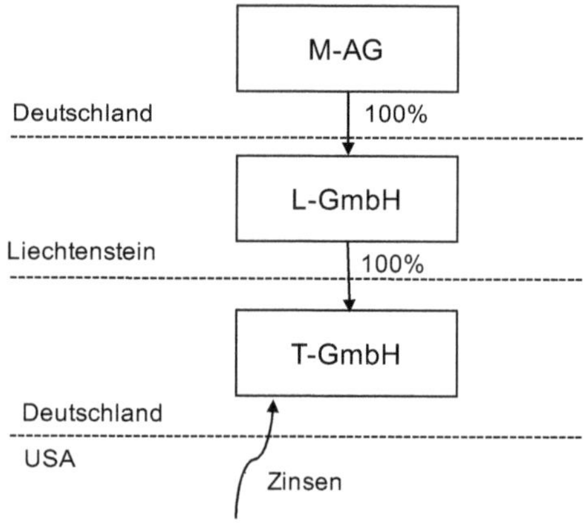

Ob in dieser Situation von Treaty Shopping gesprochen werden kann, ist vor dem Hintergrund der im ersten Teil diskutierten Argumente, die für die Verhinderung von Treaty Shopping angeführt werden (also Verstoß gegen das Reziprozitätsprinzip,

Verschlechterung der DBA-Verhandlungsposition, „Keinmalbesteuerung"),[425] allerdings zweifelhaft.

Es erscheint hier zwar durchaus denkbar, einen Verstoß gegen das Reziprozitätsprinzip anzunehmen, weil eine Entlastung von der US-Quellensteuer mittelbar auch der drittstaatsansässigen L-GmbH zugutekäme. Andererseits ist hier nicht nur die unmittelbare Bezieherin der Einkünfte keine drittstaatsansässige Person (d.h. die T-GmbH), sondern auch am Anfang der Beteiligungskette steht mit der M-AG eine im anderen Vertragsstaat ansässige Person, sodass die Abkommensvorteile letztlich keiner drittstaatsansässigen, sondern einer abkommensberechtigten Person zugutekommen. Daher ist ein Verstoß gegen das Reziprozitätsprinzip zu verneinen. Das zeigt sich auch daran, dass ohne die Zwischenschaltung der L-GmbH die USA ebenso die Quellensteuerbefreiung gewähren müssten und die Zwischenschaltung der L-GmbH nicht den Betrag der Quellensteuer, auf den die USA nach dem DBA-USA verzichten, erhöht.[426]

Auch verschlechtert sich durch die Gewährung von Abkommensvorteilen in dieser Situation nicht die DBA-Verhandlungsposition des Quellenstaats gegenüber dem Drittstaat (hier: Liechtenstein), da nach wie vor verlangt wird, dass am Anfang der Beteiligungskette eine abkommensberechtigte Person steht.

Ein Grund, in dieser Situation Abkommensvorteile zu versagen, mag jedoch die Gefahr einer Keinmalbesteuerung oder besser die Gefahr einer Vermeidung der Steuer im Ansässigkeitsstaat des Investors (im Beispiel 7: Deutschland) sein. Wenn im Beispiel 7 die T-GmbH die Einkünfte aus den USA an die L-GmbH weiterausschüttet und die L-GmbH in Liechtenstein keiner Besteuerung unterliegt, lässt sich so eine Besteuerung in Deutschland auf Ebene der M-AG hinauszögern oder ganz vermeiden. Dieses Argument erscheint aber zweifelhaft, weil die Einkünfte aus den USA im Grundsatz bei der T-GmbH in Deutschland in der gleichen Weise steuerpflichtig sein werden, als hätte sie die M-AG direkt bezogen. Denkbar wäre natürlich im Beispiel 7 die Weiterleitung der Zinsen an die L-GmbH im Rahmen einer Back-to-back-Darlehensstruktur als abzugsfähige Zahlung. Gegen eine Weiterleitung von Einkünften an Drittstaatsansässige im Wege einer abzugsfähigen Zahlung (d.h. einer Stepping-Stone-Conduit-Struktur oder Durchleitungsstruktur) bietet der Indirectly-Publicly-Traded-Test jedoch – wie soeben erörtert – sowieso keinen effektiven Schutz. Aber selbst wenn in dieser Konstellation die Gefahr der Vermeidung einer Besteuerung im Staat des Investors sieht, wäre es nach den Erörterungen im ersten Teil dieser Arbeit besser, diese Gefahr durch eine Hinzurechnungsbesteuerung in diesem Staat als durch eine Versagung der Abkommensvorteile zu beseitigen.[427] Dem

425 Vgl. 1. Teil unter D.I., S. 25.

426 Würde man hier ein Verstoß gegen das Reziprozitätsprinzip grundsätzlich bejahen, sollte das jedoch zumindest dann nicht gelten, wenn der Ansässigkeitsstaat des zwischengeschalteten Rechtsträgers mit dem Quellenstaat ein DBA abgeschlossen hat, das gleichwertige Abkommensvorteile wie das DBA-USA vorsieht (vgl. 1. Teil unter E.V., S. 49).

427 Vgl. zu ähnlichen Überlegungen: 1. Teil unter E.V.3., S. 51.

mag entgegengehalten werden, dass die Hinzurechnungsbesteuerung scheitert, wenn der Ansässigkeitsstaat des Investors nicht über die notwendigen Informationen verfügt, insbesondere wenn sich der zwischengeschaltete Rechtsträger in einer Steueroase befindet. Dann würde es aber genügen die Abkommensvorteile zu versagen, wenn mit dem Ansässigkeitsstaat des zwischengeschalteten Rechtsträgers kein DBA oder anderes Abkommen mit Bestimmungen zum steuerlichen Informationsaustausch besteht.[428]

Im Ergebnis ist es daher zur Verhinderung von Treaty Shopping nicht erforderlich, die Abkommensberechtigung schon dann scheitern zu lassen, wenn ein zwischengeschalteter Beteiligter nicht in einem der Vertragsstaaten ansässig ist. Wenn man hier überhaupt die Gefahr einer „Keinmalbesteuerung" sieht, wäre es sachgerechter, ihr durch eine Hinzurechnungsbesteuerung im Einzelfall als durch eine generelle Versagung der Abkommensvorteile zu begegnen. Im Hinblick auf den Derivative-Benefits-Test, der keine Anforderungen an die Ansässigkeit zwischengeschalteter Beteiligter stellt, ist die Ansässigkeitsvoraussetzung für zwischengeschaltete Beteiligte zudem inkonsistent.[429]

(b) Begrenzung der börsennotierten Anteilseigner auf fünf

Ferner ist fraglich, ob es zur Verhinderung von Treaty Shopping notwendig ist, die Anzahl der qualifizierten börsennotierten Gesellschaften, deren Beteiligung mindestens 50 % betragen muss, auf fünf zu begrenzen. In der deutschen Literatur wird teilweise zur Begrenzung der Höchstzahl der börsennotierten Anteilseigner festgestellt, dieses Erfordernis solle den Anwendungsbereich auf einen „kleinen Kreis von AG begrenzen, die sich z.B. an einem Joint Venture in Form einer Kapitalgesellschaft beteiligen".[430] Das stellt aber lediglich den Befund nicht jedoch die Begründung für die Notwendigkeit dieser Tatbestandsvoraussetzung dar.

Ansonsten findet sich auch weder in der Technical Explanation noch in der US-amerikanischen Literatur eine Begründung für die Begrenzung auf fünf börsennotierte Gesellschaften. Eine Funktion dieser Voraussetzung für die Verhinderung von Treaty Shopping ist nicht ersichtlich und sie ist daher nicht erforderlich. Sie steht auch im Widerspruch zur Wertung des Publicly-Traded-Tests in Art. 28 Abs. 2 c) aa) DBA-USA, bei dem gerade davon ausgegangen wird, dass die Anteilsstreuung bei der börsennotierten Muttergesellschaft gegen Treaty Shopping spricht. Allerdings dürfte es wohl kaum Gesellschaften geben, bei denen die Abkommensberechtigung an dieser Tatbestandsvoraussetzung scheitert.[431]

---

428 Beispielsweise Abkommen auf der Grundlage des Common Reporting Standards (vgl. *Lappas/Ruckes*, IStR 2016, 364 ff.).
429 Vgl. C.III.1.a)cc), S. 150. Vgl. auch *Rosenbloom*, TNI 2010 (Bd. 58), 649, 651.
430 *Wolff*, in: Wassermeyer, DBA, Art. 28 DBA-USA Rn. 61.
431 *Schnitger*, IWB (2006) Fach 8 USA Gr. 2, 1440, 1444.

(c) „Alles-oder-Nichts"-Prinzip

Der Indirectly-Publicly-Traded-Test gewährt zum einen die Abkommensvorteile vollständig, wenn nicht alle, aber mindestens 50 % der Anteile an der Tochtergesellschaft von qualifizierten börsennotierten Gesellschaften gehalten werden. Auf der anderen Seite versagt er die Abkommensvorteile jedoch auch vollständig, wenn zwar qualifizierte börsennotierte Gesellschaften an der Tochtergesellschaft beteiligt sind, diese Beteiligung aber weniger als 50 % beträgt.

Beispiel 8:
Die deutsche T-GmbH bezieht Dividenden einer US-Gesellschaft, an der sie zu weniger als 10 % beteiligt ist, in Höhe von 100. An der T-GmbH ist zu 60 % ein Drittstaatsansässiger und zu 40 % die qualifizierte börsennotierte M-AG beteiligt. Hier kann die T-GmbH nach dem Indirectly-Publicly-Traded-Test gar keine Abkommensvorteile, auch nicht in Höhe von 40 %, geltend machen. Mithin unterliegt die Dividende nicht nach Art. 10 Abs. 2 b) DBA-USA einer Quellensteuer in Höhe von 15 %, sondern in Höhe von 30 %.

Dieser „Alles-oder-Nichts"-Effekt wird in der Literatur als überschießende Wirkung der LoB-Klausel kritisiert.[432] Es stellt sich die Frage, ob nicht zumindest in Höhe der Beteiligung der abkommensberechtigten M-AG, d.h. zu 40 %, die Reduzierung der US-Quellensteuer gewährt werden sollte (proportionale Gewährung der Abkommensvorteile). Dann würde im Beispiel 8 insgesamt eine Quellensteuer in Höhe von 24 (= 40 x 15 % + 60 x 30 %) anfallen und der anwendbare Quellensteuersatz würde dementsprechend 24 % betragen. Im Ergebnis würden die USA damit auf eine Quellensteuer in Höhe von 6 verzichten. Von dieser Reduzierung der Quellensteuer von 30 % auf 24 % zugunsten der T-GmbH würde jedoch auch der Drittstaatsansässige (über seine Beteiligung an der T-GmbH) profitieren, sodass gegen eine proportionale Gewährung der Abkommensvorteile ein Verstoß gegen das Reziprozitätsprinzip sprechen könnte.

Allerdings ist der Betrag der Quellensteuer, auf den die USA bei einer proportionalen Gewährung der Abkommensvorteile verzichten, nicht höher als bei direktem Bezug der Einkünfte durch die Anteilseigner. Würden im Beispiel 8 die M-AG eine Dividende in Höhe von 40 und der Drittstaatsansässige eine Dividende in Höhe von 60 direkt beziehen, dürften die USA hinsichtlich der M-AG eine Quellensteuer in Höhe von 6 (= 40 x 15 %) erheben, was einen Verzicht auf eine Quellensteuer in Höhe von 6 bedeuten würde und hinsichtlich des Drittstaatsansässigen würden 30 % Quellensteuer, also eine Quellensteuer in Höhe von 18 (= 60 x 30 %) anfallen.

Zudem kann nicht ohne Weiteres angenommen werden, dass der Vorteil aus der Reduzierung der Quellensteuer dem Drittstaatsansässigen über die Beteiligung an der T-GmbH wirtschaftlich zugutekommt. Wenn es sich dabei um einen bedeutenden Betrag handelt, wird die M-AG wohl eine Regelung verlangen, nach der ihr allein der Vorteil aus der Quellensteuerreduzierung zusteht. Jedenfalls ist

432 *Bates* u.a., Intertax 2013, 395, 403; *Lüdicke*, DBA-Politik, S. 47 f.

aus diesem Grund ausgeschlossen, dass bei einer proportionalen Gewährung der Abkommensvorteile die T-GmbH vom Drittstaatsansässigen gezielt zur Erlangung von Abkommensvorteilen genutzt wird. Das würde den Interessen des abkommensberechtigten Gesellschafters, hier der M-AG, widersprechen und die M-AG würde sich daher als „Partner" einer solchen Struktur nicht zur Verfügung stellen.

Auch die anderen Gründe, die für eine Versagung von Abkommensvorteilen wegen Treaty Shopping sprechen, wären bei einer proportionalen Gewährung der Abkommensvorteile nicht einschlägig. Die DBA-Verhandlungsposition des Quellenstaats gegenüber dem Drittstaat verschlechtert sich nicht, weil die Quellensteuerentlastung nicht in Höhe der Beteiligung des Drittstaatsansässigen gewährt werden. Die Gefahr einer „Keinmalbesteuerung" ist bei einer proportionalen Gewährung der Abkommensvorteile ebenfalls nicht gegeben.

Ein möglicher Grund, von einer proportionalen Gewährung der Abkommensvorteile abzusehen, mag die Vereinfachung sein. Insbesondere bei mehrstufigen Beteiligungsverhältnissen und disproportionalen Gewinnanteilen wird es sehr schwierig sein, den proportionalen Anteil, für den Abkommensvorteile gewährt werden müssen, zu ermitteln.[433] Allerdings würde die damit verfolgte Vereinfachung außer Verhältnis zu den Nachteilen stehen, die ein Steuerpflichtiger hinnehmen muss, wenn die vom Indirectly-Publicly-Traded-Test vorausgesetzte Beteiligungsgrenze (unter Umständen nur knapp) nicht erreicht wird.

Daher ist die vollständige Versagung von Abkommensvorteile durch den Indirectly-Publicly-Traded-Test bei einer Beteiligung von qualifizierten börsennotierten Gesellschaften in Höhe von weniger als 50 % nicht zur Verhinderung von Treaty Shopping erforderlich. In diesem Fall wäre eine proportionale Gewährung von Abkommensvorteilen die bessere Lösung.[434]

4. Steuerbegünstigte Organisationen (Art. 28 Abs. 2 d) DBA-USA)

a) Tatbestandsvoraussetzungen

Nach Art. 28 Abs. 2 d) DBA-USA ist einer nach den Rechtsvorschriften eines der Vertragsstaaten errichteter Rechtsträger, der in diesem Staat ausschließlich zu religiösen, mildtätigen, erzieherischen, wissenschaftlichen oder ähnlichen Zwecken gegründet wurde und unterhalten wird, eine berechtigte Person.

Diese Vorschrift ist als Ergänzung zu Art. 27 DBA-USA zu verstehen, der die Steuerbefreiung von steuerbegünstigten Organisationen in ihrem Ansässigkeitsstaat auf den Quellenstaat erweitert, wenn die Organisation bei unterstellter Gründung

---

433 Vgl. *Bates* u.a., Intertax 2013, 395, 402. Vgl. auch zu den dadurch aufgeworfenen Problemen bei der Anwendung des § 50d Abs. 3 EStG: BMF, Schreiben v. 24.1.2012 – IV B 3 – S 2411/07/10016, BStBl. I 2012, 171; *Schönfeld*, in: F/W/B/S, AStR, § 50d EStG Rn. 91 ff.

434 *Bates* u.a., Intertax 2013, 395, 403; *Lüdicke*, DBA-Politik, S. 47 f. So auch in Bezug auf den Derivative-Benefits-Test: NYCB, Tax Notes 2008 (Bd. 119), 1087, 1094.

und ausschließlicher Tätigkeit im Quellenstaat auch dort steuerbefreit wäre.[435] Art. 27 DBA-USA gilt unabhängig vom Vorliegen der Abkommensberechtigung nach Art. 28 DBA-USA. Die Abkommensberechtigung nach Art. 28 Abs. 2 d) DBA-USA wird folglich dann relevant, wenn die Voraussetzungen des Art. 27 DBA-USA nicht gegeben sind und sich die Organisation sich die Verteilungsnormen des DBA-USA beruft.[436] Die Frage, ob der Rechtsträger religiöse, mildtätige, erzieherische, wissenschaftliche oder ähnliche Zwecke verfolgt, bestimmt sich nach dem Recht des Quellenstaats als Anwenderstaat (Art. 3 Abs. 2 DBA-USA). Im Fall einer US-Gesellschaft würde Deutschland also die Definitionen des deutschen Gemeinnützigkeitsrechts (§§ 51 ff. AO) anwenden, bei einer deutschen Gesellschaft sind die US-amerikanischen Definitionen für steuerbegünstigte Organisationen in § 501(c)(3) IRC maßgeblich.[437] Auch für die Frage, wann eine Gesellschaft ausschließlich diesen Zweck verfolgt, ist das Recht der Vertragsstaaten maßgeblich. In Deutschland findet sich hierfür eine Definition in § 56 AO. In den USA wird der Begriff näher in den zu § 501(c)(3) IRC ergangenen Regulations definiert.[438]

b) Bewertung

Die Regelung in Art. 28 Abs. 2 d) DBA-USA ist unter dem Aspekt der Verhinderung von Treaty Shopping sachgerecht. Wenn eine Gesellschaft ausschließlich religiöse, mildtätige, erzieherische, wissenschaftliche oder ähnliche Zwecke verfolgt, schließt das begrifflich aus, dass die Gesellschaft von Drittstaatsansässigen zur Erlangung von Abkommensvorteilen eingesetzt wird.[439] Soweit ein Drittstaatsansässiger durch die Verfolgung des Zwecks der steuerbegünstigten Organisationen Abkommensvorteile erlangt, steht das wiederum im Einklang mit den Interessen der Vertragsstaaten, bestimmte Zwecke steuerlich zu fördern.

5. Rechtsträger der Altersvorsorge (Art. 28 Abs. 2 e) DBA-USA)

a) Tatbestandsvoraussetzungen

Art. 28 Abs. 2 e) DBA-USA erklärt Altersvorsorge-Einrichtungen zu berechtigten Personen. Eine Altersvorsorge-Einrichtung i.S.d. Tests ist ein nach den Rechtsvorschriften eines Vertragsstaats errichteter Rechtsträger, der in diesem Vertragsstaat gegründet wurde und unterhalten wird, um Arbeitnehmern und Selbstständigen gemäß einem Vorsorgeplan Ruhegehälter und ähnliche Leistungen zu gewähren. Weiterhin müssen alternativ (i) mehr als 50 % der Begünstigten oder Teilnehmer in

---

435 *Gohr*, in: Endres/Jacob/Gohr/Klein, DBA-USA, Art. 28 Rn. 61.

436 *Gohr*, in: Endres/Jacob/Gohr/Klein, DBA-USA, Art. 28 Rn. 61.

437 *Gohr*, in: Endres/Jacob/Gohr/Klein, DBA-USA, Art. 28 Rn. 61; *Wolff*, in: Wassermeyer, DBA, Art. 28 DBA-USA Rn. 71. Nähere Regelungen zur US-Definition finden sich in Reg. 1.501(c)(3)-1.

438 Reg. 1.501(c)(3)-1.

439 *Wolff*, in: Wassermeyer, DBA, Art. 28 DBA-USA Rn. 69.

einem der Vertragsstaaten ansässige, natürliche Personen sein oder (ii) der Träger der Altersvorsorge-Einrichtung nach Art. 28 Abs. 2 DBA-USA abkommensberechtigt sein.

Für den Begriff des *Vorsorgeplans* wird auf die Definition des *Altersvorsorgeplans* in Art. 18A Abs. 4 DBA-USA zurückgegriffen.[440] Ein Altersvorsorgeplan i.S.d. Vorschrift ist eine Einrichtung, die vorwiegend dazu dient, (i) Ruhegehälter zu verwalten und zu gewähren oder (ii) Einkünfte zugunsten einer oder mehrerer solcher Einrichtungen zu erzielen. Die zweite Alternative dieser Definition kann allerdings nicht für Art. 28 Abs. 2 e) DBA-USA herangezogen werden, weil Art. 28 Abs. 2 e) DBA-USA gerade voraussetzt, dass die Altersvorsorge-Einrichtung die Ruhegehälter selbst gewährt.[441] Rechtsträger, die lediglich das Vermögen der Altersvorsorge-Einrichtungen verwalten, fallen somit nicht unter Art. 28 Abs. 2 e) DBA-USA, können sich aber nach dem Ownership/Base-Erosion-Test gem. Art. 28 Abs. 2 f) DBA-USA als berechtigte Personen qualifizieren.

Begünstigte oder *Teilnehmer* sind die natürlichen Personen, an denen die Altersvorsorge-Einrichtung die Ruhegehälter bzw. ähnliche Leistungen auszahlen.[442] *Träger* der Altersvorsorge-Einrichtung ist der Rechtsträger, der die Altersvorsorge-Einrichtung finanziert oder unterhält, in der Regel also das Unternehmen, das Arbeitgeber des Begünstigten oder Teilnehmers ist.[443]

b) Bewertung

Die Gewährung von Abkommensvergünstigungen an Altersvorsorge-Einrichtungen lässt sich damit rechtfertigen, dass sie sich nicht für Treaty Shopping eignen, weil sie zum einen aufsichtsrechtlichen Beschränkungen hinsichtlich ihrer Vermögensanlage unterliegen und zum anderen ihre Erträge den Teilnehmern bzw. Begünstigten zukommen lassen müssen.[444] Eine Inanspruchnahme von Abkommensvorteilen durch Drittstaatsansässige ist daher nur insoweit denkbar, als die Teilnehmer bzw. Begünstigte des Vorsorgeplans Drittstaatsansässige sind. Das schließt Art. 28 Abs. 2 e) DBA-USA zumindest insoweit aus, als die Mehrheit der Begünstigten oder Teilnehmer in einem der Vertragsstaaten ansässig sein muss. Dass gleichwohl eine Minderheit der Begünstigten oder Teilnehmer in einem Drittstaat ansässig sein kann, ohne die Altersvorsorge-Einrichtung zu disqualifizieren, erscheint sachgerecht,

---

440 *Gohr*, in: Endres/Jacob/Gohr/Klein, DBA-USA, Art. 28 Rn. 66; *Wolff*, in: Wassermeyer, DBA, Art. 28 DBA-USA Rn. 79. Das gilt auch für die namentliche Aufzählung der qualifizierenden Altersvorsorgepläne nach Nr. 16 des Protokolls zum DBA-USA.

441 *Wolff*, in: Wassermeyer, DBA, Art. 28 DBA-USA Rn. 79.

442 *Eimermann*, in: Wassermeyer, DBA, Art. 18A DBA-USA Rn. 9.

443 *Gohr*, in: Endres/Jacob/Gohr/Klein, DBA-USA, Art. 28 Rn. 68 mit Hinweis auf die englische Abkommensfassung, in der hierfür der Begriff „*organization sponsoring such person*" verwendet wird.

444 Vgl. *Wolff*, in: Wassermeyer, DBA, Art. 28 DBA-USA Rn. 77.

weil es sowohl für den Träger der Altersvorsorge-Einrichtung als auch für die Begünstigten oder Teilnehmer nicht immer wirtschaftlich sinnvoll ist, allein für die im Vertragsstaaten ansässigen Personen eine separate Altersvorsorge-Einrichtung zu unterhalten. Damit liegt die potenzielle Erlangung von Abkommensvorteilen durch eine Minderheit von drittstaatsansässigen Begünstigten im Einklang mit den Interessen der Vertragsstaaten in ihrer Rolle als Ansässigkeitsstaat, wirtschaftlich effiziente Strukturen für Altersvorsorge-Einrichtungen nicht zu benachteiligen.

Weiterhin lässt Art. 28 Abs. 2 e) DBA-USA es zu, dass die Mehrheit oder sogar alle Begünstigten des Vorsorgeplans in Drittstaaten ansässig sind, wenn der Träger der Altersvorsorge-Einrichtung nach Art. 28 Abs. 2 DBA-USA als berechtigte Person qualifiziert. Auch das erscheint aber sinnvoll, weil der Träger der Altersvorsorge-Einrichtung in der Regel das Unternehmen ist, das als Arbeitgeber einen Vorsorgeplan finanziert. Eine fehlende Abkommensberechtigung der Altersvorsorge-Einrichtung würde somit zu höheren Kosten für die Unternehmen in den Vertragsstaaten führen, was nicht im Interesse der Vertragsstaaten in ihrer Rolle als Ansässigkeitsstaat liegt.

6. *Ownership/Base-Erosion-Test (Art. 28 Abs. 2 f) DBA-USA)*

a) Tatbestandsvoraussetzungen

Der Ownership/Base-Erosion-Test gem. Art. 28 Abs. 2 f) DBA-USA gliedert sich in zwei unterschiedliche Tests. Der Ownership-Test (Art. 28 Abs. 2 f) aa) DBA-USA) stellt darauf ab, ob mindestens 50 % jeder „Aktiengattung oder sonstigen wirtschaftlichen Eigentums“ an der Abkommensvorteile in Anspruch nehmenden Person von Personen gehalten werden, die ihrerseits abkommensberechtigt sind. Der Base-Erosion-Test setzt voraus, dass die abzugsfähigen Zahlungen der Person an nicht abkommensberechtigte Personen weniger als 50 % des „Rohgewinns“ betragen. Beide Tests müssen kumulativ erfüllt sein, damit eine Person nach Art. 28 Abs. 2 f) DBA-USA als berechtigte Person qualifiziert.

aa) Persönlicher Anwendungsbereich

Nach dem einleitenden Absatz des Art. 28 Abs. 2 f) DBA-USA findet der Ownership/Base-Erosion-Test auf alle Personen Anwendung, die keine natürliche Personen sind, und ist damit – anders als der Publicly Traded und Indirectly-Publicly-Traded-Test – nicht auf Gesellschaften beschränkt.[445] Der Test findet damit auf alle Personen i.S.d. Art. 3 Abs. 1 d) DBA-USA außer natürliche Personen Anwendung, die in einem der Vertragsstaaten ansässig sind.

Allerdings wurde in der deutschen Literatur die Frage aufgeworfen, ob der Ownership/Base-Erosion-Test wegen der Verwendung des Begriffs *Aktiengattung* in Art. 28 Abs. 2 f) aa) DBA-USA nur auf Gesellschaften, deren Anteile als Aktien bezeichnet

445 *Gohr*, in: Endres/Jacob/Gohr/Klein, DBA-USA, Art. 28 Rn. 70.

werden, beschränkt ist.[446] Das wurde jedoch in dieser Arbeit schon zuvor bei der Diskussion des Indirectly-Publicly-Traded-Tests abgelehnt. Mit der Verwendung des Begriffs der Aktie ist keine Einschränkung des Anwendungsbereichs des Tests verbunden.[447] Aktie im Sinne des Ownership/Base-Erosion-Tests ist (wie beim Indirectly-Publicly-Traded-Test) jeder Anteil an einer Gesellschaft, die steuerlich intransparent ist. Den Anwendungsbereich auf AG und vergleichbare Rechtsformen zu beschränken würde zudem im Widerspruch zu dem einleitenden Absatz des Art. 28 Abs. 2 f) DBA-USA stehen, nach dem der Test gerade auf alle Personen, die keine natürliche Personen sind, Anwendung findet und der den persönlichen Anwendungsbereich damit gerade weit festlegt.

Dass der einleitende Absatz des Art. 28 Abs. 2 f) DBA-USA nicht nur (anders als in Art. 28 Abs. 2 c) oder Abs. 3 DBA-USA) Gesellschaften nennt, hat insbesondere den Hintergrund, dass dieser Tests auch auf intransparent besteuerte US-Trusts Anwendung finden soll.[448] Der typische intransparent besteuerte Trust (*ordinary trust*) unterliegt in den USA nicht den Besteuerungsregeln für Körperschaften. Die Steuerpflicht wird vielmehr in § 1 IRC, der die Besteuerung von natürlichen Personen regelt, begründet. Nach § 641(b) IRC wird dementsprechend das Einkommen des Trusts wie bei einer natürlichen Person bestimmt. Damit wird der Trust nicht, wie von Art. 3 Abs. 1 e) DBA-USA vorausgesetzt, wie eine juristische Person, sondern wie eine natürliche Person besteuert und ist daher keine Gesellschaft.[449] Die Einbeziehung von US-Trusts kann auch als Grund dafür gesehen werden, dass im Ownership-Test nicht nur *Aktien* (in der englischen Fassung: *shares*), sondern auch das *wirtschaftliche Eigentum* (in der englischen Fassung: *beneficial interest*) als mögliche Beteiligungsformen erwähnt werden. Im US-Steuerrecht wird die Berechtigung an *ordinary trusts* nicht als *share*, sondern als *beneficial interest* bezeichnet.[450]

Wenn aus deutscher Sicht über die Abkommensberechtigung eines (intransparenten) US-Trusts zu entscheiden ist, kann fraglich sein, ob die fehlende Eigenschaft des Trusts als Gesellschaft im US-Steuerrecht relevant ist. Wenn ein US-Trust aus deutscher Sicht nicht lediglich als Treuhandverhältnis i.S.d. § 39 Abs. 2 Nr. 1 S. 2 AO qualifiziert, handelt es sich dabei um eine beschränkt steuerpflichtige Vermögensmasse

446 *Wassermeyer/Schönfeld*, DB 2006, 1970, 1973.

447 Vgl. C.II.3.a)bb)(1), S. 96.

448 Vgl. Technical Explanation DBA-USA (2006) zu Art. 28 Abs. 2 f).

449 Vgl. Wolff, in: Wassermeyer, DBA, Art. 1 DBA-USA Rn. 43.
Deutlich wird das auch in der Technical Explanation zum US-MA, die von „*residents other than individuals or companies (such as trusts or estates)*" spricht (Technical Explanation US-MA (2006) zu Art. 4 Abs. 5.). Hingegen sind Trusts, die einer Geschäftstätigkeit nachgehen (*business trusts*) als Gesellschaften anzusehen, da sie den Besteuerungsregeln für Körperschaften (*C Corporations*) unterfallen. Reg. § 301.7701-4(b); *Wolff*, a.a.O.

450 Vgl. einerseits § 7701(7) IRC. Reg. § 301.7701-2(b), § 301.7701-3 und §§ 641 ff. IRC andererseits.

i.S.d. § 2 Nr. 1 und § 3 KStG,[451] die dann als Körperschaftsteuersubjekt aus deutscher Sicht „wie eine juristische Person" i.S.d. Art. 3 Abs. 1 e) DBA-USA besteuert wird, und für Zwecke des DBA-USA eine Gesellschaft ist. Allerdings wird teilweise vertreten, die Frage, ob eine Person wie eine juristische Person besteuert werde, richte sich nach dem Recht des Ansässigkeitsstaats der Person.[452] Für die Abkommensberechtigung eines US-Trusts wäre es dann entscheidend, dass Art. 28 Abs. 2 f) DBA-USA auch auf Personen Anwendung findet, die keine Gesellschaften sind.[453]

Weiterhin sollte der Ownership/Base-Erosion-Test auf Stiftungen nach deutschem Recht anwendbar sein. Diese sind zwar aus US-Sicht häufig als *ordinary trusts* und damit nicht als Gesellschaft zu qualifizieren.[454] Wegen des weiten Anwendungsbereichs des Ownership/Base-Erosion-Tests ist das jedoch irrelevant.

bb) Ownership-Test

Der Ownership-Test in Art. 28 Abs. 2 lit. f) aa) DBA-USA setzt voraus, dass an mindestens der Hälfte des Steuerjahrs mindestens 50 % jeder Aktiengattung oder sonstigen wirtschaftlichen Eigentums an der Person unmittelbar oder mittelbar von in diesem Vertragsstaat ansässigen Personen gehalten werden, die gem. Art. 28 Abs. 2 a), b), c) aa), d) oder e) DBA-USA abkommensberechtigt sind (qualifizierte Anteilseigner). Bei mittelbaren Beteiligungen muss jeder „zwischengeschaltete Beteiligte" in diesem Vertragsstaat ansässig sein.

(1) Qualifizierte Anteilseigner

Ein qualifizierter Anteilseigner muss zunächst im gleichen Staat wie die Person, deren Abkommensberechtigung geprüft wird, ansässig i.S.d. Art. 4 DBA-USA sein. Daher sind Gesellschaften oder andere Rechtsträger in Mäanderstrukturen, bei denen sich der Anteilseigner im Quellenstaat befindet, keine berechtigten Personen i.S.d. Ownership/Base-Erosion-Tests. Weiterhin muss ein qualifizierter Anteilseigner eine berechtigte Person i.S.d. Art. 28 Abs. 2 DBA-USA sein, wobei der Ownership-Test allerdings nur auf die Buchstaben a) (natürliche Personen), b) (Vertragsstaaten und ihre Gebietskörperschaften), c) aa) (qualifizierte börsennotierte Gesellschaften), d) (steuerbegünstigte Organisationen) und e) (Altersvorsorge-Einrichtungen) Bezug

451 Vgl. auch zu den Kriterien der Einordnung: *Witt*, in: H/H/R EStG/KStG, § 2 KStG Rn. 50; *Wolff*, in: Wassermeyer, DBA, Art. 1 DBA-USA Rn. 44.

452 *Wolff*, in: Wassermeyer, DBA, Art. 3 DBA-USA Rn. 10.

453 Wenn ein US-Trust nur aus US-amerikanischer Sicht, nicht jedoch aus deutscher Sicht intransparent ist, wäre bei Anwendung der Zurechnungstheorie im Rahmen des Art. 1 Abs. 7 DBA-USA gleichwohl der Ownership/Base-Erosion-Test auf Ebene des Trusts zu prüfen. Nach der Ansässigkeitstheorie würde die LoB-Klausel hingegen auf der Ebene der Berechtigten (*beneficiaries*) Anwendung finden (vgl. C.I.3., S. 69).

454 Vgl. zur Einordnung einer Stiftung nach Liechtensteiner Recht als Trust, IRS, Memorandum v. 16.10.2009 – AM2009-012, Westlaw (2009 WL 3336014).

nimmt. Tochtergesellschaften qualifizierter börsennotierter Gesellschaften, die nach dem Indirectly-Publicly-Traded-Test berechtigte Personen sind, und Personen, die selbst nach dem Ownership/Base-Erosion-Test als berechtigte Personen qualifizieren, sind daher keine qualifizierten Anteilseigner.

(2) Art und Höhe der Beteiligung

Die qualifizierten Anteilseigner müssen 50 % jeder *Aktiengattung* oder *sonstigen wirtschaftlichen Eigentums* an der Person halten. Darin liegt ein Unterschied zu den Beteiligungsvoraussetzungen des Indirectly-Publicly-Traded-Tests und des (nachfolgend erläuterten) Derivative-Benefits-Tests, bei denen die Beteiligungsquote an den Stimmrechten und dem Wert der Gesellschaft gemessen wird.

(a) Aktiengattung

Der Begriff *Aktiengattung* (im Englischen: „*class of shares*") wird im Abkommen nicht definiert. Seiner gewöhnlichen Bedeutung nach werden darunter diejenigen Anteile zu verstehen sein, die jeweils die gleichen Rechte haben.[455] Wie bereits zum Indirectly-Publicly-Traded-Test ausgeführt, handelt es sich bei der Verwendung des Begriffs Aktie um einen Übersetzungsfehler, weil darunter nicht nur Anteile an der AG, sondern auch an anderen Gesellschaftsformen zu verstehen sind, die als Körperschaft besteuert werden und damit Gesellschaften i.S.d. Art. 3 Abs. 1 e) DBA-USA sind.[456] Man wird ihn daher im Sinne von *Anteilsgattung* verstehen müssen. Auch die Geschäftsanteile an einer GmbH mit gleichen Rechten bilden folglich eine Aktiengattung i.S.d. Art. 28 Abs. 2 f) aa) DBA-USA. Berechtigungen an Rechtsträgern, die keine Gesellschaften i.S.d. Art. 3 Abs. 1 e) DBA-USA sind, wie z.B. der US-Trust oder die deutsche Stiftung (aus US-amerikanischer Sicht), bilden hingegen keine Aktiengattung, woraus sich die Erwähnung des wirtschaftlichen Eigentums in Art. 28 Abs. 2 f) aa) DBA-USA erklärt.[457]

In der Literatur wird vertreten, der Ownership-Test stelle im Gegensatz zum Indirectly-Publicly-Traded-Test keine Anforderung hinsichtlich der von den qualifizierten Anteilseignern zu haltenden Stimmrechte.[458] Dabei wird aber übersehen, dass den qualifizierten Anteilseignern immer mindestens 50 % der Stimmrechte zustehen, wenn sie mindestens 50 % jeder Aktiengattung halten müssen. Wenn eine Gesellschaft beispielsweise A- und B-Anteile ausgegeben hat und nur die B-Anteile Stimmrechte verkörpern, müssten die qualifizierten Anteilseigner auch mindestens 50 % der B-Anteile und somit 50 % der Stimmrechte halten.

Eine Aktiengattung bilden auch *Vorzugsaktien* i.S.d. Art. 28 Abs. 8 c) DBA-USA, also Tracking Stock, mit dem die Inhaber überproportional an Einkünften der

---

455 Vgl. auch § 11 S. 2 AktG.
456 Vgl. C.II.3.a)bb)(1), S. 96.
457 Vgl. nachfolgend (b), S. 129.
458 *Gohr*, in: Endres/Jacob/Gohr/Klein, DBA-USA Art. 28 Rn. 74.

Gesellschaft aus dem Quellenstaat beteiligt werden.[459] Damit wird auch insoweit einer Umgehung dieses Tests durch Weiterleitung quellensteuerpflichtiger Einkünfte über Tracking Stock an Drittstaatsansässige vorgebeugt. Allerdings bezieht sich der Ownership-Test nur auf Vorzugsaktien, die von der Gesellschaft, deren Abkommensberechtigung geprüft wird, ausgegeben werden. Vorzugsaktien auf Ebene zwischengeschalteter Beteiligter werden vom Wortlaut des Ownership-Tests nicht erfasst und bieten somit – wie bei der Diskussion des Indirectly-Publicly-Traded-Tests erörtert – eine Umgehungsmöglichkeit.[460]

(b) Wirtschaftliches Eigentum

Im deutschen Steuerrecht bezeichnet das wirtschaftliche Eigentum die vom Zivilrecht abweichende Zuordnung eines Wirtschaftsguts (§ 39 AO). Dieser Begriff kann nicht für den Ownership-Test übernommen werden, weil hier nicht ein Zuordnungsmaßstab für ein Wirtschaftsgut, sondern die Beteiligung an einer Person gemeint ist.[461] Das wird auch aus der englischen Abkommensfassung deutlich, in der es *„other beneficial interest"* heißt. Die Erwähnung des wirtschaftlichen Eigentums im Ownership-Test ist wohl dem Umstand geschuldet, dass er neben Gesellschaften auch auf Rechtsträger Anwendung finden kann, an denen keine Anteile (*shares*) bestehen. *Shares* bezeichnen im US-amerikanischen Steuerrecht die Anteile an Gesellschaften, die als Körperschaft besteuert werden, während beim *ordinary trust*, der nicht wie eine Körperschaft, sondern wie eine natürliche Person besteuert wird, die Beteiligung der am Trustvermögen Berechtigten *interest* bzw. *beneficial interest* heißt.[462] Unter wirtschaftlichem Eigentum sollte daher die Beteiligung an Personen gemeint sein, die keine Gesellschaften i.S.d. Art. 3 Abs. 1 e) DBA-USA sind. Das sind aus US-Sicht Trusts und deutsche Stiftungen, die als *ordinary trusts* besteuert werden.[463] Aus deutscher Sicht gibt es hingegen keine Rechtträger, die zwar keine Gesellschaften i.S.d. Art. 3 Abs. 1 e) DBA-USA, aber gleichwohl in den Vertragsstaaten ansässig i.S.d. Art. 4 Abs. 1 DBA-USA sind. Insbesondere sollte ein US-Trust, der nicht als reines Treuhandverhältnis zu qualifizieren ist, eine Gesellschaft i.S.d. Art. 3 Abs. 1 e) DBA-USA sein. Aus deutscher Sicht sollte die Erwähnung des wirtschaftlichen Eigentums daher nur Relevanz haben, wenn man der Sichtweise folgt,

---

459 *Gohr*, in: Endres/Jacob/Gohr/Klein, DBA-USA, Art. 28 Rn. 73.

460 Vgl. C.II.3.a)bb)(4), S. 100.

461 *Wolff*, in: Wassermeyer, DBA, Art. 28 DBA-USA Rn. 87.

462 Vgl. einerseits § 7701(7) IRC. Reg. § 301.7701-2(b), § 301.7701-3 und §§ 641 ff. IRC andererseits. Klarer geht das noch aus dem Ownership/Base-Erosion-Test in Art. 28 Abs. 1 e) aa) DBA-USA (1989) hervor: *„more than 50 percent of the beneficial interest in which (or in the case of a company, more than 50 percent of the number of shares of each class of whose shares)"*.

463 Vgl. C.II.6.a)aa), S. 125.

nach der es für die Qualifikation als Gesellschaft i.S.d. Art. 3 Abs. 1 e) DBA-USA auf das Recht des Ansässigkeitsstaats ankommt.[464]

Nach der Technical Explanation ist beim US-Trust das wirtschaftliche Eigentum den Berechtigten (*beneficiaries*) im Verhältnis ihres Anteils am Trustvermögen unter Berücksichtigung versicherungsmathematischer Methoden zuzurechnen.[465] Der Anteil des wirtschaftlichen Eigentums eines Anfallsberechtigten, dem das Trustvermögen nach dem Ende der Beteiligung der Bezugsberechtigten zusteht (*remainder beneficiary*), entspricht 100 % abzüglich der nach versicherungsmathematischen Grundsätzen zu ermittelnden Beteiligung der Bezugsberechtigten.[466] Falls der Anteil am wirtschaftlichen Eigentum nach diesen Maßstäben nicht einem Berechtigten zugerechnet werden kann (etwa, weil er nicht genau in der Trusturkunde bestimmt worden ist), wird angenommen, dass der Anteil nicht von einem qualifizierten Anteilseignern i.S.d. Ownership-Tests gehalten wird.[467] Falls es nicht möglich ist, den Anteil der Berechtigten eines Trusts nach versicherungsmathematischen Methoden zu bestimmen, müssen alle potenziell Berechtigten des Trusts qualifizierte Anteilseigner i.S.d. Ownership-Tests sein, damit der Trust die Voraussetzungen des Ownership-Trusts besteht.[468] Diese Grundsätze lassen sich auf die Feststellung des wirtschaftlichen Eigentums an einer Stiftung, die als *ordinary trust* qualifiziert, übertragen.

Nicht geklärt wird durch die Technical Explanation allerdings, wie das wirtschaftliche Eigentum zu bestimmen ist, wenn ein Drittstaatsansässiger überproportional an den Einkünften eines Trusts aus dem anderen Vertragsstaat beteiligt ist (vergleichbar zum Halten von Vorzugsaktien i.S.d. Art. 28 Abs. 8 c) DBA-USA). Anders als bei Rechtsträgern, die Gesellschaften sind und bei denen auch mindestens 50 % jeder Vorzugsaktiengattung von qualifizierten Anteilseignern gehalten werden müssen, ergibt sich aus dem Wortlaut kein entsprechendes Erfordernis für einen Trust oder eine Stiftung bei der Bestimmung des wirtschaftlichen Eigentums. Mithin könnte hier eine gezielte Weiterleitung von Einkünften aus dem Quellenstaat an Drittstaatsansässige möglich sein, wenn der versicherungsmathematische Anteil des Drittstaatsansässigen am gesamten Vermögen des Trusts nicht mehr als 50 %

---

464 A.A. *Wolff*, in: Wassermeyer, DBA, Art. 28 DBA-USA Rn. 87, der unter den Begriff des *wirtschaftlichen Eigentums* alle Anteile an Rechtsträgern subsumieren will, die keine Kapitalgesellschaft sind (beispielsweise Genossenschaften). Auch der Anteil des phG einer KGaA soll unter diesen Begriff fallen. Dagegen spricht aber, dass es nicht auf die gesellschaftsrechtliche Bedeutung des Begriffs der *Aktie* bzw. *share* ankommen kann (vgl. C.II.3.a)bb)(1), S. 96) Außerdem stellen die Begriffe *Aktiengattung* einerseits und *wirtschaftliches Eigentum* andererseits unterschiedliche Voraussetzungen an die Möglichkeit der Kontrolle durch den Drittstaatsansässigen (s.u.) und daher erscheint es vorzugswürdig, die Beteiligung an Rechtsträgern vorrangig unter den Begriff der Aktiengattung zu subsumieren.

465 Technical Explanation DBA-USA (2006) zu Art. 28 Abs. 2 f).

466 Technical Explanation DBA-USA (2006) zu Art. 28 Abs. 2 f).

467 Technical Explanation DBA-USA (2006) zu Art. 28 Abs. 2 f).

468 Technical Explanation DBA-USA (2006) zu Art. 28 Abs. 2 f).

beträgt. In der US-amerikanischen Literatur wird allerdings darauf hingewiesen, dass die US-Steuerverwaltung in diesem Fall von zwei Trusts ausgehen könnte; ein Trust, an dem die abkommensberechtigten Personen beteiligt sind, und ein Trust, an dem der Drittstaatsansässige beteiligt ist (und der daher nicht die Voraussetzungen des Ownership-Tests erfüllt).[469]

Außerdem enthält der Begriff des wirtschaftlichen Eigentums keine Voraussetzungen im Hinblick auf die Kontrolle über den betreffenden Rechtsträger. Der drittstaatsansässige Errichter (*grantor*) eines Trusts könnte sich beispielsweise ein umfassendes Weisungsrecht gegenüber dem Treuhänder (*trustee*) vorbehalten oder sogar den Rückfall des Trustvermögens auf sein Verlangen vorbehalten, ohne die Abkommensberechtigung des Trusts zu gefährden, solange der Anteil am Gewinn und Vermögen des Trusts nicht mehr als 50 % beträgt. Das steht im Widerspruch zum Ownership-Test bei Gesellschaften, wo der Drittstaatsansässige aufgrund der dort anwendbaren Tatbestandsvoraussetzung *Aktiengattung* nicht die Mehrheit der Stimmrechte und damit die Kontrolle über die Gesellschaft innehaben darf. Die Erklärung, warum bei Trusts keine fehlende Kontrolle des Drittstaatsansässigen vorausgesetzt wird, mag darin gesehen werden, dass aus US-Sicht ein Trust, bei dem sich der Errichter eine Kontrolle über den Gewinn und das Vermögen vorbehält, als *grantor trust* qualifiziert und daher transparent besteuert wird.[470] Da ein transparenter *grantor trust* bereits nicht in den USA ansässig i.S.d. Art. 4 Abs. 1 DBA-USA wäre, käme es insoweit nicht auf den Ownership-Test an. Auch in Deutschland

Auch wenn es demnach aus US-Sicht durchaus gerechtfertigt erscheint, dass, soweit es auf das wirtschaftliche Eigentum ankommt, auf die fehlende Kontrolle durch Drittstaatsansässige verzichtet wird, lässt sich dieses Ergebnis allerdings nicht unbedingt auf andere Steuerrechtsordnungen, die Trusts bzw. trustähnliche Gebilde anders als die USA besteuern, übertragen. So würde eine von einem Drittstaatsansässigen kontrollierte deutsche Stiftung in Deutschland als Körperschaft (d.h. intransparent) besteuert werden. Auch wenn diese Stiftung aus US-Sicht als *grantor trust* und damit steuerlich transparent qualifizierte, wäre der Ownership/Base-Erosion-Test bei Anwendung der Zurechnungstheorie im Rahmen des Art. 1 Abs. 7 DBA-USA gleichwohl auf die Stiftung anwendbar. Bei Subsumtion unter das Tatbestandsmerkmal *wirtschaftliches Eigentum* wäre die Kontrolle der Stiftung durch den Drittstaatsansässigen unbeachtlich.[471]

In der Literatur wird teilweise vertreten, es könne dahinstehen, ob Geschäftsanteile an einer GmbH unter den Begriff des wirtschaftlichen Eigentums oder der Aktiengattung subsumiert werden können.[472] Wegen der unterschiedlichen

---

469 *Levine/Miller*, T.M. Foreign Income Portfolio 936 unter III. A. 4.

470 §§ 674–677 IRC.

471 Es sei denn, man folgt der Auffassung, nach der sich die Qualifikation als Gesellschaft nach dem Recht des Ansässigkeitsstaats richtet (vgl. *Wolff*, in: Wassermeyer, DBA, Art. 3 DBA-USA Rn. 10). Dann wäre das Tatbestandsmerkmal *Aktiengattung* einschlägig.

472 *Wolff*, in: Wassermeyer, DBA, Art. 28 DBA-USA Rn. 87.

Anforderungen an disproportionale Gewinnverteilung und Kontrolle, die – wie soeben erörtert – aus den Begriffen Aktiengattung einerseits und wirtschaftliches Eigentum andererseits folgen, ist das jedoch nicht richtig. Vielmehr spricht das für eine Subsumtion von GmbH-Geschäftsanteilen unter den Begriff der Aktiengattung.

(c) Mittelbare Beteiligungen / Zwischengeschalteter Beteiligter

Zu der Frage, wann eine *mittelbare Beteiligung* und ein *zwischengeschalteter Beteiligter* (insbesondere bei Zwischenschaltung von hybriden Rechtsgebilden) vorliegt und wie die Beteiligungshöhe in diesem Fall zu ermitteln ist, kann grundsätzlich auf die Ausführungen zum Indirectly-Publicly-Traded-Test verwiesen werden.[473] Der einzige Unterschied zu dieser Vorschrift besteht darin, dass der Ownership-Test die Ansässigkeit eines zwischengeschalteten Beteiligten im gleichen Vertragsstaat wie die Person, deren Abkommensberechtigung geprüft wird, voraussetzt, während beim Indirectly-Publicly-Traded-Test die Ansässigkeit in einem der Vertragsstaaten ausreicht.

(3) Zeitraum der Beteiligung

Die Beteiligungsvoraussetzungen des Ownership Tests müssen an mindestens der Hälfte der Tage des Steuerjahrs vorliegen. Da auch an anderer Stelle immer das Steuerjahr der Abkommensvorteile in Anspruch nehmenden Person gemeint ist, wird man auch hier auf das Steuerjahr der Person abstellen müssen, deren Abkommensberechtigung geprüft wird.

cc) Base-Erosion-Test

Der Base-Erosion-Test in Art. 28 Abs. 2 f) bb) DBA-USA setzt voraus, dass weniger als 50 % des Rohgewinns der Person für das Steuerjahr unmittelbar oder mittelbar in Form von Zahlungen, die für Zwecke der unter das Abkommen fallenden Steuern im Ansässigkeitsstaat der Person abzugsfähig sind, an Personen gezahlt werden oder diesen geschuldet sind, die in keinem der Vertragsstaaten ansässig sind oder[474] keinen Anspruch auf die Vergünstigungen nach dem Abkommen gemäß Art. 28 Abs. 2 lit. a), b), c) aa), d) oder e) DBA-USA haben. Der Base-Erosion-Test soll vermeiden, dass die Einkünfte der Abkommensvorteile in Anspruch nehmenden Person durch steuerlich abzugsfähige Zahlungen an nicht abkommensberechtigte Personen

---

473 Vgl. C.II.3.a)bb)(5), S. 101.

474 Die Abkommensvorschrift spricht hier eigentlich von „und". Aus dem Sinn und Zweck ergibt sich jedoch, dass sowohl die Nichtansässigkeit als auch die fehlende Berechtigung nach Art. 28 Abs. 2 DBA-USA des Zahlungsempfängers für den Base-Erosion-Test schädlich sind. *Gohr*, in: Endres/Jacob/Gohr/Klein, DBA-USA, Art. 28 Rn. 92.

weitergeleitet werden.[475] Der Base-Erosion-Test zielt damit sowohl auf Stepping-Stone-Conduit-Strukturen als auch auf Durchleitungsstrukturen ab.[476]

(1) Rohgewinn

Der Begriff *Rohgewinn* (in der englischen Fassung: *gross income*) wird im Abkommen nicht definiert. Nach den Technical Explanations zu älteren DBA sollte zur Bestimmung des Rohgewinns das Steuerrecht des Anwenderstaats, im Fall einer deutschen Gesellschaft also das US-Steuerrecht, entscheidend sein.[477] Nach der Technical Explanation zum DBA-USA ist der Rohgewinn hingegen auf der Grundlage des Steuerrechts des Ansässigkeitsstaats der Abkommensvorteile in Anspruch nehmenden Person, im Fall einer deutschen Gesellschaft also nach deutschem Steuerrecht, zu ermitteln.[478] Das lässt sich auch aus dem Abkommenszusammenhang ableiten. Art 28 Abs. 2 f) bb) DBA-USA stellt darauf ab, ob die Zahlung im Ansässigkeitsstaat der Person steuerlich abzugsfähig ist.[479] Dann kann für die Frage, wie der Rohgewinn zu ermitteln ist, auch nur das Recht des Ansässigkeitsstaats entscheidend sein. Außerdem entspricht diese Auslegung dem Sinn und Zweck des Base-Erosion-Tests, Stepping-Stone-Conduit-Strukturen und Durchleitungsstrukturen zu verhindern. Bei diesen Strukturen geht es typischerweise darum, die Steuerlast im Ansässigkeitsstaat durch abzugsfähige Zahlungen zu vermindern.[480] Dann sollte es auch auf die Regeln zur Ermittlung der steuerlichen Einkünfte im Ansässigkeitsstaat ankommen. Im Fall einer in den USA ansässigen Gesellschaft sind somit die Regeln des US-Steuerrechts zur Ermittlung des Rohgewinns maßgeblich, im Fall einer in Deutschland ansässigen Gesellschaft die Regeln des deutschen Steuerrechts.[481]

Die Frage, nach welchem Steuerrecht der Rohgewinn zu ermitteln ist, d.h. beispielsweise, welche Regeln für die Realisierung von Gewinnen oder die Abzugsfähigkeit von Aufwendungen gelten, wird allerdings oft nicht eindeutig von der Frage unterschieden, wie der Rohgewinn zu definieren ist, d.h., welche Einnahmen

475 *Andersen*, Tax Treaties, Tz. 22.02[2][c][i]; *Doernberg/van Raad*, 1996 Model Income Tax Convention, S. 178; *Gohr*, in: Endres/Jacob/Gohr/Klein, DBA-USA, Art. 28 Rn. 70; *Wolff*, in: Wassermeyer, DBA, Art. 28 DBA-USA Rn. 95.

476 Vgl. das Beispiel in Technical Explanation DBA-USA (1989) zu Art. 28 Abs. 2 e), in der diese Vorschrift auf eine Durchleitungsstruktur angewandt wird.

477 Vgl. Technical Explanation US-MA (1996) zu Art. 22 Abs. 2 f); Technical Explanation DBA-USA (1989) zu Art. 28 Abs. 2 e).

478 Vgl. Technical Explanation US-MA (2006) zu Art. 22 Abs. 2 e); Technical Explanation DBA-USA (2006) zu Art. 22 Abs. 2 f).

479 Das US-MA (2006) und US-MA (2016) stellen im Abkommenstext ausdrücklich klar, dass es für die Ermittlung des Rohgewinns auf das Steuerrecht des Ansässigkeitsstaats ankommt (Art. 22 Abs. 2 e) US-MA (2006), Art. 22 Abs. 7 h) US-MA (2016).

480 Vgl. *Wolff*, in: Wassermeyer, DBA, Art. 28 DBA-USA Rn. 100.

481 *Wolff*, in: Wassermeyer, DBA, Art. 28 DBA-USA Rn. 100.

und Ausgaben in den Rohgewinn einfließen.[482] Aus dem Sinn und Zweck des Base-Erosion-Tests ergibt sich nur, dass es für die Ermittlung des Rohgewinns auf das Steuerrecht des Ansässigkeitsstaats ankommt. Die Definition des Rohgewinns sollte sich nach dem Steuerrecht des Anwenderstaats richten (Art. 3 Abs. 2 DBA-USA).

(a) Definition im US-Steuerrecht

Im US-Steuerrecht wird auf die Definition des *gross income* in § 61(a) IRC zurückgegriffen.[483] *Gross income* sind danach alle Einnahmen aus jeglichen Quellen, soweit der IRC nicht eine andere Bestimmung trifft.[484] Weiterhin enthält § 61(a) IRC eine nicht abschließende Aufzählung von Einnahmen, die zum *gross income* gehören. Nach den zu § 61(a) erlassenen Regulations ist im verarbeitenden Gewerbe und im Handelsgewerbe *gross income* die Differenz zwischen den Verkaufserlösen und den Kosten der verkauften Waren zuzüglich aller Einnahmen aus Kapitalanlagen (unabhängig davon, ob sie mit dem Gewerbe im Zusammenhang stehen oder nicht).[485] *Gross income* ist also sehr weit definiert.

(b) Definition im deutschen Steuerrecht

Im deutschen Steuerrecht findet sich keine Definition des *Rohgewinns.* Rohgewinn ist in erster Linie ein betriebswirtschaftlicher Begriff und bezeichnet im verarbeitenden Gewerbe und im Handelsgewerbe die Differenz zwischen den Umsatzerlösen und dem Waren- bzw. Materialeinsatz.[486] Im weitesten Sinne bezeichnet er in der Betriebswirtschaft eine Größe, bei dem von einer Erfolgskomponente nur bestimmte negative Größen abgezogen werden.[487] In den deutschen Steuergesetzen wird dieser Begriff nicht verwendet. Die steuerlichen Verwaltungsvorschriften verwenden ihn vereinzelt, etwa bei Bewertungsfragen, ohne eine allgemeingültige Definition zu liefern.[488]

In der deutschen Literatur wird zur Bestimmung des Rohgewinns i.S.d. Art. 28 Abs. 2 f) bb) DBA-USA fast einhellig auf den Begriff des Rohergebnisses i.S.d. § 276

---

482 Vgl. *Wolff*, in: Wassermeyer, DBA, Art. 28 DBA-USA Rn. 100.

483 *Doernberg/van Raad*, 1996 Model Income Tax Convention, S. 178.

484 *„Except as otherwise provided in this subtitle, gross income means all income from whatever source derived [...]"*.

485 Reg. § 1.61-3(a). Ebenso noch Technical Explanation US-MA (1996) zu Art. 22 Abs. 2 f).
Das jüngste US-MA enthält zudem eine abkommensrechtliche Definition des gross income, die weitgehend mit der Definition in § 61(a) IRC übereinstimmt (Art. 22 Abs. 7 h) US-MA (2016)).

486 Gabler Wirtschaftslexikon unter „Warenrohgewinn", „Rohertrag".

487 Gabler Wirtschaftslexikon unter „Bruttoerfolg".

488 Etwa bei der Bestimmung des Teilwerts nach der Subtraktionsmethode, R 6.8(2) EStR.

S. 1 HGB zurückgegriffen.[489] Gem. § 276 S. 1 HGB umfasst das Rohergebnis die Posten der Gewinn- und Verlustrechnung nach § 275 Abs. 2 Nr. 1 bis 5 bzw. Abs. 3 Nr. 1 bis 3 und 6 HGB, also im Wesentlichen die Umsatzerlöse zuzüglich der sonstigen betrieblichen Erträge und abzüglich der Veränderung des Bestands an Erzeugnissen und des Materialaufwands.[490]

Ob der Rohgewinn i.S.d. Art. 28 Abs. 2 f) bb) DBA-USA mit dem Rohergebnis i.S.d. § 276 S. 1 HGB gleichgesetzt werden kann, erscheint allerdings zweifelhaft. Das fängt bereits damit an, dass die Begriffe sprachlich nicht identisch sind. Weiterhin enthält § 276 S. 1 HGB keine allgemeingültige Definition des Begriffs, die auch für das Steuerrecht maßgeblich wäre, sondern umschreibt nur einen handelsrechtlichen Gliederungsposten in der vereinfachten Gewinn- und Verlustrechnung für kleine und mittelgroße Kapitalgesellschaften. Kritisch zu sehen ist auch, dass die Definition in § 276 S. 1 HGB nicht alle Erträge erfasst. Insbesondere fließen Beteiligungserträge,[491] Erträge aus Wertpapieren[492] oder Zinserträge[493] nicht in das Rohergebnis ein. Bei Holdinggesellschaften würde das regelmäßig zur Versagung der Abkommensberechtigung führen. Der ganz überwiegende Teil der Erträge einer Holdinggesellschaft wird aus Dividenden, Zinsen oder Veräußerungsgewinnen bestehen, die im Rohergebnis i.S.d. § 276 S. 1 HGB gar nicht erfasst werden. Mithin wäre der Rohgewinn i.S.d. Art. 28 Abs. 2 lit. f) bb) DBA-USA bei Holdinggesellschaften sehr niedrig. Schon bei geringen Zahlungen an Drittstaatsansässigen wären die Voraussetzungen des Base-Erosion-Tests nicht erfüllt. Das erscheint jedoch nicht sachgerecht. Mit diesem Test sollen Treaty-Shopping-Strukturen, durch die nach dem DBA-USA begünstigten Zahlungen größtenteils an Drittstaatsansässige weitergeleitet werden, die Abkommensberechtigung versagt werden. Dem würde es widersprechen, wenn man nach dem DBA-USA begünstigte Dividenden und Zinsen gar nicht in die Ausgangsgröße des Base-Erosion-Tests, den Rohgewinn, einfließen lassen würde. Schließlich würde die Nichtberücksichtigung von Beteiligungs- und Zinserträgen dazu führen, dass die Abkommensberechtigung in den USA und in

489 *Gohr*, in: Endres/Jacob/Gohr/Klein, DBA-USA, Art. 28 Rn. 83 f.; *Wolff*, in: Wassermeyer, DBA, Art. 28 DBA-USA Rn. 100; *Dörfler/Birker*, GmbHR 2006, 867, 869; *Goebel/Glasner/Wangel*, DStZ 2009, 197, 201; *Rademacher/Gottwald*, in: Gosch/Kroppen/Grotherr, DBA, Art. 28 DBA-USA Rn. 76.
Kraft (Die missbräuchliche Inanspruchnahme von DBA, S. 40) will hingegen Rohgewinn wie Bruttoeinnahmen verstanden wissen, also keinen Abzug von Ausgaben zulassen. Im anglo-amerikanischen Sprach- und Rechtsraum werde – so *Kraft* – der korrespondierende Begriff *gross income* als Bruttogröße verstanden. Das ist, wie schon die Regulations zu § 61 IRC zeigen, eine unzutreffende Annahme.

490 Bzw. beim Umsatzkostenverfahren: Umsatzerlöse zuzüglich der sonstigen betrieblichen Erträge und abzüglich der Herstellungskosten.

491 § 275 Abs. 2 Nr. 9 bzw. Abs. 3 Nr. 8 HGB.

492 § 275 Abs. 2 Nr. 10 bzw. Abs. 3 Nr. 9 HGB.

493 § 275 Abs. 2 Nr. 11 bzw. Abs. 3 Nr. 10 HGB.

Deutschland grundsätzlich anders beurteilt wird, weil aus Sicht der USA diese Erträge im Rohgewinn enthalten sind.[494]

Im Ergebnis erscheint es zwar im Grundsatz richtig, die Definition des Rohergebnisses in § 276 S. 1 HGB als Ausgangspunkt zur Bestimmung des Begriffs des Rohgewinns zu verwenden, weil § 276 S. 1 HGB das gewöhnliche Begriffsverständnis (Umsatzerlöse abzüglich Waren- bzw. Materialeinsatz) wiedergibt. Der Rohgewinn sollte aber aus den soeben dargestellten Gründen auch andere Erträge der Gewinn- und Verlustrechnung, insbesondere Beteiligungserträge, Zinsen und Erträge aus Wertpapieren i.S.d. § 275 Abs. 2 Nr. 9, 10 und 11 bzw. Abs. 3 Nr. 8, 9 und 10 HGB umfassen.

(c) Sonderproblem: Steuerfreie Dividenden

Eine Frage, die sich sowohl aus US-Sicht als auch aus deutscher Sicht stellt, ist, ob Einnahmen, die steuerfrei sind, ebenfalls zum *Rohgewinn* rechnen. Diese Frage stellt sich insbesondere bei Dividenden. In Deutschland sind Dividenden bei einer Beteiligung in Höhe von mindestens 10 % nach § 8b Abs. 1, 4 KStG für die Zwecke der Körperschaftsteuer im Grundsatz (zu effektiv 95 %) steuerfrei.[495] In den USA besteht für US-Körperschaften die Möglichkeit, Dividenden anderer US-Gesellschaften als fiktive Betriebsausgabe ganz oder teilweise abzuziehen (*dividend received deduction*),[496] wodurch diese Dividenden im Ergebnis ebenfalls ganz oder teilweise steuerfrei bleiben. Zweifel, ob der Rohgewinn auch diese steuerfreien Dividenden umfasst, könnten deshalb aufkommen, weil der Rohgewinn letztlich ein steuerlicher Begriff ist und daher auf die Einnahmen beschränkt sein könnte, die auch tatsächlich steuerpflichtig sind. Auf der anderen Seite soll der Rohgewinn aber auch ein Maßstab dafür sein, ob im schädlichen Umfang quellensteuerpflichtige Einkünfte der Gesellschaft an Drittstaatsansässige innerhalb einer Stepping-Stone-Conduit-Struktur oder Durchleitungsstruktur weitergeleitet werden. Vor diesem Hintergrund wäre es widersprüchlich, Dividenden aus dem Quellenstaat, die im Ansässigkeitsstaat steuerbefreit sind, nicht in den Rohgewinn einzubeziehen. Besonders deutlich wird das bei einer Gesellschaft, die ausschließlich steuerfreie Dividenden aus dem anderen Vertragsstaat erzielt und hierfür die Quellensteuerentlastung nach Art. 10 Abs. 2, 3 DBA-USA beansprucht. Wären diese Dividenden nicht im Rohgewinn enthalten, würden bereits geringe Zahlungen der Gesellschaft an nicht abkommensberechtigte Personen zur Versagung der Abkommensberechtigung

494 So benennt die beispielhafte Aufzählung in § 61(a) IRC auch Veräußerungsgewinne, Dividenden, den Gewinnanteil an einer Personengesellschaft und Zinsen. Die Regulations zu § 61(a) IRC stellen ausdrücklich klar, dass zum *gross income* nicht nur die Verkaufserlöse abzüglich der Kosten der verkauften Waren, sondern auch Einnahmen aus Kapitalanlagen gehören. Reg. § 1.61-3(a).

495 Für Zwecke der Gewerbesteuer kommt eine Kürzung nach § 9 Nr. 2a bzw. 7 GewStG in Betracht.

496 § 243 IRC.

führen, ohne dass tatsächlich Einkünfte im bedeutenden Umfang weitergeleitet werden. Eine Lösung dafür mag sein, steuerfreie Dividenden zu berücksichtigen, soweit es um die Abkommensberechtigung im Hinblick auf Art. 10 DBA-USA geht und sie ansonsten nicht in den Rohgewinn miteinfließen zu lassen. Dieser Ansatz findet jedoch im Wortlaut des Base-Erosion-Tests keine Stütze.[497] Der Wortlaut spricht vielmehr für die Einbeziehung steuerfreier Einkünfte, weil die Steuerpflicht gerade nicht vorausgesetzt wird.[498] Vorzugswürdig erscheint es daher, steuerfreie Dividenden bei der Prüfung der Abkommensberechtigung miteinzubeziehen.

Diese Auffassung wird wohl auch von der IRS geteilt. Im Hinblick auf den Base-Erosion-Test des DBA zwischen den USA und den Niederlanden hat sie in einer verbindlichen Auskunft vertreten, dass Dividenden einer US-Gesellschaft, die aufgrund des niederländischen Schachtelprivilegs steuerfrei sind, bei der Ermittlung des Rohgewinns der niederländischen Gesellschaft anzusetzen sind.[499]

(2) Schädliche Aufwendungen

Zu den nach dem Base-Erosion-Test erfassten Aufwendungen gehören zunächst alle steuerlich abzugsfähigen Zahlungen. Ferner zählen dazu nach dem Wortlaut („oder diesen geschuldet sind“) auch durch Verbindlichkeiten und Rückstellungen verursachter Aufwand. Wie sich ebenfalls aus dem Wortlaut des Base-Erosion-Tests ergibt, kommt es für die Frage der Abzugsfähigkeit auf das Steuerrecht des Ansässigkeitsstaats an und die Abzugsfähigkeit ist nur im Hinblick auf die unter das Abkommen fallenden Steuerarten relevant. In Deutschland sind das die Einkommen-, Körperschaft- und Gewerbesteuer, in den USA die Bundeseinkommensteuer (*federal income tax*), nicht jedoch die Steuern der Bundesstaaten (*state income tax*).[500]

Der Base-Erosion-Test ist nicht auf bestimmte Aufwendungen, wie z.B. Lizenzgebühren oder Zinsen, die sich besonders für Stepping-Stone-Conduit-Strukturen und Durchleitungsstrukturen eignen, beschränkt. Das US-MA nimmt hingegen fremdübliche Zahlungen im gewöhnlichen Geschäftsverkehr für materielle Wirtschaftsgüter

---

497 Im US-MA (2016) ist dieses Vorgehen hingegen ausdrücklich vorgesehen (Art. 22 Abs. 7 h) US-MA (2016)).

498 Die Definition des *gross income* in § 61(a) IRC schließt allerdings nach US-amerikanischem Steuerrecht steuerfreie Einnahmen nicht ein („*Except as provided otherwise by this subtitle [...]*). Da aber damit nur Steuerbefreiungen im IRC gemeint sein können, führt das bei der Frage, wie sich eine Steuerbefreiung im anderen Vertragsstaat auswirkt, nicht weiter. Zudem sind Dividenden anderer US-Körperschaften, die nach US-Steuerrecht effektiv steuerfrei sind, gerade im *gross income* i.S.d. § 61(a) IRC enthalten, weil die Steuerfreiheit nicht durch eine sachliche Steuerbefreiung, sondern durch einen fiktiven Betriebsausgabenabzug erreicht wird (*dividend received deduction*, vgl. § 243 IRC).

499 Private Letter Ruling des Internal Revenue Service v. 20.9.2005, Nummer: PLR200551016. Allerdings ist diese Auskunft, abgesehen davon, dass sie zu einem anderen DBA ergangen ist, nicht über den Einzelfall hinaus bindend.

500 Art. 2 Abs. 1 DBA-USA.

und Dienstleistungen aus.[501] Da die Ausnahme jedoch nicht im DBA-USA enthalten ist, sind auch diese „unverdächtigen" Aufwendungen schädlich.[502] Auszunehmen sind jedoch Aufwendungen, die bereits den Rohgewinn gemindert haben, also insbesondere der Materialaufwand.[503] Ansonsten würden diese Aufwendungen doppelt berücksichtigt werden.[504]

Die Technical Explanation[505] sowie die US-amerikanische[506] und die deutsche Literatur[507] vertreten die Auffassung, AfA (bzw. im US-Steuerrecht: *depreciation and amortization*) gehörten nicht zu den schädlichen Aufwendungen, weil es sich dabei nicht um eine Zahlung i.S.d. Base-Erosion-Tests handele. *Vega* hat hiergegen das Argument vorgebracht, auch AfA liege eine Zahlung zugrunde, die nur über verschiedene Jahre verteilt werde.[508] Allerdings hält er dennoch Aufwendungen für AfA für unschädlich, weil bei der Anschaffung von Anlagevermögen, das nachfolgend abgeschrieben wird, vermutet werden könne, dass es für die Anschaffung wirtschaftliche Gründe gab und die zugrunde liegende Zahlung nicht dazu diente, Einkünfte an Drittstaatsansässige weiterzuleiten.[509] Das ist indes nicht richtig. Die Anschaffung von Anlagevermögen kann ebenso dem Treaty Shopping dienen wie (sofort abzugsfähige) Zahlungen im Rahmen eines Dauerschuldverhältnisses.

Beispiel 9:
Eine deutsche Gesellschaft erwirbt eine Lizenz für ein Patent von einem Drittstaatsansässigen gegen Zahlungen von Lizenzgebühren. Die Laufzeit der Lizenz entspricht der tatsächlichen Nutzungsdauer des Patents. Wenn die Lizenz steuerlich als Überlassung zu qualifizieren ist,[510] verbleibt das wirtschaftliche Eigentum am Patent beim Drittstaatsansässigen und die Gesellschaft kann keine AfA geltend machen. Die Lizenzgebühren sind sofort abzugsfähiger Aufwand, der für den Base-Erosion-Test schädlich ist. Wenn die Lizenz hingegen steuerlich als Anschaffungsvorgang zu qualifizieren ist, ist die Gesellschaft wirtschaftliche Eigentümerin des Patents. Die Lizenzgebühren stellen Anschaffungskosten

---

501 Vgl. Art. 22 Abs. 2 e) ii) US-MA (2006), Art. 22 d) ii) US-MA (2016).

502 Für das Fehlen dieser Ausnahme im DBA-USA findet sich keine Begründung. In der Literatur wird insoweit auf die Möglichkeit eines Antrags auf Gewährung der Abkommensberechtigung nach Art. 28 Abs. 7 DBA-USA verwiesen. Vgl. *Gohr*, in: Endres/Jacob/Gohr/Klein, DBA-USA, Art. 28 Rn. 89.

503 § 275 Abs. 2 Nr. 5 HGB.

504 *Gohr*, in: Endres/Jacob/Gohr/Klein, DBA-USA, Art. 28 Rn. 89; *Wolff*, in: Wassermeyer, DBA, Art. 28 DBA-USA Rn. 96.

505 Technical Explanation DBA-USA (2006) zu Art. 28 Abs. 2 f).

506 *Levine/Miller*, T.M. Foreign Income Portfolio 936, II. C. 5.

507 *Gohr*, in: Endres/Jacob/Gohr/Klein, DBA-USA, Art. 28 Rn. 90; *Wolff*, in: Wassermeyer, DBA, Art. 28 DBA-USA Rn. 96.

508 *Vega*, LoB-Clauses, S. 164.

509 A.A. *Vega*, LoB-Clauses, S. 164.

510 Vgl. zu den Kriterien: *Wallis*, in: HHR EStG/KStG, § 5 EStG Rn. 1202; *Winnefeld*, in: Winnefeld, Bilanz-Handbuch, Kapitel M Rn. 1080.

für das Patent dar, der über die Nutzungsdauer des Patents abgeschrieben wird. Nach h.M. würden bei Qualifizierung als Anschaffungsvorgang weder die Lizenzgebühren noch die AfA schädliche Aufwendungen darstellen, obwohl das wirtschaftliche Ergebnis das gleiche ist, als wenn der Vorgang als Überlassung zu qualifizieren wäre.

Es wäre daher durchaus konsequent gewesen, auch AfA als schädlichen Aufwand für die Zwecke des Base-Erosion-Test zu definieren. Mit dem Wortlaut der Abkommensvorschrift ist das (entgegen *Vega*) jedoch nicht vereinbar, weil dieser voraussetzt, dass die Zahlung selbst und nicht nur ein mittelbar darauf zurückzuführender Geschäftsvorfall steuerlich abzugsfähig ist. AfA sollte daher keinen schädlichen Aufwand für die Zwecke des Base-Erosion-Tests darstellen.

(3) Schädliche Zahlungsempfänger

Zu dem Kreis der schädlichen Zahlungsempfänger gehören alle Personen, die nicht in Deutschland oder in den USA ansässig sind. Aber auch in den Vertragsstaaten ansässige Personen sind schädliche Zahlungsempfänger, wenn sie nicht als natürliche Person (Art. 28 Abs. 2 a) DBA-USA), Vertragsstaat oder Gebietskörperschaft (Art. 28 Abs. 2 b) DBA-USA), qualifizierte börsennotierte Gesellschaft (Art. 28 Abs. 2 c) DBA-USA), steuerbegünstigte Organisation (Art. 28 Abs. 2 d) DBA-USA) oder Altersvorsorge-Einrichtung (Art. 28 Abs. 2 e) DBA-USA) als berechtigte Person qualifizieren. Berechtigte Personen, die lediglich die Voraussetzungen des Indirectly-Publicly-Traded-Tests (d.h. Tochtergesellschaften börsennotierter Gesellschaften) oder des Ownership/Base-Erosion-Tests erfüllen, werden im Base-Erosion-Test nicht genannt werden und sind daher schädliche Zahlungsempfänger für Zwecke des Base-Erosion-Tests.

Für den Base-Erosion-Test ist ferner schädlich, wenn zwar nicht der unmittelbare, aber der mittelbare Zahlungsempfänger ein schädlicher Zahlungsempfänger ist. Der Zweck der Einbeziehung mittelbarer Empfänger liegt in der Verhinderung von Strukturen, bei denen ein qualifizierter Empfänger als (weitere) Zwischenperson agiert und die von der Person geleisteten Zahlungen an einen Empfänger in einem Drittstaat durch wiederum abzugsfähige Zahlungen weiterreicht, z.B. durch eine Back-to-back-Finanzierungsstruktur.[511]

---

511 *Bates* u.a., Intertax 2013, 395, 399; *Gohr*, in: Endres/Jacob/Gohr/Klein, DBA-USA, Art. 28 Rn. 85.

Beispiel 10:
Die drittstaatsansässige X-Ltd. vergibt ein Darlehen an die in Deutschland ansässige qualifizierte börsennotierte D1-AG, die aus den Darlehensmitteln wiederum ein Darlehen an die in Deutschland ansässige D2-GmbH vergibt. Diese vergibt wiederum ein Darlehen in gleicher Höhe an die in den USA ansässige US-Corp. Die Zinssätze für die Darlehen sind identisch.

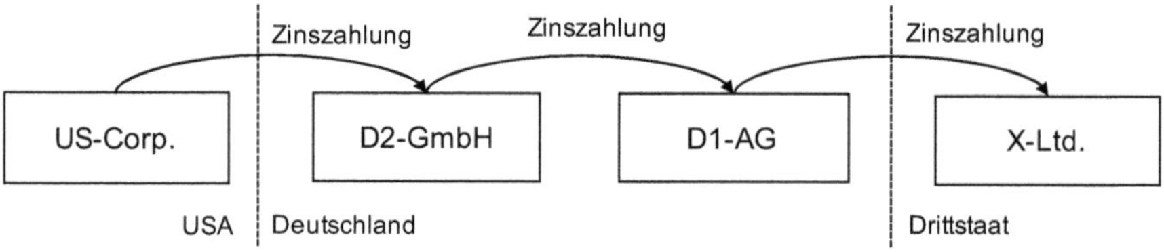

Bei der Prüfung des Base-Erosion-Tests auf Ebene der D2-GmbH ist die Zinszahlung an die D1-AG schädlich, weil sie zwar unmittelbar an eine berechtigte Person i.S.d. Art. 28 Abs. 2 c) aa) DBA-USA, mittelbar aber an eine drittstaatsansässige Person (X-Ltd.) gezahlt wird.

Allerdings wird der Begriff der mittelbaren Zahlung weder im Abkommen noch in der Technical Explanation definiert. Die kanadischen Finanzverwaltung hat zur Auslegung dieses Begriffs im DBA zwischen den USA und Kanada (das einen im Wesentlichen identischen Base-Erosion-Test enthält) eine Stellungnahme veröffentlicht.[512] Diese Stellungnahme schlägt vor, den mittelbaren Zahlungsempfänger nach den gleichen Kriterien, wie den *Nutzungsberechtigten* (*beneficial owner*), wie er auch im DBA-USA in den Art. 10, 11 und 12 verwandt wird, zu bestimmen. Da der Begriff des Nutzungsberechtigten aber nicht genau definiert ist,[513] würde diese Herangehensweise keine spürbare Verbesserung der Rechtssicherheit verschaffen. Denkbar erscheint es, zur Bestimmung des mittelbaren Zahlungsempfängers auf die Grundsätze des Anwenderstaats im innerstaatlichen Steuerrecht zur Bestimmung des Beziehers von Einkünften auf Grundlage einer wirtschaftlichen Betrachtungsweise zurückzugreifen. In den USA sind das insbesondere die Grundsätze der Anti-Conduit Regulations, wie sie im dritten Teil dieser Arbeit erläutert werden.[514] Auch wenn dadurch dem Begriff der mittelbaren Zahlung zu mehr Kontur verholfen werden kann, ist dieser Begriff dennoch mit Rechtsunsicherheiten behaftet. Weiterhin stellt sich für eine Person, die über den Base-Erosion-Test die Abkommensberechtigung zu erlangen versucht, die praktische Schwierigkeit nachzuweisen, dass nicht eine andere Person als mittelbarer Zahlungsempfänger anzusehen ist.[515]

---

512 *Bates* u.a., Intertax 2013, 395, 399.
513 Vgl. 3. Teil unter A.IV., S. 236.
514 Vgl. 3. Teil unter C.II., S. 260.
515 *Rosenbloom*, TNI 2010 (Bd. 58), 649, 650; *Wolff*, in: Wassermeyer, DBA, Art. 28 DBA-USA Rn. 99.

In der deutschen Literatur wird vertreten, eine schädliche mittelbare Zahlung liege auch dann vor, wenn eine Gesellschaft, die Einkünfte aus dem Quellenstaat bezieht, diese Einkünfte als Dividende an ihre Muttergesellschaft ausschüttet und die Muttergesellschaft sodann eine abzugsfähige Zahlung an eine drittstaatsansässige Person leistet (zweistöckige Stepping-Stone-Conduit-Struktur oder Durchleitungsstruktur).[516] Diese Auslegung ist jedoch mit dem Wortlaut des Base-Erosion-Tests nicht mehr vereinbar, der die Abzugsfähigkeit der Zahlung auf Ebene der Gesellschaft, deren Abkommensberechtigung geprüft wird, voraussetzt.[517] Eine Gewinnausschüttung ist nicht abzugsfähig.

(4) Ermittlungszeitraum

Die Voraussetzungen des Base-Erosion-Tests sind nach Art. 28 Abs. 2 f) bb) DBA-USA für das *Steuerjahr* zu prüfen, in dem die Abkommensvorteile in Anspruch genommen werden sollen.

Zuvor wurde in dieser Arbeit bereits festgestellt, dass unter dem Steuerjahr der Veranlagungszeitraum zu verstehen ist.[518] Grundsätzlich müsste dabei nach Art. 3 Abs. 2 DBA-USA dieser Zeitraum nach dem Steuerrecht des Anwenderstaats bestimmt werden. Das ist zweifelhaft, weil bei der LoB-Klausel immer das Steuerjahr einer Person bestimmt werden muss, die im anderen Vertragsstaat als dem Anwenderstaat ansässig ist, und daher auch nicht den Steuererklärungspflichten im Anwenderstaat unterliegt. Die Anwendung der Definition des Steuerjahrs des Anwenderstaats könnte daher zu praktischen Probleme führen. Richtigerweise sollte es daher auf das Steuerjahr des Ansässigkeitsstaats ankommen. Für diese Sichtweise lässt sich auch der Abkommenszusammenhang ausführen. Wenn sich – wie soeben erörtert – beim Base-Erosion-Test die Ermittlung des Rohgewinns nach dem Steuerrecht des Ansässigkeitsstaats richtet, dann erscheint es nur konsequent, auch das Recht des Ansässigkeitsstaats bei der Bestimmung des maßgeblichen Zeitraums für die Ermittlung des Rohgewinns heranzuziehen.[519]

(5) Ermittlung des Rohgewinns bei Organschaften und Personengesellschaften

Wenn eine Gesellschaft, die Abkommensvorteile beansprucht, eine Organgesellschaft ist, sind der Rohgewinn und die abzugsfähigen Zahlungen für die

---

516 *Scholz*, Anti-Treaty-Shopping-Regelungen, S. 250 f. mit Verweis auf *Wolff*, in: Wassermeyer, DBA, Art. 28 DBA-USA Rn. 99, der an dieser Stelle allerdings keine Dividendenzahlung einer Gesellschaft an die Muttergesellschaft, sondern eine Zinszahlung an die Muttergesellschaft behandelt, die sodann weitergeleitet wird.

517 *Wolff*, in: Wassermeyer, DBA, Art. 28 DBA-USA Rn. 101; *Bates* u.a., Intertax 2013, 395, 398 f.

518 Vgl. C.I.4., S. 75.

519 Den gleichen Ansatz verfolgt auch der Kommentar zur im Rahmen des BEPS-Projekts vorgeschlagenen LoB-Klausel (OECD, Final BEPS Report – Action 6, S. 28 unter Tz. 18).

Zwecke des Base-Erosion-Tests auf der Ebene dieser Organgesellschaft und nicht in Bezug auf den Organkreis zu ermitteln. Das ergibt sich aus dem Wortlaut der Abkommensvorschrift, nach der es auf die Erfüllung der Voraussetzungen bei der Person ankommt, die Abkommensvorteile beansprucht.[520]

Wenn die Gesellschaft an einem nach dem Recht seines Ansässigkeitsstaats transparent besteuerten Rechtsträger (beispielsweise einer Personengesellschaft) beteiligt sind, sind der Rohgewinn und die Aufwendungen dieses Rechtsträgers der Gesellschaft zuzurechnen.[521] Das gilt hingegen nicht, wenn der Rechtsträger nur aus Sicht des Anwenderstaats, nicht aber aus Sicht des Ansässigkeitsstaats steuerlich transparent ist, denn beim Base-Erosion-Test richtet sich die Ermittlung des Rohgewinns und der abzugsfähigen Aufwendungen nach dem Recht des Ansässigkeitsstaats.[522]

b) Bewertung

aa) Anwendungsprobleme

Wie auch im Indirectly-Publicly-Traded-Test bereitet im Ownership-Test der Begriff des *zwischengeschalteten Beteiligten* bei transparenten oder hybriden Rechtsgebilden in der Beteiligungskette Auslegungsprobleme.

Im Base-Erosion-Test ist aus deutscher Sicht zudem das Tatbestandsmerkmal *Rohgewinn* problematisch. Anders als in den USA gibt es für diesen Begriff keine Definition im innerstaatlichen Steuerrecht, sodass keine Rechtssicherheit darüber besteht, aus welchen Einnahmen und Ausgaben sich dieser Begriff zusammensetzt.

Zu Anwendungsschwierigkeiten kann es zudem dadurch kommen, dass die Voraussetzungen des Base-Erosion-Tests für das Steuerjahr zu prüfen sind, in dem Abkommensvorteile in Anspruch genommen werden sollen.[523] Wenn eine deutsche Gesellschaft beispielsweise im Januar 2016 eine Dividende einer US-amerikanischen Gesellschaft erhält, muss sie schon im Januar Angaben dazu machen, wie hoch der Rohgewinn und die abzugsfähigen Zahlungen an nicht abkommensberechtigte Personen bis Dezember 2016 ausfallen. Hier wäre es sinnvoller, auf das Vorjahr abzustellen oder einen Durchschnitt aus den Vorjahren zu bilden.

Weiterhin ist problematisch, dass nicht geklärt ist, wie der *mittelbare* Empfänger einer Zahlung beim Base/Erosion-Test zu bestimmen ist.[524]

---

520 *Gohr*, in: Endres/Jacob/Gohr/Klein, DBA-USA, Art. 28 Rn. 88; *Wolff*, in: Wassermeyer, DBA, Art. 28 DBA-USA Rn. 101.

521 *Wolff*, in: Wassermeyer, DBA, Art. 28 DBA-USA Rn. 101.

522 *Wolff*, in: Wassermeyer, DBA, Art. 28 DBA-USA Rn. 101.

523 *Vega*, LoB-Clauses, S. 160 f.

524 *Rosenbloom*, TNI 2010 (Bd. 58), 649, 650.

bb) Effektivität

(1) Direct-Conduit-Struktur

Der Ownership-Test als erster Teil des Ownership/Base-Erosion-Tests bietet grundsätzlich insofern einen Schutz vor der Inanspruchnahme von Abkommensvorteilen durch Drittstaatsansässige unter Einsatz von Direct-Conduit-Strukturen, als er voraussetzt, dass die Gesellschafter (bzw. wirtschaftliche Eigentümer) am Anfang der Beteiligungskette bestimmte abkommensberechtigte Personen sind. Da die Beteiligung der abkommensberechtigten Personen nur 50 % betragen muss, können allerdings die übrigen 50 % von Drittstaatsansässigen gehalten werden, sodass insoweit eine mittelbare Inanspruchnahme von Abkommensvorteilen durch Drittstaatsansässige möglich ist. Wie schon zum Indirectly-Publicly-Traded-Test, der ebenfalls nur eine Beteiligung in Höhe von 50 % voraussetzt, ausgeführt, ist es aber durchaus vertretbar, im Fall einer (nicht beherrschenden) Beteiligung von Anteilseignern in Drittstaaten nicht von einer unangemessenen Erlangung von Abkommensvorteilen auszugehen. Wenn der Drittstaatsansässige den Rechtsträger nicht beherrscht und auch nicht mehrheitlich am Gewinn und Vermögen beteiligt ist, spricht das indiziell gegen eine zielgerichtete Inanspruchnahme von Abkommensvorteilen. Weiterhin haben die Vertragsstaaten in ihrer Rolle als Ansässigkeitsstaat ein Interesse an der Gewährung von Abkommensvorteilen an Rechtsträgern, an denen neben im Vertragsstaat ansässigen Personen auch Drittstaatsansässige beteiligt sind.[525]

Problematisch ist vor diesem Hintergrund allerdings, dass durch das Tatbestandsmerkmal *wirtschaftliches Eigentum* nicht die Gewährung von Abkommensvorteilen an Rechtsgebilde (bspw. US-Trusts oder Stiftungen) verhindert wird, die durch Drittstaatsansässige beherrscht werden.[526] Dass dieses Tatbestandsmerkmal keine Anforderungen an die Kontrolle über den Rechtsträger stellt, kann unter Umständen mit den Besonderheiten des US-Steuerrechts erklärt werden, das ein von einem Drittstaatsansässigen kontrollierten Trust als *grantor trust* transparent und daher als nicht in den Vertragsstaaten ansässig behandelt. Auf andere Steuerrechtsordnungen lässt sich das aber unter Umständen nicht übertragen.

Zudem ist eine zielgerichtete Inanspruchnahme von Abkommensvorteilen auch bei fehlender Beherrschung einer Gesellschaft denkbar, etwa wenn die Satzung der Gesellschaft bereits das Anlage- und Ausschüttungsverhalten vorherbestimmt.

Auch kann der Ownership-Test anderweitig umgangen werden. Beispielsweise ist es möglich, durch Tracking Stock (*Vorzugsaktien* i.S.d. Art. 28 Abs. 8 c) DBA-USA) auf der Ebene zwischengeschalteter Beteiligter die quellensteuerpflichtigen Einkünfte gezielt an Drittstaatsansässige weiterzuleiten, weil der Ownership-Test nur Vorzugsaktien auf der Ebene der Abkommensvorteile in Anspruch nehmenden Person, nicht aber auf der Ebene zwischengeschalteter Beteiligter adressiert.[527]

525 Vgl. 1. Teil unter E.IV., S. 48.
526 Vgl. C.II.6.a)bb)(2)(b), S. 129.
527 Vgl. C.II.6.a)bb)(2)(a), S. 128.

Wenn es sich bei der Abkommensvorteile in Anspruch nehmenden Person nicht um eine Gesellschaft handelt und daher die Beteiligungsvoraussetzungen anhand des Tatbestandsmerkmals *wirtschaftliches Eigentum* bestimmt werden, können zudem Einkünfte aus dem Quellenstaat durch eine überproportionale Berechtigung auf der Ebene dieser Person an Drittstaatsansässige weitergeleitet werden. Beim Tatbestandsmerkmal *wirtschaftliches Eigentum* gibt es kein den *Vorzugsaktien* i.S.d. Art. 28 Abs. 8 c) DBA-USA vergleichbares Konzept.[528]

In der Literatur wird vertreten, der Ownership-Test könne auch umgangen werden, indem sich ein Drittstaatsansässiger zwar lediglich zu 50 % oder weniger an einer Gesellschaft beteiligt (während die übrige Beteiligung von einer abkommensberechtigten Person gehalten wird), durch eine Gesellschaftervereinbarung aber eine disproportionale Gewinnverteilung zugunsten des Drittstaatsansässigen vorgesehen wird.[529] Allerdings sollten die Anteile des Drittstaatsansässigen in diesem Fall als eigene *Aktiengattung* i.S.d. Art. 28 Abs. 2 f) aa) DBA-USA angesehen werden, sodass die Voraussetzungen des Ownership-Tests nicht erfüllt wären.[530] Richtig ist aber wohl, dass weitere Umgehungsgestaltungen denkbar sind.

(2) Stepping-Stone-Conduit-Strukturen und Durchleitungsstrukturen

Der Base-Erosion-Test als zweiter Teil des Ownership/Base-Erosion-Test zielt darauf ab, Treaty Shopping in Form von Stepping-Stone-Conduit-Strukturen und Durchleitungsstrukturen zu verhindern.[531] Ob der Test dazu geeignet ist, lässt sich jedoch aus mehreren Gründen bezweifeln.

(a) Definition des Rohgewinns

Zunächst ist der *Rohgewinn* als Ausgangsgröße des Base-Erosion-Tests zu weit, um Treaty Shopping unter Einsatz von Durchleitungsstrukturen zu verhindern. In den Rohgewinn fließen grundsätzlich sämtliche Einkünfte der betreffenden Person

---

528 Vgl. C.II.6.a)bb)(2)(b), S. 129.

529 *Wardzynski*, BFIT 2014, 471, 476.

530 *Wardzynski* (a.a.O.) hat einen Ownership-Test vor Augen, wie er in anderen DBA und im US-MA verwendet wird, und der darauf abstellt, ob die qualifizierten Anteilseigner mindestens 50 % des Werts und der Stimmrechte an der Gesellschaft innehaben. Bei dieser Form des Ownership-Tests sollte sich die disproportionale Gewinnverteilung auf den Wert der Anteile auswirken und daher sollten bei dieser Umgehungsstruktur die Voraussetzungen dieses Tests nicht erfüllt sein.

531 *Doernberg/van Raad*, 1996 Model Income Tax Convention, S. 178; *Gohr*, in: Endres/Jacob/Gohr/Klein, DBA-USA, Art. 28 Rn. 70; *Wolff*, in: Wassermeyer, DBA, Art. 28 DBA-USA Rn. 95. Vgl. auch das Beispiel in der Technical Explanation DBA-USA (1989) zu Art. 28 Abs. 2 e). Zu Inversionsstrukturen hat diese Regelung – wie in der Literatur teilweise behauptet wird (*Jochimsen*, IStR 2014, 865, 868) – jedoch keinen Bezug.

und nicht nur die Einkünfte aus dem Quellenstaat ein. Das ist bei Stepping-Stone-Conduit-Strukturen, bei denen der Drittstaatsansässige an allen Einkünften der Zwischengesellschaft beteiligt ist, unproblematisch. Bei Durchleitungsstrukturen, bei denen ein Drittstaatsansässiger gezielt nur an bestimmten Einkünften aus dem Quellenstaat beteiligt wird (etwa durch eine Back-to-back-Struktur), kann die Zwischengesellschaft jedoch noch andere hohe Einkünfte haben, die nicht an den Drittstaatsansässigen weitergeleitet werden. Wenn diese anderen Einkünfte höher sind als die Einkünfte aus dem Quellenstaat, die im Rahmen der Struktur an den Drittstaatsansässigen weitergeleitet werden, sind die Voraussetzungen des Base-Erosion-Tests gleichwohl erfüllt.[532]

Beispiel 11:
Der Drittstaatsansässige D möchte ein Darlehen an eine Gesellschaft in den USA vergeben. Um die US-Quellensteuer zu vermeiden, vereinbart er ein Darlehen mit einer in Deutschland ansässigen Bank, welche die Darlehensmittel sodann an die US-Gesellschaft als ein weiteres Darlehen weitergibt. Die von der Bank an D gezahlten Zinsen entsprechen nur einem geringen Anteil am Rohgewinn der deutschen Bank. Die von der deutschen Bank an D geleisteten Zinszahlungen werden daher nicht zur Disqualifikation der Bank nach dem Base-Erosion-Test führen.

(b) Voraussetzung der Abzugsfähigkeit der Zahlung

Zweifelhaft ist weiterhin, ob es sachgerecht ist, dass nach dem Base-Erosion-Test nur steuerlich abzugsfähige Zahlungen schädlich sind.

Der Voraussetzung der Abzugsfähigkeit liegt wohl die Überlegung zugrunde, Treaty Shopping sei ausgeschlossen, wenn die Einkünfte aus dem Quellenstaat im anderen Vertragsstaat einer Besteuerung unterliegen.[533] Auch zeichnet sich die klassische Stepping-Stone-Conduit-Struktur bzw. Durchleitungsstruktur gerade dadurch aus, dass die Besteuerung im Ansässigkeitsstaat der Zwischengesellschaft durch abzugsfähige Zahlungen vermieden wird. Wie im ersten Teil dieser Arbeit erörtert, ist die Besteuerung im anderen Vertragsstaat jedoch kein ausreichender Grund, um Treaty Shopping auszuschließen.[534] Weiterhin ist Abzugsfähigkeit einer Zahlung bei Stepping-Stone-Conduit-Strukturen bzw. Durchleitungsstrukturen zwar die Regel, aber keine zwingende Voraussetzung.

532 Vgl. *Yoshimura*, TNI 2013 (Bd. 72), 761, 770.
533 Vgl. *Rosenbloom*, TNI 2010 (Bd. 58), 649, 650.
534 Vgl. 1. Teil unter E.I., S. 38.

Beispiel 12:
Die A-Gesellschaft im Staat A erhält eine Lizenzzahlung aus dem Staat Q für die Nutzung eines Patents, das der A-Gesellschaft wiederum von der im Staat D ansässigen D-Gesellschaft gegen Zahlung einer Lizenzgebühr überlassen wurde. Die Höhe der Lizenzzahlung an die D-Gesellschaft entspricht der aus dem Staat Q erhaltenen Zahlung abzüglich einer Marge und der im Staat A anfallenden Steuern. Der Staat Q erhebt auf Lizenzzahlungen eine 30 %ige Quellensteuer. Im Staat A unterliegt die Lizenzzahlung aufgrund eines Patentbox-Steuerregimes nur einer Körperschaftsteuer in Höhe von 10 %, allerdings sind im Zusammenhang stehende Aufwendungen für Lizenzzahlungen nicht abzugsfähig. Zwischen den Staaten A und Q, nicht aber zwischen den Staaten D und Q besteht ein DBA, das Lizenzgebühren von der Quellenbesteuerung freistellt.

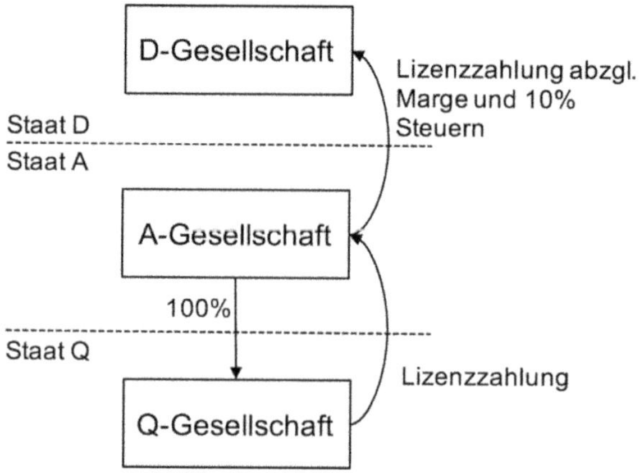

Ein Art. 28 Abs. 2 f) DBA-USA entsprechender Ownership/Base-Erosion-Test im DBA zwischen den Staaten A und Q würde hier Treaty Shopping nicht verhindern. Obwohl die Lizenzzahlung der A-Gesellschaft an die D-Gesellschaft nicht abzugsfähig ist, bietet die Differenz zwischen dem Quellensteuersatz im Staat Q und dem Körperschaftsteuersatz im Staat A, dem Drittstaatsansässigen einen ausreichenden Anreiz die Quellensteuerentlastung des DBA unter Verletzung des Reziprozitätsprinzips in Anspruch zu nehmen.

Zudem kommt es auf die Abzugsfähigkeit der Zahlung nicht an, wenn die quellensteuerpflichtigen Einkünfte gar nicht im Ansässigkeitsstaat der Zwischengesellschaft steuerpflichtig sind, wie das oft bei Dividenden der Fall sein wird.

Beispiel 13:
Die D-GmbH erzielt aus den USA (zu effektiv 95 %) steuerfreie Dividenden. Sie leistet in gleicher Höhe Zinszahlungen an einen Drittstaatsansässigen, die aber aufgrund der Zinsschranke (§ 8a KStG i.V.m. § 4h EStG) nicht abzugsfähig sind. In diesem Fall kommt der Drittstaatsansässige in Genuss der Quellensteuerbefreiung, ohne dass die Dividenden einer erheblichen Besteuerung in Deutschland unterliegen.

Eine Lösung hierfür wäre, steuerfreie Einnahmen für die Ermittlung des Rohgewinns nicht zu berücksichtigen. Das führt jedoch – wie bereits diskutiert – ebenfalls zu inkonsistenten Ergebnissen.[535]

Das Tatbestandsmerkmal der Abzugsfähigkeit steht auch im Widerspruch zu dem Ownership-Test. Dort ist eine Beteiligung von Drittstaatsansässigen schädlich, obwohl diese Beteiligung ebenfalls nicht zu abzugsfähigen Zahlungen, sondern nur zu Dividenden führt.

(c) Zweistöckige Stepping-Stone-Conduit-Strukturen bzw. Durchleitungsstrukturen

Der Base-Erosion-Test ist zudem nicht geeignet, um zweistöckige Stepping-Stone-Conduit-Strukturen oder Durchleitungsstrukturen zu verhindern. Solche Strukturen basieren darauf, dass die Abkommensvorteile in Anspruch nehmende untere Zwischengesellschaft die Einkünfte aus dem Quellenstaat an ihre Muttergesellschaft (obere Zwischengesellschaft) ausschüttet und die obere Zwischengesellschaft dann die Einkünfte in Form von abzugsfähigen Zahlungen an Drittstaatsansässige weiterleitet.[536] Das gilt auch, wenn – wie üblich in solchen Strukturen – zwischen den Zwischengesellschaft eine Organschaft besteht, weil es nicht auf den Rohgewinn des Organkreises, sondern der jeweiligen Gesellschaft ankommt.[537]

(3) Sonstige Treaty-Shopping-Strukturen

Der Ownership/Base-Erosion-Test bietet weiterhin keinen Schutz gegen Treaty Shopping durch sonstige Strukturen, bei denen Einkünfte formal auf eine abkommensberechtigte Person verlagert werden (Treuhandkonstruktionen, kurzfristige Übertragungen) oder durch Ausnutzung von Qualifikationskonflikten. Kein Tatbestandsmerkmal dieses Tests wäre geeignet, Treaty Shopping durch Einsatz dieser Strukturen entgegenzuwirken.

cc) Erforderlichkeit

(1) Ansässigkeit von zwischengeschalteten Beteiligten und dem qualifizierten Anteilseigner

Die Voraussetzung des Ownership-Tests, nach der jeder *zwischengeschaltete Beteiligte* im gleichen Vertragsstaat wie die Abkommensvorteile in Anspruch nehmende Person ansässig sein muss, lässt die Abkommensberechtigung einer Person scheitern, an der qualifizierte Anteilseigner mittelbar über Rechtsträger in Drittstaaten beteiligt sind. Schon beim Indirectly-Publicly-Traded-Test wurde jedoch aufgezeigt, dass die Versagung von Abkommensvorteilen allein aufgrund der Ansässigkeit von

---

535 Vgl. C.II.6.a)cc)(1)(c), S. 136.

536 Vgl. 1. Teil unter C.I.2., S. 16. Vgl. auch *Yoshimura*, TNI 2013 (Bd. 72), 761, 774.

537 Vgl. C.II.6.a)cc)(5), S. 141.

zwischengeschalteten Beteiligten in Drittstaaten nicht zur Verhinderung von Treaty Shopping erforderlich ist.[538]

Weiterhin wird durch die Ansässigkeitsvoraussetzung für zwischengeschaltete Beteiligte und die Voraussetzung, nach der auch die qualifizierten Anteilseigner im gleichen Vertragsstaat wie die Abkommensvorteile in Anspruch nehmende Person ansässig sein müssen, die Abkommensberechtigung bei Mäanderstrukturen versagt. Wie im ersten Teil dieser Arbeit erörtert, sollten jedoch unangemessene Steuergestaltungen durch Mäanderstrukturen nicht durch eine Versagung der Abkommensvorteile, sondern durch innerstaatliche Regelungen, insbesondere durch Regelungen zur Hinzurechnungsbesteuerung gelöst werden.[539] Die Versagung von Abkommensvorteilen bei Mäanderstrukturen durch den Ownership/Base-Erosion-Test ist auch insofern inkonsequent, als Gesellschaften in Mäanderstrukturen nach dem Indirectly-Publicly-Traded-Test und dem Derivative-Benefits-Test die Abkommensberechtigung erlangen können.[540]

(2) Kreis der qualifizierten Anteilseigner

Zum Kreis der qualifizierten Anteilseigner i.S.d. Ownership-Tests gehören nicht Personen, die lediglich nach dem Indirectly-Publicly-Traded-Test oder dem Ownership/Base-Erosion-Test als berechtigte Person qualifizieren. Das erscheint im Grundsatz sachgerecht, weil es sich beim Indirectly-Publicly-Traded-Test ebenso wie beim Ownership/Base-Erosion-Test um eine abgeleitete Abkommensberechtigung handelt. Wären eine Tochtergesellschaft einer qualifizierten börsennotierten Muttergesellschaft oder eine Person, die nur die Voraussetzungen des Ownership/Base-Erosion-Tests erfüllt, ebenfalls qualifizierte Anteilseigner, würde das zu einer Verwässerung der notwendigen Beteiligungsgrenzen führen.

538 Vgl. C.II.3.b)bb)(3)(a), S. 117.
539 Vgl. 1. Teil unter F., S. 54.
540 *Rosenbloom*, TNI 2010 (Bd. 58), 649.

Beispiel 14:
An der E-GmbH ist die T-GmbH zu 60 % beteiligt. 60 % der Anteile an der T-GmbH hält wiederum die qualifizierte börsennotierte M-AG. Alle übrigen Anteile an der E-GmbH und der T-GmbH werden von einem Drittstaatsansässigen gehalten. Wäre die T-GmbH ein qualifizierter Anteilseigner i.S.d. Ownership/Base-Erosion-Test, könnte die E-GmbH Abkommensvorteile erlangen, obwohl die M-AG durchgerechnet nur 36 % der Anteile hält und die übrigen 64 % von dem Drittstaatsansässigen gehalten werden.

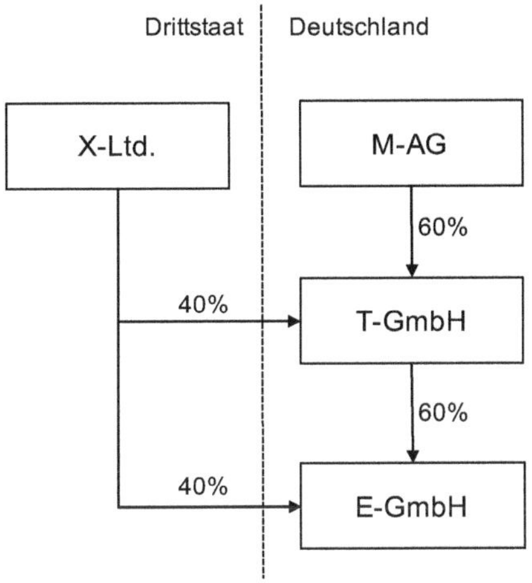

Allerdings wird teilweise vertreten, in dieser Konstellation sei die Versagung der Abkommensvorteile zur Verhinderung von Treaty Shopping nicht erforderlich.[541] Wenn die 50 %-Beteiligungsgrenze des Tests damit begründet werde, dass sich eine Gesellschaft, die nicht von Drittstaatsansässigen kontrolliert wird, nicht zum gezielten Einsatz für Treaty Shopping eigne, müssten auch in der im Beispiel 14 beschriebenen Konstellation die Abkommensvorteile gewährt werden.[542] Obwohl der Drittstaatsansässige an der E-GmbH und an der T-GmbH beteiligt ist, könne er die E-GmbH nicht kontrollieren. Das spreche dafür, jede berechtigte Person i.S.d. Art. 28 Abs. 2 DBA-USA als qualifizierten Anteilseigner anzuerkennen.[543]

Wie zuvor erörtert, steht hinter dem Ownership/Base-Erosion-Test aber nicht nur die Überlegung, dass eine fehlende Kontrollmöglichkeit gegen den zielgerichteten Einsatz der Gesellschaft zur Erlangung von Abkommensvorteilen spricht, sondern auch das Interesse der Vertragsstaaten in ihrer Rolle als Ansässigkeitsstaat, Kooperationen von dort ansässigen Personen mit Drittstaatsansässigen nicht zu behindern. Dieses Interesse tritt zurück, wenn an der Gesellschaft mehrheitlich

541 *Bates* u.a., Intertax 2013, 395, 397. *Vega*, LoB-Clauses, S. 153 f.
542 Vgl. *Bates* u.a., Intertax 2013, 395, 397; *Vega*, LoB-Clauses, S. 153 f.
543 *Bates* u.a., Intertax 2013, 395, 397; *Vega*, LoB-Clauses, S. 153 f.

Drittstaatsansässige beteiligt sind. Auch spricht nicht nur eine Stimmrechtsmehrheit, sondern ebenfalls eine mehrheitliche Beteiligung am Gewinn und Vermögen der Gesellschaft indiziell für einen zielgerichteten Einsatz als Zwischengesellschaft im Rahmen einer Direct-Conduit-Struktur. Insofern ist es durchaus sachgerecht, wenn Personen, die lediglich die Voraussetzungen des Indirectly-Publicly-Traded- oder des Ownership/Base-Erosion-Tests erfüllen, keine qualifizierten Anteilseigner sind.

(3) Vollständige Versagung der Abkommensvorteile bei Unterschreiten der Beteiligungsgrenze

Wie auch beim Indirectly-Publicly-Traded-Test sind beim Ownership/Base-Erosion-Test die Abkommensvorteile vollständig zu versagen, wenn die Beteiligungsschwelle in Höhe von 50 % nicht erreicht wird. Das ist jedoch – wie zuvor erörtert[544] – zur Verhinderung von Treaty Shopping nicht erforderlich. Wenn an dem Rechtsträger qualifizierte Anteilseigner beteiligt sind, die Beteiligungsgrenze in Höhe von 50 % jedoch nicht erreicht wird, ist eine proportionale Gewährung der Abkommensvorteile vorzugswürdig.[545]

(4) Definition der schädlichen Zahlung

Nach dem Base-Erosion-Test sind grundsätzlich alle Arten Zahlungen, die an nicht abkommensberechtigte Personen geleistet werden, schädlich.[546] Allerdings liegt nicht in jeder Zahlung an einen Drittstaatsansässigen eine mittelbare Inanspruchnahme von Abkommensvorteilen. Besonders deutlich wird das bei fremdüblichen Zahlungen für Dienstleistungen oder die Anschaffung von materiellen Wirtschaftsgütern im gewöhnlichen Geschäftsverkehr. Es ist kaum vorstellbar, dass Stepping-Stone-Conduit-Strukturen oder Durchleitungsstrukturen durch Einsatz solcher Zahlungen zustande kommen. Ferner fällt es schwer, eine mittelbare Inanspruchnahme von Abkommensvorteilen darin zu erkennen, dass ein Drittstaatsansässiger für eine fremdübliche Zahlung eine Leistung erbringt. Wenn beispielsweise ein drittstaatsansässiger Rechtsanwalt eine Gesellschaft berät, liegt in der Zahlung des Honorars keine mittelbare Erlangung von Abkommensvorteilen, die der Gesellschaft gewährt wurden, durch den Rechtsanwalt. Hier fehlt es an einem Zusammenhang zwischen Erlangung von Abkommensvorteilen durch die Gesellschaft und der Zahlung an den Rechtsanwalt. Insofern ist die Definition der schädlichen Zahlung zu weit und für die Verhinderung von Treaty Shopping nicht erforderlich.[547] Wie im US-MA sollten zumindest fremdübliche Gegenleistungen im gewöhnlichen

---

544 Vgl. C.II.3.b)bb)(3)(c), S. 117.

545 Vgl. C.II.3.b)bb)(3)(c), S. 117.

546 Lediglich Aufwendungen, die bereits den Rohgewinn gemindert haben (insbesondere der Wareneinkauf) werden nicht erfasst.

547 *Gohr*, in: Endres/Jacob/Gohr/Klein, DBA-USA, Art. 28 Rn. 91; *Schönfeld*, in: Schönfeld/Ditz, DBA, Art. 10 OECD-MA Rn. 475.

Geschäftsverkehr für Dienstleistungen und materielle Wirtschaftsgüter als unschädlich angesehen werden.[548]

Aber auch mit dieser Einschränkung würde der Base-Erosion-Test noch immer Zahlungen erfassen, mit denen ein Drittstaatsansässiger mittelbar keine Abkommensvorteile in Anspruch nimmt. Wenn beispielsweise eine Gesellschaft ein festverzinsliches Darlehen von einer drittstaatsansässigen Bank erhält, kann in den Zinszahlungen nicht ohne Weiteres eine mittelbare Inanspruchnahme von Abkommensvorteilen durch die Bank gesehen werden. Wenn die Zinsen für das Darlehen unabhängig davon zu zahlen sind, ob die Gesellschaft einen Gewinn oder Einkünfte aus dem Quellenstaat erzielt, besteht im Grundsatz kein Zusammenhang zwischen der Erlangung der Abkommensvorteile durch die Gesellschaft und der Zahlung der Zinsen. Anders wäre es, wenn beispielsweise durch die Zahlung an die Bank im Rahmen einer Back-to-back-Darlehensstruktur Zinseinkünfte der Gesellschaft weitergeleitet werden (Durchleitungsstruktur). Auch wenn die Zinszahlungen vom Gewinn der Gesellschaft abhängig sind und die Bank damit im Ergebnis wie ein Gesellschafter am Gewinn der Gesellschaft partizipiert (Stepping-Stone-Conduit-Struktur), wird man darin eine mittelbare Erlangung von Abkommensvorteilen sehen können. Der Base-Erosion-Test erfasst aber alle Zahlungen an Drittstaatsansässige unabhängig davon, ob weitere Umstände hinzutreten, aufgrund derer darin eine mittelbare Erlangung von Abkommensvorteilen gesehen werden kann.

(5) Definition der schädlichen Zahlungsempfänger

Weiterhin ist die Definition der schädlichen Zahlungsempfänger i.S.d. Base-Erosion-Tests insofern zu weit, als Personen, die nach dem Indirectly-Publicly-Traded-Test oder dem Ownership/Base-Erosion-Test als berechtigte Person qualifizieren, auch zu den schädlichen Zahlungsempfängern gehören.[549] Für die Qualifikation solcher Personen als schädliche Zahlungsempfänger mag zwar sprechen, dass ansonsten – wie beim Ownership-Test gesehen[550] – die erforderliche Quote der nicht schädlichen Zahlungen verwässert werden würde.[551] Im Zusammenspiel mit der weiten

---

548 Art. 22 Abs. 2 e) ii) US-MA (2006), Art. 22 Abs. 2 f) ii) US-MA (2016).

549 *Gohr*, in: Endres/Jacob/Gohr/Klein, DBA-USA, Art. 28 Rn. 92; *Morrison*, Tax Mgmt. Int'l 2014 (Bd. 43), 345, 347.

550 Vgl. C.II.6.b)cc)(2), S. 144.

551 Angenommen im Beispiel 14 (S. 148) wäre die M-AG zu 100 % an der T-GmbH und die T-GmbH zu 100 % an der E-GmbH beteiligt. Sowohl die T-GmbH als auch die E-GmbH würden dann die Voraussetzungen des Ownership-Tests erfüllen. Allerdings zahlt die E-GmbH 60 % ihres Rohgewinns in Form von abzugsfähigen Zahlungen an die T-GmbH und 40 % ihres verbleibenden Rohgewinns an die X-Ltd. Die T-GmbH zahlt wiederum 40 % ihres Rohgewinns (einschließlich der Zahlung von der E-GmbH) an die X-Ltd. Wäre die T-GmbH kein schädlicher Zahlungsempfänger für die Zwecke des Base-Erosion-Tests, wären die Voraussetzungen des Base-Erosion-Tests bei der E-GmbH erfüllt, obwohl im Ergebnis 64 % ihres Rohgewinns durch abzugsfähige Zahlungen an einen Drittstaatsansässigen

Definition der schädlichen Zahlungen ergeben sich dadurch jedoch sachwidrige Ergebnisse. Beispielsweise wäre die Zahlung einer Dienstleistungsvergütung durch eine deutsche GmbH an eine andere deutsche GmbH mit ausschließlich in Deutschland ansässigen Gesellschaftern schädlich. Das erscheint nicht sachgerecht. Führt man sich vor Augen, dass viele Wirtschaftsteilnehmer nicht börsennotierte Gesellschaften und damit immer schädliche Zahlungsempfänger sind, folgt aus der weiten Definition der schädlichen Zahlungsempfänger eine überschießende Wirkung des Base-Erosion-Tests.

(6) Jahresbezogene Prüfung beim Base-Erosion-Test

Auch die jahresbezogene Prüfung des Base-Erosion-Tests kann zu einer überschießenden Wirkung führen. Wenn beispielsweise der Rohgewinn aufgrund einmaliger Sondereffekte in einem Jahr besonders niedrig ausfällt, wäre es nicht sachgerecht, die Abkommensvorteile zu versagen.[552]

III. Derivative-Benefits-Test (Art. 28 Abs. 3 DBA-USA)

Art. 28 Abs. 3 DBA-USA enthält eine weitere Möglichkeit für eine Gesellschaft, die Abkommensberechtigung zu erlangen. Nach dem Grundgedanken dieses Tests soll eine Gesellschaft auch dann abkommensberechtigt sein, wenn ihre Gesellschafter zwar in Drittstaaten ansässig sind, aber nach einem DBA zwischen dem Quellenstaat und dem Drittstaat bei direktem Bezug der Einkünfte abkommensberechtigt wären. Dementsprechend wird der in Art. 28 Abs. 3 DBA-USA enthaltene Test auch Derivative-Benefits-Test genannt.

Im Gegensatz zu Art. 28 Abs. 2 DBA-USA führt der Derivative-Benefits-Test nicht dazu, dass die Gesellschaft für alle Einkünfte aus dem Quellenstaat abkommensberechtigt ist. Vielmehr ist die Abkommensberechtigung für jede einzelne Einkunftsart gesondert zu bestimmen. Das wird aus dem deutschen Abkommenstext, wonach die Gesellschaft nach Art. 28 Abs. 3 DBA-USA „Anspruch auf alle Vergünstigungen [...] für Einkünfte“ des DBA-USA hat, nicht ganz deutlich. In der englischen Abkommensfassung kommt dieser Gedanke jedoch klar zum Ausdruck.[553] Außerdem ergibt sich aus den Tatbestandsmerkmalen des Art. 28 Abs. 3 DBA-USA und insbesondere aus der Definition des gleichberechtigten Begünstigten, dass dieser Test einkünftebezogen zu prüfen ist.[554]

---

weitergeleitet werden (es sei denn die X-Ltd. könnte als mittelbarer Empfänger der Zahlung der E-GmbH an die T-GmbH angesehen werden).

552 *Gohr*, in: Endres/Jacob/Gohr/Klein, DBA-USA, Art. 28 Rn. 82; *Lüdicke*, DBA-Politik, S. 47.

553 Dort heißt es stattdessen: „*it shall be entitled to all the benefits of this Convention [...] with respect to an item of income*“. Vgl. *Gohr*, in: Endres/Jacob/Gohr/Klein, DBA-USA, Art. 28 Rn. 98.

554 *Gohr*, in: Endres/Jacob/Gohr/Klein, DBA-USA, Art. 28 Rn. 98.

Der Derivative-Benefits-Test ist nach seinem Wortlaut ausdrücklich auf Gesellschaften beschränkt. Rechtsgebilde, die keine Gesellschaft i.S.d. Art. 3 e) DBA-USA sind, wie z.B. der US-Trust oder die deutsche Stiftung (aus US-amerikanischer Sicht), können nach diesem Test nicht die Abkommensberechtigung erlangen.

1. *Tatbestandsvoraussetzungen*

Wie auch der Ownership/Base-Erosion-Test gem. Art. 28 Abs. 2 f) DBA-USA ist Art. 28 Abs. 3 DBA-USA in einen Ownership-Test und einen Base-Erosion-Test gegliedert. Die Voraussetzungen beider Tests müssen erfüllt sein, damit die Gesellschaft abkommensberechtigt ist.

a) Ownership-Test

Nach dem Ownership-Test in Art. 28 Abs. 3 a) DBA-USA müssen Anteile, die mindestens 95 % der Stimmrechte und des Werts der Gesellschaft darstellen, und mindestens 50 % aller Vorzugsaktiengattungen der Gesellschaft unmittelbar oder mittelbar von sieben oder weniger Personen gehalten werden, die „gleichberechtigte Begünstigte" sind.

aa) Anteile, Stimmrechte, Ermittlung der Beteiligungsquoten

Der Begriff des *Anteils* ist genauso auszulegen, wie der Begriff der *Aktien* beim Indirectly-Publicly-Traded-Test bzw. Ownership/Base-Erosion-Test in Art. 28 Abs. 2 DBA-USA.[555] Unter Anteil ist somit die Beteiligung an einer Gesellschaft i.S.d. Art. 3 Abs. 1 e) DBA-USA zu verstehen. Da der Derivative-Benefits-Test den Begriff Anteil und nicht Aktie verwendet, können hier keine Zweifel bestehen, dass der Test auch auf andere Gesellschaftsformen als die AG Anwendung findet. Für die Auslegung des Begriffs der Stimmrechte kann auf die Ausführungen zum Indirectly-Publicly-Traded-Test verwiesen werden.[556] Gleiches gilt für die Ermittlung der Beteiligungsquoten bei mehrstufigen Beteiligungsstrukturen.[557]

bb) Vorzugsaktien

Auch wenn der Derivative-Benefits-Test rechtsformneutral von Anteilen spricht, so verwendet er auch den Begriff *Vorzugsaktiengattung*. Teilweise wird daraus geschlossen, der Derivative-Benefits-Test finde zwar grundsätzlich auf alle Rechtsformen Anwendung, die besondere Beteiligungsvoraussetzungen für Vorzugsaktien würden aber nur gelten, wenn es sich bei der Gesellschaft um eine AG bzw. vergleichbare Rechtsform handele.[558] Wie bereits zum Indirectly-Publicly-Traded-Test

---

555 Vgl. C.II.3.a)bb)(1), S. 96.
556 Vgl. C.II.3.a)bb)(4), S. 99.
557 Vgl. C.II.3.a)bb)(4), S. 99.
558 *Schönfeld*, in: Schönfeld/Ditz, DBA, Art. 10 Rn. 478.

ausgeführt, handelt es sich bei der Verwendung des Begriffs Aktie aber um einen Übersetzungsfehler, sodass unter Vorzugsaktien alle Anteile an Gesellschaften i.S.d. Art. 3 Abs. 1 e) DBA-USA zu verstehen sind, die unter die Definition des Art. 28 Abs. 8 c) DBA-USA fallen.[559] In der englischen Abkommensfassung wird auch an dieser Stelle der rechtsformneutrale Begriff *„disproportionate class of shares“* verwendet. Alles andere würde auch zu offensichtlichen Umgehungsgestaltungen führen.

Im Unterschied zum Indirectly-Publicly-Traded-Test und Ownership/Base-Erosion-Test in Art. 28 Abs. 2 DBA-USA setzt der Wortlaut des Art. 28 Abs. 3 a) DBA-USA das Halten von 50 % „aller Vorzugsaktiengattungen“ und nicht „jeder Vorzugsaktiengattung“ voraus. Im Hinblick auf die englische Abkommensfassung, die bei allen Tests von *„any disproportionate class of shares“* spricht, wird man hier von einem Übersetzungsversehen ausgehen müssen.[560] Mithin muss das 50-%-Erfordernis im Hinblick auf jede Vorzugsaktiengattung erfüllt sein.

cc) Zwischengeschaltete Beteiligte

Anforderungen an die Ansässigkeit zwischengeschalteter Beteiligter in mehrstufigen Beteiligungsstrukturen werden im Unterschied zum Indirectly-Publicly-Traded-Test und zum Ownership/Base-Erosion-Test in Art. 28 Abs. 3 DBA-USA nicht gestellt. Somit kann ein zwischengeschalteter Beteiligter auch eine nicht abkommensberechtigte Gesellschaft oder anderer Rechtsträger in einem Drittstaat sein.

dd) Gleichberechtigter Begünstigter

Die zentrale Voraussetzung des Derivative-Benefits-Tests ist, dass die Anteilseigner als *gleichberechtigte Begünstigte* qualifizieren müssen. Dieser Begriff wird in Art. 28 Abs. 8 e) DBA-USA definiert. Nach dieser Vorschrift gibt es zwei alternative Möglichkeiten für eine Person, sich als gleichberechtigter Begünstigter zu qualifizieren:

(1) 1. Alternative: Abkommensberechtigte Gesellschafter in einem EU/EWR oder NAFTA-Staat

Die ersten Alternative zur Qualifikation als gleichberechtigter Begünstigter hat drei Voraussetzungen:

(a) Ansässigkeit in einem EU-, EWR- oder NAFTA-Staat

Erstens muss ein gleichberechtigter Begünstigter in einem Mitgliedstaat der EU, einem Staat des EWR oder einem Vertragsstaat des Nordamerikanischem

---

559 Insofern ist es inkonsequent anzunehmen, dass unter Aktien i.S.d. Publicly-Traded-Tests in Art. 28 Abs. 2 c) aa) DBA-USA alle Anteile an Gesellschaften und unter Vorzugsaktien nur Anteile an einer AG zu subsumieren (a.A. *Schönfeld*, in: Schönfeld/Ditz, DBA, Art. 10 Rn. 478).

560 *Gohr*, in: Endres/Jacob/Gohr/Klein, DBA-USA, Art. 28 Rn. 102; *Wolff*, in: Wassermeyer, DBA, Art. 28 DBA-USA Rn. 111.

Freihandelsabkommens (nachfolgend „qualifizierte Staaten“) i.S.d. Art. 4 Abs. 1 DBA-USA ansässig sein.

(b) Mittelbare Abkommensberechtigung

Zweitens muss ein gleichberechtigter Begünstigter Anspruch auf alle Vergünstigungen eines „umfassenden DBA“ zwischen dem Quellenstaat (d.h. Deutschland bzw. der USA) und einem qualifizierten Staat (d.h. seinem Ansässigkeitsstaat) nach Bestimmungen, die Art. 28 Abs. 2 a), b), c) aa), d) oder e) DBA-USA entsprechen, haben. Enthält das einschlägige DBA keine „umfassende LoB-Klausel“ muss ein gleichberechtigter Begünstigter gem. Art. 28 Abs. 2 a) b), c) aa), d) oder e) DBA-USA als berechtigte Person qualifizieren, wobei seine Ansässigkeit in einem der Vertragsstaaten unterstellt wird.

(aa) Umfassendes DBA

Was ein *umfassendes DBA* (im Englischen: *„comprehensive income tax convention“*) ist, wird im DBA-USA nicht definiert. In den USA wird zur Definition auf § 1(h) IRC zurückgegriffen, der bestimmte Dividenden einem begünstigten Steuersatz unterwirft und ebenfalls diesen Begriff verwendet.[561] Die IRS hat zu § 1(h) IRC eine Liste der Länder herausgegeben, mit denen ein umfassendes DBA besteht.[562] Diese Liste umfasst (fast) alle EU-/EWR und NAFTA-Staaten,[563] sodass diesem Tatbestandsmerkmal aus US-Sicht nur eine geringe Bedeutung zukommt.

Im deutschen Steuerrecht ist dieses Tatbestandsmerkmal nicht weiter definiert. Dem Wortlaut nach wird man darunter ein DBA verstehen müssen, das die Abkommensvergünstigungen im Hinblick auf die Einkommen-, Körperschaft- und Gewerbesteuer abschließend regelt und beispielsweise nicht nur Bestimmungen zum Informationsaustausch enthält.

(bb) Umfassende LoB-Klausel entsprechend Art. 28 Abs. 2 DBA-USA

Wenn das DBA zwischen dem Quellenstaat und dem Ansässigkeitsstaat des Anteilseigners eine *umfassende LoB-Klausel* enthält, muss der Anteilseigner die Voraussetzungen der Art. 28 Abs. 2 a), b), c) aa), d) oder e) DBA-USA *entsprechenden Bestimmung* der LoB-Klausel dieses DBA erfüllen (nachfolgend: „tatsächlicher LoB-Test“). Eine LoB-Klausel sollte dann *umfassend* sein, wenn sie für sämtliche Einkunftsarten nach dem DBA und nicht nur für bestimmte Einkunftsarten (beispielsweise Dividenden) gilt.[564]

---

561 IRS, Private Letter Ruling v. 20.11.2003 – PLR200409025, Westlaw (2003 WL 363871); *Levine/Miller*, T.M. Foreign Income Portfolio 936, II. D. 4.

562 IRS, Notice 2011-64 v. 12.9.2011, IRB 2011-37.

563 Lediglich Kroatien und Liechtenstein sind nicht enthalten, mit diesen Staaten besteht gar kein DBA der USA.

564 Vgl. zu diesem Verständnis: *Bates* u.a., Intertax 2013, 395, 396.

Enthält das DBA mit dem Ansässigkeitsstaat des Anteilseigners keine umfassende LoB-Klausel, ist die Abkommensberechtigung des Anteilseigners anhand von Art. 28 Abs. 2 a), b), c) aa), d) und e) DBA-USA zu prüfen, wobei die Ansässigkeit des Anteilseigners in Deutschland bzw. den USA unterstellt wird (nachfolgend: „fiktiver LoB-Test"). Der fiktive LoB-Test sollte zudem dann anwendbar sein, wenn das DBA mit dem Ansässigkeitsstaat des Anteilseigners zwar eine umfassende LoB-Klausel enthält, der anwendbare Test dieser LoB-Klausel aber nicht dem Test in Art. 28 Abs. 2 a), b), c) aa), d) oder e) DBA-USA entspricht.[565]

Die Frage, wann von Art. 28 Abs. 2 a), b), c) aa), d) oder e) DBA-USA entsprechenden Tests im DBA mit dem Ansässigkeitsstaat ausgegangen werden kann, stellt sich fast nur aus US-amerikanischer Sicht, weil deutsche Abkommen in der Regel schon gar keine umfassende LoB-Klausel enthalten.[566]

DBA zwischen den USA und anderen Staaten enthalten hingegen mit wenigen Ausnahmen eine LoB-Klausel,[567] allerdings weichen die Tests dieser LoB-Klauseln mehr oder minder stark von Art. 28 Abs. 2 DBA-USA ab. Beispielsweise enthält das DBA zwischen den USA und Frankreich einen Publicly-Traded-Test, der mit Art. 28 Abs. 2 c) aa) DBA-USA weitgehend identisch ist. Im Unterschied zum DBA-USA setzt die zu Art. 28 Abs. 2 c) aa) A) DBA-USA korrespondierende Vorschrift aber nicht voraus, dass die Aktien hauptsächlich im Ansässigkeitsstaat gehandelt werden. Es reicht aus, wenn der Schwerpunkt des Börsenhandels in der EU (bei einer französischen Gesellschaft) bzw. in einem NAFTA-Staat (bei einer US-amerikanischen Gesellschaft) liegt.[568] Im Publicly-Traded-Test des DBA mit dem Vereinigten Königreich haben die USA auf die Voraussetzung des DBA-USA, wonach die Aktien der börsennotierten Gesellschaft hauptsächlich im Ansässigkeitsstaat gehandelt werden oder der hauptsächliche Ort der Geschäftsführung und Überwachung im Ansässigkeitsstaat liegen muss, ganz verzichtet.[569]

In der deutschen Literatur wird teilweise vertreten, eine Art. 28 Abs. 2 DBA-USA entsprechende Bestimmung liege nur vor, wenn der Test des anderen DBA in allen Tatbestandsvoraussetzungen dem Test des DBA-USA entspreche. Ansonsten solle es auf den fiktiven LoB-Test ankommen.[570] Dagegen spricht jedoch, dass dann der tatsächliche LoB-Test weitgehend überflüssig wäre. Die LoB-Klauseln in den DBA der USA sind praktisch niemals identisch.[571] Auch spricht der Grundgedanke des

565 *Gohr*, in: Endres/Jacob/Gohr/Klein, DBA-USA, Art. 28 Rn. 109.
566 Ausnahmen sind beispielsweise die DBA Deutschlands mit den Vereinigten Arabischen Emiraten und Japan.
567 *Levine/Miller*, T.M. Foreign Income Portfolio 936, unter I.
568 Art. 30 Abs. 2 c) (i) des DBA zwischen den USA und Frankreich.
569 Art. 23 Abs. 2 c) (i) des DBA zwischen den USA und dem Vereinigten Königreich.
570 *Schnitger*, IWB (2006) Fach 8 USA Gr. 2, 1440, 1452. Im Grundsatz auch: *Gohr*, in: Endres/Jacob/Gohr/Klein, DBA-USA, Art. 28 Rn. 110, die den tatsächlichen LoB-Test nur anwenden will, wenn der Test der LoB-Klausel im DBA mit dem Ansässigkeitsstaat des Anteilseigners strenger ist.
571 Vgl. die Übersichten bei Andersen, Tax Treaties, Rn. 22.02 ff.

Derivative-Benefits-Tests gegen diese Auslegung. Da bei diesem Test die Abkommensberechtigung der Gesellschaft mit der Abkommensberechtigung des dahinterstehenden Anteilseigners aufgrund des DBA mit dessen Ansässigkeitsstaat begründet wird, sollte es in erster Linie auf die LoB-Klausel dieses DBA und nicht des DBA-USA ankommen. Der fiktive LoB-Test dient nur dazu, Treaty Shopping zu verhindern, wenn das DBA gar keinen entsprechenden Schutzmechanismus enthält. Folglich sollten an die Prüfung, ob es sich um einen entsprechenden Test handelt, keine zu hohen Anforderungen gestellt werden.[572] Es muss reichen, wenn sich die Tatbestandsvoraussetzungen im Wesentlichen entsprechen. Das muss dann sowohl für strengere als auch für weniger strengere LoB-Klauseln gelten. Im Fall der DBA zwischen den USA und Frankreich bzw. dem Vereinigten Königreich sollten die Publicly-Traded-Tests als eine Art. 28 Abs. 2 c) aa) DBA-USA entsprechende Bestimmung angesehen werden. Hingegen wird eine stark vereinfachte LoB-Klausel, wie sie z.B. im DBA zwischen Deutschland und den Vereinigten Arabischen Emiraten enthalten ist,[573] nicht ausreichen.

(cc) Anwendung des Publicly-Traded-Tests beim fiktiven LoB-Test

Probleme bereitet der fiktive LoB-Test, wenn ortsbezogene Tatbestandsvoraussetzungen geprüft werden müssen, weil im Rahmen des fiktiven LoB-Tests nur die Ansässigkeit in einem der Vertragsstaaten, nicht jedoch andere ortsbezogene Voraussetzungen fingiert werden. Das zeigt sich insbesondere beim Publicly-Traded-Test.

> *Beispiel 15:*
> Die T-Corp. erhält eine Lizenzzahlung aus den USA. Alleiniger Anteilseigner der T-Corp. ist eine Gesellschaft in Kanada, M-Corp., deren Aktien am Toronto Stock Exchange gehandelt werden.
> *Da das DBA zwischen Deutschland und Kanada keine LoB-Klausel enthält, kommt es hier auf den fiktiven LoB-Test an. Die M-Corp. müsste also die Voraussetzungen des Art. 28 Abs. 2 c) aa) DBA-USA erfüllen. Das scheitert jedoch daran, dass der Toronto Stock Exchange keine anerkannte Börse i.S.d. Art. 28 Abs. 8 a) DBA-USA ist.*[574] *Im Rahmen der Prüfung des Publicly-Traded-Tests wird (nur) die Ansässigkeit der M-Corp. in Deutschland fingiert, für andere (ortsbezogene) Merkmale gibt es keine Fiktion. Auch die zweite Voraussetzung des Publicly-Traded-Tests, nach der (i) die Aktien der M-Corp. hauptsächlich an einer in dem Vertragsstaat gelegenen Börse, in der sie ansässig ist, gehandelt werden müssen oder (ii) sich der hauptsächliche Ort der Geschäftsführung und Überwachung in dem Vertragsstaat befinden muss, in der sie ansässig ist, kann die M-Corp. bei unterstellter Ansässigkeit in Deutschland nicht erfüllen.*[575] *Daher wäre die T-Corp. nicht abkommensberechtigt.*

---

572 *Wolff*, in: Wassermeyer, DBA, Art. 28 DBA-USA Rn. 227; *Wolff/Eimermann*, IStR 2006, 837, 841.

573 Vgl. Art. 21 des DBA zwischen Deutschland und den Vereinigten Arabischen Emiraten.

574 Vgl. *Suarez*, TNI 2009 (Bd. 56), 39s.

575 A.A. wohl *Wagner*, PIStB 2011, 99, 101 zu einem ähnlichen Fall (allerdings ohne Begründung).

(c) Mindestens ebenso niedriger Quellensteuersatz

Die dritte Voraussetzung, um als gleichberechtigter Begünstigter zu qualifizieren, gilt nur dann, wenn die Gesellschaft die Entlastung von Quellensteuern auf Versicherungsprämien, Dividenden (Art. 10 DBA-USA), Zinsen (Art. 11 DBA-USA) oder Lizenzeinnahmen (Art. 12 DBA-USA) in Anspruch nimmt. In diesem Fall muss der Anteilseigner der Gesellschaft nach dem DBA zwischen dem Quellenstaat und dem qualifizierten Staat (d.h. seinem Ansässigkeitsstaat) für diese Einkunftsart einen Anspruch auf Quellensteuerentlastung zu einem Steuersatz haben, der „mindestens ebenso niedrig" ist wie der nach dem DBA-USA geltende Steuersatz.

(aa) Vergleich der Steuersätze

Um festzustellen, ob diese Voraussetzung erfüllt ist, müssen zwei Steuersätze verglichen werden: (1) der im DBA-USA für die betreffenden Einkünfte (bei unterstellter Abkommensberechtigung) geltende Steuersatz und (2) der Steuersatz nach dem DBA zwischen dem Quellenstaat und dem Ansässigkeitsstaat des Anteilseigners, der anwendbar wäre, hätte er die Zahlung direkt aus dem Quellenstaat erhalten.[576] Die dritte Voraussetzung ist nur dann erfüllt, wenn der zweitgenannte Steuersatz kleiner oder gleich dem erstgenannten Steuersatz ist. Da diese Voraussetzung im DBA-USA rein konditional formuliert ist, ist der Anteilseigner kein gleichberechtigter Begünstigter, wenn das DBA zwischen dem Quellenstaat und dem Ansässigkeitsstaat des Anteilseigners zwar ebenfalls eine Quellensteuerreduzierung, aber nur zu einem höheren Steuersatz vorsieht. Auch eine Entlastung auf diesen höheren Steuersatz ist dann nicht möglich.[577] Dieses Ergebnis ist zwar nicht sachgerecht, folgt aber aus dem eindeutigen Wortlaut der Vorschrift.

Beispiel 16:
An einer deutschen GmbH ist zu 100 % eine in Italien ansässige börsennotierte Gesellschaft beteiligt, die die Voraussetzungen des Publicly-Traded-Tests in der LoB-Klausel des DBA zwischen den USA und Italien erfüllt. Die GmbH erhält eine Lizenzgebühr aus den USA. Das DBA-USA sieht für Lizenzgebühren eine vollständige Freistellung von der US-Quellensteuer vor.[578] Das DBA zwischen den USA und Italien gewährt den USA hingegen ein Quellenbesteuerungsrecht mit einem Steuersatz in Höhe von 8 %.[579] Daher ist die italienische Gesellschaft kein gleichberechtigter Begünstigter und auf die Lizenzgebühr fallen nicht nur 8 %, sondern 30 % US-Quellensteuer an.

---

576 Technical Explanation DBA-USA (2006) zu Art. 28 Abs. 3.

577 *Gohr*, in: Endres/Jacob/Gohr/Klein, DBA-USA, Art. 28 Rn. 112; *Levine/Miller*, T.M. Foreign Income Portfolio 936 unter III. D. 5.; *Wolff*, in: Wassermeyer, DBA, Art. 28 DBA-USA Rn. 230.

578 Art. 12 Abs. 1 DBA-USA.

579 Art. 12 Abs. 2 des DBA zwischen den USA und Italien.

Fraglich ist, wie das Beispiel 16 zu beurteilen wäre, wenn die GmbH keine Lizenzgebühr, sondern eine Dividende ihrer 100 %igen US-Tochtergesellschaft erzielte. Nach dem DBA-USA sind – bei unterstellter Abkommensberechtigung der GmbH nach der LoB-Klausel – sowohl die Voraussetzungen für eine Reduzierung der US-Quellensteuer auf 5 % gem. Art. 10 Abs. 2 a) DBA-USA als auch für eine vollständige Freistellung nach Art. 10 Abs. 3 a) DBA-USA erfüllt. Das DBA zwischen den USA und Italien sieht bei einem direkten Bezug der Dividende durch die italienische Muttergesellschaft hingegen lediglich eine Quellensteuerreduzierung auf 5 % vor.[580] Zu dieser Konstellation wird vertreten, die GmbH könne weder eine Reduzierung der Quellensteuer auf 5 % noch auf 0 % in Anspruch nehmen, weil für den Vergleich der Steuersätze nur der des Art. 10 Abs. 3 a) DBA-USA relevant sei.[581] Dabei wird aber übersehen, dass nach dem DBA-USA gerade zwei Quellensteuersätze anwendbar sind: 5 % und 0 %. Im Hinblick auf die Reduzierung des Quellensteuersatzes auf 5 % ist die italienische Muttergesellschaft ein gleichberechtigter Begünstigter, sodass die GmbH zu einer Reduzierung der Quellensteuer auf 5 % berechtigt sein sollte.[582] Die Technical Explanation zum DBA-USA bestätigt diese Auslegung nicht ausdrücklich.[583] Allerdings wird sie in der Technical Explanation zum DBA zwischen den USA und dem Vereinigten Königreich sowie in einer Verständigungsvereinbarung zum DBA zwischen den USA und den Niederlanden vertreten.[584]

(bb) Zurechnung von Tatbestandsmerkmalen bei Dividenden?

Bei der Prüfung, ob für den Anteilseigner der gleiche oder ein niedrigerer Quellensteuersatz gilt, ist bei Dividenden zu beachten, dass die Höhe des Quellensteuersatzes nach den einschlägigen DBA in der Regel von weiteren Tatbestandsmerkmalen abhängig ist. Nach den DBA Deutschlands und der USA ist der reduzierte Quellensteuersatz in Höhe von 5 % für Dividenden in der Regel nur anwendbar, wenn eine Beteiligung an der ausschüttenden Gesellschaft in Höhe von mindestens 10 % der

---

580 Art. 10 Abs. 2 a) des DBA zwischen den USA und Italien.

581 *Wolff*, in: Wassermeyer, DBA, Art. 28 DBA-USA Rn. 230.

582 Vgl. *Miller*, Int'l Tax Journal 2007, 5, 9; NYCB, Tax Notes 2008 (Bd. 119), 1087, 1093.

583 Ebenso wenig widerspricht die Technical Explanation dieser Auslegung. Zwar diskutiert die Technical Explanation dieses Beispiel und kommt zu dem Ergebnis, dass die italienische Muttergesellschaft im Hinblick auf die vollständige Freistellung von der Quellensteuer gem. Art. 10 Abs. 3 DBA-USA kein gleichberechtigter Begünstigter sei (Technical Explanation DBA-USA (2006) zu Art. 28 Abs. 3). Zu einer Reduzierung des Quellensteuersatzes auf 5 % enthält die Technical Explanation aber gerade keine Aussage.

584 Technical Explanation UK zu Art. 23 Abs. 3 und Abs. XVIII der Verständigungsvereinbarung zwischen den USA und den Niederlanden v. 8.3.2004. Vgl. dazu auch *Miller*, Int'l Tax Journal 2007, 5, 9 und *Mason*, TNI 2006 (Bd. 43), 563, 564 f., die allerdings zu Recht darauf hinweisen, dass aus dem Fehlen einer entsprechen Bestimmung in Bezug auf andere DBA der USA auch die gegenteilige Schlussfolgerung gezogen werden könnte.

Stimmrechte besteht und der Nutzungsberechtigte eine Gesellschaft ist.[585] Wenn diese Voraussetzungen nicht erfüllt werden, findet hingegen regelmäßig ein Quellensteuersatz in Höhe von 15 % Anwendung. Soweit DBA – wie Art. 10 Abs. 3 a) DBA-USA – eine vollständige Quellensteuerfreistellung für Dividenden vorsehen, erfordert dies in der Regel eine Beteiligung in Höhe von 80 % der Stimmrechte und eine Haltedauer von 12 Monaten.[586] Bei diesen Tatbestandsmerkmalen (Gesellschaft, Haltedauer, Stimmrechtsanteil) ist fraglich, ob sie vom Anteilseigner selbst erfüllt werden müssen oder ob eine Zurechnung dieser Merkmale erfolgt, wenn sie von der Abkommensvorteile in Anspruch nehmenden Gesellschaft erfüllt werden.

Für die Anwendung des Art. 10 Abs. 3 DBA-USA, d.h. die vollständige Entlastung von der Quellensteuer, enthält Art. 28 Abs. 8 e) S. 2 DBA-USA hierfür eine Sonderregelung. Demnach wird ein mittelbarer Anteilseigner der ausschüttenden Gesellschaft so behandelt, als halte er dieselben Stimmrechte an der ausschüttenden Gesellschaft wie die Gesellschaft, deren Abkommensberechtigung geprüft wird.[587] Diese Art der Zurechnung von Merkmalen der Gesellschaft an den Anteilseignern erscheint grundsätzlich auch bei den anderen Voraussetzungen sinnvoll. Da es sich nach dem klaren Wortlaut bei Art. 28 Abs. 8 e) S. 2 DBA-USA jedoch um eine Sonderregelung für die Berechnung des Stimmrechtsanteils im Rahmen des Art. 10 Abs. 3 DBA-USA handelt, kann sie nicht auf die anderen Tatbestandsvoraussetzungen des Art. 10 Abs. 3 a) DBA-USA (Haltedauer, Gesellschaft) oder die Tatbestandsvoraussetzungen des Art. 10 Abs. 2 a) DBA-USA (Stimmrechtsanteil, Gesellschaft) übertragen werden. Vielmehr ist bei der Prüfung der anderen Tatbestandsvoraussetzungen des Art. 10 Abs. 3 a) DBA-USA und bei Anwendung des Art. 10 Abs. 2 a) DBA-USA zu unterstellen, dass der Anteilseigner die betreffende Einkünfte selbst bezieht und somit ist auf den Anteilseigner selbst abzustellen.[588] Mithin kommt es für den Stimmrechtsanteil bei Anwendung des Art. 10 Abs. 2 a) DBA-USA auf

---

585 Art. 10 Abs. 2 a) US-Musterabkommen und Art. 10 Abs. 2 Nr. 1 der deutschen Verhandlungsgrundlage.

586 Bspw. Art. 10 Abs. 3 des DBA zwischen den USA und dem Vereinigten Königreich, Art. 10 Abs. 3 des DBA zwischen den USA und Frankreich (ohne Unmittelbarkeitserfordernis) und Art. 10 Abs. 3 des DBA zwischen den USA und den Niederlanden.

587 Letztlich handelt es sich um eine Regelung, die in das für den Anteilseigner anwendbare DBA hineingelesen werden muss. Wenn das einschlägige DBA ebenfalls eine bestimmte Beteiligungshöhe des Anteilseigners voraussetzt, erleichtert Art. 28 Abs. 8 e) S. 2 DBA-USA insofern die Erfüllung dieser Voraussetzung, als es nicht auf die durchgerechnete Beteiligungshöhe des Anteilseigners, sondern die Höhe der Beteiligung der Abkommensvorteile beanspruchenden Gesellschaft ankommt.

588 Ebenso wohl Technical Explanation DBA-USA (2006) zu Art. 28 Abs. 3, wonach beim Vergleich der Steuersätze zu unterstellen ist, dass der Anteilseigner die Zahlung direkt erhält.

die durchgerechnete Stimmrechtsquote des Anteilseigners an.[589] Ebenso muss die Haltedauer bei Anwendung des Art. 10 Abs. 3 a) DBA-USA auf der Ebene des Anteilseigners erfüllt sein. Weiterhin muss es sich im Fall des Art. 10 Abs. 2 a) und Abs. 3 a) DBA-USA beim Anteilseigner um eine Gesellschaft handeln.

(cc) Quellensteuerentlastung aufgrund von EU-Richtlinien

Bei Dividenden, Zinsen und Lizenzgebühren, die aus Deutschland stammen und deren Nutzungsberechtigter eine in den USA ansässige Gesellschaft ist, deren (mittelbare) Anteilseigner wiederum in den EU ansässige Gesellschafter sind, ist nach Art. 28 Abs. 8 f) DBA-USA die dritte Voraussetzung eines gleichwertigen Entlastungsanspruchs des Anteilseigners auch dann erfüllt, wenn diese Anteilseigner zwar nicht aufgrund eines DBA mit Deutschland, aber aufgrund einer Richtlinie der EU eine entsprechende Quellensteuerentlastung verlangen könnten, wenn sie diese Zahlung direkt erhalten hätten. Diese Regelung wurde vor dem Hintergrund eingeführt, dass Dividenden sowie Lizenz- und Zinszahlungen zwischen in der EU ansässigen Gesellschaften nach der Mutter-Tochter-Richtlinie bzw. nach der Zins- und Lizenzrichtlinie[590] von der Quellensteuer befreit sind, ohne dass die DBA zwischen den EU-Mitgliedstaaten entsprechend angepasst wurden.[591] Die Mutter-Tochter-Richtlinie setzt für die Quellensteuerbefreiung eine Mindesthaltedauer von 12 Monaten und eine Beteiligung von mindestens 10 % voraus.[592] Die Zins- und Lizenzrichtlinie ist nur für Zahlungen zwischen verbundenen Unternehmen anwendbar, was eine Beteiligung in Höhe von mindestens 25 % erfordert.[593] Diese Beteiligungsvoraussetzungen der Richtlinien müssen auf der Ebene des Anteilseigners geprüft werden. Es kommt mithin auf die durchgerechnete Beteiligungsquote an. Eine Zurechnung der Beteiligungsquote von der Abkommensvorteile in Anspruch nehmenden Gesellschaft an den Anteilseigner sieht Art. 28 Abs. 8 f) DBA-USA (anders als Art. 28 Abs. 8 e) S. 2 DBA-USA) nicht vor.

---

589 A.A. *Gohr*, in: Endres/Jacob/Gohr/Klein, DBA-USA, Art. 28 Rn. 121. *Gohr* geht allerdings davon aus, dass diese Frage nicht relevant sei, weil die Zahl der Anteilseigner im Rahmen des Art. 28 Abs. 3 DBA-USA auf sieben beschränkt sei und die durchgerechnete Quote des einzelnen Anteilseigners daher selten unter 10 % liege. Allerdings wird es Fälle geben, in denen die Gesellschaft nur eine Beteiligung in Höhe von 10 % (und nicht 100 %) hält und die durchgerechnete Quote somit schon bei zwei Anteilseignern unter 10 % liegt.

590 Richtlinie 2003/49/EG über eine gemeinsame Steuerregelung für Zahlungen von Zinsen und Lizenzgebühren zwischen verbundenen Unternehmen verschiedener Mitgliedstaaten.

591 Vgl. Technical Explanation DBA-USA (2006) zu Art. 28 Abs. 3.

592 Art. 3 Mutter-Tochter-Richtlinie und § 43b EStG.

593 Art. 3 b) Zins- und Lizenzrichtlinie und § 50g Abs. 2 Nr. 5 EStG.

(2) 2. Alternative: In den Vertragsstaaten ansässige Personen

Nach der zweiten Alternative des Art. 28 Abs. 8 e) DBA-USA qualifizieren in einem Vertragsstaat ansässige Personen, die als natürliche Personen, Vertragsstaaten und ihre Gebietskörperschaften, börsennotierte Gesellschaften, steuerbegünstigte Organisationen oder Altersvorsorge-Einrichtungen gem. Art. 28 Abs. 2 a), b), c) aa), d) und e) DBA-USA berechtigte Personen sind, als gleichberechtigte Begünstigte. Dabei kommt es nicht darauf an, ob ihnen der Entlastungsanspruch bei einer direkten Beteiligung zustehen würde.[594] Nach der Technical Explanation dient diese zweite Alternative dazu sicherzustellen, dass unter den Derivative-Benefits-Test auch Gesellschaften fallen, die neben Anteilseignern in qualifizierten Staaten Anteilseigner in einem der Vertragsstaaten haben (bspw. eine deutsche Gesellschaft mit fünf in anderen Mitgliedstaaten der EU ansässigen Anteilseignern, die 90 % der Anteile halten, und einem in den USA ansässigen Anteilseigner).[595]

Allerdings ist die zweite Alternative nicht auf Gesellschaften mit „gemischten" Anteilseignern aus den Vertragsstaaten und qualifizierten Staaten beschränkt. Daher kann beispielsweise auch eine Gesellschaft in einer Mäanderstruktur die Abkommensberechtigung auf der Grundlage dieser Alternative des Derivative-Benefits-Tests erlangen.[596]

> *Beispiel 17:*
> *Die in den USA ansässige US-Corp. bezieht Dividenden aus Deutschland. Alleiniger Gesellschafter der US-Corp. ist eine in Deutschland ansässige natürliche Person D. Nach dem Ownership/Base-Erosion-Test in Art. 28 Abs. 2 f) DBA-USA ist die US-Corp. nicht abkommensberechtigt, weil die Anteilseigner hierfür im gleichen Staat wie die Abkommensvorteile in Anspruch nehmende Gesellschaft ansässig sein müssen. Im Rahmen des Derivative-Benefits-Tests ist D hingegen ein gleichberechtigter Begünstigter und die US-Corp. ist somit im Hinblick auf die Dividende aus Deutschland (vorbehaltlich des Base-Erosion-Tests in Art. 28 Abs. 3 b) DBA-USA) abkommensberechtigt.*

Weiterhin kann aufgrund dieser zweiten Alternative auch eine Gesellschaft die Abkommensberechtigung erlangen, deren (mittelbare) Anteilseigner im Vertragsstaat ansässige Personen sind und über in Drittstaaten oder im anderen Vertragsstaat ansässige Gesellschaften gehalten werden. Beim Ownership/Base-Erosion-Test scheitert in diesen Fällen die Abkommensberechtigung daran, dass jeder zwischengeschaltete Beteiligte im gleichen Vertragsstaat wie die Abkommensvorteile in Anspruch nehmende Gesellschaft ansässig sein muss. Der Derivative-Benefits-Test

---

594 Technical Explanation DBA-USA (2006) zu Art. 28 Abs. 3.
595 Technical Explanation DBA-USA (2006) zu Art. 28 Abs. 3.
596 Vgl. *Gohr*, in: Endres/Jacob/Gohr/Klein, DBA-USA, Art. 28 Rn. 137.

stellt hingegen keine Voraussetzungen an die Ansässigkeit zwischengeschalteter Beteiligter.[597]

b) Base-Erosion-Test

Nach dem Base-Erosion-Test des Art. 28 Abs. 3 b) DBA-USA müssen im Steuerjahr[598] weniger als 50 % des Rohgewinns der Gesellschaft unmittelbar oder mittelbar in Form von steuerlich abzugsfähigen Zahlungen an Personen gezahlt oder geschuldet werden, die keine gleichberechtigten Begünstigten sind. Der Base-Erosion-Test entspricht damit im Grundsatz Art. 28 Abs. 2 f) bb) DBA-USA, sodass auf die zu dieser Abkommensvorschrift gemachten Ausführungen verwiesen werden kann.[599]

Ein wesentlicher Unterschied zwischen dem Base-Erosion-Test in Art. 28 Abs. 3 b) DBA-USA und in Art. 28 Abs. 2 f) bb) DBA-USA ist allerdings der Kreis der unschädlichen Zahlungsempfänger, zu dem im Fall des Derivative-Benefits-Test nicht nur bestimmte in den Vertragsstaaten ansässige berechtigte Personen i.S.d. Art. 28 Abs. 2 DBA-USA, sondern alle gleichberechtigten Begünstigten i.S.d. Art. 28 Abs. 8 e) DBA-USA gehören.

Die Definition des gleichberechtigten Begünstigten gem. Art. 28 Abs. 8 e) DBA-USA wurde bereits im Hinblick auf den Ownership-Test des Derivative-Benefits-Tests erläutert. Beim Base-Erosion-Test bereitet allerdings die Anwendung dieser Definition Schwierigkeiten, wenn die Abkommensberechtigung in Bezug auf Dividenden geprüft wird. Nach Art. 28 Abs. 8 e) aa) DBA-USA ist eine Person ein gleichberechtigter Begünstigter, wenn ihr ein gleichwertiger Quellensteuerentlastungsanspruch bei direkter Zahlung der quellensteuerpflichtigen Dividenden-, Zins- oder Lizenzzahlung an ihn zustehen würde. Dabei kommt es nur auf die Art der quellensteuerpflichtigen Einkünfte an, die an die Abkommensvorteile in Anspruch nehmende Gesellschaft gezahlt werden. Die Art der von der Gesellschaft geleisteten abzugsfähigen Zahlung ist irrelevant.[600] Bei der Prüfung des Derivative-Benefits-Tests im Hinblick auf Dividenden kommt es somit darauf an, dass der Empfänger der abzugsfähigen Zahlung aufgrund des DBA zwischen seinem Ansässigkeitsstaat und dem Quellenstaat[601] einen gleichwertigen Entlastungsanspruch in Bezug auf Dividenden hat, auch wenn es sich bei der abzugsfähigen Zahlung um Zinsen oder

597 Die zweite Alternative ist zudem für die vollständige Entlastung von der Quellensteuer auf Dividenden nach Art. 10 Abs. 3 a) DBA-USA relevant. Vgl. *Gohr*, in: Endres/Jacob/Gohr/Klein, DBA-USA, Art. 28 Rn. 134; *Schönfeld*, in: Schönfeld/Ditz, DBA, Art. 10 Rn. 481.

598 Im Unterschied zu Art. 28 Abs. 2 f) bb) DBA-USA besagt der Wortlaut des Art. 28 Abs. 3 b) DBA-USA ausdrücklich, dass es auf das Steuerjahr ankommt, in dem die Einkünfte erzielt werden. Das ergibt sich aber sowieso aus dem Sinn und Zweck der Vorschrift.

599 Vgl. C.II.6.a)cc), S. 128.

600 *Gohr*, in: Endres/Jacob/Gohr/Klein, DBA-USA, Art. 28 Rn. 145.

601 Bzw. aufgrund der Mutter-Tochter-Richtlinie (Art. 28 Abs. 8 f) DBA-USA).

Lizenzgebühren handeln sollte. Bei Dividenden hängt die Höhe des Entlastungsanspruchs jedoch von der Höhe der Beteiligung an der ausschüttenden Gesellschaft ab und der Empfänger einer Zins- oder Lizenzzahlung muss – im Gegensatz zur Gesellschaft, deren Abkommensberechtigung infrage steht – nicht notwendigerweise an der ausschüttenden Gesellschaft beteiligt sein.

Beispiel 18:
Die in den USA ansässige US-Inc. erhält von der deutschen D-GmbH, an der sie zu 10 % beteiligt ist, eine Dividendenzahlung und beansprucht eine Reduzierung der deutschen Quellensteuer auf 5 % gem. Art. 10 Abs. 2 a) DBA-USA. Die US-Inc. zahlt mehr als 50 % ihres Rohgewinns in Form von Zinsen an die im Vereinigten Königreich ansässige UK-Ltd., die nicht an der D-GmbH beteiligt ist. Für eine Dividendenzahlung der D-GmbH an die UK-Ltd. käme grundsätzlich eine vollständige Entlastung von der Quellensteuer aufgrund der Mutter-Tochter-Richtlinie in Betracht. Voraussetzung hierfür wäre jedoch eine Mindestbeteiligung in Höhe von 10 % und eine Mindesthaltedauer von 12 Monaten. Auch die Reduzierung der deutschen Quellensteuer auf 5 % gem. Art. 10 Abs. 2 d) des DBA zwischen Deutschland und dem Vereinigten Königreich setzt eine Beteiligung der UK-Ltd. an der D-GmbH in Höhe von mindestens 10 % voraus. Diese Beteiligungsvoraussetzungen werden nicht von der UK-Ltd. erfüllt.

Die Sonderregelung in Art. 28 Abs. 8 e) S. 2 DBA-USA, nach der die Stimmrechtsanteile der Abkommensvorteile in Anspruch nehmenden Gesellschaft zugerechnet werden, ist ausweislich des klaren Wortlauts nur dann anwendbar, wenn die betreffende Person zumindest mittelbar an der Gesellschaft beteiligt ist, und gilt zudem nicht bei Anwendung des Art. 10 Abs. 2 a) DBA-USA. Für eine Analogie fehlt es an einer planwidrigen Regelungslücke. Daher kann ein Empfänger einer abzugsfähigen Zahlung bei der Prüfung, ob die Gesellschaft eine Reduzierung des Quellensteuersatzes auf 5 % gem. Art. 10 Abs. 2 a) DBA-USA oder die vollständige Entlastung von der Quellensteuer gem. Art. 10 Abs. 3 a) DBA-USA beanspruchen kann, niemals als gleichberechtigter Begünstigter angesehen werden, es sei denn er ist in ausreichender Höhe an der Abkommensvorteile in Anspruch nehmenden Gesellschaft (mittelbar) beteiligt.[602]

2. *Bewertung*

a) *Anwendungsprobleme*

Schwierigkeiten bei der Anwendung des Derivative-Benefits-Tests ergeben sich zum einen aus der ungenauen Definition des gleichberechtigten Begünstigten. Zum einen ist nicht eindeutig, was unter einer Art. 28 Abs. 2 DBA-USA *entsprechenden*

---

602 A.A. *Gohr*, in: Endres/Jacob/Gohr/Klein, DBA-USA, Art. 28 Rn. 146. Denkbar ist insoweit lediglich, dass er als gleichberechtigter Begünstigter im Hinblick auf die Reduzierung des Quellensteuersatzes auf 15 % gem. Art. 10 Abs. 2 b) DBA-USA angesehen wird (vgl. C.III.1.a)dd)(1)(c)(aa), S. 157).

Bestimmung zu verstehen ist. Zum anderen ist nicht geklärt, ob ein Anteilseigner im Hinblick auf Dividenden ein *gleichberechtigter Begünstigter* ist, wenn auf Ebene der Gesellschaft sowohl die Voraussetzungen für eine Reduzierung der Quellensteuer auf 5 % als auch auf 0 % gegeben sind und das für den Anteilseigner anwendbare DBA nur eine Reduzierung auf 5 % vorsieht. Erhebliche Anwendungsprobleme ergeben sich auch bei der Prüfung ortsbezogener Merkmale im Rahmen des fiktiven LoB-Tests. Hier zeigt sich, dass die Definition des gleichberechtigten Begünstigten aus Sicht von Staaten wie Deutschland, die grundsätzlich keine LoB-Klausel vereinbaren und für die daher der fiktive LoB-Test relevant ist, nicht vollständig durchdacht ist.

Wie beim Base-Erosion-Test des Art. 28 Abs. 2 f) bb) DBA-USA, sind die Begriffe des *Rohgewinns* und der *mittelbaren Zahlung* auch beim Base-Erosion-Test in Art. 28 Abs. 3 b) DBA-USA mit Rechtsunsicherheiten behaftet.[603] Unter dem Gesichtspunkt der Rechtssicherheit ist ferner problematisch, dass der Rohgewinn und die Höhe der abzugsfähigen Zahlungen für das Jahr ermittelt werden müssen, in denen die quellensteuerpflichtigen Einkünfte bezogen werden und diese Größen damit unter Umständen noch gar nicht bestimmt werden können, wenn über den Quellensteuerabzug entschieden wird.[604]

b) *Effektivität*

aa) Direct-Conduit-Strukturen

Der Derivative-Benefits-Test verhindert im Grundsatz Treaty Shopping durch Direct-Conduit-Strukturen, da er voraussetzt, dass die Anteilseigner der Gesellschaft zu mindestens 95 % Personen sind, die ohne die Zwischenschaltung der Gesellschaft ebenfalls Anspruch auf die Abkommensvergünstigungen hätten. Auch soweit die Anteilseigner nicht in einem der Vertragsstaaten ansässig sind und diese Abkommensvergünstigungen nicht aufgrund des DBA-USA, sondern aufgrund eines DBA zwischen dem Quellenstaat und ihrem Ansässigkeitsstaat beanspruchen können, liegt – wie im ersten Teil dieser Arbeit erörtert – im Grundsatz keine unangemessene Erlangung von Abkommensvorteilen vor.[605]

Soweit der Derivative-Benefits-Test eine Beteiligung von nicht abkommensberechtigten Drittstaatsansässigen in Höhe von 5 % zulässt, ermöglicht das ebenfalls nicht Treaty-Shopping-Strukturen. Bei dieser Beteiligungshöhe ist ein gezielter Einsatz der Gesellschaft zur Erlangung von Abkommensvorteilen ausgeschlossen. Im Übrigen erscheint es sinnvoll, die Abkommensberechtigung nicht schon an unbedeutenden Beteiligungen Drittstaatsansässiger scheitern zu lassen.

---

603 Vgl. C.II.6.b)aa), S. 142.
604 Vgl. C.II.6.b)aa), S. 142.
605 Vgl. 1. Teil unter E.V., S. 49.

Wie beim Ownership/Base-Erosion-Test des Art. 28 Abs. 2 f) DBA-USA eröffnet der Derivative-Benefits-Test im Grundsatz die Möglichkeit von Treaty-Shopping-Strukturen durch Einsatz von *Vorzugsaktien* i.S.d. Art. 28 Abs. 8 c) DBA-USA auf der Ebene zwischengeschalteter Gesellschaften, da Art. 28 Abs. 3 a) DBA-USA nur Vorzugsaktien auf Ebene der Abkommensvorteile in Anspruch nehmenden Gesellschaft adressiert. Angesichts der Tatsache, dass 95 % des Werts aller Anteile an der Abkommensvorteile in Anspruch nehmenden Gesellschaft von gleichberechtigten Begünstigten gehalten werden müssen, dürfte aber eine derartige Struktur im Rahmen des Derivative-Benefits-Tests wenig praktikabel sein. So dürften im Beispiel 4[606] die Vorzugsaktien der X-Ltd. an der US2-LLC nur 5 % oder weniger des Werts der US2-LLC ausmachen.

bb) Durchleitungs- und Stepping-Stone-Conduit-Strukturen

Der Derivative-Benefits-Test, insbesondere dessen Base-Erosion-Test, verhindert (mit gewissen Einschränkungen) Stepping-Stone-Conduit-Strukturen. Das Konzept des Base-Erosion-Tests ist hingegen nicht geeignet, um Durchleitungsstrukturen effektiv zu verhindern, weil die Definition des Rohgewinns zu weit ist. Zur weiteren Begründung kann auf die Ausführungen zum Base-Erosion-Test in Art. 28 Abs. 2 f) aa) DBA-USA verwiesen werden.[607]

cc) Andere Treaty-Shopping-Strukturen

Andere Treaty-Shopping-Strukturen durch eine formale Verlagerung von Einkünften oder durch das Ausnutzen von Qualifikationskonflikten werden durch den Derivative-Benefits-Test nicht adressiert.

c) Erforderlichkeit

aa) Beschränkung auf Personen in EU/EWR/NAFTA-Staaten

Die Beschränkung des Derivative-Benefits-Tests auf Anteilseigner in EU/EWR und NAFTA-Staaten ist Ausdruck der Abkommenspolitik der USA, nach der auch dann eine unangemessene Erlangung von Abkommensvorteilen durch Drittstaatsansässige angenommen wird, wenn der Drittstaatsansässige aufgrund eines DBA zwischen dem Quellenstaat und dem Drittstaat Anspruch auf gleichwertige Abkommensvorteile hätte.[608] Der Derivative-Benefits-Test stellt aus Sicht der USA lediglich eine Ausnahme von diesem Grundsatz dar, die sich zum einen durch die wirtschaftliche Integration innerhalb dieser Gemeinschaften und zum anderen mit der Befürchtung

606 Vgl. C.II.3.a)bb)(4), S. 99.
607 Vgl. C.II.6.b)bb)(2), S. 140.
608 1. Teil unter E.V., S. 49. Vgl. auch *Rosenbloom*, TNI 2010 (Bd. 58), 649, 652, wonach sich der Derivative-Benefits-Test nicht mit den Wertungen des US-Steuerrechts, insbesondere mit § 894 IRC vereinbaren lassen soll.

der Vertragsstaaten erklären lässt, dass die LoB-Klausel ansonsten nicht mit den Grundfreiheiten des AEUV vereinbar wäre.[609]

Wie aber im ersten Teil dieser Arbeit erläutert,[610] sollte bei einer gleichwertigen Abkommensberechtigung des Drittstaatsansässigen nach dem DBA zwischen dem Quellenstaat und dem Drittstaat grundsätzlich kein Treaty Shopping angenommen werden. Daher ist die Beschränkung des Derivative-Benefits-Tests auf Anteilseigner in EU/EWR- und NAFTA-Staaten zur Verhinderung von Treaty Shopping nicht notwendig.[611]

bb) Beteiligung in Höhe von 95 %

Der Derivative-Benefits-Test setzt im Unterschied zum Indirectly-Publicly-Traded-Test und zum Ownership/Base-Erosion-Test nicht nur eine Beteiligung qualifizierter Anteilseigner in Höhe von 50 %, sondern in Höhe von 95 % voraus. Man könnte in Erwägung ziehen, ob nicht auch im Fall des Derivative-Benefits-Test eine Beteiligung in Höhe von 50 % ausreichend gewesen wäre. Eine solche Beteiligungshöhe schließt die Kontrolle durch nicht (mittelbar) abkommensberechtigte Drittstaatsansässige aus und indiziert, dass der Grund für die Struktur nicht in der Erlangung von Abkommensvorteilen lag. Andererseits ist die fehlende Absicht, Abkommensvorteile zu erlangen, für sich allein genommen kein zwingender Grund, ein Fall von Treaty Shopping auszuschließen.[612] Eine Beteiligung in Höhe von 50 % würde es nicht abkommensberechtigten Drittstaatsansässigen gleichwohl ermöglichen, am Gewinn und Vermögen der Gesellschaft und damit auch von der Gesellschaft gewährten Abkommensvorteilen im Widerspruch zum Reziprozitätsprinzip erheblich zu partizipieren. Im Fall des Indirectly-Publicly-Traded-Test und des Ownership/Base-Erosion-Tests erscheint das steuerpolitisch gerechtfertigt, weil es dadurch in den Vertragsstaaten ansässigen Personen erleichtert wird, Investitionen zusammen mit nicht abkommensberechtigten Personen aus Drittstaaten (etwa in Form von Joint Ventures) durchzuführen.[613] Dieses Argument lässt sich auf den Derivative-Benefits-Test, bei dem an der Gesellschaft gar keine in den Vertragsstaaten ansässige Personen beteiligt sein müssen, nicht übertragen.

cc) „Alles-oder-Nichts"-Prinzip

Ähnlich wie der Indirectly-Publicly-Traded-Test und der Ownership/Base-Erosion-Test versagt der Derivative-Benefits-Test die Abkommensvorteile vollständig, wenn an der Gesellschaft zwar gleichberechtigte Begünstigte beteiligt sind, die erforderliche Beteiligungsgrenze in Höhe von 95 % aber nicht erreicht wird. Im Zusammenhang mit dem Indirectly-Publicly-Traded-Test wurde bereits erörtert, dass

609 Vgl. *Wolff*, in: Wassermeyer, DBA, Art. 28 DBA-USA Rn. 106.
610 1. Teil unter E.V., S. 49.
611 So auch NYCB, Tax Notes 2008 (Bd. 119), 1087, 1096 f.
612 Vgl. 1. Teil unter E.III., S. 43.
613 Vgl. C.II.3.b)bb)(2)(a), S. 112.

in diesem Fall die vollständige Versagung der Abkommensvorteile zur Verhinderung von Treaty Shopping nicht erforderlich ist und stattdessen eine proportionale Gewährung der Abkommensvorteile angebracht wäre.[614] Diese Argumente lassen sich auf den Derivative-Benefits-Test übertragen.

dd) Beschränkung auf maximal sieben gleichberechtigte Begünstigte

Für die Beschränkung der maximalen Anzahl der gleichberechtigten Begünstigten auf sieben liefert die Technical Explanation keine Begründung. Auch ansonsten haben sich die USA nie dazu geäußert, welche Funktion diese Voraussetzung erfüllt und in der Literatur wird diese Frage ebenfalls nicht weiter erörtert. Zur Verhinderung von Treaty Shopping erscheint diese Voraussetzung nicht erforderlich.[615] Im Ergebnis wird die Wahrscheinlichkeit, dass eine Gesellschaft zum Treaty Shopping eingesetzt wird, bei einer breiteren Anteilsstreuung eher abnehmen. Eine Begründung für die Beschränkung auf sieben Anteilseigner mag darin gesehen werden, dass so die Erfüllung der Beteiligungsvoraussetzung leichter überprüfbar ist.[616] Aber auch diese Begründung überzeugt wenig, weil die Darlegungs- und Beweislast hierfür beim Steuerpflichtigen liegt.

ee) Mindestens ebenso niedriger Steuersatz

Wegen der rein konditionalen Formulierung der Voraussetzung, nach der ein gleichberechtigter Begünstigter hinsichtlich Dividenden, Lizenzgebühren und Zinsen einen Anspruch auf einen mindestens ebenso niedrigen Steuersatz wie die Abkommensvorteile in Anspruch nehmende Gesellschaft haben muss, gilt ein Anteilseigner auch dann nicht als gleichberechtigter Begünstigter, wenn der Anteilseigner zwar Anspruch auf eine Reduzierung der Quellensteuer hat, der anwendbare Steuersatz jedoch (geringfügig) höher ist als im für die Gesellschaft anwendbaren DBA.

> *Wiederholung des Beispiels 16:*
> *An einer deutschen GmbH ist zu 100 % eine in Italien ansässige börsennotierte Gesellschaft beteiligt, die nach dem Publicly-Traded-Test der einschlägigen LoB-Klausel abkommensberechtigt ist. Die GmbH erhält eine Lizenzzahlung aus den USA. Das DBA-USA sieht für Lizenzgebühren eine vollständige Freistellung von der US-Quellensteuer vor. Das DBA zwischen den USA und Italien gewährt den USA hingegen ein Quellenbesteuerungsrecht mit einem Satz in Höhe von 8 %. Daher ist die italienische Gesellschaft kein gleichberechtigter Begünstigter und auf die Lizenzzahlung fallen nicht nur 8 %, sondern 30 % US-Quellensteuer an.*

---

614 Vgl. Vgl. C.II.3.b)bb)(3)(c), S. 117.

615 *Morrison*, Tax Mgmt. Int'l 2014 (Bd. 43), 345, 347, der allerdings aus Gründen der administrativen Vereinfachung für eine (höhere) Beschränkung der Anzahl der gleichberechtigten Begünstigten eintritt.

616 *Morrison*, Tax Mgmt. Int'l 2014 (Bd. 43), 345, 347.

Dieses Ergebnis ist nicht sachgerecht. Wenn die USA in diesem Beispiel die US-Quellensteuer auf 8 % reduzierten, würde das nicht zu Steuermindereinnahmen führen, die im Widerspruch zum Reziprozitätsprinzip von DBA stehen. Wäre die GmbH nicht zwischengeschaltet, müssten die USA ebenfalls ihre Quellensteuer auf 8 % reduzieren. Weiterhin hat Italien eine ebenso hohe Reduzierung der Quellensteuer auf Lizenzgebühren im Rahmen des DBA mit den USA zugesagt. Auch würde sich die Position der USA bei einer (Neu-)Verhandlung des DBA mit Italien durch eine Reduzierung der Quellensteuer auf 8 % nicht verschlechtern, weil dieser Abkommensvorteil nur solange in Anspruch genommen werden kann, solange das DBA zwischen den USA und Italien eine entsprechende Quellensteuerentlastung vorsieht. Die Gefahr einer „Keinmalbesteuerung" wäre ebenfalls nicht gegeben. Daher gibt es keinen Grund, die Quellensteuer in diesem Beispiel nicht auf 8 % zu reduzieren.

Wenn das DBA zwischen dem Quellenstaat und dem Ansässigkeitsstaat des Anteilseigners einen höheren Quellensteuersatz als das DBA mit dem Ansässigkeitsstaat der Gesellschaft vorsieht, sollte die Gesellschaft daher zu einer Reduzierung auf diesen höheren Quellensteuersatz berechtigt sein.[617]

Fraglich ist, wie dieser Ansatz umgesetzt werden kann, wenn für die Anteilseigner der Gesellschaft unterschiedliche DBA anwendbar sind, die unterschiedliche Steuersätze vorsehen. Wenn im Beispiel 16 an der GmbH nicht nur die italienische Gesellschaft, sondern auch eine börsennotierte Gesellschaft im Vereinigten Königreich zu 50 % beteiligt wäre (anwendbarer Quellensteuersatz: 0 %), kommt in Betracht, der GmbH die Reduzierung auf den höchsten anwendbaren Steuersatz in Höhe von 8 %[618] oder auf den „durchschnittlichen" Steuersatz in Höhe von 4 % (= 50 % x 0 % + 8 % x 50 %)[619] zu gewähren. Letzteres erscheint die bessere Lösung zu sein. Der Betrag der Quellensteuer, auf den verzichtet wird, ist dann genauso hoch, als wenn die Anteilseigner die Einkünfte direkt bezogen hätten[620] sodass das Reziprozitätsprinzip gewahrt bleibt. Auch droht bei dieser Vorgehensweise keine Verschlechterung der DBA-Verhandlungsposition oder eine „Keinmalbesteuerung". Für eine Reduzierung auf den höchsten Steuersatz mag vor allem die einfachere Anwendung sprechen. Der Vereinfachungsaspekt kann aber in einem unangemessenen Verhältnis zu den Nachteilen für den Steuerpflichtigen stehen. Weiterhin ist es auch in erster Linie Aufgabe des Steuerpflichtigen, den durchschnittlichen Steuersatz zu

617 *Bates* u.a., Intertax 2013, 395, 401; *Miller*, Int'l Tax Journal 2007, 5, 7; NYCB, Tax Notes 2008 (Bd. 119), 1087, 1094 f.

618 Diesen Weg sieht auch das US-MA (2016) vor (Art. 10 Abs. 6, 11 Abs. 3, 12 Abs. 3 US-MA (2016)).

619 Dafür: NYCB, Tax Notes 2008 (Bd. 119), 1087, 1094 f.

620 Wenn im Beispiel 19 die Lizenzgebühren 100 betragen, würden bei einem direkten Bezug auf 50 der Gebühren 8 % Quellensteuer, also 4, und auf die anderen 50 der Gebühren keine Quellensteuer anfallen. Das entspricht genau dem Betrag der Quellensteuer, der bei einer Reduzierung auf den durchschnittlichen Steuersatz anfällt.

berechnen und darzulegen, sodass das Argument der Vereinfachung nicht zu seinem Nachteil verwandt werden kann.

ff) Keine Zurechnung im Rahmen von Art. 10 DBA-USA

Bei der Prüfung, ob ein Anteilseigner im Hinblick auf Dividenden ein gleichberechtigter Begünstigter ist, kommt es nach der hier vertretenen Auslegung für die Anwendung des Art. 10 Abs. 2 a) DBA-USA entsprechenden Artikel des DBA zwischen dem Quellenstaat und dem Ansässigkeitsstaat des Anteilseigners grundsätzlich auf die durchgerechnete Beteiligungshöhe an. Eine Zurechnung der Beteiligungshöhe der Abkommensvorteile in Anspruch nehmenden Gesellschaft findet nur bei der Prüfung des Art. 10 Abs. 3 a) DBA-USA entsprechenden Artikels statt.

Beispiel 19:
Die D-GmbH bezieht eine Dividende der in den USA ansässigen US-Corp., an der sie zu 10 % beteiligt ist. Anteilseigner der D-GmbH sind jeweils zu 50 % die UK1-PLC und die UK2-PLC, die nach dem Publicly-Traded-Test des DBA zwischen den USA und dem Vereinigten Königreich abkommensberechtigt sind.

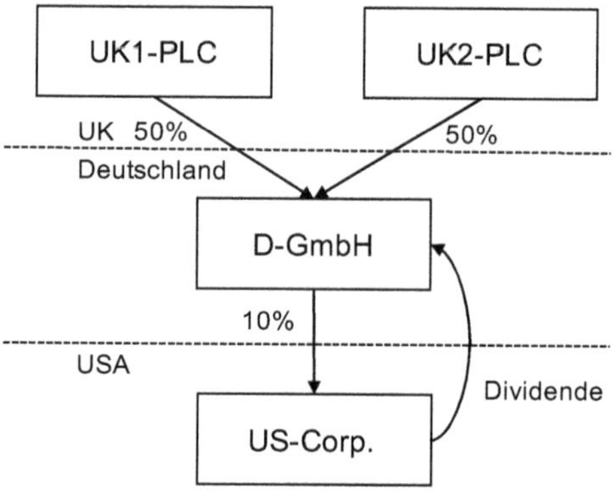

Die UK1-PLC und die UK2-PLC sind keine gleichberechtigten Begünstigten bei der Prüfung, ob die D-GmbH eine Reduzierung der US-Quellensteuer auf 5 % gem. Art. 10 Abs. 2 a) DBA-USA in Anspruch nehmen kann. Das DBA zwischen den USA und dem Vereinigten Königreich setzt hierfür voraus, dass der Empfänger zu mindestens 10 % der stimmberechtigten Anteile an der ausschüttenden Gesellschaft hält.[621] *UK1-PLC und UK2-PLC sind an der US-Corp. durchgerechnet nur zu 5 % an der US-Corp. beteiligt.*

Teilweise wird dies als sachgerechtes Ergebnis angesehen, weil eine Zurechnung der Stimmrechtsanteile von der Abkommensvorteile in Anspruch nehmenden

621 Vgl. Art. 10 Abs. 2 a) des DBA zwischen den USA und dem Vereinigten Königreich.

Gesellschaft an den Anteilseigner Treaty Shopping ermögliche.[622] Dem ist jedoch nicht zuzustimmen. Die Gewährung der Quellensteuerreduzierung für die D-GmbH auf 5 % würde hier nicht gegen das Reziprozitätsprinzip verstoßen, weil das Vereinigte Königreich gegenüber den USA ebenfalls eine gleichwertige Quellensteuerreduzierung ab einem Stimmrechtsanteil in Höhe von 10 % zugesagt hat. Wäre die D-GmbH in dem Vereinigten Königreich ansässig, bestünden keine Zweifel, dass ihr die Quellensteuerreduzierung auf 5 % zu gewähren wäre. Auch droht keine Verschlechterung der DBA-Verhandlungsposition oder eine „Keinmalbesteuerung". Die Auffassung, die hier die Gefahr von Treaty Shopping sieht, stützt sich darauf, dass die Anteilseigner nur durch die Bündelung ihrer Beteiligung über eine gemeinsame Gesellschaft die vorausgesetzte Beteiligungshöhe erreichen.[623] Das ist jedoch kein Problem des Treaty Shopping, sondern des Rule Shopping. Obwohl das Rule Shopping in dieser Arbeit nicht behandelt werden soll, kann doch festgestellt werden, dass die generelle Versagung der Abkommensvorteile wegen Rule Shopping in der dem Beispiel 19 zugrunde liegenden Fallkonstellation nicht sachgerecht wäre. Vielmehr ist eine dauerhafte Bündelung von Beteiligungen in einer Gesellschaft grundsätzlich anzuerkennen und die Auffassung, die sich gegen eine Zurechnung ausspricht, auch unter dem Aspekt der Verhinderung von Rule Shopping nicht sachgerecht.[624]

Aus den gleichen Erwägungen sollte auch eine Zurechnung entsprechend Art. 28 Abs. 8 e) S. 2 DBA-USA bei der Prüfung, ob der gleichberechtigte Begünstigte eine Gesellschaft ist und ob die Mindesthaltedauer des Art. 10 Abs. 3 a) DBA-USA gewahrt ist, erfolgen. Wenn im obigen Beispiel die D-GmbH im Vereinigten Königreich ansässige natürliche Personen als Anteilseigner hätte, mag in bestimmten Fällen die Versagung der Quellensteuerreduzierung auf 5 % wegen Rule Shopping gerechtfertigt sein, die Problematik des Treaty Shopping ist davon jedoch nicht betroffen.

gg) Definition der schädlichen Zahlungen und Zahlungsempfänger

Wie beim Base-Erosion-Test des Art. 28 Abs. 2 f) bb) DBA-USA ist beim Base-Erosion-Test in Art. 28 Abs. 3 Abs. 3 b) DBA-USA die Definition der schädlichen Zahlungen und der schädlichen Zahlungsempfänger zu weit und insofern nicht zur Verhinderung von Treaty Shopping erforderlich. Zur Begründung kann auf

622 NYCB, Tax Notes 2008 (Bd. 119), 1087, 1090. Nach dieser Auffassung soll auch die Zurechnung nach Art. 28 Abs. 8 e) S. 2 DBA-USA für Zwecke des Art. 10 Abs. 3 a) DBA-USA entfallen (NYCB, a.a.O.).

623 NYCB, Tax Notes 2008 (Bd. 119), 1087, 1090.

624 Vgl. auch die vorgeschlagenen Änderungen des Art. 10 Abs. 2 a) OECD-MA durch den Abschlussbericht zum Aktionspunkt 6 des BEPS-Projekts. Dort wird die Bündelung von Beteiligungen nur dann als missbräuchlich angesehen, wenn ihr alleiniger Zweck die Schaffung der Beteiligungsvoraussetzung war, und eine Mindesthaltedauer von einem Jahr vorgeschlagen (OECD, Final BEPS Report – Action 6, S. 70 unter Tz. 35 f.).

die zu Art. 28 Abs. 2 f) bb) DBA-USA vorgebrachten Argumente Bezug genommen werden.[625]

IV. Active-Trade-or-Business-Test (Art. 28 Abs. 4 DBA-USA)

Art. 28 Abs. 4 DBA-USA enthält die Voraussetzungen für den Active-Trade-or-Business-Test. Nach Art. 28 Abs. 4 a) DBA-USA hat eine in einem Vertragsstaat ansässige Person Anspruch auf alle Abkommensvergünstigungen, wenn die Person in ihrem Ansässigkeitsstaat aktiv gewerblich tätig ist (außer wenn die Tätigkeit in der Platzierung oder Verwaltung von Kapitalanlagen für eigene Rechnung besteht, es sei denn, es handelt sich bei dieser Tätigkeit um Bank- oder Versicherungstätigkeiten oder Wertpapierhandel einer Bank oder Versicherungsgesellschaft oder eines zugelassenen Wertpapierhändlers) und die aus dem anderen Vertragsstaat bezogenen Einkünfte im Zusammenhang mit dieser Tätigkeit bezogen werden oder aus Anlass dieser Tätigkeit anfallen. Wenn diese Person oder ein mit ihr verbundenes Unternehmen eine aktive gewerbliche Tätigkeit im Quellenstaat ausübt und die quellensteuerpflichtigen Einkünfte aus dieser Tätigkeit im Quellenstaat stammen, steht die Abkommensberechtigung unter der zusätzlichen Voraussetzung, dass die gewerbliche Tätigkeit der Person im Ansässigkeitsstaat gegenüber dieser gewerblichen Tätigkeit im Quellenstaat erheblich ist (Art. 28 Abs. 4 b) DBA-USA). Für die Feststellung, ob eine Person in einem Vertragsstaat i.S.d. Art. 28 Abs. 4 a) DBA-USA aktiv gewerblich tätig ist, werden ihr Tätigkeiten von verbundenen Personen zugerechnet (Art. 28 Abs. 4 c) DBA-USA).

Obwohl nach dem Wortlaut der Vorschrift bei Erfüllung der Voraussetzungen ein „Anspruch auf alle Abkommensvergünstigungen" besteht, ergibt sich aus dem Active-Trade-or-Business-Test immer nur eine Abkommensberechtigung hinsichtlich bestimmter Einkünfte. Das folgt schon daraus, dass diese Vorschrift einen Bezug zwischen der aktiven gewerblichen Tätigkeit und bestimmten quellensteuerpflichtigen Einkünften verlangt, die Abkommensberechtigung also einkünftebezogen zu prüfen ist.[626]

1. *Tatbestandsvoraussetzungen*

a) *Persönlicher Anwendungsbereich*

Der Test nach Art. 28 Abs. 4 DBA-USA steht jeder in einem Vertragsstaat ansässigen *Person* und damit nicht nur Gesellschaften offen. Für natürliche Personen

625 Vgl. C.II.6.b)cc)(4), S. 149.

626 Im englischen Abkommenstext, wonach die Abkommensberechtigung „*with respect to an item of income derived from the other Contracting State*" gewährt wird, wird dies nochmals deutlicher (vgl. *Levine/Miller*, T.M. Foreign Income Portfolio 936, II. D.).

ist dieser Test jedoch irrelevant, weil sie gem. Art. 28 Abs. 2 a) DBA-USA immer abkommensberechtigt sind.[627]

b) *Aktive gewerbliche Tätigkeit*

Der Begriff der *aktiven gewerblichen Tätigkeit* wird im DBA-USA nicht definiert. Die Auslegung richtet sich daher im Grundsatz nach dem Steuerrecht des Anwenderstaats (Art. 3 Abs. 2 DBA-USA). Nach dem Abkommenswortlaut sind für die Frage, ob die Person einer aktiven gewerblichen Tätigkeit nachgeht, allerdings nur Tätigkeiten im Ansässigkeitsstaat der Person zu berücksichtigen.[628]

aa) Auslegung im US-Steuerrecht

Nach der Technical Explanation zum DBA-USA ist aus US-Sicht zur Definition der aktiven gewerblichen Tätigkeit (im Englischen: *„active trade or business"*) auf § 367(a)(3) IRC und die dazu erlassenen Regulations zurückzugreifen.[629] § 367(a)(3) IRC ist eine Sondervorschrift zu § 351 IRC, der steuerneutrale Einbringungen von Wirtschaftsgütern in Körperschaften ermöglicht. § 367(a)(1) IRC schließt die Anwendung von § 351 IRC grundsätzlich bei Einbringungen in ausländische Körperschaften aus. Eine Ausnahme besteht – unter weiteren Voraussetzungen – nach § 367(a)(3) IRC, wenn die übertragenen Wirtschaftsgüter dem *„active conduct of a trade or business"* dienen. Dieser Begriff wird in Reg. § 1.367(a)-2T(b) näher definiert.

Reg. § 1.367(a)-2T(b)(2) führt zunächst aus, dass die Feststellung, ob eine Tätigkeit ein *trade or business* darstellt, von den Umständen des Einzelfalls abhängt. Grundsätzlich soll darunter jede zusammenhängende Reihe von Tätigkeiten, die zusammengenommen ein unabhängiges wirtschaftliches Unternehmen, das mit Gewinnerzielungsabsicht betrieben wird, bildet oder bilden könnten, zu verstehen sein. Als Beispiel wird eine Vertriebsgesellschaft genannt, die diese Definition auch dann erfüllen soll, wenn sie ihre Waren ausschließlich von der Muttergesellschaft bezieht. Auch bei Übertragung einzelner oder mehrerer Tätigkeiten auf selbstständige Subunternehmer soll ein *trade or business* vorliegen[630] (siehe aber zugleich zur Einschränkung durch das Merkmal *active*). Weiterhin bestimmen die Regulations, dass das Halten von Wertpapieren, Grundbesitz oder anderen Wirtschaftsgütern als Kapitalanlage für eigene Rechnung sowie der gelegentliche Verkauf solcher Wirtschaftsgüter (d.h. vermögensverwaltende Tätigkeiten) kein *trade or business* darstellen.[631]

Reg. § 1.367(a)-2T(b)(3) konkretisiert weiter, wann ein *trade or business* als *active* anzusehen ist. Auch dies soll von den Umständen des Einzelfalls abhängig

627 *Wolff*, in: Wassermeyer, DBA, Art. 28 DBA-USA Rn. 133.
628 *Gohr*, in: Endres/Jacob/Gohr/Klein, DBA-USA, Art. 28 Rn. 151.
629 Technical Explanation DBA-USA (2006) zu Art. 28 Abs. 4. Vgl. auch *Levine/Miller*, T.M. Foreign Income Portfolio 936, II. D. 1.
630 Reg. § 1.367(a)-2T(b)(2).
631 Reg. § 1.367(a)-2T(b)(2)(ii).

sein. Grundsätzlich soll es jedoch erforderlich sein, dass die Organe und leitenden Angestellten des Unternehmens erhebliche leitende und operative Funktionen übernehmen. Unschädlich soll es sein, wenn einzelne nebensächliche Funktionen auf selbstständige Subunternehmer übertragen werden. Allerdings wird nach den Regulations die Tätigkeit von diesen Subunternehmern (solange es sich nicht um verbundene Unternehmen handelt) bei der Frage, ob die Tätigkeit aktiv ist, nicht berücksichtigt.[632] Das Tatbestandsmerkmal *active* zielt also darauf ab, dass das Unternehmen die betreffende Tätigkeit selbst ausführt und nicht auslagert.

Für eine Lizenzierungs- oder Vermietungstätigkeit gelten nach den Regulations strengere Anforderungen. Diese Tätigkeiten werden – vereinfacht dargestellt – nur dann als *active trade or business* angesehen, wenn das zugrunde liegende Wirtschaftsgut vom Unternehmen selbst entwickelt bzw. hergestellt wurde oder das Unternehmen das Wirtschaftsgut wesentlich verbessert hat.[633] Bei der Vermietung von Grundbesitz kann die Tätigkeit auch dann ein *active trade or business* sein, wenn eine erhebliche Verwaltungstätigkeit mithilfe eigenen Personals entfaltet wird.[634]

bb) Auslegung im deutschen Steuerrecht

Im deutschen Steuerrecht fehlt es an einer Definition der *aktiven gewerblichen Tätigkeit.* Die ältere deutsche Kommentarliteratur wollte zur Konkretisierung dieses Begriffs auf die in § 8 Abs. 1 Nr. 1 bis 7 AStG aufgeführten Tätigkeiten[635] oder den Tätigkeitskatalog des § 2a Abs. 2 EStG[636] zurückgreifen. Dagegen wird zu Recht eingewandt, dass diese Vorschriften den Begriff der aktiven gewerblichen Tätigkeit nicht verwenden.[637] Lediglich im steuerlichen Sprachgebrauch werden diese Tätigkeiten als „aktiv" bezeichnet. Die Abgrenzungskriterien der § 8 Abs. 1 Nr. 1 bis 7 AStG und § 2a Abs. 2 EStG ergeben im Zusammenhang mit Art. 28 Abs. 4 a) DBA-USA auch keinen Sinn. So ist z.B. nicht nachvollziehbar, wieso die Vermietung von Grundstücken eine aktive gewerbliche Tätigkeit i.S.d. Art. 28 Abs. 4 DBA-USA sein soll, wenn der Anteilseigner eine Steuerfreistellung beim direkten Halten dieses Grundstücks aufgrund eines DBA verlangen könnte (vgl. § 8 Abs. 1 Nr. 6 b) AStG). Ebenso ist nicht erkennbar, wieso die Herstellung oder Lieferung von Waffen oder Tätigkeiten im Zusammenhang mit dem Fremdenverkehr, die bei § 2a EStG als passiv definiert werden, keine aktive gewerbliche Tätigkeit i.S.d. 28 Abs. 4 a) DBA-USA darstellen sollten.

632 Reg. § 1.367(a)-2T(b)(3).

633 Das ergibt sich aus dem Verweis der Regulations auf Reg. § 1.954-2(c) und (d).

634 Reg. § 1.954-2(c)(1)(ii).

635 *Andersen* DBA-USA, Art. 28 Rn. 39; wohl auch: *Goebel/Glaser/Wangler*, DStZ 2009, 197, 203.

636 Vgl. *Becker*, in: Gosch/Kroppen/Grotherr, DBA, Art. 28 DBA-USA Rn. 43.

637 *Gohr*, in: Endres/Jacob/Gohr/Klein, DBA-USA, Art. 28 Rn. 159; *Wolff*, in: Wassermeyer, DBA, Art. 28 DBA-USA Rn. 135.

In der deutschen Literatur wird daher vorgeschlagen, auf die Definition der gewerblichen Tätigkeit in § 15 Abs. 2 EStG zurückzugreifen.[638] Allerdings kann dieser Begriff nicht ohne Weiteres auf Art. 28 Abs. 4 DBA-USA übertragen werden. Zum einen ist kein Grund ersichtlich, freiberufliche und andere selbstständige Tätigkeiten aus dem Anwendungsbereich des Art. 28 Abs. 4 DBA-USA auszunehmen.[639] Zum anderen verlangt Art. 28 Abs. 4 DBA-USA nicht nur eine gewerbliche, sondern eine aktive gewerbliche Tätigkeit. Ein Definitionsansatz, was unter aktiv in diesem Zusammenhang zu verstehen ist, findet sich jedoch nicht in § 15 Abs. 2 EStG. Eindeutig ist insofern lediglich, dass eine fiktive gewerbliche Tätigkeit i.S.d. § 15 Abs. 3 EStG oder § 8 Abs. 2 KStG nicht ausreicht.[640]

Gleichwohl soll hier vorgeschlagen werden, den Begriff der gewerblichen Tätigkeit in Anlehnung an § 15 Abs. 2 EStG zu definieren. Unter gewerblicher Tätigkeit i.S.d. Art. 28 Abs. 4 a) DBA-USA sollte jede selbstständige, nachhaltige Betätigung, die mit der Absicht, Gewinn zu erzielen, unternommen wird und sich als Beteiligung am allgemeinen wirtschaftlichen Verkehr darstellt, unter Einschluss freiberuflicher und anderer selbstständiger Tätigkeiten, zu verstehen sein.[641] Das ermöglicht einen gewissen Grad an Rechtssicherheit, weil die Definition in § 15 Abs. 2 EStG bereits durch die Rechtsprechung konkretisiert worden ist, trägt aber zugleich dem Umstand Rechnung, dass auch selbstständige Tätigkeiten als gewerbliche Tätigkeit i.S.d. Art. 28 Abs. 4 a) DBA-USA angesehen werden müssen. Anders als teilweise in der deutschen Literatur vertreten[642] sollten jedoch vermögensverwaltende Tätigkeiten nicht als gewerbliche Tätigkeit i.S.d. Art. 28 Abs. 4 a) DBA-USA qualifizieren. Sowohl nach deutschem als auch nach US-amerikanischem Begriffsverständnis schließen sich Vermögensverwaltung und Gewerblichkeit gerade gegenseitig aus. Das ergibt sich auch aus Art. 28 Abs. 4 a) DBA-USA, der die Verwaltung von Kapitalanlagen nur im Zusammenhang mit einer Tätigkeit als Bank, Versicherungsunternehmer etc. für eine gewerbliche Tätigkeit genügen lässt.[643]

---

638 *Wolff*, in: Wassermeyer, DBA, Art. 28 DBA-USA Rn. 135.

639 *Gohr*, in: Endres/Jacob/Gohr/Klein, DBA-USA, Art. 28 Rn. 160. Das Gleiche gilt für land- und forstwirtschaftliche Tätigkeiten, die jedoch in der Regel keinen internationalen Bezug aufweisen werden und daher praktisch eher irrelevant sind.

640 *Wolff*, in: Wassermeyer, DBA, Art. 28 DBA-USA Rn. 135.

641 So im Grundsatz: *Gohr*, in: Endres/Jacob/Gohr/Klein, DBA-USA, Art. 28 Rn. 160, die allerdings auch vermögensverwaltende Tätigkeiten miteinbeziehen will. Auch land- und forstwirtschaftliche Tätigkeiten sollten grundsätzlich von der Definition umfasst sein. Hier dürfte aber die praktische Relevanz fehlen.

642 Gohr, in: Endres/Jacob/Gohr/Klein, DBA-USA, Art. 28 Rn. 160.

643 *Gohr*, in: Endres/Jacob/Gohr/Klein, DBA-USA, Art. 28 Rn. 160 will aus dem Klammerzusatz gerade schließen, dass nur die dort „bestimmten Betätigungsformen der Vermögensverwaltung“ keine gewerbliche Tätigkeit darstellen. Dem Klammerzusatz ist, wie unter NACHWEIS unten dargelegt, jedoch eine andere Bedeutung beizumessen. Außerdem stellt sich die Frage, welche Formen der

Da der Begriff *aktiv* hingegen nicht durch Rückgriff auf § 15 Abs. 2 EStG definiert werden kann und das deutsche Steuerrecht auch im Übrigen keine Definition dieses Begriffs enthält, muss er eigenständig ausgelegt werden. Dabei erscheint sinnvoll, darunter in Anlehnung an die US-amerikanische Auslegung aktiv im Sinne einer originären Betätigung des Unternehmens durch seine eigenen Organe und Angestellten zu verstehen.[644] Die Übertragung von wesentlichen Aufgaben auf selbstständige Subunternehmer steht damit einer aktiven gewerblichen Tätigkeit entgegen. Mit dieser Auslegung erfüllt das Tatbestandsmerkmal aktiv die Funktion, künstliche Gestaltungen, durch die eine gewerbliche Tätigkeit in einem Vertragsstaat durch Auslagerung an Drittunternehmen konstruiert werden soll, zu verhindern. Sie entspricht auch dem Ansatz des deutschen Steuerrechts im Zusammenhang mit dem Tatbestandsmerkmal der *eigenen Wirtschaftstätigkeit* bei § 50d Abs. 3 EStG, für das verlangt wird, dass die Geschäftstätigkeit mithilfe einer eigenen Organisation wahrgenommen werden muss.[645] Unschädlich muss jedoch die Übertragung von Aufgaben an verbundene Personen i.S.d. Art. 28 Abs. 4 c) DBA-USA sein, die im gleichen Vertragsstaat tätig werden. Denn in Anwendung des Grundsatzes des Art. 28 Abs. 4 c) DBA-USA wären die Tätigkeiten der verbundenen Person zuzurechnen.

cc) Ausnahme für die Platzierung oder Verwaltung von Kapitalanlagen für eigene Rechnung

Ausdrücklich nicht als aktive gewerbliche Tätigkeit gilt nach dem Klammerzusatz in Art. 28 Abs. 4 a) DBA-USA die Platzierung oder Verwaltung von Kapitalanlagen für eigene Rechnung, es sei denn, es handelt sich bei dieser Tätigkeit um Bank- oder Versicherungstätigkeiten oder Wertpapierhandel einer Bank oder Versicherungsgesellschaft oder eines zugelassenen Wertpapierhändlers. Mit *Platzierung* ist der Erwerb von Kapitalanlagen und nicht etwa die Veräußerung von Kapitalanlagen an der Börse oder an Anleger gemeint, wie sich auch aus der englischen Fassung, die von „*making or managing investments*" spricht, ergibt.

Dieser Klammerzusatz erscheint auf den ersten Blick nur deklaratorisch zu sein, da sowohl nach US-Steuerrecht als auch nach deutschem Steuerrecht das bloße Platzieren und Verwalten von Kapitalanlagen, d.h. die Vermögensverwaltung, gerade keine gewerbliche Tätigkeit ist. Die Bedeutung dieser Ausnahme wird jedoch deutlich, wenn man sich vor Augen führt, dass das Platzieren und Halten von Kapitalanlagen sowohl aus deutscher als auch US-Sicht beim Hinzutreten weiterer Umstände gewerblich sein kann. So ist das in der Rückausnahme genannte Platzieren und Verwalten von Kapitalanlagen durch Banken, Versicherungen und Wertpapierhändler aus deutscher Sicht eine gewerbliche Tätigkeit und aus US-Sicht ein *trade or business*, also gerade keine Vermögensverwaltung mehr. Da die

---

Vermögensverwaltung es geben soll, die sich nicht als „Platzierung und Halten von Kapitalanlagen für eigene Rechnung" darstellen.

644 Ähnlich wohl auch *Wolff*, in: Wassermeyer, DBA, Art. 28 DBA-USA Rn 135.

645 Vgl. auch BMF – IV B 3 – S 2411/07/10016, BStBl. I 2012, 171, Tz. 5.4.

Rückausnahme somit ganz bestimmte gewerbliche Tätigkeiten betrifft, die sich im Kern als Platzieren und Verwalten von Kapitalanlagen darstellen, sollten von der Ausnahme auch solche Tätigkeiten erfasst sein, die aus Sicht des Anwenderstaats zwar als gewerblich qualifizieren, aber im Kern im Platzieren und Verwalten von Kapitalanlagen bestehen. Mit anderen Worten sind wegen des Klammerzusatzes das Platzieren und die Verwaltung von Kapitalanlagen für eigene Rechnung auch dann nicht als gewerbliche Tätigkeit i.S.d. Art. 28 Abs. 4 a) DBA-USA anzusehen, wenn sie zwar aus Sicht des Anwenderstaats eine gewerbliche Tätigkeit darstellen, aber nicht von den in der Rückausnahme genannten Personen (Banken, Versicherungen und zugelassenen Wertpapierhändlern) ausgeübt werden oder nicht im Zusammenhang mit den dort genannten gewerblichen Tätigkeiten (Bank- oder Versicherungstätigkeit sowie Wertpapierhandel) stehen. So sollte beispielsweise der gewerbliche Grundstückshandel oder der gewerbliche Wertpapierhandel nach deutschem Steuerrecht keine gewerbliche Tätigkeit i.S.d. Art. 28 Abs. 4 a) DBA-USA darstellen, wenn er nicht unter die Rückausnahme für Banken, Versicherungen oder Wertpapierhändler fällt.[646]

Diese Auslegung entspricht wohl auch der Auffassung der IRS. In einer verbindlichen Auskunft wurde die Tätigkeit einer Gesellschaft, die durch Aufnahme von Darlehen am Kapitalmarkt und Weiterleitung der Mittel innerhalb des Konzerns eine gewerbliche Finanzierungstätigkeit ausübte, nicht als aktive gewerbliche Tätigkeit angesehen. Die Finanzierungstätigkeit falle – so die IRS – unter die Ausnahme für die Platzierung und Verwaltung von Kapitalanlagen und die Rückausnahme für Banken, Versicherungen und gewerbliche Wertpapierhändler sei nicht einschlägig.[647]

dd) Geschäftsleitende Holdingtätigkeit

Im Zusammenhang mit Art. 28 Abs. 4 a) DBA-USA wird in der deutschen Literatur diskutiert, ob eine geschäftsleitende Holdinggesellschaft für sich genommen (d.h. ohne Zurechnung von Tätigkeiten von verbundenen Personen gemäß Art. 28 Abs. 4 c) DBA-USA) eine aktive gewerbliche Tätigkeit i.S.d. Art. 28 Abs. 4 DBA-USA ausübt. Unter einer geschäftsleitenden Holding wird im deutschen Steuerrecht eine Gesellschaft verstanden, deren Tätigkeit sich nicht auf das Halten von Beteiligungen beschränkt (sog. Finanzholding), sondern ihre Tochtergesellschaften

---

646 Das entspricht offenbar auch der Auslegung in der Technical Explanation. Dort heißt es, dass die gewerbliche Tätigkeit (*business*) des Platzierens und der Verwaltung von Kapitalanlagen für eigene Rechnung nur dann eine aktive gewerbliche Tätigkeit darstellt, wenn sie durch eine Bank, Versicherung oder zugelassenen Wertpapierhändler als Teil der Bank- oder Versicherungstätigkeit oder des Wertpapierhandels durchgeführt wird (Technical Explanation DBA-USA (2006) zu Art. 28 Abs. 4).

647 IRS, Private Letter Ruling v. 25.3.2005– PLR 200525002, Westlaw (2005 WL 1492733).

unternehmerisch leitet und bestimmt.[648] Gesichtspunkte hierfür sind die Wahrnehmung der Konzernleitung und die Festlegung der Unternehmenspolitik sowie die Erkennbarkeit dieser Führungsfunktionen nach außen.[649]

Nach der Technical Explanation zum DBA-USA übt eine solche geschäftsleitende Holding keine aktive gewerbliche Tätigkeit i.S.d. Art. 28 Abs. 4 DBA-USA aus.[650] Die Technical Explanation verneint ausdrücklich, dass eine Gesellschaft, die Zentralfunktionen für andere Gesellschaften ausübt (*headquarters company*), einer gewerblichen Tätigkeit nachgeht, weil das Geschäft einer solchen Holding im Verwalten von Kapitalanlagen bestehe und damit unter die Ausnahme im Klammerzusatz des Art. 28 Abs. 4 a) DBA-USA falle.[651] Weiterhin haben die USA in anderen DBA für eine geschäftsleitende Holding neben dem Active-Trade-or-Business-Test einen zusätzlichen Test zur Erlangung der Abkommensberechtigung eingeführt („Headquarters-Company-Test").[652] Nach diesem Test hängt die Abkommensberechtigung einer geschäftsleitenden Holding von zahlreichen weiteren Voraussetzungen ab.[653] Auch daraus kann geschlossen werden, dass eine geschäftsleitende Holding dem Active-Trade-or-Business-Test des Art. 28 Abs. 4 a) DBA-USA nicht genügt.

Nach deutschem Steuerrecht sind geschäftsleitende Holdinggesellschaften originär gewerblich i.S.d. § 15 Abs. 2 EStG tätig.[654] Daraus wird teilweise in der Literatur geschlossen, eine geschäftsleitende Holdinggesellschaft übe eine aktive gewerbliche Tätigkeit i.S.d. Art. 28 Abs. 4 a) DBA-USA aus.[655] Dagegen spricht aber, dass nach der Ausnahme in Art. 28 Abs. 4 a) DBA-USA das Verwalten von Kapitalanlagen auch

---

648 *Neumann*, in: Gosch, KStG, § 14 Rn. 112.

649 *Neumann*, in: Gosch, KStG, § 14 Rn. 112.

650 Technical Explanation DBA-USA (2006) zu Art. 28 Abs. 4.

651 *„is in the business of managing investments"*.

652 Beispielsweise in den DBA mit Belgien (Art. 21 Abs. 5), mit der Schweiz (Art. 22 Abs. 1 d)) und mit den Niederlanden (Art. 26 Abs. 5).

653 Insbesondere muss die Holdinggesellschaft neben der Übernahme der Verwaltungs- und Überwachungsfunktionen hinsichtlich anderer Gesellschaften folgende Voraussetzungen erfüllen: (i) Die Gesellschaft nimmt diese Aufgaben für Gesellschaften, die in mindestens fünf anderen Staaten aktiv gewerblich tätig und dort ansässig sind und die durch diese Tätigkeit jeweils mindestens 10 % des Rohgewinns des Konzerns erwirtschaften, wahr. (ii) Der Konzern erwirtschaftet in keinem Staat (mit Ausnahme des Ansässigkeitsstaats der Holdinggesellschaft) 50 % oder mehr ihres Rohgewinns. (iii) 25 % oder weniger des Rohgewinns des Konzerns werden im Quellenstaat erzielt. (iv) Die Holdinggesellschaft kann die Verwaltungs- und Überwachungsaufgaben unabhängig wahrnehmen. (v) Die Holdinggesellschaft unterliegt im Ansässigkeitsstaat dem gleichen Besteuerungsregime wie andere gewerblich tätige Gesellschaften (vi) Die Einkünfte der Holdinggesellschaft werden im Zusammenhang mit der aktiven gewerblichen Tätigkeit des Konzerns bezogen oder fallen aus Anlass dieser Tätigkeit an (vgl. Art. 26 Abs. 5 des DBA zwischen den USA und den Niederlanden).

654 *Neumann*, in: Gosch, KStG, § 14 Rn. 122.

655 *Gohr*, in: Endres/Jacob/Gohr/Klein, DBA-USA, Art. 28 Rn. 162.

dann keine aktive gewerbliche Tätigkeit darstellt, wenn die Verwaltung Teil einer gewerblichen Tätigkeit (hier der gewerblichen Holdingtätigkeit) ist, es sei denn die Rückausnahme für Banken- und Versicherungstätigkeiten bzw. Wertpapierhandel greift ein.[656] Auch wäre zu erwarten gewesen, dass Deutschland und die USA eine dem bereits erwähnten Headquarters-Company-Test entsprechende Vorschrift in das DBA-USA aufgenommen hätten, wenn die Abkommensberechtigung geschäftsleitender Holdinggesellschaften gewollt gewesen wäre.

Eine geschäftsleitende Holdinggesellschaft kann daher lediglich durch die Zurechnung der gewerblichen Tätigkeit einer Tochtergesellschaft gem. Art. 28 Abs. 4 c) DBA-USA die Voraussetzungen des Active-Trade-or-Business-Tests erfüllen.

c) Veranlassungszusammenhang zur aktiven gewerblichen Tätigkeit

Die Abkommensberechtigung nach Art. 28 Abs. 4 DBA-USA gilt nur für Einkünfte aus dem Quellenstaat, die (i) *im Zusammenhang* mit der aktiven gewerblichen Tätigkeit erzielt werden oder (ii) *aus Anlass* dieser Tätigkeit anfallen. Dieser Veranlassungszusammenhang wird im Abkommen nicht näher erläutert.

aa) Auslegung im US-Steuerrecht

In der Technical Explanation zum DBA-USA wird allerdings näher definiert, wann Einkünfte *im Zusammenhang* mit der aktiven gewerblichen Tätigkeit erzielt werden bzw. *aus Anlass* dieser Tätigkeit anfallen.[657]

(1) Erzielung im Zusammenhang mit der aktiven gewerblichen Tätigkeit

Nach der Technical Explanation werden Einkünfte im Zusammenhang mit einer gewerblichen Tätigkeit erzielt, wenn die Tätigkeit im Quellenstaat, aus dem die Einkünfte stammen, als ein *Bestandteil* (*„forms part of“*) der gewerblichen Tätigkeit im Ansässigkeitsstaat angesehen werden kann oder wenn sich diese Tätigkeiten gegenseitig *ergänzen* (*„is complementary“*).[658]

Die Tätigkeit im Quellenstaat soll dabei grundsätzlich dann ein *Bestandteil* der aktiven gewerblichen Tätigkeit im Ansässigkeitsstaat bilden, wenn die beiden Tätigkeiten die Entwicklung, die Herstellung oder den Verkauf des gleichen Produkts oder Produkte gleicher Art oder die Erbringung ähnlicher Dienstleistungen betreffen. Dabei sei irrelevant, ob die eine Tätigkeit in der Wertschöpfungskette der anderen vorgeschaltet oder nachgeordnet ist oder beide Tätigkeiten in der Wertschöpfungskette parallel verlaufen. Die Tätigkeit im Ansässigkeitsstaat könne beispielsweise in der Beschaffung und Lieferung von Ausgangsstoffen für einen Produktionsprozess im Quellenstaat liegen. Es sei aber auch möglich, dass die Tätigkeit im Quellenstaat

656 Vgl. zur Bedeutung des Klammerzusatzes C.IV.1.b)cc), S. 176.
657 Technical Explanation DBA-USA (2006) zu Art. 28 Abs. 4.
658 Technical Explanation DBA-USA (2006) zu Art. 28 Abs. 4.

im Vertrieb von Produkten besteht, die im Ansässigkeitsstaat hergestellt wurden oder beide Tätigkeiten darauf gerichtet sind, das gleiche Produkte zu vertreiben.[659]

Als erstes Beispiel dafür, wann die Tätigkeit im Quellenstaat Bestandteil der Tätigkeit im Quellenstaat ist, nennt die Technical Explanation eine US-Gesellschaft, die Produkte in den USA herstellt und in Deutschland durch eine 100 %ige Vertriebsgesellschaft verkauft. In diesem Fall soll das Vertriebsgeschäft der deutschen Gesellschaft einen Bestandteil der gewerblichen Tätigkeit der US-Gesellschaft bilden, da die Geschäftstätigkeit der beiden Gesellschaften das gleiche Produkt betrifft.[660]

Im zweiten Beispiel betreibt eine US-Gesellschaft ein umfangreiches Forschungs- und Entwicklungszentrum und lizenziert die entwickelten Schutzrechte weltweit an Tochtergesellschaften, einschließlich einer deutschen Tochtergesellschaft, die mit den Schutzrechten Produkte herstellen und diese vertreiben. Auch hier soll die Tätigkeit der deutschen Tochtergesellschaft einen Bestandteil der gewerblichen Tätigkeit der US-Gesellschaft bilden, weil die Tätigkeiten das gleiche Produkt betreffen.[661]

Nach der Technical Explanation *ergänzt* eine Tätigkeit die gewerbliche Tätigkeit im anderen Staat, wenn die beiden Tätigkeiten zur gleichen Branche im weiteren Sinne gehören. Die Tätigkeiten müssen sich nicht auf das gleiche Produkt beziehen. Jedoch müssen die beiden Tätigkeiten in dem Sinne voneinander abhängig sein, dass der Erfolg oder Misserfolg der einen Tätigkeit auch den Erfolg oder Misserfolg der anderen Tätigkeit beeinflusst.[662]

Als Beispiel dafür nennt die Technical Explanation eine US-Fluggesellschaft mit einer deutschen Tochtergesellschaft, die eine Hotelkette betreibt. Die Fluggesellschaft bietet Flug und Hotelübernachtungen zusammen an und die Hotels der deutschen Tochtergesellschaft befinden sich in der Nähe von Flughäfen, die von der US-Fluggesellschaft bedient werden. Hier soll die eine gewerbliche Tätigkeit zwar keinen Teil der anderen Tätigkeit bilden, weil die Gesellschaften unterschiedliche Produkte anbieten, es bestehe jedoch ein ausreichendes Abhängigkeitsverhältnis, um annehmen zu können, dass die eine Tätigkeit die andere ergänzt.[663]

Falls im Quellenstaat mehrere gewerbliche Tätigkeiten unterschiedlicher Art ausgeübt werden, muss nach der Technical Explanation eine Zuordnung der Einkünfte zu einer bestimmten Aktivität im Quellenstaat erfolgen.[664] Dabei sollen Lizenzgebühren der Tätigkeit zugeordnet werden, zu der das immaterielle Wirtschaftsgut gehört. Bei einer Tochtergesellschaft die mehreren Tätigkeiten nachgeht, kann davon ausgegangen werden, dass Dividenden zunächst aus dem ausschüttbaren Gewinn (*earnings and profits*) der Tätigkeit gespeist werden, für die Art. 28

659 Technical Explanation DBA-USA (2006) zu Art. 28 Abs. 4.
660 Technical Explanation DBA-USA (2006) zu Art. 28 Abs. 4, Example 1.
661 Technical Explanation DBA-USA (2006) zu Art. 28 Abs. 4, Example 2.
662 Technical Explanation DBA-USA (2006) zu Art. 28 Abs. 4, Example 3.
663 Technical Explanation DBA-USA (2006) zu Art. 28 Abs. 4.
664 Technical Explanation DBA-USA (2006) zu Art. 28 Abs. 4.

Abs. 4 a) DBA-USA eingreift. Zinsen dürfen nach jeder nachvollziehbaren und stetig angewandten Methode zugeordnet werden.[665]

(2) Anfall der Einkünfte aus Anlass der aktiven gewerblichen Tätigkeit

Nach der Technical Explanation werden Einkünfte *aus Anlass* der gewerblichen Tätigkeit im Ansässigkeitsstaat bezogen, wenn die Erzielung dieser Einkünfte die gewerbliche Tätigkeit im Ansässigkeitsstaat erleichtert. Als Beispiel wird die vorübergehende Anlage von Betriebskapital (*working capital*) in Wertpapiere, die von einer Person im Quellenstaat ausgegeben wurden, genannt.[666]

(3) Problem: Einkünfteerzielung durch aktive gewerbliche Tätigkeit im Ansässigkeitsstaat

Fraglich ist, ob nach dieser Interpretation durch die Technical Explanation auch Einkünfte erfasst werden, die unmittelbar durch die gewerbliche Tätigkeit im Ansässigkeitsstaat erzielt werden. Beispiele hierfür wären die Vergabe von Darlehen durch eine deutsche Bank an ein US-Unternehmen, aus der die Bank Zinsen erzielt, oder die Vergütung eines deutschen Rechtsanwalts für die Beratung eines US-Unternehmens.

Nach dem Wortlaut des Art. 28 Abs. 4 a) DBA-USA muss lediglich ein Zusammenhang zwischen den Einkünften aus dem Quellenstaat und der gewerblichen Tätigkeit im Ansässigkeitsstaat bestehen. Ein solcher Zusammenhang sollte hier eigentlich gegeben sein, da kein stärkerer Zusammenhang denkbar ist, als dass die Einkünfte unmittelbar durch die gewerbliche Tätigkeit erzielt werden. Nach der Technical Explanation ist jedoch ein Zusammenhang zwischen der gewerblichen Tätigkeit im Ansässigkeitsstaat zu einer gewerblichen Tätigkeit im Quellenstaat, aus der die Einkünfte stammen, erforderlich.[667] Die gewerbliche Tätigkeit muss entweder ein Bestandteil der gewerblichen Tätigkeit im Ansässigkeitsstaat sein oder diese ergänzen. Wenn in den o.g. Beispielen das US-Unternehmen Kraftfahrzeuge herstellt, besteht aber kein Zusammenhang zu der gewerblichen Tätigkeit des US-Unternehmens zu der gewerblichen Tätigkeit der deutschen Bank oder des Rechtsanwalts. Die Tätigkeit der Bank und des US-Unternehmen betreffen nicht das gleiche oder ein ähnliches Produkt. Erfolg und Misserfolg der einen gewerblichen Tätigkeit beeinflussen nicht den Erfolg oder Misserfolg der anderen Tätigkeit.

Dennoch wird man hier nicht daran zweifeln können, dass in diesen Fällen ein für Art. 28 Abs. 4 a) DBA-USA ausreichender Zusammenhang zwischen den Einkünften und der gewerblichen Tätigkeit besteht und die Abkommensberechtigung in diesen Fällen gewährt werden sollte. Auch die Technical Explanation bejaht diese Frage an anderer Stelle. In einem Beispiel zu Art. 28 Abs. 4 b) DBA-USA wird implizit

665 Technical Explanation DBA-USA (2006) zu Art. 28 Abs. 4.
666 Technical Explanation DBA-USA (2006) zu Art. 28 Abs. 4.
667 Technical Explanation DBA-USA (2006) zu Art. 28 Abs. 4.

davon ausgegangen, dass bei der Vergabe eines Darlehens durch eine Bank an ein Unternehmen in einem anderen Vertragsstaat ein ausreichender Zusammenhang zwischen der gewerblichen Tätigkeit der Bank und den aus dem Darlehen erzielten Zinsen besteht.[668]

bb) Auslegung im deutschen Steuerrecht

Aus deutscher Sicht fehlt es an einer Definition, wann Einkünfte im Zusammenhang mit einer gewerblichen Tätigkeit stehen oder aus Anlass dieser Tätigkeit anfallen. Allerdings wurden diese Begriffe in einem Notenwechsel zur Vorgängervorschrift des Art. 28 Abs. 4 DBA-USA, nämlich Art. 28 Abs. 1 c) DBA-USA (1989), anhand von Beispielen näher erläutert.[669] Das Verständnis im Notenwechsel entsprach dabei im Wesentlichen den Erläuterungen der Technical Explanation zum aktuellen DBA-USA. Wenn auch der Notenwechsel nicht in das Protokoll zum aktuellen DBA-USA übernommen worden ist, so kann doch angenommen werden, dass sich aus deutscher Sicht an der Auslegung der Begriffe nichts ändern sollte.[670] Daher sollte die deutsche Auslegung im Wesentlichen mit den Erläuterungen der Technical Explanation übereinstimmen.[671] Dennoch verbleibt aus deutscher Sicht eine Rechtsunsicherheit bei der Auslegung. Zum einen ist es keinesfalls gesichert, dass die Auslegung im Notenwechsel auch für das DBA-USA (2006) gilt. Zum anderen deckte der Notenwechsel nicht alle Fälle ab, die in der Technical Explanation behandelt werden. In dem Notenwechsel werden z.B. keine Fälle behandelt, in denen sich die Tätigkeiten im Ansässigkeits- und Quellenstaat nicht auf das gleiche oder das ähnliche Produkt beziehen (also die eine Tätigkeit ein Bestandteil der anderen ist), sich aber gegenseitig ergänzen.[672]

d) Erheblichkeit im Vergleich zur Tätigkeit im Quellenstaat

Art. 28 Abs. 4 b) DBA-USA stellt eine zusätzliche Voraussetzung auf, wenn die Abkommensvorteile in Anspruch nehmende Person oder ein mit ihr verbundenes Unternehmen im Quellenstaat einer gewerblichen Tätigkeit nachgehen und die quellensteuerpflichtigen Einkünfte aus dieser Tätigkeit im Quellenstaat stammen.

---

668 Technical Explanation DBA-USA (2006) zu Art. 28 Abs. 4.

669 Vereinbarung über den Anwendungsbereich des Artikels über die Schranken für die Abkommensvergünstigungen in dem Abkommen zwischen der Bundesrepublik Deutschland und den Vereinigten Staaten v. 29.8.1989.

670 *Gohr*, in: Endres/Jacob/Gohr/Klein, DBA-USA, Art. 28 Rn. 169 f.; *Wolff*, in: Wassermeyer, DBA, Art. 28 DBA-USA Rn. 138 ff.

671 *Gohr*, in: Endres/Jacob/Gohr/Klein, DBA-USA, Art. 28 Rn. 164 ff.; *Wolff*, in: Wassermeyer, DBA, Art. 28 DBA-USA Rn. 138 ff.

672 Das Beispiel III des Notenwechsels deutet an, dass auch bei einer gegenseitigen Ergänzung der Tätigkeiten der notwendige Zusammenhang gegeben ist, ist aber weniger deutlich als die Technical Explanation.

In diesem Fall muss die gewerbliche Tätigkeit der Person im Ansässigkeitsstaat im Vergleich zur gewerblichen Tätigkeit im Quellenstaat *erheblich* sein.

Nach der Technical Explanation handelt es sich dabei um eine Regelung, die einen begrenzten Sonderfall von Treaty Shopping vor Augen hat, bei der eine Gesellschaft in einem vernachlässigbaren Umfang einer Tätigkeit im Ansässigkeitsstaat nachgeht, um so die Abkommensvorteile nach dem Active-Trade-or-Business-Test zu erlangen.[673] Beispielsweise könne ein Drittstaatsansässiger eine Gesellschaft in Deutschland gründen, um mit der deutschen Gesellschaft eine große US-Fertigungsgesellschaft zu erwerben. Die deutsche Gesellschaft könne sodann in einem kleinen Einzelhandel Produkte der US-Fertigungsgesellschaft im geringen Umfang veräußern. In diesem Fall bestehe zwar ein Zusammenhang zwischen den Dividenden der US-Fertigungsgesellschaft und der (minimalen) gewerblichen Tätigkeit der deutschen Muttergesellschaft. Die gewerbliche Tätigkeit der deutschen Tochtergesellschaft ziele aber allein darauf ab, die Abkommensvorteile zu erlangen, und soll deshalb irrelevant sein.[674] Aus diesem Beispiel wird deutlich, dass es sich bei der Erheblichkeitsvoraussetzung letztlich um eine Maßnahme zur Verhinderung von Umgehungen des Active-Trade-or-Business-Tests durch eine künstliche gewerbliche Tätigkeit im Ansässigkeitsstaat handelt.[675]

Diese zusätzliche Voraussetzung ist ausweislich ihres Wortlauts nicht anwendbar, wenn die Einkünfte aus dem Quellenstaat von einer Person stammen, die der Abkommensvorteile in Anspruch nehmenden Person nicht nahesteht und damit kein verbundenes Unternehmen ist.[676] Nach dem Wortlaut greift diese zusätzliche Voraussetzung zudem nicht ein, wenn die Einkünfte zwar von einer nahestehenden Person im Quellenstaat stammen, diese Person aber im Quellenstaat nicht gewerblich tätig ist.[677]

Die nachfolgend näher erläuterte Zurechnung von Tätigkeiten verbundener Personen im Ansässigkeitsstaat gem. Art. 28 Abs. 4 c) DBA-USA gilt auch bei der Prüfung der Erheblichkeit gem. Art. 28 Abs. 4 b) DBA-USA.[678] Beispielsweise ist daher bei einer deutschen Muttergesellschaft mit einer deutschen Forschungs- und einer US-amerikanischen Vertriebsgesellschaft für den Vergleich der Tätigkeiten im Ansässigkeits- und im Quellenstaat nicht nur die Tätigkeit der Muttergesellschaft, sondern auch der deutschen Forschungsgesellschaft einzubeziehen.[679] Art. 28

673 Technical Explanation DBA-USA (2006) zu Art. 28 Abs. 4.
674 So auch das Beispiel IV im Notenwechsel zum DBA-USA (1989) v. 29.8.1989.
675 So auch ALI, International Taxation Aspects II, S. 173.
676 Technical Explanation DBA-USA (2006) zu Art. 28 Abs. 4.
677 *Wolff*, in: Wassermeyer, DBA, Art. 28 DBA-USA Rn. 155. A.A. wohl *Wassermeyer/Schönfeld* DB 2006, 1970, 1974, was sich aber mit dem Wortlaut der Vorschrift nicht vereinbaren lässt.
678 Technical Explanation DBA-USA (2006) zur Art. 28 Abs. 4; *Gohr*, in: Endres/Jacob/Gohr/Klein, DBA-USA, Art. 28 Rn. 182; *Wolff*, in: Wassermeyer, DBA, Art. 28 DBA-USA Rn.
679 *Wolff*, in: Wassermeyer, DBA, Art. 28 DBA-USA Rn. 161.

Abs. 4 c) DBA-USA ordnet zwar die Zurechnung nur „für die Feststellung, ob eine Person gemäß Buchstabe a in einem Vertragsstaat aktiv gewerblich tätig ist" an. Es wäre jedoch nicht systemgerecht, die Tätigkeit verbundener Personen im Ansässigkeitsstaat bei der Frage, ob eine gewerbliche Tätigkeit nach Art. 28 Abs. 4 a) DBA-USA vorliegt zu berücksichtigen und bei der Frage der Erheblichkeit i.S.d. Art. 28 Abs. 4 b) DBA-USA nicht. Hinsichtlich der gewerblichen Tätigkeit im Quellenstaat bedarf es keiner Zurechnung nach Art. 28 Abs. 4 c) DBA-USA, da Art. 28 Abs. 4 b) DBA-USA auf die gewerbliche Tätigkeit der Person und mit ihr verbundener Unternehmen abstellt. Übt die Person daher im Quellenstaat selbst und durch eine oder mehrere Tochtergesellschaften eine gewerbliche Tätigkeit aus, sind diese schon dem Wortlaut der Vorschrift nach für die Zwecke des Vergleichs mit der gewerblichen Tätigkeit im Ansässigkeitsstaat zu kumulieren.

aa) Verbundene Unternehmen

Der Begriff des *verbundenen Unternehmens* i.S.d. Art. 28 Abs. 4 b) DBA-USA ist nicht identisch mit dem Begriff der *verbundenen Person* i.S.d. Art. 28 Abs. 4 c) DBA-USA.[680] Das wird insbesondere aus der englischen Abkommensfassung deutlich, die in Art. 28 Abs. 4 b) DBA-USA von *„associated enterprises"* und in Art. 28 Abs. 4 c) DBA-USA von *„connected persons"* spricht.

Der Begriff des verbundenen Unternehmens ist im Abkommen als solcher nicht definiert. Offenbar nimmt Art. 28 Abs. 4 b) DBA-USA aber damit auf Art. 9 DBA-USA und dessen gleichlautende Überschrift Bezug.[681] Art. 9 Abs. 1 DBA-USA ermöglicht eine Einkünftekorrektur nach Fremdvergleichsgrundsätzen, wenn ein Unternehmen eines Vertragsstaats unmittelbar oder mittelbar an der Geschäftsleitung, der Kontrolle oder dem Kapital eines Unternehmens des anderen Vertragsstaats beteiligt ist oder dieselben Personen unmittelbar oder mittelbar an der Geschäftsleitung, der Kontrolle oder dem Kapital eines Unternehmens eines Vertragsstaats und eines Unternehmens des anderen Vertragsstaats beteiligt sind. Nach Abs. 7 S. 2 des Protokolls zum DBA-USA ist eine Einkünftekorrektur gem. Art. 9 Abs. 1 DBA-USA zudem möglich, wenn Personen auf andere Weise als durch mittelbare oder unmittelbare Beteiligung miteinander verbunden sind (zum Beispiel durch kommerzielle oder vertragliche Beziehungen, die zu einem beherrschenden Einfluss führen). Dementsprechend kann angenommen werden, dass Unternehmen dann miteinander verbunden i.S.d. Art. 28 Abs. 4 b) DBA-USA sind, wenn die Voraussetzungen für eine Einkünftekorrektur gem. Art. 9 Abs. 1 DBA-USA i.V.m. Abs. 7 S. 2 des Protokolls vorliegen.[682]

Allerdings nennen Art. 9 Abs. 1 DBA-USA und Abs. 7 S. 2 des Protokolls keine konkreten Beteiligungsgrenzen oder andere Maßstäbe für das Ausmaß an Kontrolle, ab denen eine Einkünftekorrektur möglich ist. Der Grund dafür ist, dass Art. 9 Abs. 1 DBA-USA nicht unmittelbar eine Korrektur von Einkünften verbundener

680 *Wolff*, in: Wassermeyer, DBA, Art. 28 DBA-USA Rn. 156.
681 *Wolff*, in: Wassermeyer, DBA, Art. 28 DBA-USA Rn. 156.
682 So offenbar *Wolff*, in: Wassermeyer, DBA, Art. 28 DBA-USA Rn. 156.

Unternehmen ermöglicht, sondern vielmehr eine nach nationalem Recht bestehende Korrekturvorschrift voraussetzt, die auch die näheren Vorgaben hinsichtlich der Form und Höhe der Beteiligung bzw. anderer Möglichkeiten der Einflussnahme enthält.[683] Um den Begriff des verbundenen Unternehmens rechtssicher anwendbar zu machen, sollte daher auf diese Vorgaben der nationalen Einkünftekorrekturvorschriften zurückgegriffen werden.

Im deutschen Steuerrecht würde es demnach gem. § 1 Abs. 2 AStG darauf ankommen, ob eine wesentliche Beteiligung, eine geschäftsfremde Einflussmöglichkeit oder eine Interessenidentität besteht,[684] was eine relativ rechtssichere Subsumtion unter den Begriff des verbundenen Unternehmens ermöglicht.

Im US-Steuerrecht sind hingegen die Voraussetzungen für eine Einkünftekorrektur hinsichtlich der Form und Höhe der Beteiligung bzw. anderer Möglichkeiten der Einflussnahme nur vage formuliert. § 482 IRC ermöglicht eine Einkünftekorrektur, wenn eine Beteiligung (*ownership*) oder anderweitige Beherrschung (*control*) vorliegt. Wann eine Beherrschung vorliegt, wird für diese Vorschrift allerdings gar nicht weiter definiert. In den Regulations findet sich insofern nur die Aussage, dass darunter jede Form der Beherrschung, unabhängig davon, ob sie rechtlich durchsetzbar ist oder nicht, zu verstehen ist und Beherrschung auch durch übereinstimmende Interessen erreicht werden kann.[685] In der Praxis wird dieser Begriff sehr weit ausgelegt. Eine Beherrschung wird schon dann indiziert, wenn es zu einer willkürlichen Verlagerung von Einkünften kommt, welche die Anwendung der Einkünftekorrekturvorschrift sinnvoll erscheinen lassen.[686] Der Rückgriff auf die Voraussetzungen der nationalen Einkünftekorrekturvorschrift schafft aus US-Sicht also keine weitere Rechtssicherheit.[687]

bb) Erheblichkeit

Im Abkommen findet sich keine Definition des Begriffs *erheblich* (in der englischen Abkommensfassung: *substantial*), insbesondere gibt es kein festes Größenverhältnis, ab der die Tätigkeit im Ansässigkeitsstaat als erheblich angesehen werden kann.

(1) Auslegung im US-Steuerrecht

Das US-MA (1996) sah noch bestimmte Mindestgrenzen vor, ab denen davon ausgegangen werden konnte, dass die Erheblichkeitsvoraussetzung erfüllt war

683 *Oestreicher*, in: Endres/Jacob/Gohr/Klein, DBA-USA, Art. 9 Rn. 19.

684 Vgl. zu den Tatbestandsvoraussetzungen des § 1 Abs. 2 AStG: *Kraft*, in: Kraft, AStG, § 1 Rn. 168 ff.

685 Reg. § 1.481-1(i)(4).

686 IRS, Private Letter Ruling v. 11.1.2000 – PLR 200015024.

687 Im US-MA (2006) und in anderen DBA verwenden die USA statt des Begriffs des verbundenen Unternehmens den Begriff *nahestehende Person* („*related person*“). Dieser Begriff ist im US-Steuerrecht durch Festlegung konkreter Beteiligungsgrenzen näher definiert (vgl. §§ 267, 318 IRC).

(Safe Harbor).[688] Im US-MA (1996) wurden dazu der (i) Wert der eingesetzten Wirtschaftsgüter, (ii) der Rohgewinn und (iii) die gezahlten Löhne im Ansässigkeitsstaat mit den korrespondierenden Größen im Quellenstaat verglichen. Erheblich war die Tätigkeit im Ansässigkeitsstaat jedenfalls dann, wenn jedes der drei Zahlenverhältnisse mindestens 7,5 % betrug und die Zahlenverhältnisse im Durchschnitt 10 % nicht unterschritten. Im US-MA (2006) ist dieser Safe Harbor genauso wenig wie im DBA-USA enthalten. Dies ist wohl darauf zurückzuführen, dass durch diesen Safe Harbor die Erheblichkeitsvoraussetzung, die nur ganz bestimmten Missbrauchsgestaltungen entgegenwirken sollte, wesentlich strenger erschien, als von den USA beabsichtigt.[689] Daher kann er nicht für das DBA-USA übernommen werden oder als Auslegungshilfe dienen.[690]

Auch die Technical Explanation prüft die Erheblichkeitsvoraussetzung nicht anhand fester Größenverhältnisse, sondern nimmt eine Gesamtwürdigung aller Umstände vor.[691] Bei dieser Gesamtwürdigung sollen insbesondere die relativen Größen der Geschäftsbetriebe in den beiden Vertragsstaaten, die Art der dort ausgeübten Tätigkeiten und ihr relativer Beitrag zum Geschäftsbetrieb im jeweiligen Vertragsstaat berücksichtigt werden. Der Vergleich soll dabei auch die relativen Größen der deutschen und der US-amerikanischen Volkswirtschaft berücksichtigen.[692] Auch wird in der Technical Explanation betont, bei der Prüfung der Erheblichkeit gehe es nur darum, ganz bestimmte Fälle von Treaty Shopping durch vollkommen unerhebliche („*de minimis*") gewerbliche Tätigkeiten im Ansässigkeitsstaat zu verhindern.

---

688 Art. 22 Abs. 3 c) US-MA (1996). Dieser Safe Harbor ist auch noch in älteren DBA der USA enthalten, z.B. im DBA mit Irland, Italien und Luxemburg.

689 *Levine/Miller*, T.M. Foreign Income Portfolio 936, II. D. 3. Vgl. auch ALI, International Taxation Aspects II, S. 173.

690 Im innerstaatlichen US-Recht findet sich zudem in Reg. § 1.884-5(e)(3) der LoB-Klausel für die Befreiung von der BPT eine Definition des Begriffs *substantial*. Nach dieser Vorschrift setzt die Befreiung von der BPT u.a. voraus, dass die ausländische Körperschaft nicht nur einer aktiven gewerblichen Tätigkeit in ihrem Ansässigkeitsstaat nachgeht, sondern auch im Ansässigkeitsstaat eine „*substantial presence*" hat. Dafür werden der Wert der Wirtschaftsgüter und der Rohgewinn der Körperschaft sowie die durch sie gezahlten Löhne in Bezug auf in allen Staaten weltweit ausgeübten gewerblichen Tätigkeiten ermittelt und mit den entsprechenden Werten für die gewerbliche Tätigkeit in ihrem Ansässigkeitsstaat verglichen. Eine *substantial presence* liegt vor, wenn in den Regulations bestimmte Größenverhältnisse erreicht werden. Damit geht es in 1.884-5(e)(3) in erster Linie um den Vergleich der Aktivitäten im Ansässigkeitsstaat mit den weltweiten Aktivitäten der Körperschaft und nicht – wie bei Art. 28 Abs. 4 b) DBA-USA – um einen Vergleich von den Aktivitäten im Quellenstaat einerseits und Ansässigkeitsstaat anderseits. Schon aus diesem Grund können die in den Regulations genannten Kriterien und Größenverhältnisse nicht übernommen werden.

691 Technical Explanation DBA-USA (2006) zu Art. 28 Abs. 4.

692 Technical Explanation DBA-USA (2006) zu Art. 28 Abs. 4.

(2) Auslegung im deutschen Steuerrecht

Eine gewisse Hilfestellung bei der Auslegung der Erheblichkeitsvoraussetzung aus deutscher Sicht bietet der (allerdings nicht mehr geltende) Notenwechsel zur Vorgängervorschrift im DBA-USA (1989). In diesem Notenwechsel wird ebenfalls das in der Technical Explanation genannte Beispiel eines Drittstaatsansässigen, der in Deutschland eine Gesellschaft gründet, um eine große Fertigungsgesellschaft in den USA zu erwerben, und die Abkommensberechtigung damit begründen will, dass die deutsche Gesellschaft in einem kleinen Einzelhandel Produkte der US-Gesellschaft vertreibt, als Anwendungsfall genannt.[693] Auch aus deutscher Sicht soll diese Voraussetzung daher offenbar nur einer Umgehung dieses Tests vorbeugen.

In der deutschen Literatur wird aus der Erheblichkeitsvoraussetzung jedoch teilweise gefolgert, die Tätigkeiten im Ansässigkeits- und Quellenstaat müssten dergestalt in einem Über-/Unterordnungsverhältnis stehen, dass die Tätigkeit im Quellenstaat der Tätigkeit im Ansässigkeitsstaat diene.[694] Allerdings wird diese Auffassung nicht näher begründet. Sie findet in der natürlichen Bedeutung des Wortes *erheblich* keine Stütze. Auch der Sinn und Zweck, der darauf gerichtet ist, eine Umgehung des Active-Trade-or-Business-Tests durch künstliche gewerbliche Tätigkeiten im Ansässigkeitsstaat zu verhindern, erfordert kein Über-/Unterordnungsverhältnis.

Weiterhin findet sich in der deutschen Literatur der Vorschlag, eine gewerbliche Tätigkeit im Ansässigkeitsstaat jedenfalls dann als erheblich anzusehen, wenn sie – gemessen an der Größe der Volkswirtschaften – den gleichen Umfang hat wie die Tätigkeit im Quellenstaat. Dementsprechend sei eine Tätigkeit in Deutschland dann als erheblich anzusehen, wenn sie ungefähr 25 % der Tätigkeit in den USA ausmache, da die Volkswirtschaft der USA viermal größer als die deutsche Volkswirtschaft sei.[695] Richtigerweise wird bei einem Größenverhältnis von 25 % jedenfalls kein Zweifel daran bestehen, dass die Tätigkeit im Ansässigkeitsstaat erheblich ist. Schon nach dem von den USA als zu streng empfundenen Safe Harbor im US-MA (1996) reichte schließlich ein Größenverhältnis von 10 % bzw. 7,5 % aus. Wenn man dieses Größenverhältnis als Orientierung nähme, würde dies aber über das Ziel, bestimmte Formen der Umgehung des Active-Trade-or-Business-Tests durch eine künstliche gewerbliche Tätigkeit im Ansässigkeitsstaat zu verhindern, weit hinausschießen.

---

693 Vereinbarung über den Anwendungsbereich des Artikels über die Schranken für die Abkommensvergünstigungen in dem Abkommen zwischen der Bundesrepublik Deutschland und den Vereinigten Staaten v. 29.8.1989, Beispiel IV. Die Erheblichkeitsvoraussetzung war damals noch nicht Teil des DBA-USA, sondern wurde durch den Notenwechsel eingeführt.

694 *Schönfeld*, in: Schönfeld/Ditz, DBA, Art. 10 Rn. 476; *Wassermeyer/Schönfeld*, DB 2006, 1970, 1974. Ablehnend: *Wolff*, in: Wassermeyer, DBA, Art. 28 DBA-USA Rn. 155.

695 *Wolff*, in: Wassermeyer, DBA, Art. 28 DBA-USA Rn. 157.

Bei der Auslegung der Erheblichkeitsvoraussetzung sollte es in erster Linie darum gehen, Umgehungsgestaltungen durch eine künstliche gewerbliche Tätigkeit im Ansässigkeitsstaat zu verhindern. Der Ansatz der Technical Explanation, eine Gesamtwürdigung aller Umstände vorzunehmen, erscheint vor diesem Hintergrund sachgerecht. Durch die Begrenzung auf Fälle, in denen eine künstliche gewerbliche Tätigkeit im Ansässigkeitsstaat zur Schaffung der Voraussetzungen dieses Tests ausgeübt wird, gewinnt diese Voraussetzung zumindest gewisse Konturen.

e) *Zurechnung bei verbundenen Personen*

Nach Art. 28 Abs. 4 c) DBA-USA gelten bei der Feststellung, ob eine Person in einem Vertragsstaat aktiv gewerblich tätig ist, Tätigkeiten von mit dieser Person *verbundenen Personen* als Tätigkeiten dieser Person.

aa) Verbundene Personen

Für die Frage, wann Personen als miteinander verbunden gelten, zählt Art. 28 Abs. 4 c) S. 2 und 3 DBA-USA vier alternative Voraussetzungen auf.

Eine Person gilt zum einen als mit einer anderen Person verbunden, wenn einer Person mindestens 50 % des wirtschaftlichen Eigentums an der anderen Person (oder im Fall einer Gesellschaft Anteile, die mindestens 50 % der gesamten Stimmrechte und des Werts der Gesellschaft oder des wirtschaftlichen Eigentums an der Gesellschaft darstellen) gehören (1. Alternative) oder einer anderen Person unmittelbar oder mittelbar mindestens 50 % des wirtschaftlichen Eigentums an jeder Person (oder im Fall einer Gesellschaft Anteile, die mindestens 50 % der gesamten Stimmrechte und des Werts der Gesellschaft oder des wirtschaftlichen Eigentums an der Gesellschaft darstellen) gehören (2. Alternative).

Der Begriff des *wirtschaftlichen Eigentums* wurde offenbar wie beim Ownership/Base-Erosion-Test gem. Art. 28 Abs. 2 f) DBA-USA gewählt, weil auch Personen, die keine Gesellschaften sind, unter Art. 28 Abs. 4 c) DBA-USA fallen können. Wieso das wirtschaftliche Eigentum alternativ zu Stimmrechten und Wert auch bei Beteiligungen an Gesellschaften genannt wird, erscheint hingegen auf den ersten Blick nicht eindeutig. Deutlich wird das jedoch durch die englische Abkommensfassung, die bei Beteiligungen an Gesellschaften von *„shares representing [...] at least 50 percent of the beneficial* ***equity*** *interest“* [Hervorhebung durch Verfasser] und bei Beteiligungen an anderen Personen nur von *„beneficial interest“* spricht. Daher wird man den Klammerzusatz so verstehen müsse, dass es bei Gesellschaften ausreicht, wenn die gehaltenen Anteile entweder 50 % der gesamten Stimmrechte und des Werts der Gesellschaft oder 50 % des gezeichneten Kapitals repräsentieren.[696]

Nach dem Wortlaut sind nur bei der zweiten Alternative, nicht aber bei der ersten Alternative sowohl mittelbare als auch unmittelbare Beteiligungen zu berücksichtigen. Auf der anderen Seite gibt es keinen Grund, mittelbare Beteiligungen bei

696 So wohl auch: *Wolff*, in: Wassermeyer, DBA, Art. 28 DBA-USA Rn. 162.

der ersten Alternative anders zu behandeln als bei der zweiten Alternative. Daher sollten auch mittelbare Beteiligungen bei der ersten Alternative erfasst sein.[697]

Weiterhin gilt eine Person als mit einer anderen Person verbunden, wenn eine Person sämtlichen Tatsachen und Umständen zufolge die andere Person beherrscht (3. Alternative) oder beide Personen von derselben Person oder denselben Personen beherrscht werden (4. Alternative), wobei die Voraussetzungen für eine solche Beherrschung im Abkommen nicht genannt werden.

Im US-Steuerrecht wird der Begriff der Beherrschung (*control*) an zahlreichen Stellen definiert.[698] Diese Definitionen stellen aber fast immer auf die Beteiligungsquoten ab, ein Maßstab, den die ersten beiden Alternativen schon zugrunde legen und der daher für die dritte und vierte Alternative nicht maßgeblich sein kann. Eine Vorschrift, die Beherrschung nicht anhand von Beteiligungsquoten definiert, ist § 482 IRC, der bei gegenseitiger Beherrschung bzw. gemeinsamer Beherrschung durch eine dritte Person Einkünftekorrekturen erlaubt. Wie bereits zu Art. 28 Abs. 4 b) DBA-USA ausgeführt, ist der Begriff der Beherrschung in § 482 IRC aber sehr weit gefasst und nur ungenau definiert.[699] Vor diesem Hintergrund ist die Beherrschung i.S.d. § 482 IRC mit der von den ersten beiden Alternativen vorausgesetzten 50 %igen Beteiligung nicht hinreichend vergleichbar, als dass der Begriff anhand dieser Vorschriften definiert werden könnte.[700] Vielmehr wird man darunter einen Einfluss verstehen müssen, der nicht auf einer gesellschaftsrechtlichen Beteiligung beruht, aber eine ebenso starke Kontrolle wie eine 50 %ige Beteiligung vermittelt.

Im deutschen Steuerrecht kann auf die Definition des beherrschenden Einflusses i.S.d. § 1 Abs. 2 Nr. 1 und 2 AStG zurückgegriffen werden.[701] Demnach wird eine Person beherrscht, wenn ihr kein wesentlicher Entscheidungsspielraum mehr bleibt.[702] Die Grundlage der Beherrschung kann rechtlicher oder tatsächlicher Natur sein. Als Beispiele können beteiligungsähnliche Rechte, Unternehmensverträge oder eine Beteiligung einer Person an der Geschäftsführung oder Kontrolle der anderen Person genannt werden.[703] Ein wesentliches Entscheidungskriterium dürfte sein, ob eine Person in der Lage ist, die personelle Besetzung der Geschäftsführer bzw. des Aufsichtsrats allein zu bestimmen.[704]

bb) Grenzüberschreitende Zurechnung?

Die Zurechnung nach Art. 28 Abs. 4 c) DBA-USA ist nach dem Wortlaut dieser Vorschrift unabhängig davon vorzunehmen, ob die verbundene Person im gleichen

---

697 *Gohr*, in: Endres/Jacob/Gohr/Klein, DBA-USA, Art. 28 Rn. 182.
698 Bspw. §§ 351, 368(c), 707(b), 957 und 1563 IRC.
699 Vgl. C.IV.1.d)aa), S. 181.
700 A.A. *Wolff*, in: Wassermeyer, DBA, Art. 28 DBA-USA Rn. 162.
701 *Wolff*, in: Wassermeyer, DBA, Art. 28 DBA-USA Rn. 162.
702 *Kraft*, AStG, § 1 Rn. 176.
703 *Kraft*, AStG, § 1 Rn. 176.
704 *Bayer*, in: MüKo zum AktG, § 17 Rn. 26 f.

Staat wie die Person, deren Abkommensberechtigung geprüft wird, ansässig ist, und ob die gewerbliche Tätigkeit der verbundenen Person in diesem oder einem anderen Staat vorgenommen wird.[705] Allerdings fingiert Art. 28 Abs. 4 c) DBA-USA nach seinem Wortlaut nur, dass gewerbliche Tätigkeiten der verbundenen Person Tätigkeiten der Abkommensvorteile in Anspruch nehmenden Person sind, nicht jedoch, dass diese Tätigkeiten auch im Ansässigkeitsstaat dieser Person vorgenommen werden. Da für die Abkommensberechtigung nach Art. 28 Abs. 4 a) DBA-USA ausweislich des eindeutigen Wortlauts nur gewerbliche Tätigkeiten im Ansässigkeitsstaat relevant sind, spielen gewerbliche Tätigkeiten einer verbundenen Person, die in einem Drittstaat oder im Quellenstaat vorgenommen werden, für die Frage der Abkommensberechtigung nach Art. 28 Abs. 4 a) DBA-USA somit keine Rolle.[706] Hingegen sind gewerbliche Tätigkeiten einer verbundenen Person im Ansässigkeitsstaat auch dann zu berücksichtigen, wenn die verbundene Person in einem Drittstaat oder im Quellenstaat ansässig ist.

2. *Bewertung*

a) *Anwendungsprobleme*

Der Active-Trade-or-Business-Test enthält zahlreiche Tatbestandsmerkmale, die zwar in den USA durch innerstaatliches Recht und die Technical Explanation definiert werden, aus deutscher Sicht jedoch mangels näherer Definition unbestimmt sind. Dadurch ist dieser Test aus deutscher Sicht nicht immer rechtssicher anwendbar.

Das zeigt sich insbesondere am zentralen Tatbestandsmerkmal der *aktiven gewerblichen Tätigkeit.* Die zahlreichen Definitionsansätze in der deutschen Literatur, die den Begriff unter Rückgriff auf § 8 Abs. 1 AStG, § 2a EStG oder § 15 Abs. 2 EStG definieren wollen, bieten einen Beleg dafür, dass die Subsumtion unter dieses Tatbestandsmerkmal mit erheblichen Rechtsunsicherheiten belastet ist. Hingegen ist die Bedeutung dieses Tatbestandsmerkmals in den USA durch den Verweis auf die zu § 367(a) IRC ergangenen Regulations weitgehend geklärt.

Das gleiche gilt für die Tatbestandsmerkmale, die den notwendigen Veranlassungszusammenhang zwischen aktiver gewerblicher Tätigkeit und den

---

705 *Gohr*, in: Endres/Jacob/Gohr/Klein, DBA-USA, Art. 28 Rn. 183; *Dörfler/Birker*, GmbHR 2006, 867, 870; *Wolff*, in: Wassermeyer, DBA, Art. 28 DBA-USA Rn. 161.

706 *Gohr*, in: Endres/Jacob/Gohr/Klein, DBA-USA, Art. 28 Rn. 183; *Wolff*, in: Wassermeyer, DBA, Art. 28 DBA-USA Rn. 161.
A.A. (allerdings ohne Begründung): *Dörfler/Birker*, GmbHR 2006, 867, 870; *Tavares*, in: Lang u.a., BEPS, S. 133, 143 (zum im Wesentlichen gleichlautenden Active-Trade-or-Business-Test im BEPS-Abschlussbericht), wonach auch Tätigkeiten in einem Drittstaat zugerechnet werden und für Art. 28 Abs. 4 a) DBA-USA relevant sein sollen. Mit dem Wortlaut ist diese Gegenauffassung jedoch nicht vereinbar. *Tavares* (a.a.O.) nimmt diese Auslegung gegen den Wortlaut zum Anlass, die Vorschrift zu kritisieren. Stattdessen sollte die Vorschrift im Einklang mit ihrem Wortlaut und ihrem Sinn und Zweck ausgelegt werden.

quellensteuerpflichtigen Einkünften umschreiben (*im Zusammenhang mit* bzw. aus *Anlass*). Aus deutscher Sicht fehlt es hier an einer näheren Erläuterung, wie sie in der Technical Explanation für die USA zu finden ist. Der Rückgriff auf den Notenwechsel zum DBA-USA (1989) schafft keine vollständige Rechtssicherheit. Aus deutscher Sicht fehlt es zudem an einer Regel, wie Einkünfte aufzuteilen sind, wenn im Quellenstaat verschiedene Aktivitäten verfolgt werden und nur zu einem Teil dieser Aktivitäten der notwendige Veranlassungszusammenhang besteht.

Der Active-Trade-or-Business-Test wird zudem wegen der Verwendung des unbestimmten Begriffs *erheblich* in Art. 28 Abs. 4 b) DBA-USA als zu rechtsunsicher kritisiert.[707] Diese Bedenken lassen sich aus US-Sicht teilweise ausräumen, da in der Technical Explanation diese Tatbestandsvoraussetzung eng ausgelegt und nur bei eng begrenzten Treaty-Shopping-Situationen, in denen der Active-Trade-or-Business-Test mithilfe einer künstlichen gewerblichen Tätigkeit umgangen wird, verneint wird. Dennoch ist die Reichweite dieses unbestimmten Rechtsbegriffs auch aus US-Sicht nicht völlig geklärt. Erst recht kommt es zu Anwendungsschwierigkeiten aus deutscher Sicht, wo eine Konkretisierung nur mithilfe des in dem Notenwechsel zum DBA-USA (1989) enthaltenen Beispiels denkbar ist.

Weiterhin bestehen bei dem in Art. 28 Abs. 4 b) DBA-USA verwandten Begriff des *verbundenen Unternehmens* Unsicherheiten bei der Auslegung.

b) Effektivität

aa) Treaty Shopping durch Direct-Conduit-Strukturen

Der Active-Trade-or-Business-Test lässt im Grundsatz die Inanspruchnahme von Abkommensvorteilen durch Drittstaatsansässige zu. Nach Art. 28 Abs. 4 DBA-USA kann beispielsweise eine Gesellschaft die Abkommensberechtigung erlangen, obwohl an ihr ausschließlich nicht abkommensberechtigte Drittstaatsansässige beteiligt sind (Direct-Conduit-Struktur).

Nach dem Ergebnis der Diskussion im ersten Teil dieser Arbeit ist eine mittelbare Erlangung von Abkommensvorteilen durch Drittstaatsansässige allerdings dann nicht unangemessen, wenn die Einkünfte aus dem Quellenstaat im Zusammenhang mit einer unternehmerischen Tätigkeit im anderen Vertragsstaat stehen, weil die Gewährung von Abkommensvorteilen dann den Interessen der Vertragsstaaten in ihrer Rolle als Ansässigkeitsstaat entspricht und die Reziprozität des DBA gewahrt bleibt.[708] Diese Konstellation wird von Art. 28 Abs. 4 DBA-USA vorausgesetzt. Liegen somit die Voraussetzungen von Art. 28 Abs. 4 DBA-USA vor, ist ein Fall von Treaty Shopping selbst dann ausgeschlossen, wenn an der Abkommensvorteile in Anspruch nehmenden Gesellschaft ausschließlich Drittstaatsansässige beteiligt sind.

In der Literatur wird allerdings die Auffassung vertreten, Art. 28 Abs. 4 DBA-USA ermögliche Treaty Shopping, weil die Erheblichkeitsvoraussetzung des Art. 28

707 *Jiang*, BFIT 2015, 139, 146; *Vega*, LoB-Clauses, S. 182.
708 Vgl. 1. Teil unter E.II., S. 40.

Abs. 4 b) DBA-USA nur bei verbundenen Unternehmen anwendbar sei. Beispielsweise könne eine international agierende Bankengruppe gezielt durch eine deutsche Tochtergesellschaft ein Darlehen in die USA vergeben, um so das anderweitig nicht anwendbare DBA-USA zu nutzen.[709] Dem ist nicht zuzustimmen. Aus dem gezielten Einsatz der deutschen Tochtergesellschaft zur Erlangung von Abkommensvorteilen kann nicht auf Treaty Shopping geschlossen werden. Es liegt gerade im Interesse der Vertragsstaaten in ihrer Rolle als Ansässigkeitsstaat, dass sich Drittstaatsansässige für eine unternehmerische Tätigkeit in einem Vertragsstaat entscheiden, weil sie dort ein vorteilhaftes DBA in Anspruch nehmen können.[710] In dem Beispiel könnte die Tochtergesellschaft nur dann Abkommensvorteile in Anspruch nehmen, wenn sie in Deutschland einer gewerblichen Tätigkeit nachgeht und die Zinseinkünfte damit im Zusammenhang stehen. Das Beispiel bietet lediglich ein Beleg dafür, wieso aus einer Absicht, Abkommensvorteile zu erlangen, nicht automatisch auf Treaty Shopping geschlossen werden kann.[711]

bb) Andere Treaty-Shopping-Strukturen

In der Literatur wird gegen den Active-Trade-or-Business-Test eingewandt, er verhindere kein Treaty Shopping durch Stepping-Stone-Conduit-Strukturen. Beispielsweise könne ein Drittstaatsansässiger eine Gesellschaft in einem Vertragsstaat gründen, die einer gewerblichen Tätigkeit nachgeht und Einkünfte aus dem anderen Vertragsstaat bezieht. Treaty Shopping sei insofern möglich, als die Abkommensvorteile nach dem Active-Trade-or-Business-Test selbst dann zu gewähren sind, wenn die Gesellschaft ihre Gewinne durch abzugsfähige Zahlungen an den drittstaatsansässigen Gesellschafter weiterleitet.[712] Das ist jedoch nicht zutreffend. Wie im ersten Teil dieser Arbeit erörtert, liegt in der mittelbaren Erlangung von Abkommensvorteilen durch Drittstaatsansässige dann kein Widerspruch zum Reziprozitätsprinzip, wenn die Einkünfte aus dem Quellenstaat im Zusammenhang mit einer unternehmerischen Tätigkeit im anderen Vertragsstaat bezogen werden. Diese Erwägungen gelten unabhängig davon, ob der Drittstaatsansässige durch eine gesellschaftsrechtliche Beteiligung an der Zwischengesellschaft (d.h. durch Dividenden) oder durch abzugsfähige Zahlungen der Zwischengesellschaft an den Abkommensvorteilen partizipiert. Was offenbar zum Anlass genommen wird, diese Struktur dennoch als Treaty Shopping anzusehen, ist die Vermeidung der Besteuerung im Ansässigkeitsstaat durch die abzugsfähigen Zahlungen. Dabei handelt es sich aber nicht um ein Problem des Treaty Shopping. Für jeden Staat stellt sich bei einer unternehmerischen Tätigkeit eines Steuerausländers die Frage, inwiefern er einer Aushöhlung seiner Steuerbemessungsgrundlage durch abzugsfähige Zahlungen

709 *Gohr*, in: Endres/Jacob/Gohr/Klein, DBA-USA, Art. 28 Rn. 179.

710 Vgl. 1. Teil unter E.III., S. 43.

711 Eine andere Betrachtung wäre natürlich geboten, wenn hier eine Durchleitungsstruktur vorläge (siehe dazu sogleich unter bb)).

712 *Fleming*, Intertax 2012, 245, 252; *Wardzynski*, BFIT 2014, 471, 476.

entgegenwirken sollte, unabhängig davon, ob durch die unternehmerische Tätigkeit noch Einkünfte aus anderen Staaten erzielt werden.

Eine andere Sichtweise ist allerdings bei Treaty Shopping durch eine formale Verlagerung von Einkünften angebracht, etwa bei Durchleitungsstrukturen.

Beispiel 20:
Die drittstaatsansässige X-Gesellschaft vergibt ein Darlehen an ihre in Deutschland ansässige Tochtergesellschaft, die D-GmbH. Die D-GmbH ist in Deutschland als Bank tätig und verwendet im Rahmen dieser Tätigkeit die Darlehensmittel für ein Darlehen an eine in den USA ansässige Tochtergesellschaft der X-Gesellschaft. Die Zinssätze für die Darlehen sind gleich hoch.

Hier erscheint es nicht gerechtfertigt, die Abkommensvorteile zu gewähren, weil bei wirtschaftlicher Betrachtung die Zinsen aus den USA der X-Gesellschaft zustehen und damit nicht zur gewerblichen Tätigkeit der D-GmbH in Deutschland, sondern nur zur Tätigkeit der X-Gesellschaft im Drittstaat beitragen. Das gleiche würde gelten, wenn die D-GmbH die Darlehensforderung nur treuhänderisch für die X-Gesellschaft halten würde. In ihrer Rolle als Ansässigkeitsstaat haben die Vertragsstaaten kein Interesse daran, in dieser Situation Abkommensvorteile zu gewähren. Man könnte hier die Voraussetzung des Art. 28 Abs. 4 DBA-USA, nach der die Einkünfte im Zusammenhang mit der gewerblichen Tätigkeit erzielt werden oder aus Anlass dieser Tätigkeit anfallen müssen, verneinen. Ob diese Tatbestandsmerkmale in dieser Weise ausgelegt werden können, erscheint jedoch zweifelhaft. Insofern besteht eine Lücke des Active-Trade-or-Business-Tests bei der Verhinderung von Treaty Shopping durch eine formale Verlagerung von Einkünften.

Art. 28 Abs. 4 DBA-USA enthält zudem keine Voraussetzungen, die Treaty-Shopping-Strukturen unter Ausnutzung von Qualifikationskonflikten verhindern könnten. Allerdings sind solche Strukturen in Kombination mit einer aktiven gewerblichen Tätigkeit in einem Vertragsstaat nur schwer vorstellbar.

c) Erforderlichkeit

Fraglich ist, ob die im Klammerzusatz des Art. 28 Abs. 4 a) DBA-USA enthaltene Ausnahme für gewerbliche Tätigkeiten, die im Kern in der Platzierung und Verwaltung von Kapitalanlage bestehen, zur Verhinderung von Treaty Shopping erforderlich ist. Betroffen davon sind insbesondere geschäftsleitende Holdinggesellschaften und Konzernfinanzierungsgesellschaften. Insofern ließe sich anführen, dass für die Errichtung solcher Gesellschaften oft auch ein außersteuerlicher Grund vorhanden ist, wie z.B. das rechtliche Umfeld oder ein ausreichendes Angebot an Fachkräften im Ansässigkeitsstaat der Gesellschaft.[713] Allerdings ist die Motivation des Steuerpflichtigen allein nicht entscheidend für die Einordnung der Gestaltung als

713 Vgl. das Beispiel des OECD-Abschlussberichts zum PPT (OECD, Final BEPS Report – Action 6, S. 62, Beispiel G).

angemessen bzw. nicht unangemessen.[714] Auch die Tatsache, dass mit der Errichtung einer geschäftsleitenden Holdinggesellschaft oder Konzernfinanzierungsgesellschaft regelmäßig Investitionen in deren Ansässigkeitsstaat einhergehen, ist kein zwingender Grund, hier nicht von Treaty Shopping auszugehen. Aus steuerpolitischer Sicht eines Vertragsstaats ist es nur sinnvoll, die Abkommensvorteile bei solchen Investitionen von Drittstaatsansässigen zu gewähren, die der Vertragsstaat auch in seiner Rolle als Ansässigkeitsstaat erwartet.[715] Weder Deutschland noch die USA sind jedoch typische Standorte für Holdinggesellschaften bzw. Konzernfinanzierungsgesellschaften. Daher erscheint es steuerpolitisch durchaus vertretbar, solche Tätigkeiten nicht für ausreichend zu erachten.

V. Abkommensberechtigung von Investmentfonds (Art. 28 Abs. 6 DBA-USA)

Ein deutscher Investmentfonds ist eine Person i.S.d. Art. 3 Abs. 1 d) DBA-USA und (trotz seiner Steuerbefreiung) in Deutschland ansässig i.S.d. Art. 4 Abs. 1 DBA-USA.[716] Um die Abkommensvorteile nach dem DBA-USA in Anspruch zu nehmen, muss ein Investmentfonds – wie jede andere Person – die Voraussetzungen eines Tests der LoB-Klausel erfüllen, wobei für Investmentfonds der Ownership/

714 Vgl. 1. Teil unter E.II., S. 40.

715 Vgl. 1. Teil unter E.IV., S. 48.

716 Vgl. Ziffer 2 b) des Protokolls zum DBA-USA. Diese Passage ist vor dem Hintergrund eingeführt worden, dass die Ansässigkeit von Personen, die in einem Vertragsstaat einer persönlichen Steuerbefreiung unterliegen, nicht in allen Staaten einheitlich beurteilt wird (*Wolff*, in: Wassermeyer, DBA, Art. 4 DBA-USA Rn. 31). Ziffer 2b) des Protokolls spricht noch von „Investmentfonds und Investmentaktiengesellschaften", auf die das InvG anzuwenden ist. Das InvG ist allerdings durch das KAGB ersetzt worden und den Begriffen Investmentfonds und Investmentaktiengesellschaft wurde im InvStG eine andere Bedeutung gegeben. Nach gegenwärtiger Rechtslage sollten unter „Investmentfonds und Investmentaktiengesellschaften" Investmentfonds i.S.d. InvStG (2013) (mit Ausnahme der Investmentkommanditgesellschaft) zu verstehen sein (vgl. unten 1.a)). Im Hinblick auf Investmentaktiengesellschaften dürfte die Ansässigkeit nach der gegenwärtigen Rechtslage sowieso nicht mehr bezweifelt werden könne, da sie lediglich einer sachlichen, keiner persönlichen Steuerbefreiung unterliegen (vgl. *Mann*, in: Blümich, EStG/KStG, § 11 InvStG Rn. 7 f.). Nach Inkrafttreten des Investmentsteuerreformgesetzes (Entwurf eines Gesetzes zur Reform der Investmentbesteuerung v. 19.7.2016, BStBl. I 2016, 1730) zum 1.1.2018 entfällt die persönliche Steuerbefreiung von Investmentfonds vollständig (mit Ausnahme für Spezial-Investmentfonds), sodass es auf dieses Problem grundsätzlich nicht mehr ankommt.

Base-Erosion-Tests und der Derivative-Benefits-Tests[717] besonders relevant sind.[718] Für Investmentfonds reicht dies jedoch nicht aus, um die Abkommensberechtigung zu erlangen. Art. 28 Abs. 6 DBA-USA stellt zusätzliche Voraussetzungen für die Abkommensberechtigung auf. Nach dieser Vorschrift können einem „deutschen Investmentfonds oder einer deutschen Investmentaktiengesellschaft (zusammenfassend als Investmentvermögen bezeichnet)“ nur dann die Abkommensvergünstigungen gewährt werden, wenn mindestens 90 % der Aktien oder anderen Eigentumsrechte an dem Investmentvermögen unmittelbar oder mittelbar Personen gehören, die in Deutschland ansässig sind und nach Art. 28 Abs. 2 a), b), c) aa), d) oder e) DBA-USA als berechtigte Personen gelten oder hinsichtlich der fraglichen Einkünfte gleichberechtigte Begünstigte sind.

Der Hintergrund für diese verschärften Anforderungen ist, dass Einkünfte aus den USA bei Weiterausschüttung durch den Investmentfonds an einen Drittstaatsansässigen mangels beschränkter Steuerpflicht keiner Kapitalertragsteuer in Deutschland unterliegen.[719] Dieser Umstand im Zusammenspiel mit der Steuerbefreiung macht Investmentfonds zum besonders attraktiven Vehikel für eine Direct-Conduit-Struktur.

Die Verhinderung von Treaty Shopping durch den Einsatz von Investmentfonds ist eines von vielen Problemen im Zusammenhang mit der Gewährung von Abkommensvorteilen an Investmentfonds, die auf internationaler Ebene diskutiert werden und auch Gegenstand eines OECD-Berichts[720] sowie des OECD-MK[721] sind. Auf diese Probleme kann im Rahmen dieser Arbeit nicht umfassend eingegangen werden und der nachfolgende Abschnitt beschränkt sich somit auf die Frage, ob Art. 28 Abs. 6 DBA-USA ein sachgerechtes Mittel zur Verhinderung von Treaty Shopping ist.

---

717 Ein deutscher Investmentfonds sollte als Gesellschaft i.S.d. Art. 3 Abs. 1 e) DBA-USA angesehen werden, sodass der Derivative-Benefits-Test Anwendung finden kann (*Wolff*, in: Wassermeyer, DBA, Art. 3 DBA-USA Rn. 20). In diesem Fall kommt es auf Art. 28 Abs. 6 DBA-USA grundsätzlich nicht mehr an, weil die Beteiligungsvoraussetzungen des Derivative-Benefits-Tests strenger sind.

718 Denkbar ist zudem die Anwendung des Publicly-Traded-Test (Art. 28 Abs. 2 c) aa) DBA-USA), wobei nur wenige Investmentaktiengesellschaften börsennotiert sind. Auch der Indirectly-Publicly-Traded-Test (Art. 28 Abs. 2 c) bb) DBA-USA) kommt in Betracht.

719 Zum Zeitpunkt des Abschlusses des DBA sah § 7 Abs. 1 Nr. 1 InvStG a.F. noch eine generelle Befreiung von der Kapitalertragsteuer für ausländische Dividenden vor (vgl. BT-Drs. 16/2708, S. 40). Aber auch nach der aktuellen Rechtslage sind Ausschüttungen ausländischer Einkünfte eines Investmentfonds an einen Steuerausländer mangels beschränkter Steuerpflicht nicht kapitalertragsteuerpflichtig (vgl. § 49 Abs. 1 Nr. 5 EStG; *Wolff*, in: Wassermeyer, DBA, Art. 28 DBA-USA Rn. 186).

720 OECD, Investment Vehicles, S. 1 ff.

721 OECD-MK zu Art. 1, Tz. 6.8 bis 6.34.

1. *Tatbestandsvoraussetzungen*

a) *Persönlicher Anwendungsbereich*

Art. 28 Abs. 6 DBA-USA benutzt die Rechtsbegriffe *Investmentfonds* und *Investmentaktiengesellschaft*, wie sie zum Zeitpunkt des Abschlusses des Abkommens im Jahr 2006 im InvG und InvStG verwendet wurden.[722] Nach Abschluss des Abkommens wurden das InvG und das InvStG jedoch mehrfach geändert.[723] In 2013 wurde schließlich das InvG durch das KAGB ersetzt und der Anwendungsbereich des InvStG grundlegend durch das AIFM-Steueranpassungsgesetz[724] geändert. Als Folge dieser Änderungen haben die Begriffe Investmentfonds und Investmentaktiengesellschaft inzwischen eine wesentlich andere Funktion und Bedeutung als zum Zeitpunkt des Abschlusses des DBA-USA. Im Jahr 2006 war der Begriff des Investmentfonds noch im InvG definiert und bezeichnete dort – vereinfacht ausgedrückt – von einer Kapitalanlagegesellschaft verwaltete Sondervermögen zur gemeinschaftlichen Kapitalanlage, die bestimmte Kriterien hinsichtlich der Risikomischung und der Zusammensetzung ihrer Vermögensgegenstände erfüllten.[725] Investmentaktiengesellschaften wurden – vereinfacht ausgedrückt – im InvG als Aktiengesellschaften zur gemeinschaftlichen Kapitalanlage in bestimmte Vermögensgegenstände unter Beachtung des Grundsatzes der Risikomischung definiert.[726] Aus der Subsumtion unter die Begriffe Investmentfonds oder Investmentaktiengesellschaft folgte die Anwendbarkeit der aufsichtsrechtlichen Regelungen des InvG und der steuerlichen Regelungen des InvStG, insbesondere der persönlichen Steuerbefreiung und die fehlende beschränkte Steuerpflicht für Ausschüttungen des Fonds.[727] Nach derzeitiger Rechtslage wird der Begriff des Investmentfonds im Aufsichtsrecht, d.h. im KAGB, gar nicht mehr verwendet. Der Anwendungsbereich des Aufsichtsrechts wird im KAGB durch den weiten Begriff des Investmentvermögens definiert, der sowohl Sondervermögen als auch Investmentaktiengesellschaften umfasst und nicht die Anlage des Vermögens in bestimmte Vermögensgegenstände oder eine Risikomischung voraussetzt.[728] Der Begriff des Investmentfonds findet sich nur noch im InvStG und bezeichnet dort Investmentvermögen i.S.d. KAGB, die bestimmte Anlagebestimmungen, insbesondere die Beschränkung auf die Anlage des Vermögens in bestimmte Vermögensgegenstände und die Beachtung des

---

722 Vgl. § 2 InvG und § 1 InvStG in der bis zum 28.12.2007 geltenden Fassung.
723 Vgl. *Hagen/Groseta/Schilling/Jenett*, in: Baur/Tappen, Investmentgesetze, § 1 Abs. 1–2a InvStG Rn. 1 ff.
724 Gesetz zur Anpassung des Investmentsteuergesetzes und anderer Gesetze an das AIFM-Umsetzungsgesetz, BGBl. I 2013, 4318.
725 § 1 S. 2, § 2 Abs. 1, 2 InvG in der bis zum 28.12.2007 geltenden Fassung.
726 § 2 Abs. 5 InvG in der bis zum 28.12.2007 geltenden Fassung.
727 § 1 S. 1 Nr. 1 InvG und § 1 Abs. 1 Nr. 1 und § 11 Abs. 1 InvStG der bis zum 28.12.2007 geltenden Fassung.
728 Vgl. § 1 Abs. 1 KAGB.

Grundsatzes der Risikomischung, erfüllen (vgl. § 1 Abs. 1b S. 2 InvStG (2013)).[729] Ein Investmentfonds i.S.d. InvStG (2013) kann somit sowohl ein von einer Kapitalverwaltungsgesellschaft verwaltetes Sondervermögen als auch eine Investmentaktiengesellschaft sein,[730] das diese Anlagebestimmungen erfüllt. Aus der Qualifikation als Investmentfonds i.S.d. InvStG (2013) folgt die Steuerbefreiung des Sondervermögens bzw. der Investmentaktiengesellschaft[731] und die Ausnahme von der beschränkten Steuerpflicht von Ausschüttungen ausländischer Einkünfte des Fonds.

Fraglich ist, welche Bedeutung diese Änderungen des innerstaatlichen Rechts Deutschlands auf die Auslegung des Art. 28 Abs. 6 DBA-USA haben. Inzwischen ist es weitgehend anerkannt, dass Verweise in DBA auf das innerstaatliche Recht als dynamische Verweisungen zu verstehen sind, also immer auf das innerstaatliche Recht in der aktuellen Fassung Bezug genommen wird.[732] Das mag bei den Begriffen Investmentfonds und Investmentaktiengesellschaft allerdings deshalb zweifelhaft sein, weil diesen Begriffen nach der geänderten Rechtslage eine völlig andere Funktion zukommt. So folgt aus der Qualifikation als Investmentaktiengesellschaft nicht mehr deren Steuerbefreiung, vielmehr muss die Investmentaktiengesellschaft die Voraussetzungen des § 1 Abs. 1b S. 2 InvStG (2013) an einen Investmentfonds (beispielsweise die Beachtung des Grundsatzes der Risikomischung) erfüllen, damit die Steuerbefreiung anwendbar ist. Man wird daher den Verweis des Art. 28 Abs. 6 DBA-USA vor dem Hintergrund des Sinn und Zwecks dieser Abkommensvorschrift auslegen müssen. Wie bereits erläutert, stellt Art. 28 Abs. 6 DBA-USA erhöhte Anforderungen an die Abkommensberechtigung, weil sich die dort genannten Personen aufgrund ihrer Steuerbefreiung und der Möglichkeit, ausländische Einkünfte ohne Abzug von Kapitalertragsteuer an Drittstaatsansässige auszuschütten, besonders als Zwischengesellschaft in einer Direct-Conduit-Struktur eignen. Letztlich wollte man nicht Personen, die eine bestimmte Bezeichnung tragen, sondern die einen bestimmten Besteuerungsregime unterfallen, erfassen. Daher sollten mit Investmentfonds und Investmentaktiengesellschaft i.S.d. Art. 28 Abs. 6 DBA-USA die Investmentvermögen gemeint sein, die nach dem InvStG (2013) einer Steuerbefreiung unterliegen und bei denen die Ausschüttungen ausländischer Einkünfte an Steuerausländer keiner Kapitalertragsteuerpflicht unterliegen. Das sind nach der gegenwärtigen Rechtslage Investmentfonds i.S.d. § 1 Abs. 1b S. 2 InvStG (2013).[733]

---

729 § 1 Abs. 1b InvStG.

730 § 1 Abs. 1f InvStG.

731 § 11 Abs. 1 InvStG.

732 *Lehner*, in: Vogel/Lehner, DBA, Grundlagen des Abkommensrechts Rn. 184 ff.

733 Auch nach Inkrafttreten der Änderungen des InvStG durch das Investmentsteuerreformgesetz zum 1.1.2018 sollte Art. 28 Abs. 6 DBA-USA auf Investmentfonds (einschließlich Spezial-Investmentfonds) i.S.d. InvStG (d.h., § 1 Abs. 2 InvStG (2018)) anwendbar sein. Durch das Investmentsteuerreformgesetz wird die Definition des Investmentfonds und damit der Anwendungsbereich des InvStG wesentlich erweitert. Die generelle Steuerbefreiung für Investmentfonds entfällt (vgl. § 6 InvStG (2018); vgl. auch *Buge/Bujotzek/Steinmüller*, DB 2016, 1594, 1594 f.).

Daher sollte Art. 28 Abs. 6 DBA-USA (nur) auf Investmentfonds i.S.d. § 1 Abs. 1b S. 2 InvStG (2013) anwendbar sein.[734]

b) Beteiligung von qualifizierten Anteilseignern

Nach Art. 28 Abs. 6 S. 1 DBA-USA müssen mindestens 90 % der „Aktien oder anderen Eigentumsrechte" an dem deutschen Investmentfonds unmittelbar oder mittelbar in Deutschland ansässigen Personen gehören, die nach Art. 28 Absatz 2 a), b), c) aa), d) oder e) DBA-USA abkommensberechtigt sind oder im Hinblick auf die betreffenden Einkünfte aus den USA gleichberechtigte Begünstigte sind.

Da es sich hierbei um eine Regelung handelt, die spezifisch deutsche Rechtsformen adressiert, wird man – anders als beim Indirectly-Publicly-Traded-Test und beim Ownership/Base-Erosion-Test – nicht von einem Übersetzungsfehler bei der Verwendung des Begriffs *Aktie* ausgehen können. Aktien sind somit die Anteile an Investmentaktiengesellschaften, während unter *anderen Eigentumsrechten* die Beteiligung an einem Sondervermögen zu verstehen ist.[735] Im Rahmen von Art. 28 Abs. 6 DBA-USA ergeben sich aus der Subsumtion unter den Begriff *Aktie* einerseits und unter den Begriff *andere Eigentumsrechte* andererseits jedoch keine unterschiedlichen Rechtsfolgen.

Zum Kreis der qualifizierten Anteilseigner i.S.d. Art. 28 Abs. 6 S. 1 DBA-USA gehören alle berechtigten Personen i.S.d. Art. 28 Abs. 2 DBA-USA mit Ausnahme der Personen, die lediglich die Voraussetzungen des Indirectly-Publicly-Traded-Tests und des Ownership/Base-Erosion-Tests erfüllen und alle gleichberechtigten Begünstigten i.S.d. Art. 28 Abs. 8 e), f) DBA-USA. Zur Auslegung des Begriffs des gleichberechtigten Begünstigten kann auf die Ausführungen zum Derivative-Benefits-Test verwiesen werden.[736] Wie bei diesem Test ist auch im Rahmen von Art. 28 Abs. 6 DBA-USA im Hinblick auf jede Einkunftsart gesondert festzustellen, ob eine Person als gleichberechtigter Begünstigter qualifiziert.

Einkünfte aus den USA, wie beispielsweise Dividenden einer US-amerikanischen Gesellschaft, sind jedoch weiterhin auf der Ebene des Investmentfonds nicht steuerpflichtig, weil ein Investmentfonds nur mit inländischen Beteiligungseinnahmen, inländischen Immobilienerträgen und sonstigen inländischen Einkünften der Besteuerung unterliegt (vgl. § 6 Abs. 2 bis 5 InvStG (2018)). Auch unterfallen Ausschüttungen von Investmentfonds als Investmenterträge nicht der beschränkten Steuerpflicht in Deutschland (vgl. § 16 InvStG (2018), §§ 20 Abs. 1 Nr. 3 und 3a, 49 Abs. 1 EStG (2018); vgl. auch BT-Drs. 18/8045, S. 139). Damit besteht für Einkünfte aus den USA das Besteuerungsregime, das Anlass für die Regelung in Art. 28 Abs. 6 DBA-USA war, auch nach dem Investmentsteuerreformgesetz weiter fort.

734 Nicht relevant ist Art. 28 Abs. 6 DBA-USA für Investmentkommanditgesellschaften. Diese können zwar auch unter den Begriff des Investmentfonds i.S.d. InvStG (2013) fallen (vgl. § 1 Abs. 1f InvStG), sind aber als Personengesellschaften nicht (abstrakt) steuerpflichtig und damit nicht in Deutschland ansässig.

735 Vgl. *Wolff*, in: Wassermeyer, DBA, Art. 28 DBA-USA Rn. 191.

736 Vgl. C.III.1.a)dd), S. 150.

c) Ermittlung der Beteiligungsgrenze

Art. 28 Abs. 6 S. 2 und 3 DBA-USA enthalten Sonderregelungen zur Ermittlung der Beteiligungsgrenze.

Nach Art. 28 Abs. 6 S. 2 DBA-USA werden Mitglieder oder Begünstigte von Rechtsträgern i.S.d. § 1 Abs. 1 Nr. 3 und 5 KStG (also von Versicherungs- und Pensionsfondsvereinen auf Gegenseitigkeit, nichtrechtsfähigen Vereinen und Anstalten)[737] als Personen angesehen, die indirekt Anteile an dem Investmentfonds halten.

Nach Art. 28 Abs. 6 S. 3 DBA-USA werden Stiftungen i.S.d. § 1 Abs. 1 Nr. 5 KStG, die nicht berechtigte Personen i.S.d. Art. 28 Abs. 2 d) DBA-USA sind (also keine steuerbegünstigten Zwecke verfolgen), bei der Ermittlung der Beteiligungsquote nicht berücksichtigt. Ihr Anteil an dem Investmentfonds fließt demzufolge bei der Berechnung der 90-%-Grenze weder im Zähler noch im Nenner des Quotienten ein.[738] Teilweise wird vertreten, diese Regelung finde auch auf nicht in Deutschland ansässige Stiftungen Anwendung.[739] Da aber eine Stiftung i.S.d. § 1 Abs. 1 Nr. 5 KStG in Deutschland unbeschränkt steuerpflichtig ist, ist dem nicht zuzustimmen.

2. Bewertung

a) Anwendungsprobleme

Ein wesentlicher Kritikpunkt an Art. 28 Abs. 6 DBA-USA ist, dass das Erreichen der Beteiligungsschwelle in Höhe von 90 % bei Publikumsfonds aus praktischen Gründen in der Regel nicht nachweisbar ist und Investmentfonds allein aus diesem Grund die Abkommensberechtigung versagt wird.[740] Ein Publikumsfonds hat eine Vielzahl ständig wechselnder Anleger. Zudem werden die Verwaltung des Fonds und der Vertrieb der Fondsanteile oft von unterschiedlichen, wirtschaftlich voneinander unabhängigen Gesellschaften durchgeführt, sodass die Verwaltung des Fonds keine Kenntnis über die Zusammensetzung ihrer Investoren oder gar ihrer mittelbaren Anteilseigner hat.[741] Das Protokoll zum DBA-USA versucht, dieses Problem zu lösen, indem es den zuständigen Behörden der Vertragsstaaten aufgibt (statistische) Verfahren zu erarbeiten, wie die Beteiligungsgrenze zu ermitteln ist.[742]

---

737 Grundsätzlich sind von diesem Verweis auch Stiftungen i.S.d. § 1 Abs. 1 Nr. 5 KStG erfasst. Da diese aber nach Art. 28 Abs. 6 S. 3 DBA-USA nicht bei der Berechnung der Beteiligungsgrenze berücksichtigt werden, spielt Art. 28 Abs. 6 S. 2 DBA-USA für Stiftungen keine Rolle.

738 Vgl. mit Berechnungsbeispielen *Gohr*, in: Endres/Jacob/Gohr/Klein, DBA-USA, Art. 28 Rn. 217.

739 *Gohr*, in: Endres/Jacob/Gohr/Klein, DBA-USA, Art. 28 Rn. 217.

740 *Eberhardt*, IStR 2013, 377, 384; *Geurts*, IStR 2011, 573, 574; *Jacob*, IStR 2011, 45, 50; *Schnittker*, IStR 2012, 720, 722 f.; *Schraufl*, PIStB 2011, 335. Vgl. zu diesem Problem bei US-amerikanischen Investmentfonds: *Andersen*, Tax Treaties, 22.02[2][c][i] a.E.

741 *Zinkeisen/Walter*, IStR 2007, 583, 587.

742 Abs. 24 Protokoll zum DBA-USA.

Trotz Vorschlägen seitens deutscher Interessensverbände,[743] wie ein solches Verfahren aussehen könnte, haben sich die Vertragsstaaten aber bislang nicht auf ein Verfahren geeinigt.[744] Zudem bezieht sich die englische Fassung des Protokolls nur auf die Ermittlung der Beteiligungsquote bei mittelbaren Beteiligungen.[745] Wegen der Trennung von Verwaltung und Vertrieb bei Publikumsfonds bestehen jedoch die Nachweisprobleme auch im Hinblick auf die unmittelbaren Investoren des Fonds.

b) Effektivität

Da Art. 28 Abs. 6 S. 1 DBA-USA die Abkommensberechtigung von einer Beteiligung (mittelbar) abkommensberechtigter Investoren in Höhe von mindestens 90 % abhängig macht, ist diese Vorschrift grundsätzlich geeignet, um Treaty Shopping durch Direct-Conduit-Strukturen zu vermeiden. Eine Schwachstelle ist allerdings Art. 28 Abs. 6 S. 3 DBA-USA, nach der die Beteiligung nicht gemeinnütziger Stiftung bei der Berechnung der Beteiligungsschwelle nicht zu berücksichtigen ist. Wenn die Begünstigten der Stiftung Drittstaatsansässige sind, lässt sich die Beteiligungsschwelle des Art. 28 Abs. 6 S. 1 DBA-USA umgehen. Die Regelung ist wohl vor der Sorge vor einer überschießenden Wirkung der recht hohen Beteiligungsschwelle zu erklären. Konsequent ist sie jedoch nicht.

Art. 28 Abs. 6 S. 1 DBA-USA bietet keinen Schutz vor Treaty Shopping durch Stepping-Stone-Conduit-Strukturen oder durch eine formale Verlagerung von Einkünften. Zwar werden sich Investmentfonds wegen der im InvStG und im KAGB enthaltenen Anforderungen für diese Strukturen nicht immer eignen. So ist beispielsweise eine Fremdfinanzierung nur im begrenzten Rahmen möglich und nur die Anlage in bestimmte Vermögensgegenstände zulässig.[746] Denkbar sind solche Gestaltungen aber trotzdem.[747]

c) Erforderlichkeit

aa) Anwendung auf Publikumsfonds

Eine überschießende Wirkung von Art. 28 Abs. 6 DBA-USA wird insbesondere im Hinblick auf Publikumsfonds mit weit gestreutem Anteilsbesitz kritisiert.[748] In diesem Fall besitze der einzelne Investor keine Kontrolle über den Fonds. Ein gezielter Einsatz eines Publikumsfonds zur Erlangung von Abkommensvorteilen sei somit ausgeschlossen. Daher müsse einem Publikumsfonds mit einer hohen

743 Vgl. *Geurts*, IStR 2011, 573, 574.

744 Vgl. *Wolff*, in: Wassermeyer, DBA, Art. 28 DBA-USA Rn. 197.

745 *Wolff*, in: Wassermeyer, DBA, Art. 28 DBA-USA Rn. 197.

746 § 1 Abs. 1b InvStG, §§ 192, 214 KAGB.

747 Vgl. BT-Drs. 18/8045, S. 133 zum Einsatz von Investmentfonds zur Umgehung der deutschen Dividendenbesteuerung durch Steuerausländer.

748 *Eberhardt*, IStR 2013, 377, 384; *Jacob*, IStR 2011, 45, 50. Vgl. auch: *Silva*, Intertax 2011, 195, 205.

Anteilsstreuung die Abkommensberechtigung unabhängig vom Grad der Beteiligung abkommensberechtigter Personen gewährt werden.[749] Diese Argumentation hat im Grundsatz ihre Berechtigung. Auch der OECD-MK schlägt auf der Grundlage des gleichen Arguments vor, bei börsengehandelten Investmentfonds keine Voraussetzungen an die Beteiligung abkommensberechtigter Investoren zu stellen.[750]

Allerdings sind auch die Besonderheiten bei Investmentfonds zu berücksichtigen. Bei einer Gesellschaft bedeutet die fehlende gesellschaftsrechtliche Kontrolle grundsätzlich, dass ein Drittstaatsansässiger nicht bestimmen kann, ob und in welchem Umfang Einkünfte aus dem Quellenstaat erzielt und wann diese ausgeschüttet werden. Bei Investmentfonds stehen hingegen meist die Anlagestrategie, einschließlich der Art der Investments und die Region für die Investments, sowie die Laufzeit fest. Es ist daher keineswegs abwegig, dass sich beispielsweise ein drittstaatsansässiger Investor deshalb an einem deutschen Fonds mit dem Fokus auf Investitionen in US-Aktien beteiligt, weil sein Ansässigkeitsstaat kein oder ein ungünstigeres DBA mit USA abgeschlossen hat. Eine gezielte Inanspruchnahme von Abkommensvorteilen durch Drittstaatsansässige wird bei Publikumsfonds somit nicht durch die fehlende gesellschaftsrechtliche Kontrollmöglichkeit indiziert.

bb) Höhe der Beteiligungsschwelle / „Alles-oder-Nichts"-Prinzip

Außerdem wird kritisiert, dass die Beteiligungsgrenze mit 90 % zu hoch angesetzt und die vollständige Versagung der Abkommensvorteile bei Unterschreiten der Beteiligungsgrenze unverhältnismäßig sei.[751] Allerdings stellt sich dann die Frage, welche Beteiligungshöhe richtig ist. Eine Beteiligungshöhe in Höhe von 50 %, wie sie beispielsweise im Ownership/Base-Erosion-Test vorgesehen ist, dürfte jedenfalls nicht ausreichend sein. Wie soeben ausgeführt, bietet die fehlende gesellschaftsrechtliche Kontrolle kein hinreichendes Indiz dafür, dass der Investmentfonds nicht bewusst zur Inanspruchnahme von Abkommensvorteilen eingesetzt wird.

Richtig ist allerdings, dass es zur Verhinderung von Treaty Shopping nicht erforderlich ist, die Abkommensvorteile vollständig zu versagen, wenn zwar qualifizierte Anteilseigner am Fonds beteiligt sind, die Beteiligungsgrenze in Höhe von 90 % aber nicht erreicht wird. Wie schon zu anderen Tests erörtert, sollten in diesem Fall die Abkommensvorteile proportional zum Anteil der Investoren gewährt werden, die berechtigte Personen i.S.d. Art. 28 Abs. 2 a), b), c) aa), d) und e) DBA-USA oder

749 *Blum/Pinetz*, in: Lang u.a., BEPS, S. 247, 263 ff.; *Eberhardt*, IStR 2013, 377, 384, 386.

750 OECD-MK zu Art. 1 Tz. 6.32; vgl. auch OECD, Investment Vehicles, S. 14 unter Tz. 57.

751 *Eberhardt*, IStR 2013, 377, 384; *Geurts*, IStR 2011, 573, 574; *Jacob*, IStR 2011, 45, 50; *Schraufl*, PIStB 2011, 335.

gleichberechtigte Begünstigte sind.[752] Das entspricht im Grundsatz auch der Lösung des OECD-MK.[753]

Die Lösung, dem Investmentfonds die Abkommensvorteile nur im Verhältnis seiner abkommensberechtigten Investoren zu gewähren, bereitet grundsätzlich praktische Probleme bei Publikumsfonds, die ihre (mittelbaren) Investoren und deren steuerlichen Status nicht kennen. Daher erscheint es unabdingbar, zur Ermittlung der Beteiligung abkommensberechtigter Investoren und der Quote, in der Abkommensvorteile gewährt werden, auch statistische Verfahren zuzulassen. Der OECD-MK schlägt als weitere Lösung für dieses praktische Problem vor, die Abkommensvorteile nicht nur proportional, sondern vollständig zu gewähren, wenn der Anteil einen gewissen Schwellenwert überschreitet, wobei der OECD-MK allerdings keinen bestimmten Prozentsatz nennt.[754] Auch das erscheint im Hinblick auf Publikumsfonds sachgerecht, weil sich mithilfe statistischer Verfahren niemals nachweisen lassen wird, dass alle Investoren abkommensberechtigt sind und die nicht abkommensberechtigten Investoren ab einem gewissen Prozentsatz vernachlässigt werden können. Insofern ist die Beteiligungsgrenze des Art. 28 Abs. 6 S. 1 DBA-USA in Höhe von 90 % auch durchaus vertretbar, wenn sie mit einer proportionalen Gewährung der Abkommensvorteile bei Unterschreiten der Grenze kombiniert wird.

cc) Gleichberechtigter Begünstigter

Wie schon beim Derivative-Benefits-Test erläutert,[755] ist die Definition des gleichberechtigten Begünstigten in Art. 28 Abs. 8 e) DBA-USA zu eng und insofern zur Verhinderung von Treaty Shopping nicht erforderlich. Insbesondere sollten auch Personen, die außerhalb der EU/EWR- und NAFTA-Staaten ansässig sind, als gleichberechtigte Begünstigte qualifizieren.

VI. Ermessensklausel (Art. 28 Abs. 7 DBA-USA)

Art. 28 Abs. 7 DBA-USA, die „Ermessensklausel",[756] gibt den Vertragsstaaten die Möglichkeit, einer im anderen Vertragsstaat ansässigen Person die Abkommensberechtigung auf Antrag zu gewähren, obwohl sie die Voraussetzungen der Tests der LoB-Klausel nicht erfüllt. Nach Art. 28 Abs. 7 S. 1 DBA-USA können einer in einem

---

752 Vgl. Vgl. C.II.3.b)bb)(3)(c), S. 117. So auch *Blum/Pinetz*, in: Lang u.a., BEPS, S. 247, 266; *Eberhardt*, IStR 2013, 377, 384; *Jacob*, IStR 2011, 45, 50.

753 OECD-MK zu Art. 1 Tz. 6.21. Vgl. auch OECD, Investment Vehicles, S. 14 unter Tz. 55; *Silva*, Intertax 2011, 195, 204.

754 OECD-MK zu Art. 1 Tz. 6.27. Vgl. auch OECD, Investment Vehicles, S. 14 unter Tz. 55; *Silva*, Intertax 2011, 195, 204.

755 Vgl. C.III.2.c), S. 166.

756 Vgl. *Gohr*, in: Endres/Jacob/Gohr/Klein, DBA-USA, Art. 28 Rn. 219. Daneben werden auch die Bezeichnungen „Bona Fide Klausel" (vgl. *Wolff*, in: Wassermeyer, DBA, Art. 28 DBA-USA Rn. 201) oder „Gnadenklausel" (vgl. *Schönfeld*, in: Schönfeld/Ditz, DBA, Art. 10 Rn. 485) verwendet.

der Vertragsstaaten ansässigen Person, die aufgrund von Art. 28 Abs. 2 bis 6 DBA-USA nicht alle oder keine Vergünstigungen aus dem DBA-USA beanspruchen kann, diese Vergünstigungen gleichwohl gewährt werden, wenn die zuständige Behörde des Quellenstaats dies zulässt. Bei dieser Entscheidung soll die zuständige Behörde in Betracht ziehen, ob die Errichtung, der Erwerb oder das Bestehen dieser Person oder die Tätigkeit als solche hauptsächlich dazu dient, Abkommensvergünstigungen zu erhalten (Art. 28 Abs. 7 S. 2 DBA-USA). Die zuständige Behörde des Quellenstaats soll die zuständige Behörde des Ansässigkeitsstaats konsultieren, bevor sie die Abkommensberechtigung nach Art. 28 Abs. 7 DBA-USA versagt (Art. 28 Abs. 7 S. 3 DBA-USA).

Art. 28 Abs. 7 DBA-USA liegt der Gedanke zugrunde, dass die Tests in Art. 28 Abs. 2 bis 6 DBA-USA lediglich typisiert bestimmte Voraussetzungen umschreiben, unter denen Treaty Shopping ausgeschlossen erscheint, aber durchaus Fälle denkbar sind, in denen diese Voraussetzungen nicht erfüllt werden, die Gewährung der Abkommensvorteile aber gleichwohl angemessen wäre. In diesen Fällen soll die Möglichkeit bestehen, die Abkommensberechtigung nach Art. 28 Abs. 7 DBA-USA zu gewähren.[757] Art. 28 Abs. 7 DBA-USA wird vor diesem Hintergrund auch als „Sicherheitsventil" der LoB-Klausel bezeichnet.[758]

1. Verfahren, Tatbestandsvoraussetzungen und Rechtsfolgen

a) Verfahren

aa) USA

Zuständig für den Antrag ist nach Art. 28 Abs. 7 S. 1 DBA-USA die *zuständige Behörde*. Der Begriff der zuständigen Behörde wird in Art. 3 Abs. 1 i) definiert. Demnach ist die zuständige Behörde in den USA der Secretary of Treasury (d.h. das US-Finanzministerium) oder seine Vertreter. In den USA wurde die Zuständigkeit an den Deputy Commissioner Large Business & International (International) des Internal Revenue Service delegiert, der wiederum diese Zuständigkeit an den Assistant Deputy Commissioner Large Business & International (International) delegiert hat.[759] Diese Behörde entscheidet folglich über die Gewährung der Abkommensvergünstigungen nach Art. 28 Abs. 7 DBA-USA.

Für die Bearbeitung des Antrags erheben die USA eine Gebühr von derzeit USD 37.000.[760] Weiterhin sind dem Antrag zahlreiche Anlagen und Erläuterungen

---

757 Technical Explanation DBA-USA (2006) zu Art. 28 Abs. 7; ALI, International Tax Aspects II, S. 161; *Gohr*, in: Endres/Jacob/Gohr/Klein, DBA-USA, Art. 28 Rn. 219; *Wolff*, in: Wassermeyer, DBA, Art. 28 DBA-USA Rn. 201.

758 JCT, Explanation DBA-USA (1989), S. 83.

759 IRS, Revenue Procedure 2015-40 v. 31.8.2015, IRB 2015-35, Sec. 2.01(1).

760 IRS, Revenue Procedure 2015-40 v. 31.8.2015, IRB 2015-35, Sec. 14.02.

beizufügen. Unter anderem muss der Antragsteller darlegen, wieso er nicht auf der Grundlage der Tests der LoB-Klausel abkommensberechtigt ist.[761]

bb) Deutschland

In Deutschland fehlt es für die Ermessensklausel an einer Delegation der Kompetenz des BMF als zuständige Behörde, sodass das BMF für die Entscheidung über die Gewährung der Abkommensvergünstigung zuständig bleibt.[762] Eine Gebühr fällt in Deutschland nicht an, insbesondere handelt es sich nicht um eine verbindliche Auskunft i.S.d. § 89 Abs. 2 bis 7 AO.[763] Weitere Einzelheiten des Verfahrens sind nicht geregelt.

b) Tatbestandsvoraussetzungen

Auf der Tatbestandsseite erfordert Art. 28 Abs. 7 S. 1 DBA-USA lediglich, dass der Antragsteller im anderen Vertragsstaat ansässig ist und nicht alle oder keine Abkommensvergünstigungen beanspruchen kann.

Die IRS interpretiert diese Voraussetzung streng. Sie entscheidet nur über einen Antrag, wenn der Antragsteller positiv nachweist, dass die Tatbestandsvoraussetzungen keiner der LoB-Tests erfüllt sind.[764]

Richtigerweise sollte es auf der Tatbestandsseite ausreichen, wenn rechtliche oder tatsächliche Zweifel bestehen, ob die Person nach der LoB-Klausel abkommensberechtigt ist. Ansonsten würde man den Antragsteller in die unglückliche Lage bringen, dass er sich aufgrund rechtlicher oder tatsächlicher Unsicherheiten über die Erfüllung der Voraussetzung der LoB-Klausel weder auf die Abkommensberechtigung nach einem der LoB-Tests berufen noch einen Antrag auf Gewährung von Abkommensvorteilen stellen kann. Das gilt umso mehr, als die US-Steuerverwaltung über das Bestehen der Abkommensberechtigung nach der LoB-Klausel keine verbindliche Auskunft erteilt.[765] Außerdem müsste der Steuerpflichtige ansonsten entgegen seinen Interessen die Argumente vorbringen, die gegen seine Abkommensberechtigung nach der LoB-Klausel sprechen.

---

761 IRS, Revenue Procedure 2015-40 v. 31.8.2015, IRB 2015-35, Appendix, Sec. 03.03.

762 Eine Delegation an das BZSt besteht lediglich für das Verständigungsverfahren und den Informationsaustausch gem. Art. 25, 26 DBA-USA (§ 5 Abs. 1 Nr. 5 FVG, vgl. *Wolff*, in: Wassermeyer, DBA, Art. 3 DBA-USA Rn. 33).

763 *Schönfeld*, in: Schönfeld/Ditz, DBA, Art. 10 Rn. 486.

764 IRS, Revenue Procedure 2015-40 v. 31.8.2015, IRB 2015-35, Sec. 2.06(2)(a).

765 Vgl. B.V.1., S. 67.

c) *Rechtsfolge und Bedeutung von Art. 28 Abs. 7 S. 2 DBA-USA*

aa) USA

(1) Erläuterungen in der Technical Explanation und in Verwaltungsvorschriften der IRS

Nach der Technical Explanation soll es sich bei der Gewährung der Abkommensvorteile gem. Art. 28 Abs. 7 S. 1 DBA-USA um eine Ermessensentscheidung handeln, bei welcher der zuständigen Behörde ein weiter Ermessensspielraum zustehe.[766] Art. 28 Abs. 7 S. 2 DBA-USA, wonach bei der Entscheidung die Absicht, Abkommensvorteile in Anspruch zu nehmen, zu berücksichtigen ist, wird von der Technical Explanation als ein Ermessenskriterium verstanden. Die Berücksichtigung weiterer Ermessenskriterien ist nach der Technical Explanation aber möglich. Zum einen heißt es in der Technical Explanation, die Absicht, Abkommensvorteile zu erlangen, sei (lediglich) als Leitlinie bei der Entscheidung zu berücksichtigen.[767] Zum anderen führt die Technical Explanation aus, Abkommensvorteile seien nicht schon deshalb zu gewähren, weil die Gesellschaft bereits vor dem Inkrafttreten des Abkommens gegründet wurde. In diesem Fall müsste die Gesellschaft noch immer eindeutige nichtsteuerliche Gründe für ihre Gründung in dem Vertragsstaat nachweisen oder zeigen, dass die Gewährung der Abkommensvorteile nicht aus anderen Gründen mit dem Sinn und Zweck des Abkommens unvereinbar ist.[768] Weil bei einer Gründung vor Inkrafttreten des Abkommens die Absicht, Abkommensvorteile zu erlangen, ausgeschlossen werden kann, kann man daraus schließen, dass die Abkommensvorteile nach Auffassung der Technical Explanation auch dann versagt werden können, wenn es an der Absicht, Abkommensvorteile zu erlangen, fehlt, die Gewährung der Abkommensvorteile aber dem Sinn und Zweck des DBA widerspricht.

Die IRS hat zu der Ermessensklausel zudem eine Verwaltungsvorschrift veröffentlicht, die sich jedoch nicht speziell auf das DBA-USA, sondern auf alle DBA der USA mit einer Ermessensklausel bezieht. Nach dieser Verwaltungsvorschrift ist die Gewährung der Abkommensvorteile nach den Art. 28 Abs. 7 DBA-USA entsprechenden Vorschriften der DBA der USA von einer Gesamtwürdigung aller Umstände abhängig.[769] Die Person, die den Antrag auf Gewährung von Abkommensvorteilen stellt, müsse für eine positive Entscheidung einen erheblichen außersteuerlichen Bezug zum Ansässigkeitsstaat nachweisen und darlegen, dass bei Gewährung der Abkommensvorteile das Abkommen vom Steuerpflichtigen nicht entgegen dem Sinn und Zweck des Abkommens genutzt wird.[770] Nach der Verwaltungsvorschrift

---

766 Technical Explanation DBA-USA (2006) zu Art. 28 Abs. 7.

767 Das entspricht auch dem englischen Abkommenstext („*will take into account as its guideline*").

768 Technical Explanation DBA-USA (2006) zu Art. 28 Abs. 7.

769 IRS, Revenue Procedure 2015-40 v. 31.8.2015, IRB 2015-35, Sec. 2.06(2)(d).

770 IRS, Revenue Procedure 2015-40 v. 31.8.2015, IRB 2015-35, Sec. 2.06(2)(d). Diese Verwaltungsanweisung gilt für alle DBA der USA.

reicht für einen hinreichenden außersteuerlichen Bezug zum Ansässigkeitsstaat die Absicht, ein günstiges Steuerregime des Ansässigkeitsstaats oder sein Abkommensnetzwerk auszunutzen, nicht aus.[771] Dies geht wesentlich weiter als Art. 28 Abs. 7 S. 2 DBA-USA, der lediglich einen Grund voraussetzt, der nicht in der Erlangung der Abkommensvorteile liegt, also die Erlangung anderer steuerlicher Vorteile als die des DBA als Motiv ausreichen lässt. Als Anhaltspunkte für einen erheblichen außersteuerlichen Bezug sollen nach der Verwaltungsvorschrift zum einen die Ansässigkeitsstaaten der Anteilseigner des Antragstellers, Anteilseignerwechsel und die historische Entwicklung des Geschäfts des Antragstellers, einschließlich seines Kundenstamms, seines Anlagevermögens, seiner Angestellten und seiner Bezugsquellen zu berücksichtigen sein.[772] Weiterhin sollen nach der Verwaltungsvorschrift der IRS die Abkommensvorteile grundsätzlich dann nicht gewährt werden, wenn die quellensteuerpflichtigen Einkünfte im Ansässigkeitsstaat des Antragstellers einem günstigen Besteuerungsregime unterfallen, die Steuerlast im Ansässigkeits- und im Quellenstaat zusammengenommen nur gering wäre oder der Antrag allein darauf gestützt wird, dass die Anteilseigner des Antragstellers börsennotierte Unternehmen in einem Drittstaat sind, die aufgrund eines anderen DBA Anspruch auf genauso günstige Abkommensvorteile wie der Antragsteller hätten.[773] Obwohl die Verwaltungsvorschrift damit eher kasuistisch formuliert ist, kann aus den Ausführungen doch geschlossen werden, dass auch nach Auffassung der IRS die Abkommensvorteile selbst dann versagt werden können, wenn es an der Absicht, Abkommensvorteile zu erlangen, fehlt.

Weder die Technical Explanation noch die Verwaltungsanweisung der IRS benennen konkrete Anwendungsfälle, wann die Abkommensvorteile zu gewähren sind. Außerdem ist die Aufzählung der Ermessenskriterien in der Technical Explanation und der Verwaltungsanweisung nicht abschließend. Daher bleibt trotz der Erläuterungen in der Technical Explanation und der Verwaltungsanweisung weitgehend unklar, wann die USA die Abkommensvorteile nach Art. 28 Abs. 7 S. 1 DBA-USA gewähren würden.

(2) US-Rechtsprechung

Das demonstriert auch der Fall *Starr International Company Inc. (SICO) vs. USA*, der derzeit vor den US-Gerichten verhandelt wird. In diesem Fall klagt SICO auf die Rückerstattung von US-Quellensteuer auf der Grundlage des DBA zwischen den

---

771 IRS, Revenue Procedure 2015-40 v. 31.8.2015, IRB 2015-35, Sec. 3.06(2)(d).

772 IRS, Revenue Procedure 2015-40 v. 31.8.2015, IRB 2015-35, Sec. 3.06(2)(d). Ähnliche Faktoren finden sich auch in den Regulations betreffend die Ermessensentscheidung über die Befreiung von der Branch Profit Tax (Reg. § 1.884-5(f)(2)). Diese wurden früher ergänzend zur Auslegung der Ermessensklausel in Abkommen herangezogen (vgl. *Vega*, LoB-Clauses, S. 218). Nunmehr dürften jedoch die Kriterien der Revenue Procedure 2015-40 vorrangig zu beachten sein.

773 IRS, Revenue Procedure 2015-40 v. 31.8.2015, IRB 2015-35, Sec. 3.06(2)(e).

USA und der Schweiz.[774] SICO war ein wesentlicher Anteilseigner der US-amerikanischen Versicherung American International Group Inc. (AIG) und zunächst in Irland ansässig. Nach dem DBA zwischen den USA und Irland (DBA-USA/Irland) war SICO in Bezug auf Dividenden von AIG abkommensberechtigt, weil der Kreis ihrer Anteilseigner aus einem in Irland ansässigen gemeinnützigen Rechtsträger und US-Staatsbürgern bestand, die nach dem Ownership/Base-Erosion-Test des DBA-USA/Irland qualifizierte Anteilseigner sind. Als es zu Rechtsstreitigkeiten zwischen SICO und AIG kam, verlegte SICO im Jahr 2006 den Ort ihrer Geschäftsleitung in die Schweiz, um der Vollstreckung bei einer drohenden Niederlage zu entgehen. Der gemeinnützige Rechtsträger, der an SICO beteiligt war, verlegte den Ort seiner Geschäftsleitung ebenfalls in die Schweiz. Nach dem nunmehr einschlägigen Ownership/Base-Erosion-Test des DBA zwischen den USA und der Schweiz (DBA-USA/Schweiz) war SICO aber nicht mehr abkommensberechtigt, weil nach dem DBA-USA/Schweiz gemeinnützige Rechtsträger und US-Staatsbürger keine qualifizierten Anteilseigner sind. Um gleichwohl die Quellensteuerreduzierung für die Dividende von AIG Inc. im Jahr 2007 nach dem DBA-USA/Schweiz in Anspruch zu nehmen, stellte SICO einen Antrag auf Gewährung der Abkommensvorteile nach der Ermessensklausel. Obwohl in diesem Fall alles dafürspricht, dass die Sitzverlegung in die Schweiz nicht dazu diente, Abkommensvorteile nach dem DBA-USA/Schweiz in Anspruch zu nehmen, lehnte die IRS den Antrag auf Gewährung der Abkommensvorteile und Erstattung der US-Quellensteuer ab. Die IRS begründete ihre Entscheidung unter anderem damit, SICO hätte zeigen müssen, dass die Nichterwähnung von gemeinnützigen Rechtsträgern und US-Staatsbürgern im Ownership/Base-Erosion-Test des DBA-USA/Schweiz auf einem Versehen der USA bei der Verhandlung des DBA beruhe,[775] eine Anforderung, der wohl kein Steuerpflichtiger genügen kann. Außerdem stütze sich die IRS darauf, die Gründung bzw. Sitzverlegung von SICO hätte zwar nicht unbedingt der Erlangung von Abkommensvorteilen nach dem DBA-USA/Schweiz gedient. Der Grund für die Struktur sei jedoch die Erlangung (anderer) steuerlicher Vorteile gewesen.[776]

Das Gericht der ersten Instanz war der Auffassung, die Entscheidung der IRS sei ermessenswidrig. Anders als die IRS sah es die Frage, ob die Gestaltung hauptsächlich der Erlangung von Abkommensvorteilen diente, als allein zulässiges Ermessenskriterium an.[777] Dennoch betrachtete das Gericht die Klage von SICO als

---

774 Vgl. zu diesem Fall: *Sapirie/Velarde*, TA 2015 WTD 50-4.

775 Vgl. die (geänderte) Klageschrift in Sachen *Starr International Company, Inc. vs. USA* v. 24.3.2016 Rn. 49, Tax Analysts (Doc 2016–6422).

776 Vgl. die (geänderte) Klageschrift in Sachen *Starr International Company, Inc. vs. USA* v. 24.3.2016 Rn. 32 ff., Tax Analysts (Doc 2016–6422).

777 Die Ermessensklausel des DBA zwischen den USA und der Schweiz enthält keine Art. 28 Abs. 7 S. 2 DBA-USA entsprechende Bestimmung, wonach zu berücksichtigen ist, ob Gestaltung hauptsächlich dazu dient, Abkommensvorteile in Anspruch zu nehmen. Allerdings wird dies als Ermessenskriterium in der Technical Explanation genannt.

unschlüssig, weil die Entscheidung der IRS über die Ablehnung des Antrags nur eingeschränkt justiziabel sei (siehe auch nachfolgend unter dd)(1), S. 213). Der Rechtsstreit ist jedoch zurzeit noch nicht abgeschlossen und die Frage nach der Auslegung der Ermessensklausel damit noch ungeklärt.

(3) Bedeutung von „hauptsächlich dienen" („principal purpose")

Weder die Technical Explanation noch die Verwaltungsanweisung oder die Rechtsprechung haben zudem näher konkretisiert, wann die Errichtung, der Erwerb oder das Bestehen dieser Person oder die Tätigkeit als solche *hauptsächlich* i.S.d. Art. 28 Abs. 7 S. 2 DBA-USA dazu dient, Abkommensvorteile zu erlangen. In der englischen Abkommensfassung heißt es an dieser Stelle „*whether the establishment, acquisition or maintenance of such person or the conduct of its operations has or had as one of its principal purposes the obtaining of benefits under this Convention*". Insbesondere aus der englischen Abkommensfassung könnte man schließen, dass es mehrere hauptsächliche Gründe (*principal purposes*) geben kann und die Erlangung von Abkommensvorteilen daher nicht der wichtigste oder gar einzige Grund für die Transaktion sein muss.[778] Allerdings sollte nach der gewöhnlichen Bedeutung im Englischen nach „*one of the principal purposes*" gleichbedeutend mit dem wichtigsten Grund sein. Es kann also nur einen *principal purpose* geben.[779] Die Verwendung der Mehrzahl (*purposes* statt *purpose)* in der Ermessensklausel hat nur ihren Grund darin, dass sich dieses Wort auf eine Mehrzahl von Handlungen bezieht („*establishment, acquisition or maintenance*"). Ebenso wenig folgt aus der Verwendung des unbestimmten Artikels („*one of its*") eine andere Bedeutung.[780] Auch die US-Gerichte haben diesen Begriff im innerstaatlichen US-Steuerrecht meist so ausgelegt, dass darunter der wichtigste Grund zu verstehen ist.[781] Allerdings gibt es auch eine Entscheidung eines US-Gerichts, nach der unter *principal purpose* nicht zwingend der wichtigste Grund zu verstehen ist und es mehrere *principal purposes* geben kann.[782]

bb) Deutschland

Auch aus deutscher Sicht räumt Art. 28 Abs. 7 S. 1 DBA-USA der zuständigen Behörde auf der Rechtsfolgenseite Ermessen ein. Das folgt aus dem Wortlaut der

---

778 So zu der im Abschlussbericht zum Aktionspunkt 6 des BEPS-Projekts vorgeschlagenen Ermessensklausel: OECD, Final BEPS Report – Action 6, S. 44 unter Tz. 65.

779 Vgl. zur Verwendung dieses Begriffs im US-Steuerrecht: *Willis*, Tax Notes 2013 (Bd. 139), 1317 f.

780 *Willis*, Tax Notes 2013 (Bd. 139), 1317, 1318.

781 Vgl. ausführlich mit Nachweisen: *Willis*, Tax Notes 2013 (Bd. 139), 1317 ff.

782 Vgl. *Willis*, Tax Notes 2013 (Bd. 139), 1317, 1320 ff. Zu den Anti-Conduit Regulations ist diese Auslegung in den Regulations selbst vorgeschrieben (Reg. § 1.881-3(b)(3)).

Vorschrift, der von „können" spricht.[783] Nach § 5 AO ist dieses Ermessen entsprechend dem Zweck der Ermächtigung auszuüben und die gesetzlichen Grenzen des Ermessens sind einzuhalten. Insbesondere muss die zuständige Behörde zulässige Ermessenskriterien anwenden.[784]

Art. 28 Abs. 7 S. 2 DBA-USA ist dementsprechend als Ermessenskriterium zu verstehen. Aus der Benutzung des Wortes *dienen* in Art. 28 Abs. 7 S. 2 DBA-USA folgt, dass es auch nach der deutschen Abkommensfassung auf die subjektive Absicht des Steuerpflichtigen ankommt, Abkommensvorteile zu erlangen. Diese Absicht muss anhand objektiver Kriterien festgestellt werden. Nach der deutschen Abkommensfassung, die den Begriff *hauptsächlich* verwendet, muss die Erlangung von Abkommensvorteilen der wichtigste Beweggrund sein und es kann nur einen hauptsächlichen Grund geben.[785] Die bei der englischen Abkommensfassung bestehenden Zweifel sollten hier nicht zutreffen.

Fraglich ist, ob aus deutscher Sicht die Benennung des Ermessenskriteriums in Art. 28 Abs. 7 S. 2 DBA-USA abschließend ist oder ob die zuständige Behörde bei ihrer Ermessensentscheidung neben der Frage, ob die Transaktion oder Struktur hauptsächlich dazu diente, Abkommensvorteile in Anspruch zu nehmen, weitere Kriterien berücksichtigen kann bzw. muss. Gegen die Berücksichtigung weiterer Kriterien mag sprechen, dass diese im Abkommen nicht näher bestimmt sind und die Ermessensklausel somit nicht rechtssicher handhabbar wäre. Nach dem Wortlaut des Art. 28 Abs. 7 S. 2 DBA-USA („zieht [...] in Betracht") handelt es sich jedoch nicht um das einzig mögliche Kriterium. Weiterhin kann es nach dem Ergebnis des ersten Teils dieser Arbeit auch dann sachgerecht sein, die Abkommensvorteile wegen Treaty Shopping zu versagen, wenn der maßgebliche Grund für die Struktur oder Transaktion nicht die Erlangung von Abkommensvorteilen war, oder die Abkommensvorteile zu gewähren, obschon diese Absicht vorlag.[786] Daher kann das in Art. 28 Abs. 7 S. 2 DBA-USA genannte Kriterium nicht das einzige Ermessenskriterium sein.[787]

Welche Kriterien das sind, wird bislang nicht in der Literatur diskutiert. Sie lassen sich aber aus dem Sinn und Zweck des Art. 28 Abs. 7 S. 1 DBA-USA, die Abkommensberechtigung dann zu gewähren, wenn kein Fall des Treaty Shopping vorliegt, und der im ersten Teil erarbeiteten Definition von Treaty Shopping ableiten. Folglich kann sich die Ermessensausübung daran orientieren, ob durch die Transaktion und Struktur mittelbar Abkommensvorteile durch Drittstaatsansässige

---

783 *Gohr*, in: Endres/Jacob/Gohr/Klein, DBA-USA, Art. 28 Rn. 221. Vgl. grundsätzlich zur Auslegung als Ermessensnorm: *Koenig*, in: Koenig, AO, § 5 Rn. 8.

784 *Koenig*, in: Koenig, AO, § 5 Rn. 25 ff.

785 Vgl. Duden unter „hauptsächlich", nach diesem ist der Begriff gleichbedeutend mit „vornehmlich" oder „in erster Linie".

786 Vgl. 1. Teil unter E.III., S. 43.

787 A.A. *Vega*, LoB-Clauses, S. 215, wonach ein Anspruch des Steuerpflichtigen auf Gewährung der Abkommensberechtigung bestehe, wenn die Gestaltung nicht hauptsächlich dazu diene, Abkommensvorteile zu erlangen.

in Anspruch genommen werden und, bejahendenfalls, ob die Gewährung der Abkommensvorteile deshalb gegen das Reziprozitätsprinzip von DBA verstoßen oder ob sich dadurch die DBA-Verhandlungsposition des Vertragsstaats verschlechtern würde.[788] Auch kann – mit den im ersten Teil erläuterten Einschränkungen – berücksichtigt werden, ob die Gewährung der Abkommensvorteile zu einer „Keinmalbesteuerung" führen würde.

Wenn die Voraussetzungen eines Tests der LoB-Klausel nur „knapp" verfehlt worden sind, wird weiterhin bei der Ermessensausübung zu berücksichtigen sein, ob die Erwägungen des Tests, nach denen bei Vorliegen der Voraussetzungen kein Treaty Shopping anzunehmen ist, gleichwohl zutreffen. Beispielsweise sollten die Abkommensvorteile einer börsennotierten Gesellschaft zu gewähren sein, wenn sie nur in einem Jahr das für einen regelmäßigen Börsenhandel nach dem Publicly-Traded-Test erforderliche Handelsvolumen nicht erreicht, obwohl diese Voraussetzung in allen Vorjahren erfüllt waren. Das gleiche gilt, wenn eine Gesellschaft den Ownership/Base-Erosion-Test nur deshalb in einem Jahr nicht erfüllt, weil der Rohgewinn aufgrund bilanzieller Sondereffekte zu gering ausfällt.[789]

Auch wird man aus den Tests der LoB-Klausel ableiten können, wann die Abkommensvorteile zu versagen sind, obwohl die Gestaltung nicht i.S.d. Art. 28 Abs. 7 S. 2 DBA-USA dazu diente, Abkommensvorteile in Anspruch zu nehmen. Beispielsweise folgt aus der Ausnahme des Active-Trade-or-Business-Tests für Tätigkeiten, die im Platzieren oder Verwalten von Kapitalanlagen bestehen, und dem Fehlen eines Headquarter-Company-Tests, dass eine geschäftsleitende Holding eines Drittstaatsansässigen nicht abkommensberechtigt sein soll.[790] Auch wenn es daher für eine geschäftsleitende Holding Gründe gab, die nicht in der Erlangung von Abkommensvorteilen lagen, kann die Abkommensberechtigung nicht nach der Ermessensklausel gewährt werden.

cc) Berücksichtigung der europäischen Grundfreiheiten bei der Ermessensausübung?

Ein Notenwechsel zum DBA zwischen den USA und dem Vereinigten Königreich enthält eine Bestimmung, nach der die USA bei der Ausübung ihres Ermessens über die Gewährung der Abkommensberechtigung nach der Ermessensklausel dieses DBA auch die Verpflichtung des Vereinigten Königreichs als Mitgliedstaat der EU berücksichtigten werden.[791] Der Notenwechsel nennt dazu bestimmte Anwendungsfälle:[792]

---

788 Vgl. C.II.6.b)cc)(6), S. 148.

789 Vgl. *Gohr*, in: Endres/Jacob/Gohr/Klein, DBA-USA, Art. 28 Rn. 225.

790 Vgl. C.IV.1.b)dd), S. 177.

791 Notenwechsel v. 24.7.2001 betreffend das DBA zwischen den USA und dem Vereinigten Königreich v. 24.7.2001 zu Art. 23 Abs. 6.

792 Notenwechsel v. 24.7.2001 betreffend das DBA zwischen den USA und dem Vereinigten Königreich v. 24.7.2001 zu Art. 23 Abs. 6. Ausführlich dazu *Stevens*, IStR 2011, 335, 337.

Zum einen soll die zuständige Behörde die Möglichkeit haben, die Abkommensberechtigung zu gewähren, wenn der Verkauf eines Gesellschaftsanteils an eine Person in einem anderen EU-Mitgliedstaat zur Versagung der Abkommensberechtigung führen würde. Außerdem soll es für die Gewährung der Abkommensvorteile sprechen, wenn eine Gesellschaft auf den Markt eines anderen EU-Mitgliedstaats expandiert und insoweit nicht abkommensberechtigt ist.[793] Ein Notenwechsel zum DBA zwischen den USA und den Niederlanden enthält eine ähnliche Verständigung.[794] Dahinter steht die Befürchtung, dass EU-Mitgliedstaaten ihre Verpflichtungen aus den Grundfreiheiten des AEUV verletzen könnten, indem sie ein DBA mit einer LoB-Klausel abschließen, das Gesellschaften mit Anteilseignern in ihrem Staat anders behandelt als Gesellschaften mit Anteilseignern in einem anderen Mitgliedstaat (siehe für eine ausführliche Diskussion der Problematik nachfolgend unter D., S. 211). Einer Gewährung der Abkommensvorteile nach der Ermessensklausel soll in diesem Fall einer Verletzung der Grundfreiheiten vorbeugen.[795]

In der Literatur wird teilweise vertreten, die Grundsätze dieser Notenwechsel würden auch für das DBA-USA Relevanz haben und die USA müssten daher bei der Ausübung ihres Ermessens über die Gewährung der Abkommensvorteile an deutsche Gesellschaften die Grundfreiheiten des AEUV berücksichtigen.[796] Dies ist jedoch abzulehnen. Die Grundfreiheiten des AEUV verpflichten Deutschland, nicht aber die USA. Daher können die USA auch nicht verpflichtet sein, diese Grundfreiheiten bei der Ermessensklausel zu beachten. Hätte Deutschland vor dem Hintergrund dieser Verpflichtungen eine Bindung der USA an die Grundfreiheiten erwartet, hätte dies ebenso wie im DBA zwischen den USA und dem Vereinigten Königreich bzw. den Niederlanden zum Ausdruck kommen müssen.

dd) Richterliche Kontrolle der Ermessensentscheidung

Sowohl aus deutscher als auch aus US-amerikanischer Sicht stellt sich zudem die Frage, ob die Entscheidung der zuständigen Behörde über die Versagung der Abkommensvorteile gem. Art. 28 Abs. 7 DBA-USA gerichtlich nachprüfbar ist und ob der Steuerpflichtige einen gerichtlich durchsetzbaren Anspruch auf eine positive Entscheidung der Behörde hat.

---

793 Es handelt es sich hierbei nur um Kriterien, die für die Gewährung der Abkommensberechtigung sprechen, die zuständige Behörde kann gleichwohl die Abkommensberechtigung versagen (ebenso: *Pistone/Julien/Cannas*, in: Lang u.a., BEPS, S. 165, 194; a.A. wohl *Gohr*, in: Endres/Jacob/Gohr/Klein, DBA-USA, Art. 28 Rn. 223).

794 Notenwechsel v. 8.3.2004 betreffend das DBA zwischen den USA und den Niederlanden v. 8.3.2004 unter XXVIII.

795 Vgl. *Pistone/Julien/Cannas*, in: Lang u.a., BEPS, S. 165, 190 f.

796 *Rudolf*, Treaty Shopping, S. 317; *Vega*, LoB-Clauses, S. 219 und wohl auch *Gohr*, in: Endres/Jacob/Gohr/Klein, DBA-USA, Art. 28 Rn. 223.

(1) USA

In den USA gibt es dazu keine öffentliche Stellungnahme der Finanzverwaltung und auch ansonsten wird diese Frage nicht in der Literatur diskutiert. Sie ist jedoch Gegenstand des bereits erwähnten anhängigen Verfahrens *Starr International Company Inc. vs. USA*, in dem SICO gegen die ablehnende Entscheidung der IRS auf der Grundlage der Ermessensklausel des DBA-USA/Schweiz vorgeht.[797]

Eine wesentliche Verteidigung der IRS in diesem Rechtsstreit ist, dass das Gericht die ablehnende Entscheidung der IRS nicht überprüfen darf.[798] Die Entscheidung unterfalle der *committed to agency discretion exception*, also einer Ausnahme von dem Grundsatz der gerichtlichen Überprüfbarkeit behördlicher Entscheidungen, weil sie der Gesetzgeber in das freie Ermessen der IRS gestellt habe. Diese Ausnahme ist für bestimmte Teilbereiche des öffentlichen Rechts im Administrative Procedure Act der USA (APA) kodifiziert, darüber hinaus ist sie aber auch in anderen Bereichen und auch für Entscheidungen der IRS über Steuererstattungsansprüche anerkannt.[799] Das Gericht der ersten Instanz verneinte allerdings das Vorliegen der Voraussetzungen für diese Ausnahme. Die *committed to agency discretion exception* könne eingreifen, wenn eine Vorschrift gar keine Kriterien nenne, nach denen die Behörde ihre Entscheidung zu treffen habe. Das DBA-USA/Schweiz enthält zwar keine derartigen Kriterien, insbesondere fehlt eine Art. 28 Abs. 7 S. 2 DBA-USA entsprechende Vorschrift. Allerdings findet sich eine Art. 28 Abs. 7 S. 2 DBA-USA entsprechende Aussage in der Technical Explanation zum DBA-USA/Schweiz. Nach Auffassung des Gerichts sei dies das allein maßgebliche Ermessenskriterium, anhand dessen die ablehnende Entscheidung der IRS überprüfbar sei.[800]

Dennoch erachtete das Gericht die Klage von SICO auf Erstattung der US-Quellensteuer als unschlüssig. Grund hierfür ist eine Bestimmung in der Ermessensklausel des DBA-USA/Schweiz, nach der die USA die zuständige Behörde in der Schweiz konsultieren müssen, bevor sie die Abkommensvorteile gewähren. Nach Auffassung des Gerichts würde es den Ausgang dieser Beratung zwischen den Vertragsstaaten vorwegnehmen, wenn es der Klage stattgäbe. Dies käme einer verfassungsrechtlich unzulässigen Einmischung des Gerichts in außenpolitische Entscheidungen der Exekutive gleich. Daher könne SICO vor Gericht lediglich eine Neubescheidung über den Antrag auf Gewährung der Abkommensberechtigung nach der Ermessensklausel verlangen.[801]

---

797 Vgl. zum Sachverhalt C.VI.1.c)aa)(2), S. 202.

798 *Sapirie/Velarde*, TA 2015 WTD 50-4.

799 Vgl. United States District Court, District of Columbia, Memorandum Opinion v. 18.9.2015 – 14–cv–01593 (CRC), Westlaw (2015 WL 5542545).

800 Vgl. United States District Court, District of Columbia, Memorandum Opinion v. 18.9.2015 – 14–cv–01593 (CRC), Westlaw (2015 WL 5542545).

801 United States District Court, District of Columbia, Memorandum Opinion v. 2.2.2016 – 14–cv–01593 (CRC), Westlaw (2016 WL 410989). Das Gericht hatte zunächst entschieden, dass auch eine Klage auf Erstattung der Quellensteuer möglich sei (United States District Court, District of Columbia, Memorandum

Man kann annehmen, dass die Entscheidung des Gerichts anders ausgefallen wäre, wenn nicht das DBA-USA/Schweiz, sondern das DBA-USA streitgegenständlich gewesen wäre. Anders als das DBA-USA/Schweiz sieht das DBA-USA eine Verpflichtung der Vertragsstaaten zur Konsultation nur vor Versagung der Abkommensvorteile, nicht aber vor deren Gewährung vor.[802] Daher würde das Gericht bei Stattgabe der Klage auf Erstattung der Quellensteuer nach dem DBA-USA nicht das Ergebnis einer Beratung der Vertragsstaaten vorwegnehmen. Da das Gericht zudem angenommen hat, das allein maßgebliche Ermessenskriterium sei, ob die Gestaltung hauptsächlich dazu diente, Abkommensvorteile in Anspruch zu nehmen, geht es wohl auch von einem Anspruch des Steuerpflichtigen auf Gewährung der Abkommensvorteile aus, wenn es an dieser Absicht fehlt.

Bis zu einer endgültigen gerichtlichen Klärung sind die Fragen, ob die Entscheidung der zuständigen Behörde in den USA gerichtlich nachprüfbar ist und ob und wann der Steuerpflichtige einen Anspruch auf eine positive Entscheidung hat, aber nach wie vor mit Rechtsunsicherheiten behaftet.

(2) Deutschland

Da Art. 28 Abs. 7 S. 1 DBA-USA auch aus deutscher Sicht auf der Rechtsfolgenseite der zuständigen Behörde Ermessen eröffnet,[803] gelten die allgemeinen Grundsätze für die gerichtliche Überprüfung von Ermessensentscheidungen. Demnach sind Ermessensentscheidungen der Finanzbehörden im Rahmen des § 102 S. 1 FGO gerichtlich nachprüfbar. Folglich überprüft das Finanzgericht die Entscheidung der zuständigen Behörde nach Art. 28 Abs. 7 S. 1 DBA-USA lediglich danach, ob die zuständige Behörde ihr Ermessen fehlerfrei ausgeübt hat. Ein gerichtlich überprüfbarer Ermessensfehler liegt insbesondere dann vor, wenn die zuständige Behörde den Sachverhalt nicht vollständig ermittelt oder die Zielvorstellungen der Ermessensklausel nicht beachtet hat, d.h., unzulässige Ermessenskriterien angewandt oder zulässige Ermessenskriterien nicht berücksichtigt hat.[804] Das Gericht darf jedoch nicht eigene Ermessenserwägungen anstellen.[805] Daraus folgt auch, dass der Steuerpflichtige grundsätzlich keinen gerichtlich durchsetzbaren Anspruch auf eine positive Ermessensentscheidung, d.h. die Gewährung der Abkommensvorteile, hat. Falls das Gericht Ermessensfehler feststellt, spricht es lediglich die Verpflichtung

---

Opinion v. 18.9.2015 – 14–cv–01593 (CRC), Westlaw (2015 WL 5542545)). Diese Entscheidung wurde jedoch dann korrigiert.

802 Art. 28 Abs. 7 S. 3 DBA-USA.

803 Vgl. C.VI.1.c)bb), S. 210.

804 Vgl. *Drüen*, in: Tipke/Kruse, AO/FGO, § 102 FGO Rn. 4 ff.; *Stapperfend*, in: Gräber, FGO, § 102 Rn. 17 ff.

805 Vgl. *Stapperfend*, in: Gräber, FGO, § 102 Rn. 17.

der zuständigen Behörde aus, unter Beachtung der Rechtsauffassung des Gerichts neu über den Antrag des Steuerpflichtigen zu bescheiden (§ 101 FGO).[806]

Ausnahmsweise kann das Gericht die zuständige Behörde verpflichten, die Abkommensvorteile nach der Ermessensklausel zu gewähren, wenn nur die Gewährung der Abkommensvorteile richtig ist, also ein Fall der Ermessensreduzierung auf Null vorliegt.[807] Fraglich kann sein, ob eine Ermessensreduzierung auf Null schon dann anzunehmen ist, wenn es dem Steuerpflichtigen nicht hauptsächlich darum geht, Abkommensvorteile zu erlangen. Da Art. 28 Abs. 7 S. 2 DBA-USA nach seinem Wortlaut nicht das ausschließliche Ermessenskriterium ist und es daneben noch weitere sinnvolle Kriterien geben kann,[808] wird man dies jedoch verneinen müssen.[809] Die zuständige Behörde darf also gestützt auf andere sachgerechte Gründe die Abkommensvorteile versagen.

2. *Bewertung*

Die Ermessensklausel ist ein unbedingt notwendiges Element der LoB-Klausel. Ohne die Ermessensklausel würde zahlreichen Personen die Abkommensberechtigung verwehrt bleiben, obwohl sich die infrage stehende Gestaltung nicht als Treaty Shopping darstellt. Das liegt – wie bei der Diskussion der einzelnen Tests festgestellt – daran, dass die Tests der LoB-Klausel relativ starr ausgestaltet sind und bei Nichtvorliegen einer Voraussetzung die Person bereits gar keine Abkommensvorteile in Anspruch nehmen kann. Insbesondere wenn eine Person die Voraussetzungen eines Tests nur „knapp" verfehlt, erscheint es nicht gerechtfertigt, die Abkommensvorteile vollständig zu versagen. Hinzu kommt, dass das Vorliegen der Voraussetzungen der Tests der LoB-Klausel aufgrund der ebenfalls bereits diskutierten Auslegungsschwierigkeiten und Sachverhaltsunsicherheiten oft nicht mit Sicherheit feststellbar ist. Auch in diesen Fällen kann eine Gewährung der Abkommensvorteile sinnvoll sein.[810]

Vor diesem Hintergrund sollten die Voraussetzungen für eine Gewährung der Abkommensvorteile nach der Ermessensklausel so genau wie möglich bestimmt werden. Eine Lösung dafür wäre, Art. 28 Abs. 7 S. 2 DBA-USA zum allein zulässigen

806 Vgl. *Drüen*, in: Tipke/Kruse, AO/FGO, § 102 FGO Rn. 9; *Stapperfend*, in: Gräber, FGO, § 101 Rn. 5, § 102 Rn. 21.

807 Vgl. *Drüen*, in: Tipke/Kruse, AO/FGO, § 102 FGO Rn. 10; *Stapperfend*, in: Gräber, FGO, § 101 Rn. 5, § 102 Rn. 17.

808 Vgl. C.VI.1.c)bb), S. 210.

809 A.A. *Vega*, LoB-Clauses, S. 215, der eine Verpflichtung zur Gewährung der Abkommensvorteile annimmt, wenn die Gestaltung nicht hauptsächlich dazu dient, Abkommensvorteile zu erlangen.

810 Vgl. ALI, International Tax Aspects II, S. 161, wonach die Ermessensklausel aus diesem Grund auch als wichtigstes Element der LoB-Klausel angesehen wird.

Ermessenskriterium zu erklären.[811] Das würde allerdings oft nicht sachgerechte Ergebnisse liefern, weil die Absicht, Abkommensvorteile in Anspruch zu nehmen, für sich allein nicht dafür ausschlaggebend sein kann, ob Treaty Shopping vorliegt. Im Ergebnis wird sich eine gewisse Rechtsunsicherheit nicht vermeiden lassen, wenn die mit der Ermessensklausel bezweckte Flexibilität nicht verlorengehen soll.

Bedenken bestehen bei der US-amerikanischen Auslegung der Ermessensklausel, wonach ein Antrag nach der Ermessensklausel nur gestellt werden kann, wenn der Antragsteller nachweist, dass die Voraussetzungen der Tests der LoB-Klausel nicht vorliegen.[812] Das bringt den Steuerpflichtigen unter Umständen in eine Situation, in der er weder mit Rechtssicherheit von seiner Abkommensberechtigung nach einem der Tests der LoB-Klausel ausgehen noch einen Antrag auf Gewährung der Abkommensvorteile nach der Ermessensklausel stellen kann.

Ein sinnvolles Instrument kann die Ermessensklausel zudem nur sein, wenn die Entscheidung der zuständigen Behörde in einem angesessenen Zeitrahmen erfolgt und auf Ermessensfehler gerichtlich überprüft werden kann. Weiterhin ist es nicht sachgerecht, wenn ein Vertragsstaat – wie die USA – für die Bearbeitung des Antrags prohibitive Gebühren erhebt.

D. Vereinbarkeit der LoB-Klausel mit Europarecht

Aus Sicht der EU-Staaten sind LoB-Klauseln nur dann ein sachgerechtes Instrument zur Verhinderung von Treaty Shopping, wenn sie auch europarechtskonform sind. Zahlreiche Stellungnahmen in der Literatur sehen in der LoB-Klausel jedoch einen Verstoß gegen die Niederlassungsfreiheit (Art. 49 AEUV) und/oder die Kapitalverkehrsfreiheit (Art. 63 AEUV).[813] Die Europäische Kommission hat im November 2015 zudem ein Vertragsverletzungsverfahren gegen die Niederlande eingeleitet, weil nach ihrer Ansicht die LoB-Klausel des DBA zwischen den Niederlanden und Japan, die in weiten Teilen mit Art. 28 DBA-USA vergleichbar ist, gegen die Grundfreiheiten des AEUV verstößt.[814]

Die Stellungnahmen in der Literatur fokussieren sich vor allem auf den Ownership-Test in den Art. 28 Abs. 2 f) aa) DBA-USA vergleichbaren Artikeln.[815]

---

811 Dieser Vorschlag findet sich im Abschlussbericht der OECD zum Aktionspunkt 6 des BEPS-Projekts (vgl. Abs. 5 der vorgeschlagenen LoB-Klausel auf S. 43).

812 *Bates* u.a., Intertax 2013, 395, 402.

813 *Debelva* u.a., EC Tax Review 2015, 132, 135 ff.; *Gohr*, in: Endres/Jacob/Gohr/Klein, DBA-USA, Art. 28 Rn. 14; *Kofler*, DBA und Gemeinschaftsrecht, S. 500 ff.; *O'Shea*, TA 2016 WTD 75-18; *Schnitger*, IWB (2004) Fach 11 EG Gr. 2, 599, 606; *Szudoczky/Koch*, in: Lang u.a., BEPS, S. 219, 239 ff.; *Vega*, LoB-Clauses, S. 242 ff. Auch der Abschlussbericht der OECD zum Aktionspunkt 6 des BEPS-Projekt weist auf die mögliche Unvereinbarkeit von LoB-Klauseln und Europarecht hin (OECD, Final BEPS Report – Action 6, S. 19).

814 *Herzfeld*, TNI 2016 (Bd. 81), 13 ff.

815 Vgl. beispielsweise *Kofler*, DBA und Gemeinschaftsrecht, S. 500, 504 ff.

Der Verstoß dieses Tests gegen die Niederlassungs- bzw. Kapitalverkehrsfreiheit soll darin liegen, dass (bezogen auf das DBA-USA) nach diesem Test Gesellschaften in Deutschland mit Anteilseignern in einem anderen Mitgliedstaat schlechter behandelt werden als eine Gesellschaft mit deutschen Anteilseignern.[816]

Weiterhin wird (übertragen auf das DBA-USA) eine Verletzung der Niederlassungs- bzw. Kapitalverkehrsfreiheiten darin gesehen, dass (i) der Publicly-Traded-Test nur Börsen in den Vertragsstaaten, nicht jedoch in anderen Mitgliedstaaten als anerkannte Börsen definiert, (ii) der Base-Erosion-Test des Ownership/Base-Erosion-Tests Zahlungen an Personen in anderen EU-Mitgliedstaaten anders behandelt als Zahlungen an Personen in Deutschland, (iii) der Active-Trade-or-Business-Test nur gewerbliche Tätigkeiten in Deutschland, nicht aber in anderen Mitgliedstaaten berücksichtigt.[817]

Auch wenn es denkbar erscheint, dass die LoB-Klausel auch anderweitig mit Europarecht unvereinbar sein könnte, soll die nachfolgende Diskussion auf die Frage beschränkt bleiben, ob die zuvor gennannten Voraussetzungen der LoB-Klausel mit den Grundfreiheiten vereinbar sind. Dazu sollen zunächst die EuGH-Entscheidungen diskutiert werden, die in der Diskussion um die LoB-Klausel immer wieder genannt werden (siehe nachfolgend unter I.). Sodann sollen die soeben genannten Voraussetzungen der LoB-Klausel auf ihre Vereinbarkeit mit den Grundfreiheiten geprüft werden (siehe nachfolgend unter II.).

I. Relevante EuGH-Rechtsprechung

1. Open Skies

Als Argument für die Unvereinbarkeit des Ownership-Tests von LoB-Klauseln mit den Grundfreiheiten werden vor allem die Entscheidungen des EuGH in den *Open Skies*-Fällen[818] angeführt.[819] Dabei ging es um Vertragsverletzungsverfahren wegen bilateraler Abkommen auf dem Gebiet des Luftverkehrs, die verschiedene EU-Mitgliedstaaten mit den USA abgeschlossen hatten. Ein wesentlicher Regelungsgegenstand dieser Abkommen war die gegenseitige Gewährung von Verkehrsrechten, d.h. die Möglichkeit für Luftverkehrsunternehmen eines Vertragsstaats, den Luftraum

816 *Kofler*, DBA und Gemeinschaftsrecht, S. 505.

817 *Gohr*, in: Endres/Jacob/Gohr/Klein, DBA-USA, Art. 28 Rn. 14; *Vega*, LoB-Clauses, S. 242 ff.

818 EuGH, Urteil v. 5.11.2002 – C-466/98 (Vereinigten Königreich), EU:C:2002:624; v. 5.11.2002 – C-467/98 (Dänemark), EU:C:2002:625; v. 5.11.2002 – C-468/98 (Schweden), EU:C:2002:626; v. 5.11.2002 – C-471/98 (Belgien), EU:C:2002:628; v. 5.11.2002 – C-472/98 (Luxemburg), EU:C:2002:629; v. 5.11.2002 – C-475/98 (Kommission/Österreich), EU:C:2002:630; v. 5.11.2002, C-476/98 (Deutschland), EU:C:2002:631.

819 *Grundlegend*: Kofler, in: FS Loukota, S. 223 ff. *Kofler* weist zudem auf die vergleichbaren *Quota-Hoping*-Entscheidungen des EuGH hin. Siehe auch: *Schnitger*, IWB (2004) Fach 11 EG Gr. 2, 599, 606.

des anderen Staats für zivile Zwecke zu nutzen und im anderen Vertragsstaat zu landen und zu starten.[820] Nach den Bestimmungen dieser Abkommen konnten die Vertragsstaaten die Vorteile des Abkommens Luftverkehrsunternehmen des anderen Vertragsstaats versagen, wenn es nicht von Staatsangehörigen der Vertragsstaaten gehalten oder kontrolliert wurde. Der EuGH sah in dieser Möglichkeit zur Versagung der Abkommensvorteile einen Verstoß gegen die Niederlassungsfreiheit. Ein Mitgliedstaat müsse einem Luftverkehrsunternehmen, an dem Staatsangehörige anderer Mitgliedstaaten beteiligt sind, die gleichen Abkommensvorteile gewähren wie einem Luftverkehrsunternehmen, das seinen Staatsangehörigen gehört. Das europarechtswidrige Verhalten liege dabei nicht in der Versagung der Vorteile durch die USA (die an die Grundfreiheiten nicht gebunden sind), sondern in dem Abschluss der Abkommen durch die Mitgliedstaaten, die damit eine Diskriminierung durch die USA ermöglichten.[821]

Ob diese Entscheidung des EuGH als Beleg für die Unvereinbarkeit von LoB-Klauseln in DBA mit den Grundfreiheiten dienen können, erscheint jedoch zweifelhaft. Zunächst ging es bei den *Open Skies*-Entscheidungen um eine Diskriminierung aufgrund der Staatsangehörigkeit der Anteilseigner der Luftverkehrsunternehmen, also um eine offene Diskriminierung. Hingegen unterscheidet der Ownership-Test nicht nach der Staatsangehörigkeit, sondern nach der Ansässigkeit der Anteilseigner und stellt somit eine versteckte bzw. indirekte Diskriminierung dar.[822] An die Rechtfertigung von offenen und versteckten Diskriminierungen werden aber unterschiedliche Anforderungen gestellt.[823] Noch wesentlich schwerer dürfte jedoch wiegen, dass Luftverkehrsabkommen und DBA völlig andere Regelungsgegenstände haben, für die andere Erwägungen gelten. DBA betreffen die Steuerpflicht und die Aufteilung von Besteuerungsbefugnissen in Bezug auf Einkünfte. Dementsprechend wird der Anwendungsbereich von DBA auf solche Personen begrenzt, die in den Vertragsstaaten mit den Einkünften steuerpflichtig sind. Da im Fall einer Gesellschaft bei wirtschaftlicher Betrachtung den Gesellschafter die Steuerpflicht trifft, erscheint es folgerichtig auch zu verlangen, dass die Gesellschafter grundsätzlich in dem Vertragsstaat der Steuerpflicht unterliegen. Diese Erwägungen lassen sich auf Luftverkehrsabkommen nicht übertragen. Anknüpfungspunkt kann hier nur sein, ob das Luftverkehrsunternehmen in einem Vertragsstaat als solches zugelassen ist und betrieben wird. Die Vorteile dennoch aufgrund von ausländischen Eigentümern oder Gesellschaftern des Luftverkehrsunternehmen zu versagen, lässt sich nur mit der historisch bedingten protektionistischen Politik der Staaten, ihren Markt gegen ausländische Mitbewerber abzuschirmen, im Bereich des Luftverkehrs erklären.[824] Eine Rechtfertigung von Beschränkung der Grundfreiheiten mit diesen

820 Vgl. dazu *Rossbach*, in: Hobe/Ruckteschell, Luftrecht, Teil II Rn. 109 ff.
821 Vgl. *Kofler*, in: FS Loukota, S. 223.
822 *O'Shea*, International Tax Planing, November 2008, 1 ff.
823 *Forsthoff*, in: Grabitz/Hilf/Nettesheim, EU-Recht, Art. 49 Rn. 123.
824 *Milde*, International Air Law, S. 88.

protektionistischen Erwägungen scheidet aber von vornherein aus. Weiterhin ist ein Treaty Shopping bei Luftverkehrsabkommen im Gegensatz zu DBA nur schwer vorstellbar. Bei DBA kann ein Drittstaatsansässiger schon durch die Errichtung einer Gesellschaft oder durch Ausgestaltung schuldrechtlicher Beziehungen die Vorteile des Abkommens in Anspruch nehmen. Bei Luftverkehrsabkommen gelingt das dem Drittstaatsansässigen nur, wenn er auch tatsächlich ein Luftverkehrsunternehmen in einem Vertragsstaat betreibt.

Ein weiteres Argument gegen die Übertragbarkeit der Erwägungen in *Open Skies* auf LoB-Klauseln ist, dass Luftverkehrsabkommen einen in der EU harmonisierten Bereich betreffen, während der Regelungsgegenstand von DBA, d.h. die direkten Steuern, (mit gewissen Ausnahmen) in der ausschließlichen Kompetenz der Mitgliedstaaten liegen.[825]

Im Ergebnis kann daher aus *Open Skies* nicht auf die Unvereinbarkeit von LoB-Klauseln mit den Grundfreiheiten geschlossen werden.

2. ACT 4

In der Rechtsprechung des EuGH scheint für die Frage der europarechtlichen Zulässigkeit von LoB-Klauseln auf den ersten Blick die Entscheidung in der Rechtssache *Test Claimants in Class IV of the ACT Group Litigation* (*ACT 4*)[826] einschlägig zu sein, die den *Open Skies*-Entscheidungen zeitlich nachfolgte. In dieser Rechtssache ging es um das damals im Vereinigten Königreich noch geltende (partielle) Körperschaftsteueranrechnungsverfahren und die damit zusammenhängenden Regelungen in den DBA des Vereinigten Königreichs. Nach den britischen Steuervorschriften musste eine britische Gesellschaft bei Ausschüttung einer Dividende eine Körperschaftsteuervorauszahlung (*advance corporation tax*) leisten. Die Körperschaftsteuervorauszahlung wurde bei im Vereinigten Königreich ansässigen Personen auf die Körperschaft- bzw. Einkommensteuerschuld angerechnet. In anderen Staaten ansässige Personen erhielten jedoch keine entsprechende Steuergutschrift, es sei denn, das DBA zwischen dem Vereinigten Königreich und dem Ansässigkeitsstaat sah eine solche Steuergutschrift vor. Das DBA zwischen dem Vereinigten Königreich und den Niederlanden gewährte in den Niederlanden ansässigen Gesellschaften eine Steuergutschrift für Ausschüttungen britischer Gesellschaften, das DBA zwischen dem Vereinigten Königreich und Deutschland (in der damaligen Fassung) jedoch nicht. Das DBA zwischen dem Vereinigten Königreich und den Niederlanden enthielt zudem eine „LoB-Klausel", wonach eine niederländische Gesellschaft keinen Anspruch auf eine Steuergutschrift hatte, wenn sie von einem Anteilseigner in einem Drittstaat beherrscht wurde und das DBA zwischen dem Vereinigten Königreich und dem

825 *Rudolf,* Treaty Shopping, S. 332 f., (wobei die Abschlusskompetenz für Luftverkehrsabkommen bei den Mitgliedstaaten verblieben ist, *Rudolf,* a.a.O., S. 333, Fn. 240; vgl. auch *Rossbach,* in: Hobe/Ruckteschell, Luftrecht, Teil II Rn. 138).

826 EuGH, Urteil v. 12.12.2006 – C-374/04, EU:C:2006:773.

Drittstaat nicht die Gewährung einer Steuergutschrift vorsah (wie beispielsweise das DBA zwischen dem Vereinigten Königreich und Deutschland).

Vor diesem Hintergrund wurde dem EuGH in *ACT 4* zum einen die Frage vorgelegt, ob es mit den Grundfreiheiten vereinbar sei, dass das Vereinigte Königreich nur solchen Gesellschaften eine Steuergutschrift gewährt, die in einem Staat ansässig sind, das mit dem Vereinigten Königreich ein entsprechendes DBA abgeschlossen hat, also beispielsweise nur eine in den Niederlanden, nicht aber eine in Deutschland ansässige Gesellschaft einen Anspruch auf eine Steuergutschrift hat. Weiterhin legte das Ausgangsgericht die Frage vor, ob die „LoB-Klausel" im DBA zwischen dem Vereinigten Königreich und den Niederlanden, nach der kein Anspruch auf eine Steuergutschrift besteht, wenn die Anteilseigner der niederländischen Gesellschaft in einem Drittstaat ansässig sind und bei direktem Bezug der Dividende keinen Anspruch auf die Steuergutschrift hätten, mit den Grundfreiheiten vereinbar ist.

Der EuGH bejahte zunächst die Frage, ob die unterschiedliche Behandlung von Gesellschaften, die in verschiedenen Staaten ansässig sind und für die daher unterschiedliche DBA anwendbar sind, zulässig ist.[827] Zur Begründung verwies der EuGH auf seine Entscheidung in der Rechtssache *D.*[828] Vergünstigungen eines DBA könnten nicht von den übrigen Bestimmungen des DBA losgelöst angesehen werden, sondern bildeten einen integralen Bestandteil des Abkommens und trügen damit zu ihrer allgemeinen Ausgewogenheit bei. Der Umstand, dass DBA nur denjenigen Personen Abkommensvorteile vermitteln, die in einem der beiden Vertragsstaaten wohnen, sei eine Konsequenz, die sich aus dem Wesen bilateraler Abkommen ergebe. Eine Gesellschaft, die in einem Staat ansässig ist, dessen DBA mit dem Vereinigten Königreich eine Steuergutschrift vorsieht, befinde sich daher nicht in der gleichen Situation wie eine Gesellschaft, die in einem Staat ansässig ist, dessen DBA mit dem Vereinigten Königreich keine Steuergutschrift gewähre. Folglich liege auch keine für die Grundfreiheiten relevante Ungleichbehandlung vor.[829] Sodann bejahte der EuGH auch die Frage, ob die unterschiedliche Behandlung einer Gesellschaft in Abhängigkeit der Ansässigkeit ihrer Anteilseigner nach der „LoB-Klausel" mit den Grundfreiheiten vereinbar sei. In seiner sehr knappen Begründung zur Entscheidung dieser zweiten Frage wiederholte der EuGH nur kurz seine Argumente zur Frage der Zulässigkeit der unterschiedlichen Behandlung in Abhängigkeit von der Ansässigkeit der Gesellschaft, also zur ersten Frage.[830]

Von Vertretern in der Literatur, die nach der *Open Skies*-Entscheidung LoB-Klauseln für europarechtswidrig hielten, wird die Entscheidung des EuGH in *ACT 4* kritisiert.[831] Die aus der Rechtssache *D* übernommenen Argumente würden zwar

---

827 EuGH, Urteil v. 12.12.2006 – C-374/04, EU:C:2006:773, Rn. 75 ff.

828 EuGH, Urteil v. 5.7.2005 – C-376/03, EU:C:2005:424.

829 EuGH, Urteil v. 12.12.2006 – C-374/04, EU:C:2006:773, Rn. 84 ff.

830 EuGH, Urteil v. 12.12.2006 – C-374/04, EU:C:2006:773, Rn. 89 ff.

831 *Debelva* u.a., EC Tax Review 2015, 132, 137 f.; *Kofler*, DBA und Gemeinschaftsrecht, S. 510 ff.; *Pistone*, BTR 2007, 363.

eine Ungleichbehandlung von Gesellschaften in unterschiedlichen Staaten in Abhängigkeit davon, ob deren Ansässigkeitsstaaten ein entsprechendes DBA mit dem Vereinigten Königreich geschlossen haben, rechtfertigen. Für eine unterschiedliche Behandlung in Abhängigkeit von der Ansässigkeit der Anteilseigner einer Gesellschaft, wie sie die „LoB-Klausel" der niederländischen DBA vorsieht, böten diese Argumente hingegen keine Grundlage. Der EuGH sei unzutreffend davon ausgegangen, dass auf beiden Fragen die gleichen Argumente zuträfen. Bei der „LoB-Klausel" gehe es nicht darum, ob Abkommensvergünstigungen auch Personen zustehen sollten, die nicht in den Vertragsstaaten eines DBA ansässig sind. Vielmehr würden durch die „LoB-Klausel" Gesellschaften unterschiedlich behandelt, die in dem gleichen Vertragsstaat ansässig sind. Diese Gesellschaften befänden sich in der gleichen Situation und somit liege auch eine Ungleichbehandlung vor.[832] Außerdem sei die Aussage in *ACT 4* zur Zulässigkeit von LoB-Klauseln nicht mit dem Urteil des EuGH in der Rechtssache *Open Skies*, in der eine Ungleichbehandlung bejaht wurde, vereinbar.[833] Diese Punkte habe der EuGH offenbar übersehen, was sich auch an der recht kurzen Begründung der Entscheidung zur zweiten Frage und der Nichterwähnung der *Open Skies*-Entscheidungen im Urteil zeige. Daher könne bezweifelt werden, ob mit *ACT 4* das letzte Wort zur Zulässigkeit von LoB-Klauseln gesprochen worden sei.[834]

Andere Stellungnahmen in der Literatur gehen hingegen davon aus, mit *ACT 4* habe der EuGH die Vereinbarkeit von LoB-Klauseln mit den Grundfreiheiten grundsätzlich bestätigt und daher würden keine europarechtlichen Bedenken gegen LoB-Klauseln bestehen.[835]

Richtigerweise lässt sich die Argumentation des EuGH in der Rechtssache *ACT 4* nur sehr bedingt auf die Frage zur europarechtlichen Zulässigkeit des Art. 28 DBA-USA und anderer LoB-Klauseln nach US-amerikanischem Vorbild übertragen. Das liegt aber nicht daran, dass der EuGH entscheidungsrelevante Gesichtspunkte oder seine Rechtsprechung in der Rechtssache *Open Skies* übersehen hat, sondern an der fehlenden Vergleichbarkeit der „LoB-Klausel", wie sie in DBA zwischen den Niederlanden und dem Vereinigten Königreich enthalten war, und LoB-Klauseln, die Art. 28 DBA-USA entsprechen.[836] Die zuvor erwähnten Stellungnahmen in der Literatur zu *ACT 4* berücksichtigen oft nicht, in welchem Zusammenhang die „LoB-Klauseln" zur Steuergutschrift in den DBA des Vereinigten Königreichs mit dem britischen Körperschaftsteueranrechnungssystem standen. Nach dem damals

---

832 *Debelva* u.a., EC Tax Review 2015, 132, 137 f.; *Kofler*, DBA und Gemeinschaftsrecht, S. 510 ff.; *Pistone*, BTR 2007, 363.

833 *Debelva* u.a., EC Tax Review 2015, 132, 137; *Kofler*, DBA und Gemeinschaftsrecht, S. 511; *Pistone*, BTR 2007, 363.

834 *Kofler*, DBA und Gemeinschaftsrecht, S. 510.

835 *Bates* u.a., Intertax 2013, 395, 403; *Lehner*, in: Vogel/Lehner, DBA, Grundlagen des Abkommensrechts Rn. 269a; *Rudolf*, Treaty Shopping, S. 330 ff.; tendenziell wohl auch: *Linn*, IStR 2010, 542.

836 So auch *Plansky/Schneeweiss*, Intertax 2007, 484, 491.

geltenden Körperschaftsteueranrechnungssystem hatten nämlich zwar nicht im Vereinigten Königreich ansässige Empfänger von Dividenden britischer Gesellschaften keinen Anspruch auf die Steuergutschrift, gleichzeitig waren sie aber mit der Dividende auch nicht im Vereinigten Königreich (beschränkt) steuerpflichtig. Umgekehrt erhielten im Vereinigten Königreich ansässige Dividendenempfänger eine Steuergutschrift, waren mit der Dividende aber auch im Vereinigten Königreich (grundsätzlich) steuerpflichtig.[837] Mit anderen Worten hatte der Dividendenempfänger nur dann einen Anspruch auf die Steuergutschrift, wenn er mit den Dividenden im Vereinigten Königreich steuerpflichtig war. Diese Logik wurde in den britischen DBA fortgesetzt. Wenn das DBA für die ausländische Gesellschaft keine Steuergutschrift vorsah (wie z.B. im DBA mit Deutschland), waren die Dividenden auch nicht im Vereinigten Königreich steuerpflichtig. Wenn ein DBA einer ausländischen Gesellschaft (vorbehaltlich der „LoB-Klausel") einen Anspruch auf Steuergutschrift einräumte (wie z.B. im DBA mit den Niederlanden), gewährte das DBA dem Vereinigten Königreich auch ein Besteuerungsrecht hinsichtlich der Dividende und die Dividenden waren im Vereinigten Königreich steuerpflichtig.[838] Falls die ausländische Gesellschaft von Anteilseignern beherrscht wurde, die in einem Staat ansässig waren, mit dem das Vereinigte Königreich ein DBA geschlossen hatte, das keine Steuergutschrift vorsah, und die Voraussetzungen der „LoB-Klausel" daher nicht erfüllt waren, wurde die Steuergutschrift nach dem DBA zwar nicht gewährt, gleichzeitig war die Gesellschaft dann aber auch nicht mit der Dividende im Vereinigten Königreich steuerpflichtig.[839] Nach dem DBA mit den Niederlanden erhielt also eine niederländische Gesellschaft mit niederländischen Anteilseignern eine Steuergutschrift, unterlag aber mit der Dividende auch der britischen Steuerpflicht. Eine niederländische Gesellschaft mit deutschen Anteilseignern erhielt hingegen keine Steuergutschrift, war mit den Dividenden aber im Vereinigten Königreich auch von der Besteuerung freigestellt. Mit anderen Worten erleidet eine Gesellschaft, welche die Voraussetzungen der „LoB-Klausel" nach einem DBA des Vereinigten Königreichs nicht erfüllt, zwar einen Nachteil (keine Steuergutschrift), ist aber auch in einer vorteilhafteren Situation (keine Steuerpflicht). Damit lässt sich die Aussage des EuGH, dass sich eine Gesellschaft, die nach der LoB-Klausel einen Anspruch auf die Steuergutschrift hat, nicht mit einer Gesellschaft, die aufgrund ihrer ausländischen Anteilseigner nach der LoB-Klausel keinen Anspruch auf die Steuergutschrift hat, in einer vergleichbaren Situation befindet, nachvollziehen.[840]

Die Rechtsfolgen umfassender LoB-Klauseln wie Art. 28 DBA-USA sind hingegen andere. Die Abkommensvergünstigungen in Form einer Freistellung von der

---

837 EuGH, Urteil v. 12.12.2006 – C-374/04, EU:C:2006:773, Rn. 14 ff.; *O'Shea*, International Tax Planing, October 2008, 1, 3 ff.

838 EuGH, Urteil v. 12.12.2006 – C-374/04, EU:C:2006:773, Rn. 15 ff.

839 *O'Shea*, International Tax Planing, October 2008, 1, 5 ff.

840 *O'Shea*, International Tax Planing, October 2008, 1, 6; *O'Shea*, International Tax Planing, November 2008, 1, 3.

Quellensteuer oder einer Reduzierung des Quellensteuersatzes werden versagt, ohne dass der Steuerpflichtige einen korrespondierenden Vorteil erlangt. Daher lässt sich die Argumentation des EuGH in *ACT 4*, wonach es an einer vergleichbaren Situation fehlen soll, nicht ohne Weiteres auf LoB-Klauseln wie Art. 28 DBA-USA übertragen.[841]

3. *Zwischenergebnis*

Aus den Entscheidungen *Open Skies* und *ACT 4* lässt sich – anders als oft in der Literatur behauptet – daher weder auf die Vereinbarkeit noch auf die Unvereinbarkeit von LoB-Klauseln mit den Grundfreiheiten schließen.

II. Prüfung der Vereinbarkeit mit den Grundfreiheiten

Im Folgenden sollen die bereits zuvor genannten Voraussetzungen von Art. 28 DBA-USA, die häufig in der Literatur für europarechtswidrig gehalten werden, auf ihre Vereinbarkeit mit den Grundfreiheiten hin untersucht werden. Eine Untersuchung aller anderen Voraussetzungen der LoB-Klausel unter diesem Blickwinkel kann nicht Gegenstand dieser Arbeit sein. Allerdings soll auf der Grundlage der nachfolgenden Diskussion auch ein Maßstab zur Überprüfung der anderen Voraussetzungen der LoB-Klausel gefunden werden.

1. *Ownership-Test gem. Art. 28 Abs. 2 f) aa) DBA-USA*

Hinsichtlich des Ownership-Tests, wie ihn Art. 28 Abs. 2 f) aa) DBA-USA vorsieht, wird vorgebracht, er verstoße deshalb gegen die Niederlassungs- bzw. Kapitalverkehrsfreiheit, weil er einer deutschen Gesellschaft die Abkommensberechtigung versagt, wenn an ihr Anteilseigner in anderen Mitgliedstaaten (zu mehr als 50 %) beteiligt sind, während bei einer Beteiligung von in Deutschland ansässigen Personen (in Höhe von mindestens 50 %) die Abkommensberechtigung zu gewähren ist (1. Fallgruppe).[842] Der Derivative- Benefits-Test schaffe dafür keinen ausreichenden Ausgleich, weil er eine höhere Beteiligungsquote als der Ownership/Base-Erosion-Test und zudem einen gleich günstigen Anspruch des EU-Anteilseigners nach dem DBA seines Ansässigkeitsstaats voraussetze. Denkbar ist zudem ein Verstoß gegen diese Grundfreiheiten darin zu sehen, dass durch den Ownership-Test deutsche Gesellschaften mit Anteilseignern in Nicht-Mitgliedstaaten schlechter behandelt werden als deutsche Gesellschaften mit deutschen Anteilseignern (2. Fallgruppe). Ein weiterer Verstoß mag darin liegen, dass US-amerikanische Gesellschaften mit Gesellschaftern in anderen Mitgliedstaaten schlechter gestellt werden als US-amerikanische Gesellschaften mit Anteilseignern in den USA (3. Fallgruppe).

---

841 So auch *Plansky/Schneeweiss*, Intertax 2007, 484, 491 ff.

842 So in Bezug auf das DBA zwischen USA und Österreich: *Kofler*, DBA und Gemeinschaftsrecht, S. 505.

a) *Anwendbarkeit der Niederlassungs- bzw. Kapitalverkehrsfreiheit*

aa) Sachlicher Geltungsbereich

Die Niederlassungsfreiheit gewährleistet die Gründung und Leitung von Unternehmen, insbesondere von Gesellschaften, durch den Staatsangehörigen eines Mitgliedstaats in einem anderen Mitgliedstaat nach den Bestimmungen des Aufnahmestaats für seine Staatsangehörigen (Art. 49 Abs. 2 AEUV). Gesellschaften mit Sitz, Verwaltung oder Hauptniederlassung in einem EU-Mitgliedstaat stehen Staatsangehörigen in dem Mitgliedstaat gleich (Art. 54 AEUV).

Der Anwendungsbereich der Kapitalverkehrsfreiheit umfasst den grenzüberschreitenden Kapitalverkehr (Art. 63 AEUV) und schließt auch die grenzüberschreitende Investition bei Erwerb von Beteiligungen an einer Gesellschaft oder die Gründung einer Gesellschaft ein.[843] Anders als Niederlassungsfreiheit ist die Kapitalverkehrsfreiheit nicht auf grenzüberschreitende Vorgänge innerhalb der EU beschränkt, sondern erfasst auch den Kapitalverkehr im Verhältnis von Mitgliedstaaten zu Nicht-Mitgliedstaaten. Daher können sich auch Personen außerhalb der EU auf die Kapitalverkehrsfreiheit berufen.[844]

Die Beteiligung von Personen in anderen Mitgliedstaaten an einer deutschen Gesellschaft (1. Fallgruppe) kann daher grundsätzlich sowohl in den Anwendungsbereich der Niederlassungs- als auch der Kapitalverkehrsfreiheit fallen. Die Beteiligung von Personen in Nicht-Mitgliedstaaten an einer deutschen Gesellschaft (2. Fallgruppe) oder eine Beteiligung von nicht in den USA ansässigen Personen an einer US-amerikanischen Gesellschaft (3. Fallgruppe) fällt hingegen lediglich in den Anwendungsbereich der Kapitalverkehrsfreiheit, weil es an der Beteiligung durch Personen in der EU (2. Fallgruppe) bzw. der Beteiligung an einer EU-Gesellschaft (3. Fallgruppe) fehlt.

Fraglich ist das Konkurrenzverhältnis zwischen der Niederlassungs- und Kapitalverkehrsfreiheit in diesen Fällen. Nach der Rechtsprechung des EuGH ist bei Normen, die Beteiligungen an Gesellschaften betreffen, von einem Vorrang der Niederlassungsfreiheit auszugehen, wenn die Norm, deren Vereinbarkeit mit den Grundfreiheiten geprüft wird, nur auf Beteiligungen anwendbar ist, die es ermöglichen, einen sicheren Einfluss auf die Gesellschaft auszuüben.[845] In diesem Fall ist die Kapitalverkehrsfreiheit – auch im Verhältnis zu Drittstaaten – nicht anwendbar.

Der Ownership-Test[846] führt nur zu einer Versagung der Abkommensvorteile, wenn nicht in Deutschland ansässige Anteilseigner eine Beteiligung in Höhe von mehr als 50 %, also eine Mehrheitsbeteiligung, an der Gesellschaft halten. Das mag

843 *Jacobs/Endres/Spengel*, Internationale Unternehmensbesteuerung, S. 202.

844 *Ress/Ukrow*, in: Grabitz/Hilf/Nettesheim, EU-Recht, Art. 63 AEUV Rn. 134.

845 Vgl. z.B. EuGH, Urteil v. 11.9.2014 – C-47/12 (*Kronos*), EU:C:2014:2200, Rn. 29 ff.; *Jacobs/Endres/Spengel*, Internationale Unternehmensbesteuerung, S. 206 m.w.N.

846 *Rudolf* möchte auf die Beteiligungsgrenzen in Art. 10 Abs. 2 a) bzw. 3 DBA-USA, also 10 % bzw. 80 %, abstellen (*Rudolf*, Treaty Shopping, S. 327). Das erscheint jedoch nicht richtig, weil es hier um Beschränkung der Grundfreiheiten des

für einen Vorrang der Niederlassungsfreiheit sprechen. Allerdings scheitert der Ownership-Test nicht nur, wenn eine einzelne nicht in Deutschland ansässige Person eine Mehrheitsbeteiligung hält, sondern auch wenn mehrere Personen in anderen Mitgliedstaaten oder in Nicht-Mitgliedstaaten zusammen mehr als 50 % der Anteile an der Gesellschaft halten.[847] Der Ownership-Test kann daher gerade unabhängig von der Höhe der einzelnen Beteiligung zu einer Versagung der Abkommensvorteile führen und ist daher keine Norm, die eine Beteiligung, die eine sichere Einflussnahme ermöglicht, voraussetzt.[848]

Wenn die Norm keine Beteiligung, die eine sichere Einflussnahme ermöglicht, voraussetzt, kommt es für die Abgrenzung zwischen Niederlassungs- und Kapitalverkehrsfreiheit bei innergemeinschaftlichen Sachverhalten auf die Höhe der konkreten Beteiligung im Einzelfall an.[849] Hingegen soll nach der jüngeren Rechtsprechung des EuGH bei Sachverhalten mit Bezug zu Nicht-Mitgliedstaaten die Kapitalverkehrsfreiheit selbst dann anwendbar bleiben, wenn der Anteilseigner die für eine sichere Einflussnahme erforderliche Beteiligungshöhe erreicht.[850] Demnach kommt es in der 1. Fallgruppe darauf an, ob der in der EU ansässige Anteilseigner im Einzelfall eine Beteiligung an der deutschen Gesellschaft hält, die eine sichere Einflussnahme ermöglicht (dann Niederlassungsfreiheit) oder nicht (dann Kapitalverkehrsfreiheit). In der 2. Fallgruppe und 3. Fallgruppe ist hingegen immer die Kapitalverkehrsfreiheit anwendbar.

bb) Geltung der Niederlassungs- bzw. Kapitalverkehrsfreiheit bei Maßnahmen der USA

Adressaten der Niederlassungs- und Kapitalverkehrsfreiheiten sind die EU-Mitgliedstaaten, nicht jedoch andere Staaten wie z.B. die USA.[851] In der 1. und 2. Fallgruppe würde jedoch kein Mitgliedstaat, sondern die USA den Ownership-Test anwenden und basierend darauf die Abkommensvorteile versagen. Auch wenn aus den *Open Skies*-Entscheidungen des EuGH nicht auf die Unvereinbarkeit des Ownership-Tests mit Grundfreiheiten geschlossen werden darf,[852] kann diesen Entscheidungen

---

Anteilseigners der dividendenempfangenden Gesellschaft durch den Ownership-Test geht.

847 Siehe zu dieser Überlegung im Hinblick auf §§ 7 ff. AStG: *Köhler*, in: Strunk/Kaminski/Köhler, AStG, Vor §§ 7–14 AStG Rn. 43.3.

848 A.A. wohl *Pistone/Julien/Cannas*, in: Lang u.a., BEPS, S. 165, 174 mit dem Argument, der Ownership-Test ziele „für gewöhnlich“ auf eine Struktur mit einer beherrschenden Beteiligung ab.

849 Vgl. EuGH, Urteil v. 12.12.2006 – C-374/04 (*ACT 4*), EU:C:2006:773, Rn. 37 ff.; *Jacobs/Endres/Spengel*, Internationale Unternehmensbesteuerung, S. 207.

850 EuGH, Urteil v. 11.9.2014 – C-47/12 (*Kronos*), EU:C:2014:2200, Rn. 41; *Jacobs/Endres/Spengel*, Internationale Unternehmensbesteuerung, S. 207.

851 *Forsthoff*, in: Grabitz/Hilf/Nettesheim, EU-Recht, Art. 49 AEUV Rn. 71; *Ress/Ukrow*, in: Grabitz/Hilf/Nettesheim, EU-Recht, Art. 63 AEUV Rn. 109 ff.

852 Vgl. D.I.1., S. 218.

jedoch entnommen werden, dass Bezugspunkt für die Prüfung der Grundfreiheiten in diesem Fall nicht die Versagung der Abkommensvorteile durch die USA, sondern der Abschluss des DBA-USA durch Deutschland ist, der es den USA ermöglicht, die Abkommensvorteile bei einer Beteiligung von nicht in Deutschland ansässigen Personen die Abkommensvorteile zu versagen.[853] Insoweit ist eine potenzielle Beschränkung der Grundfreiheiten in der 1. und 2. Fallgruppe Deutschland zurechenbar. Somit wäre die Niederlassungs- bzw. Kapitalverkehrsfreiheit auch bei diesen Fallgruppen anwendbar.

b) Beschränkung der Niederlassungs- bzw. Kapitalverkehrsfreiheit

Sowohl die Niederlassungs- als auch die Kapitalverkehrsfreiheit untersagen den Mitgliedstaaten in ihrem Anwendungsbereich direkte oder indirekte Diskriminierungen aufgrund der Staatsangehörigkeit als auch sonstige Beschränkungen.[854]

aa) Deutsche Gesellschaft mit EU bzw. Nicht-EU-Anteilseignern

In der 1. und 2. Fallgruppe wird nach dem Ownership-Test eine deutsche Gesellschaft aufgrund der Ansässigkeit ihrer Gesellschafter in einem anderen EU-Mitgliedstaat bzw. Nicht-Mitliedstaat anders behandelt als eine Gesellschaft mit in Deutschland ansässigen Gesellschaftern. Differenzierungskriterium ist hier also nicht unmittelbar die Staatsangehörigkeit bzw. Sitz der Anteilseigner, sondern deren Steuerpflicht in Deutschland. Allerdings wird die Voraussetzung der Ansässigkeit in Deutschland in der Regel nur von deutschen Staatsangehörigen bzw. Gesellschaften mit Sitz in Deutschland erfüllt sein, sodass indirekt an die Staatsangehörigkeit angeknüpft wird und eine indirekte Diskriminierung vorliegen könnte.[855]

Eine indirekte Diskriminierung aufgrund dieser unterschiedlichen Behandlung ist allerdings nur anzunehmen, wenn sich eine deutsche Gesellschaft mit in Deutschland ansässigen Anteilseignern mit einer deutschen Gesellschaft mit in anderen Mitgliedstaaten (1. Fallgruppe) bzw. in Nicht-EU-Mitgliedstaaten (2. Fallgruppe) ansässigen Anteilseignern in einer objektiv vergleichbaren Lage befindet.[856]

Wie schon erwähnt,[857] hat der EuGH in der Rechtssache *ACT 4* die objektive Vergleichbarkeit der Lage einer Gesellschaft, welche die Voraussetzung der „LoB-Klausel" des DBA zwischen dem Vereinigten Königreich und den Niederlanden

853 *Kofler*, DBA und Gemeinschaftsrecht, S. 514; *Pistone/Julien/Cannas*, in: Lang u.a., BEPS, S. 165, 176 f.

854 *Forsthoff*, in: Grabitz/Hilf/Nettesheim, EU-Recht, Art. 49 AEUV Rn. 68 ff.; *Ress/Ukrow*, in: Grabitz/Hilf/Nettesheim, EU-Recht, Art. 63 AEUV Rn. 158 ff. Hinsichtlich der Niederlassungsfreiheit sind allerdings nur bestimmte Beschränkungen erfasst (*Forsthoff*, a.a.O., Rn. 96 ff).

855 Vgl. zur indirekten Diskriminierung bei Anknüpfung an die Ansässigkeit: *Jacobs/Endres/Spengel*, Internationale Unternehmensbesteuerung, S. 198.

856 *Jacobs/Endres/Spengel*, Internationale Unternehmensbesteuerung, S. 199.

857 Vgl. D.I.2., S. 214.

erfüllte, und die einer Gesellschaft, die aufgrund ihrer nicht in den Niederlanden ansässigen Anteilseigner die Voraussetzungen dieser „LoB-Klausel“ nicht erfüllte, verneint. Allerdings ist diese Argumentation nicht auf die LoB-Klausel in Art. 28 DBA-USA übertragbar.[858]

Es erscheint gleichwohl denkbar, die objektive Vergleichbarkeit von einer deutschen Gesellschaft mit deutschen Anteilseignern und einer deutschen Gesellschaft mit drittstaatsansässigen Anteilseignern aufgrund der fehlenden Abkommensberechtigung der drittstaatsansässigen Anteilseigner und der fehlenden Reziprozität im Verhältnis zwischen den USA und dem Drittstaat zu verneinen (vgl. dazu sogleich unter c)bb), S. 230).[859] Richtigerweise sollten diese Erwägungen aber nicht dazu dienen, die Vergleichbarkeit zu verneinen, sondern bei der Rechtfertigung der indirekten Diskriminierung eine Rolle spielen.[860] Vielmehr ist davon auszugehen, dass sich die Vergleichspaare in der 1. und 2. Fallgruppe in einer objektiv vergleichbaren Lage befinden. Unabhängig von der Ansässigkeit ihrer Anteilseigner unterliegt die deutsche Gesellschaft in Deutschland mit den Einkünften, für die Abkommensvorteile geltend gemacht werden, der unbeschränkten Steuerpflicht und ist mit diesen Einkünften in den USA beschränkt steuerpflichtig.[861] Damit liegt in der 1. und 2. Fallgruppe eine indirekte Diskriminierung vor.

bb) US-Gesellschaft mit EU-Anteilseignern

Bei der unterschiedlichen Behandlung einer US-amerikanischen Gesellschaft mit in den USA ansässigen Anteilseignern einerseits und in anderen EU-Mitgliedstaaten ansässigen Anteilseignern andererseits fehlt es hingegen an einer direkten oder indirekten Diskriminierung. Der Gesellschaft werden die Abkommensvorteile unabhängig davon versagt, ob an der US-Gesellschaft in Deutschland ansässige Anteilseigner oder in anderen Staaten ansässige Anteilseigner ansässig sind.

Denkbar ist lediglich eine andere Beschränkung der Kapitalverkehrsfreiheit vor dem Hintergrund, dass die Versagung der Abkommensvorteile in dieser 3. Fallgruppe EU-Personen behindert, Investitionen in US-Gesellschaften vorzunehmen, soweit diese wiederum Einkünfte aus Deutschland beziehen und sich auf das DBA-USA berufen.[862] Ob auch Maßnahmen, mit denen ein Mitgliedstaat nicht

---

858 Vgl. D.I.2., S. 214.

859 So *Rudolf*, Treaty Shopping, S. 330 ff.

860 Siehe auch *Forsthoff*, in: Grabitz/Hilf/Nettesheim, EU-Recht, Art. 49 AEUV Rn. 82 f., der sich grundsätzlich gegen eine Verlagerung von Rechtfertigungsgründen in die Vergleichbarkeitsprüfung ausspricht.

861 Vgl. *Debelva* u.a., EC Tax Review 2015, 132, 135 ff., die herausarbeiten, dass das relevante Vergleichspaar nicht die in Deutschland ansässigen Anteilseigner einerseits und die in einem anderen EU-Mitgliedstaat bzw. Nicht-EU-Mitgliedstaat ansässigen Anteilseigner andererseits sind.

862 Vgl. zum Begriff der Beschränkung *Ress/Ukrow*, in: Grabitz/Hilf/Nettesheim, EU-Recht, Art. 63 AEUV Rn. 158 ff.

den Kapitalverkehrsverkehr zwischen sich und einem anderen Mitgliedstaat oder zwischen sich und einem Drittstaat, sondern (wie hier) zwischen einem anderen Mitgliedstaat und einem Drittstaat mittelbar behindert, wird wohl bislang weder vom EuGH noch in der Literatur diskutiert. Richtigerweise kann in dieser höchst mittelbaren Wirkung des Ownership-Tests auf die Kapitalverkehrsfreiheit keine Beschränkung zu sehen sein.

c) Rechtfertigung der Beschränkung

Der EuGH lässt in ständiger Rechtsprechung Beschränkungen (einschließlich indirekter Diskriminierungen) der Niederlassungs- und Kapitalverkehrsfreiheit zu, die in einem im zwingenden Allgemeininteresse liegenden Ziel dienen und zur Erreichung dieses Ziels erforderlich und angemessen sind.[863]

aa) Verhinderung von Steuermissbrauch

Als einen zwingenden Grund des Allgemeininteresses hat der EuGH Verhinderung von Steuermissbrauch angesehen.[864] An die Anwendung dieses Rechtfertigungsgrunds werden allerdings sehr strenge Maßstäbe gestellt.[865] Insbesondere dürfen Missbrauchsvorschriften nicht generell auf bestimmte Konstellationen und ohne eine Feststellung einer Steuerumgehungsabsicht im Einzelfall angewendet werden.[866] Vielmehr sei eine Missbrauchsvorschrift nur dann zulässig, „wenn sie sich speziell auf rein künstliche Gestaltungen bezieht, die darauf ausgerichtet sind, der Anwendung der Rechtsvorschriften des betreffenden Mitgliedstaats zu entgehen".[867]

Den Stellungnahmen, die sich für die Unvereinbarkeit der LoB-Klausel mit den Grundfreiheiten aussprechen, ist darin zuzustimmen, dass der Ownership-Test diesen Anforderungen nicht genügt.[868] Auch ist es richtig, dass der Ownership-Test selbst dann nach der EuGH-Rechtsprechung keine zulässige Missbrauchsverhinderungsvorschrift darstellt, wenn man ihn zusammen mit der Ermessensklausel betrachtet.[869] Bei der Ausübung des Ermessens müssen die USA nicht die Verpflichtungen Deutschlands aus den Grundfreiheiten beachten und außerdem können nach Art. 28 Abs. 7 DBA-USA selbst dann Abkommensvorteile versagt werden, wenn keine rein künstliche Gestaltung oder eine Steuerumgehungsabsicht vorliegt.[870]

---

863 Vgl. *Jacobs/Endres/Spengel*, Internationale Unternehmensbesteuerung, S. 209 ff.; *Ress/Ukrow*, in: Grabitz/Hilf/Nettesheim, EU-Recht, Art. 63 AEUV Rn. 225.

864 Vgl. insbesondere EuGH, Urteil v. 12.9.2006 – C-196/04 (*Cadbury Schweppes*), EU:C:2006:544.

865 *Jacobs/Endres/Spengel*, Internationale Unternehmensbesteuerung, S. 212.

866 *Jacobs/Endres/Spengel*, Internationale Unternehmensbesteuerung, S. 212.

867 EuGH, Urteil v. 12.9.2006 – C-196/04, EU:C:2006:544 (*Cadbury Schweppes*), Rn. 52.

868 Vgl. zur Begründung ausführlich *Kofler*, DBA und Gemeinschaftsrecht, S. 518 ff.

869 Vgl. ausführlich: *Kofler*, DBA und Gemeinschaftsrecht, S. 523 ff und *Pistone/Julien/Cannas*, in: Lang u.a., BEPS, S. 165, 190 ff.

870 Vgl. C.VI.1.c), S. 201.

Mithin kann eine Beschränkung der Niederlassungs- und Kapitalverkehrsfreiheit durch den Ownership-Test nicht mit der Verhinderung von Steuermissbrauch begründet werden.

bb) Wahrung des Reziprozitätsprinzips von DBA

Allerdings erscheint fraglich, ob die Beschränkung der Niederlassungs- und Kapitalverkehrsfreiheit durch den Ownership-Test nicht mit anderen Erwägungen gerechtfertigt werden kann.

Der EuGH hat wiederholt bestätigt, dass die Mitgliedstaaten DBA zur Vermeidung der internationalen Doppelbesteuerung abschließen dürfen.[871] Unvermeidbare Konsequenz davon ist die Zulässigkeit der Beschränkung des persönlichen Anwendungsbereichs der von den Mitgliedstaaten geschlossenen DBA auf die in den Vertragsstaaten ansässigen Personen. Wäre Deutschland aus den Grundfreiheiten verpflichtet, die Abkommensvorteile eines DBA mit den USA auch allen Personen in anderen Mitgliedstaaten zu gewähren, wäre das nur möglich, wenn die anderen Mitgliedstaaten im Gegenzug verpflichtet wären, in Deutschland ansässigen Personen entsprechende Abkommensvorteile zu gewähren. Andernfalls würde Deutschland in dem DBA auf ein Steueraufkommen zugunsten eines anderen Mitgliedstaats verzichten, ohne dass ein entsprechender Verzicht des anderen Mitgliedstaats dem entgegenstünde. Aus der gleichen Überlegung heraus könnte Deutschland von den USA nur dann eine Erstreckung der Abkommensvorteile auf in anderen Mitgliedstaaten ansässige Personen verlangen, wenn im Gegenzug die anderen Mitgliedstaaten entsprechende Abkommensvorteile zugunsten von in den USA ansässigen Personen einräumen würde. Ein solches DBA zugunsten und zulasten aller EU-Mitgliedstaaten ist aber wegen der fehlenden Harmonisierung der direkten Steuern und der Maßnahmen zur Vermeidung der Doppelbesteuerung innerhalb der EU nicht denkbar. Erst recht kann Deutschland wegen dieser Reziprozitätserwägungen nicht aus den Grundfreiheiten verpflichtet sein, die Abkommensvorteile eines DBA auf in Nicht-EU-Mitgliedstaaten ansässige Personen auszudehnen. Mit anderen Worten folgt die unterschiedliche Behandlung von innerhalb und außerhalb der Vertragsstaaten ansässigen Personen zwingend aus dem Reziprozitätsprinzip von DBA. Der EuGH hat dies in den Entscheidungen *ACT 4* und *D* zum Anlass genommen, eine für die Grundfreiheiten relevante Ungleichbehandlung durch eine Beschränkung des persönlichen Anwendungsbereichs des DBA auf in den Vertragsstaaten ansässige Personen zu verneinen.[872]

Der Ownership-Test ist lediglich eine Fortsetzung der Reziprozitätserwägungen, die eine Beschränkung des persönlichen Anwendungsbereichs auf in Vertragsstaaten ansässige Personen notwendig machen. Wie die Ansässigkeitsvoraussetzung

---

871 EuGH, Urteil v. 12.12.2006 – C-374/04 (*ACT 4*), EU:C:2006:773, Rn. 81; EuGH, Urteil v. 5.7.2005 – C-376/03 (*D*), EU:C:2005:424, Rn. 52.

872 EuGH, Urteil v. 12.12.2006 – C-374/04 (*ACT 4*), EU:C:2006:773, Rn. 84 ff.; EuGH, Urteil v. 5.7.2005 – C-376/03 (*D*), EU:C:2005:424, Rn. 52 ff.

schränkt der Ownership-Test den persönlichen Anwendungsbereich des DBA ein, damit die Abkommensvorteile nur solchen Personen zugutekommen, die in den Vertragsstaaten ansässig sind. Werden einer Gesellschaft Abkommensvorteile gewährt, so kommen diese Abkommensvorteile mittelbar auch dem Gesellschafter zugute. Das zeigt sich insbesondere dann, wenn die Einkünfte aus dem Quellenstaat bei der Gesellschaft keiner (erheblichen) Steuerlast unterliegen. Dann macht es für einen Drittstaatsansässigen keinen Unterschied, ob er die Einkünfte direkt oder über eine Gesellschaft bezieht. In beiden Fällen widerspricht die Gewährung der Abkommensvorteile dem Reziprozitätsprinzip. Wäre Deutschland aus den Grundfreiheiten verpflichtet, von den USA zu verlangen, die Vorteile des DBA-USA auch auf eine deutsche Gesellschaft mit Anteilseignern in anderen EU-Mitgliedstaaten oder gar Nicht-EU-Mitgliedstaaten zu erstrecken, würde das dem Reziprozitätsprinzip widersprechen, solange nicht auch der Ansässigkeitsstaat des Anteilseigners in den USA ansässigen Personen bzw. einer deutschen Gesellschaft mit in den USA ansässigen Anteilseignern entsprechende Abkommensvorteile gewährt. Da Deutschland aber weder für einen anderen EU-Mitgliedstaat, geschweige denn für einen Nicht-Mitliedstaat ein DBA abschließen kann, hat Deutschland darauf keinen Einfluss.

Aus diesen Erwägungen heraus sollten Beschränkungen der Niederlassungs- und Kapitalverkehrsfreiheit einer Gesellschaft durch die Versagung von Abkommensvorteilen wegen der Ansässigkeit ihrer Anteilseigner zulässig sein, soweit sie für die Wahrung der Reziprozität des DBA bzw. notwendig sind. Bislang hat der EuGH zwar die Wahrung der Reziprozität des DBA nicht als zwingendes Allgemeininteresse zur Rechtfertigung von Beschränkungen der Niederlassungs- und Kapitalverkehrsfreiheit anerkannt. Vielmehr hat er – soweit es um die unterschiedliche Behandlung von in den Vertragsstaaten ansässigen und drittstaatsansässigen Personen ging – bereits die Ungleichbehandlung aus Reziprozitätserwägungen heraus verneint.[873] Es erscheint aber nur folgerichtig, die Wahrung der Reziprozität des DBA gleichermaßen als Rechtfertigungsgrund anzuerkennen, wenn eine Ungleichbehandlung vorliegt.[874] Dafür spricht auch, dass der EuGH in anderen Fällen Beschränkungen im Bereich der direkten Steuern für zulässig gehalten hat, die aus der mangelnden Harmonisierung der direkten Steuern und der fehlenden Kompetenz der EU bei Maßnahmen zur Vermeidung der Doppelbesteuerung folgten, und hierzu den Rechtfertigungsgrund der „Wahrung der Aufteilung der Besteuerungsbefugnisse" anerkannt hat.[875]

Der Rechtfertigung von Beschränkungen aufgrund von Reziprozitätserwägungen wurde allerdings entgegengehalten, dies würde zu einer unerträglichen europarechtlichen Akzeptanz von völkerrechtlichen Verträgen zulasten Dritter

---

873 EuGH, Urteil v. 5.7.2005 – C-376/03 (*D*), EU:C:2005:424.

874 Vgl. aber *Rudolf*, Treaty Shopping, S. 330 ff., der diese Überlegungen bereits dafür nutzen möchte, eine Ungleichbehandlung zu verneinen (a.a.O., S. 339).

875 Vgl. beispielsweise: EuGH, Urteil v. 17.7.2014 – C-48/13 (*Nordea Bank*), EU:C:2014:2087. Siehe auch: *Jacobs/Endres/Spengel*, Internationale Unternehmensbesteuerung, S. 216 f.; *Ress/Ukrow*, in: Grabitz/Hilf/Nettesheim, EU-Recht, Art. 63 AEUV Rn. 239 m.w.N. zu diesem Rechtfertigungsgrund.

führen.[876] Das erscheint jedoch in dieser Weite nicht zutreffend. Natürlich bedingt die Reziprozität und die daraus folgende Beschränkung des persönlichen Anwendungsbereichs des DBA einen Nachteil für Personen außerhalb des persönlichen Anwendungsbereichs. Das ist aber eine Folge, die sich aus dem bilateralen Wesen eines DBA ergibt. Diskriminierungen, die nicht lediglich die Reziprozität des DBA sicherstellen sollen, können unter diesem Gesichtspunkt auch nicht gerechtfertigt werden.

Insofern erscheint der Ownership-Test europarechtlich auch nicht völlig unbedenklich. Er versagt nämlich die Abkommensvorteile auch dann, wenn an einer deutschen Gesellschaft Anteilseigner beteiligt sind, die zwar in einem anderen Staat ansässig sind, aber nach einem anderen DBA zwischen den USA und ihrem Ansässigkeitsstaat abkommensberechtigt wären. Das ist zur Wahrung des Reziprozitätsprinzips nicht erforderlich.[877] Auch in Zusammenschau mit dem Derivative-Benefits-Test ergibt sich kein anderes Ergebnis. Zum einen würde dieser Test nur dann eingreifen, wenn die Anteilseigner in EU/EWR oder NAFTA-Staaten ansässig sind, also nicht alle potenzielle Ansässigkeitsstaaten der Anteilseigner in der 2. Fallgruppe (deutsche Gesellschaft mit Nicht-EU-Anteilseignern) abdecken. Zum anderen versagt der Derivative-Benefits-Test die Abkommensvorteile vollständig, wenn die erforderliche Beteiligungsgrenze in Höhe von 95 % nicht erreicht wird, obwohl eine proportionale Versagung der Abkommensberechtigung ausreichend wäre.[878] Insofern ist der Ownership-Test (auch in Zusammenschau mit den sonstigen Tests der LoB-Klausel) mit der Niederlassungs- und Kapitalverkehrsfreiheit tatsächlich unvereinbar.

2. *Base-Erosion-Test gem. Art. 28 Abs. 2 f) bb) DBA-USA*

Hinsichtlich des Base-Erosion-Tests in Art. 28 Abs. 2 f) bb) DBA-USA ist eine Verletzung von Grundfreiheiten in verschiedenen Situationen denkbar.

Zum einen beschränkt der Base-Erosion-Test die Kapitalverkehrsfreiheit, wenn eine deutsche Gesellschaft ein Darlehen von in EU-Mitgliedstaaten oder Nicht-EU-Mitgliedstaaten ansässigen Personen aufnimmt, weil in diesem Fall Zinszahlungen zu einem Verlust der Abkommensberechtigung der Gesellschaft führen können, während Zinszahlungen an in Deutschland ansässige Darlehensgeber unschädlich sind. Weiterhin wird durch den Base-Erosion-Test auch die Warenverkehrsfreiheit (Art. 34 ff. AEUV) und die Dienstleistungsfreiheit (Art. 56 ff. AEUV) dadurch beschränkt, dass nach diesem Test Zahlungen für den Erwerb von Waren- oder Dienstleistungen von Personen, die in Deutschland ansässig sind, besser behandelt

876 *Kofler*, DBA und Gemeinschaftsrecht, S. 508.
877 Vgl. C.III.2.c)aa), S. 166.
878 Vgl. C.II.3.b)bb)(3)(c), S. 117.

werden, als wenn der Anbieter der Waren oder Dienstleistungen in einem anderen Mitgliedstaat ansässig ist.[879]

Auch hier erscheint es im Grundsatz denkbar, diese Beschränkungen unter dem Gesichtspunkt der Wahrung der Reziprozität des DBA zu rechtfertigen, da ein Drittstaatsansässiger im Rahmen von Stepping-Stone-Conduit-Strukturen oder Durchleitungsstrukturen die Abkommensvorteile auch mittelbar durch an ihn geleistete abzugsfähige Zahlungen in Anspruch nehmen kann. Allerdings sind nach dem Base-Erosion-Test im Grundsatz alle abzugsfähigen Zahlungen an außerhalb der Vertragsstaaten ansässige Personen schädlich, unabhängig davon, ob ein Drittstaatsansässiger dadurch mittelbar Abkommensvorteile in Anspruch nimmt oder nicht. Beispielsweise ist auch die Zahlung an einen drittstaatsansässigen Rechtsanwalt für eine Beratung im Rahmen des gewöhnlichen Geschäftsbetriebs schädlich. Hier kann nicht angenommen werden, dass der Rechtsanwalt über diese Zahlung mittelbar Abkommensvorteile in Anspruch nimmt.[880] Da der Base-Erosion-Test somit über das hinausgeht, was zur Wahrung der Reziprozität des DBA erforderlich ist, ist er nicht mit der Kapital-, Warenverkehrs- bzw. Dienstleistungsfreiheit vereinbar.

3. Publicly-Traded-Test gem. Art. 28 Abs. 2 c) aa) DBA-USA

Problematisch ist weiterhin, dass nach dem Publicly-Traded-Test in Art. 28 Abs. 2 c) aa) DBA-USA ein Aktienhandel an einer Börse stattfinden muss, die sich in einem der Vertragsstaaten befindet. Ein Handel an einer Börse in einem anderen EU-Mitgliedstaat oder Nicht-EU-Mitgliedstaat ist hingegen nicht ausreichend. Darin liegt eine Beschränkung der Kapitalverkehrsfreiheit, weil eine Gesellschaft, die Eigenkapital an einer Börse in anderen EU-Mitgliedstaaten oder Nicht-EU-Mitgliedstaaten aufnimmt, schlechter behandelt wird als eine Gesellschaft, die Eigenkapital an einer deutschen Börse aufnimmt.

Wenn der Hintergrund der Einschränkung auf deutsche und US-amerikanische Börsen darin läge, dass der Handel an diesen Börsen auch in diesen Staaten ansässige Aktionäre indiziert, könnte die daraus resultierende Beschränkung der Kapitalverkehrsfreiheit wohl mit der Wahrung der Reziprozität des DBA begründet werden. Das ist indes – wie zuvor erörtert[881] – nicht der Fall. Das Tatbestandsmerkmal der anerkannten Börse soll vielmehr sicherstellen, dass an der betreffenden Börse Vorgaben hinsichtlich der Anteilsstreuung, der Publizitätspflichten und der Kosten für die Börsennotierung bestehen, die einen Einsatz der börsennotierten Gesellschaft zur gezielten Erlangung von Abkommensvorteilen unwahrscheinlich machen.[882]

879 *Wassermeyer/Schönfeld*, DB 2006, 1970, 1973. Vgl. auch den Anwendungsbereich dieser Grundfreiheiten: *Leible/Streinz*, in: Grabitz/Hilf/Nettesheim, EU-Recht, Art. 34 AEUV Rn. 56 ff. und *Randelzhofer/Forsthoff*, in: Grabitz/Hilf/Nettesheim, EU-Recht, Art. 57 AEUV Rn. 32 ff.

880 Vgl. C.II.6.b)cc)(4), S. 149.

881 Vgl. C.II.3.b)aa)(2)(a), S. 104.

882 Vgl. C.II.3.b)aa)(2)(a), S. 104.

Diese Kriterien treffen aber nicht nur auf deutsche und US-amerikanische Börsen, sondern wegen der weitgehenden Harmonisierung des Kapitalmarktrechts in der Regel auch auf Börsen in der EU zu. Daher ist die fehlende Anerkennung von Börsen in anderen EU-Mitgliedstaaten zur Wahrung der Reziprozität des DBA nicht erforderlich und insofern verstößt der Publicly-Traded-Test gegen die Kapitalverkehrsfreiheit.

Auch bestimmte Börsen in Nicht-EU-Mitgliedstaaten werden vergleichbare Anforderungen wie die anerkannten Börsen in Deutschland bzw. in den USA haben, sodass theoretisch ebenfalls insoweit ein Verstoß gegen die Kapitalverkehrsfreiheit vorliegen würde. Allerdings wird dieser Verstoß wohl praktisch nur selten relevant werden.

4. *Active-Trade-or-Business-Test*

Der Active-Trade-or-Business-Test könnte gegen die Niederlassungsfreiheit verstoßen, weil er eine deutsche Gesellschaft, die in Deutschland einer aktiven gewerblichen Tätigkeit nachgeht, die Abkommensvorteile gewährt, während sie einer deutschen Gesellschaft, die in einem anderen EU-Mitgliedstaat eine aktive gewerbliche Tätigkeit ausübt, versagt bleiben.[883]

Richtigerweise kann aber diese Beschränkung der Niederlassungsfreiheit mit der Wahrung der Reziprozität des DBA begründet werden. Der Active-Trade-or-Business-Test wird in dieser Konstellation nur relevant, wenn die Abkommensvorteile in Anspruch nehmende Person ansonsten nicht abkommensberechtigt ist, also insbesondere wenn es sich um eine Gesellschaft handelt, deren Anteilseigner nicht in Deutschland ansässig sind, und die Reziprozität des DBA bei Gewährung der Abkommensvorteile grundsätzlich nicht gewahrt wäre. Bei Vorliegen der Voraussetzungen des Active-Trade-or-Business-Tests ist das Reziprozitätsprinzip aber dennoch gewahrt, weil die Vertragsstaaten in ihrer Rolle als Ansässigkeitsstaat ein Interesse darin haben, dass die in ihrem Staat ausgeübte unternehmerische Tätigkeit auch dann begünstigt wird, wenn dahinter ein Drittstaatsansässiger steht.[884] Diese Überlegung trifft aber nicht zu, wenn die unternehmerische Tätigkeit außerhalb Deutschlands ausgeübt wird.

III. Zwischenergebnis

Im Ergebnis ist die LoB-Klausel in Art. 28 DBA-USA daher weder generell mit den Grundfreiheiten unvereinbar noch unter diesem Blickwinkel unbedenklich. Die einzelnen Voraussetzungen der LoB-Klausel müssen unter dem Gesichtspunkt analysiert werden, ob sie zur Wahrung der Reziprozität des DBA geeignet, erforderlich und angemessen sind. Daran gemessen sind die Voraussetzungen der LoB-Klausel teilweise mit den Grundfreiheiten vereinbar, andere Voraussetzungen

883 So *Vega*, LoB-Clauses, S. 252.
884 Vgl. C.IV.2.b)aa), S. 187.

jedoch nicht. Neben den zuvor diskutierten Voraussetzungen der LoB-Klausel ist es durchaus denkbar, dass auch andere Voraussetzungen der LoB-Klausel mit den Grundfreiheiten unvereinbar sind. Eine solche detaillierte Prüfung aller Voraussetzungen der LoB-Klausel soll jedoch im Rahmen dieser Arbeit nicht vorgenommen werden.

3. Teil: Weitere Vorschriften des DBA-USA und im innerstaatlichen Steuerrecht der Vertragsstaaten

Auch wenn eine zusammenfassende Bewertung der LoB-Klausel erst im vierten Teil dieser Arbeit erfolgen soll, kann an dieser Stelle schon festgehalten werden, dass die LoB-Klausel nur bestimmte Treaty-Shopping-Strukturen effektiv adressiert.

Die Tests der LoB-Klauseln richten sich vorranging nur gegen Treaty Shopping durch die Einschaltung von Zwischengesellschaften, also Direct Conduit- und Stepping-Stone-Conduit-Strukturen. Während Direct-Conduit-Strukturen (mit gewissen Einschränkungen) weitgehend effektiv durch die LoB-Klausel verhindert werden, bestehen bei Stepping-Stone-Conduit-Strukturen allerdings insofern Lücken, als der Base-Erosion-Test (in Art. 28 Abs. 2 f) bb) und Abs. 3 b) DBA-USA), der diese Gestaltungen verhindern soll, nicht im Rahmen des Indirectly-Publicly-Traded-Tests anzuwenden ist.

Neben Stepping-Stone-Conduit-Strukturen zielt der Base-Erosion-Test zudem auf Durchleitungsstrukturen ab. Das Konzept dieses Tests ist, insbesondere aufgrund der weiten Definition des *Rohgewinns*, allerdings nicht geeignet, um Durchleitungsstrukturen effektiv zu verhindern.[885] Weiterhin finden sich in der LoB-Klausel keine Tests, die sich gegen andere Formen des Treaty Shopping durch eine formale Verlagerung von Einkünften (etwa durch Treuhandkonstruktionen oder kurzfristige Übertragungen) oder durch das Ausnutzen von Qualifikationskonflikten richten.

Vor diesem Hintergrund soll Gegenstand dieses dritten Teils der Arbeit die Frage sein, ob andere Vorschriften des DBA-USA oder die Vorschriften und Rechtsgrundsätze im innerstaatlichen Steuerrecht der Vertragsstaaten diese Lücken der LoB-Klausel schließen. Dabei geht es nicht um eine detaillierte Auslegung und Bewertung dieser Vorschriften und Rechtsgrundsätze. Vielmehr soll der dritte Teil dazu dienen zu bestimmen, wie diese Vorschriften und Rechtsgrundsätze mit der LoB-Klausel zusammenwirken und sie bei der Verhinderung von Treaty Shopping ergänzen. Zunächst sollen die Vorschriften des DBA-USA (siehe nachfolgend unter A.) und sodann die Regelungen des deutschen (siehe nachfolgend unter B.) und des US-amerikanischen innerstaatlichen Steuerrechts (siehe nachfolgend unter C.) untersucht werden.

885 Vgl. 2. Teil, C.II.6.b)bb)(2)(a), S. 144.

A. Vorschriften im DBA-USA

I. Hybride Rechtsgebilde (Art. 1 Abs. 7 DBA-USA)

Nach Art. 1 Abs. 7 DBA-USA gelten, wenn Einkünfte von einer oder über eine Person erzielt werden, die nach dem Recht eines der Vertragsstaaten als solche nicht steuerpflichtig ist, diese als von einer in einem Staat ansässigen Person erzielt, soweit sie im Sinne der Steuergesetze dieses Staats als Einkünfte einer ansässigen Person gelten. Bereits im zweiten Teil dieser Arbeit wurde Art. 1 Abs. 7 DBA-USA erörtert und festgestellt, dass diese Vorschrift ein Leerlaufen der Abkommensberechtigung beim Bezug von Einkünften über hybride Rechtsgebilde verhindern soll.[886] Neben dieser erweiternden Funktion erfüllt Art. 1 Abs. 7 DBA-USA aber auch eine beschränkende Funktion, indem diese Vorschrift die Abkommensberechtigung versagt, wenn beim Bezug von Einkünften über ein hybrides Rechtsgebilde zwar der Quellenstaat, nicht aber der andere Vertragsstaat die Einkünfte einer im anderen Vertragsstaat ansässigen Person zurechnet.[887] In diesem Fall gelten die Einkünfte gem. Art. 1 Abs. 7 DBA-USA nicht von einer im anderen Vertragsstaat ansässigen Person bezogen und die Voraussetzungen für eine Reduzierung oder Freistellung von der Quellensteuer liegen somit nicht vor. Damit adressiert Art. 1 Abs. 7 DBA-USA auch Treaty-Shopping-Strukturen durch den Einsatz hybrider Gesellschaften.[888]

Fraglich ist aber, ob Art. 1 Abs. 7 DBA-USA auch anwendbar ist, wenn (wie bei diesen Strukturen üblich) an der hybriden Gesellschaft nur ein Anteilseigner beteiligt ist. Aus Sicht Deutschlands als Anwenderstaat ist die hybride Gesellschaft steuerlich dann keine Personengesellschaft, sondern eine Niederlassung/Betriebsstätte des Anteilseigners.[889] Aus diesem Grund wird vertreten, dass in dieser Situation aus Sicht Deutschlands die hybride Gesellschaft keine *Person* i.S.d. Art. 3 Abs. 1 d) DBA-USA und Art. 1 Abs. 7 DBA-USA daher nicht anwendbar sei.[890] Dem ist nicht zuzustimmen. Der Begriff der Person wird in Art. 3 Abs. 1 d) DBA-USA nicht abschließend definiert und damit war offenbar eine weite Definition beabsichtigt. Würde man hybride Ein-Personen-Gesellschaften nicht darunter fassen, ergäbe sich

---

886 Vgl. 2. Teil, C.I.3., S. 69.

887 Technical Explanation DBA-USA (2006) zu Art. 1 Abs. 7; *Wolff*, in: Wassermeyer, DBA, Art. 1 DBA-USA Rn. 113.

888 In der deutschen Literatur wird allerdings teilweise angenommen, Art. 1 Abs. 7 DBA-USA komme nur eine abkommenserweiternde, aber keine beschränkende Funktion zu. Wenn der Ansässigkeitsstaat die Einkünfte nicht einer dort ansässigen Person zurechne, bleibe es bei der Grundregel, dass über die Einkünftezurechnung das innerstaatliche Recht des Quellenstaats entscheidet (*Schnitger*, in: Endres/Jacob/Gohr/Klein, DBA-USA, Art. 1 Rn. 78, 96 f.). Diese Auslegung widerspricht jedoch der Intention beider Vertragsstaaten (vgl. Technical Explanation DBA-USA (2006) zu Art. 1 Abs. 7; BT-Drs. 16/2708, S. 35).

889 Vgl. BMF, Schreiben v. 19.3.2004 – IV B 4 – S 1301 USA – 22/04, BStBl. I 2004, S. 411 unter Tz. IV.

890 *Wolff*, in: Wassermeyer, DBA, Art. 1 DBA-USA Rn. 111.

bei der Anwendung des Art. 1 Abs. 7 DBA-USA eine nicht beabsichtigte Regelungslücke. Daher sollte die zivilrechtliche Existenz eines Rechtsgebildes ausreichen, um von einer Person ausgehen zu können und Art. 1 Abs. 7 DBA-USA anzuwenden. Auch die Technical Explanation geht in diesem Fall von der Anwendbarkeit von Art. 1 Abs. 7 DBA-USA aus.[891]

Bezogen auf die im ersten Teil dieser Arbeit vorgestellte Treaty-Shopping-Struktur durch Einsatz hybrider Rechtsträger (Beispiel 5)[892] würde Art. 1 Abs. 7 DBA-USA daher der Gewährung der Abkommensvorteile an die A-Gesellschaft entgegenstehen, weil die Dividenden aus Sicht des Staats A nicht als von einer dort ansässigen Person bezogen werden. Damit schließt diese beschränkende Funktion von Art. 1 Abs. 7 DBA-USA eine Lücke der LoB-Klausel bei der Verhinderung von Treaty Shopping unter Einsatz hybrider Gesellschaften.[893]

II. Ausnahme für die US-Versicherungsteuer (Art. 2 Abs. 1 a) DBA-USA)

Nach Art. 2 Abs. 1 a) bb) DBA-USA gilt das DBA-USA auch für die bereits im zweiten Teil dieser Arbeit erörterte US-Versicherungsteuer, die auf Prämien für bestimmte Versicherungen und Rückversicherungen erhoben wird, soweit diese Risiken in den USA versichern.[894] Von einer in den USA ansässigen Person gezahlte Prämien an ein in Deutschland ansässiges Versicherungsunternehmen sind damit gem. Art. 7 Abs. 1 S. 1 DBA-USA von der US-Versicherungsteuer freizustellen. Art. 2 Abs. 1 a) a.E. DBA-USA macht jedoch davon insoweit eine Ausnahme, als die durch die Prämien gedeckten Risiken bei einer Person rückversichert sind, die nicht nach dem DBA-USA oder einem anderem DBA, das ebenfalls eine Freistellung von der US-Versicherungsteuer vorsieht, abkommensberechtigt ist.[895]

Im Ergebnis wendet sich diese Ausnahme damit gegen eine ganz bestimmte Form von Durchleitungsstrukturen, weil die Zahlung des deutschen Versicherers an einen drittstaatsansässigen, nicht abkommensberechtigten Rückversicherer als eine Weiterleitung der aus den USA gezahlten Versicherungsprämien angesehen

---

891 Technical Explanation DBA-USA (2006) zu Art. 1 Abs. 7. Die USA sehen in einer hybriden Ein-Personen-Gesellschaft eine *disregarded entity*. Vgl. zu der Frage, ob eine *disregarded entity* für Zwecke des innerstaatlichen US-Steuerrechts eine Person ist: *Daub*, Tax Notes 2015 (Bd. 146), 409, 412.

892 Vgl. 1. Teil, C.III.1., S. 22.

893 Erwägenswert erscheint eine Ausweitung des Art. 1 Abs. 7 DBA-USA auf hybride Gestaltungen (*arrangements*), wie sie im Rahmen des BEPS-Projekts vorgeschlagen wurde (OECD, Final BEPS Report – Action 2, S. 139 ff.). Das soll jedoch nicht Gegenstand dieser Arbeit sein.

894 Vgl. 2. Teil, B.IV, S. 66.

895 Nicht alle DBA der USA schließen die Versicherungsteuer mit ein, weil die USA eine Freistellung für diese Steuer nur in ganz bestimmten Fällen gewähren (vgl. US Treasury, Tax Treaties, S. 77).

werden kann. Wegen des engen Anwendungsbereichs handelt es sich dabei jedoch nicht um eine Vorschrift, die Treaty Shopping durch Durchleitungsstrukturen generell verhindern könnte.

III. Ansässigkeit (Art. 4 DBA-USA)

Art. 4 Abs. 1 S. 1 DBA-USA definiert die Ansässigkeit in einem Vertragsstaat und legt i.V.m. Art. 1 Abs. 1 DBA-USA sowie den Verteilungsartikeln damit den persönlichen Anwendungsbereich des DBA-USA fest. Eine Person ist nach Art. 4 Abs. 1 S. 1 DBA-USA in einem Vertragsstaat ansässig, wenn sie dort aufgrund ihres Wohnsitzes, ihres ständigen Aufenthalts, ihrer Geschäftsleitung, des Orts ihrer Gründung oder eines anderen ähnlichen Merkmals (unbeschränkt) steuerpflichtig ist. Wie insbesondere im ersten Teil dieser Arbeit gesehen, verhindert diese Voraussetzung aber kein Treaty Shopping. Eine Körperschaft muss nämlich nur in einem der beiden Vertragsstaaten gegründet worden sein, um dort die Ansässigkeit i.S.d. Art. 4 Abs. 1 DBA-USA zu begründen. Das stellt für Treaty Shopping keine erheblichen Hürden auf.[896] Das gilt umso mehr, als nach verbreiteter Ansicht die Körperschaft nur abstrakt steuerpflichtig sein muss, die Ansässigkeit also nicht daran scheitert, dass die Körperschaft im konkreten Fall einer persönlichen Steuerbefreiung unterliegt und sich damit besonders für Treaty-Shopping-Strukturen eignet.[897]

Relevanz hat Art. 4 Abs. 1 DBA-USA dennoch durch seinen Satz 2 für Treaty-Shopping-Strukturen unter Einsatz von doppelt ansässigen Gesellschaften, wie sie im ersten Teil dieser Arbeit beschrieben wurden, also Gesellschaften, die aus Sicht des Quellenstaats im anderen Vertragsstaat ansässig sind, nach einem DBA des anderen Vertragsstaats mit einem Drittstaat jedoch in dem Drittstaat ansässig sind.[898]

Beispiel 1:
Die D-GmbH wurde in Deutschland gegründet. Ihre Anteilseigner sind in Deutschland ansässig.[899] *Der Ort ihrer Geschäftsleitung wurde nach Liechtenstein verlegt (kein DBA mit den USA). Nach dem DBA zwischen Deutschland und Liechtenstein gilt sie daher als in Liechtenstein ansässig.*[900] *Sie bezieht Dividenden aus den USA und beansprucht dafür eine Reduzierung der US-Quellensteuer nach Art. 10 Abs. 2 DBA-USA.*

Gem. Art. 4 Abs. 1 S. 1 DBA-USA ist die D-GmbH grundsätzlich in Deutschland ansässig, weil sie dort aufgrund ihres Satzungssitzes unbeschränkt körperschaftsteuerpflichtig ist. Nach Art. 4 Abs. 1 S. 2 DBA-USA ist eine Person aber nicht in einem Vertragsstaat ansässig, wenn sie in diesem Staat nur mit Einkünften aus Quellen in

896 *Vega*, LoB-Clauses, S. 76 ff.
897 Vgl. *Lehner*, in: Vogel/Lehner, DBA, Art. 4 Rn. 83 ff.
898 Vgl. C.III.2, S. 23.
899 Wären die Anteilseigner in einem Drittstaat ansässig, wäre eine Versagung der Abkommensberechtigung nach der LoB-Klausel wahrscheinlich.
900 Art. 4 Abs. 3 des DBA zwischen Deutschland und Liechtenstein.

diesem Staat steuerpflichtig ist. Nach Auffassung der IRS fällt darunter auch eine Gesellschaft, die zwar grundsätzlich i.S.d. Art. 4 Abs. 1 S. 1 DBA-USA in Deutschland ansässig ist, weil sie dort aufgrund ihres Sitzes unbeschränkt körperschaftsteuerpflichtig ist, aber nach einem DBA zwischen Deutschland und einem Drittstaat in dem Drittstaat (im Beispiel 1: Liechtenstein) ansässig ist.[901] Das entspricht auch der Auffassung des OECD-MK in Bezug auf den gleichlautenden Art. 4 Abs. 1 S. 2 OECD-MA.[902] Nach dieser Auslegung würde Art. 4 Abs. 1 S. 2 DBA-USA Treaty-Shopping-Strukturen unter Einsatz doppelt ansässiger Gesellschaften verhindern, weil eine solche Gesellschaft nicht mehr im anderen Vertragsstaat ansässig wäre.

Für diese Auslegung spricht, dass eine Gesellschaft im Ergebnis nur der Quellenbesteuerung im anderen Vertragsstaat unterliegt, wenn sie nach einem anderen DBA in einem Drittstaat ansässig ist. Im Beispiel 1 würde das Besteuerungsrecht für die Dividenden aus den USA sowie allen anderen Einkünften aus den USA nicht Deutschland, sondern Liechtenstein zustehen.[903]

Allerdings wird die Subsumtion doppelt ansässiger Gesellschaften unter Art. 4 Abs. 1 S. 2 DBA-USA in der Literatur ganz überwiegend bezweifelt. Das DBA mit dem Drittstaat könne nach völkerrechtlichen Grundsätzen nicht das Verhältnis zu anderen Staaten (hier: zum Quellenstaat) beeinflussen.[904] Folgt man dieser Auffassung, bietet Art. 4 DBA-USA keinen Schutz vor Treaty Shopping durch doppelt ansässige Gesellschaften. Auch Art. 4 Abs. 3 DBA-USA ist nicht einschlägig, weil diese Vorschrift nur die doppelte Ansässigkeit einer Gesellschaft in den USA und Deutschland nach Art. 4 Abs. 1 DBA-USA, aber nicht die Ansässigkeit in einem Drittstaat nach einem weiteren DBA betrifft.

Im Ergebnis kann daher Art. 4 DBA-USA durchaus so verstanden werden, dass dadurch Treaty Shopping durch den Einsatz doppelt ansässiger Gesellschaften verhindert wird. Wegen der verbleibenden Rechtsunsicherheiten wäre aber wohl eine Klarstellung sinnvoll.

---

901 IRS, Revenue Ruling 2004-76 v. 2.8.2004, IRB 2004-31 (allgemein zu Art. 4 DBA-USA entsprechenden Artikeln in DBA der USA).

902 Ziffer 8.2 OECD-MK zu Art. 4. Da das DBA-USA vor Einführung dieser Passage in den OECD-MK abgeschlossen wurde, kann sie aber nach Auffassung des BFH nicht zur Interpretation herangezogen werden (BFH, Beschluss v. 19.5.2010 – I B 191/09, BStBl. II 2011, 156).

903 Art. 21 des DBA zwischen Deutschland und Liechtenstein. Es sei denn, die D-GmbH verfügt über eine Betriebsstätte in Deutschland.

904 *Lehner*, in: Vogel/Lehner, DBA, Art. 4 OECD-MA Rn. 121a; *van Raad*, BFIT 2009, 187, 189 f.; *Schnitger*, IStR 2013, 82, 88. A.A. *Wolff*, in: Wassermeyer, DBA, Art. 28 DBA-USA Rn 38.

IV. Konzept des Nutzungsberechtigten (beneficial owner) (Art. 10, 11 und 12 DBA-USA)

Der Begriff des Nutzungsberechtigten (in der englischen Fassung: *beneficial owner*) wird im DBA-USA in Art. 10 (Dividenden), 11 (Lizenzgebühren), 12 (Zinsen), 18 (Ruhegehälter, Renten, Unterhaltszahlungen und Sozialversicherung) und 28 Abs. 8 f) (Definition des gleichberechtigten Begünstigten für Zwecke der LoB-Klausel) verwendet. Für die Frage, inwieweit dieses Konzept Treaty Shopping zu verhindern mag, ist vor allem die Bedeutung des Begriffs des Nutzungsberechtigten in Art. 10, 11 und 12 DBA-USA relevant. Diese Vorschriften machen die Entlastung von der Quellensteuer auf Dividenden, Zinsen bzw. Lizenzgebühren davon abhängig, dass die betreffenden Einkünfte von einer im anderen Vertragsstaat ansässigen Person „als Nutzungsberechtigtem" bezogen werden. Auch das OECD-MA verwendet in diesen Verteilungsartikeln den Begriff des Nutzungsberechtigten.[905]

Eine Definition dieses Begriffs findet sich aber weder im DBA-USA noch im OECD-MA und die Auslegung dieses Begriffs ist demzufolge Gegenstand vieler Diskussionen. Einigkeit besteht insoweit, als es sich dabei um ein Konzept handelt, das Missbräuchen vorbeugen soll und mit dem Fälle erfasst werden sollen, in denen die Einkünfte bei wirtschaftlicher Betrachtung einer anderen Person als dem zivilrechtlichen Gläubiger der Einkünfte (d.h., dem Nutzungsberechtigten) zuzurechnen sind. Ein wesentlicher Streitpunkt ist jedoch, ob die Bestimmung des Nutzungsberechtigten dem innerstaatlichen Recht des Anwenderstaats überlassen bleiben sollte oder ob der Begriff des Nutzungsberechtigten abkommensautonom auszulegen ist.

1. *Anwenderstaatsorientierte Auslegung*

Nach einer Auffassung, die nachfolgend als anwenderstaatsorientierte Auslegung bezeichnet werden soll, bestimmen mangels einer abkommensrechtlichen Definition des Begriffs die Einkünftezurechnungsregeln des innerstaatlichen Steuerrechts des Anwenderstaats, wer als Nutzungsberechtigter anzusehen ist.[906] Zum DBA-USA (1989) war diese Auslegung noch ausdrücklich durch das Protokoll festgeschrieben.[907] Mit der Änderung des DBA-USA im Jahr 2006 ist diese Bestimmung jedoch entfallen.

Die anwenderstaatsorientierte Auslegung wird gleichwohl von der Technical Explanation zum aktuellen DBA-USA und zum US-MA vertreten.[908] Auch die US-amerikanische Literatur spricht sich für eine anwenderstaatsorientierte Auslegung

905 Vgl. Art. 10 Abs. 2, 11 Abs. 2, 12 Abs. 1 OECD-MA.
906 Vgl. Art. 3 Abs. 2 DBA-USA.
907 Vgl. Abs. 10 des Protokolls zu Art. 10, 11 und 12 DBA-USA (1989).
908 Technical Explanation DBA-USA (2006) zu Art. 10 Abs. 2 DBA-USA; Technical Explanation US-MA (2006) zu Art. 10 Abs. 2 US-MA.

aus.[909] Wenn Einkünfte aus den USA an eine in Deutschland ansässige Person gezahlt werden, würden die USA demnach ihr innerstaatliches Steuerrecht anwenden, um zu prüfen, ob diese Einkünfte einer in Deutschland ansässigen Person zugerechnet werden können und das Abkommen damit anwendbar ist. Als Argument für diese Auffassung werden insbesondere die zu § 1441 IRC, der die Quellensteuerhebung in den USA regelt, erlassenen Regulations genannt.[910] Nach diesen Regulations ist der *beneficial owner* auf der Grundlage aller US-Steuervorschriften und Rechtsgrundsätze zu beantworten. Insbesondere sollen hierfür die nachfolgend noch zu erläuternden Anti-Conduit Regulations relevant sein.[911] Auch die Präambel zu den Anti-Conduit Regulations sieht vor, dass sich nach diesen Regulations richtet, wer als *beneficial owner* im Sinne eines DBA anzusehen ist.[912]

In Deutschland wird die anwenderstaatsorientierte Auslegung vom BFH[913] und Teilen der Literatur vertreten.[914] Als Argument wird unter anderem § 50g EStG genannt, der den Begriff des Nutzungsberechtigten entsprechend definiert.[915]

Folgt man der anwenderstaatsorientierten Auslegung, so leistet das Konzept des Nutzungsberechtigten keinen erheblichen Beitrag bei der Verhinderung von Treaty Shopping, da es dann im Ergebnis darauf ankommt, ob die Vorschriften und Rechtsgrundsätze des innerstaatlichen Steuerrechts des Anwenderstaats eine Zurechnung der Einkünfte erlauben, die Treaty Shopping verhindert. Aus der Verwendung des Begriffs des Nutzungsberechtigten könnte lediglich gefolgert werden, dass das DBA eine vom Zivilrecht abweichende Zurechnung nach einer wirtschaftlichen Betrachtungsweise unter Anwendung des innerstaatlichen Steuerrechts der Vertragsstaaten zulässt.

---

909 *Nauheim*, T.M. Foreign Income Portfolio 938 unter II. C., *Brauner*, in: Lang u.a., Beneficial Ownership, S. 143.

910 *Brauner*, in: Lang u.a., Beneficial Ownership, S. 143; *Nauheim*, T.M. Foreign Income Portfolio 938 unter II. C.

911 Reg. § 1.1441-1(c)(6)(i). Diese Definition soll nach ihrem ausdrücklichen Wortlaut allerdings gerade nicht bei Anwendung eines DBA gelten, dennoch wird ihr von der US-amerikanischen Literatur auch eine Bedeutung im Abkommenszusammenhang zugemessen.

912 Conduit Arrangements Regulations (TD 8611), Preamble.

913 BFH, Urteil v. 26.6.2013 – I R 48/12, BStBl. II 2014, 367 zur Abkommensberechtigung einer US-amerikanischen S-Corporation nach Art. 10 DBA-USA. So auch noch zum DBA-USA (1989), das den Nutzungsberechtigten entsprechend definierte: BFH, Urteil v. 20.8.2008 – I R 39/07, BStBl. II 2009, 234.

914 *Gohr*, in: Endres/Jacob/Gohr/Klein, DBA-USA, Art. 10 Rn. 70; *Jacob/Klein*, IStR 2014, 121; *Kaeser/Wassermeyer*, in: Wassermeyer, DBA, Art. 10 OECD-MA Rn. 68, Art. 11 OECD-MA Rn. 57, Art. 12 OECD-MA Rn. 33.

915 *Gohr*, in: Endres/Jacob/Gohr/Klein, DBA-USA, Art. 10 Rn. 70; dagegen: *Tischbirek*, in: Vogel/Lehner, DBA, Vor Art. 10 bis 12 Rn. 14.

2. *Abkommensautonome Auslegung*

a) *Auslegung durch den OECD-MK*

Eine abkommensautonome Auslegung wird unter anderem im OECD-MK vertreten. Dort heißt es, der Begriff des Nutzungsberechtigten solle nicht in dem technischen Sinn verstanden werden, den er unter Umständen nach dem innerstaatlichen Recht eines Vertragsstaats habe. Er müsse stattdessen im Zusammenhang mit dem Sinn und Zweck von DBA, einschließlich der Vermeidung einer Doppelbesteuerung und der Verhinderung von Steuerumgehung und Steuerhinterziehung, ausgelegt werden. Durch das Konzept des Nutzungsberechtigten solle klargestellt werden, dass es nicht ausreiche, wenn eine in dem anderen Vertragsstaat ansässige Person die Zahlung lediglich tatsächlich entgegennehme.[916]

Bis zur Änderung des OECD-MK im Jahr 2014 wurde der Begriff des Nutzungsberechtigten lediglich mit Negativbeispielen näher konkretisiert. So sollte ein Vertreter (*agent*) oder ein Beauftragter (*nominee*), der eine Zahlung im Auftrag einer anderen Person entgegennimmt,[917] und eine Person, die lediglich als Durchleitungsstation (*conduit*) eine Zahlung an eine andere Person weiterleitet und daher faktisch lediglich eine Treuhänder- oder Verwalterfunktion in Bezug auf die Zahlung erfüllt, nicht als Nutzungsberechtigter anzusehen sein.[918] In diesen Fällen sei vielmehr die Person, an welche die Zahlung weitergleitet wird, der Nutzungsberechtigte und die Abkommensvorteile seien folglich nur zu gewähren, wenn diese Person in dem anderen Vertragsstaat ansässig sei.

Seit 2014 findet sich im OECD-MK erstmals eine abkommensautonome (Negativ-) Definition. Demnach soll der Empfänger einer Zahlung dann nicht als Nutzungsberechtigter anzusehen sein, wenn seine rechtliche Position, diese Zahlung zu verwenden und den Nutzen daraus zu ziehen, durch eine vertragliche oder (sonstige) rechtliche Verpflichtung beschränkt wird, die Zahlung an eine andere Person weiterzuleiten.[919] Diese vertragliche oder rechtliche Verpflichtung zur Weiterleitung soll zwar vorrangig aus den rechtlichen Dokumenten abzuleiten sein, kann sich aber auch aus den Umständen des Einzelfalls ergeben.[920] Eine Verpflichtung zur Weiterleitung der Zahlung soll aber nur dann gegen die Nutzungsberechtigung des Empfängers sprechen, wenn die Verpflichtung zur Weiterleitung von dem Erhalt der Zahlung abhängt. Eine vom Erhalt der Zahlung unabhängige Verpflichtung

916 Tz. 12.1 OECD-MK (2014) zu Art. 10 OECD-MA.

917 Tz. 12.1 OECD-MK (2010) zu Art. 10. Siehe nunmehr Tz. 12.2 OECD-MK (2014) zu Art. 10 OECD-MA.

918 Tz. 12.1 OECD-MK (2010) zu Art. 10. Siehe nunmehr Tz. 12.2 OECD-MK (2014) zu Art. 10 OECD-MA.

919 Tz. 12.4 OECD-MK (2014) zu Art. 10 OECD-MA.

920 Tz. 12.4 OECD-MK (2014) zu Art. 10 OECD-MA. Vgl. auch *Wardzynski*, Intertax 2015, 179, 188 f.

soll hingegen unschädlich sein.[921] Aus dem OECD-MK i.d.F. 2014 geht weiterhin hervor, dass die (Mehrheits-)Beteiligung eines Anteilseigners des Zahlungsempfängers nicht ausreicht, um den Anteilseigner als Nutzungsberechtigten anzusehen.[922]

So verstanden könnte das Konzept des Nutzungsberechtigten dazu dienen, Treaty Shopping durch eine formale Verlagerung von Einkünften zu verhindern und so eine Lücke der LoB-Klausel zu schließen. Nach der Definition im OECD-MK würde beispielsweise bei der im ersten Teil dieser Arbeit erläuterten Treuhandkonstruktion[923] der drittstaatsansässige Treugeber als Nutzungsberechtigter anzusehen sein, sodass keine Abkommensvorteile zu gewähren wären. Auch kann es möglich sein, auf der Grundlage dieser Definition, Treaty Shopping unter Einsatz von bestimmten Durchleitungsstrukturen, bei der gezielt Einkünfte an den Drittstaatsansässigen weitergeleitet werden, zu verhindern.

Problematisch ist allerdings die Einschränkung des OECD-MK, wonach die Nutzungsberechtigung des Zahlungsempfängers nicht durch eine vom Erhalt der Zahlung unabhängige Pflicht zur Weiterleitung der Zahlung ausgeschlossen wird. Treaty Shopping durch eine formale Verlagerung von Einkünften ist auch denkbar, wenn es an dieser Abhängigkeit fehlt. In der im Beispiel 3 des ersten Teils beschriebenen Back-to-back-Darlehensstruktur[924] muss die Verpflichtung der Zwischengesellschaft (A-Gesellschaft) zur Zahlung der Zinsen an den Drittstaatsansässigen (D-Gesellschaft) nicht zwingend vom Erhalt der Zahlung aus dem Quellenstaat (von der Q-Gesellschaft) abhängen. Bei Treaty Shopping durch Dividendenstripping, wie es im Beispiel 4 des ersten Teils beschrieben wurde,[925] fehlt es ebenso an dieser rechtlichen Abhängigkeit vom Erhalt der Zahlung und der Weiterleitung der Zahlung an den Drittstaatsansässigen. Man könnte hier argumentieren, eine solche Abhängigkeit ergebe sich aus den Umständen des Einzelfalls. Aber es mag fraglich sein, ob das den Anforderungen der Definition des OECD-MK genügt. Auch bei mehrstufigen Durchleitungsstrukturen, bei denen nicht der Zahlungsempfänger, sondern dessen Anteilseigner die Zahlung weiterleitet,[926] besteht keine Abhängigkeit vom Erhalt der Zahlung und der Pflicht zur Weiterleitung.

Im Ergebnis vermag daher die abkommensautonome Auslegung des OECD-MK Lücken der LoB-Klausel bei der Verhinderung von Treaty Shopping durch eine formale Verlagerung von Einkünften zu schließen. Allerdings gibt es auch Treaty-Shopping-Strukturen, bei denen zweifelhaft ist, ob mit dieser Auslegung eine unangemessene Inanspruchnahme von Abkommensvorteilen durch Drittstaatsansässige verhindert werden kann.

---

921 Tz. 12.4 OECD-MK (2014) zu Art. 10 OECD-MA. Vgl. auch *Wardzynski*, Intertax 2015, 179, 190: „Safe Harbor".

922 Tz. 12.6 OECD-MK (2014) zu Art. 10 OECD-MA.

923 Vgl. 1. Teil, C.II.2., S. 19.

924 Vgl. 1. Teil, C.II.1., S. 18.

925 Vgl. 1. Teil, C.II.3., S. 20.

926 Vgl. das Beispiel im 1. Teil, C.I.2., S. 16, das sich auch bei Durchleitungsstrukturen umsetzen lässt.

b) Andere Ansätze zur abkommensautonomen Auslegung

Neben dem OECD-MK i.d.F. von 2014 gibt es noch zahlreiche andere Ansätze für eine abkommensautonome Auslegung. Wie im OECD-MK wird dabei im Grundsatz davon ausgegangen, dass das Konzept des Nutzungsberechtigten Fälle erfasst, bei denen der tatsächliche Zahlungsempfänger eine Zahlung an eine andere Person weiterleitet. Die Unterschiede der verschiedenen Ansätze zeigen sich vor allem in den Anforderungen, die an das Verhältnis zwischen dem Zahlungsempfänger und der Person, an welche die Zahlung weitergeleitet wird, gestellt werden.

Im Kern geht es darum, ob die Weiterleitung der Einkünfte durch den Zahlungsempfänger aufgrund einer rechtlichen oder einer tatsächlichen/wirtschaftlichen Betrachtung festgestellt werden muss.[927] Nach der rechtlichen Betrachtungsweise wird die Nutzungsberechtigung des Zahlungsempfängers nur dann ausgeschlossen, wenn eine gesetzliche oder vertragliche Verpflichtung zur Weiterleitung der Einkünfte besteht (nachfolgend enge Auslegung).[928] Die dazu entgegengesetzte Auffassung ist, dass eine Person auch dann nicht als Nutzungsberechtigter qualifiziert, wenn sie zwar rechtlich keine Verpflichtung zur Weiterleitung der Zahlung trifft, die Weiterleitung an eine andere Person jedoch faktisch – etwa aufgrund wirtschaftlichen Drucks, übereinstimmender Interessen oder einer nicht rechtlich bindenden Vereinbarung – vorherbestimmt ist (nachfolgend weite Auslegung).[929] Nach dieser weiten Auslegung kommt es für die Nutzungsberechtigung letztlich darauf an, wer wirtschaftliche Vorteile aus den Einkünften zieht.[930] Zwischen diesen beiden Auffassungen gibt es noch eine Vielzahl von vermittelnden Auffassungen, die beispielsweise grundsätzlich eine rechtliche Verpflichtung zur Weiterleitung von Einkünften voraussetzen, im Einzelfall jedoch auch andere Umstände gelten lassen wollen.[931]

Welchen Beitrag das Konzept des Nutzungsberechtigten für die Verhinderung von Treaty Shopping erfüllt, ist bei einer abkommensautonomen Auslegung weitgehend abhängig davon, ob einer weiten oder einer engen Auslegung gefolgt wird. Wie bereits zur Auslegung des OECD-MK festgestellt, kann eine eher enge Auslegung bestimmte Treaty-Shopping-Strukturen durch eine formale Verlagerung von

---

927 *Tischbirek*, in: Vogel/Lehner, DBA, Vor Art. 10 bis 12 Rn. 17 f.

928 In diesem Sinne wohl das Tax Court of Canada, Urteil 22.4.2008, *Prévost Car Inc. v. The Queen*, 2008 T.C.C. 231; *Tischbirek*, in: Vogel/Lehner, DBA, Vor Art. 10 bis 12 Rn. 19; *Vann*, in: Lang u.a., Beneficial Ownership, S. 267, 306 f.; *De Broe*, International Tax Planing, S. 715 ff.

929 Conseil d'État, Urteil v. 29.12.2006 – Case 283314 (*Bank of Scotland)*; England and Wales Court of Appeal, Urteil v. 2.3.2006 – EWCA Civ 158 (*Indofood International Finance ltd. v. JP Morgan Chase Bank N.A.*) (wobei hierbei zu berücksichtigen ist, dass das englische Gericht hier über eine zivilrechtliche Frage entschied, bei der das indonesische Verständnis des Nutzungsberechtigten eine Vorfrage darstellte). *Yoshimura*, TNI 2013 (Bd. 72), 761, 772 f.

930 Vgl. dazu näher *Pamperl*, SWI 2013, 403, 405 ff.

931 *Wardzynski*, Intertax 2015, 179, 191.

Einkünften verhindern. Solange jedoch eine vom Erhalt der Zahlung abhängige rechtliche Verpflichtung zur Weiterleitung von Einkünften vorausgesetzt wird, um die Nutzungsberechtigung des Zahlungsempfängers auszuschließen, wird dieses Konzept niemals alle denkbaren Konstellationen erfassen. Eine weite Auslegung, welche die Verpflichtung zur Weiterleitung nach einer tatsächlichen oder wirtschaftlichen Betrachtungsweise bestimmt, würde diese Schwachstelle beheben, aber gleichzeitig Anwendungsschwierigkeiten bereiten, weil die Reichweite dieses Konzepts dann sehr unbestimmt ist.

3. Konkurrenz zur LoB-Klausel

Im Grundsatz stellt sich die Frage nach einem Anwendungsvorrang des Konzepts des Nutzungsberechtigten einerseits und der LoB-Klausel andererseits nicht. Wie im zweiten Teil dieser Arbeit festgestellt, bestimmt das Konzept des Nutzungsberechtigten vielmehr, auf welche Person die LoB-Klausel anzuwenden ist, weil zunächst der Nutzungsberechtigte zu bestimmen ist und auf diese Person dann die LoB-Klausel angewendet werden muss.[932]

Allerdings kann es zu einem Widerspruch zwischen den Wertungen der LoB-Klausel und dem Konzept des Nutzungsberechtigten andererseits kommen, wenn der Begriff des Nutzungsberechtigten bei einer abkommensautonomen Auslegung weit ausgelegt wird. Auf der Grundlage einer weiten Auslegung wird nämlich teilweise der drittstaatsansässige beherrschende Gesellschafter einer Gesellschaft als Nutzungsberechtigter der Einkünfte der Gesellschaft angesehen.[933] Wenn beispielsweise eine deutsche Gesellschaft nur einen Anteilseigner hat und dieser in Frankreich ansässig ist, soll für Einkünfte, die von der Gesellschaft aus den USA bezogen werden, nicht das DBA-USA, sondern das DBA zwischen den USA und Frankreich Anwendung finden. Das ist jedoch nicht mit den Wertungen der LoB-Klausel vereinbar.[934] Insbesondere der Derivative-Benefits-Test zeigt, dass auch im Fall der Beherrschung einer Gesellschaft durch Drittstaatsansässige das DBA-USA und die LoB-Klausel auf der Ebene der Gesellschaft Anwendung finden kann. Daher kann die gesellschaftsrechtliche Beherrschung kein Argument sein, die Nutzungsberechtigung einer Gesellschaft zu verneinen.

4. Zwischenergebnis

Bei der derzeit in den Vertragsstaaten dominierenden anwenderstaatsorientierten Auslegung des Begriffs des Nutzungsberechtigten leistet dieses Konzept keinen wesentlichen Beitrag zur Verhinderung von Treaty Shopping. Auf der Grundlage einer

932 Vgl. 2. Teil, C.I.2., S. 70.

933 So etwa die kanadische Finanzverwaltung in *Prévost Car* (vgl. Tax Court of Canada, Urteil 22.4.2008 (*Prévost Car Inc. v. The Queen*), 2008 T.C.C. 231) und *Yoshimura*, TNI 2013 (Bd. 72), 761, 772 f.

934 A.A. *Yoshimura*, TNI 2013 (Bd. 72), 761, 772 f.

abkommensautonomen Auslegung könnte das Konzept des Nutzungsberechtigten hingegen bestimmte Lücken der LoB-Klausel bei Treaty-Shopping-Strukturen, die auf einer formalen Verlagerung von Einkünften basieren, schließen. Allerdings müsste dafür die Reichweite des Konzepts näher konkretisiert werden. Die Stellungnahmen im OECD-MK i.d.F. 2014 können hierfür wohl nicht verwendet werden, weil sie nach Abschluss des DBA-USA aufgenommen worden sind.[935] Bei einer abkommensautonomen Auslegung wäre zudem die Konkurrenz mit den innerstaatlichen Vorschriften der USA und Deutschlands, die ebenfalls eine Einkünftezurechnung nach einer wirtschaftlichen Betrachtungsweise vornehmen (beispielsweise die US-amerikanischen Anti-Conduit Regulations),[936] problematisch.

V. Mindesthaltedauer nach Art. 10 Abs. 3 a) DBA-USA

Art. 10 Abs. 3 a) DBA-USA setzt für die vollständige Freistellung von der Quellensteuer auf Dividenden eine Mindesthaltedauer für die Beteiligung an der ausschüttenden Gesellschaft von 12 Monaten voraus. Damit beugt diese Vorschrift auch Treaty-Shopping-Strukturen vor, bei denen die Anteile an der ausschüttenden Gesellschaft nur kurzzeitig von einem Drittstaatsansässigen an eine abkommensberechtigte Person übertragen werden (beispielsweise beim Dividendenstripping). Da die Voraussetzung jedoch nur in Art. 10 Abs. 3 a) DBA-USA enthalten ist, gilt sie nicht für die anderen Verteilungsartikel und insbesondere nicht für die Reduzierung der Quellensteuer auf Dividenden auf 15 % bzw. 5 % gem. Art. 10 Abs. 2 DBA-USA.

VI. Zwischenergebnis

Im Ergebnis schließen die Art. 1 Abs. 7 DBA-USA und Art. 4 Abs. 1 S. 2 DBA-USA eine Lücke der LoB-Klausel, soweit es um Treaty Shopping durch das Ausnutzen von Qualifikationskonflikten geht. Für die Verhinderung von Treaty Shopping durch eine formale Verlagerung von Einkünften enthält das DBA-USA hingegen keine effektive und umfassende Regelung.

B. Regelungen im deutschen Steuerrecht

I. Konzept des wirtschaftlichen Eigentums (§ 39 AO)

Nach § 39 Abs. 1 AO sind Wirtschaftsgüter grundsätzlich dem (zivilrechtlichen) Eigentümer steuerlich zuzurechnen. Nach § 39 Abs. 2 Nr. 1 S. 1 AO ist das Wirtschaftsgut jedoch steuerlich einer anderen Person als dem zivilrechtlichen Eigentümer zuzuordnen, wenn sie die tatsächliche Herrschaft über das betreffende Wirtschaftsgut in einer Weise ausübt, dass sie den zivilrechtlichen Eigentümer im Regelfall für die gewöhnliche Nutzungsdauer von der Einwirkung auf das Wirtschaftsgut ausschließen

935 Vgl. BFH, Beschluss v. 19.5.2010 – I B 191/09, BStBl. II 2011, 156.
936 Vgl. C.II., S. 260.

kann. Diese Person wird als wirtschaftlicher Eigentümer bezeichnet. Auch wenn § 39 AO nur die Zurechnung von Wirtschaftsgütern regelt, ergibt sich daraus eine Folge für die Zurechnung von Einkünften. Nach § 20 Abs. 5 EStG sind Dividenden dem wirtschaftlichen Eigentümer des Gesellschaftsanteils zuzurechnen. Auch für Zinsen, Lizenzgebühren und Veräußerungsgewinne gilt der Grundsatz, dass die Einkünfte grundsätzlich der wirtschaftliche Eigentümer des Stammrechts erzielt.[937]

Nach der in Deutschland vorherrschenden anwenderstaatsorientierten Auslegung ist daher grundsätzlich der wirtschaftliche Eigentümer eines Wirtschaftsguts zugleich der Nutzungsberechtigte der Einkünfte aus diesem Wirtschaftsgut für die Zwecke des DBA-USA. Folglich hängt die Gewährung von Abkommensvorteilen nach dem DBA-USA aus deutscher Sicht davon ab, dass die in den USA ansässige Person nicht nur zivilrechtlicher, sondern auch wirtschaftlicher Eigentümer des Wirtschaftsguts ist, aus dem die Einkünfte stammen. Vor diesem Hintergrund könnte das Konzept des wirtschaftlichen Eigentums Treaty Shopping durch eine formale Verlagerung von Einkünften verhindern, wenn bei diesen Strukturen der Drittstaatsansässige und nicht die abkommensberechtigte Person in den USA als wirtschaftlicher Eigentümer des den Einkünften zugrunde liegenden Wirtschaftsguts anzusehen ist.

Die Voraussetzungen für eine vom Zivilrecht abweichende Zurechnung des wirtschaftlichen Eigentums hat der BFH für Gesellschaftsanteile näher konkretisiert. Demnach steht einer anderen Person als dem zivilrechtlichen Eigentümer das wirtschaftliche Eigentum an einem Gesellschaftsanteil zu, wenn (i) sie aufgrund eines (bürgerlich-rechtlichen) Rechtsgeschäfts bereits eine rechtlich geschützte, auf den Erwerb des Anteils gerichtete Position erworben hat, die ihr gegen den Willen des zivilrechtlichen Eigentümers nicht mehr entzogen werden kann, (ii) ihr die mit dem Anteil verbundenen wesentlichen Rechte (insbesondere Stimmrecht und Gewinnbezugsrecht) zustehen und (iii) das Risiko einer Wertminderung sowie die Chance einer Wertsteigerung des Anteils auf sie übergegangen sind.[938]

Diese Voraussetzungen sind (wie auch schon aus § 39 Abs. 2 Nr. 1 S. 2 AO hervorgeht) bei einer Treuhand erfüllt. Bei einem Versuch, Abkommensvorteile durch eine Treuhandkonstruktion[939] zu erlangen, würde daher der drittstaatsansässige Treugeber als Nutzungsberechtigter anzusehen sein, sodass keine Abkommensvorteile zu gewähren wären. Bei anderen Treaty-Shopping-Strukturen, bei denen die Stellung des zivilrechtlichen Eigentümers stärker ausgeprägt ist, mag hingegen fraglich sein, ob die Voraussetzungen für eine Zurechnung des wirtschaftlichen Eigentums an den Drittstaatsansässigen erfüllt sind. Beispielsweise hat der BFH beim Hin- und Rückkauf im Rahmen des Dividendenstrippings die Auffassung vertreten, dass mit dem zivilrechtlichen Eigentum auch das wirtschaftliche Eigentum an den Aktien auf die Gegenpartei übergehe, weil die obengenannten Voraussetzungen für eine

937 *Ratschow*, in: Blümich, EStG/KStG, § 20 EStG Rn. 448.

938 BFH, Urteil v. 11.7.2006 – VIII R 32/04, BStBl. II 2006, 296 m.w.N.

939 Vgl. 1. Teil, C.II.2., S. 19.

abweichende Zurechnung des wirtschaftlichen Eigentums (bezogen auf die konkreten Aktien) nicht erfüllt seien.[940] Dementsprechend wäre bei der im ersten Teil erörterten Dividendenstripping-Struktur[941] die abkommensberechtigte Gegenpartei und nicht der Drittstaatsansässige als wirtschaftlicher Eigentümer und damit als Nutzungsberechtigter anzusehen. Weiterhin soll bei einem Wertpapiersachdarlehen der zivilrechtliche Eigentümer, d.h. der Darlehensnehmer, und nicht der Darlehensgeber als wirtschaftlicher Eigentümer anzusehen sein.[942] Bei der ebenfalls im ersten Teil erörterten Wertpapiersachdarlehen-Struktur[943] wäre daher der abkommensberechtigte Darlehensnehmer und nicht der drittstaatsansässige Darlehensgeber als wirtschaftlicher Eigentümer anzusehen.

Allerdings stellt der BFH zunehmend auf eine Gesamtbetrachtung der Umstände des Einzelfalls und weniger auf die vollständige Erfüllung aller obengenannten Voraussetzungen ab, um den wirtschaftlichen Eigentümer zu bestimmen.[944] So hat er beispielsweise bei einem kurzfristigen Wertpapiersachdarlehen, das darauf gerichtet war, für Dividenden die Voraussetzungen für die Steuerbefreiung des § 8b Abs. 1 KStG zu schaffen, das wirtschaftliche Eigentum abweichend von allgemeinen Grundsätzen weiterhin dem Darlehensgeber zugerechnet.[945] Bei einer solchen Gesamtbetrachtung kann das Konzept des wirtschaftlichen Eigentums in der Tat dazu geeignet sein, bestimmte Treaty-Shopping-Strukturen durch eine formale Verlagerung von Einkünften zu verhindern. Allerdings ist bislang noch nicht geklärt, wie weit diese Gesamtbetrachtung geht.

Fraglich ist, ob durch das Konzept des wirtschaftlichen Eigentums auch Durchleitungsstrukturen verhindert werden können. Das wäre der Fall, wenn der Drittstaatsansässige bei solchen Strukturen als wirtschaftlicher Eigentümer des von der Zwischenperson gehaltenen Wirtschaftsguts, aus dem die Einkünfte aus dem Quellenstaat stammen, angesehen werden könnte. So müsste bei der im Beispiel 3 des ersten Teils dargestellten Back-to-back-Darlehensstruktur[946] der Drittstaatsansässige wirtschaftlicher Eigentümer der von der Zwischengesellschaft gehaltenen Darlehensforderung sein. Diese Frage wird bislang weder in der Rechtsprechung noch in der Literatur diskutiert. Gegen eine vom Zivilrecht abweichende Zurechnung des wirtschaftlichen Eigentums spricht in diesen Fällen, dass lediglich die aus einem Wirtschaftsgut stammenden Einkünfte verlagert werden und der Drittstaatsansässige nicht die Herrschaft über das Wirtschaftsgut selbst erlangt. Geht es um Strukturen im Zusammenhang mit Zinsen, wie bei der im ersten Teil im

---

940 BFH, Urteil v. 15.12.1999 – I R 29/97, BStBl. 2000, 527.

941 Vgl. 1. Teil, C.II.3., S. 20.

942 OFD Frankfurt, Verfügung v. 17.2.2016 – S 2134 A-15-St 210, DB 2016, 862; *Krumm*, in: Blümich, EStG/KStG, § 5 EStG Rn. 1084 m.w.N.

943 Vgl. 1. Teil, C.II.3., S. 21.

944 BFH, Urteil v. 16.4.2014 – I R 2/12, BFH/NV 2014, 1813; Urteil v. 18.8.2015 – I R 88/13, BFH/NV 2016, 341.

945 BFH, Urteil v. 18.8.2015 – I R 88/13, BFH/NV 2016, 341.

946 Vgl. 1. Teil, C.II.1., S. 18.

Beispiel 3 erläuterten Darlehensstruktur, mag man argumentieren können, dass bei einer vollständigen Weiterleitung der Zinsen und des Darlehensrückzahlungsbetrags im Grunde auch eine Herrschaft über die Darlehensforderung selbst gegeben ist. Diese Argumentation ist aber jedenfalls dann nicht mehr überzeugend, wenn die Zinsen nicht vollständig weitergeleitet werden, sondern – wie bei diesen Strukturen üblich – eine Marge bei der Zwischengesellschaft verbleibt. Bei mehrstufigen Durchleitungsstrukturen,[947] bei denen die untere Zwischengesellschaft keiner schuldrechtlichen Verpflichtung zur Weiterleitung unterliegt, lässt sich das wirtschaftliche Eigentum dieser Gesellschaft erst recht nicht bezweifeln. Somit dürfte das Konzept des wirtschaftlichen Eigentums nicht dazu geeignet sein, bei Durchleitungsstrukturen die Abkommensvorteile zu versagen.

II. Allgemeine Missbrauchsvermeidungsvorschrift (§ 42 AO)

1. Tatbestandsvoraussetzungen

§ 42 Abs. 1 S. 1 AO enthält den Grundsatz, dass durch einen Missbrauch von rechtlichen Gestaltungsmöglichkeiten ein Steuergesetz nicht umgangen werden kann. § 42 Abs. 2 AO definiert den Missbrauch als eine unangemessene rechtliche Gestaltung, die beim Steuerpflichtigen oder einem Dritten im Vergleich zu einer angemessenen Gestaltung zu einem gesetzlich nicht vorgesehenen Steuervorteil führt und für die der Steuerpflichtige keine beachtlichen außersteuerlichen Gründe vorweisen kann.

a) Anwendung bei Treaty Shopping durch Beteiligungen an Zwischengesellschaften

Diskutiert wird die Anwendung des § 42 AO im Zusammenhang mit Treaty Shopping vor allem bei Direct-Conduit-Strukturen. Nach verbreiteter Auffassung kann demnach die Zwischenschaltung einer ausländischen Gesellschaft in einem Vertragsstaat zur Erlangung von Abkommensvorteilen einen Missbrauch i.S.d. § 42 AO darstellen, sodass auf der Grundlage dieser Norm die Abkommensvorteile versagt werden können.[948] Ein Missbrauch i.S.d. § 42 AO soll dann vorliegen, wenn es für die Zwischenschaltung der Gesellschaft keinen wirtschaftlichen oder sonst beachtlichen Grund gibt, insbesondere wenn die Gesellschaft keiner wirtschaftlichen Betätigung nachgeht.[949] Gemessen an diesen Maßstäben wird es aber wenige Direct-Conduit-Strukturen geben, bei denen nach den wesentlich strengeren Voraussetzungen des Art. 28 DBA-USA die Abkommensvorteile zu gewähren sind, jedoch ein Missbrauch i.S.d. § 42 AO vorliegt.

---

947 Vgl. das Beispiel im 1. Teil, C.I.2., S. 16, das sich auf Durchleitungsstrukturen übertragen lässt.

948 *Koenig*, in: Koenig, AO, § 42 Rn. 84; *Ratschow*, in: Klein, AO, § 42 Rn. 143; *Rudolf*, Treaty Shopping, S. 92 ff.; *Schaumburg*, Int. Steuerrecht, Rn. 16.157.

949 Vgl. *Rudolf*, Treaty Shopping, S. 101 ff., 134.

Für Stepping-Stone-Conduit-Strukturen werden grundsätzlich die gleichen Maßstäbe zu gelten haben wie für Direct-Conduit-Strukturen. Auch hier dürfte die LoB-Klausel mit dem in Art. 28 Abs. 2 f) bb) und Abs. 3 b) DBA-USA enthaltenen Base-Erosion-Test jedoch wesentlich strenger sein. Denkbar wäre allerdings, dass die Abkommensvorteile nach dem Indirectly-Publicly-Traded-Test des Art. 28 Abs. 2 c) bb) DBA-USA zu gewähren sind, aber aufgrund einer Stepping-Stone-Conduit-Struktur ein Missbrauch i.S.d. § 42 AO anzunehmen ist, weil dieser Test keinen Base-Erosion-Test enthält.

Praktisch relevant kann § 42 AO bei Direct-Conduit- und Stepping-Stone-Conduit-Strukturen insbesondere werden, wenn Art. 28 DBA-USA umgangen wird. Werden die Tatbestandsvoraussetzungen des Art. 28 DBA-USA durch eine unangemessene Gestaltung umgangen, ohne dass es hierfür beachtliche außersteuerliche Gründe gibt, so sollte dies einen Missbrauch i.S.d. § 42 AO darstellen. So gesehen bietet § 42 AO ein Mittel, um Umgehungsgestaltungen zu verhindern, die darauf basieren, dass die LoB-Klausel an rein formal-rechtliche Kriterien anknüpft. Wie im zweiten Teil dieser Arbeit erörtert, kann beispielsweise der Indirectly-Publicly-Traded-Test und der Ownership/Base-Erosion-Test durch Ausgabe von Vorzugsaktien auf der Ebene zwischengeschalteter Gesellschaften umgangen werden.[950] Wenn hierfür aber außersteuerliche Gründe fehlen, sollten die Voraussetzungen dieser Tests gem. § 42 AO gleichwohl nicht erfüllt sein, sodass die Abkommensvorteile zu versagen wären.

b) *Anwendung bei Treaty Shopping durch eine formale Verlagerung von Einkünften*

Auch bei Treaty Shopping durch eine formale Verlagerung von Einkünften, also beispielsweise bei Durchleitungsstrukturen, Wertpapiersachdarlehen- und Dividendenstripping-Strukturen, können die Voraussetzungen für einen Missbrauch i.S.d. § 42 AO grundsätzlich erfüllt und die Abkommensvorteile daher zu versagen sein.

Wann das der Fall ist, wird bislang von der Rechtsprechung und der Literatur nicht diskutiert. Letztlich wird dies stark von den Umständen des Einzelfalls abhängig sein. Allerdings kann bezweifelt werden, dass § 42 AO ein Instrument bietet, um diese Formen von Treaty Shopping bei sorgfältiger Planung durch den Steuerpflichtigen effektiv zu verhindern. Die zahlreichen speziellen Missbrauchsnormen im deutschen Steuerrecht sind letztlich ein Beleg dafür, dass § 42 AO (zumindest aus Sicht des Gesetzgebers) durch die Rechtsprechung oft restriktiv gehandhabt wird.[951] Ein konkretes Beispiel dafür bietet die Einführung des § 36a EStG im Rahmen des Investmentsteuerreformgesetzes.[952] Diese Norm soll Dividendenstripping-Strukturen und Wertpapiersachdarlehen-Strukturen entgegenwirken, die aus Sicht

---

950 Vgl. 2. Teil, C.II.3.a)bb)(4), S. 100.

951 Vgl. *Fischer*, in: H/H/Sp, AO/FGO, § 42 AO Rn. 9; *Hey*, Beih 3 DStR 2014, 8; *Hey*, in: DStJG Bd. 33, S. 139, 141.

952 Vgl. dazu *Kußmaul/Kloster*, DB 2016, 849, 855.

des Gesetzgebers durch § 42 AO nur unzureichend adressiert wurden. Zwar geht es dabei nicht um Dividendenstripping bzw. Wertpapiersachdarlehen zur Erlangung von Abkommensvorteilen, sondern zur Erlangung der Kapitalertragsteueranrechnung durch Steuerausländer nach innerstaatlichem Recht.[953] Das Problem, dass § 42 AO diese Strukturen womöglich nur unzureichend erfasst, stellt sich aber in beiden Fallkonstellationen gleichermaßen.

2. *Konkurrenz zur LoB-Klausel*

Im Grundsatz ist inzwischen anerkannt, dass § 42 AO auch auf die Umgehung von DBA anwendbar ist.[954] Fraglich ist aber, in welchem Konkurrenzverhältnis § 42 AO und Art. 28 DBA-USA stehen.

Nach § 42 Abs. 1 S. 2 AO richten sich, wenn sowohl die Tatbestandsvoraussetzungen von § 42 AO als auch einer speziellen Missbrauchsnorm erfüllt sind, die Rechtsfolgen ausschließlich nach der speziellen Missbrauchsnorm. § 42 Abs. 1 S. 2 AO regelt damit ausdrücklich nur den Fall der positiven Spezialität.[955] Die praktisch relevante Frage, ob § 42 AO anwendbar ist, wenn die Voraussetzungen einer speziellen Missbrauchsnorm nicht erfüllt sind, wird durch diese Vorschrift hingegen nicht ausdrücklich beantwortet und dementsprechend wird sie kontrovers diskutiert. Nach richtiger Ansicht ist der Rückgriff auf § 42 AO im (abstrakten) Anwendungsbereich spezieller Missbrauchsnormen nicht möglich.[956] Das lässt sich entweder mit einer Sperrwirkung der Spezialnorm auf Konkurrenzebene oder damit begründen, dass bei der Subsumtion unter den Missbrauchstatbestand des § 42 AO die Wertungen der Spezialnorm zu berücksichtigen sind.[957]

a) Art. 28 DBA-USA als spezielle Missbrauchsnorm

Fraglich ist allerdings, ob es sich bei Art. 28 DBA-USA überhaupt um eine § 42 AO verdrängende spezialgesetzliche Missbrauchsnorm handelt. Maßgeblich hierfür ist die Definition des § 42 Abs. 1 S. 2 AO, nach der eine spezialgesetzliche Missbrauchsnorm „eine Regelung in einem Einzelsteuergesetz [...], die der Verhinderung von Steuerumgehungen dient“, ist.[958] Gemeint ist damit eine Steuerumgehung i.S.d. § 42 Abs. 2 AO.[959]

---

953 BT-Drs. 18/8045, S. 133 f.; vgl. *Kußmaul/Kloster*, DB 2016, 849, 855.

954 *Hey*, in: Lüdicke, Wo steht das deutsche Internationale Steuerrecht?, S. 137, 142; *Koenig*, in: Koenig, AO, § 42 Rn. 84 f.

955 *Hey*, Beih 3 DStR 2014, 8, 9.

956 *Drüen*, in: Tipke/Kruse, AO/FGO, Vor § 42 AO Rn. 13a; *Hey*, Beih 3 DStR 2014, 8, 11 ff.; *Hey*, in: DStJG Bd. 33, S. 139, 142, 145; *Hey*, in: Lüdicke, Wo steht das deutsche Internationale Steuerrecht?, S. 137, 143; *Ratschow*, in: Klein, AO, § 42 Rn. 91. A.A. AEAO zu § 42 Tz. 1; *Koenig*, in: Koenig, AO, § 42 Rn. 15.

957 *Hey*, Beih 3 DStR 2014, 8, 11 f.

958 *Hey*, in: DStJG Bd. 33, S. 139, 142.

959 *Hey*, in: DStJG Bd. 33, S. 139, 142.

Der Umstand, dass die Tests in Art. 28 DBA-USA durch ihre formalen Voraussetzungen nicht nur Steuerumgehungen erfassen, spricht für sich allein nicht gegen die Einordnung als spezialgesetzliche Missbrauchsnorm. Es ist gerade das Wesen einer spezialgesetzlichen Missbrauchsnorm, den Missbrauch lediglich typisierend zu beschreiben und damit auch nicht missbräuchliche Fälle zu erfassen.[960] Allerdings muss in einer spezialgesetzlichen Missbrauchsnorm der Missbrauchsvermeidungszweck noch typisierend zum Ausdruck kommen.[961] Bestünde der Zweck des Art. 28 DBA-USA also lediglich darin, typisierend eine missbräuchliche Umgehung der Ansässigkeitsvoraussetzung der Verteilungsartikel zu verhindern, würde es sich (noch) um eine spezialgesetzliche Missbrauchsnorm handeln, auch wenn mit Art. 28 DBA-USA Fälle erfasst werden, in denen keine Umgehung vorliegt.

Die Stellungnahmen in der Literatur, die sich zu der Frage der Konkurrenz zwischen § 42 AO und Art. 28 DBA-USA äußern, sehen in Art. 28 DBA-USA eine spezielle Missbrauchsnorm und nehmen daher an, dass § 42 AO neben dieser Abkommensvorschrift nicht anwendbar ist bzw. aufgrund der Art. 28 DBA-USA zugrunde liegenden Wertungen kein Anwendungsbereich für § 42 AO verbleibt.[962]

Nach der hier vertretenen Auffassung ist Art. 28 DBA-USA hingegen keine spezielle Missbrauchsnorm, die lediglich eine Umgehung der Ansässigkeitsvoraussetzung verhindern soll. Das ergibt sich insbesondere aus der Auslegung der Ermessensklausel (Art. 28 Abs. 7 DBA-USA), wie sie von der Technical Explanation, der IRS und in dieser Arbeit vertreten wird. Nach dieser Auslegung der Ermessensklausel können die Abkommensvorteile selbst dann versagt werden, wenn die Transaktion oder Gestaltung nicht hauptsächlich dazu diente, Abkommensvorteile in Anspruch zu nehmen, aber sonstige steuerpolitische Erwägungen gegen die Gewährung der Abkommensvorteile sprechen.[963] Auch wenn eine solche Umgehungsabsicht nicht das konstitutive Merkmal der Steuerumgehung i.S.d. § 42 AO ist, wird daraus doch deutlich, dass Art. 28 DBA-USA nicht lediglich typisierend Missbrauchsfälle erfasst. Vielmehr wird mit dieser Vorschrift eine eigenständige Entscheidung darüber getroffen, wann die Gewährung der Abkommensvorteile (insbesondere vor dem Hintergrund der Reziprozität des DBA), angemessen ist. Das wird besonders deutlich an der Auffassung der Technical Explanation, nach der die Abkommensvorteile einer Gesellschaft nicht schon deshalb nach der Ermessensklausel gewährt werden können, weil sie vor dem Abschluss des DBA gegründet wurde.[964] In dieser Situation wäre eine Steuerumgehung i.S.d. § 42 Abs. 2 AO ausgeschlossen. Dennoch soll nach der Technical Explanation weiter zu prüfen sein, ob die Gewährung der Abkommensvorteile mit dem Sinn und Zweck des DBA vereinbar ist. Dass Art. 28 DBA-USA nicht lediglich Steuerumgehungen typisiert, lässt sich zudem am Beispiel

960 *Hey*, in: DStJG Bd. 33, S. 139, 143.
961 *Hey*, in: DStJG Bd. 33, S. 139, 143.
962 *Rudolf*, Treaty Shopping, S. 342 f.; *Schaumburg*, Int. Steuerrecht, Rn. 16.133 ff.
963 Vgl. 2. Teil, C.VI.1.c)aa), bb), S. 201.
964 Vgl. 2. Teil, C.VI.1.c)aa)(1), S. 201.

der geschäftsleitenden Holding demonstrieren. Auch wenn der Drittstaatsansässige eine geschäftsleitende Holding wegen des rechtlichen oder wirtschaftlichen Umfelds in einem Vertragsstaat und nicht zur Erlangung von Abkommensvorteilen gründet, sind die Abkommensvorteile nach der hier vertretenen Ansicht weder nach dem Active-Trade-or-Business-Test noch nach der Ermessensklausel zu gewähren.[965] Gleichwohl ist hier eine Steuerumgehung i.S.d. § 42 Abs. 2 AO nicht ersichtlich. Die Versagung der Abkommensvorteile hat ihren Grund nicht in einem Missbrauch, sondern in der Entscheidung der Vertragsstaaten, dass die Gewährung von Abkommensvorteilen an eine geschäftsleitende Holding nicht angemessen ist.

Auch wenn Art. 28 DBA-USA demnach keine spezielle Missbrauchsnorm darstellt, die einen Rückgriff auf § 42 AO grundsätzlich ausschließt, sind bei der Frage, ob ein Missbrauch i.S.d. § 42 AO vorliegt, dennoch die Wertungen der LoB-Klausel zu beachten. Diese Frage kann nur durch Auslegung der relevanten Steuerrechtsnormen, zu denen hier auch Art. 28 DBA-USA gehört, beantwortet werden. Wenn z.B. eine in den USA ansässige Person und ein Drittstaatsansässiger eine substanzlose Joint-Venture-Gesellschaft in den USA für Investitionen in Deutschland gründen, welche die Voraussetzungen des Ownership/Base-Erosion-Tests erfüllt, kann die Abkommensberechtigung nicht aufgrund von § 42 AO mit dem Argument versagt werden, die Gründung der Gesellschaft in den USA (anstatt der Gründung in dem Drittstaat) habe nur der Erlangung von Abkommensvorteilen für den Drittstaatsansässigen gedient. Dem Ownership/Base-Erosion-Test liegt gerade die Wertung zugrunde, dass in diesen Fällen die Gewährung der Abkommensvorteile angemessen ist.

b) Abstrakter Anwendungsbereich des Art. 28 DBA-USA

Sieht man hingegen in Art. 28 DBA-USA eine spezialgesetzliche Missbrauchsnorm, so stellt sich die Frage, was der abstrakte Anwendungsbereich dieser Abkommensvorschrift ist, in dem § 42 AO verdrängt wird.

Wie im zweiten Teil dargelegt, adressiert Art. 28 DBA-USA in erster Linie Direct-Conduit-Strukturen. Wenn der Missbrauchsvorwurf also an die Beteiligung eines Drittstaatsansässigen an einer Gesellschaft (oder anderen Rechtsträger) anknüpft, wäre § 42 AO neben Art. 28 DBA-USA nicht anwendbar.

Daneben enthält Art. 28 DBA-USA mit dem Base-Erosion-Test in Art. 28 Abs. 2 f) bb) DBA-USA für den Ownership/Base-Erosion-Test und in Art. 28 Abs. 3 b) DBA-USA für den Derivative-Benefits-Test auch eine Regelung zur Verhinderung von Stepping-Stone-Conduit-Strukturen. Allerdings gilt das nicht für den Indirectly-Publicly-Traded-Test, der keine entsprechende Regelung enthält. Art. 28 DBA-USA sollte allerdings – wäre Art. 28 DBA-USA als spezielle Missbrauchsnorm anzusehen – insgesamt und nicht nur im Anwendungsbereich des Ownership/Base Erosion- und Derivative-Benefits-Test die Anwendung von § 42 AO auf Stepping-Stone-Conduit-Strukturen ausschließen. Das Fehlen eines Base-Erosion-Tests beim

965 Vgl. 2. Teil, C.VI.1.c)bb), S. 206.

Indirectly-Publicly-Traded-Test ist als bewusste Entscheidung der Vertragsstaaten und nicht als Einschränkung des Anwendungsbereichs der LoB-Klausel anzusehen.

Daneben soll der Base-Erosion-Test auch Durchleitungsstrukturen adressieren.[966] Fraglich ist, ob auch insoweit der Rückgriff auf § 42 AO gesperrt wäre. Das ist jedoch abzulehnen. Insoweit ist Art. 28 DBA-USA nicht als abschließende Regelung zur Verhinderung von Missbräuchen zu verstehen.[967] Das ergibt sich insbesondere daraus, dass das DBA-USA mit dem Konzept des Nutzungsberechtigten einen eigenen Vorbehalt für die formale Verlagerung von Einkünften enthält, der neben Art. 28 DBA-USA anwendbar ist. Auch spricht für diese Auslegung die Sichtweise der USA, nach der ebenfalls neben der LoB-Klausel die Anti-Conduit Regulations zur Verhinderung von Durchleitungsstrukturen anwendbar sind.[968]

c) *Umgehungen von Art. 28 DBA-USA*

Von der Frage der Konkurrenz zwischen § 42 AO und der LoB-Klausel ist allerdings die Anwendung des § 42 AO innerhalb der LoB-Klausel, d.h. die Anwendung bei Umgehung der Tatbestandsvoraussetzungen der LoB-Klausel, zu unterscheiden.[969] Daher bliebe § 42 AO bei der zuvor diskutierten Umgehung der LoB-Klausel durch unangemessene Gestaltungen selbst dann anwendbar, wenn man Art. 28 DBA-USA als eine spezielle Missbrauchsnorm ansähe.

3. *Zwischenergebnis*

Nach der hier vertretenen Ansicht ist Art. 28 DBA-USA keine spezielle Missbrauchsnorm, die einen Rückgriff auf § 42 AO sperren würde. Allerdings ist die praktische Relevanz des § 42 AO bei Treaty Shopping durch die Zwischenschaltung von abkommensberechtigten Gesellschaften (d.h. Direct-Conduit- und Stepping-Stone-Conduit-Strukturen) eher gering, weil die Anforderungen an die Abkommensberechtigung nach der LoB-Klausel strenger sind. Zudem müssen bei diesen Strukturen, falls die LoB-Klausel die Abkommensberechtigung nicht versagen würde, im Rahmen des § 42 AO die Wertungen der LoB-Klausel berücksichtigt werden.

Praktisch relevant ist § 42 AO hingegen bei Treaty-Shopping-Strukturen, die auf einer formalen Verlagerung von Einkünften beruhen, weil diese Strukturen von der LoB-Klausel nicht oder nur unzureichend verhindert werden. Allerdings ist anzunehmen, dass § 42 AO für gut durchdachte Gestaltungen von Drittstaatsansässigen oft kein Hindernis sein wird.

---

966 Vgl. 2. Teil, C.II.6.a)cc), S. 129.

967 Vgl. *Drüen*, in: Tipke/Kruse, AO/FGO, Vor § 42 AO Rn. 14, § 42 AO Rn. 20b, der nicht abschließende spezielle Missbrauchsnormen als „unechte Spezialnormen" bezeichnet.

968 Vgl. C.II.2., S. 272.

969 Vgl. *Drüen*, in: Tipke/Kruse, AO/FGO, Vor § 42 AO Rn. 14; *Hey*, Beih 3 DStR 2014, 8, 12 f.; *Hey*, in: DStJG Bd. 33, S. 139, 146.

III. Beschränkung der Quellensteuerentlastung für ausländische Gesellschaften (§ 50d Abs. 3 EStG)

§ 50d Abs. 3 EStG schränkt den abkommensrechtlichen Anspruch einer ausländischen Gesellschaft auf Entlastung von der Quellensteuer ein, wenn an ihr Personen beteiligt sind, die keinen Anspruch auf Entlastung hätten, wenn sie die betreffenden Einkünfte direkt beziehen würden. Mit *Beteiligung* ist die Beteiligung als Gesellschafter gemeint, schuldrechtliche Beziehungen sind also nicht ausreichend.[970] Damit betrifft § 50d Abs. 3 EStG nur Direct-Conduit-Strukturen, für die bereits die LoB-Klausel in Art. 28 DBA-USA eine Regelung enthält. Als speziellere Norm geht Art. 28 DBA-USA dem § 50d Abs. 3 EStG vor und § 50d Abs. 3 EStG ist daher für die Frage, ob eine Quellensteuerentlastung nach dem DBA-USA zu gewähren ist, nicht anwendbar.[971]

Eine gleichzeitige Anwendung beider Normen würde auch zu Wertungskonflikten führen. Beispielsweise gewährt Art. 28 Abs. 2 f) DBA-USA die Abkommensvorteile bereits ab einer Beteiligung abkommensberechtigter Gesellschafter in Höhe von 50 %, während die übrigen Gesellschafter in Drittstaaten ansässig sein können. Im Gegensatz dazu wären bei Anwendung des § 50d Abs. 3 EStG in diesem Fall nur 50 % der Quellensteuerentlastung zu gewähren. Auch die Voraussetzungen, unter denen die Abkommensvorteile trotz einer Beteiligung Drittstaatsansässiger zu gewähren sind, unterscheiden sich in Art. 28 DBA-USA und § 50d Abs. 3 EStG.[972]

---

970 *Wagner*, in: Blümich, KStG/EStG, § 50d EStG Rn. 80.

971 *Gohr*, in: Endres/Jacob/Gohr/Klein, DBA-USA Art. 28 Rn. 9 ff.; *Klein*, in: H/H/R, EStG/KStG, § 50d EStG Rn. J 06-4; *Wagner*, in: Blümich, KStG/EStG, § 50d EStG Rn. 67; *Wolff*, in: Wassermeyer, DBA, Art. 28 DBA-USA Rn. 8. Vgl. auch BMF v. 24.1.2012 – IV B 3 – S 2411/07/10016, BStBl. I 2012, 171 Tz. 11. Zum DBA-Schweiz: BFH, Urteil v. 19.12.2007 – I R 21/07, BStBl. II 2008, 619. A.A. *Schaumburg*, Int. Steuerrecht, Rn. 16.162 mit dem Hinweis auf das (nicht einschlägige) BFH-Urteil v. 20.3.2002 – I R 38/00, BStBl. II 2002, 819.

972 Allerdings wird teilweise die Auffassung vertreten, § 50d Abs. 3 EStG sei in Fällen anwendbar, in denen die LoB-Klausel einer US-Gesellschaft mit drittstaatsansässigen Anteilseignern die Abkommensberechtigung versage, obwohl die Anteilseigner nach einem DBA zwischen ihren Ansässigkeitsstaat und Deutschland einen Anspruch auf gleichwertige Abkommensvorteile haben. Hier soll § 50d Abs. 3 EStG anwendbar sein, weil Art. 28 DBA-USA die mittelbare Entlastungsberechtigung nicht abschließend regele (*Jacob*, IStR 2011, 45). Dagegen spricht jedoch, dass § 50d Abs. 3 EStG schon nach seinem Wortlaut nur einen nach einem DBA bestehenden Anspruch auf Quellensteuerentlastung beschränkt, und keinen zusätzlichen Anspruchsgrund schafft, wenn das DBA die Quellensteuerentlastung versagt. Im Übrigen enthält der Derivative-Benefits-Test in Art. 28 Abs. 4 DBA-USA gerade eine abschließende Regelung zur mittelbaren Entastungsberechtigung des Gesellschafters. Diese mag nicht sachgerecht sein, kann aber durch § 50d Abs. 3 EStG nicht korrigiert werden.

IV. Hybride Rechtsgebilde (§ 50d Abs. 1 S. 11 EStG)

§ 50d Abs. 1 S. 11 EStG enthält eine Sondervorschrift zur Entlastung von der deutschen Abzugsteuer auf der Grundlage eines DBA bei hybriden Rechtsgebilden. Wenn der Gläubiger der quellensteuerpflichtigen Einkünfte eine Person ist, der die Einkünfte nach deutschem Steuerrecht oder nach dem Steuerrecht des anderen Vertragsstaats nicht zugerechnet werden, steht der Anspruch auf Entlastung von der Abzugsteuer nur der Person zu, der die Einkünfte nach den Steuergesetzen des anderen Vertragsstaats als Einkünfte einer dort ansässigen Person zugerechnet werden.

In der Literatur wird diskutiert, ob diese Regelung (i) rein verfahrensrechtlich zu verstehen ist, also nur die Aktivlegitimation hinsichtlich eines nach einem DBA bestehenden Erstattungsanspruchs regelt, aber diesen Anspruch nicht begründet oder ausschließt, oder (ii) eine materiell-rechtliche Bindung an die Einkünftezurechnung nach dem Recht des Ansässigkeitsstaats bei der Prüfung des Erstattungsanspruchs nach einem DBA bewirkt.[973] Eine materiell-rechtliche Bindung an die Einkünftezurechnung des Ansässigkeitsstaats hätte zur Folge, dass der abkommensrechtliche Erstattungsanspruch ausgeschlossen wäre, wenn zwar Deutschland, nicht aber der andere Vertragsstaat die Einkünfte einer dort ansässigen Person zurechnet.[974] Die Vorschrift würde dann die Abkommensvorteile bei Treaty-Shopping-Strukturen unter Einsatz von hybriden Gesellschaften versagen.

Die systematische Stellung des § 50d Abs. 1 S. 11 EStG sowie der Wortlaut der Vorschrift sprechen aber eher für einen rein verfahrensrechtlichen Charakter und gegen eine solche materiell-rechtliche Wirkung.[975] Selbst wenn man § 50d Abs. 1 S. 11 EStG aber eine materiell-rechtliche Wirkung zusprechen würde, sollte im Verhältnis zur USA Art. 1 Abs. 7 DBA-USA eine vorrangige Spezialregelung darstellen, sodass § 50d Abs. 1 S. 11 EStG im Verhältnis zur USA nicht anwendbar wäre.[976]

V. Zwischenergebnis

Es erscheint grundsätzlich denkbar, Treaty Shopping durch eine formale Verlagerung von Einkünften durch das Konzept des wirtschaftlichen Eigentums zu verhindern, indem in diesen Fällen der Drittstaatsansässige als wirtschaftlicher Eigentümer des den Einkünften zugrunde liegenden Wirtschaftsguts angesehen wird. Soweit es sich dabei aber nicht um bloße Treuhandkonstruktionen handelt, sondern die Stellung des zivilrechtlichen Eigentümers stärker ausgeprägt ist (wie beispielsweise beim Dividendenstripping oder Wertpapiersachdarlehen) ist allerdings fraglich, ob eine vom Zivilrecht abweichende Zurechnung des betreffenden Wirtschaftsguts

---

973 Vgl. *Jacob/Klein*, IStR 2014, 121, 128 ff.

974 Vgl. *Jacob/Klein*, IStR 2014, 121, 128 ff.

975 Vgl. *Jacob/Klein*, IStR 2014, 121, 128 ff.; *Wagner*, in: Blümich, EStG/KStG, § 50d EStG Rn. 34; *Klein/Hagena*, in: H/H/R, EStG/KStG, § 50d EStG Rn. 24.

976 *Jacob/Klein*, IStR 2014, 121, 130; *Klein/Hagena*, in: H/H/R, EStG/KStG, § 50d EStG Rn. 24.

möglich ist. Auch Durchleitungsstrukturen dürfte das Konzept des wirtschaftlichen Eigentums nur in sehr begrenzten Fällen verhindern.

Ferner kommt grundsätzlich bei Treaty-Shopping-Strukturen durch eine formale Verlagerung von Einkünften die Anwendung der allgemeinen Missbrauchsvermeidungsvorschrift des § 42 AO in Betracht. Nach der eher restriktiven Handhabung dieser Norm durch die Rechtsprechung ist aber zweifelhaft, ob dadurch gut durchdachte Gestaltungen, die auf einer formalen Verlagerung von Einkünften beruhen, verhindert werden. § 42 AO hat für Treaty Shopping durch den Einsatz von Zwischengesellschaften insofern eine Bedeutung, als diese Norm eine Umgehung der Voraussetzungen der LoB-Klausel verhindern kann.[977]

C. Regelungen im US-Steuerrecht

I. Richterrechtliche Missbrauchsgrundsätze

1. *Überblick*

In den USA hat die Rechtsprechung verschiedene Rechtsgrundsätze (*judicial doctrines*) zur Verhinderung von Rechtsmissbrauch im Steuerrecht entwickelt, die auch im Kontext von Treaty Shopping anwendbar sein können. Die für diese Rechtsgrundsätze von der Rechtsprechung und Literatur gebrauchten Bezeichnungen sind nicht einheitlich.[978] Auch die Anwendungsvoraussetzungen und Rechtsfolgen für die einzelnen Rechtsgrundsätze sowie ihr Konkurrenzverhältnis untereinander unterscheiden sich in den verschiedenen Entscheidungen der US-Gerichte.[979] Im Wesentlichen können jedoch folgende Rechtsgrundsätze unterschieden werden:

a) Substance over Form

Die *substance over form doctrine* erlaubt den US-Steuerbehörden einen Sachverhalt abweichend von der gewählten (zivilrechtlichen) Form nach ihrem wirtschaftlichen Gehalt zu beurteilen, wenn diese Form nachweisbar im Widerspruch zum

---

977 *Scholz* (Anti-Treaty-Shopping-Regelungen, S. 344) vertritt zudem die Auffassung, in Deutschland verhindere § 4h EStG Durchleitungsstrukturen. Dem ist zu widersprechen. Zunächst erfasst § 4h EStG nur Zinszahlungen, nicht aber andere abzugsfähige Zahlungen. Weiterhin beschränkt diese Vorschrift den Nettozinsaufwand, der bei Durchleitungsstrukturen nicht entsteht. Davon abgesehen schützt diese Regelung, wenn überhaupt nur den Vertragspartner Deutschlands, nicht aber Deutschland vor Treaty Shopping.

978 *Rosenberg*, Michigan Law Revue 1988, 365, 385.

979 *Rosenberg*, Michigan Law Revue 1988, 365, 385.

wirtschaftlichen Gehalt steht.[980] Diese Rechtsfigur lässt sich damit mit dem Gebot der wirtschaftlichen Betrachtungsweise im deutschen Recht vergleichen.[981]

b) *Step Transaction Doctrine*

Auf der Grundlage der *step transaction doctrine* können mehrere formal voneinander unabhängige Transaktionen als eine einheitliche Transaktion behandelt werden.[982] Eine gewisse Parallele dazu wäre im deutschen Recht die Gesamtplanrechtsprechung.[983] Die Gerichte haben unterschiedliche Auffassungen dazu vertreten, wann die *step transaction doctrine* Anwendung findet.[984] Nach dem *binding commitment test* findet die *step transaction doctrine* Anwendung, wenn der Steuerpflichtige bei Vollzug des ersten Teilakts verpflichtet war, auch die weiteren Teilakte umzusetzen.[985] Der *end result test* setzt voraus, dass die einzelnen Teilakte Teil eines Gesamtplans waren, der schon bereits beim ersten Teilakt gefasst wurde, um ein bestimmtes Endergebnis zu erzielen.[986] Der *mutual interdependence test* stellt hingegen darauf ab, ob aus Sicht eines objektiven Beobachters die einzelnen Teilakte so miteinander verbunden waren, dass die aus einem Teilakt begründeten Rechtsbeziehungen ohne Abschluss aller Teilakte keinen Nutzen brächten.[987]

c) *Business Purpose Doctrine*

Nach der *business purpose doctrine* muss der Steuerpflichtige für eine Transaktion einen Grund haben, der nicht in der Vermeidung von Steuern besteht.[988] Die Gerichte ziehen unterschiedliche Rechtsfolgen aus der Anwendung dieser Rechtsfigur. Sie wird teilweise dafür genutzt, die Voraussetzungen einer steuerbegünstigenden Norm mit dem Argument zu versagen, ungeschriebene Voraussetzung dieser Norm sei das Vorhandensein eines wirtschaftlichen Grunds.[989] Teilweise wird die

---

980 *Bittker/Eustice*, Corporate Taxation, S. 1–20; US Treasury, Corporate Tax Shelters, S. 47.

981 Vgl. dazu: *Ratschow*, in: Blümich, EStG/KStG, § 2 EStG Rn. 40.

982 *Bittker/Eustice*, Corporate Taxation, S. 1–22; US Treasury, Corporate Tax Shelters, S. 49 f.; *Rosenberg*, Michigan Law Revue 1988, S. 400 ff.

983 Vgl. dazu: *Ratschow*, in: Klein, AO, § 42 Rn. 148.

984 *Lind/Schwarz/Lathrope/Rosenberg*, Corporate Taxation, S. 14.

985 US Treasury, Corporate Tax Shelters, S. 50.

986 *Lind/Schwarz/Lathrope/Rosenberg*, Corporate Taxation, S. 14; US Treasury, Corporate Tax Shelters, S. 50.

987 US Treasury, Corporate Tax Shelters, S. 50.

988 *Bittker/Eustice*, Corporate Taxation, S. 1–21; US Treasury, Corporate Tax Shelters, S. 54.

989 So wird etwa für eine steuerneutrale Umwandlung nach § 355 IRC vorausgesetzt, dass es für die Umwandlung einen wirtschaftlichen Grund gibt, obwohl diese Voraussetzung dem Gesetzestext nicht zu entnehmen ist. Reg. § 1.355-2(b).

Rechtsfigur dafür verwendet, um eine Transaktion, für die es keinen anderen Grund als die Vermeidung von Steuern gibt, für steuerliche Zwecke zu ignorieren.[990]

d) Economic Substance Doctrine

Die *economic substance doctrine* ist ebenfalls eine richterrechtlich entwickelte Rechtsfigur. Sie erlaubt es eine Transaktion für steuerliche Zwecke zu ignorieren, wenn ihr im Vergleich zu den erlangten steuerlichen Vorteilen keine bzw. nur eine unerhebliche wirtschaftliche Bedeutung (*economic substance*) zukommt.[991] Die Voraussetzungen und Rechtsfolgen wurden von US-Gerichten jedoch oft unterschiedlich beurteilt.[992] Die dadurch bestehende Rechtsunsicherheit nahm der US-Gesetzgeber in 2010 zum Anlass, die Voraussetzungen für die *economic substance doctrine* in § 7701(o) IRC (teilweise) zu kodifizieren.[993]

Nach § 7701(o) IRC hat eine Transaktion, bei der die *economic substance doctrine* „relevant" ist, für die Anwendung dieser Rechtsfigur eine ausreichende wirtschaftliche Bedeutung, wenn (i) die Transaktion die wirtschaftliche Position des Steuerpflichtigen sinnvoll ändert (abgesehen von Auswirkungen auf die US-Bundessteuer) und (ii) der Steuerpflichtige mit der Transaktion einen erheblichen Zweck (*substantial purpose*) verfolgt (abgesehen von Auswirkungen auf die US-Bundessteuer).[994] Die Frage, ob sich die wirtschaftliche Position des Steuerpflichtigen sinnvoll ändert, soll nach den Vorstellungen des Gesetzgebers primär durch eine Gegenüberstellung des Gewinns vor Steuern aus der Transaktion und dem aus der Transaktion gezogenen Steuervorteil beantwortet werden. Nur wenn der Vorsteuergewinn aus der Transaktion im Vergleich zum Steuervorteil wesentlich ist, soll diese Voraussetzung vorliegen.[995]

Wann die *economic substance doctrine* für eine Transaktion „relevant" ist, richtet sich nach dem ausdrücklichen Wortlaut des § 7701(o) weiterhin nach den von den Gerichten entwickelten Grundsätzen.[996] Da die Frage der Relevanz der *economic substance doctrine* keinesfalls durch die Gerichte als geklärt erscheint, wird zu Recht bezweifelt, ob der Gesetzgeber mit der Kodifikation dieses Rechtsgrundsatzes zur Rechtssicherheit beigetragen hat.[997]

---

990 Vgl. US Treasury, Corporate Tax Shelters, S. 55 f.
991 US Treasury, Corporate Tax Shelters.
992 Lind/*Schwarz/Lathrope/Rosenberg*, Corporate Taxation, S. 12.
993 Vgl. *Jackel*, Tax Notes 2010 (Bd. 172), 289.
994 § 7701(o)(1) IRC.
995 § 7701(o)(2)(A) IRC.
996 § 7701(o)(5)(C) IRC. Vgl. auch IRS Notice 2010-62 v. 4.10.2010, IRB 2010-40.
997 *Sheppard*, State Tax Notes 2010 (Bd. 58), 163 ff.

2. *Anwendung der Missbrauchsgrundsätze durch US-Gerichte*

Bislang hat die Rechtsprechung diese Missbrauchsgrundsätze nur in begrenzten Einzelfällen und unter engen Voraussetzungen auf Treaty-Shopping-Sachverhalte angewendet.

Das einzige bedeutende Urteil, in dem ein US-Gericht bei einer Direct-Conduit-Struktur die Abkommensvorteile auf der Grundlage von Missbrauchsgrundsätzen versagt hat, war die Entscheidung in Sachen *Ingemar Johansson v. US* aus dem Jahr 1943.[998] Johansson war ein schwedischer Profiboxer, der das Honorar für seine US-Wettkämpfe als „Angestellter" einer Schweizer Gesellschaft bezog, um so in den Genuss einer Freistellung von der US-Quellensteuer für das Honorar nach dem DBA zwischen den USA und der Schweiz, das damals noch keine LoB-Klausel enthielt, zu kommen. Das US-Gericht ignorierte aber die Zwischenschaltung der schweizerischen Gesellschaft und hielt das DBA daher für nicht anwendbar. Ein wesentliches Argument hierfür war das Fehlen jeglicher wirtschaftlicher Gründe für die Zwischenschaltung der Gesellschaft (***business purpose doctrine***).[999]

Für weniger unbeholfene Direct-Conduit-Strukturen waren die Missbrauchsgrundsätze jedoch kein Hindernis.[1000] Eine Erklärung dafür bietet die Grundsatzentscheidung des US Supreme Court in Sachen *Moline Properties, Inc. v. Commissioner*,[1001] die zwar zu innerstaatlichem Steuerrecht ergangen ist, aber auch im Zusammenhang mit DBA Bedeutung hat.[1002] Demnach wird eine zwischengeschaltete Gesellschaft schon dann für steuerliche Zwecke respektiert, wenn der Steuerpflichtige zeigt, dass die Gesellschaft aus wirtschaftlichen Motiven gegründet wurde *oder* einer unternehmerischen Tätigkeit nachgeht, wobei an die unternehmerische Tätigkeit keine hohen Anforderungen gestellt werden.[1003] Geht die Gesellschaft einer unternehmerischen Tätigkeit nach, ist die Absicht der Steuervermeidung unbeachtlich.[1004] Die Voraussetzungen, eine Zwischengesellschaft in einer Direct-Conduit-Struktur auf der Grundlage der Missbrauchsgrundsätze zu ignorieren, sind damit sehr eng.[1005]

Eine etwas anderen Linie folgte die Rechtsprechung bei Durchleitungsstrukturen. Ausgangspunkt dieser Rechtsprechung war die Entscheidung des US Tax Courts in

---

998 Urteil des United States Court of Appeals for the Fifth Circuit v. 2.9.1964 – 19990, Federal Reporter, Second Series, Bd. 336, 809.

999 Vgl. *Kornikova*, Rich. J. Global L. & Bus. 2008/2009 (Bd. 8), 249, 252.

1000 Vgl. Urteil des United States Tax Court v. 22.7.1968 (*Bass v. Commissioner*) – 2424-66, Reports of the United States Tax Court, Bd. 50, 595.

1001 Urteil des United States Supreme Court v. 1.6.1943 – 660, United States Supreme Court Reports, Bd. 319, 436.

1002 *Gustafson/Peroni/Pugh*, Int'l Transactions, S. 244 f.

1003 Vgl. Urteil des United States Tax Court v. 22.7.1968 (*Bass v. Commissioner*) – 2424-66, Reports of the United States Tax Court, Bd. 50, 595.

1004 *Gustafson/Peroni/Pugh*, Int'l Transactions, S. 244 f.

1005 *Gustafson/Peroni/Pugh*, Int'l Transactions, S. 244 f.

Sachen *Aiken Industries v. Commissioner* aus dem Jahr 1971.[1006] Eine honduranische Gesellschaft bezog Zinsen aus den USA und machte hierfür die Freistellung von der US-Quellensteuer nach dem DBA zwischen den USA und Honduras geltend. Im Rahmen einer Back-to-back-Finanzierungsstruktur musste die honduranische Gesellschaft jedoch die gesamten US-Zinseinkünfte an eine Gesellschaft auf den Bahamas, mit denen die USA kein DBA abgeschlossen hatten, weiterleiten. Die Entscheidung, mit der das Gericht die Abkommensberechtigung der honduranischen Gesellschaft verneinte, kann wohl am besten als eine Auslegung des DBA unter Anwendung der *substance over form doctrine* verstanden werden. Das einschlägige DBA setzte voraus, dass die honduranische Gesellschaft als „Empfängerin" der Zinszahlungen anzusehen war. Dieser Begriff sei, so das US-Gericht, nicht formal auszulegen. Wenn die honduranische Gesellschaft keine Herrschaft und Kontrolle (*dominion and control*) über die Zinszahlungen habe, weil sie verpflichtet sei, diese Zahlungen im vollen Umfang weiterzuleiten, könne sie nicht als Empfängerin der Zahlung angesehen werden; sie sei lediglich ein „*conduit*" für die dahinterstehende Gesellschaft auf den Bahamas.

Die Entscheidung in Sachen Aiken Industries wurde von der IRS danach auch auf Durchleitungsstrukturen angewandt, bei denen der Zwischenperson durch die Back-to-back-Finanzierungsstruktur eine Gewinnmarge verblieb, die Zahlungen also nicht vollständig an den Drittstaatsansässigen weitergeleitet wurden.[1007] Dem erteilte das US Tax Court in seiner Entscheidung *Northern Indiana Public Service Co. v. Commissioner*[1008] im Jahr 1995 jedoch eine Absage. Gegenstand dieser Entscheidung war die Abkommensberechtigung einer auf den niederländischen Antillen ansässigen Finanzierungsgesellschaft nach dem DBA zwischen den USA und den Niederlanden. Die Finanzierungsgesellschaft beschaffte auf dem internationalen Kapitalmarkt durch Ausgabe von Eurobonds Finanzmittel, die sie dann im Wege eines Darlehens an ihre US-Muttergesellschaft weiterreichte. Der IRS sah die Finanzierungsgesellschaft als *conduit* im Sinne der *Aiken*-Entscheidung an. Das Tax Court bejahte hingegen die Voraussetzungen für eine Freistellung von der US-Quellensteuer für die von der Muttergesellschaft gezahlten Zinsen mit dem Argument, dass die Finanzierungsgesellschaft durch eine Zinsmarge Gewinne erzielte und die Gläubiger der Finanzierungsgesellschaft nicht nahestehende Personen waren. Diese Entscheidung wird von der US-Literatur und Praxis als Beleg für einen engen Anwendungsbereich der *Aiken*-Entscheidungen auf Fallgestaltungen, in denen

1006 Urteil des United States Tax Court v. 5.8.1971 (*Aiken Industries, Inc. v. Commissioner of Internal Revenue*) – 292-69, Reports of the United States Tax Court, Bd. 56, 925.

1007 IRS, Revenue Ruling 84–152 v. 15.10.1984, 1984-2 C.B. 381 und Revenue Ruling 84–153 v. 15.10.1984, 1984-2 C.B. 383.

1008 Urteil des United States Tax Court v. 6.11.1995 (*Northern Indiana Public Service Co. v. Commissioner*) – 24468-91, Reports of the United States Tax Court, Bd. 105, 341; bestätigt durch das Urteil des United States Court of Appeals, Seventh Circuit v. 6.6.1997 – 96–1659, Federal Reporter, Third Series, Bd. 115, 506.

der Zwischengesellschaft durch die Back-to-back-Struktur keine Marge verbleibt, angesehen.[1009]

In einem gewissen Gegensatz dazu steht allerdings die Entscheidung in Sachen *Del Commercial Properties, Inc. v. Commissioner* aus dem Jahr 1999, in der die Abkommensvorteile trotz einer Gewinnmarge der Zwischengesellschaft versagt wurden.[1010] In diesem Fall nahm eine kanadische Gesellschaft ein Darlehen bei einer kanadischen Bank auf. Die Darlehensmittel wurden sodann als Eigenkapital über mehrere Beteiligungsstufen an eine niederländische (mittelbare) Tochtergesellschaft der kanadischen Gesellschaft weitergereicht, die sodann die Mittel aus der Einlage für ein Darlehen an eine (mittelbare) US-Tochtergesellschaft der kanadischen Gesellschaft verwendete. Obwohl die Zwischengesellschaft (d.h. die niederländische Tochtergesellschaft) hier nicht die Zinsen aus den USA im Rahmen einer Back-to-back-Struktur als Zinszahlungen weiterleiten musste, sah sie das Tax Court *conduit* an und wendete das DBA mit den Niederlanden dementsprechend nicht an. Die Versagung der Abkommensvorteile für die niederländische Gesellschaft stütze das Tax Court zudem auf die *step transaction doctrine*, nach der sich die Transaktion insgesamt als ein Darlehen einer kanadischen Gesellschaft an eine US-Gesellschaft darstelle.

Der Ausgang in *Del Commercial Properties* lässt sich aber eher mit den Besonderheiten des Einzelfalls als mit einer Aufgabe der in *Northern Indiana* entwickelten Grundsätze erklären.[1011] Insbesondere wurden in *Del Commercial Properties* die zivilrechtlichen Rechtsverhältnisse nicht von den Parteien beachtet, beispielsweise wurden Zinszahlungen von der US-Gesellschaft direkt an die kanadische Muttergesellschaft geleistet.[1012]

Im Ergebnis bieten daher die von den US-Gerichten entschiedenen Fälle kaum eine Grundlage, um die Abkommensvorteile wegen Treaty Shopping durch Direct-Conduit- oder Durchleitungsstrukturen auf der Grundlage der richterrechtlich entwickelten Missbrauchsgrundsätze zu versagen. Die von den Gerichten aufgestellten Voraussetzungen sind so eng, dass sie sich vom Steuerpflichtigen leicht vermeiden lassen.

1009 *Brauner*, in: Lang u.a.: Beneficial Ownership, S. 143, 149 ff.
Bestätigt wurde diese Auffassung nochmals durch die Entscheidung *SDI Netherlands B.V. v. Commissioner*, in der es um eine Stepping-Stone-Conduit-Struktur für Lizenzzahlungen ging (Urteil des United States Tax Court v. 2.10.1996 (*SDI Netherlands B.V. v. Commissioner* – 23747-94, Reports of the United States Tax Court, Bd. 107, 161). Auch hier wurde durch das US Tax Court die Abkommensberechtigung der Zwischengesellschaft bejaht, unter anderem mit Hinweis auf die Gewinnmarge der Zwischengesellschaft (vgl. *Brauner*, in: Lang u.a.: Beneficial Ownership, S. 143, 151 ff., auch zu der Bedeutung der Entscheidung für die beschränkte US-Steuerpflicht der von der Zwischengesellschaft geleisteten Lizenzzahlungen).

1010 Urteil des United States Tax Court v. 20.12.1999 (*Del Commercial Properties, Inc. v. Commissioner*) – 1887-98, Tax Court Memo 1999-411.

1011 Vgl. *Brauner*, in: Lang u.a.: Beneficial Ownership, S. 143, 155 ff.

1012 Vgl. *Brauner*, in: Lang u.a.: Beneficial Ownership, S. 143, 155 ff.

3. *Weitere mögliche Anwendungsfälle*

Inwieweit die Missbrauchsgrundsätze auf andere Treaty-Shopping-Gestaltungen als die durch die Rechtsprechung adressierten Direct-Conduit- und Durchleitungsstrukturen Anwendung finden, wurde bislang von den US-Gerichten nicht diskutiert. Denkbar erscheint das insbesondere bei Treaty Shopping durch eine formale Verlagerung von Einkünften. So könnte beispielsweise auf eine Dividendenstripping-Struktur, wie sie im ersten Teil dieser Arbeit dargestellt worden ist,[1013] die *economic substance doctrine* oder die *business purpose doctrine* dazu führen, dass die Hin- und Rückübertragung der Aktien zu ignorieren sind.[1014] Die US-Rechtsprechung hat allerdings bei Dividendenstripping-Strukturen zur Umgehung des innerstaatlichen Steuerrechts für die Anwendung dieser Missbrauchsgrundsätze enge Voraussetzungen aufgestellt.[1015] Es kann angenommen werden, dass die Missbrauchsgrundsätze daher auch bei Treaty Shopping durch eine formale Verlagerung von Einkünften oft nicht eingreifen werden.[1016]

Ein weiterer möglicher Anwendungsbereich für die Missbrauchsgrundsätze sind Umgehungen der Tatbestandsvoraussetzungen der LoB-Klausel, die insbesondere aufgrund des formalen Charakters der Tests der LoB-Klausel denkbar sind. Auf diese Gestaltungen könnten im Grundsatz die Missbrauchsgrundsätze anwendbar sein. Allerdings hat sich die US-Rechtsprechung hiermit noch nicht auseinandergesetzt.

4. *Konkurrenz zur LoB-Klausel*

Die zuvor genannte Rechtsprechung befasste sich mit DBA, die noch keine LoB-Klauseln enthielten, sodass sich die Frage nach der Konkurrenz zwischen den Missbrauchsgrundsätzen und der LoB-Klausel nicht stellte.

Nach der Technical Explanation zum DBA-USA sind die richterrechtlich entwickelten Missbrauchsgrundsätze grundsätzlich neben der LoB-Klausel anwendbar.[1017] Die Missbrauchsgrundsätze sollen allerdings neben der LoB-Klausel nur angewendet werden, um zu bestimmen, ob eine Transaktion auf der Grundlage einer wirtschaftlichen Betrachtung steuerlich anders beurteilt werden soll, während sich die Frage, ob die Abkommensvorteile in Anspruch nehmende Person eine „ausreichende Verbindung" zum Vertragsstaat besitzt, allein nach der LoB-Klausel richten soll.[1018] Die Missbrauchsgrundsätze könnten daher angewandt werden, um den

1013 Vgl. C.II.3., S. 20.
1014 *Reinhold*, Tax Lawyer, 1999–2000 (Bd. 53), 663, 680 f.
1015 Dabei ging es um die Herbeiführung der Voraussetzung für die Anrechnung ausländischer Steuern auf die US-Steuer durch Dividendenstripping (vgl. *Hanna*, Va. Tax Review 2005 (Bd. 24), 737, 778).
1016 *Reinhold*, Tax Lawyer, 1999–2000 (Bd. 53), 663, 680 f. Vgl. auch *Fleming*, Intertax 2012, 245, 253.
1017 Technical Explanation DBA-USA (2006) zu Art. 28, Einleitung.
1018 Technical Explanation DBA-USA (2006) zu Art. 28, Einleitung.

Nutzungsberechtigten von Einkünften zu bestimmen; die LoB-Klausel soll sodann auf diese Person angewandt werden. Daraus wird deutlich, dass Missbrauchsgrundsätze und LoB-Klausel nicht völlig konkurrenzlos nebeneinander stehen, insbesondere dürfen durch die Missbrauchsgrundsätze nicht die Wertungen der LoB-Klausel überspielt werden.[1019] Da die US-Rechtsprechung die Missbrauchsgrundsätze auf die von der LoB-Klausel vornehmlich adressierten Direct-Conduit-Strukturen aber sowieso nur sehr zurückhaltend angewendet wurden, dürfte die Frage nach der Konkurrenz kaum praktisch relevant werden.

5. *Zwischenergebnis*

Im Ergebnis bieten die von der US-Rechtsprechung entwickelten Missbrauchsgrundsätze, wie sie von den US-Gerichten in den entschiedenen Fällen angewandt wurden, nur eine sehr begrenzte Grundlage, um Treaty Shopping durch Direct-Conduit- oder Durchleitungsstrukturen zu verhindern. Die Anwendung der Missbrauchsgrundsätze auf andere Treaty-Shopping-Strukturen, die auf einer formalen Verlagerung von Einkünften beruhen, erscheint zwar denkbar, allerdings ist auch hier zu vermuten, dass die Voraussetzungen von der Rechtsprechung eher eng ausgelegt werden. Weiterhin können die Missbrauchsgrundsätze grundsätzlich Anwendung finden, wenn die LoB-Klausel umgangen wird. Hierfür sind die genauen Voraussetzungen durch die Rechtsprechung aber nicht geklärt.

II. Anti-Conduit Regulations (§ 7701(l) IRC)

Die Anti-Conduit Regulation gehen auf eine im Jahr 1993 geschaffene Ermächtigung in § 7701(l) IRC zurück und finden sich in den Reg. § 1.881-3 und -4 sowie Reg. § 1.1441-3(g) und -7(f).[1020]

Die Regulations richten sich vornehmlich gegen Durchleitungsstrukturen. Zu diesem Zweck erlauben sie der IRS unter bestimmten Voraussetzungen, die Beteiligung der Zwischengesellschaft/en (oder allgemeiner: der Zwischenperson/en) bei einer solchen Struktur zu ignorieren und die Struktur so zu behandeln, als würde die quellensteuerpflichtige Zahlung aus den USA an die Zwischenperson direkt an den Drittstaatsansässigen geleistet werden.[1021] Als Folge davon findet das DBA zwischen USA und dem Ansässigkeitsstaat der Zwischenperson keine Anwendung. Eine Reduzierung der Quellensteuer nach dem DBA zwischen den USA und dem Drittstaat, falls ein solches besteht, bleibt jedoch möglich.[1022]

Der Grund für die Existenz der Anti-Conduit Regulations mag darin gesehen werden, dass die Rechtsprechung in *Aiken Industries* und die zuvor erwähnten

1019 Vgl. *Nauheim*, T.M. Foreign Income Portfolio 938 unter III. E.

1020 Vgl. für eine zusammenfassende Darstellung der Anti-Conduit Regulations: Daub, Tax Notes 2015 (Bd. 14), 409.

1021 Reg. § 1.881-3(a)(3)(ii)(A).

1022 *Gustafson/Peroni/Pugh*, Int'l Transactions, S. 255 f.

Verwaltungserlasse[1023] Durchleitungsstrukturen nur unzureichend adressierten.[1024] Aufgrund der wesentlich weiteren Tatbestandsvoraussetzungen der Regulations dürfte die Entscheidung in *Aiken Industries* und die Folgeentscheidungen der US-Gerichte zur Anwendung der Missbrauchsgrundsätze auf Durchleitungsstrukturen sowie die Verwaltungserlasse keine praktische Bedeutung mehr haben.

Im Detail sind die Anti-Conduit Regulations allein schon durch ihre Länge sehr komplex. Im Folgenden sollen die wichtigsten Tatbestandsvoraussetzungen zusammengefasst werden.

1. Tatbestandsvoraussetzungen

Die Rechtsfolgen der Anti-Conduit Regulations hängen von zwei Voraussetzungen ab: Es muss eine sogenannte Finanzierungsstruktur (*financing arrangement*) vorliegen und die Zwischenperson/en muss/müssen als Durchleitstation/en (*conduit*) anzusehen sein.[1025]

a) Finanzierungsstruktur

Eine Finanzierungsstruktur i.S.d. der Anti-Conduit Regulations ist eine Reihe von Transaktionen, bei der eine Person (die finanzierende Person) Geld, andere Wirtschaftsgüter oder Rechte zur Nutzung von Wirtschaftsgütern gewährt und eine andere Person (die finanzierte Person) Geld, andere Wirtschaftsgüter oder Rechte zur Nutzung von Wirtschaftsgütern erhält, wenn dies unter Verwendung von anderen Personen (die Zwischenpersonen) umgesetzt wird und die finanzierende Person, die Zwischenpersonen und die finanzierte Person durch eine Kette von Finanzierungstransaktionen miteinander verbunden sind.[1026] Als Finanzierungstransaktion gilt zum einen die Begründung einer Verbindlichkeit,[1027] also insbesondere die Vergabe von Darlehen.[1028] Weiterhin ist die Vergabe von Lizenzen oder die Vermietung eine Finanzierungstransaktion.[1029] Wenn beispielsweise A an B ein Patent lizenziert und B hierfür eine Unterlizenz für C einräumt, sind beide Lizenzen Finanzierungstransaktionen.

1023 Vgl. C.I.2., S. 263.

1024 Neben der Verhinderung von Treaty Shopping dienen die Anti-Conduit Regulations auch der Bekämpfungen von Gestaltungen zur missbräuchlichen Inanspruchnahme der Portfolio Interest Exemption (*Daub*, Tax Notes 2015 (Bd. 146), 409, 410). Im Folgenden soll jedoch nur die Funktion der Anti-Conduit Regulations im Zusammenhang mit Treaty Shopping dargestellt werden.

1025 Vgl. Reg. § 1.881-3(a)(1).

1026 Reg. § 1.881-3(a)(2)(i)(A).

1027 Reg. § 1.881-3(a)(2)(ii)(A)(1).

1028 Reg. § 1.881-3(e) Example 2.

1029 Reg. § 1.881-3(a)(2)(ii)(A)(3).

Finanzierungsstruktur

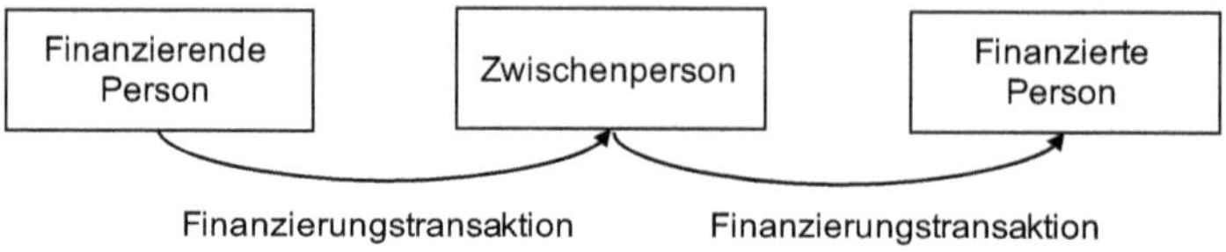

Unter bestimmten Voraussetzungen kann auch die Ausgabe oder Übertragung von Gesellschafts- oder Trustanteilen eine Finanzierungstransaktion darstellen, insbesondere wenn der Inhaber des Anteils das Recht hat, die Einziehung dieses Anteils zu verlangen.[1030] Der Erwerb von Anteilen als solcher ist jedoch keine Finanzierungstransaktion.[1031]

Der Zeitpunkt, zu dem die Zahlungen für die einzelnen Finanzierungstransaktionen vorgenommen werden, spielt keine Rolle für das Vorliegen einer Finanzierungsstruktur.[1032]

Falls es an einer Finanzierungstransaktion als Bindeglied zwischen der finanzierenden Person und der Zwischenperson, zwischen zwei Zwischenpersonen oder der Zwischenperson und der finanzierten Person fehlt, räumen die Anti-Conduit Regulations der IRS Ermessen ein, gleichwohl von einer Finanzierungsstruktur auszugehen, wenn der hauptsächliche Grund für die Struktur die Vermeidung der Anwendung der Anti-Conduit Regulations war.[1033] Diese Bestimmung zielt auf mehrstufige Durchleitungsstrukturen ab.

1030 Reg. § 1.881-3(a)(2)(ii)(B)(1).

1031 Weiterhin werden durch die Anti-Conduit Regulations auch alle sonstigen Transaktionen zu Finanzierungstransaktionen erklärt, bei der eine Person Geld, andere Wirtschaftsgüter oder Nutzungsrechte an eine andere Person mit der Verpflichtung an eine andere Person überträgt, das Geld oder die Wirtschaftsgüter zurückzuübertragen oder Wertersatz zu leisten. Durch diese Auffangklausel ist der Begriff der Finanzierungstransaktion sehr weit definiert. Eine Garantie oder andere Kreditsicherheit ist allerdings keine Finanzierungstransaktion (Reg. § 1.881-3(a)(2)(ii)(A)(4)).

1032 Reg. § 1.881-3(e) Example 5 und 16.

1033 Reg. § 1.881-3(a)(2)(i)(B).

Mehrstufige Finanzierungsstruktur

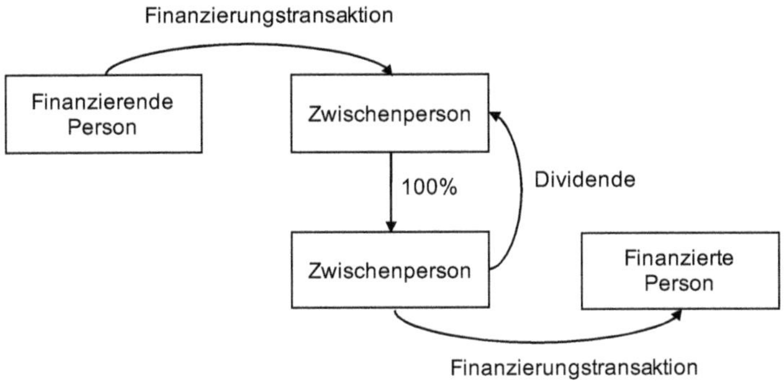

Wie genau die IRS die Finanzierungsstruktur wertet, d.h. beispielsweise, welche Finanzierungstransaktionen zur Finanzierungsstruktur gehören und welche Parteien an der Finanzierungsstruktur teilnehmen, liegt im Ermessen der IRS.[1034] Dieses recht weite Ermessen hat wohl seinen Grund in der Sorge, dass die recht detaillierten Anti-Conduit Regulations bei komplexen Finanzierungsstrukturen leerlaufen könnten.

b) Conduit

aa) Allgemeine Voraussetzungen

Die zweite Voraussetzung, dass die bei einer Finanzierungsstruktur beteiligte/n Zwischenperson/en als Durchleitstation/en (*conduit*) anzusehen ist/sind, hängt wiederum von drei kumulativ zu erfüllenden Voraussetzungen ab:[1035]

1. Die Beteiligung der betreffenden Zwischenperson führt zu einer Verringerung der US-Quellensteuer. Dafür wird die US-Quellensteuerlast mit und ohne Einschaltung der Zwischenperson miteinander verglichen.[1036]
2. Entweder (i) sind die Zwischenperson und die finanzierende Person oder die Zwischenperson und die finanzierte Person nahestehende Personen oder (ii) die Zwischenperson hätte sich nicht an der Finanzierungsstruktur zu den im Wesentlichen gleichen Bedingungen beteiligt, wenn die finanzierende Person keine Finanzierungstransaktion mit der Zwischenperson eingegangen wäre.[1037] Dies wird vermutet, wenn die finanzierende Person für die Verbindlichkeit der finanzierten Person gegenüber der Zwischenperson garantiert.

1034 TD 8611, 1995-2 CB 286, 289.
1035 Reg. § 1.881-3(a)(4)(i).
1036 Reg. § 1.881-3(a)(4)(i)(A).
1037 Reg. § 1.881-3(c)(1).

3. Die Beteiligung der Zwischenperson beruht auf einem Plan zur Vermeidung von Steuern. Darunter ist jeder Plan zu verstehen, dessen wesentlicher Grund (*principal purpose*) in der Vermeidung von US-Quellensteuern besteht.[1038]

bb) Nachweis der Steuervermeidungsabsicht

Ob die Vermeidung von US-Quellensteuern ein wesentlicher Grund war, lässt sich aufgrund des subjektiven Charakters dieses Tatbestandsmerkmals nur schwer feststellen. Auch die Bestimmung der Anti-Conduit Regulations, dass die IRS die Feststellung dieses Merkmals anhand der Umstände des jeweiligen Falls treffen kann,[1039] löst dieses Problem nicht. Allerdings nennen die Anti-Conduit Regulations explizit drei Umstände, die eine Steuervermeidungsabsicht indizieren, und einen Umstand, der dagegen spricht.[1040] Auch wenn diese Indizien nicht abschließend sind, haben sie in der Praxis mit Abstand die größte Bedeutung.[1041] Für einen Plan zur Steuervermeidung sollen folgende Indizien sprechen:

1. Die Finanzierungsstruktur führt zu einer erheblichen Verringerung der US-Quellensteuer.[1042]
2. Die Zwischenperson verfügt ohne die Finanzierungstransaktion mit der finanzierenden Person nicht über ausreichende Mittel, um die Finanzierungstransaktion mit der finanzierten Person durchzuführen.
3. Zwischen den Transaktionen liegt ein kurzer zeitlicher Abstand, wobei ein Jahr noch als kurz anzusehen ist.[1043]

Gegen einen Plan zur Steuervermeidung soll sprechen, wenn die an der Finanzierungstransaktion beteiligten Parteien nahestehende Personen sind, die Finanzierungstransaktion zum gewöhnlichen Geschäftsbetrieb der Parteien gehört und die von den Parteien ausgeübten gewerblichen Tätigkeiten miteinander integriert sind oder sich ergänzen. In der Praxis spielt dieser Faktor zugunsten des Steuerpflichtigen wegen der relativ engen Voraussetzungen aber nur eine geringe Rolle.[1044]

Neben diesen Umständen mit Indizienfunktion enthalten die Anti-Conduit Regulations noch eine widerlegbare Vermutung zugunsten des Steuerpflichtigen, dass kein Plan zur Steuervermeidung vorliegt, wenn die Zwischenperson eine der finanzierenden oder der finanzierten Person nahestehende Person ist und einer aktiven

---

1038 Reg. § 1.881-3(b)(1). Dort wird auch klargestellt, dass für die Zwecke dieser Vorschrift die Vermeidung von Quellensteuer auch dann ein wesentlicher Grund (*principal purpose*) sein kann, wenn es noch weitere, wichtigere Gründe gibt.

1039 Reg. § 1.881-3(b)(1).

1040 Reg. § 1.881-3(b)(2).

1041 *Daub*, Tax Notes 2015 (Bd. 146), 409, 418 f.

1042 Wobei eine Reduzierung des Quellensteuersatzes um 3 Prozentpunkte für ausreichend gehalten wird (*Daub*, Tax Notes 2015 (Bd. 146), 409, 419 f.).

1043 Reg. § 1.881-3(e) Example 17.

1044 *Daub*, Tax Notes 2015 (Bd. 146), 409, 419, Fn. 57.

Finanzierungstätigkeit nachgeht.[1045] Diese Ausnahme soll insbesondere für Konzernfinanzierungsgesellschaften eingreifen. Die Voraussetzungen für eine aktive Finanzierungstätigkeit sind aber sehr eng formuliert.[1046]

2. *Konkurrenz mit der LoB-Klausel*

Nach Auffassung der US-Steuerverwaltung sowie der US-amerikanischen Literatur sind die Anti-Conduit Regulations auch dann anwendbar, wenn das betreffende DBA eine LoB-Klausel enthält.[1047] Die Anti-Conduit Regulations sollen in einem ersten Schritt Anwendung finden, um die Person zu bestimmen, der die Einkünfte als Nutzungsberechtigten zuzurechnen sind. Auf diese Person sei in einem zweiten Schritt die LoB-Klausel anzuwenden.[1048] Diese Auffassung lässt sich insbesondere auf eine entsprechende Vorschrift in der Präambel zu den Anti-Conduit Regulations stützen.[1049]

Aus rechtspolitischer Sicht wird die gleichzeitige Anwendbarkeit von LoB-Klausel und Anti-Conduit Regulations allerdings kritisiert. Wenn die USA ein DBA mit einer umfassenden Bestimmung zur Verhinderung von Treaty Shopping, die mit dem Base-Erosion-Test auch Durchleitungsstrukturen adressiert, abschließt, würde der Abkommenspartner zu Recht davon ausgehen können, dass diese Regelungen abschließend seien. Die Anwendung der Anti-Conduit Regulations neben der LoB-Klausel würde dieser Erwartung widersprechen.[1050]

3. *Zwischenergebnis*

Vor dem Hintergrund der zuvor erläuterten Tatbestandsvoraussetzungen stellen die Anti-Conduit Regulations ein weitgehend effektives Instrument zur Verhinderung von Treaty Shopping durch Durchleitungsstrukturen, bei denen gezielt Einkünfte an einen Drittstaatsansässigen weitergeleitet werden, dar.[1051] Wie im ersten Teil dieser Arbeit gesehen, zeichnen sich diese Strukturen dadurch aus, dass der Drittstaatsansässige nicht zwingend an der Zwischengesellschaft beteiligt sein muss. Wenn es sich bei der Zwischengesellschaft um einen unabhängigen Dritten handelt, wird

---

1045 Reg. § 1.881-3(b)(3).

1046 *Daub*, Tax Notes 2015 (Bd. 146), 409, 419, 424.

1047 Technical Explanation DBA-USA (2006) zu Art. 28, Einleitung; *Daub*, Tax Notes 2015 (Bd. 146), 409, 410; a.A. allerdings *Guenther*, Va. Tax Rev. 1996–1997 (Bd. 16), 645, 668 ff.

1048 Technical Explanation DBA-USA (2006) zu Art. 28, Einleitung.

1049 Conduit Arrangements Regulations (TD 8611), Preamble.

1050 *Castro*, Va. Tax Review 2011 (Bd. 31), 297, 321 ff.; *Guenther*, Va. Tax Rev. 1996–1997 (Bd. 16), 645, 668 ff., der sich sogar dafür ausspricht, dass die Anti-Conduit Regulations nicht neben der LoB-Klausel anwendbar sind, weil es sich dabei um einen unzulässigen Treaty Override handele.

1051 Vgl. jedoch zu Lücken der Regulations, die insbesondere bei *disregarded entities* in Finanzierungsstrukturen bestanden: *Daub*, Tax Notes 2015 (Bd. 146), 409, 411.

dieser aber in der Regel nur dann bereit sein, eine Transaktion mit der im Quellenstaat ansässigen Person (in der Diktion der Regulations: der finanzierten Person) einzugehen, wenn der Drittstaatsansässige (in der Diktion der Regulations: die finanzierende Person) die entsprechenden Mittel bereitstellt. So würde im Beispiel 3 des ersten Teils dieser Arbeit[1052] die A-Gesellschaft wohl nur dann das Darlehen an die Q-Gesellschaft vergeben, wenn die D-Gesellschaft der A-Gesellschaft entsprechende Mittel bereitstellt. Genau dieser Veranlassungszusammenhang ist nach den Regulations ausschlaggebend dafür, die Zwischenperson als *conduit* einzustufen. Der Nachweis einer Steuervermeidungsabsicht wird aufgrund der in den Regulations festgeschriebenen Indizien erleichtert. Weiterhin greifen die Regulations auch bei mehrstufigen Durchleitungsstrukturen ein.

Damit füllen die Anti-Conduit Regulations eine Lücke der LoB-Klausel bei der Verhinderung von Durchleitungsstrukturen. Ihre Existenz mag der Grund dafür sein, dass die LoB-Klausel Durchleitungsstrukturen nur relativ unzulänglich und auch nur in bestimmten Tests (nämlich beim Ownership/Base-Erosion-Test und beim Derivative-Benefits-Test) adressiert.

Die tatbestandliche Weite und das weite Ermessen der IRS bei der Feststellung des Tatbestands bedingen jedoch für den Steuerpflichtigen eine erhebliche Rechtsunsicherheit. Insbesondere bei komplexen Finanzierungsstrukturen unter Einsatz von Konzernfinanzierungsgesellschaften ist ihre Reichweite oft unklar.[1053] Eine weitere Schwachstelle der Anti-Conduit Regulations ist die Beschränkung auf Finanzierungstransaktionen. Durchleitungsstrukturen im Dienstleistungsbereich[1054] werden nicht davon erfasst. Auch Strukturen, bei denen Dividenden einer US-Gesellschaft an Drittstaatsansässige weitergeleitet werden,[1055] fallen nicht in den Anwendungsbereich der Regulations, weil der Erwerb von Gesellschaftsanteilen grundsätzlich keine Finanzierungstransaktion darstellt. Allerdings dürften solche Strukturen auch weniger praktisch relevant sein.

III. Anti-Treaty-Shopping-Regelungen zur Branch Profits Tax (§ 884(e) IRC)

Wie im zweiten Teil dieser Arbeit erläutert,[1056] unterliegt eine ausländische Körperschaft, die in den USA ECI erzielt, mit dem ausschüttungsgleichen Betrag einer US-Zweigniederlassung der BPT mit einem Steuersatz in Höhe von 30 %. Nach § 884(e) IRC reduziert sich jedoch die BPT bei Anwendbarkeit eines DBA auf den im DBA vorgesehenen Steuersatz oder – falls das DBA die BPT nicht adressiert – auf den im DBA für Dividenden vorgesehenen Steuersatz.[1057] Um Treaty Shopping

---

1052 Vgl. 1. Teil, C.II.1., S. 18.
1053 *Daub*, Tax Notes 2015 (Bd. 146), 409, 424 ff.
1054 Vgl. 1. Teil, C.II.1., S. 17.
1055 Vgl. die Abwandlung des Beispiels 2 im 1. Teil unter C.II.1., S. 17.
1056 Vgl. 2. Teil, B.III., S. 64.
1057 § 884(e)(2) IRC.

vorzubeugen, macht § 884(e) IRC diese Reduzierung der BPT von der Erfüllung weiterer Voraussetzungen abhängig, die den Voraussetzungen der LoB-Klauseln in den DBA der USA ähneln.[1058] Diese „LoB-Klausel" des § 884(e) IRC ist aber nicht anwendbar, wenn das betreffende DBA eine nach 1986 in Kraft getretene LoB-Klausel enthält.[1059] Bei der Entlastung von der BPT auf der Grundlage des DBA-USA kommt es somit auf die „LoB-Klausel" des § 884(e) IRC nicht an.

IV. Hybride Rechtsgebilde (Reg. § 1.894-1(d))

Die Regulations in Reg § 1.894-1(d) betreffen die Anwendung von DBA der USA auf hybride Rechtsgebilde. Unter anderem schreiben sie fest, dass beim Bezug von US-Einkünften durch oder über hybride Rechtsgebilde die Abkommensvorteile (nur) gewährt werden, wenn der andere Vertragsstaat diese Einkünfte einer dort ansässigen Person zurechnet.[1060] Auf die sehr komplexen Regelungen der Regulations, die unter anderem auch bestimmen, wann ein Rechtsgebilde als hybrid gilt und wann die Einkünfte nach dem Recht des anderen Vertragsstaats einer dort ansässigen Person zugerechnet werden,[1061] soll an dieser Stelle nicht eingegangen werden. Wichtig für die Zwecke dieser Arbeit ist, dass diese Regulations – wie Art. 1 Abs. 7 DBA-USA – sowohl ein Leeerlaufen der Abkommensberechtigung bei Bezug von Einkünften über ein hybrides Rechtsgebilde als auch Treaty Shopping durch hybride Rechtsgebilde in Drittstaaten verhindern sollen.[1062] Damit stellt sich die Frage nach der Konkurrenz zwischen den Regulations und Art. 1 Abs. 7 DBA-USA. Nach Reg. § 1.894-1(d)(4) sind die Regulations nicht anwendbar, wenn „ausdrücklich" etwas Anderes in einem DBA vereinbart wurde. In Art. 1 Abs. 7 DBA-USA werden die Reg. § 1.894-1(d) nicht ausdrücklich ausgeschlossen. Allerdings betreffen beide Vorschriften die gleiche Sachverhaltskonstellation. Daher ist davon auszugehen,

---

1058 § 884(e)(4) IRC i.V.m. Reg. § 1.884-5. Vgl. *Gustafson/Peroni/Pugh*, Int'l Transactions, S. 223 f.

1059 Reg. § 1.884-1(g)(1).

1060 Reg. § 1.894-1(d)(2)(i).
Daneben enthalten die Regulations spezielle Regelungen für Zahlungen an bzw. durch „inländische umgekehrt hybride Rechtsgebilde" (*domestic reverse hybrid entities*), also Rechtsträger die in den USA gegründet wurden und dort einer intransparenten Besteuerung unterliegen, während sie in einem anderen Staat steuerlich transparent behandelt werden (vgl. Reg. § 1.894-1(d)(2)(ii)). Diese Regelungen sollen vor allem die Ansässigkeitsbesteuerung eines in den USA gegründeten hybriden Rechtsgebildes sicherstellen und spielen für die Verhinderung von Treaty Shopping keine Rolle, sodass sie hier nicht diskutiert werden sollen.

1061 Vgl. § 1.894-1(d)(3).

1062 Die abkommenserweiternde Wirkung der Regulations hängt allerdings davon ab, dass der andere Vertragsstaat (im Beispiel der Ansässigkeitsstaat des Anteilseigners) eine ähnliche Regelung zugunsten von US-Steuerpflichtigen vorsieht. Damit läuft die den Steuerpflichtigen begünstigende Wirkung der Regulations oft ins Leere. (Reg. § 1.894-1(d)(4)).

dass mit Art. 1 Abs. 7 DBA-USA eine abschließende Regelung im Hinblick auf die Abkommensberechtigung hybrider Rechtsgebilde und ihrer Anteilseigner getroffen wurde, die den Reg. § 1.894-1(d) vorgeht.[1063]

V. Konzept des Beneficial Owners

Ähnlich wie im deutschen Recht kann auch im US-Steuerrecht ein Wirtschaftsgut für steuerliche Zwecke einer anderen Person als dem zivilrechtlichen Eigentümer zugerechnet werden. Dieses als *beneficial ownership* bezeichnete Konzept entscheidet zunächst über die steuerliche Zuordnung eines Wirtschaftsguts, ist aber auch für die Zurechnung der daraus stammenden Einkünfte entscheidend.[1064] Auf der Grundlage der anwenderstaatsorientierten Auslegung des Konzepts des Nutzungsberechtigten ist der *beneficial owner* eines Wirtschaftsguts nach den innerstaatlichen Grundsätzen des US-Steuerrechts daher in der Regel zugleich der Nutzungsberechtigte (*beneficial owner*) der daraus resultierenden Einkünfte i.S.d. DBA-USA.[1065]

Als *beneficial owner* wird in der Regel die Person, die eine dem zivilrechtlichen Inhaber vergleichbare Rechtsposition innehat, angesehen. Bei Gesellschaftsanteilen ist grundsätzlich die Person als *beneficial owner* anzusehen, die die mit den Anteilen verbundenen Vorteile (Dividendenbezugsrecht, Wertsteigerungen, Verfügungsbefugnis) zustehen und die das Verlustrisiko hinsichtlich der Anteile trägt.[1066]

Dieses Konzept kann damit angewandt werden, um bestimmte Treaty-Shopping-Strukturen durch eine formale Verlagerung von Einkünften zu verhindern. So sollte beispielsweise in der im ersten Teil beschriebenen Treuhandkonstruktion[1067] der drittstaatsansässige Treugeber als *beneficial owner* anzusehen sein, sodass keine Abkommensvorteile zu gewähren wären. Bei anderen Strukturen mag hingegen fraglich sein, ob dieses Konzept Treaty Shopping verhindert. So wurde beispielsweise bei einem Wertpapierdarlehen der Darlehensnehmer als *beneficial owner* angesehen.[1068] Das würde die Möglichkeit für Treaty-Shopping-Strukturen unter Einsatz von Wertpapiersachdarlehen, wie sie ebenfalls im ersten Teil dieser Arbeit

1063 Vgl. *Miller/Stone*, Tax Mgmt. Int'l, 2008 (Bd. 37), 1, 7: *Postlewaite* u.a., International Tax Journal 2008 (Bd. 34), 33. Neben Art. 1 Abs. 7 DBA-USA bleiben allerdings die Reg. § 1.894-1(d) zu inländischen umgekehrt hybriden Rechtsgebilden (vgl. Fn. 1060) anwendbar.

1064 *Nauheim*, T.M. Foreign Income Portfolio 938 unter II. C.; *Andersen*, Tax Treaties, 9.02[1][b][ii].

1065 *Nauheim*, T.M. Foreign Income Portfolio 938 unter II. C.; *Brauner*, in: Lang u.a., Beneficial Ownership, S. 143, 144; *Andersen*, Tax Treaties, 9.02[1][b][ii]. Zum DBA mit Japan: IRS, Revenue Ruling 65–218, C.B. 1965-2, 566.

1066 *Andersen*, Tax Treaties, 9.02[1][b][ii]; ausführlich *Nauheim*, T.M. Foreign Income Portfolio 938 unter II. C.

1067 Vgl. 1. Teil, C.II.2., S. 19.

1068 U.S. Supreme Court, Urteil v. 4.1.1926 (*Provost v. United States*), United States Supreme Court Reports Bd. 269, 443; vgl. *Nauheim*, T.M. Foreign Income Portfolio 938 unter II. C.

beschrieben wurden,[1069] eröffnen. Andererseits ist die Rechtsprechung zum *beneficial-ownership*-Konzept sehr von einer Wertung der Umstände des Einzelfalls abhängig, zu denen auch die wirtschaftlichen Gründe für die Transaktion gehören.[1070] Daher erscheint es durchaus möglich, dass bei der gebotenen Einzelfallbetrachtung bei Treaty-Shopping-Strukturen durch eine formale Verlagerung von Einkünften der Drittstaatsansässige als *beneficial owner* des Wirtschaftsguts, aus dem die Einkünfte stammen, angesehen wird und so diese Form des Treaty Shopping verhindert wird. Rechtlich geklärt ist diese Frage jedoch nicht.

VI. Zwischenergebnis

In den USA werden Durchleitungsstrukturen durch die Anti-Conduit Regulations weitgehend effektiv adressiert. Insofern schließen die Anti-Conduit Regulations eine Lücke der LoB-Klausel bei der Verhinderung von Treaty Shopping.

Hingegen fehlt es an einer speziellen Norm, die andere Treaty-Shopping-Strukturen durch eine formale Verlagerung von Einkünften verhindern würde. Ähnlich wie das Konzept des wirtschaftlichen Eigentums in Deutschland können durch das Konzept des *beneficial owners* in den USA Treuhandkonstruktionen verhindert werden. Wie in Deutschland ist das jedoch bei anderen Treaty-Shopping-Strukturen, bei denen die Stellung des zivilrechtlichen Eigentümers stärker ausgeprägt ist (etwa bei kurzfristigen Übertragungen des den Einkünften zugrunde liegenden Wirtschaftsguts) zweifelhaft.

Bei Treaty-Shopping-Strukturen durch eine formale Verlagerung von Einkünften können zudem die durch die Rechtsprechung entwickelten Missbrauchsgrundsätze einschlägig sein. In der Vergangenheit haben die Gerichte diese Missbrauchsgrundsätze jedoch eher zurückhaltend angewendet.

1069 Vgl. 1. Teil, C.II.3., S. 21.

1070 *Nauheim*, T.M. Foreign Income Portfolio 938 unter II. C.

4. Teil: Zusammenfassende Bewertung und notwendige Änderungen und Ergänzungen der LoB-Klausel

In diesem vierten Teil der Arbeit soll diskutiert werden, inwieweit die LoB-Klausel geändert oder ergänzt werden sollte. Dazu sollen die Ergebnisse des zweiten und des dritten Teils dieser Arbeit zusammengefasst und vor diesem Hintergrund der Änderungsbedarf bei der LoB-Klausel erörtert werden. Dabei wird auch darauf eingegangen, ob die im BEPS-Abschlussbericht vorgeschlagene LoB-Klausel ein Vorbild für Änderungen des Art. 28 DBA-USA sein könnte (siehe nachfolgend unter A.). Sodann werden bestimmte Möglichkeiten zur Ergänzung der LoB-Klausel durch andere Abkommensvorschriften vorgestellt, wobei insbesondere der Vorschlag des BEPS-Abschlussberichts, die LoB-Klausel durch einen Principal-Purpose-Test zu ergänzen, näher erörtert werden soll (siehe nachfolgend unter B.).

A. Notwendige Änderungen der LoB-Klausel

Die notwendigen Änderungen der LoB-Klausel sollen vor dem Hintergrund der im zweiten Teil gewonnenen Ergebnisse zu (i) den Anwendungsproblemen der Tests der LoB-Klausel, (ii) deren Effektivität bei der Verhinderung von Treaty Shopping und (iii) deren überschießender Wirkung diskutiert werden.

I. Anwendungsprobleme der LoB-Klausel

1. Komplexität der LoB-Klausel

Die Auslegung der LoB-Klausel im zweiten Teil dieser Arbeit hat gezeigt, dass diese Vorschrift allein durch ihre Länge und Vielzahl von Tatbestandsmerkmalen sehr komplex ist. Dies ist wohl letztlich auf die US-amerikanische Steuerrechtskultur zurückzuführen, in der detaillierte und umfangreiche Regelungen, die dem Rechtsanwender nicht viel Spielraum bei der Auslegung lassen, dominieren.[1071] Bei komplizierten Strukturen, wie sie im Internationalen Steuerrecht häufig anzutreffen sind, bereitet diese Komplexität jedoch ganz erhebliche Anwendungsschwierigkeiten.

Die Komplexität der LoB-Klausel wird häufig zum Anlass genommen, die LoB-Klausel zu kritisieren und abzulehnen.[1072] Allerdings ist fraglich, welche Alternativen es zur Verhinderung von Treaty Shopping gibt, die wesentlich weniger komplex

1071 Vgl. *Rosenbloom*, Am. J. Tax Pol'y, 1991 (Bd. 9), 77, 92.

1072 *Jiang*, BFIT 2015, 139; *Reinhold*, Tax Lawyer, 1999–2000 (Bd. 53), 663, 696 ff.; *Lüdicke*, DBA-Politik, S. 46 f.; *Fleming*, Intertax 2012, 245, 249 („*mind-numbing complexity*"). Vgl. auch *Rosenbloom*, Am. J. Tax Pol'y, 1991 (Bd. 9), 77, 92.

wären. Beispielsweise zeigen die zahlreichen umfangreichen Stellungnahmen zur Auslegung des § 50d Abs. 3 EStG, dass auch die Anwendung einer wesentlich knapperen Anti-Treaty-Shopping-Regelung äußerst kompliziert sein kann. Wenn beispielsweise an der LoB-Klausel kritisiert wird, die Abkommensberechtigung sei für den Steuerpflichtigen ohne Hinzuziehung eines Spezialisten nicht ermittelbar,[1073] so ist zweifelhaft, ob es einen Steuerpflichtigen gibt, der ohne steuerlichen Rat und Vorbildung die Rechtsfolgen von § 50d Abs. 3 EStG ermitteln kann.

Richtig ist zwar, dass bei der LoB-Klausel eine Vielzahl von Tatbestandsmerkmalen geprüft werden muss. Die Länge der LoB-Klausel hat ihre Ursache aber vor allem in der Definition zahlreicher Begriffe und der Verwendung objektiver und (überwiegend) bestimmter Tatbestandsmerkmale. Auch wenn es in der LoB-Klausel gleichwohl einige Tatbestandsmerkmale gibt, die unbestimmt sind oder bei deren Auslegung Rechtsunsicherheiten bestehen, erleichtert das die Anwendung dieser Vorschrift im Vergleich zu kürzeren Vorschriften, die eher unbestimmte oder subjektive Tatbestandsvoraussetzungen verwenden. Ein Beispiel dafür bietet § 50d Abs. 3 EStG, bei dem nicht näher definiert wird, was ein *wirtschaftlicher oder sonst beachtlicher Grund* oder eine *anerkannte Börse* ist.[1074] Auch für die Frage, wie die fiktive Prüfung der Entlastungsberechtigung der Gesellschafter im Rahmen des § 50d Abs. 3 EStG vorzunehmen ist, gibt es angesichts des unbestimmten Wortlauts („denen die Erstattung oder Freistellung nicht zustände, wenn sie die Einkünfte mittelbar erzielten"), in der Literatur ganz unterschiedliche Ansätze.[1075] Ohne das (extensive) BMF-Schreiben zu § 50d Abs. 3 EStG[1076] wäre diese Norm für die Praxis daher nicht rechtssicher handhabbar.

Würde man unbestimmte Rechtsbegriffe, wie sie § 50d Abs. 3 EStG verwendet, in eine bilaterale Vorschrift wie die LoB-Klausel aufnehmen, wäre damit die Gefahr einer uneinheitlichen Anwendung durch die Vertragsstaaten verbunden. Die Verwendung unbestimmter Rechtsbegriffe ist zudem kritisch zu sehen, wenn – wie in den USA – der Steuerpflichtige weitgehend eigenständig und ohne vorherige Prüfung durch die Finanzverwaltung über seine Abkommensberechtigung entscheiden muss und damit das Risiko einer Fehleinschätzung trägt.

Gleichwohl sollte versucht werden, die Komplexität der LoB-Klausel zu vermindern. Eine Möglichkeit dafür könnte sein, auf Regelungen in der LoB-Klausel, die Umgehungsgestaltungen adressieren, zu verzichten. So sind beispielsweise die speziellen Voraussetzungen für *Vorzugsaktien* in den verschiedenen Tests eine Reaktion auf Umgehungsgestaltungen Steuerpflichtiger.[1077] Diese Voraussetzungen können aber wiederum umgangen werden.[1078] Auch die relativ unbestimmte Voraussetzung

1073 *Lüdicke*, DBA-Politik, S. 47.

1074 Vgl. *Schönfeld*, in: F/W/B/S, AStR, § 50d Abs. 3 EStG Rn. 203.

1075 Vgl. *Schönfeld*, in: F/W/B/S, AStR, § 50d Abs. 3 EStG Rn. 94 ff.

1076 BMF, Schreiben v. 24.1.2012 – IV B 3 – S 2411/07/10016, BStBl. I 2012, 171.

1077 Vgl. 2. Teil, C.II.3.a)bb)(2), S. 98.

1078 Vgl. 2. Teil, C.II.3.a)bb)(4), S. 100.

des Active-Trade-or-Business-Tests, wonach die Tätigkeit im Quellenstaat im Vergleich zu der Tätigkeit im Ansässigkeitsstaat *erheblich* sein muss, dient letztlich nur als Umgehungsvorbehalt.[1079] Insofern wäre es sinnvoller, einen allgemeinen Umgehungsvorbehalt in die LoB-Klausel aufzunehmen, anstatt die LoB-Klausel um zusätzliche Tatbestandsmerkmale zu erweitern.

Außerdem sollte auf eine einheitliche Terminologie innerhalb der LoB-Klausel geachtet werden. So trägt beispielsweise der Umstand, dass die Beteiligungsvoraussetzungen im Ownership/Base-Erosion-Test („mindestens 50 % jeder Aktiengattung") anders formuliert sind als im Indirectly-Publicly-Traded- und Derivative-Benefits-Test („50 % der gesamten Stimmrechte und des Werts"), ohne dass dies zwingend erforderlich wäre, zur weiteren Komplexität der LoB-Klausel bei.

Ein weiteres Potenzial für Vereinfachung liegt in der Vereinheitlichung der Voraussetzungen der verschiedenen Tests. So muss nach dem Indirectly-Publicly-Traded-Test ein *zwischengeschalteter Beteiligter* in einem der Vertragsstaaten, nach dem Ownership/Base-Erosion-Test hingegen im Ansässigkeitsstaat ansässig sein, während der Derivative-Benefits-Test gar keine Anforderungen an die Ansässigkeit stellt. Für diese unterschiedlichen Voraussetzungen gibt es keinen sachlichen Grund und sie tragen daher unnötig zur Komplexität bei.

In der vom BEPS-Abschlussbericht vorgeschlagenen LoB-Klausel werden diese Ansätze zur Verringerung der Komplexität allerdings kaum verfolgt.[1080]

2. *Mangelnde Definition von Tatbestandsmerkmalen im deutschen Steuerrecht*

Obwohl die LoB-Klausel in weiten Teilen bestimmte Rechtsbegriffe verwendet, scheitert eine rechtssichere Anwendung aus deutscher Sicht häufig daran, dass viele Tatbestandsmerkmale der LoB-Klausel nur aus Sicht der USA, aber nicht aus deutscher Sicht näher definiert sind. Die LoB-Klausel stellt oft auf im innerstaatlichen Steuerrecht der USA gebräuchliche Begriffe ab, die im Steuerrecht anderer Staaten wie Deutschland keine Entsprechung haben. Beispielsweise ist aus deutscher Sicht ungeklärt, was ein *regelmäßiger Handel* i.S.d. Publicly-Traded-Tests ist, wie der *Rohgewinn* beim Ownership/Base-Erosion-Test und Derivative-Benefits-Test zu definieren ist und wann eine *aktive gewerbliche Tätigkeit* i.S.d. Active-Trade-or-Business-Tests vorliegt. Weil es aus deutscher Sicht keine der Technical Explanation vergleichbare Kommentierung der Vorschrift gibt, ist zudem nicht eindeutig, wann Einkünfte *im Zusammenhang* mit einer gewerblichen Tätigkeit bezogen werden oder *aus Anlass*

1079 Vgl. 2. Teil, C.IV.1.d)bb)(1), S. 186.

1080 Positiv ist allein anzumerken, dass die Beteiligungsvoraussetzungen in den einzelnen Tests einheitlich formuliert sind (vgl. OECD, Final BEPS Report – Action 6, S. 21 ff. in Art. X Abs. 2 c) ii), e) i) und Abs. 4). Daneben enthält der BEPS-Abschlussbericht auch den Vorschlag für eine generell vereinfachte LoB-Klausel, um die Komplexität zu vermindern. Diese vereinfachte LoB-Klausel lässt sich aber nicht mehr mit Art. 28 DBA-USA vergleichen.

dieser Tätigkeit i.S.d. Active-Trade-or-Business-Tests anfallen. Aus US-Sicht sind diese Begriffe relativ bestimmt und rechtssicher handhabbar, aus deutscher Sicht ist die Auslegung hingegen mit erheblichen Rechtsunsicherheiten behaftet.

Auch wenn sich damit nicht alle Auslegungsprobleme beseitigen lassen, wäre es daher sinnvoll, diese Tatbestandsmerkmale weiter zu konkretisieren. Andernfalls wird ein Vorteil der LoB-Klausel, die Anwendung durch Verwendung bestimmter, objektiver Rechtsbegriffe zu erleichtern, nicht vollständig erreicht. Eine weitere Konkretisierung dieser Tatbestandsmerkmale kann, wie z.B. das DBA zwischen den USA und Niederlanden zeigt, im DBA sowie in einer begleitenden Verständigungsvereinbarung vorgenommen werden.[1081] Eine weitere Möglichkeit wäre die vom BEPS-Abschlussbericht vorgeschlagene Ergänzung des OECD-MK, in dem viele dieser Begriffe entsprechend dem US-amerikanischen Begriffsverständnis in der Technical Explanation definiert werden.[1082]

3. *Verwendung unbestimmter Rechtsbegriffe*

Zudem enthält die LoB-Klausel auch einige Tatbestandsmerkmale, die sowohl aus US-amerikanischer Sicht als auch aus deutscher Sicht nicht näher bestimmt sind.

Im Publicly-Traded-Test bereitet die Subsumtion unter den Begriff des *hauptsächlichen Orts der Geschäftsführung und Überwachung* bei komplexen Konzernstrukturen ganz erhebliche Probleme, weil nicht geklärt ist, wie die Beiträge von Führungspersonen innerhalb dieser Strukturen zu gewichten sind.[1083] Daran ändert auch die abkommensrechtliche Definition dieses Begriffs in Art. 28 Abs. 8 d) DBA-USA nichts. Wegen dieser Anwendungsschwierigkeiten und auch weil diese Tatbestandsvoraussetzung zur Verhinderung von Treaty Shopping nicht erforderlich ist,[1084] sollte sie nicht verwendet werden.

Weiterhin ist sowohl aus deutscher als auch aus US-Sicht nicht geklärt, wie der Begriff des *mittelbaren* Zahlungsempfängers im Ownership/Base-Erosion-Test und im Derivative-Benefits-Test zu bestimmen ist. Dieser Begriff müsste näher definiert werden.

Auch die Frage, was *erheblich* i.S.d. Active-Trade-or-Business-Tests bedeutet, ist weitgehend unklar. Aus US-Sicht ist zwar geklärt, dass es sich lediglich um ein Tatbestandsmerkmal handelt, das einer Umgehung dieses Tests durch künstliche Gestaltungen vorbeugen soll. Damit lassen sich allerdings nicht alle

---

1081 Das DBA zwischen den USA und den Niederlanden i.d.F. des Protokolls v. 8.3.2004 definiert zum einen den Begriff des regelmäßigen Handels in Art. 26 Abs. 7 h). Das DBA wurde von einem „Understanding“ v. gleichen Tage begleitet, das umfangreiche Definitionen enthält. So werden beispielsweise die Begriffe *im Zusammenhang* und *aus Anlass* i.S.d. Active-Trade-or-Business-Tests sowie der *Rohgewinn* näher definiert.

1082 Vgl. OECD, Final BEPS Report – Action 6, S. 20 ff.

1083 Vgl. 2. Teil, C.II.3.a)aa)(3)(b), S. 88.

1084 Vgl. 2. Teil, C.II.3.b)aa)(3)(a), S. 109.

Anwendungsschwierigkeiten beseitigen.[1085] Vorzugswürdig wäre die Streichung dieser Voraussetzung zugunsten eines allgemeinen Umgehungsvorbehalts. Beim Active-Trade-or-Business-Test sollte zudem der unbestimmte Begriff des *verbundenen Unternehmens* näher definiert oder durch den im DBA-USA definierten Begriff der *verbundenen Person* ersetzt werden.[1086]

Der BEPS-Abschlussbericht schlägt lediglich vor, das Tatbestandsmerkmal *erheblich* i.S.d. Active-Trade-or-Business-Tests näher im OECD-MK zu konkretisieren.[1087] Ansonsten enthält aber auch der BEPS-Abschlussbericht keine Definition dieser unbestimmten Tatbestandsvoraussetzungen.

4. Mangelnde Anpassung an die Gegebenheiten des deutschen (Steuer-)Rechts

Weiterhin bereitet die LoB-Klausel dadurch Anwendungsprobleme, dass sie nicht an die Gegebenheiten des deutschen (Steuer-)Rechts angepasst ist. So ist insbesondere nicht geklärt, wie die *Hauptaktiengattung* für die Zwecke des Publicly-Traded-Tests bei einer börsennotierten KGaA zu bestimmen ist.[1088] Dieser Test berücksichtigt nicht die Besonderheiten, wie sie sich bei einer steuerlich „semi-transparenten" KGaA ergeben.

Weiterhin problematisch ist der fiktive LoB-Test bei der Prüfung, ob ein Anteilseigner ein gleichberechtigter Begünstigter i.S.d. Derivative-Benefits-Tests ist. Dieser fiktive LoB-Test ist aus Sicht von Staaten wie Deutschland relevant, die in ihren DBA keine LoB-Klausel vereinbaren. Er weist jedoch insbesondere bei der Prüfung ortsbezogener Merkmale logische Brüche auf.[1089] Dieses Problem wird auch nicht durch den BEPS-Abschlussbericht gelöst.[1090]

5. Fehlende Regelungen für hybride Rechtsgebilde

Auch wenn das DBA-USA im Grundsatz mit Art. 1 Abs. 7 DBA-USA die Probleme adressiert, die sich aus den im Verhältnis zwischen den Vertragsstaaten häufig anzutreffenden hybriden Rechtsgebilden ergeben, bleiben bei der Anwendung der LoB-Klausel viele Frage ungeklärt. So ist fraglich, auf welche Person die LoB-Klausel anzuwenden ist, wenn die Einkünfte von oder über ein hybrides Rechtsgebilde bezogen werden.[1091] Auch wie der Begriff des *zwischengeschalteten Beteiligten* in

1085 Vgl. insbesondere aus deutscher Sicht 2. Teil, C.IV.1.d)bb)(2), S. 187.
1086 Vgl. 2. Teil, C.IV.1.e)aa), S. 188.
1087 OECD, Final BEPS Report – Action 6, S. 40 ff. unter Tz. 53.
1088 Vgl. 2. Teil, C.II.3.a)aa)(4), S. 91.
1089 Vgl. 2. Teil, C.III.1.a)dd)(1)(b)(cc), S. 153.
1090 Vgl. die insoweit gleichlautende Definition des gleichberechtigten Begünstigten in Art. X Abs. 6 f) i) (OECD, Final BEPS Report – Action 6, S. 51).
1091 Vgl. 2. Teil, C.I.3., S. 69.

Bezug auf hybride Rechtsgebilde zu verstehen ist, ist ungeklärt.[1092] Insofern sollte festgelegt werden, ob Art. 1 Abs. 7 DBA-USA eine Zurechnungs- oder nur eine Ansässigkeitsfiktion enthält, und dass eine Person kein zwischengeschalteter Beteiligter ist, wenn sie aus Sicht des Ansässigkeitsstaats transparent besteuert wird. Auch der BEPS-Abschlussbericht adressiert diese Probleme nicht.[1093]

6. *Investmentfonds*

Bei Publikumsfonds bereitet die LoB-Klausel zudem Anwendungsschwierigkeiten, weil die Zusammensetzung der Investoren dieser Fonds praktisch nicht ermittelbar ist und die Erfüllung von in der LoB-Klausel vorgesehenen Beteiligungsquoten daher nicht nachgewiesen werden kann. Für diese Fonds sollte daher die Möglichkeit vorgesehen werden, die Beteiligungsquoten durch bestimmte statistische Verfahren zu ermitteln, wie es bereits vor dem BEPS-Abschlussbericht durch die OECD vorgeschlagen wurde.[1094]

II. Mangelnde Effektivität der LoB-Klausel

1. *Kein umfassender Schutz gegen alle Formen von Treaty Shopping*

Aus den Ergebnissen der Bewertung im zweiten Teil wird deutlich, dass die LoB-Klausel des DBA-USA nur Treaty Shopping durch eine Beteiligung an Zwischengesellschaften, d.h. Direct-Conduit-Strukturen und Stepping-Stone-Conduit-Strukturen effektiv verhindert (mit den nachfolgend beschriebenen Einschränkungen). Bei Stepping-Stone-Conduit-Strukturen besteht allerdings insoweit eine Lücke, als der Indirectly-Publicly-Traded-Test diese Gestaltungen zulässt, weil er keinen dem Art. 28 Abs. 2 f) bb) DBA-USA vergleichbaren Base-Erosion-Test enthält. Der Indirectly-Publicly-Traded-Test müsste daher um eine Regelung zur Verhinderung von Stepping-Stone-Conduit-Strukturen ergänzt werden. Das ist in Art. 22 Abs. 2 d) US-MA (2016) vorgesehen,[1095] in der vom BEPS-Abschlussbericht vorgeschlagenen LoB-Klausel hingegen nicht.[1096]

Durchleitungsstrukturen werden hingegen durch die LoB-Klausel nicht effektiv verhindert. Insbesondere der im Ownership/Base-Erosion-Test und im Derivative-Benefits-Test enthaltene Base-Erosion-Test verhindert diese Gestaltungen nicht ausreichend, weil der *Rohgewinn* als Ausgangsgröße dieses Tests zu weit definiert ist

1092 Vgl. 2. Teil, C.II.3.a)bb)(5)(b), S. 104.

1093 Vgl. auch OECD, Final BEPS Report – Action 2, S. 139 ff., in dem eine Art. 1 Abs. 7 DBA-USA vergleichare Vorschrift vorgeschlagen wird, aber das Verhältnis zur LoB-Klausel ebenfalls nicht geklärt wird.

1094 Vgl. 2. Teil, C.V.2.a), S. 200.

1095 Dieser Base-Erosion-Test gilt allerdings nicht für die Prüfung der Abkommensberechtigung im Hinblick auf Dividenden.

1096 Vgl. Art. X Abs. 2 c) ii) (OECD, Final BEPS Report – Action 6, S. 26).

(vgl. nachfolgend unter 3., S. 278). Ferner enthalten die Tests der LoB-Klausel keine Tatbestandsvoraussetzungen, die andere Treaty-Shopping-Gestaltungen durch eine formale Verlagerung von Einkünften effektiv verhindern könnten.

Allerdings erscheint es durchaus sachgerecht, Treaty Shopping durch eine formale Verlagerung von Einkünften (einschließlich Durchleitungsstrukturen) nicht durch die LoB-Klausel zu adressieren. Bei diesen Gestaltungen „gehören" dem Drittstaatsansässigen bei wirtschaftlicher Betrachtung nur ganz bestimmte Einkünfte einer im Vertragsstaat ansässigen Person. Daher passt die Rechtsfolge der LoB-Klausel, die Abkommensberechtigung dieser Person insgesamt zu versagen, nicht. Vielmehr müsste eine Regelung zur Verhinderung von Treaty Shopping durch eine formale Verlagerung von Einkünften nur hinsichtlich dieser Einkünfte die Abkommensberechtigung versagen. Aus diesem Grund sollte die LoB-Klausel auch nicht auf Treaty-Shopping-Strukturen durch eine formale Verlagerung der Einkünfte erweitert werden.

Weiterhin adressiert die LoB-Klausel nicht Treaty Shopping durch das Ausnutzen von Qualifikationskonflikten.

2. *Formaler Charakter der Voraussetzungen*

Eine Schwachstelle der LoB-Klausel könnte darin gesehen werden, dass sie aufgrund des formalen Charakters ihrer Tests umgangen werden kann. Beispielsweise kann die Voraussetzung des Indirectly-Publicly-Traded-Tests und des Ownership/Base-Erosion-Tests, nach der nicht mehr als 50 % der *Vorzugsaktien* Drittstaatsansässigen gehören dürfen, umgangen werden, indem Vorzugsaktien auf der Ebene zwischengeschalteter Gesellschaften ausgegeben werden.[1097] Weiterhin kann die diesen Tests zugrunde liegende Annahme, dass, solange Drittstaatsansässige nicht die Stimmrechtsmehrheit über die Abkommensvorteile in Anspruch nehmende Gesellschaft haben, eine zielgerichtete Inanspruchnahme der Gesellschaft zum Treaty Shopping ausgeschlossen ist, unterlaufen werden, indem die Kontrolle über das Anlage- und Ausschüttungsverhalten der Gesellschaft durch Drittstaatsansässige anderweitig, etwa durch entsprechende Satzungsbestimmen oder Gesellschaftervereinbarungen, sichergestellt wird.[1098]

Allerdings ist die Möglichkeit der Umgehung bei jeder Norm grundsätzlich gegeben. Die im zweiten Teil dieser Arbeit dargestellte Diskussion um Umgehungen zeigt zudem, dass dies im Fall der LoB-Klausel zwar möglich, aber keinesfalls einfach ist und in der Literatur für möglich gehaltene Umgehungen keineswegs immer umsetzbar sind.[1099]

Die Möglichkeit der Umgehung der LoB-Klausel wird teilweise als Argument dafür genannt, die LoB-Klausel zugunsten einer allgemeinen Missbrauchsklausel

1097 Vgl. 2. Teil, C.II.3.a)bb)(4), S. 100.
1098 Vgl. 2. Teil, C.II.3.b)bb)(2)(a), S. 112.
1099 Vgl. 2. Teil, C.II.6.b)bb)(1), S. 140.

zur Verhinderung von Treaty Shopping aufzugeben.[1100] Dem ist nicht zu folgen. Sowohl in Deutschland als auch in den USA kann Umgehungen der LoB-Klausel im Grundsatz mit der allgemeinen Missbrauchsvermeidungsvorschrift des § 42 AO bzw. der Anwendung richterrechtlicher Missbrauchsgrundsätze begegnet werden.[1101] Wenn es aber ein Gericht ablehnt, einen Fall der Umgehung der LoB-Klausel unter diese Norm bzw. Grundsätze zu subsumieren, ist es wohl unwahrscheinlich, dass es ohne LoB-Klausel einen Missbrauch i.S.v. § 42 AO bzw. der Missbrauchsgrundsätze angenommen hätte.

3. Definition des Rohgewinns beim Base-Erosion-Test

Beim Base-Erosion-Test in Art. 28 Abs. 2 f) bb) und Abs. 3 b) ist die Definition des *Rohgewinns* zu weit, um Durchleitungsstrukturen effektiv zu verhindern.[1102] Der weitgehend identische Base-Erosion-Test im BEPS-Abschlussbericht löst dieses Problem nicht.

Eine Möglichkeit, diese Schwachstelle zu beheben, mag darin liegen, nur den Rohgewinn zu berücksichtigen, der aus Einkünften aus dem Quellenstaat erzielt wird. Das wirft allerdings das Problem auf, dass dann auch die Aufwendungen der Gesellschaft aufgeteilt und den Einkünften aus dem Quellenstaat zugeordnet werden müssen, was erhebliche Anwendungsschwierigkeiten mit sich bringt.[1103] Die bessere Lösung besteht darin, Durchleitungsstrukturen durch eine engere Definition der schädlichen Zahlungen vom Base-Erosion-Tests auszunehmen, sodass nur Stepping-Stone-Conduit-Strukturen von diesem Test erfasst werden, und für Durchleitungsstrukturen eine spezielle Regelung einzuführen (vgl. nachfolgend unter 6., S. 289).

Zur Verhinderung von zweitstufigen Stepping-Stone-Conduit-Strukturen erscheint es sinnvoll, die Definition des Rohgewinns insoweit zu modifizieren, als bei Organschaften der Rohgewinn im Organkreis ermittelt werden muss.[1104] Weiterhin sollte auf die Voraussetzung der Abzugsfähigkeit der Zahlung verzichtet werden.[1105]

4. Keine Voraussetzung der Anteilsstreuung beim Publicly-Traded-Test

Der Publicly-Traded-Test beruht im Wesentlichen auf der Annahme einer breiten Streuung des Anteilsbesitzes und eines häufigen Anteilseignerwechsels bei der Abkommensvorteile in Anspruch nehmenden Gesellschaft.[1106] Allerdings wird die

---

1100 *Davis*, Inside Basis, 2012, 17 ff.

1101 Vgl. 3. Teil, B.II.1.a), S. 245 und C.I.3., S. 266.

1102 Vgl. 2. Teil, C.II.6.b)bb)(2)(a), S. 144.

1103 Vgl. zu einer solchen Regelung im Schweizer Recht: *Scholz*, Anti-Treaty-Shopping-Regelungen, S. 242.

1104 Vgl. 2. Teil, C.II.6.b)bb)(2)(c), S. 143. Das US-MA (2016) stellt für die Ermittlung des Rohgewinns auf den Organkreis ab (Art. 22 Abs. 2 f.), 7 g) US-MA (2016)).

1105 Vgl. 2. Teil, C.II.6.b)bb)(2)(b), S. 145.

1106 Vgl. 2. Teil, C.II.3.b)aa)(2)(a), S. 104.

Anteilsstreuung durch den Publicly-Traded-Test selbst nicht zwingend vorausgesetzt und eine börsennotierte Gesellschaft könnte diesen Test daher bestehen, obwohl sie sich im Mehrheitsbesitz eines Drittstaatsansässigen befindet.[1107]

Ob sich dadurch ein erhebliches Potenzial für Direct-Conduit-Strukturen durch den Einsatz börsennotierter Gesellschaften ergibt, mag zweifelhaft sein. Es wäre aber durchaus konsequenter, die Anteilsstreuung ausdrücklich im Publicly-Traded-Test vorauszusetzen, oder die Abkommensberechtigung zumindest dann zu versagen, wenn die wesentlichen Anteilseigner der Gesellschaft in Drittstaaten ansässig und mehrheitlich an der Gesellschaft beteiligt sind.

III. Überschießende Wirkung der LoB-Klausel

1. *Formaler Charakter der Voraussetzungen*

Wie der formale Charakter der Tatbestandsvoraussetzungen die LoB-Klausel teilweise anfällig für Umgehungen macht, so besteht dadurch auch die Gefahr, dass die Abkommensberechtigung versagt wird, obwohl die Erlangung von Abkommensvorteilen durch einen Drittstaatsansässigen nicht unangemessen ist.

Wenn beispielsweise eine Gesellschaft in den vorangegangenen Jahren die Voraussetzungen des Ownership/Base-Erosion-Tests erfüllte, aber in einem Jahr aufgrund von Sondereffekten einen besonders niedrigen *Rohgewinn* aufweist oder einen Verlust erzielt, würde es der Wertung dieses Tests widersprechen, allein deshalb die Abkommensberechtigung zu versagen.[1108] Das gleiche gilt, wenn die Aktien einer Gesellschaft in den vergangenen Jahren *regelmäßig* i.S.d. Publicly-Traded-Tests gehandelt wurden, diese Voraussetzung aber in dem entscheidenden Jahr – beispielsweise wegen eines besonders schwachen Aktienmarkts – nicht erfüllt wird.[1109] Ein weiteres Beispiel wäre eine Gesellschaft, deren Aktien nicht an einer *anerkannten Börse* in den USA oder Deutschland gehandelt werden, aber in einem anderen Staat, der vergleichbare kapitalmarktrechtliche Anforderungen stellt.[1110]

Grundsätzlich bietet allerdings die Ermessensklausel eine Lösungsmöglichkeit, die Abkommensvorteile zu gewähren, wenn allein der formale Charakter der Tests der Abkommensberechtigung entgegensteht. Dafür muss die Ermessensklausel jedoch so ausgestaltet werden, dass sie in diesen Fällen effektiv zur Abkommensberechtigung verhilft.[1111] Auch für den Fall, dass eine Gesellschaft außerhalb der Vertragsstaaten börsennotiert ist, kann die Ermessensklausel ein sinnvolles Instrument sein, um eine überschießende Wirkung zu verhindern. Aus europarechtlichen Gründen wäre allerdings eine Ausweitung der *anerkannten Börsen* auf Börsen in anderen EU-Mitgliedstaaten vorzugswürdig, wie das in anderen DBA mit EU-Mitgliedstaaten

---

1107 Vgl. 2. Teil, C.II.3.b)aa)(2)(a), S. 104.
1108 Vgl. 2. Teil, C.II.6.b)cc)(6), S. 148.
1109 Vgl. 2. Teil, C.II.3.b)aa)(3)(c), S. 111.
1110 Vgl. 2. Teil, C.II.3.b)aa)(3)(b), S. 114.
1111 Siehe nachfolgend unter 9., S. 291.

vorgesehen ist.[1112] Ebenso empfiehlt der BEPS-Abschlussbericht, auch außerhalb der Vertragsstaaten befindliche Börsen als anerkannte Börsen zu definieren, wenn für sie vergleichbare kapitalmarktrechtliche Anforderungen gelten.[1113]

2. *„Alles-oder-Nichts"-Prinzip*

Kritisch zu sehen ist das „Alles-oder-Nichts"-Prinzip des Indirectly-Publicly-Traded-, des Ownership/Base-Erosion- und des Derivative-Benefits-Tests sowie bei der Prüfung der Abkommensberechtigung von Investmentfonds nach Art. 28 Abs. 6 DBA-USA, nach dem beim Unterschreiten der relevanten Beteiligungsgrenze gar keine Abkommensvorteile gewährt werden. Das ist zur Verhinderung von Treaty Shopping nicht erforderlich. Vielmehr wäre eine proportionale Gewährung der Abkommensvorteile sachgerechter.[1114]

3. *Versagung der Abkommensberechtigung bei Mäanderstrukturen*

Der Ownership/Base-Erosion-Test versagt die Abkommensvorteile von Gesellschaften oder anderen Rechtsträgern in Mäanderstrukturen, also wenn die Abkommensvorteile nicht mittelbar durch einen Drittstaatsansässigen, sondern (mittelbar) durch eine im Quellenstaat ansässige Person in Anspruch genommen werden. Mäanderstrukturen sollten jedoch nicht dem Treaty Shopping gleichgestellt werden. Daher sollten auch Anteilseigner, die im Quellenstaat ansässig sind, für Zwecke des Ownership/Base-Erosion-Tests qualifizierte Anteilseigner sein.[1115]

4. *Zwischengeschaltete Beteiligte*

Der Indirectly-Publicly-Traded-Test versagt die Abkommensvorteile, wenn ein *zwischengeschalteter Beteiligter* in einem Drittstaat ansässig ist. Nach dem Ownership/Base-Erosion-Test müssen alle zwischengeschalteten Beteiligten sogar im gleichen Vertragsstaat wie die Abkommensvorteile in Anspruch nehmende Person ansässig sein. Diese Ansässigkeitsvoraussetzungen für zwischengeschaltete Beteiligte gehen über das hinaus, was zur Verhinderung von Treaty Shopping erforderlich ist. Die vom BEPS-Abschlussbericht vorgeschlagene LoB-Klausel sieht dementsprechend die Möglichkeit vor, auf die Ansässigkeitsvoraussetzung für zwischengeschaltete Beteiligte zu verzichten.[1116] Das ist unter Umständen aber im Hinblick auf zwischengeschaltete Rechtsträger in Steueroasen zu weitgehend. Eine sachgerechte Lösung sollte sein, die Abkommensvorteile in allen Tests (einschließlich

---

1112 Vgl. 2. Teil, C.II.3.b)aa)(3)(b), S. 114.
1113 OECD, Final BEPS Report – Action 6, S. 47 f. unter Tz. 70 ff.
1114 Vgl. 2. Teil, C.II.3.b)bb)(3)(c), S. 117.
1115 Vgl. 1. Teil, F., S. 54 und 2. Teil, C.II.6.b)cc)(1), S. 143.
1116 OECD, Final BEPS Report – Action 6, S. 26 (Art. X Abs. 2 c) ii) und S. 28 unter Tz. 19.

dem Derivative-Benefits-Test) dann zu gewähren, wenn der Ansässigkeitsstaat des zwischengeschalteten Beteiligten an einem steuerlichen Informationsaustausch teilnimmt.[1117]

5. *Unzureichende Berücksichtigung mittelbarer Abkommensberechtigung*

Weiterhin sind die Voraussetzungen des Derivative-Benefits-Tests, unter denen eine Gesellschaft die Gewährung von Abkommensvorteilen auf die mittelbare Abkommensberechtigung ihrer drittstaatsansässigen Anteilseigner nach einem anderen DBA stützen kann, zu eng. Wenn die Anteilseigner einer Gesellschaft in einem Drittstaat ansässig sind, bei direktem Bezug der Einkünfte aber nach einem DBA zwischen dem Quellenstaat und dem Drittstaat abkommensberechtigt wären, sollte grundsätzlich kein Fall von Treaty Shopping vorliegen.

Daher ist zum einen die Beschränkung des territorialen Anwendungsbereichs des Derivative-Benefits-Tests auf EU/EWR- und NAFTA-Staaten zu eng. Er sollte grundsätzlich auf alle Staaten anwendbar sein. Bedenken, die sich durch einen weiten territorialen Anwendungsbereich ergeben, sollten vorrangig durch Regeln zur Hinzurechnungsbesteuerung, Verrechnungspreisregelung bzw. Regeln zu besonderen Steuerregimen adressiert werden.[1118] Diesen Weg sieht im Grundsatz auch der BEPS-Abschlussbericht vor.[1119]

Weiterhin sollte eine Person schon dann als *gleichberechtigter Begünstigter* i.S.d. Derivative-Benefits-Tests qualifizieren, wenn sie nach dem DBA zwischen dem Quellenstaat und ihren Ansässigkeitsstaat grundsätzlich einen Anspruch auf Quellensteuerreduzierung hat, mag der in diesem DBA vorgesehene Steuersatz auch höher sein als im DBA-USA. In diesem Fall sollte der Derivative-Benefits-Test eine Reduzierung auf diesen höheren Quellensteuersatz ermöglichen. Die rein konditional formulierte Voraussetzung des Derivative-Benefits-Tests, wonach der Entlastungsanspruch auf einen *mindestens ebenso niedrigen* Steuersatz bestehen muss, ist daher zur Verhinderung von Treaty Shopping nicht erforderlich.[1120]

Ferner sollten bei der Prüfung, ob ein Anteilseigner im Hinblick auf Dividenden ein gleichberechtigter Begünstigter ist, alle durch die Gesellschaft erfüllten Voraussetzungen, also insbesondere die Beteiligungshöhe, dem Anteilseigner zugerechnet

---

1117 Vgl. 2. Teil, C.II.3.b)bb)(3)(a), S. 117.

1118 Vgl. 1. Teil, E.V., S. 49.

1119 Vgl. Artikel X Abs. 4 (OECD, Final BEPS Report – Action 6, S. 42). Allerdings wird die Empfehlung, diesen Test in das OECD-MA zu übernehmen, davon abhängig gemacht, dass die damit verbundenen Gefahren einer Gewinnverlagerung durch andere Maßnahmen im Rahmen des BEPS-Projekts verhindert werden (vgl. OECD, a.a.O., Fn. 11).

1120 Vgl. 2. Teil, C.III.2.c)ee), S. 168. Diesen Weg sieht auch das US-MA (2016) vor (Art. 10 Abs. 6, 11 Abs. 3, 12 Abs. 3 US-MA (2016)).

werden. Die Regelung des Art. 28 Abs. 8 e) S. 2 DBA-USA sollte dementsprechend erweitert werden.[1121]

6. *Definition der schädlichen Zahlungen i.S.d. Base-Erosion-Tests*

Ein wesentlicher Kritikpunkt der LoB-Klausel ist zu Recht der Base-Erosion-Test im Ownership/Base-Erosion-Test und im Derivative-Benefits-Tests.

Zum einen ist – wie schon festgestellt – das Konzept dieses Tests nicht geeignet, um Durchleitungsstrukturen effektiv zu verhindern, weil der Begriff *Rohgewinn* zu weit definiert ist.[1122]

Auf der anderen Seite hat der Base-Erosion-Test wegen des Versuchs, durch eine ausufernde Definition der schädlichen Zahlungen auch Durchleitungsstrukturen zu erfassen, eine überschießende Tendenz. Zu den schädlichen Zahlungen zählen nicht nur solche, durch die ein Drittstaatsansässiger im Rahmen einer Stepping-Stone-Conduit-Struktur oder Durchleitungsstruktur mittelbar Abkommensvorteile in Anspruch nimmt, sondern alle Arten von abzugsfähigen Zahlungen. Auch die Definition der schädlichen Zahlungsempfänger ist zu weitgehend.[1123]

Der Base-Erosion-Test ist somit auf der einen Seite wegen der Definition des Rohgewinns kein effektives Mittel, um Durchleitungsstrukturen zu verhindern und andererseits führt der Versuch, diese Strukturen durch eine weite Definition der schädlichen Zahlungen zu erfassen, zu einer überschießenden Wirkung dieses Tests. Zur Lösung dieser Probleme könnte der Anwendungsbereich des Base-Erosion-Tests von vornherein auf Stepping-Stone-Conduit-Strukturen beschränkt werden, während für Durchleitungsstrukturen eine andere Regelung gefunden wird. Dafür spricht auch, dass die Rechtsfolgen der LoB-Klausel nicht auf Durchleitungsstrukturen passen. Bei diesen Strukturen wird der Drittstaatsansässige nur an ganz bestimmten Einkünften aus dem Quellenstaat beteiligt. Eine Versagung der Abkommensvorteile nur für diese Einkünfte und nicht die vollständige Versagung aller Abkommensvorteile für die Zwischenperson wäre daher angebracht. Aus Sicht der USA werden Durchleitungsstrukturen schon heute durch die Anti-Conduit Regulations verhindert, sodass insoweit die Notwendigkeit einer Regelung für diese Strukturen im Base-Erosion-Test sowieso zweifelhaft ist.

Dementsprechend sollten nur solche Zahlungen schädlich i.S.d. Base-Erosion-Tests sein, die bei Stepping-Stone-Conduit-Strukturen zur mittelbaren Erlangung von Abkommensvorteilen eingesetzt werden können, weil durch diese Zahlungen der Drittstaatsansässige an allen Einkünften der Gesellschaft beteiligt wird und somit so gestellt wird, als „gehöre" ihm die Gesellschaft. Das werden grundsätzlich nur vom Gesamtergebnis der Zwischengesellschaft abhängige Zahlungen, wie z.B. bei einem partiarischen Darlehen oder bei einer vom Umsatz abhängigen Lizenzvergütung

---

1121 Vgl. 2. Teil, C.III.2.c)ff), S. 166.

1122 Vgl. A.II.1., S. 283.

1123 Vgl. 2. Teil, C.II.6.b)cc)(4), S. 149.

sein. Durch diese Änderung würde nicht nur die überschießende Wirkung des Base-Erosion-Tests, sondern auch dessen Komplexität weiter vermindert werden.

7. *Verbindung zum Ansässigkeitsstaat beim Publicly-Traded-Test*

Die zweite Voraussetzung des Publicly-Traded-Tests, nach dem die Aktien der Gesellschaft hauptsächlich in ihrem Ansässigkeitsstaat gehandelt werden müssen oder sich der hauptsächliche Ort der Geschäftsführung und Überwachung in diesem Staat befinden muss, ist zur Verhinderung von Treaty Shopping nicht erforderlich. Diese Voraussetzung dient im Grunde nur dazu, unangemessene Gestaltungen durch Inversionsstrukturen, die ein spezifisches Problem des US-Steuerrechts darstellen, zu verhindern.[1124] Es ist daher nicht nachvollziehbar, dass diese Voraussetzung auch in der vom BEPS-Abschlussbericht vorgeschlagenen LoB-Klausel enthalten ist.[1125] Sie sollte aus der LoB-Klausel gestrichen werden und die USA sollten die durch Inversionstransaktionen ausgelösten Probleme durch gezielte Vorschriften aufgreifen.

8. *Anzahl der Anteilseigner beim Indirectly-Publicly-Traded- und Derivative-Benefits-Tests*

Für die Beschränkung der Anzahl der Anteilseigner, die beim Indirectly-Publicly-Traded- und beim Derivative-Benefits-Test der Gesellschaft die Abkommensberechtigung vermitteln können, auf fünf bzw. sieben gibt es keinen hinreichenden Grund. Diese Voraussetzung sollte entfallen.[1126]

9. *Verfahrensrechtliche Hürden bei der Ermessensklausel*

Wegen der teilweise überschießenden Wirkung der LoB-Klausel sowie der Anwendungsschwierigkeiten im Einzelfall bedarf eines Korrektivs, wie es in der Ermessensklausel grundsätzlich vorgesehen ist. Damit die Ermessensklausel diese Funktion erfüllen kann, muss der Steuerpflichtige einen Anspruch auf eine zeitnahe Entscheidung über einen Antrag und auf eine gerichtliche Kontrolle der Entscheidung haben. Weiterhin sollte ein Antrag nicht mit übermäßigen Kosten einhergehen und ein Antrag sollte möglich sein, ohne dass der Steuerpflichtige nachweist, dass er nicht nach einem der Tests der LoB-Klausel abkommensberechtigt ist. Vor diesem Hintergrund sind die strengen verfahrensrechtlichen Voraussetzungen, die von der IRS an einen Antrag gestellt werden, bedenklich. Der BEPS-Abschlussbericht empfiehlt, im OECD-MA festzuhalten, dass ein Antrag nach der Ermessensklausel nicht durch verfahrensrechtliche Hürden unangemessen erschwert werden darf.[1127]

1124 Vgl. 2. Teil, C.II.3.b)aa)(3)(a), S. 109.
1125 Vgl. Art X Abs. 2 c) i) (OECD, Final BEPS Report – Action 6, S. 26).
1126 Vgl. 2. Teil, C.II.3.b)bb)(3)(b), S. 119 und C.III.2.c)dd), S. 167.
1127 Vgl. OECD, Final BEPS Report – Action 6, S. 46 unter Tz. 69.1.

Eine weitere Möglichkeit wäre, entsprechende Vorgaben für die Vertragsstaaten in der Ermessensklausel festzuhalten.[1128]

IV. Vereinbarkeit mit den Grundfreiheiten des AEUV

Die LoB-Klausel müsste zudem angepasst werden, damit die Tests mit den Grundfreiheiten des AEUV, insbesondere mit der Kapitalverkehrs- und der Niederlassungsfreiheit, vereinbar sind. Zwar ist eine indirekte Diskriminierung aufgrund der LoB-Klausel zur Wahrung der Reziprozität des DBA grundsätzlich zulässig. Einige Voraussetzungen der LoB-Klausel sind zur Erreichung dieses Ziels jedoch nicht erforderlich und daher mit den Grundfreiheiten unvereinbar.[1129]

B. Ergänzung der LoB-Klausel

Auch wenn die zuvor vorgeschlagenen Änderungen der LoB-Klausel umgesetzt werden, würde sie nicht alle Treaty-Shopping-Strukturen, sondern nur Treaty Shopping durch die Beteiligung an Zwischengesellschaften (also Direct-Conduit-Strukturen und Stepping-Stone-Conduit-Strukturen) effektiv verhindern. Das DBA-USA enthält zwar zudem Regelungen, die das Treaty Shopping unter Ausnutzung von Qualifikationskonflikten ausreichend adressieren, Treaty Shopping durch eine formale Verlagerung von Einkünften wird durch DBA-USA jedoch nicht effektiv verhindert.[1130]

In den USA wird diese Lücke hinsichtlich Durchleitungsstrukturen durch die Anti-Conduit Regulations geschlossen. Im Übrigen kann Treaty Shopping durch eine formale Verlagerung von Einkünften nur durch die Anwendung des *beneficial-owner*-Konzepts oder allgemeiner Missbrauchsgrundsätze verhindert werden. Allerdings ist zu vermuten, dass dies bei gut durchdachten Gestaltungen oft nicht gelingen wird.[1131]

In Deutschland gibt es keine spezielle Regelung zur Verhinderung von Treaty Shopping durch eine formale Verlagerung von Einkünften. Bei solchen Strukturen kann die Anwendung des Konzepts des wirtschaftlichen Eigentums dazu dienen, die Abkommensvorteile zu versagen. Bei vielen Strukturen, die auf einer formalen Verlagerung von Einkünften beruhen (insbesondere bei Durchleitungsstrukturen), wird das Konzept des wirtschaftlichen Eigentums hingegen nicht geeignet sein, um darauf aufbauend die Abkommensvorteile zu versagen, sodass nur der Rückgriff auf die allgemeine Missbrauchsvermeidungsvorschrift in § 42 AO verbleibt. Für gut durchdachte Gestaltungen bietet § 42 AO aber wohl kein Hindernis.[1132]

1128 Für das DBA zwischen den USA und den Niederlanden gilt beispielsweise eine Bearbeitungszeit von sechs Monaten (Notenwechsel v. 8.3.2004 betreffend das DBA zwischen den USA und den Niederlanden v. 8.3.2004 unter XXIV (b)).

1129 Vgl. 2. Teil, D., S. 211.

1130 Vgl. 3. Teil, A.VI., S. 242.

1131 Vgl. 3. Teil, B.V., S. 252.

1132 Vgl. 3. Teil, C.VI., S. 269.

In beiden Vertragsstaaten (wenn auch verstärkt in Deutschland) stellt sich damit die Frage, wie die LoB-Klausel durch weitere Regelungen zur Verhinderung von Treaty Shopping durch eine formale Verlagerung von Einkünften ergänzt werden kann.

Im Rahmen dieser Arbeit kann nicht auf alle Möglichkeiten zur Ergänzung der LoB-Klausel eingegangen werden. Allerdings soll der im BEPS-Abschlussbericht zur Ergänzung der LoB-Klausel vorgeschlagene Principal-Purpose-Test näher diskutiert werden. Sodann sollen kurz andere Möglichkeiten zur Ergänzung der LoB-Klausel vorgestellt werden.

I. Principal-Purpose-Test

1. Einleitung

Der BEPS-Abschlussbericht empfiehlt neben der Einführung einer LoB-Klausel auch die Aufnahme einer allgemeinen Missbrauchsvermeidungsvorschrift in Form eines Principal-Purpose-Tests (PPT) in das OECD-MA.

Übersetzt lautet der vom BEPS-Abschlussbericht vorgeschlagene PPT wie folgt:

> *„Ungeachtet der anderen Bestimmungen des DBA wird ein Abkommensvorteil für Einkünfte oder Vermögen nicht gewährt, wenn unter Berücksichtigung aller Tatsachen und Umstände vernünftigerweise angenommen werden kann, dass die Erlangung von Abkommensvorteilen einer der hauptsächlichen Gründe für die Gestaltung oder die Transaktion war, die mittelbar oder unmittelbar zur Erlangung des Abkommensvorteils geführt hat, es sei denn, es steht fest, dass die Gewährung des Abkommensvorteils unter diesen Umständen mit dem Sinn und Zweck der anwendbaren Vorschrift des DBA vereinbar ist."*[1133]

Da der PPT damit sehr weit formuliert und unbestimmt ist, versucht der vom BEPS-Abschlussbericht vorgeschlagene Kommentar, die Auslegung des PPT insbesondere durch Beispiele näher zu konkretisieren.[1134]

Nach dem BEPS-Abschlussbericht kann der PPT entweder als Ergänzung zu einer LoB-Klausel nach US-amerikanischem Vorbild, als Ergänzung zu einer vereinfachten LoB-Klausel oder als alleinige Regelung zur Verhinderung von Treaty Shopping in DBA aufgenommen werden. Neben der Verhinderung von Treaty Shopping soll der PPT zudem der Abwehr anderer Formen des „Abkommensmissbrauchs" dienen.[1135]

1133 Art. X Abs. 7: „*Notwithstanding the other provisions of this Convention, a benefit under this Convention shall not be granted in respect of an item of income or capital if it is reasonable to conclude, having regard to all relevant facts and circumstances, that obtaining that benefit was one of the principal purposes of any arrangement or transaction that resulted directly or indirectly in that benefit, unless it is established that granting that benefit in these circumstances would be in accordance with the object and purpose of the relevant provisions of this Convention.*" (OECD, Final BEPS Report – Action 6, S. 55).

1134 OECD, Final BEPS Report – Action 6, S. 54 ff.

1135 OECD, Final BEPS Report – Action 6, S. 19 ff.

Wird er zusammen mit einer LoB-Klausel in ein DBA aufgenommen, soll der PPT insbesondere die Funktion haben, Durchleitungsstrukturen zu verhindern.[1136]

Für die Zwecke dieser Arbeit ist lediglich die Kombination von LoB-Klausel und PPT als Mittel zur Verhinderung von Treaty Shopping relevant. Vor dem Hintergrund der Ergebnisse des zweiten und dritten Teils dieser Arbeit geht es insbesondere darum, welche Rolle der PPT als Mittel zur Verhinderung von Treaty Shopping durch eine formale Verlagerung von Einkünften haben könnte

2. Anwendungsbereich – „Abkommensvorteil"

Nach dem Wortlaut der vorgeschlagenen Vorschrift kann der PPT dazu dienen, jeden *Abkommensvorteil* des DBA („*benefit under this Convention*") zu versagen. Ein Abkommensvorteil ist auch die Freistellung oder die Reduzierung von der Quellensteuer aufgrund der Verteilungsartikel eines DBA, um die es beim Treaty Shopping geht. Allerdings wird teilweise vertreten, eine Entlastung von der Quellensteuer sei nur dann ein Abkommensvorteil i.S.d. PPT, wenn die Quellensteuer im Ansässigkeitsstaat nicht anrechenbar wäre, d.h., die Steuerbelastung im Quellenstaat und Ansässigkeitsstaat insgesamt niedriger ausfällt und die Gesamtsituation für den Steuerpflichtigen damit (wirtschaftlich) vorteilhafter ist als ohne die Quellensteuerreduzierung.[1137]

Dem ist jedoch zu widersprechen. Der PPT spricht gerade von einem Vorteil nach dem DBA („*benefit under this Convention*") und betrachtet damit isoliert von den Regeln des Ansässigkeitsstaats zur Steueranrechnung, ob eine Abkommensvorschrift einen Vorteil für den Steuerpflichtigen bedeutet. Ein wirtschaftlicher Vorteil im Sinne einer Gesamtbetrachtung wird nicht vorausgesetzt. Auch der vom BEPS-Abschlussbericht vorgeschlagene Kommentar lässt an dieser Auslegung keine Zweifel.[1138] Bei der LoB-Klausel in Art. 28 DBA-USA und den vergleichbaren LoB-Klauseln in anderen DBA der USA, die diesen Begriff verwenden, wird ebenfalls nicht bezweifelt, dass unter *Abkommensvorteil* bzw. *Abkommensvergünstigung* auch die Reduzierung oder Freistellung von der Quellensteuer zu verstehen ist, unabhängig davon, ob die Quellensteuer andernfalls im Ansässigkeitsstaat anrechenbar wäre. Alles andere wäre auch unpraktikabel, weil dann der Quellenstaat gezwungen wäre, die Vorschriften des innerstaatlichen Steuerrechts des Ansässigkeitsstaats zur Anrechnung ausländischer Steuern auszulegen, um den PPT anwenden zu können.[1139]

1136 Vgl. OECD Final BEPS Report – Action 6, S, 19, wonach alternativ zum PPT auch eine Anti Conduit-Regelung zur Verhinderung dieser Strukturen aufgenommen werden kann und das Beispiel auf S. 56 unter Tz. 5.

1137 *Lang*, TNI 2014 (Bd. 74), 655, 657; *Pinetz*, in: Lang, u.a., BEPS, S. 271, 279.

1138 OECD, Final BEPS Report – Action 6, S. 56 unter Tz. 7.

1139 Daneben kann die PPT auch auf andere Abkommensvorteile als die Reduzierung der Quellensteuer Anwendung finden (vgl. dazu *Pinetz*, in: Lang, u.a., BEPS, S. 271, 277 ff.). Für die Zwecke dieser Arbeit ist dies aber nicht relevant.

3. *Tatbestandsvoraussetzungen*

Der Tatbestand des PPT besteht im Wesentlichen aus einer subjektiven Voraussetzungen und einer als Ausnahme formulierten objektiven Voraussetzung. Verkürzt besagt der PPT, dass die Abkommensvorteile zu versagen sind, wenn der hauptsächliche Grund (*principal purpose*) die Inanspruchnahme von Abkommensvorteilen war (subjektive Voraussetzung), es sei denn, die Gewährung der Abkommensvorteile entspricht dem Sinn und Zweck der Abkommensvorschrift (objektive Voraussetzung).[1140]

a) Subjektive Voraussetzung – hauptsächlicher Grund

Die subjektive Voraussetzung des PPT ist erfüllt, wenn unter Berücksichtigung aller Tatsachen und Umstände vernünftigerweise angenommen werden kann, dass die Erlangung von Abkommensvorteilen einer der hauptsächlichen Gründe („*one of the principal purposes*") für die Gestaltung oder die Transaktion war, die mittelbar oder unmittelbar zur Erlangung des Abkommensvorteils geführt hat. Es kommt also auf eine entsprechende Absicht als innere Tatsache an.

aa) Bedeutung von „hauptsächlich" (principal)

Nach dem im BEPS-Abschlussbericht vorgeschlagenen Kommentar zur PPT ist die Erlangung eines Abkommensvorteils auch dann der hauptsächliche Grund, wenn dies nicht der einzige oder vorherrschende Beweggrund für die Gestaltung oder die Transaktion war. Auch wenn es „andere hauptsächliche Gründe" („*other principal purposes*") für die Gestaltung oder die Transaktion gebe, könne die Erlangung von Abkommensvorteilen ein hauptsächlicher Grund sein.[1141] Die Absicht, Abkommensvorteile zu erlangen, sei nur dann unbeachtlich, wenn es sich dabei um einen Nebenzweck handele.[1142] *Hauptsächlich* (*principal*) soll also gleichbedeutend mit *erheblich* oder *wesentlich* sein. Wenn dies die Intention des BEPS-Abschlussberichts war, ist die vorgeschlagene Vorschrift allerdings sprachlich missglückt. *Principal* ist im Englischen gleichbedeutend mit *hauptsächlich* oder *größter Wichtigkeit*.[1143] Die Voranstellung eines unbestimmten Artikels („*one of the*") ändert daran nichts.[1144] Allerdings wird sich die Interpretation des BEPS-Abschlussbericht von *principal* bei Übernahme in den OECD-MK wohl durchsetzen.[1145]

1140 Vgl. *Kok*, Intertax 2016, 406 ff.

1141 OECD, Final BEPS Report – Action 6, S. 58 unter Tz. 12.

1142 Vgl. OECD, Final BEPS Report – Action 6, S. 58 unter Tz. 13 aE („*accessory to such purposes*").

1143 Vgl. Webster Dictionary unter „principal"; *Willis*, Tax Notes 2013 (Bd. 139), 1317.

1144 *Willis*, Tax Notes 2013 (Bd. 139), 1317. Vgl. auch 2. Teil, C.VI.1.c)aa)(3), S. 204.

1145 Siehe zu dieser Auslegung durch die US-Gerichte *Willis*, Tax Notes 2013 (Bd. 139), 1317, 1320.

In Stellungnahmen der Literatur zum BEPS-Abschlussbericht wird teilweise versucht, aus anderen Aussagen des vorgeschlagenen Kommentars herauszulesen, dass die Erlangung von Abkommensvorteilen entgegen der zuvor zitierten Passage des Kommentars der wichtigste Grund sein muss.[1146] In der von diesen Stellungnahmen herangezogenen Ziffer des Kommentars heißt es, wenn eine Gestaltung vernünftigerweise nur mit einem Abkommensvorteil erklärt werden könne, sei daraus die Schlussfolgerung zu ziehen, dass die Erlangung des Abkommensvorteils einer der hauptsächlichen Gründe gewesen ist.[1147] Wie sich aus dem Zusammenhang mit den anderen Aussagen des Kommentars ergibt, wird in dieser Ziffer aber nur verdeutlicht, wann in jedem Fall von einem hauptsächlichen Grund ausgegangen werden kann. Von der ansonsten im Kommentar eingenommenen Sichtweise, wonach *hauptsächlich* gleichbedeutend mit *erheblich* oder *wesentlich* ist, wird nicht abgerückt.

Mit dieser Auslegung des vom BEPS-Abschlussbericht vorgeschlagenen Kommentars geht das Problem einher abzugrenzen, wann die Erlangung von Abkommensvorteilen ein hauptsächlicher (bzw. erheblicher) und wann ein nebensächlicher (bzw. unerheblicher) Grund war. Hierzu gibt der Kommentar kaum eine Auslegungshilfe. So findet sich dort die (tautologische) Aussage, ein Grund sei kein hauptsächlicher Grund i.S.d. PPT, wenn die Erlangung von Abkommensvorteilen keine der hauptsächlichen Erwägungen war.[1148] Weiterhin heißt es dort, es sei „unwahrscheinlich", dass der hauptsächliche Grund einer Gestaltung in der Erlangung von Abkommensvorteilen liege, wenn die Gestaltung untrennbar mit einer wirtschaftlichen Tätigkeit zusammenhänge <u>und</u> die Form der Gestaltung nicht von der Erlangung von Abkommensvorteilen beeinflusst worden sei.[1149] Wieso die Erfüllung der subjektiven Voraussetzung nur unwahrscheinlich sein soll, wenn die Form der Gestaltung nicht von der Erlangung der Abkommensvorteile beeinflusst war, bleibt genauso unverständlich wie der Grund, warum diese Aussage überhaupt aufgenommen wurde. Letztlich zeigt die Kommentierung wohl, dass auch die Urheber der Vorschrift keine genauen Vorstellungen über die Abgrenzung von haupt- und nebensächlichen Gründen hatten. Die Abgrenzung von haupt- und nebensächlichen Gründen ist damit letztlich dem Rechtsanwender überlassen und kann nur aufgrund einer (schwer vorhersehbaren) Gesamtwürdigung aller Umstände des Einzelfalls vorgenommen werden.

1146 *De Broe/Luts*, Intertax 2015, 122, 132.

1147 OECD, Final BEPS Report – Action 6, S. 57 f. unter Tz. 10.

1148 OECD, Final BEPS Report – Action 6, S. 58 unter Tz. 13.

1149 OECD, Final BEPS Report – Action 6, S. 58 unter Tz. 13: „*In particular, where an arrangement is inextricably linked to a core commercial activity, and its form has not been driven by considerations of obtaining a benefit, it is unlikely that its principal purpose will be considered to be to obtain that benefit*".

bb) Bezugspunkt für die Absicht

Der Bezugspunkt für die Absicht, Abkommensvorteile zu erlangen, ist sehr weit gefasst. Die Absicht muss einer Gestaltung oder Transaktion zugrunde liegen, die mittelbar oder unmittelbar für die Gewährung der Abkommensvorteile ursächlich war. Damit muss, wie auch der vorgeschlagene Kommentar verdeutlicht, die Absicht nicht notwendigerweise bei der Abkommensvorteile in Anspruch nehmenden Person selbst bestehen.[1150] Das erscheint grundsätzlich sinnvoll, weil bei Treaty-Shopping-Strukturen typischerweise ein Drittstaatsansässiger eine andere Person zur Erlangung von Abkommensvorteilen einsetzt und die erforderliche Absicht somit beim Drittstaatsansässigen und nicht bei der Abkommensvorteile in Anspruch nehmenden Person vorliegt. Allerdings werden dadurch die Grenzen des subjektiven Tatbestandsmerkmals sehr unbestimmt.[1151] Im Ergebnis reicht jede Handlung einer beliebigen Person, deren wesentlicher Grund darin bestanden hat, Abkommensvorteile zu erlangen, und dies auch tatsächlich bewirkt, aus.

Damit einher geht auch die Schwierigkeit, die für den PPT maßgebliche Handlung zu bestimmen. So diskutiert der vorgeschlagene Kommentar ein Beispiel, in dem eine Gesellschaft (D-Gesellschaft), die im Staat D ansässig ist, eine Produktionsanlage in einem anderen Staat errichten möchte. Drei Staaten, die grundsätzlich gleichwertige politische und wirtschaftliche Rahmenbedingungen aufweisen, kommen dafür in Frage. Weil aber nur der Staat S von diesen drei Staaten mit dem Staat D ein DBA abgeschlossen hat, fällt die Wahl auf den Staat S. Gleichwohl kommt der Kommentar zu dem Schluss, dass die subjektive Voraussetzung des PPT nicht vorliegt. Der hauptsächliche Grund für die Errichtung der Produktionsanlage im Staat S sei nicht die Erlangung von Abkommensvorteilen, sondern die Erweiterung des Geschäfts der D-Gesellschaft.[1152] Dabei wird übersehen, dass der maßgebliche Anknüpfungspunkt bei der Prüfung des subjektiven Tatbestandsmerkmals nicht nur die Errichtung der Produktionsanlage selbst sein kann. Vielmehr kann (und muss) der PPT auch im Hinblick auf die Entscheidung, die Produktionsanlage im Staat S und nicht in einem anderen Staat zu errichten, deren alleiniger Grund die Erlangung von Abkommensvorteilen ist, geprüft werden. Die Lösung des Beispiels durch den Kommentar lässt sich wohl nur damit erklären, dass die Verfasser nach einem Grund suchten, warum in dieser Fallkonstellation die Abkommensvorteile zu gewähren sind, obwohl das subjektive Tatbestandsmerkmal eigentlich erfüllt ist. Dafür kann es aber nicht richtig sein, eine Handlung zu suchen, bei der es an der entsprechenden Absicht fehlt. Vielmehr muss dann untersucht werden, ob die

---

1150 Vgl. OECD, Final BEPS Report – Action 6, S. 57 unter Tz. 8.

1151 *De Broe/Luts*, Intertax 2015, 122, 133, *Lang*, TNI 2014 (Bd. 74), 655, 659.

1152 OECD, Final BEPS Report – Action 6, S. 60 unter Tz. 14 Beispiel C. Zustimmend: Kok, Intertax 2016, 406, 408 f.

Gewährung der Abkommensvorteile mit dem Sinn und Zweck des DBA übereinstimmt (objektive Voraussetzung), was hier zu bejahen wäre.[1153]

Dass in dem Beispiel des vorgeschlagenen Kommentars auch die Erfüllung der subjektiven Voraussetzung bei der Auswahl des Staats S als Produktionsstandort geprüft werden muss, zeigt auch eine leichte Abwandlung des Beispiels: Angenommen die D-Gesellschaft würde eine Produktionsgesellschaft im Staat S erwerben wollen und der Staat S hätte mit dem Staat D kein DBA abgeschlossen. Aus konzernpolitischer Sicht kommen Holdinggesellschaften der D-Gesellschaft in drei Staaten in Betracht, die grundsätzlich die gleichen rechtlichen und wirtschaftlichen Bedingungen bieten, von denen aber nur der Staat A mit dem Staat S ein DBA abgeschlossen hat. Aus diesem Grund entscheidet sich die D-Gesellschaft für die Beteiligung über eine Holdinggesellschaft im Staat A. Der Grund für den Erwerb der Produktionsgesellschaft liegt zweifelsohne nicht in der Erlangung von Abkommensvorteilen, die Entscheidung, den Erwerb über eine Holdinggesellschaft im Staat A vorzunehmen, allerdings sehr wohl. Würde man hier allein auf die Entscheidung, die Produktionsgesellschaft zu erwerben, abstellen, liefe der PPT leer, obwohl es sich um Treaty Shopping handelt und die Versagung der Abkommensvorteile sachgerecht wäre.

cc) Absicht zur Erlangung anderer steuerlicher Vorteile

Nach dem Wortlaut des PPT ist nur die Absicht, Vorteile nach dem anwendbaren DBA zu erlangen, schädlich. Das Ziel, andere steuerliche Vorteile zu erlangen, ist somit unbeachtlich. Das erscheint insofern bedenklich, als dann auch bei rein steuerlich motivierten Gestaltungen Abkommensvorteile zu gewähren wären.[1154] Der vorgeschlagene Kommentar versucht dies wohl dadurch einzudämmen, indem er ausführt, die Gründe, die sich auf die „Umgehung innerstaatlichen Rechts" oder die Nutzung des Abkommensnetzwerks des anderen Vertragsstaats beziehen würde, könnten nicht dafür genutzt werden, um zu begründen, dass die Erlangung von Abkommensvorteilen nach dem anwendbaren DBA nur ein Nebenzweck war.[1155] Das lässt sich dem Wortlaut des PPT allerdings nicht entnehmen.

dd) Nachweisprobleme

Fraglich ist zudem, wie diese subjektive Voraussetzung festgestellt werden soll. Nach allgemeinen Regeln liegt die Beweislast dafür bei der Finanzverwaltung, für die es aber in der Regel sehr schwer, wenn nicht unmöglich sein wird, einen entsprechenden Beweis über eine Absicht des Steuerpflichtigen (oder einer anderen Person) als innere Tatsache zu erbringen.[1156] Der PPT versucht dieses Problem dadurch zu lösen, indem er die Anforderungen an einen solchen Beweis zulasten des Steuerpflichtigen

---

1153 So als Hilfsargument auch der BEPS-Abschlussbericht (OECD, Final BEPS Report – Action 6, S. 60 unter Tz. 14 Beispiel C).

1154 Vgl. 1. Teil, E.III., S. 43.

1155 OECD, Final BEPS Report – Action 6, S. 58 unter Tz. 13.

1156 *Pinetz*, in: Lang, u.a., BEPS, S. 271, 284 ff.; *Lang*, TNI 2014 (Bd. 74), 655, 658.

verschiebt. Nach dem Wortlaut des PPT reicht es aus, wenn unter Berücksichtigung aller Tatsachen und Umstände vernünftigerweise von einer entsprechenden Absicht ausgegangen werden kann; ein vollständiger Nachweis ist also nicht erforderlich. Trotz dieser gesenkten Anforderungen an den Nachweis bleibt aber offen, wann von der Erfüllung der subjektiven Tatbestandsvoraussetzung ausgegangen werden kann. Der vom BEPS-Abschlussbericht vorgeschlagene Kommentar führt dazu im Wesentlichen aus, dass dies von einer „objektiven“ Analyse der Umstände des Einzelfalls abhängt.[1157] Das ist schwer zu bestreiten, trägt aber nicht zur Lösung dieses Problems bei. Auch die anderen Passagen des vorgeschlagenen Kommentars bieten keine wirkliche Hilfestellung.[1158]

ee) Zwischenergebnis

Im Ergebnis sind daher viele Auslegungs- und Nachweisfragen bei der zentralen Voraussetzung des PPT ungeklärt und werden auch durch den vorgeschlagenen Kommentar des BEPS-Abschlussberichts nicht beantwortet. Es wird daher zu Recht angenommen, dass die Unbestimmtheit und die Weite der subjektiven Voraussetzung sowie die Verschiebung der Beweislast zulasten des Steuerpflichtigen die Gefahr birgt, dass die Steuerbehörden in allen kritischen Fällen von einer entsprechenden Absicht ausgehen werden und diese Tatbestandsvoraussetzung sogar vollständig an Relevanz verliert.[1159]

b) Objektive Voraussetzung – Ausnahme nach dem Sinn und Zweck

Wenn die subjektive Tatbestandsvoraussetzung erfüllt ist, d.h., einer der hauptsächlichen Gründe in der Erlangung von Abkommensvorteilen liegt, sollen die Abkommensvorteile nach dem PPT grundsätzlich nicht gewährt werden, es sei denn, es steht fest, dass dies im Einklang mit dem Sinn und Zweck der anwendbaren Abkommensvorschrift („*object and purpose of the provision of this Convention*“) steht.

aa) Bestimmung des Sinn und Zwecks

Wann die Gewährung der Abkommensvorteile im Einklang mit dem Sinn und Zweck der Abkommensvorschrift steht, wird von der vorgeschlagenen Kommentierung nicht beantwortet. Die Beispiele der vorgeschlagenen Kommentierung tragen dabei eher zur Rechtsunsicherheit bei. In den meisten Beispielen wird ohne weitere Begründung festgestellt, nach dem Sinn und Zweck des DBA seien die

1157 Vgl. OECD, Final BEPS Report – Action 6, S. 57 unter Tz. 10 ff.
1158 Vgl. *Lang*, TNI 2014 (Bd. 74), 655, 658.
1159 Vgl. *De Broe/Luts*, Intertax 2015, 122; *Jochimsen*, IStR 2014, 865, 871; *Lang*, TNI 2014 (Bd. 74), 655, 658 f.

Abkommensvorteile zu versagen und daher sei die objektive Voraussetzung nicht einschlägig. Nur in zwei Beispielen wird die Ausnahme bejaht:[1160]

In einem Beispiel erhöht eine Gesellschaft die Höhe ihrer Beteiligung an einer Gesellschaft im anderen Vertragsstaat von 24 auf 25 % mit dem alleinigen Ziel, die Beteiligungsvoraussetzung für die Reduzierung der Quellensteuer auf Dividenden dieser Gesellschaft nach Art. 10 Abs. 2 a) OECD-MA zu erfüllen. Die Gewährung der Quellensteuerentlastung nach Art. 10 Abs. 2 a) OECD-MA soll nach der vorgeschlagenen Kommentierung dem Sinn und Zweck der Vorschrift entsprechen, weil diese Vorschrift eine „willkürliche" Beteiligungsgrenze verwende.[1161] Daraus können aber wohl keine Schlussfolgerungen für andere Fälle und insbesondere nicht für Treaty-Shopping-Sachverhalte gezogen werden.[1162]

In einem anderen Beispiel geht es um zwei Gesellschaften, die als Vertreter für Künstler Lizenzgebühren einziehen und sie nach Abzug einer Provision an die Künstler weiterleiten. Eine Gesellschaft (A-Gesellschaft) ist im Staat A ansässig, die andere Gesellschaft (Q-Gesellschaft) ist im Staat Q ansässig. Die A-Gesellschaft trifft eine Vereinbarung mit der Q-Gesellschaft, nach der die Q-Gesellschaft die Lizenzen an Personen im Staat Q für die von der A-Gesellschaft betreuten Künstler vergibt und die vereinnahmten Lizenzgebühren an die A-Gesellschaft weiterleitet (die diese Lizenzgebühren wiederum an die Künstler weiterleitet). Bei der Bemessung des Quellensteuerabzugs für die an die A-Gesellschaft weitergeleiteten Lizenzgebühren wendet die Q-Gesellschaft (entsprechend einer Vereinbarung mit der Steuerverwaltung des Staats Q) das DBA zwischen dem Ansässigkeitsstaat des jeweiligen Künstlers und dem Staat Q an. Nach der vorgeschlagenen Kommentierung ist es möglich, den Grund für diese Gestaltung darin zu sehen, dass der Steuerabzug nach dem im jeweiligen DBA vorgesehenen Steuersatz bemessen wird und so aufwendige Erstattungsverfahren für die Künstler zu vermeiden. Dieser Grund stehe aber im Einklang mit dem Sinn und Zweck der Abkommensvorschrift.[1163]

Warum dieses Beispiel überhaupt ein Anwendungsfall für den PPT sein soll, ist unklar. Bei der Einschaltung der A- und der Q-Gesellschaft handelt es sich nicht um eine Gestaltung, die mittelbar oder unmittelbar zur Erlangung von Abkommensvorteilen führt. Da diese Gesellschafter als Vertreter der Künstler anzusehen sind, bleiben die Künstler (was auch die Kommentierung sieht) auch bei Einschaltung der Gesellschaften die Nutzungsberechtigten der Lizenzgebühren und durch die Einschaltung der Gesellschaften wird kein Anspruch auf Quellensteuerentlastung begründet, der sonst nicht auch bestünde. Lediglich die Wahrscheinlichkeit, dass dieser Anspruch tatsächlich durchgesetzt wird, erhöht sich durch die Einschaltung

---

1160 Zudem wird beim bereits besprochenen Beispiel C (OECD, Final BEPS Report – Action 6, S. 60 unter Tz. 14) die Nichtanwendbarkeit des PPT „hilfsweise" mit der Ausnahme begründet.

1161 OECD, Final BEPS Report – Action 6, S. 61 unter Tz. 14 Beispiel E.

1162 *Herzfeld*, TNI 2016 (Bd. 81), 388, 390.

1163 OECD, Final BEPS Report – Action 6, S. 63 f. unter Tz. 14 Beispiel I.

der Gesellschaften, weil die Geltendmachung durch den einzelnen Künstler unwahrscheinlich wäre. Darauf kann es jedoch beim PPT nicht ankommen. Im Ergebnis trägt dieses Beispiel daher eher zur Verwirrung als zur Klärung der Frage bei, wann eine Ausnahme nach dem Sinn und Zweck des DBA geboten ist.

Damit bleibt die Auslegung der objektiven Voraussetzung weitgehend dem Rechtsanwender überlassen. Probleme bei der Subsumtion unter die objektive Voraussetzung bereitet jedoch der Umstand, dass gar keine Einigkeit darüber besteht, was der Sinn und Zweck eines DBA bzw. der einzelnen Abkommensvorschriften ist. Zwar mag ein gewisser Konsens zwischen den Staaten bestehen, dass DBA dazu dienen, eine doppelte Besteuerung von Einkünften zu vermeiden und so Hemmnisse für den internationalen Wirtschaftsverkehr zu beseitigen. Im Detail unterscheiden sich jedoch die Zielsetzungen, die Staaten mit dem Abschluss eines DBA verfolgen.[1164] So wurde im ersten Teil dieser Arbeit aufgezeigt, wie sich die Position der einzelnen Staaten zu der Frage, wann Treaty Shopping vorliegt und ob Treaty Shopping verhindert werden sollte, unterscheidet.[1165] Wenn beispielsweise die USA mit Luxemburg ein DBA abschließen, werden unterschiedliche Vorstellungen darüber bestehen, wann nach dem Sinn und Zweck des DBA die mittelbare Inanspruchnahme von Abkommensvorteilen durch Drittstaatsansässige verhindert werden muss.[1166] Der BEPS-Abschlussbericht versucht dieses Problem zu adressieren, indem vorgeschlagen wird, in der Präambel eines DBA festzuschreiben, dass das DBA nicht die Möglichkeit von Steuerumgehungen einschließlich Treaty Shopping eröffnen soll.[1167] Gelöst wird dieses Problem dadurch jedoch nicht, weil – wie ebenfalls im ersten Teil dieser Arbeit diskutiert – die Definition von Treaty Shopping und Steuerumgehung von den steuerpolitischen Erwägungen der Vertragsstaaten abhängig sind.

Im Ergebnis sind für die Ausnahme des PPT daher ganz verschiedene Auslegungen denkbar. Das Auslegungsergebnis wird wahrscheinlich in den Vertragsstaaten unterschiedlich sein, weil unterschiedliche Auffassungen darüber bestehen, worin der Sinn und Zweck gesehen wird. Damit besteht bei der Rechtsanwendung eine sehr hohe Rechtsunsicherheit.

bb) Beweislastumkehr

Der Wortlaut des PPT verschiebt für die objektive Voraussetzung die Darlegungs- und Beweislast zulasten des Steuerpflichtigen. Zum einen indiziert die Formulierung „es sei denn" („*unless*") eine Darlegungs- und Beweislastumkehr zulasten des Steuerpflichtigen, zum anderen reicht es wie bei der subjektiven Voraussetzung nicht

1164 Vgl. *Herzfeld*, TNI 2016 (Bd. 99), 627 ff.
1165 Vgl. 1. Teil, D.II., S. 35.
1166 Vgl. *Herzfeld*, TNI 2016 (Bd. 99), 627, 629.
1167 OECD, Final BEPS Report – Action 6, S. 92. Vgl. dazu auch *Kok*, Intertax 2016, 406, 410 f.; *Pinetz*, in: Lang, u.a., BEPS, S. 271, 288.

aus, wenn ihr Vorliegen vernünftigerweise angenommen werden kann, sie muss positiv festgestellt werden.[1168]

Teilweise wird aus dieser Formulierung auch geschlossen, die Ausnahme greife zulasten des Steuerpflichtigen nicht ein, wenn der Sinn und Zweck der Abkommensvorschrift nicht festgestellt werden könne.[1169] Dem kann jedoch nicht zugestimmt werden. Bei der Frage, was der Sinn und Zweck der Abkommensvorschrift ist, handelt es sich um eine Rechtsfrage, die ein Gericht unabhängig von der Darlegungs- und Beweislast zu entscheiden hat. Die aus der Formulierung zu entnehmende Beweislastumkehr hat nur eine Bedeutung, wenn Tatsachen strittig sind.

Auch kann aus der Formulierung der objektiven Voraussetzung nicht geschlossen werden, dass die Erfüllung der subjektiven Voraussetzung ein Verstoß gegen den Sinn und Zweck der Abkommensvorschrift indiziert und daher nach einer Art „Rechtfertigungsgrund" in der Abkommensvorschrift gesucht werden muss, ohne den es bei der Versagung der Abkommensvorteile bleibt. Für eine solche Auslegung bietet der Wortlaut keine Stütze und auch im BEPS-Abschlussbericht findet sich kein Hinweis darauf. Auch kann das Argument, die objektive Voraussetzung sei eine Ausnahme und Ausnahmen müssten eng ausgelegt werden, nicht dafür angeführt werden, dass bei Vorliegen der subjektiven Voraussetzung grundsätzlich von einem entgegenstehenden Sinn und Zweck der Abkommensvorschrift ausgegangen werden muss. Die PPT ist selbst eine Ausnahme von der Abkommensberechtigung und die objektive Voraussetzung daher lediglich eine Ausnahme von der Ausnahme.[1170]

4. *Konkurrenz zur LoB-Klausel*

Die vorgeschlagene Kommentierung des BEPS-Abschlussberichts enthält keine klare Aussage zum Konkurrenzverhältnis zwischen der ebenfalls vorgeschlagenen LoB-Klausel und dem PPT.[1171] Es heißt dort jedoch, die PPT ergänze und beschränke nicht den Anwendungsbereich der LoB-Klausel. Außerdem sollen einer Person die Abkommensvorteile selbst dann versagt werden können, wenn die Voraussetzungen der LoB-Klausel erfüllt seien.[1172] Demnach sind die beiden Vorschriften nach Auffassung des BEPS-Abschlussberichts grundsätzlich nebeneinander anwendbar. Allerdings heißt es dort auch, der PPT müsse „im Zusammenhang" mit der LoB-Klausel gelesen werden.[1173] Damit ist wohl gemeint, dass die Wertungen der LoB-Klausel nicht durch den PPT negiert werden dürfen.

1168 *Lang*, TNI 2014 (Bd. 74), 655, 660.

1169 *Kok*, Intertax 2016, 406, 407.

1170 So auch *Lang*, TNI 2014 (Bd. 74), 655, 660 f.

1171 Daneben stellt sich die Frage nach der Konkurrenz zu innerstaatlichen Missbrauchsvermeidungsvorschriften (vgl. OECD, Final BEPS Report – Action 6, S. 83 unter Tz. 26.1).

1172 OECD, Final BEPS Report – Action 6, S. 55 unter Tz. 3 und 4. Zustimmend: *Kok*, Intertax 2016, 406, 411 f.

1173 OECD, Final BEPS Report – Action 6, S. 55 unter Tz. 5.

Als einziges Beispiel für das Zusammenwirken von PPT und der LoB-Klausel wird jedoch nur der Fall einer börsennotierten Gesellschaft genannt, die im Rahmen einer Durchleitungsstruktur bestimmte Einkünfte aus dem Quellenstaat an einen Drittstaatsansässigen weiterleitet. Wenn die börsennotierte Gesellschaft die Voraussetzungen des Publicly-Traded-Tests der LoB-Klausel erfülle, könnten nach dem PPT die Abkommensvorteile nicht aufgrund der Anteilseignerstruktur, d.h., weil sich die Anteilsmehrheit bei drittstaatsansässigen Personen befinden mag, versagt werden. Die Weiterleitung der Einkünfte an den Drittstaatsansässigen im Rahmen der Durchleitungsstruktur sei jedoch ein von der Anteilseignerstruktur unabhängiger Umstand, der zur Versagung der Abkommensvorteile für diese Einkünfte nach dem PPT führe.[1174]

Das erscheint jedoch nicht frei von Zweifeln. Auch die vom BEPS-Abschlussbericht vorgeschlagene LoB-Klausel sieht einen mit Art. 28 Abs. 2 f) und Abs. 3 DBA-USA vergleichbaren Ownership/Base-Erosion- und Derivative-Benefits-Test vor, der auch Durchleitungsstrukturen verhindern soll. Dass der Publicly-Traded-Test keine Voraussetzungen für die Verhinderung von Durchleitungsstrukturen enthält, könnte vor diesem Hintergrund als bewusste Entscheidung angesehen werden. Man könnte daher durchaus vertreten, wenn man den PPT „im Zusammenhang" mit der LoB-Klausel lese, könnte der PPT keine Anwendung finden. Dieses Argument wäre nochmals stärker, wenn die Gesellschaft nicht die Voraussetzungen des Publicly-Traded-Tests, sondern des Ownership/Base-Erosion- oder des Derivative-Benefits-Tests erfüllen würde. Da die Verhinderung von Durchleitungsstrukturen nach dem vorgeschlagenen Kommentar des BEPS-Abschlussberichts jedoch ein wesentliches Anliegen der Einführung der PPT ist,[1175] wird man die Anwendbarkeit des PPT neben der LoB-Klausel auf diese Strukturen allerdings bejahen können.[1176]

Im Ergebnis wird die Frage, was es heißt, den PPT „im Zusammenhang" mit der LoB-Klausel zu lesen, aber nur unzureichend durch den BEPS-Abschlussbericht beantwortet. Es wäre vorzugswürdig gewesen, die Anwendungsbereiche klar voneinander abzugrenzen. Eine Lösung dafür wäre, die LoB-Klausel auf die Verhinderung von Treaty Shopping durch die Beteiligung an Zwischengesellschaften zu beschränken, während der Anwendungsbereich des PPT auf Treaty Shopping durch die formale Verlagerung von Einkünften (einschließlich Durchleitungsstrukturen) beschränkt wird.

1174 OECD, Final BEPS Report – Action 6, S. 56 unter Tz. 5.

1175 OECD Final BEPS Report – Action 6, S. 19, wonach alternativ zum PPT auch eine Anti Conduit-Regelung zur Verhinderung dieser Strukturen aufgenommen werden kann und das Beispiel auf S. 56 unter Tz. 5.

1176 Ein ähnliches Problem stellt sich bei der Frage der Anwendbarkeit von § 42 AO neben Art. 28 DBA-USA auf Durchleitungsstrukturen (vgl. 3. Teil, B.II.2.b), S. 249).

5. *Zwischenergebnis und Bewertung*

Im Ergebnis ist die Auslegung des PPT daher von erheblichen Rechtsunsicherheiten geprägt, die auch nicht durch die vorgeschlagene Kommentierung und die dort dargestellten Beispiele behoben werden können. Es ist bislang nicht geklärt, wann ein Grund zur Erlangung von Abkommensvorteilen ein „hauptsächlicher Grund" und nicht nur ein nebensächlicher Grund ist. Daneben bestehen bei diesem subjektiven Tatbestandsmerkmal Nachweisprobleme. Die Lösung des PPT, aus diesem Grund die Beweislast zulasten des Steuerpflichtigen zu verschieben, erscheint nicht sachgerecht. Auch wann die Ausnahme des PPT, d.h. die objektive Voraussetzung, einschlägig ist, lässt sich unter Zuhilfenahme der vorgeschlagenen Kommentierung kaum klären. Es ist zu erwarten, dass diese Ausnahme in den Staaten unterschiedlich ausgelegt werden wird.

Ob vor diesem Hintergrund der PPT Treaty-Shopping-Strukturen durch eine formale Verlagerung von Einkünften, die nicht durch die LoB-Klausel adressiert werden, verhindert, ist letztlich eine Frage, wie er in der Praxis ausgelegt und angewendet wird. Die Ausgestaltung der subjektiven Voraussetzung, bei der die Erlangung von Abkommensvorteilen nur einer von vielen wesentlichen Gründen sein muss, verleitet eher zu einer zu einer extensiven Anwendung. Dann wäre der PPT zwar ein effektives Mittel zur Verhinderung dieser Treaty-Shopping-Strukturen, mit einer extensiven Anwendung würden aber auch noch mehr Rechtsunsicherheiten für die Steuerpflichtigen einhergehen.

Ein grundsätzliches Problem des PPT im Hinblick auf seine Eignung zur Verhinderung von Treaty Shopping besteht darin, dass das gewählte Differenzkriterium, d.h. die Absicht, Abkommensvorteile zu erlangen, zwar durchaus vertretbar, aber nicht wirklich präzise ist. Wie im ersten Teil dieser Arbeit gesehen,[1177] kann die mittelbare Inanspruchnahme von Abkommensvorteilen durch Drittstaatsansässige angemessen sein, obwohl eine entsprechende Absicht bestand, ebenso kann aber beim Fehlen dieses subjektiven Elements ein Fall von Treaty Shopping angenommen werden. Der PPT versucht die überschießenden Wirkungen, die sich aus der Anknüpfung an die Absicht ergeben, wieder dadurch zu kompensieren, dass eine Ausnahme von der Versagung der Abkommensvorteile nach dem Sinn und Zweck der Abkommensvorschrift möglich bleibt, schafft aber durch dieses unbestimmte Tatbestandsmerkmal ein hohes Maß an Rechtsunsicherheit. Umgekehrt erfasst der PPT aber nicht Fälle, in denen die Abkommensvorteile nach dem Sinn und Zweck eigentlich versagt werden sollten, aber keine entsprechende Absicht vorliegt.[1178] Wenn beispielsweise eine Gestaltung im Wesentlichen der Erlangung von steuerlichen Vorteilen des innerstaatlichen Rechts eines der Vertragsstaaten, der Nachfolgeplanung oder dem „Einkaufen" in ein anderes DBA dient und die Erlangung von Abkommensvorteilen nur ein Nebenzweck ist, greift der PPT nicht ein, obwohl es

1177 Vgl. 1. Teil, E.III., S. 43.

1178 Vgl. *Lang*, TNI 2014 (Bd. 74), 655, 661.

durchaus richtig wäre, hier die Abkommensvorteile zu versagen.[1179] In diesen Fällen könnte aus dem PPT sogar geschlossen werden, die Abkommensvorteile müssten entgegen dem Sinn und Zweck des DBA gewährt werden.[1180]

Insgesamt ist daher der im BEPS-Abschlussbericht vorgeschlagene PPT als Ergänzung zur LoB-Klausel abzulehnen. Zwar ist es durchaus richtig, dass der PPT Lücken der LoB-Klausel schließen kann. Die Auslegung ist aber mit so vielen Rechtsunsicherheiten belastet, dass sich der PPT nicht als sachgerechtes Mittel zur Verhinderung von Treaty Shopping darstellt.

II. Andere Möglichkeiten zur Ergänzung der LoB-Klausel

1. *Anti-Conduit-Regelung*

Um die Lücke der LoB-Klausel bei der Verhinderung von Treaty Shopping durch eine formale Verlagerung von Einkünften zu schließen, könnte sie zudem durch eine abkommensrechtliche Regelung, die nach dem Vorbild der Anti-Conduit Regulations Durchleitungsstrukturen adressiert, ergänzt werden (nachfolgend: Anti-Conduit-Regelung). Auch der BEPS-Abschlussbericht empfiehlt, die LoB-Klausel durch eine Anti-Conduit-Regelung zu ergänzen, wenn im DBA kein PPT vorgesehen wird.[1181] Allerdings finden sich in dem Bericht keine konkreten Vorschläge für eine solche Regelung. Es werden lediglich Beispiele genannt, in denen eine Anti-Conduit-Regelung Anwendung finden sollte.[1182]

Die Herausforderung einer solchen abkommensrechtlichen Anti-Conduit-Regelung liegt darin, dass sie einerseits nicht zu komplex sein darf. So würde eine Anti-Conduit-Regelung, die wie die US-amerikanischen Anti-Conduit Regulations mehrere Seiten in Anspruch nimmt, nicht für ein Abkommen geeignet sein. Auf der anderen Seite muss die Regelung aber auch einen möglichst effektiven Schutz gegen Durchleitungsstrukturen bieten und sollte – anders als der PPT – nicht durch unbestimmte Rechtsbegriffe zu Anwendungsschwierigkeiten führen.

Ein Vorbild hierfür könnte die Anti-Conduit-Regelung im DBA zwischen den USA und Japan sein. Dieses DBA bestimmt für die Freistellung von Zinsen von der Quellenbesteuerung, dass eine im anderen Vertragsstaat ansässige Person (Zahlungsempfänger) nicht als Nutzungsberechtigter der Zinsen in Bezug auf eine Darlehensforderung gilt, wenn diese Darlehensforderung nicht eingegangen worden wäre, wenn nicht eine andere Person, die (i) nicht berechtigt gewesen wäre, hinsichtlich der Zinsen die gleichen Abkommensvorteile oder günstigere Abkommensvorteile zu beanspruchen und (ii) die nicht in den Vertragsstaaten ansässig ist, eine entsprechende Darlehensforderung gegen den Zahlungsempfänger hätte.[1183]

1179 Vgl. 1. Teil, E.III., S. 43.
1180 *Lang*, TNI 2014 (Bd. 74), 655, 661.
1181 OECD, Final BEPS Report – Action 6, S. 19, 65 unter Tz. 19.
1182 OECD, Final BEPS Report – Action 6, S. 66 ff.
1183 Art. 11 Abs. 1 des DBA zwischen den USA und Japan.

Eine entsprechende Bestimmung findet sich in dem DBA auch für Dividenden und Lizenzgebühren.[1184]

Diese Anti-Conduit-Regelung ist relativ einfach, verhindert aber nicht alle Durchleitungsstrukturen. So werden beispielsweise nur Strukturen erfasst, bei denen die Art der von der abkommensberechtigten Zwischenperson erhaltenen Einkünfte mit der Art der von der Zwischenperson an den Drittstaatsansässigen gezahlten Einkünfte identisch ist. Außerdem adressiert diese Regelung nicht zweistufige Durchleitungsstrukturen. Insofern müsste also diese Anti-Conduit-Regelung weiter verbessert werden.

Auch das DBA zwischen den USA und dem Vereinigten Königreich enthält in den Verteilungsartikeln einen Vorbehalt, nach dem die Quellensteuerentlastung nicht gewährt wird, wenn eine Durchleitungsstruktur (*conduit arrangement*) vorliegt.[1185] Ein *conduit arrangement* wird als eine Transaktion oder Reihe von Transaktionen definiert, die (i) so strukturiert sind, dass eine abkommensberechtigte Person Einkünfte aus dem Quellenstaat bezieht, aber diese Einkünfte direkt oder indirekt, vollständig oder fast vollständig an eine Person, die bei direktem Bezug der Einkünfte nicht einen Anspruch auf die gleichen oder günstigeren Abkommensvorteil hätte, weiterleitet und (ii) deren wesentlicher Grund (bzw. einer der wesentlichen Gründe) die Erlangung der Abkommensvorteile des DBA zwischen den USA und dem Vereinigten Königreich war.[1186]

Diese Anti-Conduit-Regelung dürfte effektiver sein als die des DBA zwischen den USA und Japan, weil sie nur darauf abstellt, ob die Einkünfte aus dem Quellenstaat (direkt oder indirekt) an einen Drittstaatsansässigen weitergeleitet werden. Dieses Kriterium ist aber auch sehr weit und unbestimmt. Als Korrektiv dafür dient die Einschränkung, nach der der wesentliche Grund der Transaktion die Erlangung von Abkommensvorteilen gewesen sein muss. Die USA greifen für den Nachweis dieser Absicht auf die in den Anti-Conduit Regulations enthaltenen Indizien zurück.[1187] Wenn ein Staat aber keine entsprechenden Regeln hat, stößt dieser Nachweis auf praktische Probleme und außerdem ist dieses subjektive Abgrenzungskriterium nur bedingt geeignet.[1188]

1184 Art. 10 Abs. 11 und Art. 12 Abs. 5 des DBA zwischen den USA und Japan. Vgl. dazu auch *Yoshimura*, TNI 2013 (Bd. 72), 761, 775.

1185 Art. Art. 7 Abs. 5 (Unternehmensgewinne), Art. 10 Abs. 9 (Dividenden), Art. 11 Abs. 7 (Zinsen), Art. 12 Abs. 5 (Lizenzgebühren) und Art. 22 Abs. 4 (sonstige Einkünfte) des DBA zwischen den USA und dem Vereinigten Königreich.

1186 Art. 3 Abs. 1 n) des DBA zwischen den USA und dem Vereinigten Königreich.

1187 Technical Explanation UK zu Art. 3 Abs. 1 n). Vgl. zu den Indizien 3. Teil, C.II.1.b) bb), S. 271.

1188 Eine gewisse Hilfe bei der Auslegung der Anti-Conduit-Regelung bietet ein Briefwechsel zwischen der IRS und der britischen Steuerverwaltung, in dem die Anti-Conduit-Regelung durch Beispiele näher zu konkretisiert wird (vgl. den Annex A der Technical Explanation UK).

Im Ergebnis sind daher weder die Anti-Conduit-Regelung im DBA zwischen den USA und Japan noch im DBA zwischen den USA und dem Vereinigten Königreich frei von Bedenken. Sie könnten jedoch als Ausgangspunkt für die Entwicklung einer Anti-Conduit-Regelung dienen, die eine Lücke der LoB-Klausel bei der Verhinderung von Durchleitungsstrukturen schließt. Bei einer solchen Anti-Conduit-Regelung wäre auch das Konkurrenzverhältnis zur LoB-Klausel unproblematisch.

2. *Einführung einer Mindesthaltedauer*

Eine weitere Möglichkeit zur Verhinderung von Treaty Shopping durch eine formale Verlagerung von Einkünften könnte in der Einführung von Haltefristen bestehen. So könnte die Freistellung von Dividenden, Zinsen und Lizenzgebühren davon abhängig gemacht werden, dass der Nutzungsberechtigte das zugrunde liegende Wirtschaftsgut zuvor über einen bestimmten Zeitraum gehalten hat. Dadurch würden Strukturen verhindert werden, bei denen ein Drittstaatsansässiger die Einkünfte dadurch auf eine abkommensberechtigte Person verlagert, indem er das den Einkünften zugrunde liegende Wirtschaftsgut kurzfristig überträgt, wie z.B. bei den im ersten Teil beschriebenen Dividendenstripping-Strukturen oder Wertpapiersachdarlehen-Strukturen.[1189] Auch der BEPS-Abschlussbericht schlägt für die Reduzierung der Quellensteuer auf Dividenden gem. Art. 10 Abs. 2 a) OECD-MA eine Mindesthaltedauer von 365 Tagen für die Beteiligung an der ausschüttenden Gesellschaft vor.[1190] Allerdings geht es dabei nicht um die Verhinderung von Treaty Shopping, sondern um einen Fall des Rule Shopping, in der eine Gesellschaft ihre Beteiligung an der ausschüttenden Gesellschaft nur kurzfristig erhöht, um so die für Art. 10 Abs. 2 a) OECD-MA erforderliche Beteiligungsgrenze im Zeitpunkt der Ausschüttung zu erreichen.

Problematisch an der Einführung einer Mindesthaltedauer ist deren überschießende Wirkung, weil es zahlreiche kurzfristige Transaktionen gibt, bei denen die Gewährung der Abkommensvorteile nicht unangemessen wäre. Daher erscheint eine Mindesthaltedauer nicht sachgerecht.

3. *Erweiterung des Konzepts des Nutzungsberechtigten*

Eine weitere Möglichkeit zur Ergänzung der LoB-Klausel könnte die Erweiterung des Konzepts des Nutzungsberechtigten sein. Nach der bislang in den USA und in Deutschland dominierenden anwenderstaatsorientierten Auslegung leistet dieses Konzept keinen weiteren Beitrag bei der Verhinderung von Treaty Shopping.[1191] Bei einer abkommensautonomen Auslegung, wie sie insbesondere vom OECD-MK vertreten wird, könnte dieses Konzept aber zumindest bestimmte Treaty-Shopping-Strukturen durch eine formale Verlagerung von Einkünften verhindern.[1192]

1189 Vgl. 1. Teil, C.II.3., S. 20.
1190 OECD, Final BEPS Report – Action 6, S. 70 unter Tz. 36.
1191 Vgl. 3. Teil, A.IV.1., S. 242.
1192 Vgl. 3. Teil, A.IV.2., S. 244.

Die Stärke dieses Konzepts im Vergleich zu dem Konzept des wirtschaftlichen Eigentümers im deutschen Recht oder des *beneficial owners* im US-amerikanischen Recht liegt darin, dass davon auch Fälle erfasst werden, in denen nur die Einkünfte formal-rechtlich auf eine andere Person verlagert werden, während die Herrschaft über das den Einkünften zugrunde liegende Wirtschaftsgut bei wirtschaftlicher Betrachtung beim zivilrechtlichen Eigentümer verbleibt. Insbesondere in Kombination mit einer Anti-Conduit-Regelung wäre daher die Erweiterung dieses Konzepts eine durchaus sinnvolle Ergänzung, um die Lücken der LoB-Klausel bei der Verhinderung von Treaty Shopping durch eine formale Verlagerung von Einkünften zu schließen. Auch das Konkurrenzverhältnis zur LoB-Klausel wäre unproblematisch.

Zur Umsetzung dieser Möglichkeit müssten sich die Vertragsstaaten auf eine abkommensautonome Definition des Nutzungsberechtigten verständigen.

III. Zwischenergebnis

Die LoB-Klausel des DBA-USA sollte in verschiedenen Punkten geändert werden, um Anwendungsschwierigkeiten bei den verschiedenen Tests zu beseitigen, Lücken bei der Verhinderung von Treaty Shopping zu schließen und eine überschießende Wirkung zu vermeiden. Weiterhin sind im Hinblick auf die Grundfreiheiten des AEUV Anpassungen notwendig.

Auch wenn die LoB-Klausel entsprechend geändert wird, böte sie jedoch nur einen Schutz vor Treaty Shopping durch die Beteiligung von Drittstaatsansässigen an Zwischengesellschaften. Während Treaty Shopping durch das Ausnutzen von Qualifikationskonflikten durch andere Regelungen des DBA-USA adressiert wird, fehlt es im DBA-USA an einer Regelung zur Verhinderung von Treaty Shopping durch eine formale Verlagerung von Einkünften. In den USA werden zwar Durchleitungsstrukturen durch die Anti-Conduit Regulations weitgehend effektiv adressiert, in Deutschland fehlt es hingegen an einer entsprechenden innerstaatlichen Regelung.

Um die Lücke der LoB-Klausel bei der Verhinderung von Treaty Shopping durch eine formale Verlagerung von Einkünften zu schließen, kommen verschiedene Lösungsmöglichkeiten in Betracht. Abzulehnen ist die Einführung einer allgemeinen Missbrauchsklausel in Form eines PPT, wie er vom BEPS-Abschlussbericht vorgeschlagen wurde. Durchaus sachgerechte Alternativen wären hingegen die Einführung einer speziellen Anti-Conduit-Regelung, die sich gezielt gegen Durchleitungsstrukturen richtet, und die Erweiterung des Konzepts des Nutzungsberechtigten.

Zusammenfassung der wesentlichen Ergebnisse

Auch wenn DBA nur für in den Vertragsstaaten ansässige Personen gelten, können Drittstaatsansässige durch Treaty Shopping die Vorteile eines DBA mittelbar in Anspruch nehmen und so ihre Steuerlast im Quellenstaat erheblich reduzieren. Die in der Praxis am relevantesten Treaty-Shopping-Strukturen lassen sich in drei Kategorien einteilen: Treaty Shopping durch die Beteiligung an einer abkommensberechtigten Zwischengesellschaft (Direct-Conduit- und Stepping-Stone Conduit-Strukturen), Treaty Shopping durch eine formale Verlagerung von Einkünften auf eine abkommensberechtigte Person (Durchleitungsstrukturen, Treuhandkonstruktionen, kurzfristige Übertragungen von Wirtschaftsgütern) und Treaty Shopping durch das Ausnutzen von Qualifikationskonflikten i.w.S. (Einsatz hybrider oder doppelt ansässiger Gesellschaften).

Für Industriestaaten wie Deutschland und die USA ist es grundsätzlich steuerpolitisch sinnvoll, bei diesen Treaty-Shopping-Strukturen die Vorteile eines mit einem anderen Staat geschlossenen DBA nicht zu gewähren. Treaty Shopping führt zu Steuermindereinnahmen des Vertragsstaats aus der Quellenbesteuerung, ohne dass sich der Drittstaat gegenüber dem Vertragsstaat zu einem Verzicht auf seine Quellenbesteuerung verpflichtet hat, und widerspricht damit dem Reziprozitätsprinzip von DBA. Außerdem besteht die Gefahr, dass durch Treaty Shopping die Verhandlungsposition des Vertragsstaats beim Abschluss eines DBA mit dem Drittstaat geschwächt wird. Ein weiterer Grund für die Verhinderung von Treaty Shopping ist auch die Gefahr einer „Keinmalbesteuerung", d.h. der Vermeidung der Besteuerung im Quellen- und im anderen Vertragsstaat und damit verbunden die Vermeidung jedweder Steuer weltweit durch den Einsatz von Basisgesellschaften in Steueroasen. Allerdings wird dieser Grund nur bei bestimmten Strukturen zutreffen. Außerdem sollte die Gefahr einer „Keinmalbesteuerung" vorrangig durch andere Maßnahmen, nämlich durch Regeln über die Hinzurechnungsbesteuerung, Verrechnungspreisregeln und (gegebenenfalls) durch Vorschriften in DBA zu besonderen Steuerregimen adressiert werden.

Auch wenn es demnach grundsätzlich sachgerecht ist, bei Treaty Shopping die Abkommensvorteile zu versagen, gibt es doch Fälle, in denen ein Drittstaatsansässiger durch eine Struktur mittelbar Abkommensvorteile in Anspruch nimmt, aber keiner der soeben angeführten Gründe gegen Treaty Shopping (Widerspruch gegen das Reziprozitätsprinzip, Verschlechterung der DBA-Verhandlungsposition und „Keinmalbesteuerung") zutrifft, und daher die mittelbare Inanspruchnahme der Abkommensvorteile durch den Drittstaatsansässigen aus steuerpolitischer Sicht angemessen ist. In diesen Fällen sollten die Abkommensvorteile nicht versagt werden.

Die Frage, wie die angemessene von der unangemessenen Inanspruchnahme von Abkommensvorteilen durch Drittstaatsansässige abgegrenzt werden kann, ist bislang nicht geklärt. Das durch den Begriff Treaty Shopping implizierte Abgrenzungskriterium, das danach fragt, ob die Struktur dem Drittstaatansässigen dazu diente, Abkommensvorteile in Anspruch zu nehmen, ist durchaus vertretbar. Es ist allerdings auch unpräzise, weil es durchaus Fälle gibt, in denen es an diesem subjektiven Element fehlt und die Erlangung von Abkommensvorteilen durch den Drittstaatsansässigen gleichwohl unangemessen ist. Genauso gibt es umgekehrt Fälle, in denen aus steuerpolitischer Sicht die Abkommensvorteile gewährt werden sollten, obwohl die Struktur dem Drittstaatsansässigen ausschließlich dazu diente, die Abkommensvorteile in Anspruch zu nehmen. Bei diesem subjektiven Abgrenzungskriterium bestehen zudem erhebliche Nachweisprobleme.

Besser erscheint es, bei der Abgrenzung danach zu fragen, ob der Quellenstaat in der spiegelbildlichen Situation in seiner Rolle als Ansässigkeitsstaat ein Interesse an der Gewährung der Abkommensvorteile hat. Das wird der Fall sein, wenn die Gewährung der Abkommensvorteile in der spiegelbildlichen Situation Vorteile für die Wirtschaft und das Steueraufkommen des Quellenstaats mit sich bringt. Unter diesem Aspekt sollte insbesondere dann kein Treaty Shopping anzunehmen sein, wenn die Einkünfte aus dem Quellenstaat im Zusammenhang mit einer unternehmerischen Tätigkeit im Ansässigkeitsstaat stehen, wobei bei der Definition der dafür ausreichenden unternehmerischen Tätigkeit jeder Vertragsstaat wiederum seine Rolle als Ansässigkeitsstaat berücksichtigen muss.

Außerdem sollte die Inanspruchnahme von Abkommensvorteilen durch Drittstaatsansässige dann grundsätzlich angemessen sein, wenn der Drittstaatsansässige nach einem anderen DBA zwischen dem Quellenstaat und dem Drittstaat einen gleichwertigen Anspruch auf die Gewährung der Abkommensvorteile hätte. Die damit verbundenen Gefahren von Gewinnverkürzungen und -verlagerungen im Quellenstaat und der globalen Steuervermeidung sollten vorrangig durch andere Maßnahmen als der Versagung der Abkommensvorteile gelöst werden. Die mittelbare Inanspruchnahme von Abkommensvorteilen von Steuerpflichtigen im Quellenstaat (Mäanderstrukturen) sollten ebenfalls nicht unangemessen sein. Die bei Mäanderstrukturen bestehende Gefahr einer Vermeidung der Ansässigkeitsbesteuerung des Quellenstaats sollte ebenfalls vorrangig durch andere Maßnahmen als die Versagung der Abkommensvorteile, insbesondere durch Regeln zur Hinzurechnungsbesteuerung im Quellenstaat, adressiert werden.

Die LoB-Klausel in Art. 28 DBA-USA müsste grundlegend geändert werden, um ein sachgerechtes Instrument zur Verhinderung des nach diesen Kriterien definierten Treaty Shopping zu sein.

Positiv an der LoB-Klausel ist zwar, dass sie weitgehend objektive und bestimmte Tatbestandsmerkmale verwendet und damit ein höheres Maß an Rechtssicherheit bezweckt. Dieses Ziel wird aber in vielen Punkten nicht erreicht, sodass zahlreiche Anwendungsschwierigkeiten verbleiben. Diese liegen vor allem darin begründet, dass die LoB-Klausel aus dem Steuerrechtssystem der USA entstammt und nicht ausreichend an die rechtlichen und steuerlichen Rahmenbedingungen Deutschlands angepasst ist. So verwendet die LoB-Klausel zahlreiche Begriffe, die aus US-Sicht unter Rückgriff auf das innerstaatliche Steuerrecht definiert werden können.

Mangels einer entsprechenden Definition im deutschen Steuerrecht ist das aus deutscher Sicht hingegen nicht möglich und bei der Auslegung vieler Tatbestandsmerkmale verbleiben daher Rechtsunsicherheiten. Ein weiteres Beispiel für die mangelnde Anpassung der LoB-Klausel an das deutsche Rechtssystem sind die Anwendungsschwierigkeiten bei der KGaA.

Weitere Anwendungsprobleme der LoB-Klausel resultieren aus deren Komplexität. Zwar ist die Länge der LoB-Klausel auch dem Umstand geschuldet, dass sie objektive und in der Vorschrift näher definierte Begriffe verwendet, und insofern trägt die Länge der LoB-Klausel eher zur Rechtssicherheit bei. Auch wird sich eine gewisse Komplexität bei Regelungen zur Verhinderung von Treaty Shopping nicht völlig vermeiden lassen. Allerdings ist die LoB-Klausel in vielen Punkten dadurch unnötig komplex, dass die Tatbestandsvoraussetzungen der verschiedenen Tests der LoB-Klausel unterschiedlich formuliert sind. Eine Vereinheitlichung dieser Voraussetzungen könnte zur Verminderung der Komplexität beitragen. Ein Teil der Komplexität ist auch dem Umstand geschuldet, dass sie Tatbestandsmerkmale als Reaktion auf Umgehungsgestaltungen enthält, was insofern überflüssig erscheint, als diese Tatbestandsmerkmale auch wieder umgangen werden können. Hier wäre es sinnvoller und zur Verminderung der Komplexität angebracht, einen allgemeinen Umgehungsvorbehalt aufzunehmen.

Anwendungsschwierigkeiten ergeben sich zudem, wenn die Abkommensberechtigung hybrider Rechtsgebilde nach der LoB-Klausel in Frage steht oder wenn solche Rechtsgebilde in Beteiligungsketten zwischengeschaltet sind.

Hinsichtlich der Effektivität der LoB-Klausel zur Verhinderung von Treaty Shopping ist zunächst festzustellen, dass die LoB-Klausel nur ein Instrument zur Verhinderung von Treaty Shopping durch die Beteiligung Drittstaatsansässiger an Zwischengesellschaften, also Direct-Conduit- und Stepping-Stone-Conduit-Strukturen, darstellt. Während Treaty Shopping durch das Ausnutzen von Qualifikationskonflikten durch andere Regelungen des DBA-USA weitgehend effektiv verhindert wird, adressieren weder die LoB-Klausel noch andere Vorschriften des DBA-USA Treaty Shopping durch eine formale Verlagerung von Einkünften auf eine abkommensberechtigte Person. Diese Strukturen sollten aber auch nicht durch eine Änderung in den Anwendungsbereich der LoB-Klausel einbezogen werden, weil die Rechtsfolge der LoB-Klausel insofern nicht angemessen ist. Bei Treaty Shopping durch eine formale Verlagerung von Einkünften auf eine abkommensberechtigte Person sollte die Abkommensberechtigung der Person nur hinsichtlich dieser Einkünfte und nicht – wie von der LoB-Klausel vorgesehen – für alle Einkünfte der Person versagt werden.

Aus Sicht der USA wird diese Lücke der LoB-Klausel bei der Verhinderung von Treaty Shopping durch eine formale Verlagerung von Einkünften zumindest im Hinblick auf Durchleitungsstrukturen durch die Anti-Conduit Regulations weitgehend geschlossen. Im Übrigen kann Treaty Shopping durch eine formale Verlagerung von Einkünften in Deutschland und in den USA nur durch Anwendung der allgemeinen Missbrauchsvermeidungsvorschrift in § 42 AO und des Konzepts des wirtschaftlichen Eigentums (§ 39 AO) bzw. richterrechtlicher Missbrauchsgrundsätze und des Konzepts des *beneficial owner* verhindert werden. Das wird aber wohl bei gut durchdachten Gestaltungen oft nicht gelingen.

Daher müsste insbesondere aus Sicht Deutschlands die LoB-Klausel durch weitere Regelungen zur Verhinderung von Treaty Shopping durch eine formale Verlagerung von Einkünften ergänzt werden. Der im BEPS-Abschlussbericht vorgeschlagene Principal-Purpose-Test erscheint dafür ungeeignet, weil er zu unbestimmt ist. Denkbare Alternativen wären eine abkommensrechtliche Anti-Conduit-Regelung zur Verhinderung von Durchleitungsstrukturen und die Erweiterung des Konzepts des Nutzungsberechtigten.

Neben der Ergänzung der LoB-Klausel zur Verhinderung von Treaty Shopping durch eine formale Verlagerung von Einkünften sollte auch die LoB-Klausel geändert werden, um Lücken bei der Verhinderung von Treaty Shopping durch eine Beteiligung an Zwischengesellschaften zu schließen. Das betrifft insbesondere den Indirectly-Publicly-Traded-Test, der keine Voraussetzungen zur Verhinderung von Stepping-Stone-Conduit-Strukturen enthält. Unter dem Aspekt der Verhinderung von Direct-Conduit-Strukturen wäre es zudem konsequenter, wenn der Publicly-Traded-Test eine Streuung des Anteilsbesitzes oder zumindest die fehlende Beherrschung durch Drittstaatsansässige voraussetzen würde.

Ein wesentliches Problem der LoB-Klausel ist deren überschießende Wirkung. Fälle, in denen die LoB-Klausel aufgrund ihrer rein formalen Voraussetzungen der Abkommensberechtigung entgegensteht, obwohl kein Treaty Shopping vorliegt, lassen sich zwar grundsätzlich durch eine Gewährung der Abkommensvorteile im Einzelfall auf Grundlage der Ermessensklausel lösen. In vielen Fällen sind die Tests der LoB-Klausel aber schon im Grundsatz zu restriktiv und zur Verhinderung von Treaty Shopping nach der zuvor erarbeiteten Definition nicht erforderlich.

So ist das „Alles-oder-Nichts"-Prinzip, nach dem die Abkommensberechtigung bei Unterschreiten der Beteiligungsquote von qualifizierten Anteilseignern in den Tests vollständig versagt wird, zur Verhinderung von Treaty Shopping nicht erforderlich. Hier wäre eine proportionale Gewährung der Abkommensvorteile in Höhe der Beteiligung qualifizierter Anteilseigner sachgerecht. Die LoB-Klausel berücksichtigt auch nur unzureichend die mittelbare Abkommensberechtigung eines drittstaatsansässigen Gesellschafters, was sich insbesondere aus der Beschränkung des territorialen Anwendungsbereichs des Derivative-Benefits-Tests ergibt.

Ferner ist der Ownership/Base-Erosion-Test insofern zu restriktiv, als er bei Mäanderstrukturen die Abkommensvorteile versagt. Auch die Ansässigkeitsvoraussetzungen, die an zwischengeschaltete Rechtsträger in Beteiligungsstrukturen beim Indirectly-Publicly-Traded-Test und beim Ownership/Base-Erosion-Test gestellt werden, sind zur Verhinderung von Treaty Shopping nicht erforderlich.

Eine überschießende Wirkung hat zudem der Base-Erosion-Test im Ownership/Base-Erosion- und Derivative-Benefits-Test, weil er in einem Versuch, auch Durchleitungsstrukturen zu erfassen, die schädlichen Zahlungen zu weit definiert. Diese Definition sollte wesentlicher enger gefasst und der Base-Erosion-Test auf die Verhinderung von Stepping-Stone-Conduit-Strukturen beschränkt werden.

Auch die Voraussetzung des Publicly-Traded-Tests, nach der sich der Ort des hauptsächlichen Börsenhandels oder der hauptsächliche Ort der Geschäftsführung und Überwachung im Ansässigkeitsstaat der börsennotierten Gesellschaft befinden muss, sollte entfallen, weil diese Voraussetzung nur mit dem Anliegen der USA, Inversionstransaktionen zu verhindern, nicht aber mit der Abwehr von Treaty Shopping erklärt werden kann. Weiterhin ist die Begrenzung der Anzahl der qualifizierten Anteilseigner im Indirectly-Publicly-Traded-Test und Derivative-Benefits-Test zur Verhinderung von Treaty Shopping nicht erforderlich.

Damit die Ermessensklausel ihre Funktion, eine überschießende Wirkung der LoB-Klausel im Einzelfall zu verhindern, erfüllen kann, muss das Verfahren zur Gewährung der Abkommensvorteile nach dieser Vorschrift verbessert werden.

Weiterhin sind die Voraussetzungen der Tests der LoB-Klausel nicht immer mit den Grundfreiheiten des AEUV vereinbar. Zwar können Beschränkungen der Grundfreiheiten durch die LoB-Klausel grundsätzlich mit der Wahrung der Reziprozität des DBA gerechtfertigt werden, nicht alle Voraussetzungen der LoB-Klausel sind jedoch zu diesem Zweck erforderlich.

Im Ergebnis sollte eine LoB-Klausel nach US-amerikanischem Vorbild, wie sie in Art. 28 DBA-USA enthalten ist, nicht in andere DBA übernommen werden. Sie kann lediglich als Anfangspunkt dienen, eine bilaterale Anti-Treaty-Shopping-Regelung zu entwickeln, die durch weitere Regelung zur Verhinderung von Treaty Shopping durch eine formale Verlagerung von Einkünften ergänzt werden müsste. Die im BEPS-Abschlussbericht vorgesehene LoB-Klausel enthält erste Ansätze zur Lösung einiger durch Art. 28 DBA-USA aufgeworfene Probleme. Wesentliche Schwächen der LoB-Klausel werden jedoch auch nicht durch den BEPS-Abschlussbericht befriedigend gelöst.

Lebenslauf

TIMO DREHER, LL.M. (NYU) (GEB. STEINBIß)

Rechtsanwalt, Steuerberater, Attorney-at-Law (New York)
geboren am 24. September 1979 in Berlin

BERUFSPRAXIS

seit 2009 .... Rechtsanwalt/Steuerberater (seit 2013) bei wirtschaftsrechtlich zentrierten Sozietäten (Frankfurt a.M. und Berlin)

STUDIUM/JURISTISCHE AUSBILDUNG

2013 .... Steuerberaterprüfung

2011 .... New York Bar Exam

2010 bis 2011 ..... **LL.M.-Studium** an der New York University School of Law (LL.M. in Taxation)

2009 .... **Zweite juristische Staatsprüfung** beim GJPA Berlin/Brandenburg

2007 bis 2009 ..... **Referendariat** beim Kammergericht Berlin

2006 .... **Erste juristische Staatsprüfung** beim GJPA Berlin/Brandenburg

2002 bis 2006 ..... **Studium der Rechtswissenschaft** an der Humboldt-Universität zu Berlin

---

VERÖFFENTLICHUNGEN

- „Gewerblichkeit oder Vermögensverwaltung bei PE/VC-Fonds – Folgerungen aus dem Urteil des BFH v. 24.8.2011, FR 2012, 39“ in: FR 2016, 1069 (zusammen mit Helder Schnittker)
- „Steuerliche Qualifikation des Carried Interest und deren Folgen für die grenzüberschreitende Besteuerung von Initiatoren von Private Equity Fonds“, in: IStR 2015, 760 (zusammen mit Helder Schnittker)
- „Geplante Änderungen des US-Musterabkommens“, in: IStR 2015, 686 (zusammen mit Helder Schnittker)
- „Der Kommissionsvorschlag zur Einführung einer Finanztransaktionssteuer in elf EU-Mitgliedstaaten“, in: DStZ 2013, 494 (zusammen mit Daniel Weyde, Richard Sultmann und Jennifer Marques).
- „Besteuerung und Bilanzierung des Umtauschs von Griechenlandanleihen“, in: RdF 2012, 409 (zusammen mit Daniel Weyde)
- „Neue Herausforderungen für die Private Equity Industrie“, in: DAJV-Newsletter 2/2012, S. 67ff (zusammen mit Bastian Bubel)

www.ingramcontent.com/pod-product-compliance
Ingram Content Group UK Ltd.
Pitfield, Milton Keynes, MK11 3LW, UK
UKHW021917290926
8980IPUK00015B/1304

9 783631 7